觉晓法考

法考题库系列·客观严选 题集

民法
客观·严选好题

觉晓法考组　编著

中国政法大学出版社

2024·北京

图书在版编目（CIP）数据

客观严选 4000 好题. 民法客观·严选好题 / 觉晓法考组编著. -- 北京 : 中国政法大学出版社，2024. 12.（法考题库系列）. -- ISBN 978-7-5764-1747-0

Ⅰ. D920.4

中国国家版本馆 CIP 数据核字第 202438092Y 号

出　版　者　　中国政法大学出版社

地　　　址　　北京市海淀区西土城路 25 号

邮寄地址　　北京 100088 信箱 8034 分箱　邮编 100088

网　　　址　　http://www.cuplpress.com（网络实名：中国政法大学出版社）

电　　　话　　010-58908285(总编室) 58908433 （编辑部） 58908334(邮购部)

承　　印　　重庆天旭印务有限责任公司

开　　本　　787mm×1092mm　1/16

印　　张　　19.75

字　　数　　555 千字

版　　次　　2024 年 12 月第 1 版

印　　次　　2024 年 12 月第 1 次印刷

定　　价　　72.00 元（全两册）

CSER 高效学习模型

觉晓坚持每年组建"名师 + 高分学霸"教学团队，按照 Comprehend（讲考点→理解）→ System（搭体系→不散）→ Exercise（刷够题→会用）→ Review（多轮背→记住）学习模型设计教学产品，让你不断提高学习效果。

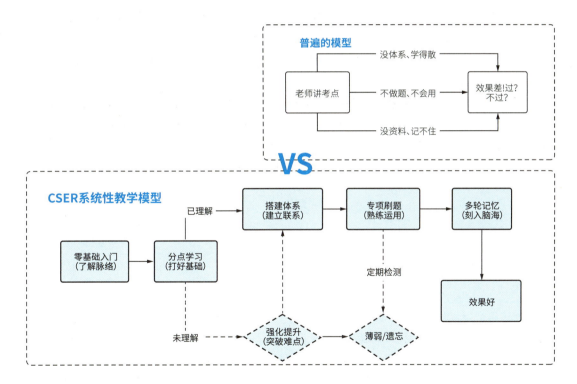

前面理解阶段跟名师，但后面记忆应试阶段，"高分学霸"更擅长，这样搭配既能保证理解，又能应试；时间少的在职考生可以直接跟"学霸"学习高效应试。

同时，知识要成体系性，后期才能记住，否则学完就忘！因此，觉晓有推理背诵图（推背图）、诉讼流程图等产品，辅助你建立知识框架体系，后期可以高效复习！

KEEP AWAKE

坚持数据化学习

"觉晓法考"APP 已经实现"学→练→测→背→评"全程线上化学习。在学习期间，觉晓会进行数据记录，自 2018 年 APP 上线，觉晓已经积累了上百万条数据，并有几十万真实考生的精准学习数据。

觉晓有来自百度、腾讯、京东等大厂的 AI 算法团队，建模分析过线考生与没过线考生的数据差异，建立"过考模型"，指导学员到底要听多少课，做多少题，正确率达到多少才能飘过或者稳过。

过考模型的应用层包括：

1. 完整的过考方案和规划：内部班的过考规划和阶段目标，均按照过考模型稳过或过考标准制定；让学员花更少地时间，更稳得过线。

2. 精准的过考数据指标：让你知道过线每日需要消耗的"热量、卡路里"，有标准，过线才稳！

3. 客观题知识图谱：按往年 180 分、200 分学员学习数据，细化到每个知识点的星级达标标准，并根据考频和考查难度，趋势等维度，将知识点划分为 ABCDE 类。还能筛选"未达标"针对提分。

知识类型	考频	难度	学习说明
A	高	简单	必须掌握
B	高	难	必须掌握（主 + 客）
C	中	简单	必须掌握
D	中	难	时间不够可放弃（主 + 客）
E	考频低或者很难、偏		直接放弃

4. 根据过考模型 + 知识图谱分级教学:BD 类主客观都要考，主客融合一起学，E 类对过考影响不大，可直接放弃，AC 性价比高，简化背诵总结更能应试拿分，一些对过线影响不大的科目就减少知识点，重要的就加强；课时控制，留够做题时间，因为中后期做题比听课更重要！

5. AI 智能推送查缺补漏包：根据你学习的达标情况，精准且有效地推送知识点课程和题目，查漏补缺，让你的时间花得更有价值！

6. 精准预测过考概率（预估分）：实时检测你的数据，对比往年相似考生数据模型，让你知道，你这样学下去，最后会考多少分！明确自己距离过线还差多少分，从而及时调整自己的学习状态。

注：觉晓每年都会分析当年考生数据，出具一份完整的过考模型数据分析报告，包括"客观题版""主客一体版""主观题二战版"，可以下载觉晓 APP 领取。

目 录
Contents

总　则

第一章
民法基本原则

历年真题及仿真题

综合知识点

【单选】

1 `1902094`

甲男与乙女双方在离婚协议中约定：为了婚生女丙的健康成长，乙女若再婚也不可再生育子女，该约定违反哪一项原则？

A. 公序良俗原则

B. 平等原则

C. 自愿原则

D. 公平原则

2 `1703001`

甲、乙二人同村，宅基地毗邻。甲的宅基地倚山、地势较低，乙的宅基地在上将其环绕。乙因琐事与甲多次争吵而郁闷难解，便沿二人宅基地的边界线靠己方一侧，建起高5米围墙，使甲在自家院内却有身处监牢之感。乙的行为违背民法的下列哪一基本原则？

A. 自愿原则

B. 公平原则

C. 平等原则

D. 诚信原则

【多选】

3 `2402061`

甲在自家院子发现了一只颜色鲜艳的甲虫，于是拍照发到了网上，富豪乙看见后联系甲表示愿意出30万购买，甲同意。经查，该虫为濒危物种，属国家二级保护动物。甲乙的行为违反了民法的什么基本原则？

A. 绿色原则

B. 公序良俗原则

C. 诚信原则

D. 自愿原则

第二章
民事法律关系

一、历年真题及仿真题

（一）民事法律事实

【单选】

1 `1603010`

甲单独邀请朋友乙到家中吃饭，乙爽快答应并表示一定赴约。甲为此精心准备，还因炒菜被热油烫伤。但当日乙因其他应酬而未赴约，也未及时告知甲，致使甲准备的饭菜浪费。关于乙对甲的责任，下列哪一说法是正确的？

A. 无须承担法律责任

B. 应承担违约责任

C. 应承担侵权责任

D. 应承担缔约过失责任

2 `1603001`

根据法律规定，下列哪一种社会关系应由民法调整？

A. 甲请求税务机关退还其多缴的个人所得税

B. 乙手机丢失后发布寻物启事称："拾得者送还手机，本人当面酬谢"

C. 丙对女友书面承诺："如我在上海找到工作，则陪你去欧洲旅游"

D. 丁作为青年志愿者，定期去福利院做帮工

【多选】

3 `2102056`

2020年12月，甲开车无偿带好友乙出游，行驶

中因甲的电话突然响起，分散了甲的注意力，致乙受重伤。次月，乙诉至法院，要求甲赔偿。法官认为，甲是出于情谊的"好意同乘"行为，《民法典》第 1217 条首次明确应当减轻赔偿责任，法官调解时告知双方本案适用这一规定，乙最终同意减轻甲的责任，后调解结案。对此，下列表述正确的是？

A. 甲的责任被减轻，属于自愿协议免责

B. 法官以《民法典》为依据调解，发挥了《民法典》的强制作用

C. 甲属于道德责任，法院无权裁判

D. 本案适用《民法典》，体现了时间效力中的"有利追溯"

4 `1902104`

甲与乙是恋爱关系，甲在恋爱期间给乙账户打款 17 万，后两人分手，甲以返还彩礼为由诉至法院，法院认为按风俗，彩礼为婚约赠送的，给付以结婚为目的。甲未能提供汇款时表达与乙结婚的意思证明，应认定该汇款是赠与乙的，法院判决不予支持甲的诉讼请求。以下说法正确的是？

A. 赠与是法律事实

B. 所汇款项不是彩礼而是对乙的赠与是一种事实表述

C. 该案判决表明，法具有可诉性

D. 风俗仅适用于民事案件

二、模拟训练

5 `61902121`

下列哪些情形属于民事法律关系？（多选）

A. 何某及其公司因为偷逃税款被税务机关责令补缴税款并处罚

B. 张某邀请王某一起看演唱会，王某迟到半小时，张某请求王某赔偿损失

C. 黄某养的小型犬将路过的小明咬伤，花去医疗费 1000 元

D. 李某在驾车过程中将一名小学生撞死，但一直未查明死者身份，也无法找到死者家属，民政部门与李某达成赔偿协议

6 `61802001`

根据我国法律规定，下列哪种情形成立民事法律

关系？（单选）

A. 甲与乙约定某日商谈合作开百货商店事宜

B. 甲对乙说：如果你通过国家法律职业资格考试，我就和你谈恋爱

C. 甲不知乙不胜酒力而极力劝酒，致乙酒精中毒住院治疗

D. 甲应同事乙之邀前往某景区乘橡皮艇漂流，不慎溺水身亡

[1]A　　[2]B　　[3]AD　　[4]ABC　　[5]CD
[6]C

第三章
自然人

一、历年真题及仿真题

（一）自然人权利能力与行为能力

【多选】

1 `1902158`

乙在甲回国后热情招待，甲为了表示感谢就对乙怀孕的妻子承诺，孩子出生后赠送孩子两万元，乙的妻子未置可否，乙同意并表示感谢。乙孩子丙出生后，甲并未兑现赠与诺言。关于该赠与承诺，下列表述正确的是？

A. 赠与合同未成立

B. 赠与合同已生效

C. 受赠人为丙

D. 甲享有任意撤销权

（二）宣告失踪与宣告死亡

【单选】

2 `2202188`

甲在婚后因与妻子乙频繁争吵，有天吵架后一去不回，没有了音信。2 年后，乙向法院申请宣告

解析页码

002—004

甲失踪，法院支持了该请求。4 年后，因甲欠丙钱一直未还，债权人丙申请法院宣告甲死亡。对此，下列表述正确的是？

A. 宣告失踪后，甲丧失民事行为能力

B. 宣告失踪后，乙可继承甲的财产

C. 宣告失踪后，若乙起诉离婚，法院应支持该请求

D. 若 4 年后乙申请宣告失踪，丙申请宣告死亡，法院应宣告死亡

3 `1802013`

2014 年 6 月 1 日，家住北京市通州区的韩某乘坐 MH360 航班从马来西亚飞回北京。飞机中途失事，至今下落不明。韩某妻子何某欲将儿子小韩送养以便再嫁。韩某的父母不知如何处理，咨询刘律师。关于刘律师的答复，下列哪一说法是正确的？

A. 韩某的利害关系人申请宣告韩某死亡有顺序先后的限制

B. 韩某的父母申请宣告韩某死亡，其妻何某申请宣告失踪，通州区法院应当根据父母的申请宣告韩某死亡

C. 如通州区法院宣告韩某死亡，则判决作出之日视为韩某死亡的日期

D. 如通州区法院宣告韩某死亡但是韩某并未死亡的，在被宣告死亡期间韩某所实施的民事法律行为效力待定

【多选】

4 `1902160`

甲为逃债在外躲避 5 年，其妻乙向法院申请宣告甲死亡后与丙结婚，1 年后又离婚。7 年后，甲回归。下列关于甲、乙夫妻关系的说法正确的是？

A. 甲下落不明之日，甲、乙的婚姻关系消灭

B. 法院宣判甲死亡之日，甲、乙的婚姻关系消灭

C. 法院撤销甲的死亡宣告判决时，甲、乙的婚姻关系自行恢复

D. 法院撤销甲的死亡宣告判决之后，需重新办理结婚登记，才能确认甲、乙的婚姻关系

5 `1703052`

甲出境经商下落不明，2015 年 9 月经其妻乙请求被 K 县法院宣告死亡，其后乙未再婚，乙是甲唯一的继承人。2016 年 3 月，乙将家里的一辆轿车赠送给了弟弟丙，交付并办理了过户登记。2016 年 10 月，经商失败的甲返回 K 县，为还债将登记于自己名下的一套夫妻共有住房私自卖给知情的丁；同年 12 月，甲的死亡宣告被撤销。下列哪些选项是正确的？

A. 甲、乙的婚姻关系自撤销死亡宣告之日起自行恢复，但乙向婚姻登记机关书面声明不愿意恢复的除外

B. 乙有权赠与该轿车

C. 丙可不返还该轿车

D. 甲出卖房屋的行为无效

（三）监护

【单选】

6 `2302114`

甲男和乙女离婚后，5 岁的丙跟随甲一起生活。一年后甲和丁结婚，丙和甲、丁一起生活。丙 8 岁时，甲死亡，丁表示没钱抚养丙，要求乙抚养丙。但乙不照看丙，导致丙经常吃不上饭，也没钱上学。民政部门申请撤销乙的监护资格。下列说法正确的是？

A. 甲乙离婚后，乙丧失监护资格

B. 因为甲再婚，丁自动取得监护人资格

C. 法院可以撤销乙的监护资格

D. 若乙的监护资格被撤销，乙可以不付抚养费

7 `2002158`

甲在妻子乙病故后性情日益暴躁，时常对独生儿子丙（8 岁）虐待、体罚。甲醉酒后因丙期末考试成绩不理想，殴打丙致其轻伤，甲因此被判有期徒刑 1 年，缓刑 2 年。下列选项不正确的是？

A. 丙的祖父有权申请人民法院撤销甲的监护资格

B. 若甲的监护资格被撤销，丙仍有权请求甲支付抚养费

C. 若甲的监护资格被撤销后，丙的监护人确定前，人民法院可以指定丙住所地的居民委员会担任丙的临时监护人

D. 若甲的监护资格被撤销后，确有悔改表现，经

甲申请，人民法院可以在尊重丙真实意愿的前提下，恢复甲的监护人资格

8 2002002

陆某因抢劫罪被判处刑罚，其妻蒋某与之离婚，法院判决双方的未成年儿子小勇由陆某抚养，实际由陆某父母看管。关于小勇的监护人，下列哪一说法是正确的？

A．陆某是其唯一监护人

B．蒋某是其唯一监护人

C．蒋某和陆某父亲母亲是其监护人

D．陆某和蒋某均是其监护人

【多选】

9 1802108

2018年，甲的妻子乙不幸身故，甲独自抚养孩子丙。后甲沉溺吸毒，无力照看年仅四岁的丙。之后，甲被强制戒毒。以下关于丙监护人的说法，正确的有？

A．甲可以通过遗嘱，指定丙的奶奶担任监护人

B．甲住所地的民政局有权申请撤销甲的监护人资格

C．甲的监护资格被撤销后，仍须支付丙的抚养费

D．甲戒毒成功后可以申请恢复监护人资格

10 1703051

余某与其妻婚后不育，依法收养了孤儿小翠。不久后余某与妻子离婚，小翠由余某抚养。现余某身患重病，为自己和幼女小翠的未来担忧，欲作相应安排。下列哪些选项是正确的？

A．余某可通过遗嘱指定其父亲在其身故后担任小翠的监护人

B．余某可与前妻协议确定由前妻担任小翠的监护人

C．余某可与其堂兄事先协商以书面形式确定堂兄为自己的监护人

D．如余某病故，应由余某父母担任小翠的监护人

（四）综合知识点

【单选】

11 2202190

甲的酒量较差，在参加乙的婚礼宴会时，因高兴

自己多喝了几杯，遂喝醉。因意识不清，撞坏了饭店的一个屏风，价值5000元。对此，下列表述正确的是？

A．饭店无权请求甲赔偿，因为甲因醉酒丧失了民事权利能力

B．饭店无权请求甲赔偿，因为甲因醉酒丧失了民事行为能力

C．饭店的损失可以请求甲承担

D．饭店的损失可以请求乙承担

12 2102047

甲80岁时与侄子乙订立书面合同约定："甲日后成为无、限制民事行为能力人时，由乙担任甲的监护人；甲死亡时，甲的A房屋归乙所有。"甲的儿子丙知情后，表示将来由自己担任甲的监护人，甲不同意。甲85岁时被法院宣告为限制民事行为能力人，甲提出进入养老院生活，乙不同意。对此，下列表述正确的是？

A．乙不是甲的近亲属，不能担任甲的监护人

B．若丙有监护能力，乙不能担任甲的监护人

C．甲被宣告为限制民事行为能力人后，丙对甲不再负担赡养义务

D．甲提出进入养老院生活，系甲有能力独立处理的事务，乙不得干涉

13 2002001

甲怀孕期间因身体不适就医，因医生用药错误，致甲险些流产，虽保住了胎儿，但造成了胎儿乙残疾，甲也受到了身体伤害，甲因此向医院主张侵权损害赔偿。对此，下列哪一说法是正确的？

A．甲、乙均有损害赔偿请求权

B．只有甲有损害赔偿请求权

C．医院和医生对甲、乙承担连带责任

D．只有乙有损害赔偿请求权

14 1902091

70岁的甲有一对成年子女，已经独立生活，甲喜欢上50岁的乙，于是与乙协议约定："当我丧失行为能力时，由你来当监护人，待我死后，我名下的一半遗产归你所有"。下列说法正确的是？

A．监护协议有效

- -

解析页码

B．该协议有关监护的部分在甲死后才生效

C．甲处分遗产的部分无效

D．甲有成年子女，协议无效

(15) `1802103`

小强今年 11 岁，在上小学，因多次参加钢琴比赛并获奖，共得奖金 50 万元。小强的父亲赵某用小强的奖金以小强的名义购买房屋一套，并登记在小强名下。不久后，房屋贬值，市价大幅下跌。关于房屋买卖合同的效力以及对小强财产损失的赔偿责任，以下说法正确的有？

A．小强有权就自己的财产损失请求赵某赔偿

B．小强请求赵某赔偿不受 3 年诉讼时效的限制

C．赵某以小强的名义订立的房屋买卖合同无效

D．赵某以小强的名义订立的房屋买卖合同有效

【多选】

(16) `1802051`

甲（6 周岁）系小童星，演出收入颇丰。A 城房价多年来一直持续上升，不少炒房客抬高房价。A 城政府为了保障民生，出台相关房价政策，明确禁止炒房，为了遏制房价上涨，并且先后采取了土地、金融、税收等多种调控手段。但甲的父母未关注相关政策，其父母为保值，在 A 城房价最高点时以甲的名义购买了一套商品房，价款 850 万元。后 A 城房价下跌，损失惨重。关于本案，下列哪些说法是错误的？

A．甲向其父母追偿损失不受 3 年诉讼时效的限制

B．甲的父母没有为甲财产保值的义务

C．购房合同有效，但父母应负赔偿责任

D．甲父母的行为构成无因管理

(17) `1802055`

2015 年 2 月，家住陕西省 W 县的孙某（男，51 周岁，有配偶）依法收养了孤儿小丽（女，11 岁）为养女，后孙某多次对小丽实施性侵害，造成小丽先后产下两名女婴。2017 年 5 月，当地群众向公安机关匿名举报，媒体也纷纷曝光此事。2017 年 8 月，当地法院判决孙某构成强奸罪，判决有期徒刑 3 年。关于本案，下列哪些说法是错误的？

A．W 县民政部门可以直接取消孙某的监护人资格

B．孙某被人民法院取消监护资格后可以不再给付抚养费

C．孙某出狱后，如确有悔改表现的，经其申请，人民法院可以恢复其监护人资格

D．小丽对孙某的损害赔偿请求权的诉讼时效期间自法定代理终止之日起计算

(18) `1603052`

甲 6 周岁，多次在国际钢琴大赛中获奖，并获得大量奖金。甲的父母乙、丙为了甲的利益，考虑到甲的奖金存放银行增值有限，遂将奖金全部购买了股票，但恰遇股市暴跌，甲的奖金损失过半。关于乙、丙的行为，下列哪些说法是正确的？

A．乙、丙应对投资股票给甲造成的损失承担责任

B．乙、丙不能随意处分甲的财产

C．乙、丙的行为构成无因管理，无须承担责任

D．如主张赔偿，甲对父母的诉讼时效期间在进行中的最后 6 个月内因自己系无行为能力人而中止，待成年后继续计算

二、模拟训练

(19) `62202185`

甲年过七旬，中年丧妻，经常因身体不适住院，甲的子女们平日因工作繁忙无暇照顾父亲，无奈下甲和邻居乙签订协议，约定在将来因病头脑意识不清或者昏迷时，由乙来当监护人，甲把自己位于市区的房子赠送给乙，后来甲生病丧失行为能力，乙按照协议照顾甲，但是乙经常虐待打骂甲，甲的子女得知此事，与乙产生纷争，撕毁了该份协议。对此，下列说法正确的是？（多选）

A．甲乙的监护协议有效

B．甲丧失行为能力后，乙原则上不得解除该协议

C．甲丧失行为能力前，若子女反对该协议，子女可以解除该协议

D．甲的子女有权向法院申请撤销乙的监护资格

(20) `62202169`

甲乙孕有一女小甲，一日，朋友丙来访，得知乙

怀孕，承诺送给小甲一玉佩，甲乙对此表示感谢。在乙怀孕期间，甲父不幸离世，离世前立下遗嘱，写明自己珍藏的一套价值 20 万的邮票由小甲继承。甲父的二儿子戊以小甲未出生为由，在分割遗产时拒绝将邮票分割给小甲。下列说法错误的是?（单选）

A. 小甲虽未出生，但甲可以以小甲的名义请求丙交付玉佩

B. 戊无权以小甲未出生为由，在分割遗产时拒绝将邮票分割给小甲

C. 若小甲出生时，乙难产而死，甲因此伤心欲绝，无心抚养小甲，可与甲母协议由甲母代替自己成为小甲的监护人

D. 若小甲出生后，甲乙离婚，甲整日酗酒，经常殴打小甲，乙申请法院撤销甲的监护资格后，甲不得拒绝负担小甲的抚养费

21 `62202133`

甲 15 岁，关于其监护问题，下列哪些选项表述有误?（多选）

A. 若甲的父母通过遗嘱指定监护人，则被指定的人必须担任监护人

B. 有监护能力的甲的父母，可通过协议监护的方式，免除自身对于甲的监护职责

C. 以协议监护方式确定的监护人，不可约定由不同法定顺位的人共同担任监护人

D. 若甲的父母离婚，甲由父亲抚养，甲的父亲通过遗嘱指定乙为监护人，甲的父亲死亡后，甲的母亲无权与乙争当监护人

22 `62202132`

下列有关申请宣告失踪或死亡的利害关系人正确的有?（多选）

A. 妈妈反对的情况下，外婆可以申请宣告因毕业旅游下落不明满 2 年的外孙失踪

B. 爸爸已经死亡的，孙子可以申请宣告下落不明满 4 年的爷爷失踪

C. 儿子可以申请宣告因意外事件下落不明满 5 年的爸爸死亡

D. 甲乙结婚，甲下落不明满 4 年。甲妹妹丙（无利益牵扯）可以不顾乙的反对申请宣告甲死亡

23 `61902097`

2011 年 7 月 5 日，李某与家人大吵一架后离家出走，从此杳无音讯。2015 年 12 月，李某的妻子王某向人民法院申请宣告李某死亡，法院依法宣告李某死亡。2018 年 5 月，王某带产改嫁后，决定将与李某所生的女儿甲送养他人。原来，李某离家出走后，南下深圳经商，2019 年获利 200 万回到家乡。下列说法正确的是哪一项?（单选）

A. 若李某的母亲不同意王某的申请，仅向人民法院申请宣告李某失踪的，人民法院不应宣告李某死亡

B. 若人民法院于 2017 年 3 月 1 日作出宣告死亡的判决，则李某死亡的日期为 2017 年 3 月 1 日

C. 李某可以收养未经其书面同意为由主张收养关系无效

D. 自王某再婚之日起，李某与王某的婚姻关系消灭

参考答案

[1] BCD　[2] C　[3] B　[4] BD　[5] ABC
[6] C　[7] D　[8] D　[9] ABCD　[10] ABC
[11] C　[12] D　[13] A　[14] A　[15] D
[16] ABCD　[17] ABCD　[18] AB　[19] ABD　[20] C
[21] ABCD　[22] ABC　[23] B

第四章
法人和非法人组织

一、历年真题及仿真题

（一）法人分类

【单选】

1 `2102048`

甲出资 10 亿元设立防治新冠基金会。关于该基金会，下列表述正确的是?

A. 应当依法制定法人章程

B. 应当设立理事会，可以不设立监督机构

C. 自批准成立之日起取得法人资格，无须办理设立登记

D. 基金会法人可以向甲分配利润；终止时，剩余财产返还给甲

2 `1802014`

根据我国法律规定，关于法人成立，下列哪一说法是正确的？

A. 事业单位法人均从登记之日起具有法人资格

B. 社会团体法人均从成立之日起具有法人资格

C. 捐助法人均从登记之日起取得法人资格

D. 有独立经费的机关法人从登记之日起具有法人资格

3 `1503001`

甲以自己的名义，用家庭共有财产捐资设立以资助治疗麻风病为目的的基金会法人，由乙任理事长。后因对该病的防治工作卓有成效使其几乎绝迹，为实现基金会的公益性，现欲改变宗旨和目的。下列哪一选项是正确的？

A. 甲作出决定即可，因甲是创始人和出资人

B. 乙作出决定即可，因乙是法定代表人

C. 应由甲的家庭成员共同决定，因甲是用家庭共有财产捐资的

D. 应由基金会法人按照程序申请，经过上级主管部门批准

4 `1403004`

宗某患尿毒症，其所在单位甲公司组织员工捐款20万元用于救治宗某。此20万元存放于专门设立的账户中。宗某医治无效死亡，花了15万元医疗费。关于余下5万元，下列哪一表述是正确的？

A. 应归甲公司所有

B. 应归宗某继承人所有

C. 应按比例退还员工

D. 应用于同类公益事业

(二) 法定代表人行为效力

【单选】

5 `2402062`

刘某（甲公司法定代表人）和谢某（乙公司法定

代表人）经各自公司董事会决议分别代表甲乙公司订立《钢材购销合同》，且均已签字盖章。乙公司在后续合同履行过程中发现合同中所盖甲公司公章系其法定代表人刘某伪造。关于该合同的效力，下列说法正确的是？

A. 合同有效

B. 合同效力待定

C. 合同无效

D. 合同不成立

【多选】

6 `1902099`

陈某是乙分公司的负责人，因为自身原因向甲借款5000万元，甲要求提供担保并且盖上乙分公司的章，陈某拿出公司的委托授权书告诉甲超出了乙分公司的授权范围，甲不管，仍让陈某盖上了乙分公司的章。到期，甲要让乙分公司承担责任，乙分公司拒绝。下列说法正确的是？

A. 陈某是越权代表

B. 陈某是表见代表

C. 乙分公司不需要承担担保责任

D. 乙分公司需要承担担保责任

二、模拟训练

7 `61902125`

张某患有先天性心脏病，自幼受到某基金会的帮助，于是张某在治疗好自己的疾病后，设立了一个以治疗先天性心脏病为目的的基金会，自己担任理事长，其朋友李某也捐助了部分资产。下列哪些选项正确？（多选）

A. 张某可以单独决定终止基金会

B. 该基金会的决策机构作出决定的程序违反法律的，张某有权请求人民法院撤销该决定

C. 李某在向该基金会捐助财产之后，即丧失了对捐助财产的所有权，但仍有权就捐助财产的使用向捐助法人提出建议

D. 若之后因某种原因，该基金会要终止运营，基金会尚存的200万元应当返还给张某和李某

解析页码
013—014

参考答案

[1] A　　[2] C　　[3] D　　[4] D　　[5] A
[6] AC　　[7] BC

第五章
民事法律行为

一、历年真题及仿真题

（一）效力待定的民事法律行为

【单选】

1　2102046

某社会慈善家赠与乙（9 岁）10 万元，并约定该款项只能用于乙的学习，乙表示接受，但乙的父母不同意。关于该赠与的效力，下列哪一说法是正确的？

A．未成立，因乙的父母不同意

B．无效，因乙的父母不同意

C．效力待定，因乙因此负担合同义务

D．有效，因系使乙纯获利益

（二）可撤销的民事法律行为

【单选】

2　1902142

甲公司法定代表人李某被乙公司代表极力劝酒灌醉（医院病历证明李某当时处于严重醉酒状态，但尚未丧失知觉），乙公司趁机与李某签订违背远期商业规划且明显不利于甲公司的合作协议。甲公司可基于哪一请求主张撤销该合作协议？

A．欺诈

B．显失公平

C．乘人之危

D．重大误解

3　1902093

赵某有一幅祖传名画，市值百万，周某欲以低价购入，联合鉴定专家余某欺骗赵某说这是赝品价

值不超过 10 万，赵某信以为真，但并未将画卖给周某，而是以 15 万元卖给不知情的唐某，下列哪一说法正确？

A．因唐某乘人之危，赵某可以撤销与唐某的买卖合同

B．因遭受周某欺诈，赵某可以撤销与唐某的买卖合同

C．属于重大误解，赵某可以撤销与唐某的买卖合同

D．属于显失公平，赵某可以撤销与唐某的买卖合同

4　1802015

甲的家中有一个祖传唐代瓷器。乙多次上门求购，均被甲拒绝。2015 年 2 月 1 日，乙的好朋友丙瞒着乙上门扬言："明日若你还不将瓷器卖给乙，小心你儿子的小命"。甲心生恐惧，次日将瓷器以 2 万元卖给了乙。2017 年 3 月 2 日，甲的儿子出国留学。2017 年 3 月 10 日，甲向法院起诉要求撤销瓷器买卖合同。经查，瓷器实为赝品，市值仅 300 元，甲、乙对此均不知情。关于本案，下列哪一说法是正确的？

A．因乙不知丙胁迫甲一事，甲无权请求撤销与乙的瓷器买卖合同

B．乙基于甲欺诈为由撤销瓷器买卖合同的，法院应予支持

C．甲基于受胁迫撤销瓷器买卖合同的权利因超过 1 年除斥期间而不予支持

D．乙基于重大误解撤销瓷器买卖合同的权利至 2017 年 6 月 8 日届满

5　1703010

陈老伯考察郊区某新楼盘时，听销售经理介绍周边有轨道交通 19 号线，出行方便，便与开发商订立了商品房预售合同。后经了解，轨道交通 19 号线属市域铁路，并非地铁，无法使用老年卡，出行成本较高；此外，铁路房的升值空间小于地铁房。陈老伯深感懊悔。关于陈老伯可否反悔，下列哪一说法是正确的？

A．属认识错误，可主张撤销该预售合同

B. 属重大误解，可主张撤销该预售合同

C. 该预售合同显失公平，陈老伯可主张撤销该合同

D. 开发商并未欺诈陈老伯，该预售合同不能被撤销

6 `1703003`

齐某扮成建筑工人模样，在工地旁摆放一尊廉价购得的旧蟾蜍石雕，冒充新挖出文物等待买主。甲曾以 5000 元从齐某处买过一尊同款石雕，发现被骗后正在和齐某交涉时，乙过来询问。甲有意让乙也上当，以便要回被骗款项，未等齐某开口便对乙说："我之前从他这买了一个貔貅，转手就赚了，这个你不要我就要了。"乙信以为真，以 5000 元买下石雕。关于所涉民事法律行为的效力，下列哪一说法是正确的？

A. 乙可向甲主张撤销其购买行为

B. 乙可向齐某主张撤销其购买行为

C. 甲不得向齐某主张撤销其购买行为

D. 乙的撤销权自购买行为发生之日起 2 年内不行使则消灭

【多选】

7 `2302007`

甲到某地旅游，在乙开的早餐店购买豆浆时，甲发现盛豆浆的小碗花色古朴，甚是好看，遂提出购买该小碗留作纪念，双方约定以 20 元购买。甲的朋友丙是古董专家，到甲的家中做客时，看到该小碗，怀疑是古董，后经鉴定确为明代某官窑出土的古董，价值 10 万元。对此，下列说法正确的是？

A. 乙可以主张重大误解

B. 乙可以主张显失公平

C. 乙可以主张欺诈

D. 乙有权向法院请求撤销合同

8 `1902157`

甲是资深中医，和有夫之妇乙有染。乙的丈夫丙发现后，以此威胁甲为其销售的保健品"长寿一号"提供信用背书，该保健品实际为芝麻粉和红糖的混合物，甲只好配合丙完成信用背书，后丙

以 5000 元一盒的价格卖给富商丁两个疗程。丁知情后可以何种理由撤销合同？

A. 甲系欺诈

B. 重大误解

C. 丁被胁迫

D. 丙系欺诈

(三) 综合知识点

【单选】

9 `2202027`

某日，古玩爱好者甲在本地经常光顾的古玩街花费十万元购买了一面铜镜，疑为唐代真品。后经鉴定，该铜镜为现代仿品，仅值数千元。对此，下列哪一说法是正确的？

A. 甲可主张存在重大误解，请求撤销合同

B. 甲意思表示真实有效，无权请求撤销合同

C. 甲可主张存在显失公平，请求撤销合同

D. 甲可主张其被售卖人欺诈，请求撤销合同

10 `2202026`

甲公司看中乙五星级酒店的一幅巨型山水画。后甲公司以 4.5 亿元（高出市场价 1 亿）的价格收购乙五星级酒店的全部财产（包括巨型山水画）。然后次日委托拍卖山水画赚了 1.5 亿，甲公司与乙五星级酒店之间的买卖合同效力如何？

A. 重大误解

B. 显失公平

C. 欺诈

D. 无效力瑕疵

11 `2102049`

张某出国时将一齐白石的真迹交给老李保管。老李死亡后，老李儿子小李以为画是父亲所有。王某在李某家看到这幅画时，看出此画为齐白石真迹，有意以市场价 3000 万元购买，但没有直说；小李知道老李不可能买得起真品，估计画的价值在 3000 元左右，遂以 3000 元的价格出卖给王某并交付。两年后，张某回国后请求李某返回该画，小李才知实情。对此，下列表述正确的是？

A. 王某可善意取得该画

B. 小李有权以重大误解为由诉请法院撤销与王某的买卖合同

C. 小李有权以显失公平为由诉请法院撤销与王某的买卖合同

D. 小李有权以遭受欺诈为由诉请法院撤销与王某的买卖合同

12　1802002

爷爷老张对孙子小张十分疼爱。小张 6 岁时，老张将家中祖传的一幅价值 200 万元的书画赠与小张。母亲刘某对此坚决表示反对。小张 8 岁时，老张又赠与小张一只价值 2 万元的檀木手串。母亲刘某亦明确表示反对。关于本案，下列哪一说法是正确的？

A. 爷爷将书画赠与小张的行为因纯获利益而有效

B. 爷爷将书画赠与小张的行为因母亲刘某反对而无效

C. 爷爷将檀木手串赠与小张的行为因纯获利益而有效

D. 爷爷将檀木手串赠与小张的行为因母亲刘某反对而无效

13　1703002

肖特有音乐天赋，16 岁便不再上学，以演出收入为主要生活来源。肖特成长过程中，多有长辈馈赠：7 岁时受赠口琴 1 个，9 岁时受赠钢琴 1 架，15 岁时受赠名贵小提琴 1 把。对肖特行为能力及其受赠行为效力的判断，根据《民法典》相关规定，下列哪一选项是正确的？

A. 肖特尚不具备完全的民事行为能力

B. 受赠口琴的行为无效，应由其法定代理人代理实施

C. 受赠钢琴的行为无效，因与其当时的年龄智力不相当

D. 受赠小提琴的行为无效，因与其当时的年龄智力不相当

14　1603003

潘某去某地旅游，当地玉石资源丰富，且盛行"赌石"活动，买者购买原石后自行剖切，损益自负。潘某花 5000 元向某商家买了两块原石，切开后发现其中一块为极品玉石，市场估价上百万元。

商家深觉不公，要求潘某退还该玉石或补交价款。对此，下列哪一选项是正确的？

A. 商家无权要求潘某退货

B. 商家可基于公平原则要求潘某适当补偿

C. 商家可基于重大误解而主张撤销交易

D. 商家可基于显失公平而主张撤销交易

15　1503004

甲公司与 15 周岁的网络奇才陈某签订委托合同，授权陈某为甲公司购买价值不超过 50 万元的软件。陈某的父母知道后，明确表示反对。关于委托合同和代理权授予的效力，下列哪一表述是正确的？

A. 均无效，因陈某的父母拒绝追认

B. 均有效，因委托合同仅需简单智力投入，不会损害陈某的利益，其父母是否追认并不重要

C. 是否有效，需确认陈某的真实意思，其父母拒绝追认，甲公司可向法院起诉请求确认委托合同的效力

D. 委托合同因陈某的父母不追认而无效，但代理权授予是单方法律行为，无需追认即有效

16　1503003

张某和李某设立的甲公司伪造房产证，以优惠价格与乙企业（国有）签订房屋买卖合同，以骗取钱财。乙企业交付房款后，因甲公司不能交房而始知被骗。关于乙企业可以采取的民事救济措施，下列哪一选项是正确的？

A. 以甲公司实施欺诈损害国家利益为由主张合同无效

B. 只能请求撤销合同

C. 通过乙企业的主管部门主张合同无效

D. 可以请求撤销合同，也可以不请求撤销合同而要求甲公司承担违约责任

【多选】

17　2402063

16 岁的王某身形高大，长相成熟，去乙的店里买电动自行车，谎称其在附近上班，买车用于上班代步，遂花费一个学期的生活费 4500 元买了车。

- - - - - - - - - - - - - - - - - -

解析页码
018—020

结果刚上路就因为技术不熟练把丙撞了，车也有一定损坏。王某的父母知晓后拒绝追认买卖合同，要求乙退还 4500 元。下列说法正确的是？

A. 丙可以要求王某的父母赔偿

B. 王某实施与行为能力适应的行为，买卖合同有效

C. 王某父母可以要求乙返还 4500 元

D. 乙善意，买卖合同有效

18 `2102058`

油画爱好者甲委托乙创作一巨幅油画，约定报酬 50 万元，甲先支付 5 万元作为履约金，油画完成后，若甲不满意，不再支付剩余的 45 万元，乙对甲已支付的 5 万元不予退还。关于甲、乙这一合同，下列表述中错误的是？

A. 该合同尚未生效

B. 违反自愿原则

C. 违反诚信原则

D. 构成显失公平

19 `2102057`

甲、乙签订租赁合同约定："甲以 100 万元购买乙的 A 房屋后，甲将 A 房屋出租给乙，租期一年，月租金 10 万元。"丙与甲订立保证合同约定："乙对甲负担的合同义务，由丙承担连带责任保证。"经查，A 房屋根本不存在，甲、乙均知情，丙完全不知情。对此，下列表述正确的是？

A. 名为租赁合同，实为借款合同

B. 租赁合同无效，保证合同无效

C. 借款合同有效，保证合同无效

D. 借款合同有效，保证合同有效

20 `2002091`

甲向乙借款 100 万元用于公司经营，双方签订合伙协议："甲经营的损失与乙无关；第一年甲收益分配给乙 10 万元；第二年甲收益分配给乙 10 万元；第三年甲还本带收益 110 万元。"对此，下列表述正确的是？

A. 该协议属合伙合同

B. 该协议属借款合同

C. 借款协议有效

D. 合伙协议有效

21 `1902097`

甲打篮球时将可乐和书包扔在篮球架下面，走时拿上了书包，喝剩的可乐没有拿，乙捡走了可乐。下列说法正确的是？

A. 可乐为抛弃物

B. 抛弃行为的意思表示可以无相对人

C. 和书包放在一起时，乙可拾捡该可乐

D. 该行为是赠与

22 `1503052`

某旅游地的纪念品商店出售秦始皇兵马俑的复制品，价签标名为"秦始皇兵马俑"，2800 元一个。王某购买了一个，次日，王某以其购买的"秦始皇兵马俑"为复制品而非真品属于欺诈为由，要求该商店退货并赔偿。下列哪些表述是错误的？

A. 商店的行为不属于欺诈，真正的"秦始皇兵马俑"属于法律规定不能买卖的禁止流通物

B. 王某属于重大误解，可请求撤销买卖合同

C. 商店虽不构成积极欺诈，但构成消极欺诈，因其没有标明为复制品

D. 王某有权请求撤销合同，并可要求商店承担缔约过失责任

23 `1503002`

甲以 23 万元的价格将一辆机动车卖给乙。该车因里程表故障显示行驶里程为 4 万公里，但实际行驶了 8 万公里，市值为 16 万元。甲明知有误，却未向乙说明，乙误以为真。乙的下列哪些请求是错误的？

A. 乙有权以甲欺诈为由请求法院变更合同

B. 乙可以以甲违约为由请求减少价款至 16 万元

C. 以欺诈为由，致函甲请求撤销合同，合同自该函到达甲时即被撤销

D. 请求甲承担缔约过失责任

【不定项】

24 `1403090`

张某、方某共同出资，分别设立甲公司和丙公司。2013 年 3 月 1 日，甲公司与乙公司签订了开发某房地产项目的《合作协议一》，约定如下："甲公

司将丙公司 10% 的股权转让给乙公司，乙公司在协议签订之日起三日内向甲公司支付首付款 4000 万元，尾款 1000 万元在次年 3 月 1 日之前付清。首付款用于支付丙公司从某国土部门购买 A 地块土地使用权。如协议签订之日起三个月内丙公司未能获得 A 地块土地使用权致双方合作失败，乙公司有权终止协议。"

《合作协议一》签订后，乙公司经甲公司指示向张某、方某支付了 4000 万元首付款。张某、方某配合甲公司将丙公司的 10% 的股权过户给了乙公司。

2013 年 5 月 1 日，因张某、方某未将前述 4000 万元支付给丙公司致其未能向某国土部门及时付款，A 地块土地使用权被收回挂牌卖掉。

2013 年 6 月 4 日，乙公司向甲公司发函："鉴于土地使用权已被国土部门收回，故我公司终止协议，请贵公司返还 4000 万元。"甲公司当即回函："我公司已把股权过户到贵公司名下，贵公司无权终止协议，请贵公司依约支付 1000 万元尾款。"

2013 年 6 月 8 日，张某、方某与乙公司签订了《合作协议二》，对继续合作开发房地产项目做了新的安排，并约定："本协议签订之日，《合作协议一》自动作废。"丁公司经甲公司指示，向乙公司送达了《承诺函》："本公司代替甲公司承担 4000 万元的返还义务。"乙公司对此未置可否。关于张某、方某与乙公司签订的《合作协议二》，下列表述正确的是？

A. 有效

B. 无效

C. 可变更

D.《合作协议一》被《合作协议二》取代

二、模拟训练

25 `62202018`

下列情形中，当事人有权以重大误解为由主张撤销合同的有？（多选）

A. 甲欲向花店买 999 朵玫瑰花（5 元 1 朵）用来向女友求婚，但误把月季花（5 元 1 朵）当成玫瑰花，并付款

B. 乙种植了许多大棚有机生菜，拜托弟弟丙以 10 元每斤的价格出售给某高端超市，丙与超市签订供销合同时记成了 4 元每斤，并订立了

1000 斤的买卖合同

C. 丁经营一家卖鞋的淘宝店，年中大促时欲以 99 元每双的价格出售 A 款板鞋，因系统 bug 价格变成了 9.9 元每双，5 分钟内丁店铺就卖出了 1000 双

D. 丙赠与甲一名家制作的铜壶，但甲认为铜壶即使名家制作也不会过于值钱，便以价值 1000 元卖给乙，后甲得知该壶市价 10000 元

26 `62102117`

张三向大方银行贷款 120 万元，大方银行告知张三需提供担保方可订立贷款合同。好友李四为帮助张三顺利贷款，以举报其所在公司高管王五学历造假为由相要挟，迫使王五为张三贷款提供保证，并与大方银行签订了保证合同，后王五向大方银行发出撤销通知。据此，下列哪些说法是错误的？（多选）

A. 该保证合同因违背王五真实的意思表示而属于无效合同

B. 若大方银行对胁迫不知情且无知情可能，则王五不得请求撤销保证合同

C. 若王五在知道撤销事由之日起九十日内没有行使撤销权，则撤销权消灭

D. 王五向大方银行发出撤销通知之日起，保证合同失效

27 `62102068`

法学大家韦恩・莫里森的《法理学》已经绝版了，甲书店将 PDF 扫描印刷本打印出来，谎称是正版二手书籍出售，其以 300 元的价格卖给法学经典书籍爱好者乙。收到书后，乙一眼就认出该书并非是正版书籍，但惊奇地发现该印刷本附有国内某知名教授的读书批注，后该书的价值急剧飙升，市场估值达 3000 元，甲书店得知后欲撤销与乙的买卖合同。下列说法正确的是？（单选）

A. 甲书店可基于买卖合同显失公平主张撤销该合同

B. 甲书店可基于重大误解主张撤销该合同

C. 乙有权自合同订立之日起一年内主张撤销该合同

解析页码

D. 乙有权决定履行该合同，甲书店无权拒绝履行

28 `61902128`

下列关于意思表示的说法，哪一选项正确？（单选）

A. 甲向乙发出书面信件，表示愿意以 3000 元的价格出售一部手机，在乙知道该信件内容时，甲的意思表示生效

B. 甲向乙发送电子邮件，表示愿意以 4500 元的价格出售一部笔记本电脑，乙对此未置可否，乙的行为仍构成意思表示，可视为默认

C. 甲公司以商业广告的方式发出订立买卖合同的要约，在相对人了解时，该意思表示生效

D. 甲的爷爷在临终前作出一份符合法定形式的遗嘱，该自书遗嘱载明由甲继承自己位于天高小区的一栋房屋，该意思表示属于无相对人的意思表示

参考答案

[1] B	[2] B	[3] C	[4] D	[5] D
[6] B	[7] AD	[8] AD	[9] B	[10] D
[11] B	[12] C	[13] B	[14] A	[15] D
[16] D	[17] AC	[18] ABCD	[19] AD	[20] BC
[21] AB	[22] BCD	[23] AC	[24] A	[25] ABC
[26] ABCD	[27] D	[28] D		

第六章
代理

一、历年真题及仿真题

（一）代理概述

【单选】

1 `1503009`

甲去购买彩票，其友乙给甲 10 元钱让其顺便代购彩票，同时告知购买号码，并一再嘱咐甲不要改变。甲预测乙提供的号码不能中奖，便擅自更换号码为乙购买了彩票并替乙保管。开奖时，甲为

乙购买的彩票中了奖，二人为奖项归属发生纠纷。下列哪一分析是正确的？

A. 甲应获得该奖项，因按乙的号码无法中奖，甲、乙之间应类推适用借贷关系，由甲偿还乙 10 元

B. 甲、乙应平分该奖项，因乙出了钱，而甲更换了号码

C. 甲的贡献大，应获得该奖之大部，同时按比例承担彩票购买款

D. 乙应获得该奖项，因乙是委托人

【多选】

2 `2102144`

甲将家传古画委托乙卖出。在有意购买的人中，丁的出价并不是最高，但是由于丁私下给了乙 20% 的好处费，乙将古画卖给了丁，并欺骗甲说古画市场价格大跌，同时隐瞒了比丁高的其他报价。对此，下列哪些说法是正确的？

A. 买卖合同有效

B. 买卖合同效力待定

C. 乙构成无权代理

D. 乙与丁对甲的损害承担连带责任

（二）狭义的无权代理

【单选】

3 `2002156`

甲欲出售一辆小型汽车，乙擅自向甲主张受丙委托欲购买该车，甲向丙核实，丙未予否认。甲将该车交给乙后乙便不知去向，事后甲向丙要求付款遭拒绝。下列哪一项是正确的？

A. 由甲自行承担损失

B. 由乙支付车款

C. 由丙支付车款

D. 由乙、丙承担连带付款责任

4 `2002004`

丙系甲香烟制造公司的市场专员，因舞弊被公司开除后，寻思着捞一票并报复甲公司。之后丙伪造甲公司公章，以甲公司的名义与不知情的乙公

解析页码
023—024

司于 4 月 20 日订立合同，约定："甲公司向乙公司出售熊猫牌香烟 50 箱，价款 500 万元。" 5 月 1 日，因丙请求乙公司将价款打入其指定的账户，乙公司经询问才得知丙已被开除。同时，甲公司对乙公司表示，是否接受该合同须考虑几天再做决定。5 月 10 日，甲公司通知乙公司，不接受丙订立的合同。对此，下列哪一表述是错误的？

A. 5 月 1 日后至 5 月 10 日前，乙公司有权通知甲公司撤销合同

B. 5 月 10 日后，乙公司有权请求甲公司履行合同义务

C. 5 月 10 日后，乙公司有权选择请求丙履行交付义务

D. 5 月 10 日后，乙公司有权选择请求丙赔偿损失

（三）表见代理

【多选】

5 `1403052`

吴某是甲公司员工，持有甲公司授权委托书。吴某与温某签订了借款合同，该合同由温某签字、吴某用甲公司合同专用章盖章。后温某要求甲公司还款。下列哪些情形有助于甲公司否定吴某的行为构成表见代理？

A. 温某明知借款合同上的盖章是甲公司合同专用章而非甲公司公章，未表示反对

B. 温某未与甲公司核实，即将借款交给吴某

C. 吴某出示的甲公司授权委托书载明甲公司仅授权吴某参加投标活动

D. 吴某出示的甲公司空白授权委托书已届期

（四）综合知识点

【单选】

6 `2202179`

员工张某被 A 公司派往云南出差考察民宿价格，时值牛肝菌旺季，企图趁此机会卖给自己的客户赚钱，张某以 A 公司名义和商家以公司优惠价订立牛肝菌买卖合同并付款，但是在写寄送地址的时候不小心写成了公司地址，于是商家将牛肝菌寄到了 A 公司。A 公司知晓事情原由后，欲将其

拿来当作福利发给员工。对此，下列说法正确的是？

A. 张某构成无权代理，该买卖合同效力待定

B. 张某有权请求公司支付牛肝菌的价款

C. 张某有权请求公司返还牛肝菌

D. 商家可以欺诈为由撤销合同

7 `1902148`

甲谎称自己是乙，以乙的名义向丙借款，借期一年，让丙将钱款打入其指定的账户，丙认为是借给乙且自己知道乙的银行卡号的情况下，为省事丙直接将钱款打入乙的账户。乙正好缺钱，收到丙的钱后对甲、丙表示感谢。对此，下列说法正确的是？

A. 甲的行为构成无因管理

B. 甲的行为使乙、丙间成立不当得利

C. 约定的期限届满后，丙有权请求甲偿还借款

D. 约定的期限届满后，丙有权请求乙偿还借款

8 `1603004`

甲公司员工唐某受公司委托从乙公司订购一批空气净化机，甲公司对净化机单价未作明确限定。唐某与乙公司私下商定将净化机单价比正常售价提高 200 元，乙公司给唐某每台 100 元的回扣。商定后，唐某以甲公司名义与乙公司签订了买卖合同。对此，下列哪一选项是正确的？

A. 该买卖合同以合法形式掩盖非法目的，因而无效

B. 唐某的行为属无权代理，买卖合同效力待定

C. 乙公司行为构成对甲公司的欺诈，买卖合同属可撤销合同

D. 唐某与乙公司恶意串通损害甲公司的利益，应对甲公司承担连带责任

【多选】

9 `2102059`

甲公司法定代表人指派吉某和展某代表甲公司与乙公司签订一份合同，明确要求吉某与展某必须一起商议决策，一起签署合同。甲公司当日将上述安排以传真方式发给了乙公司，但乙公司未注

意到。谈判中，吉某负责与乙公司谈判，展某则负责记录，乙公司参与谈判者均以为展某是吉某的秘书。签署合同时，因展某有急事离开，吉某只好独自与乙公司签订了合同。对此，下列表述正确的是？

A. 吉某属于无权代理

B. 若甲公司开始履行，视为对合同的追认

C. 若甲公司拒绝履行，乙公司有权要求吉某履行合同

D. 若甲公司拒绝履行，乙公司有权以构成表见代理为由请求甲公司履行

【不定项】

⑩ `1503087`

甲公司、乙公司签订的《合作开发协议》约定，合作开发的 A 区房屋归甲公司、B 区房屋归乙公司。乙公司与丙公司签订《委托书》，委托丙公司对外销售房屋。《委托书》中委托人签字盖章处有乙公司盖章和法定代表人王某签字，王某同时也是甲公司法定代表人。张某查看《合作开发协议》和《委托书》后，与丙公司签订《房屋预订合同》，约定："张某向丙公司预付房款 30 万元，购买 A 区房屋一套。待取得房屋预售许可证后，双方签订正式合同。"丙公司将房款用于项目投资，全部亏损。后王某向张某出具《承诺函》：如张某不闹事，将协调甲公司卖房给张某。但甲公司取得房屋预售许可后，将 A 区房屋全部卖与他人。张某要求甲公司、乙公司和丙公司退回房款。张某与李某签订《债权转让协议》，将该债权转让给李某，通知了甲、乙、丙三公司。因李某未按时支付债权转让款，张某又将债权转让给方某，也通知了甲、乙、丙三公司。关于《房屋预订合同》，下列说法正确的是？

A. 无效

B. 对于甲公司而言，丙公司构成无权处分

C. 对于乙公司而言，丙公司构成有效代理

D. 对于张某而言，丙公司构成表见代理

二、模拟训练

⑪ `61902154`

甲将自己的手机借给乙使用，乙谎称自己是甲的

代理人，将该手机出卖给不知情的丙，后甲知道了此事。下列哪些说法是错误的？（多选）

A. 甲丙之间的买卖合同有效

B. 甲丙之间的买卖合同无效

C. 如果甲未作出表示，则视为拒绝追认该买卖合同

D. 丙可以随时撤销该买卖合同

⑫ `61902101`

赵某委托钱某前往果农孙某处采购一批甲苹果，钱某觉得当地生产的乙苹果市场较好，便自作主张以赵某的名义向孙某订购一批乙苹果。孙某未就代理事宜进行询问，便与钱某订立了买卖合同。对此，下列哪些说法是正确的？（多选）

A. 在赵某追认前，赵某与孙某的合同无效

B. 孙某享有催告权

C. 孙某享有撤销权

D. 钱某的行为构成表见代理

第七章 诉讼时效

一、历年真题及仿真题

（一）诉讼时效的性质及适用

【多选】

① `2002006`

甲与乙系邻居，某日，甲将用于工作的大型油罐车停在乙的院子里，并将院子里乙未上锁的自行车骑走，乙当晚即发现是甲所为。三年后，甲对乙的下列哪些请求权可以主张诉讼时效抗辩？

A. 停止侵害

B. 损害赔偿

C. 消除危险

D. 返还财产

2 1802061

下列请求权不适用诉讼时效的是？

A. 小张与小李的房屋相邻，小李装修房屋将大量建筑垃圾堆放在门前妨碍小张的通行，小张请求小李排除妨碍的权利

B. 小张将自己的房屋出租给小黄居住，租期届满后，小张基于所有权人的身份请求小黄搬离房屋的权利

C. 小张的别克轿车（登记在小张名下）被小徐强行夺走，小张基于所有权人的身份请求小徐返还别克轿车的权利

D. 小张与妻子小刘离婚，法院判决婚生子小甲（6 岁）与小刘共同生活，小张按月给付抚养费，小甲请求小张给付抚养费的权利

3 1403053

下列哪些请求不适用诉讼时效？

A. 当事人请求撤销合同

B. 当事人请求确认合同无效

C. 业主大会请求业主缴付公共维修基金

D. 按份共有人请求分割共有物

（二）综合知识点

【单选】

4 1703004

甲公司开发的系列楼盘由乙公司负责安装电梯设备。乙公司完工并验收合格投入使用后，甲公司一直未支付工程款，乙公司也未催要。诉讼时效期间届满后，乙公司组织工人到甲公司讨要。因高级管理人员均不在，甲公司新录用的法务小王，擅自以公司名义签署了同意履行付款义务的承诺函，工人们才散去。其后，乙公司提起诉讼。关于本案的诉讼时效，下列哪一说法是正确的？

A. 甲公司仍可主张诉讼时效抗辩

B. 因乙公司提起诉讼，诉讼时效中断

C. 法院可主动适用诉讼时效的规定

D. 因甲公司同意履行债务，其不能再主张诉讼时

效抗辩

5 1403005

甲公司向乙公司催讨一笔已过诉讼时效期限的 10 万元货款。乙公司书面答复称："该笔债务已过时效期限，本公司本无义务偿还，但鉴于双方的长期合作关系，可偿还 3 万元。"甲公司遂向法院起诉，要求偿还 10 万元。乙公司接到应诉通知后书面回函甲公司称："既然你公司起诉，则不再偿还任何货款。"下列哪一选项是正确的？

A. 乙公司的书面答复意味着乙公司需偿还甲公司 3 万元

B. 乙公司的书面答复构成要约

C. 乙公司的书面回函对甲公司有效

D. 乙公司的书面答复表明其丧失了 10 万元的时效利益

【多选】

6 1902159

甲、乙婚后育有一子丙。甲、乙离婚后，10 岁的丙由甲抚养。甲生性嗜赌、动辄无故打骂丙，后甲还变卖丙的爷爷赠与丙的珍贵珠宝（珠宝未办理过所有权登记）用于赌博。对此，下列表述正确的是？

A. 乙有权申请法院撤销甲的监护资格

B. 若法院撤销甲的监护资格，丙仍有权请求甲支付抚养费，且不受诉讼时效期间限制

C. 丙有权请求购买珠宝的人返还珠宝，且该请求不受诉讼时效期间限制

D. 若珠宝不能追回，丙有权请求甲承担损害赔偿责任，该请求的诉讼时效期间自甲、丙监护关系消灭之日起开始计算

二、模拟训练

7 62102113

关于诉讼时效，下列说法正确的是？（单选）

A. 黄某与同事郭某由于工作上的竞争，关系一直不合，黄某为了报复郭某，在公司散播郭某与王某男女关系不正当的谣言，郭某就此事要求黄某赔礼道歉的请求权受三年诉讼时效限制

解析页码

028—030

B. 夏某因为生意需要向好朋友江某借款 5 万元，为了表示对夏某的信任，江某预先表示自己放弃该笔借款的诉讼时效利益，该放弃行为有效

C. 李某欠徐某 8 万元到期未归还，徐某考虑到李某的经济状况，先要求李某归还 3 万元，该行为仅导致 3 万元的债权诉讼时效中断

D. 小丽在 15 岁时遭到邻居甲的性侵害，小丽的损害赔偿请求权诉讼时效自小丽满十八周岁时开始计算

⑧ 61902133

关于诉讼时效中止、中断的表述，下列哪些选项正确？（多选）

A. 张某欠王某 5 万元，杨某欠张某 7 万元，王某对杨某提起代位权诉讼。王某的行为将会导致杨某对张某的债务诉讼时效中断

B. 孙某欠钱某 3 万元，钱某将该债权转让给李某，自钱某与李某签订债权转让协议之日起，孙某的 3 万元债务诉讼时效中断

C. 赵某和朱某对小红因共同侵权而需承担连带赔偿责任共计 5 万元，小红要求赵某承担 2 万元。小红的行为，仅导致赵某对小红负担的债务诉讼时效中断

D. 诉讼时效的中断和中止，均没有次数限制

⑨ 61902076

以下说法错误的是？（不定项）

A. 王某从吴某处借款，未约定还款期限，但王某在吴某第一次向其主张权利之时就明确表示不履行义务，诉讼时效期间从王某明确表示不履行义务之日起计算

B. 未成年人因遭其父母虐待而受重伤的，其对父母的损害赔偿请求权的诉讼时效，自其成年时开始计算

C. 导致诉讼时效中断和中止的事由消除后，均重新计算诉讼时效

D. 诉讼时效期间届满，当事人一方自愿履行义务后，不得再以诉讼时效期间届满为由进行抗辩

参考答案·

[1] BD　　[2] ABCD　[3] ABCD　[4] A　　　[5] A
[6] ABD　[7] D　　[8] AD　　[9] BC

第一章
物与物权

历年真题及仿真题

（一）物

【单选】

① 1802010

2018 年 3 月 2 日，苏某为了庆祝自己和其他作者合著的新书大卖，邀请其他作者一起前往海河大饭店聚餐。前往饭店前，苏某在海鲜市场张某处购买了一只大海螺。后交给海河大饭店加工，厨师何某剥开发现海螺里有一颗橙色的椭圆形大珍珠。请问：珍珠归谁所有？

A. 苏某

B. 张某

C. 海河大饭店

D. 何某

（二）物权法定原则

【多选】

② 2002089

甲的父母去世后，甲继承父母房屋一套，未办理过户登记。甲和乙签订房屋买卖合同，约定交付之时转移房屋所有权。后甲依约交房。对此，下列哪一说法是正确的？

A. 房屋买卖合同全部无效

B. 房屋买卖合同部分有效

C. 房屋所有权尚未转移给乙

D. 房屋所有权已经转移给乙

（三）综合知识点

【单选】

3 `2002082`

甲借给乙 100 万，同时乙把房屋抵押给甲，办理抵押登记。双方约定到期不还款，房屋归甲所有。借款到期，乙无力还款。下列哪个说法正确？

A．甲、乙间的房屋抵押合同未成立

B．甲、乙间的房屋抵押合同无效

C．甲可按约定取得该房屋的所有权

D．甲可以就该房屋变卖所得价款优先受偿

【多选】

4 `1503090`

顺风电器租赁公司将一台电脑出租给张某，租期为 2 年。在租赁期间内，张某谎称电脑是自己的，分别以市价与甲、乙、丙签订了三份电脑买卖合同并收取了三份价款，但张某把电脑实际交付给了乙。后乙的这台电脑被李某拾得，因暂时找不到失主，李某将电脑出租给王某获得很高收益。王某租用该电脑时出了故障，遂将电脑交给康成电脑维修公司维修。王某和李某就维修费的承担发生争执。康成公司因未收到修理费而将电脑留置，并告知王某如 7 天内不交费，将变卖电脑抵债。李某听闻后，于当日潜入康成公司偷回电脑。如乙请求李某返还电脑和所获利益，下列说法正确的是？

A．李某向乙返还所获利益时，应以乙所受损失为限

B．李某应将所获利益作为不当得利返还给乙，但可以扣除支出的必要费用

C．乙应以所有权人身份而非不当得利债权人身份请求李某返还电脑

D．如李某拒绝返还电脑，需向乙承担侵权责任

5 `1403054`

杜某拖欠谢某 100 万元。谢某请求杜某以登记在其名下的房屋抵债时，杜某称其已把房屋作价 90 万元卖给赖某，房屋钥匙已交，但产权尚未过户。该房屋市值为 120 万元。关于谢某权利的保护，下列哪些表述是错误的？

A．谢某可请求法院撤销杜某、赖某的买卖合同

B．因房屋尚未过户，杜某、赖某买卖合同无效

C．如谢某能举证杜某、赖某构成恶意串通，则杜某、赖某买卖合同无效

D．因房屋尚未过户，房屋仍属杜某所有，谢某有权直接取得房屋的所有权以实现其债权

【不定项】

6 `2102151`

甲家门口一棵大榕树因树龄较长，树枝经常掉落，邻居乙曾多次催促甲注意修剪该树，防止树枝掉落砸到人，但甲一直未采取措施。某日下暴雨，甲家门口的榕树被暴风雨刮倒，砸坏了旁边乙家院子里的许多东西，将半边围墙砸倒了一半。乙找人清理了榕树以及散落的树枝。对此，下列说法正确的是？

A．乙有权请求甲支付清理树枝的费用

B．乙有权请求甲加固还没倒塌的墙

C．乙有权请求甲支付修缮院子的费用

D．甲有权请求乙返还清理的榕树及树枝

参考答案
[1]A　　[2]BC　　[3]D　　[4]AD　　[5]ABD
[6]ABCD

第二章
基于法律行为的物权变动

一、历年真题及仿真题

（一）登记

【多选】

1 `1503005`

甲与乙签订《协议》，由乙以自己名义代甲购房，甲全权使用房屋并获取收益。乙与开发商和银行分别签订了房屋买卖合同和贷款合同。甲把首付款和月供款给乙，乙再给开发商和银行，房屋登记在乙名下。后甲要求乙过户，乙主张是自己借

款购房。下列选项正确的是?

A. 甲有权提出更正登记

B. 房屋登记在乙名下,甲不得请求乙过户

C.《协议》名为代购房关系,实为借款购房关系

D. 如乙将房屋过户给不知《协议》的丙,丙支付合理房款则构成善意取得

② 1403055

刘某借用张某的名义购买房屋后,将房屋登记在张某名下。双方约定该房屋归刘某所有,房屋由刘某使用,产权证由刘某保存。后刘某、张某因房屋所有权归属发生争议。关于刘某的权利主张,下列哪些表述是正确的?

A. 可申请登记机构直接更正登记

B. 可向登记机构申请异议登记

C. 可向法院请求确认其为所有权人

D. 可依据法院确认其为所有权人的判决请求登记机关变更登记

(二)一物数卖

【单选】

③ 1603012

甲为出售一台挖掘机分别与乙、丙、丁、戊签订买卖合同,具体情形如下:2016年3月1日,甲胁迫乙订立合同,约定货到付款;4月1日,甲与丙签订合同,丙支付20%的货款;5月1日,甲与丁签订合同,丁支付全部货款;6月1日,甲与戊签订合同,甲将挖掘机交付给戊。上述买受人均要求实际履行合同,就履行顺序产生争议。关于履行顺序,下列哪一选项是正确的?

A. 戊、丙、丁、乙

B. 戊、丁、丙、乙

C. 乙、丁、丙、戊

D. 丁、戊、乙、丙

(三)交付

【单选】

④ 2302110

甲将A车以10万元的价格出卖给乙,已经交付,乙也支付全部价款,但乙多次要求甲办理所有权

过户登记未果。后甲因欠丙9万元借款到期未清偿,丙向法院起诉甲,法院扣押了该车。对此,下列表述正确的是?

A. 甲从未丧失A车的所有权

B. 乙未取得A车所有权

C. 乙的所有权可以对抗丙

D. 丙可就该汽车主张优先受偿

⑤ 1703005

庞某有1辆名牌自行车,在借给黄某使用期间,达成转让协议,黄某以8000元的价格购买该自行车。次日,黄某又将该自行车以9000元的价格转卖给了洪某,但约定由黄某继续使用1个月。关于该自行车的归属,下列哪一选项是正确的?

A. 庞某未完成交付,该自行车仍归庞某所有

B. 黄某构成无权处分,洪某不能取得自行车所有权

C. 洪某在黄某继续使用1个月后,取得该自行车所有权

D. 庞某既不能向黄某,也不能向洪某主张原物返还请求权

(四)综合知识点

【单选】

⑥ 2002007

老张带5岁的儿子小张到陈某经营的农家乐吃饭,小张特别喜欢陈某饲养的鸽子,老张便给小张买了一只,微信付款后,老张让老板将鸽子交付给小张时,小张因胆小缩手,鸽子飞走。此时鸽子归谁所有?

A. 无主动产

B. 老张

C. 小张

D. 陈某

⑦ 1503012

甲、乙两公司签订协议,约定甲公司向乙公司采购面包券。双方交割完毕,面包券上载明"不记名、不挂失,凭券提货"。甲公司将面包券转让给张某,后张某因未付款等原因被判处合同诈骗罪。

面包券全部流入市场。关于协议和面包券的法律性质，下列哪一表述是正确的？

A. 面包券是一种物权凭证

B. 甲公司有权解除与乙公司的协议

C. 如甲公司通知乙公司停止兑付面包券，乙公司应停止兑付

D. 如某顾客以合理价格从张某处受让面包券，该顾客有权请求乙公司兑付

二、模拟训练

8 62002218

甲将自己的电脑出租给乙，租期于 7 月 1 日届满。期间，甲、丙于 5 月 1 日约定："甲将电脑出卖给丙，甲将对乙的返还请求权让与给丙以代交付。"之后，因甲的疏忽，直到 8 月 1 日，乙才收到甲出卖给丙的通知。下列哪些说法是错误的？（多选）

A. 丙于 5 月 1 日已取得电脑的所有权

B. 7 月 1 日，丙对乙享有返还原物请求权

C. 8 月 1 日，丙可以请求乙返还原物

D. 8 月 1 日，电脑的所有权人仍为甲

9 61902080

张某于 7 月 30 日将其房屋出卖给李某，约定三个月后交房。张某与李某于 8 月 2 日依法办理了预告登记。8 月 3 日，刘某与张某签订房屋买卖合同，并于当天到房管部门申请办理过户登记。对此，以下说法正确的是？（多选）

A. 李某于办理预告登记时即取得了房屋的所有权

B. 张某与刘某的买卖合同有效，刘某取得了房屋所有权

C. 若张某与李某的买卖合同被认定无效，则预告登记失效

D. 若李某放弃其债权，则预告登记失效

参考答案

[1]AD	[2]BCD	[3]A	[4]C	[5]D
[6]D	[7]D	[8]BD	[9]CD	

第三章
非基于法律行为的物权变动

一、历年真题及仿真题

（一）继承、文书等

【单选】

1 1902149

甲法院依法拍卖一房屋，乙通过竞买购得，乙付清拍卖款后，甲法院制作了拍卖裁定书。关于乙取得该房屋所有权的时间，下列表述正确的是？

A. 拍卖裁定书作出之时

B. 拍卖裁定书送到乙之时

C. 甲法院为乙办理过户登记之时

D. 乙和甲法院签订书面买卖合同并为乙办理过户之时

（二）拾得遗失物

【单选】

2 1703006

甲遗失手链 1 条，被乙拾得。为找回手链，甲张贴了悬赏 500 元的寻物告示。后经人指证手链为乙拾得，甲要求乙返还，乙索要 500 元报酬，甲不同意，双方数次交涉无果。后乙在桥边玩耍时手链掉入河中被冲走。下列哪一选项是正确的？

A. 乙应承担赔偿责任，但有权要求甲支付 500 元

B. 乙应承担赔偿责任，无权要求甲支付 500 元

C. 乙不应承担赔偿责任，也无权要求甲支付 500 元

D. 乙不应承担赔偿责任，有权要求甲支付 500 元

【多选】

3 2402066

李某拾得一条宠物狗，一周后王某前来要回宠物狗，并向李某支付 200 元作为报酬，李某婉拒。后李某得知王某曾悬赏 1 万元找狗，遂找王某索取 1 万元，王某拒绝，并称李某照顾不周，王某为治疗宠物狗支付了 500 元。李某承认自己没有

经验，但已经尽力照顾。以下错误的是？

A．李某已拒绝报酬，不能再要求 1 万元

B．李某没照顾好宠物狗，不能要求 1 万元

C．李某事先不知道有悬赏广告，依然可以请求 1 万元

D．王某有权请求李某支付 500 元治疗费

④ 2102146

甲的宠物狗走失，公开发布悬赏广告。乙在家门口捡到该狗，通知甲领取前该狗生病，遂带该狗去看兽医，并支付费用。对此，下列说法正确的是？

A．甲应当支付医药费

B．甲可以请求返还宠物狗

C．乙构成善意取得

D．乙还狗后，可以请求甲支付悬赏报酬

（三）先占

【单选】

⑤ 1802003

青城山一带有陨石坠落，当地村民寻获后卖给闻讯而来的收藏者，获利颇丰（有的一克售价高达十万元）。潘某路经村民肖家菜地时拾得一小块陨石，肖某得知后，向潘某索要遭到拒绝。对此，下列各选项中表述正确的是？

A．潘某拾得陨石的情况不应由民法调整

B．陨石归国家所有

C．陨石归肖某所有

D．潘某可以取得陨石的所有权

（四）添附

【多选】

⑥ 1902100

甲喜欢雕刻，乙喜欢收集奇石，甲将乙的一块太湖石（价值 5 万）和一块白龙玉（价值 1 万）借回家玩。后甲装修房屋将太湖石嵌于自家客厅背景墙中，将白龙玉雕刻成精美雕像（价值 3 万），下列说法正确的是？

A．甲应对太湖石进行赔偿

B．甲取得该雕像所有权

C．乙取得该雕像所有权

D．太湖石成为房屋附着物，甲取得所有权

（五）善意取得

【单选】

⑦ 1603006

甲被法院宣告失踪，其妻乙被指定为甲的财产代管人。3 个月后，乙将登记在自己名下的夫妻共有房屋出售给丙，交付并办理了过户登记。在此过程中，乙向丙出示了甲被宣告失踪的判决书，并将房屋属于夫妻二人共有的事实告知丙。1 年后，甲重新出现，并经法院撤销了失踪宣告。现甲要求丙返还房屋。对此，下列哪一说法是正确的？

A．丙善意取得房屋所有权，甲无权请求返还

B．丙不能善意取得房屋所有权，甲有权请求返还

C．乙出售夫妻共有房屋构成家事代理，丙继受取得房屋所有权

D．乙出售夫妻共有房屋属于有权处分，丙继受取得房屋所有权

（六）综合知识点

【单选】

⑧ 2102174

钱某在修建自家房屋时，砖块不够，想要借用邻居赵某院子里的砖块，由于赵某不在家，于是钱某未经赵某同意便使用，等赵某回来再付钱。赵某回家后表示不同意，但发现砖块已经全部使用。对此，下列哪一说法是正确的？

A．钱某构成不当得利

B．钱某构成无因管理

C．赵某对其砖块仍享有所有权

D．赵某享有返还原物请求权

⑨ 1802008

老王的妻子小张收拾房间时将老王的一条旧裤子扔到了楼下的垃圾桶。老王第二天得知此事，大惊到："裤子里还有一只价值 5000 元的手表呢！"两人急忙去楼下垃圾桶寻找，后来发现该裤子连同手表已经被捡垃圾的刘老太拾走。关于本案，

下列哪一说法是正确的?

A. 小张将老王裤子扔掉的行为属于事实行为

B. 裤子属于遗失物,刘老太应当返还

C. 手表属于无主物,刘老太可以先占

D. 刘老太应当返还手表,但裤子可以先占

10 1503006

甲将一套房屋转让给乙,乙再转让给丙,相继办理了房屋过户登记。丙翻建房屋时在地下挖出一瓷瓶,经查为甲的祖父埋藏,甲是其祖父唯一继承人。丙将该瓷瓶以市价卖给不知情的丁,双方钱物交付完毕。现甲、乙均向丙和丁主张权利。下列哪一选项是正确的?

A. 甲有权向丙请求损害赔偿

B. 乙有权向丙请求损害赔偿

C. 甲、乙有权主张丙、丁买卖无效

D. 丁善意取得瓷瓶的所有权

【多选】

11 2102060

甲将自己珍藏多年的名画借给乙观赏,约定两个礼拜内归还。在乙观赏的过程中,该画被其侄子丙看到,求借一个礼拜来临摹,乙碍于关系就借给丙。在丙临摹的过程中,被来做客的丁看到,丁为古画收藏家,遂提出以高价购买该画,丙告知该画为乙所有。在丙的牵线下,乙禁不住金钱的诱惑,决定将该画卖给丁,约定丁先支付 50 万元,等丙临摹结束后直接交付。对此,下列哪些说法是正确的?

A. 丙的行为属于无权处分

B. 乙的行为属于无权处分

C. 丁应承担侵害甲所有权的责任

D. 丙临摹结束前,丁已经取得所有权

12 2002159

甲有价值 10 万元的玉石一块。甲、乙订立玉石买卖合同,约定价款 8 万元,5 日后乙付款取玉石。随后甲又向乙提出,再借用玉石把玩几天,乙表示同意。隔天,不知情的丙找到甲,表示愿以 15 万元购买该玉石,甲同意并当场将玉石交给丙。丙在回家路上将玉石丢失被丁拾得,丁通过自己

正规的古玩店将其卖给戊。下列哪些选项是错误的?

A. 真正所有权人可以无偿追回玉石

B. 戊已取得该玉石的所有权,原所有权人无权请求返还该玉石

C. 该玉石所有权人的先后顺序是甲、乙、丙

D. 真正所有权人基于所有权请求戊返还玉石不受时间限制

13 1902161

甲祖传的房屋被征收用来建造博物馆,在挖掘过程中挖出一枚古铜币,后经查明该古铜币是甲祖父于 1920 年埋藏于此（甲系祖父唯一继承人）,未经甲许可,该铜币又以 50 万元的市场价格被出卖给不知情的乙。关于该古铜币,下列说法正确的是?

A. 属于无主物

B. 属于埋藏物

C. 甲可继承

D. 乙已经善意取得

14 1902106

张某和陈某结婚后用共同积蓄买了一套房,登记在张某名下,后两人感情不和分居,陈某准备与张某离婚析产。张某得知后,便用情妇曹某的合照伪造了结婚证,伙同曹某以夫妻名义将住房以市价卖给不知情的辛某,且已经过户完成登记,下列哪些选项正确?

A. 陈某有权要求曹某承担侵权责任

B. 房屋买卖合同有效

C. 辛某已依法取得该房屋所有权

D. 该房屋出卖前属于张某和陈某的共同财产

【不定项】

15 2402065

张某继承其父的一套房产,因张某长期在外地工作,打算出售房产,出售前将房屋内的一套红木家具无偿赠与李某,李某又以 30 万元的价格转让给收购旧家具的甲公司。张某父亲好友周某回国,说这套红木家具是他之前寄放在张某父亲处的,

解析页码
039—041

并且经查证属实。对此，下列表述正确的是？

A．张某与李某之间的赠与合同无效

B．周某有权请求甲公司返还家具

C．周某有权请求张某赔偿 30 万

D．周某有权请求李某返还 30 万

16 `1503089`

顺风电器租赁公司将一台电脑出租给张某，租期为 2 年。在租赁期间内，张某谎称电脑是自己的，分别以市价与甲、乙、丙签订了三份电脑买卖合同并收取了三份价款，但张某把电脑实际交付给了乙。后乙的这台电脑被李某拾得，因暂时找不到失主，李某将电脑出租给王某获得很高收益。王某租用该电脑时出了故障，遂将电脑交给康成电脑维修公司维修。王某和李某就维修费的承担发生争执。康成公司因未收到修理费而将电脑留置，并告知王某如 7 天内不交费，将变卖电脑抵债。李某听闻后，于当日潜入康成公司偷回电脑。关于张某与甲、乙、丙的合同效力，下列选项正确的是？

A．张某非电脑所有权人，其出卖为无权处分，与甲、乙、丙签订的合同无效

B．张某是合法占有人，其与甲、乙、丙签订的合同有效

C．乙接受了张某的交付，取得电脑所有权

D．张某不能履行对甲、丙的合同义务，应分别承担违约责任

二、模拟训练

17 `6210203`

下列情形中，蒋道理取得物的所有权的有？（多选）

A．蒋道理在其宅基地合法建造了一幢小洋房，但没有办理房屋所有权登记

B．陆小白将其捡来的无人机以合理价格卖给蒋道理并交付

C．蒋文明在古董市场淘来一架上乘古筝，蒋道理向蒋文明提出高价购买，蒋文明同意但提出自己要借用一星期再交付给蒋道理

D．蒋道理在法院执行程序的司法拍卖中拍得了一辆奔宝汽车，法院作出拍卖成交裁定书并送达蒋道理

18 `62002248`

下列哪一说法是错误的？（单选）

A．甲擅自将乙的油漆涂刷在自己的汽车上，若甲是恶意的，则甲不能取得刷漆后的汽车所有权

B．甲未经乙同意，将自己的方糖加入乙的咖啡中，乙取得加糖后的咖啡的所有权

C．因突有灵感，著名画家王某擅自在李某的纸上作出一幅名画，该画的所有权归李某

D．张某擅自将赵某的地砖铺在自己的家中，张某应当给予赵某相应的赔偿

19 `61902108`

孙某的项链不慎丢失，唐某拾得项链后通过某珠宝店将其以 1 万元的价格卖给不知情的沙某，孙某三年后得知此事。对此，下列说法正确的是？（多选）

A．由于过了两年的回复权请求期间，孙某不能再请求沙某返还

B．尽管沙某是善意，但是不能取得项链的所有权

C．孙某依然可以行使回复权，将项链追回

D．孙某在追回项链时，应当向沙某补足相应的价款

参考答案

[1] B　　[2] B　　[3] ABD　[4] ABD　[5] D
[6] ACD　[7] B　　[8] A　　[9] D　　[10] A
[11] BD　[12] ABD　[13] BC　[14] ABCD　[15] D
[16] BCD　[17] ACD　[18] A　　[19] BCD

解析页码
042—043

第四章
所有权

一、历年真题及仿真题

（一）建筑物区分所有权

【单选】

1 `2402067`

一小区其中一栋居民楼的一侧临街，小区居民商议可用于做墙体广告。以下说法正确的是？

A. 可以由业主委员会投票通过

B. 需要由小区面积占比三分之二以上和人数占比三分之二以上的业主投票通过

C. 广告收入扣除必要费用后应分给临街的业主

D. 广告收入扣除必要费用后应分给所有业主

【多选】

2 `1802052`

甲购买一空调，准备安装在自家窗户下的外墙上时才发现，邻居乙已经将空调安装在此处。甲联系乙，希望乙将空调移走，将窗下的机位还给自己，但遭到乙的拒绝。关于空调安装，以下说法正确的是？

A. 窗下外墙部分为全体业主共有

B. 窗下外墙部分为此房屋业主甲个人所有

C. 甲安装空调需交纳合理费用

D. 邻居乙无权在甲房屋窗下部分安装空调

【不定项】

3 `1703088`

蒋某是 C 市某住宅小区 6 栋 3 单元 502 号房业主，对小区其他业主的下列行为，蒋某有权提起诉讼的是？

A. 5 栋某业主任意弃置垃圾

B. 7 栋某业主违反规定饲养动物

C. 8 栋顶楼某业主违章搭建楼顶花房

D. 楼上邻居因不当装修损坏蒋某家天花板

4 `1703087`

蒋某是 C 市某住宅小区 6 栋 3 单元 502 号房业主，该小区业主田某将其位于一楼的住宅用于开办茶馆，蒋某认为此举不妥，交涉无果后向法院起诉，要求田某停止开办。下列选项正确的是？

A. 如蒋某是同一栋住宅楼的业主，法院应支持其请求

B. 如蒋某能证明因田某开办茶馆而影响其房屋价值，法院应支持其请求

C. 如蒋某能证明因田某开办茶馆而影响其生活质量，法院应支持其请求

D. 如田某能证明其开办茶馆得到多数有利害关系业主的同意，法院应驳回蒋某的请求

5 `1703086`

蒋某是 C 市某住宅小区 6 栋 3 单元 502 号房业主，小区地下停车场设有车位 500 个，开发商销售了 300 个，另 200 个用于出租。蒋某购房时未买车位，现因购车需使用车位。下列选项正确的是？

A. 蒋某等业主对地下停车场享有业主共有权

B. 如小区其他业主出售车位，蒋某等无车位业主在同等条件下享有优先购买权

C. 开发商出租车位，应优先满足蒋某等无车位业主的需要

D. 小区业主如出售房屋，其所购车位应一同转让

（二）按份共有人的优先购买权

【多选】

6 `1703054`

甲、乙、丙、丁按份共有某商铺，各自份额均为 25%。因经营理念发生分歧，甲与丙商定将其份额以 100 万元转让给丙，通知了乙、丁；乙与第三人戊约定将其份额以 120 万元转让给戊，未通知甲、丙、丁。下列哪些选项是正确的？

A. 乙、丁对甲的份额享有优先购买权

B. 甲、丙、丁对乙的份额享有优先购买权

C. 如甲、丙均对乙的份额主张优先购买权，双方可协商确定各自购买的份额

D. 丙、丁可仅请求认定乙与戊之间的份额转让合

解析页码
043—045

同无效

7 `1603053`

甲、乙、丙、丁按份共有一艘货船，份额分别为 10%、20%、30%、40%。甲欲将其共有份额转让，戊愿意以 50 万元的价格购买，价款一次付清。关于甲的共有份额转让，下列哪些选项是错误的？

A．甲向戊转让其共有份额，须经乙、丙、丁同意

B．如乙、丙、丁均以同等条件主张优先购买权，则丁的主张应得到支持

C．如丙在法定期限内以 50 万元分期付款的方式要求购买该共有份额，应予支持

D．如甲改由向乙转让其共有份额，丙、丁在同等条件下享有优先购买权

（三）共有物管理、处分、分割等

【单选】

8 `1802105`

2015 年 1 月，张强依法取得某块土地建设用地使用权，并办理了报批手续，且于 2016 年 3 月完成了房屋的内外装修，但一直未办理房屋的初始登记。2016 年 6 月，张强将房屋出租给好实惠超市，约定租期十年，每年租金 35 万元，租金每五年支付一次，张强依约定收取了好实惠超市前五年的租金。2017 年 12 月 1 日，因儿子张小强要结婚，张强将该房屋所有权的三分之二赠与儿子张小强并就赠与合同办理了公证手续。次年 9 月 3 日，张强又到房产登记机构依赠与合同的约定办理了房屋所有权的变更登记。关于后面五年的房屋租金归属，以下说法正确的是？

A．归张强

B．归张小强

C．张强、张小强对超市形成按份债权

D．张强、张小强对超市形成连带债权

【不定项】

9 `2202037`

甲公司是某高档小区的物业服务公司，甲公司私自将两间物业服务用房租给乙公司改成了酒吧对外营业。下列说法正确的是？

A．出租物业服务用房的行为侵害了业主的建筑物区分所有权

B．物业服务用房需要有利害关系业主一致同意才能改成酒吧

C．除去合理成本，剩余租金应归全体业主共有

D．小区业主可以解聘甲公司

二、模拟训练

10 `62102074`

觉晓筑梦家园为渝北区一高档小区，该小区有 18 栋高楼，小区物业打算将地下架空层用于建设停车场。对于该小区业主享有的权利，下列选项正确的是？（单选）

A．若蒋大金买了新车，被物业服务企业告知空余车库已经对外出租，故蒋大金无权在车库停车

B．若小区的公园被暴雨冲毁，业主委员会可以申请用维修资金进行维修

C．若陆小白决定将自己房屋改成寿司小屋，对外售卖手工寿司，由于顾客进出可能影响他人，陆小白应取得全小区业主同意

D．若张小草准备将公园里的亭子改建为公益性相亲角落，其他业主无权制止张小草的改建行为

11 `62002246`

甲、乙、丙按份共有一套房屋，份额分别为 30%、30%、40%。甲欲将其共有份额转让，丁愿意以 40 万元的价格购买，并一次性付清价款。下列哪一说法是正确的？（单选）

A．甲向丁转让共有份额无须征得乙和丙的同意，也无须通知乙和丙

B．若甲在通知乙、丙时载明优先购买权的行使期间为收到通知后十日，则以该期间为准

C．若甲将其共有份额转让给乙，则丙在同等条件下享有优先购买权

D．若乙、丙均以同等条件主张行使优先购买权，协商不成的，应按乙、丙各自的份额比例行使优先购买权

12 `62002227`

在召开全体业主大会时，下列哪些事项应当经参

与表决专有部分面积过半数的业主且参与表决人数过半数的业主同意？（多选）

A．改建建筑物

B．制定和修改业主大会议事规则

C．使用建筑物的维修资金

D．制定和修改管理规约

参考答案

[1] D　　[2] AD　　[3] D　　[4] ABC　　[5] C

[6] BC　　[7] ABCD [8] D　　[9] ACD　　[10] B

[11] D　　[12] BCD

第五章

用益物权

一、历年真题及仿真题

（一）土地承包经营权

【单选】

1 `2102051`

乙承包了本村的 50 亩地。2019 年，经村委会同意，乙用 20 亩地与同村丙的 15 亩地互换，但未登记。2021 年，乙将 30 亩地出租给甲公司，租期 6 年，亦未登记。下列关于 2021 年至 2027 年期间乙与甲公司对土地权属状况的表述，正确的是？

A．乙对 50 亩土地享有土地承包经营权

B．乙对 45 亩土地享有土地承包经营权

C．乙对 15 亩土地享有土地承包经营权

D．甲公司对 30 亩土地不享有土地经营权

2 `1703007`

村民胡某承包了一块农民集体所有的耕地，订立了土地承包经营权合同，未办理确权登记。胡某因常年在外，便与同村村民周某订立土地承包经营权转让合同，将地交周某耕种，未办理变更登记。关于该土地承包经营权，下列哪一说法是正确的？

A．未经登记不得处分

B．自土地承包经营权合同生效时设立

C．其转让合同自完成变更登记时起生效

D．其转让未经登记不发生效力

【多选】

3 `1603054`

河西村在第二轮承包过程中将本村耕地全部发包，但仍留有部分荒山，此时本村集体经济组织以外的 Z 企业欲承包该荒山。对此，下列哪些说法是正确的？

A．集体土地只能以家庭承包的方式进行承包

B．河西村集体之外的人只能通过招标、拍卖、公开协商等方式承包

C．河西村将荒山发包给 Z 企业，经 2/3 以上村民代表同意即可

D．如河西村村民黄某也要承包该荒山，则黄某享有优先承包权

（二）综合知识点

【单选】

4 `2302020`

2023 年 1 月 1 日，甲、乙签订《房屋买卖合同》，双方约定：甲将自有房屋一套出售给乙，并约定乙于 1 个月内付清房款。1 月 2 日，甲为乙办理房屋预告登记；1 月 15 日，甲为其母亲在该房屋上设立居住权，没有进行登记；1 月 16 日，乙付清全部房款；5 月 5 日，甲为其父亲在该房屋上设立居住权并登记。直至年底，甲、乙一直未对房屋进行过户登记。对此，下列说法正确的是？

A．5 月 5 日，预告登记已失效

B．甲母已取得房屋居住权

C．乙已经取得房屋所有权

D．甲父未取得房屋居住权

【多选】

5 `2402068`

甲外出务工，将村里的房子租给了乙，不料房屋、土地被山洪冲毁且不可修复。对此，下列说法正

解析页码

048—050

确的是?

A. 房屋所有权消灭

B. 宅基地使用权消灭

C. 乙可以解除房屋租赁合同

D. 甲可以重新申请宅基地

6 `2202167`

甲承包一片林地,不方便浇灌,便和相邻地的承包人乙签订5年的地役权合同。一年后甲把林地转让给了丙。因乙和丙一直不合,乙拒绝让丙通过自己的地盘取水。下面说法正确的是?

A. 乙有权解除合同,拒绝丙取水

B. 丙有权按照合同行使地役权

C. 地役权自合同生效时设立

D. 若林地未转让,承包期内甲死亡,甲的继承人可以继续承包

7 `1403056`

季大与季小兄弟二人,成年后各自立户,季大一直未婚。季大从所在村集体经济组织承包耕地若干。关于季大的土地承包经营权,下列哪些表述是正确的?

A. 自土地承包经营权合同生效时设立

B. 如季大转让其土地承包经营权,则未经变更登记不发生转让的效力

C. 如季大死亡,则季小可以继承该土地承包经营权

D. 如季大死亡,则季小可以继承该耕地上未收割的农作物

二、模拟题

8 `62002086`

关于各类用益物权,下列说法错误的是?（多选）

A. 甲承包的耕地的土地承包经营权期限满30年后,甲不得再继续承包

B. 甲将自己承包的土地出租给邻村的乙,租期6年,乙的土地经营权自登记时设立

C. 若甲已经在某土地上享有了地役权,当乙取得对该土地的建设用地使用权时,甲的地役权自动灭失

D. 甲乙可以在居住权合同中约定居住权人甲可以

将居住权能转让

第六章
占有

一、历年真题及仿真题

（一）占有的性质及分类

【单选】

1 `1802104`

甲在教室备考复习,把教材放在教室,打算吃完饭后回来继续复习,乙见甲离开教室,便翻看其教材,后将教材带走占为己有。对于甲对教材的占有,下列说法正确的有?

A. 甲离开教室即失去对教材的占有

B. 乙翻看教材时甲即失去对教材的占有

C. 乙将教材带出教室甲即失去对教材的占有

D. 甲对教材的占有不因乙带出教室的行为而受到影响,即甲不曾失去对教材的占有

【多选】

2 `1503056`

甲拾得乙的手机,以市价卖给不知情的丙并交付。丙把手机交给丁维修。修好后丙拒付部分维修费,丁将手机扣下。关于手机的占有状态,下列哪些选项是正确的?

A. 乙丢失手机后,由直接占有变为间接占有

B. 甲为无权占有、自主占有

C. 丙为无权占有、善意占有

D. 丁为有权占有、他主占有

（二）占有的推定

【单选】

3 `1603009`

甲、乙就乙手中的一枚宝石戒指的归属发生争议。甲称该戒指是其在 2015 年 10 月 1 日外出旅游时让乙保管，属甲所有，现要求乙返还。乙称该戒指为自己所有，拒绝返还。甲无法证明对该戒指拥有所有权，但能够证明在 2015 年 10 月 1 日前一直合法占有该戒指，乙则拒绝提供自 2015 年 10 月 1 日后从甲处合法取得戒指的任何证据。对此，下列哪一说法是正确的？

A. 应推定乙对戒指享有合法权利，因占有具有权利公示性

B. 应当认定甲对戒指享有合法权利，因其证明了自己的先前占有

C. 应当由甲、乙证明自己拥有所有权，否则应判决归国家所有

D. 应当认定由甲、乙共同共有

（三）综合知识点

【单选】

4 `1403009`

张某拾得王某的一只小羊拒不归还，李某将小羊从张某羊圈中抱走交给王某。下列哪一表述是正确的？

A. 张某拾得小羊后因占有而取得所有权

B. 张某有权要求王某返还占有

C. 张某有权要求李某返还占有

D. 李某侵犯了张某的占有

【多选】

5 `2402070`

齐某向张某承租门面，经张某同意齐某又转租给许某，李某的猫与许某的狗撕咬引发纠纷，李某用车和砖头堵了许某门面房。下列说法正确的是？

A. 齐某可主张占有保护请求权

B. 张某可主张占有保护请求权

C. 许某可主张占有保护请求权

D. 许某可向齐某主张违约责任

6 `1403058`

某小区徐某未获得规划许可证和施工许可证便在自住房前扩建一个门面房，挤占小区人行通道。小区其他业主多次要求徐某拆除未果后，将该门面房强行拆除，毁坏了徐某自住房屋的墙砖。关于拆除行为，下列哪些表述是正确的？

A. 侵犯了徐某门面房的所有权

B. 侵犯了徐某的占有

C. 其他业主应恢复原状

D. 其他业主应赔偿徐某自住房屋墙砖毁坏的损失

【不定项】

7 `2002008`

张三在路边捡到一块玉，准备交到失物招领处，途中遇见李四，向其炫耀一番，并说该玉为自己所有，由于李四想把玩几天，遂暂借给李四。次日，玉被王二盗走，王二准备在二手市场交易，被失主赵五恰巧碰到。对此，下列说法正确的是？

A. 张三是无权占有

B. 李四可请求王二返还玉

C. 李四是恶意占有

D. 赵五可请求王二返还原物

二、模拟训练

8 `62402003`

下列说法正确的是？（多选）

A. 甲的遗嘱中将其名下的房屋留给一子 A，甲死后，A 住进房屋，甲另一子 B 心生怨恨，换掉了房屋的门锁并霸占房屋，A 有权请求 B 返还房屋的占有

B. 甲从乙处借得一手表，到期未归还。丙从甲处偷走了该手表，甲无权请求丙返还占有

C. 甲将一珍珠项链放在乙处保管，丙从乙处偷走了该珍珠项链，甲无权请求丙返还占有

D. 甲从乙处抢走了一手机，又将该手机租给了丙，乙有权请求甲返还占有

解析页码

9 `61902135`

张某找刘某借笔记本电脑，由于刘某的电脑和刘某的室友孙某的电脑很像，且都放在刘某的桌子上，张某误将孙某的笔记本电脑当成刘某的带走。刘某回宿舍发现后，告知张某拿错，张某心想有个电脑用就行，并未理睬刘某。某日，张某将笔记本放在宿舍，电脑因楼上漏水而损坏。下列哪些选项是正确的？（多选）

A. 张某因错认孙某的电脑为刘某的电脑而占有，属于无权占有人

B. 刘某在告知张某拿错电脑前，张某修理电脑的必要费用，孙某应当返还

C. 无论张某是否知道自己拿错电脑，孙某都有权对其行使占有返还请求权

D. 对于电脑的损坏，张某应当承担赔偿责任

参考答案

[1] C   [2] BCD   [3] B   [4] D   [5] ABC
[6] BD   [7] ABD   [8] AD   [9] ABCD

担 保

第一章
担保概述

一、历年真题及仿真题

综合知识点

【单选】

1 `2202038`

甲公司与乙公司签订为期 3 年的供货合同，丙公司表示，在该供货合同期限内（2018—2021年底），愿意为甲公司产生的货款债务提供债权额度为 2300 万的最高额保证。后因甲公司经营不善，无力清偿，与乙公司协商终止该供货合同，到 21 年底尚有 2022 万元货款未支付。2022 年 3 月，乙公司表示免除 22 万元货款，并同意甲公司将 500

万元债务转至丁公司承担，以上均未通知丙公司。下列说法正确的是？

A. 丙公司应对 2022 万元承担保证责任

B. 丙公司应对 1500 万元承担保证责任

C. 丙公司应对 2000 万元承担保证责任

D. 丙公司应对甲公司产生的债务承担连带责任

2 `1603008`

甲、乙二人按照 3∶7 的份额共有一辆货车，为担保丙的债务，甲、乙将货车抵押给债权人丁，但未办理抵押登记。后该货车在运输过程中将戊撞伤。对此，下列哪一选项是正确的？

A. 如戊免除了甲的损害赔偿责任，则应由乙承担损害赔偿责任

B. 因抵押权未登记，戊应优先于丁受偿

C. 如丁对丙的债权超过诉讼时效，仍可在 2 年内要求甲、乙承担担保责任

D. 如甲对丁承担了全部担保责任，则有权向乙追偿

3 `1403010`

甲公司与乙公司达成还款计划书，约定在 2012 年 7 月 30 日归还 100 万元，8 月 30 日归还 200 万元，9 月 30 日归还 300 万元。丙公司对三笔还款提供保证，未约定保证方式和保证期间。后甲公司同意乙公司将三笔还款均顺延 3 个月，丙公司对此不知情。乙公司一直未还款，甲公司仅于 2013 年 3 月 15 日起诉乙公司要求还款。关于丙公司保证责任，下列哪一表述是正确的？

A. 丙公司保证担保的主债权为 300 万元

B. 丙公司保证担保的主债权为 500 万元

C. 丙公司保证担保的主债权为 600 万元

D. 因延长还款期限未经保证人同意，丙公司不再承担保证责任

二、模拟训练

4 `62102120`

2021 年 9 月 7 日，乔晶晶将其珍藏的一只爱马仕鳄鱼皮包出售给乔四美，双方约定：价款为 50 万元，乔四美于同年 10 月 31 日前支付包款，若是

一方违约的，需支付违约金 1 万元。乔三丽为该皮包买卖合同与乔晶晶签订保证合同，并在合同中约定"乔三丽为乔四美对乔晶晶的债务承担连带保证责任，即使乔四美与乔晶晶的买卖合同归于无效，乔三丽仍应承担连带保证责任。"若乔四美到期未能支付包款，则下列说法错误的是？

A. 若乔四美与乔晶晶的买卖合同归于无效，乔三丽仍应承担连带保证责任

B. 若乔四美与乔晶晶的买卖合同归于无效，则乔三丽无论有无过错都无需承担任何责任

C. 若因乔三丽与乔晶晶的原因导致保证合同无效，则乔三丽需承担全部赔偿责任

D. 若乔四美到期无法支付 50 万元的皮包价款，乔三丽对 1 万元的违约金也应当承担保证责任

参考答案

[1] B　　[2] D　　[3] A　　[4] ABC

第二章
抵押权

一、历年真题及仿真题

（一）抵押权的设立

【单选】

1　2202031

乙向甲借款，第三人丙为乙的借款以自有不动产提供担保，并与债权人甲签订不动产抵押合同。丙经甲催告多次恶意不办理抵押登记，借款合同到期后，以下说法正确的是？

A. 丙恶意延期不办理抵押登记，视为抵押权已经设立

B. 合同成立后抵押权设立

C. 丙在抵押物的价值范围内承担违约责任

D. 抵押合同效力待定

（二）最高额抵押

【不定项】

2　1603090

甲、乙双方于 2013 年 5 月 6 日签订水泥供应合同，乙以自己的土地使用权为其价款支付提供了最高额抵押，约定 2014 年 5 月 5 日为债权确定日，并办理了登记。丙为担保乙的债务，也于 2013 年 5 月 6 日与甲订立最高额保证合同，保证期间为一年，自债权确定日开始计算。甲在 2013 年 11 月将自己对乙已取得的债权全部转让给丁。下列说法正确的是？

A. 甲的行为将导致其最高额抵押权消灭

B. 甲将上述债权转让给丁后，丁取得最高额抵押权

C. 甲将上述债权转让给丁后，最高额抵押权不随之转让

D. 2014 年 5 月 5 日前，甲对乙的任何债权均不得转让

（三）综合知识点

【单选】

3　1902108

A 公司欠甲公司和乙公司各数百万元，均已到期，A 公司名下仅有房屋 1 栋与汽车 1 辆可供执行。甲公司总经理找到 A 公司说："你公司的财产只够清偿我公司的欠款，不如与我公司签订抵押合同。"于是，A 公司与甲公司就该房屋与汽车签订抵押合同，但尚未办理抵押登记。对此，下列表述正确的是？

A. 乙公司可主张合同无效

B. 抵押合同有效

C. 甲公司不享有抵押权

D. 乙公司可主张撤销

4　1902156

甲向银行借款 100 万元，并将一批棉花抵押给银行，办理了抵押登记。后未经银行同意，甲将棉花出卖给乙，但未告知乙该批棉花已经抵押的事

实，乙向甲支付了全部价款。银行因甲无法清偿债务欲行使抵押权时才知道甲将棉花出卖给乙的事实，此时，棉花已被乙消耗殆尽。对此，下列表述正确的是？

A. 银行抵押权自登记之日起设立
B. 乙没有取得棉花的所有权
C. 银行对棉花的抵押权已经消灭
D. 乙应赔偿银行的损失

⑤ 1802012

甲向乙借款 100 万元，借期 2 年，欲以自己的房屋 1 套作担保，双方于 2018 年 6 月 1 日签订了不动产抵押合同，乙一直催促甲办理抵押登记，均无效果。一月后，乙要求甲以自己的汽车作抵押，双方于 2018 年 7 月 1 日签订了动产抵押合同，但一直未将汽车交付于乙。现因甲不能清偿到期欠款，乙要求实现抵押权。下列哪一选项是错误的？

A. 甲乙之间的不动产抵押合同由于一直没有办理抵押登记而无效
B. 甲乙之间的不动产抵押合同于 2018 年 6 月 1 日成立并生效，但不动产抵押权未设立
C. 甲既能就汽车设立抵押权，又能就汽车设立质押权
D. 乙有权请求将甲的汽车拍卖，并就所得价款行使优先受偿权

【多选】

⑥ 2202034

甲是个人独资企业的老板，成立后聘用了王某做管理人，约定王某仅在 50 万的交易额范围签订合同。后王某未经同意与不知情的乙签订 100 万的买卖合同，并签订抵押合同，约定以该独资企业的厂房作为抵押，并办理抵押登记。以下说法正确的是？

A. 乙有权请求独资企业履行买卖合同
B. 乙无权请求独资企业履行买卖合同
C. 甲可以解聘王某
D. 乙有权对厂房主张优先受偿

⑦ 2102062

甲造船公司向乙银行借款，约定甲以其现有以及

将有的动产为乙设立动产浮动抵押权担保，办理了抵押登记。后甲公司为丙公司定作 A 船，约定："定作价格按市价，为 100 万元；丙分期支付价款，在丙支付全部价款前，甲保留 A 船的所有权。"办理了甲保留所有权的登记。A 船造好后，甲向丙交付了 A 船。后甲到期无力清偿对乙的借款，此时，丙已经向甲支付了 80 万元价款，剩余 20 万元到期未支付，经催告后经过合理期间仍未支付。对此，下列表述正确的是？

A. 乙有权对 A 船行使抵押权
B. 乙不得对 A 船行使抵押权
C. 甲有权对 A 船行使取回权
D. 甲不得对 A 船行使取回权

⑧ 2002161

甲公司为扩大生产规模向乙银行借款，甲公司以其现有的以及将有的生产设备、原材料、产品设立抵押，但未办理抵押登记。乙银行向甲公司发放贷款。关于甲公司的抵押，下列哪些选项是正确的？

A. 乙银行自抵押合同生效时取得抵押权
B. 该抵押合同为动产浮动抵押合同
C. 抵押登记机关为抵押财产所在地的市场监督管理部门
D. 乙银行的抵押权不得对抗在正常经营活动中已支付合理价款并取得抵押财产的买受人

⑨ 1802058

甲超市与乙公司存在长期的进货关系，甲超市以其办公用房在 300 万元的额度范围内为乙公司在未来 5 个月内连续发生的货款债权提供最高额抵押担保，并办理了抵押登记。两个月后，乙公司将其中一笔 30 万元的货款债权转让给丁公司，并通知了甲超市。就以上事实，下列哪些表述是不正确的？

A. 若最高额抵押权设定前，甲超市另欠乙公司 50 万元债权，当事人可以约定将之纳入最高额抵押担保的范围
B. 30 万元债权转让有效，丁公司有权主张最高额抵押权

C. 若 30 万元债权转让未通知甲超市，丁公司将因此而无权主张最高额抵押权

D. 在本题所述的 5 个月内，甲超市不得转让其办公用房

⑩ 1503053

甲向某银行贷款，甲、乙和银行三方签订抵押协议，由乙提供房产抵押担保。乙把房本交给银行，因登记部门原因导致银行无法办理抵押物登记。乙向登记部门申请挂失房本后换得新房本，将房屋卖给知情的丙并办理了过户手续。甲届期未还款，关于贷款、房屋抵押和买卖，下列哪些说法是正确的？

A. 乙应向银行承担违约责任

B. 丙应代为向银行还款

C. 如丙代为向银行还款，可向甲主张相应款项

D. 因登记部门原因未办理抵押登记，但银行占有房本，故取得抵押权

⑪ 1503054

2014 年 7 月 1 日，甲公司、乙公司和张某签订了《个人最高额抵押协议》，张某将其房屋抵押给乙公司，担保甲公司在一周前所欠乙公司货款 300 万元，最高债权额 400 万元，并办理了最高额抵押登记，债权确定期间为 2014 年 7 月 2 日到 2015 年 7 月 1 日。债权确定期间内，甲公司因从乙公司分批次进货，又欠乙公司 100 万元。甲公司未还款。关于有抵押担保的债权额和抵押权期间，下列哪些选项是正确的？

A. 债权额为 100 万元

B. 债权额为 400 万元

C. 抵押权期间为 1 年

D. 抵押权期间为主债权诉讼时效期间

【不定项】

⑫ 1703089

甲服装公司与乙银行订立合同，约定甲公司向乙银行借款 300 万元，用于购买进口面料。同时，双方订立抵押合同，约定甲公司以其现有的以及将有的生产设备、原材料、产品为前述借款设立抵押。借款合同和抵押合同订立后，乙银行向甲

公司发放了贷款，但未办理抵押登记。之后，根据乙银行要求，丙为此项贷款提供连带责任保证，丁以一台大型挖掘机作质押并交付。关于甲公司的抵押，下列选项正确的是？

A. 该抵押合同为最高额抵押合同

B. 乙银行自抵押合同生效时取得抵押权

C. 乙银行自抵押登记完成时取得抵押权

D. 原则上，乙银行的抵押权不得对抗在正常经营活动中已支付合理价款并取得抵押财产的买受人

⑬ 1603089

甲、乙双方于 2013 年 5 月 6 日签订水泥供应合同，乙以自己的土地使用权为其价款支付提供了最高额抵押，约定 2014 年 5 月 5 日为债权确定日，并办理了登记。丙为担保乙的债务，也于 2013 年 5 月 6 日与甲订立最高额保证合同，保证期间为一年，自债权确定日开始计算。水泥供应合同约定，将 2013 年 5 月 6 日前乙欠甲的货款纳入了最高额抵押的担保范围。下列说法正确的是？

A. 该约定无效

B. 该约定合法有效

C. 如最高额保证合同未约定将 2013 年 5 月 6 日前乙欠甲的货款纳入最高额保证的担保范围，则丙对此不承担责任

D. 丙有权主张减轻其保证责任

⑭ 1603090

甲、乙双方于 2013 年 5 月 6 日签订水泥供应合同，乙以自己的土地使用权为其价款支付提供了最高额抵押，约定 2014 年 5 月 5 日为债权确定日，并办理了登记。丙为担保乙的债务，也于 2013 年 5 月 6 日与甲订立最高额保证合同，保证期间为一年，自债权确定日开始计算。甲在 2013 年 11 月将自己对乙已取得的债权全部转让给丁。下列说法正确的是？

A. 甲的行为将导致其最高额抵押权消灭

B. 甲将上述债权转让给丁后，丁取得最高额抵押权

C. 甲将上述债权转让给丁后，最高额抵押权不随

D. 2014 年 5 月 5 日前，甲对乙的任何债权均不得转让

二、模拟训练

15 `62002189`

甲公司的主营业务为制造挖掘机。为担保甲公司对乙公司负担的于 2020 年 10 月 1 日到期的 1000 万元借款债务，甲公司以其动产为乙公司设立动产浮动抵押，办理了抵押登记。2020 年 9 月 1 日，甲公司将其制造的 A 挖掘机以市价出卖给丙并交付。2020 年 11 月 1 日，甲公司将其制造的 B 挖掘机以市价出卖给丁并交付。因甲公司到期不能履行 1000 万元借款债务，2020 年 12 月，乙公司行使对甲公司财产的动产浮动抵押权。下列哪一说法是错误的？（单选）

A. 在甲公司将 A 挖掘机交付给丙后，其不再属于抵押财产

B. 乙公司可以行使对 B 挖掘机的抵押权

C. 即使乙公司办理了抵押登记，其抵押权也不能对抗买受人丁

D. 2020 年 10 月 1 日，乙公司对甲公司享有的动产浮动抵押权的抵押财产确定

16 `62002163`

2020 年 1 月 3 日，甲为从乙银行贷款，以其自有的一辆汽车，与乙银行订立汽车抵押合同，并于 2020 年 1 月 24 日办理了抵押登记。后甲将该汽车转让给了丁，并办理了汽车转让手续。丁将该汽车用于运输货物，对该汽车造成一定的磨损。下列说法正确的是？（单选）

A. 乙银行抵押权随着丁的受让已经消灭

B. 若甲转让后不通知乙银行，则该转让对乙银行不产生效力

C. 乙银行的抵押权不得对抗该汽车的买受人丁

D. 乙银行可以要求甲就转让所得的价款提前清偿

17 `62002060`

2012 年 4 月 20 日，G 银行与柏冠公司签订《小企业借款合同》，约定柏冠公司向 G 银行借款 300 万元，借期为 7 个月。10 月 24 日，G 银行与凯盛公司签订《最高额抵押合同》，约定凯盛公司以其房产 A 在 2012 年 10 月 19 日至 2015 年 10 月 19 日期间，在 4000 万元的最高额内，为 G 银行的债权提供抵押担保，无论该债权在上述期间届满时是否已到期，也无论该债权是否在最高额抵押权设立之前已经产生。同日，双方办理了抵押权登记。2012 年 11 月 3 日，凯盛公司与 G 银行签订《补充协议》，明确双方签订的《最高额抵押合同》担保范围包括 2012 年 4 月 20 日 G 银行与柏冠公司签订的贷款合同项下的债权，但未办理变更登记。后柏冠公司未按期偿还借款。关于本案，下列选项正确的是？（不定项）

A. 《补充协议》约定的最高额抵押担保因未变更登记而无效

B. 最高额抵押担保的债权包括 2012 年 4 月 20 日 G 银行与柏冠公司的债权

C. 若凯盛公司于 2012 年 11 月 10 日被法院宣告破产，那么 G 银行的债权确定

D. 2015 年 10 月 19 日之前，G 银行转让其对柏冠公司债权的，最高额抵押权随之转让

参考答案

[1] C　[2] C　[3] B　[4] C　[5] A
[6] ACD　[7] AD　[8] ABD　[9] BCD　[10] AC
[11] BD　[12] BD　[13] BC　[14] C　[15] B
[16] D　[17] BC

第三章
质权

一、历年真题及仿真题

综合知识点

【单选】

1 `1503008`

乙欠甲货款，二人商定由乙将一块红木出质并签订质权合同。甲、丙与出质人乙签订三方协议，

约定甲授权丙代自己占有红木。乙将红木交付给丙。下列哪一说法是正确的？

A．甲乙之间的担保合同无效

B．红木已交付，丙取得质权

C．丙经甲的授权而占有，甲取得质权

D．丙不能代理甲占有红木，因而甲未取得质权

【多选】

② 2002171

甲、乙、丙三公司与丁银行订立书面《担保协议》，约定：甲公司从乙公司进货，丙公司按约向在丁银行开设的专门账户转账，每次转入甲、乙公司交易金额的 50% 作为担保金，用以担保乙公司价款债权的实现。且该专门账户乙、丙公司共同管理，账户内的资金转账需乙、丙公司的共同签字。在合同履行过程中，现甲公司尚有 200 万元货款到期不能履行，乙公司却发现丙公司私自转走专门账户内的 50 万元。下列哪些说法是正确的？

A．乙公司对专门账户内的资金不享有担保物权

B．乙公司对转走的 50 万元资金不享有担保物权

C．乙公司可追究丁银行的违约责任

D．乙公司可追究丙公司的违约责任

③ 1902163

甲对乙享有应收账款债权，因甲对丙负有债务，甲于是与丙订立质押合同，将其对乙享有的应收账款债权出质给丙，并办理了质押登记。后甲又将该应收账款债权转让给不知情的丁。对此，下列说法正确的是？

A．该质权在登记前设立，登记后可以对抗第三人

B．甲、丙间的质押合同自成立时生效，不以办理出质登记为生效要件

C．若丙不同意甲转让应收账款债权，则丙可以主张丁未取得该债权

D．若丙同意甲转让应收账款债权，丙可以主张以该应收账款债权转让所得价款优先受偿

④ 1703056

2016 年 3 月 3 日，甲向乙借款 10 万元，约定还款日期为 2017 年 3 月 3 日。借款当日，甲将自己

饲养的市值 5 万元的名贵宠物鹦鹉质押交付给乙，作为债务到期不履行的担保；另外，第三人丙提供了连带责任保证。关于乙的质权，下列说法是正确的？

A．2016 年 5 月 5 日，鹦鹉产蛋一枚，市值 2000 元，应交由甲处置

B．因乙照管不善，2016 年 10 月 1 日鹦鹉死亡，乙需承担赔偿责任

C．2017 年 4 月 4 日，甲未偿还借款，乙未实现质权，则甲可请求乙及时行使质权

D．乙可放弃该质权，丙可在乙丧失质权的范围内免除相应的保证责任

二、模拟训练

⑤ 62102082

关于质权，下列说法错误的是？（单选）

A．马杰以汇票出质，以背书记载"质押"字样并在汇票上签章，马杰按约定将汇票交付给质权人，质权设立，且具有对抗效力

B．小丁为小石的债权人，小石将其电动车出质给小丁。现小丁为了向小朱借款，未经小石同意将电动车出质给小朱，小朱不知此车为小石所有，后因小朱管理不善导致电动车毁损，小丁对电动车的毁损应向小石承担赔偿责任

C．甲向乙借款 10 万，甲乙对借款事宜进行了约定并签订了书面借款合同。同时，甲以限量版电脑为乙设立质押，但甲仍需继续使用电脑 1 个月完成毕业论文，乙的质权自双方达成合意时设立

D．大古将一块手表交给小迪修理，后小迪急需用钱，对小黄谎称手表是自己的，将手表交给不知情的小黄质押以获借款。如小迪不能按时还款，小黄可以拍卖或变卖手表以获得优先清偿

⑥ 62002164

2020 年 3 月 3 日，风云公司尚欠太阳公司货款 300 万元，遂将其对辉煌公司享有的应收账款债权出质给太阳公司，以担保该笔债务，并订立质押合同，办理了质权登记。下列说法正确的是？（单选）

A．风云公司的任何应收账款均可以出质

B．太阳公司的质权自质押合同生效时设立

C．风云公司可以自行决定将该应收账款转让

D．若太阳公司同意风云公司转让，太阳公司可以主张以该债权转让所得价款提存

参考答案

[1] C　[2] BCD　[3] BCD　[4] BCD　[5] C
[6] D

第四章
留置权

一、历年真题及仿真题

（一）留置权的成立要件

【多选】

1　1503055

下列哪些情形下权利人可以行使留置权？

A．张某为王某送货，约定货物送到后一周内支付运费。张某在货物运到后立刻要求王某支付运费被拒绝，张某可留置部分货物

B．刘某把房屋租给方某，方某退租搬离时尚有部分租金未付，刘某可留置方某部分家具

C．何某将丁某的行李存放在火车站小件寄存处，后丁某取行李时认为寄存费过高而拒绝支付，寄存处可留置该行李

D．甲公司加工乙公司的机器零件，约定先付费后加工。付费和加工均已完成，但乙公司因维持企业经营曾向甲公司借款且到期尚未清偿，甲公司可留置机器零件

（二）综合知识点

【单选】

2　1802004

吉某是春晓公司的业务经理。公司为方便吉某工作，特将公司的一辆别克 GL8 商务车批给吉某无

偿使用。后来，吉某因为违反公司的管理制度，在开展业务过程中收受客户回扣，被公司解职。由于公司没有依约向吉某支付应付提成奖金 20 万元，吉某遂扣留春晓公司的该别克轿车，不予返还。以下说法正确的有？

A．吉某有权主张留置权以扣留该别克轿车

B．吉某有权基于双务合同抗辩权，拒绝返还轿车

C．吉某有权基于自助，拒绝返还轿车

D．吉某应返还轿车

3　1603007

甲借用乙的山地自行车，刚出门就因莽撞骑行造成自行车链条断裂，甲将自行车交给丙修理，约定修理费 100 元。乙得知后立刻通知甲解除借用关系并告知丙，同时要求丙不得将自行车交给甲。丙向甲核实，甲承认。自行车修好后，甲、乙均请求丙返还。对此，下列哪一选项是正确的？

A．甲有权请求丙返还自行车

B．丙如将自行车返还给乙，必须经过甲当场同意

C．乙有权要求丙返还自行车，但在修理费未支付前，丙就自行车享有留置权

D．如乙要求丙返还自行车，即使修理费未付，丙也不得对乙主张留置权

【多选】

4　2202184

吴某驾车发生车祸，随后抢救无效死亡。吴某唯一的继承人辛某将该车送至柳某处修理，车修好后，辛某一直未付费，柳某便留置该车，并将车停放于维修店外的公路旁。次日，柳某发现该车被盗。对此，下列表述正确的是？

A．辛某已经丧失对该车的所有权

B．柳某已经丧失对该车的占有

C．柳某已经丧失对该车的留置权

D．柳某未尽到保管义务，应承担相应的责任

5　1902164

甲把房屋出租给乙，乙自行购买屋内家具，屋内电器为甲所有。租期届满前两个月，乙提议把屋内沙发以 2000 元的价格出卖给甲，租期届满前由

乙继续占有使用，甲当即表示同意。租期届满后，甲认为乙的沙发不值 2000 元，遂仅向乙支付了 1000 元。对此，下列表述正确的是？

A. 甲已经取得了屋内沙发的所有权

B. 若甲不支付剩余的 1000 元，乙有权留置屋内甲所有的电器

C. 若甲不支付剩余的 1000 元，乙有权行使同时履行抗辩权拒绝交付租赁房屋和屋内电器

D. 甲、乙关于沙发的买卖合同已经生效

【不定项】

6 `1503091`

顺风电器租赁公司将一台电脑出租给张某，租期为 2 年。在租赁期间内，张某谎称电脑是自己的，分别以市价与甲、乙、丙签订了三份电脑买卖合同并收取了三份价款，但张某把电脑实际交付给了乙。后乙的这台电脑被李某拾得，因暂时找不到失主，李某将电脑出租给王某获得很高收益。王某租用该电脑时出了故障，遂将电脑交给康成电脑维修公司维修。王某和李某就维修费的承担发生争执。康成公司因未收到修理费而将电脑留置，并告知王某如 7 天内不交费，将变卖电脑抵债。李某听闻后，于当日潜入康成公司偷回电脑。关于康成公司的民事权利，下列说法正确的是？

A. 王某在 7 日内未交费，康成公司可变卖电脑并自己买下电脑

B. 康成公司曾享有留置权，但当电脑被偷走后，丧失留置权

C. 康成公司可请求李某返还电脑

D. 康成公司可请求李某支付电脑维修费

二、模拟训练

7 `62202055`

甲汽车公司与乙运营公司签订一系列服务合同。合同签订后，乙运营公司依约为甲汽车公司的 8 辆客运汽车提供了相应的服务。甲汽车公司未能按时支付由此产生的各项费用合计人民币 4400 万元，且乙运营公司获悉甲汽车公司资金链条出现问题，遂留置甲汽车公司营运的 8 辆汽车，并向法院起诉。下列说法正确的是？（多选）

A. 留置权成立后，甲汽车公司 30 日内未履行，

乙运营公司才可以就该 8 辆汽车优先受偿

B. 乙运营公司可主张直接就该 8 辆汽车优先受偿

C. 若 8 辆留置汽车均被第三人盗窃，则留置权未消灭

D. 若乙运营公司接受甲汽车公司另行提供的担保，则留置权消灭

参考答案

[1] CD　　[2] D　　[3] C　　[4] BD　　[5] AD

[6] C　　[7] CD

 第五章
保证

一、历年真题及仿真题

（一）综合知识点

【单选】

1 `1403015`

张某从甲银行分支机构乙支行借款 20 万元，李某提供连带保证担保。李某和甲银行又特别约定，如保证人不履行保证责任，债权人有权直接从保证人在甲银行及其支行处开立的任何账户内扣dai。届期，张某、李某均未还款，甲银行直接从李某在甲银行下属的丙支行账户内扣划了 18 万元存款用于偿还张某的借款。下列哪一表述是正确的？

A. 李某与甲银行关于直接在账户内扣划款项的约定无效

B. 李某无须承担保证责任

C. 乙支行收回 20 万元全部借款本金和利息之前，李某不得向张某追偿

D. 乙支行应以自己的名义向张某行使追索权

2 `1403010`

甲公司与乙公司达成还款计划书，约定在 2012 年 7 月 30 日归还 100 万元，8 月 30 日归还 200 万元，9 月 30 日归还 300 万元。丙公司对三笔还

解析页码

066—068

款提供保证，未约定保证方式和保证期间。后甲公司同意乙公司将三笔还款均顺延3个月，丙公司对此不知情。乙公司一直未还款，甲公司仅于2013年3月15日起诉乙公司要求还款。关于丙公司保证责任，下列哪一表述是正确的？

A．丙公司保证担保的主债权为300万元

B．丙公司保证担保的主债权为500万元

C．丙公司保证担保的主债权为600万元

D．因延长还款期限未经保证人同意，丙公司不再承担保证责任

【多选】

③ 1902165

甲因资金周转，向大江银行借贷50万元，乙提供保证担保，但未约定保证方式。两个月后甲又增加借贷20万元，并告知乙，乙未置可否。下列说法正确的是？

A．乙对银行享有先诉抗辩权

B．甲对银行的抗辩权，乙对银行也享有

C．乙就银行对甲的70万元债权承担保证责任

D．乙就银行对甲的50万元债权承担保证责任

【不定项】

④ 1802088

甲向乙银行借款500万元，借期2年，丙、丁为保证人，但对于保证范围和保证方式均未约定。戊、己分别以各自房屋向乙银行设定抵押并办理了抵押登记手续。其中，保证人丙要求债务人甲为其提供反担保，甲找到朋友庚为丙作保证。保证人丁亦要求债务人甲提供反担保，甲将自己的房屋1套为丁设定抵押，但未办理抵押登记手续。如乙银行的债权已过诉讼时效期间，下列哪些说法是正确的？

A．如乙银行要求保证人丙承担保证责任的，保证人可以行使先诉抗辩权

B．如乙银行要求保证人丁承担保证责任的，保证人丁可以行使诉讼时效抗辩权

C．如乙银行要求抵押人戊承担保证责任的，戊无权拒绝

D．如乙银行要求反担保人庚承担责任的，庚无权拒绝

二、模拟训练

⑤ 62202163

2021年5月28日，甲向乙借款1000万元，借期一年。丙、丁共同在该借款合同的保证人一栏签字。戊得知甲欠乙1000万元后，对乙发出邮件称："我愿为甲提供保证，若甲到期未偿还债务，债务由我承担。"乙表示同意。后来甲到期未偿还债务。乙在2022年6月28日，催告甲、丙、丁、戊偿还借款。甲、丙、丁、戊均未偿还。乙于2022年7月28日，再次请求甲还款。甲自此失踪。对此，下列选项错误的是？（多选）

A．若2023年3月28日，乙起诉甲、丙、丁、戊偿还借款，丙、丁、戊有权拒绝偿还借款

B．若2025年7月25日，乙起诉甲、丙、丁、戊偿还借款，丙、丁、戊有权拒绝偿还借款

C．若2022年7月30日，乙起诉甲后又撤诉，2022年12月20日乙请求丙、丁、戊承担保证责任，丙、丁、戊无权拒绝

D．若2022年8月28日，丙偿还乙1000万元，向甲追偿无望时，丙有权按比例向丁追偿

⑥ 62102076

甲从乙处借款66万元，丙以其宝马X5为该债权设定抵押，丁为其提供承诺函约定："当甲无法清偿对乙的债务时，丁愿意承担清偿债务的义务。"丙要求债务人甲为其提供反担保，甲以自身信誉为丙提供保证，同时让朋友戊以其自有的房屋为丙设定抵押。下列说法正确的是？（单选）

A．丁提供承诺函的法律性质属于保证

B．丁提供承诺函的法律性质属于债务加入

C．甲可以自己作为保证人设立反担保

D．若丙的担保合同存在无效事由，丙承担赔偿责任之后不能请求戊承担反担保责任

⑦ 62102105

2021年2月1日，蒋道理向董礼貌借款100万元，约定蒋道理于2021年6月1日还本付息，游文华提供保证并与董礼貌约定在蒋道理不能履行还款义务时承担保证责任，且约定游文华承担保证责任直至主债务本息还清时为止。因蒋道理不履行

解析页码

068—070

到期还款的义务，董礼貌于 2021 年 7 月 1 日起诉蒋道理，获得生效判决后对蒋道理强制执行，蒋道理的财产不能清偿债务。现董礼貌请求游文华承担担保责任。对此，下列表述正确的是？（单选）

A. 游文华提供的是连带保证责任

B. 游文华的保证期间为 6 个月，自 2021 年 6 月 2 日起计算

C. 若董礼貌在保证期间内撤回对蒋道理的起诉，且在保证期间届满前未再提起诉讼，游文华仍需承担保证责任

D. 2021 年 6 月 1 日，董礼貌有权单独起诉游文华

参考答案

[1] D　　[2] A　　[3] ABD　[4] AB　　[5] AC
[6] A　　[7] B

第六章
担保并存

一、历年真题及仿真题

（一）共同担保（含混合担保）

【单选】

1　1403008

甲公司欠乙公司货款 100 万元，先由甲公司提供机器设备设定抵押权、丙公司担任保证人，后由丁公司提供房屋设定抵押权并办理了抵押登记。甲公司届期不支付货款，下列表述正确的是？

A. 乙公司应先行使机器设备抵押权

B. 乙公司应先行使房屋抵押权

C. 乙公司应先行请求丙公司承担保证责任

D. 丙公司和丁公司可相互追偿

【多选】

2　1603055

甲对乙享有债权 500 万元，先后在丙和丁的房屋上设定了抵押权，均办理了登记，且均未限定抵押物的担保金额。其后，甲将其中 200 万元债权

转让给戊，并通知了乙、丙、丁。乙到期清偿了对甲的 300 万元债务，但未能清偿对戊的 200 万元债务。对此，下列哪些选项是错误的？

A. 戊可同时就丙和丁的房屋行使抵押权，但对每个房屋价款优先受偿权的金额不得超过 100 万元

B. 戊可同时就丙和丁的房屋行使抵押权，但对每个房屋价款优先受偿权的金额须依房屋价值的比例确定

C. 戊必须先后就丙和丁的房屋行使抵押权，对每个房屋价款优先受偿权的金额由戊自主决定

D. 戊只能在丙的房屋价款不足以使其债权得到全部清偿时就丁的房屋行使抵押权

【不定项】

3　1703091

甲服装公司与乙银行订立合同，约定甲公司向乙银行借款 300 万元，用于购买进口面料。同时，双方订立抵押合同，约定甲公司以其现有的以及将有的生产设备、原材料、产品为前述借款设立抵押。借款合同和抵押合同订立后，乙银行向甲公司发放了贷款，但未办理抵押登记。之后，根据乙银行要求，丙为此项贷款提供连带责任保证，丁以一台大型挖掘机作质押并交付。如甲公司未按期还款，乙银行欲行使担保权利，当事人未约定行使担保权利顺序，下列选项正确的是？

A. 乙银行应先就甲公司的抵押实现债权

B. 乙银行应先就丁的质押实现债权

C. 乙银行可选择就甲公司的抵押或丙的保证实现债权

D. 乙银行可选择就甲公司的抵押或丁的质押实现债权

（二）综合知识点

【单选】

4　2302116

A 公司从 B 公司融资租赁一设备，为担保租金的支付，A 公司虚构与 C 公司的现有应收账款债权，以此为 B 公司设立担保，同时 D 公司提供保证。经查，B 公司曾向 C 公司发函确认出质应收账款

- - - - - - - - - - - - - - - - - - - -
解析页码
071—072

债权的真实性，得到 C 公司书面确认后，B 公司办理了质押登记。现 A 公司无力支付到期租金。关于 B 公司的权利，下列表述正确的是？

A．B 公司未取得权利质权

B．B 公司只能要求 D 公司承担保证责任

C．B 公司应先对应收账款行使权利质权

D．B 公司可选择行使权利质权或行使保证

5　2102050

甲公司向乙银行借款，约定甲公司以其现有以及将有的动产为乙银行设立动产浮动抵押权，办理了抵押登记。二个月后，甲公司向丙公司购买 A 设备，约定用分期付款的方式支付，甲公司以 A 设备为丙公司设立抵押权，担保 A 设备购置款的支付。丙公司向甲公司交付 A 设备的当日办理了抵押登记。半年后，甲公司被宣告破产，因未获清偿，乙银行与丙公司均主张对 A 设备行使抵押权。对此，下列表述正确的是？

A．乙银行对 A 设备不享有抵押权

B．甲公司在付清价款前未取得 A 设备所有权

C．丙公司对 A 设备的抵押权优先于乙银行对 A 设备的抵押权

D．乙银行、丙公司均不得对 A 设备行使抵押权优先受偿

【多选】

6　2202169

丁向丙借钱 100 万元，甲乙提供保证，分别订立了保证合同，没有其他约定；后甲担心丁还不了钱就私下找丙订立合同，约定：若丙找乙承担保证责任，甲就私下按保证合同金额的 20% 付钱给丙。后来丁果然还不了钱，丙只请求乙承担 100 万元的保证责任；乙承担保证责任后，丙按合同约定请求甲支付 20 万元。对此，下列说法错误的是？

A．乙的清偿有效

B．乙可以找甲均摊 100 万元的债务

C．丙有权请求甲支付 20 万元

D．甲丙的私下约定无效

7　2202187

3 月 12 日，甲向乙借款 50 万，以一台机器抵押，但未办理抵押登记。一个月后，甲向丙借款 30

万，以同一台机器抵押，办理了抵押登记，但丙知道乙对该设备享有抵押权。又一个月后，甲向丁借款 20 万，再次以同一台机器抵押，办理了抵押登记，丁不知道乙对该设备享有抵押权。对此，下列说法错误的是？

A．在先的乙的抵押权优先于恶意的丙

B．登记的丁的抵押权优先于未登记的乙

C．在先的丙的抵押权优先于在后的丁

D．丁的抵押权自登记时设立

8　2102152

甲造船公司向乙银行借款，约定甲以其现有以及将有的动产为乙设立动产浮动抵押担保，办理了抵押登记。后甲公司为丙公司定作 A 船，丙公司以 80 万元购买 A 船，同时以 A 船作为支付购船款的抵押物，丙公司先支付了 20 万元。3 月 1 日，甲公司向丙公司交付 A 船，5 日办理了抵押登记，后丙公司一直未支付剩余价款。以下说法正确的是？

A．甲公司的抵押权优先于乙银行的抵押权

B．乙银行的抵押权优先于甲公司的抵押权

C．丙公司已经取得 A 船所有权

D．乙银行的抵押权可以对抗丙公司

【不定项】

9　1802086

甲向乙银行借款 500 万元，借期 2 年，丙、丁为保证人，但对于保证范围和保证方式均未约定。戊、己分别以各自房屋向乙银行设定抵押并办理了抵押登记手续。其中，保证人丙要求债务人甲为其提供反担保，甲找到朋友庚为丙作保证。保证人丁亦要求债务人甲提供反担保，甲将自己的房屋 1 套为丁设定抵押，但未办理抵押登记手续。关于甲、丙、丁关系的表述正确的是？

A．如甲到期依约向乙银行清偿了借款，甲为丙设定的反担保继续有效

B．如甲到期不能还款，乙银行不能直接请求丙、丁中的任意一人承担责任

C．如丙清偿了 500 万元债务，可以向甲、丁各自追偿 250 万元

解析页码
072—074

D. 如丁清偿了 500 万元债务，可以向甲追偿，亦可向丙追偿

10　1802087

甲向乙银行借款 500 万元，借期 2 年，丙、丁为保证人，但对于保证范围和保证方式均未约定。戊、己分别以各自房屋向乙银行设定抵押并办理了抵押登记手续。其中，保证人丙要求债务人甲为其提供反担保，甲找到朋友庚为丙作保证。保证人丁亦要求债务人甲提供反担保，甲将自己的房屋 1 套为丁设定抵押，但未办理抵押登记手续。关于本题，下列表述错误的是？

A. 乙银行不能要求甲、戊、己承担连带责任

B. 乙银行可以就戊或者己的房产行使抵押权

C. 戊承担担保责任后，应当向甲追偿

D. 如甲将全部债务转让给好友辛，未经戊和己的书面同意，戊和己不再承担担保责任

11　1603091

甲、乙双方于 2013 年 5 月 6 日签订水泥供应合同，乙以自己的土地使用权为其价款支付提供了最高额抵押，约定 2014 年 5 月 5 日为债权确定日，并办理了登记。丙为担保乙的债务，也于 2013 年 5 月 6 日与甲订立最高额保证合同，保证期间为一年，自债权确定日开始计算。乙于 2014 年 1 月被法院宣告破产，下列说法正确的是？

A. 甲的债权确定

B. 甲应先就抵押物优先受偿，不足部分再要求丙承担保证责任

C. 甲可先要求丙承担保证责任

D. 如甲未申报债权，丙可参加破产财产分配，预先行使追偿权

二、模拟训练

12　62102053

张三向李四借款 100 万元，王五为张三提供担保并与李四签订保证合同。赵六以持有的价值 60 万元的股票为张三做了质押担保，与李四签订书面合同并进行了出质登记。债务到期后张三无力偿还借款，李四向张三主张权利未果，故向王五和赵六主张权利。下列哪一说法是正确的？（单选）

A. 王五和赵六承担担保责任后不能向张三追偿

B. 李四既可向赵六主张质权，也可要求王五承担保证责任

C. 李四应先要求王五承担保证责任，不足部分再向赵六主张质权

D. 李四应先向赵六主张质权，不足部分再向王五主张保证责任

13　62102033

关于价款优先权，下列说法正确的是？（多选）

A. 小花欲购买小草的铲车，约定小花付清价款前小草保留所有权。8 月 5 日小草交付铲车，8 月 10 日办理了登记，小草享有价款优先权

B. 小花欲购买小草的铲车，8 月 5 日小草交付但小花未付钱，小花将铲车抵押给小草来担保价金。8 月 10 日办理了登记，小草享有价款优先权

C. 小花欲购买小草的铲车，遂与觉晓公司签订融资租赁合同，8 月 5 日小草向小花交付，8 月 10 日办理了登记，觉晓公司享有价款优先权

D. 小花欲购买小草的铲车，遂向红旗银行借款。8 月 5 日小草交付铲车，8 月 10 日办理了登记，红旗银行享有价款优先权

14　62102103

铁观音公司为扩大生产规模，欲向西湖公司购买 100 台自动压茶机，于是与虎丘公司签订了融资租赁合同，9 月 28 日西湖公司向铁观音公司交付自动压茶机。10 月 1 日铁观音公司又将该自动压茶机出质给宝利公司，并完成现实交付。10 月 5 日铁观音公司又将自动压茶机抵押给万昊公司，同时办理抵押登记。10 月 6 日铁观音公司为虎丘公司办理保留所有权登记。10 月 9 日，宝利公司的员工因操作不当损坏了一部分自动压茶机，便送至爱车修理厂，产生修理费用 2 万元，但宝利公司拒绝支付修理费，爱车修理厂便留置该自动压茶机。关于虎丘公司、宝利公司、万昊公司、爱车修理厂对该自动压茶机享有担保物权的清偿顺序。下面哪一个排列是正确的？（单选）

A. 宝利公司、虎丘公司、万昊公司、爱车修理厂

B. 爱车修理厂、宝利公司、虎丘公司、万昊公司

C. 爱车修理厂、虎丘公司、万昊公司、宝利公司

D. 爱车修理厂、虎丘公司、宝利公司、万昊公司

⑮ 62102085

2021年4月1日，小李向小张借款1000万元，小李以其花园别墅提供抵押，担保其中的900万元债务；以其哈雷摩托车抵押，担保剩余的100万元债务，均进行了抵押登记。5月，小李又以其哈雷摩托车作为抵押，先后向小蒋借款100万元，向小王借款100万元，向小赵借款200万元。其中，为小赵办理了抵押登记，但未为小蒋、小王办理抵押登记，且同时由鼎丰公司为小赵提供保证担保、万佳公司为小赵提供车辆抵押担保并办理登记。6月1日，由于市场因素，小李的别墅下跌至800万元，故小张要求小李将摩托车担保的债权变更为200万元，小李同意，并变更了抵押登记，但未经小蒋、小王、小赵同意。小张、小赵对小蒋、小王享有摩托车抵押权的事实均不知情。几笔债务到期后，小李均无法偿还。下列表述错误的是？（多选）

A. 小李以哈雷摩托车为小张设定的抵押权，自办理登记时，抵押权设立

B. 若摩托车拍卖后得到价款500万元，小蒋、小王均只能获得50万元

C. 小赵可以先要求小李承担抵押担保责任，也可以先要求鼎丰公司承担保证担保责任

D. 若鼎丰公司受让了小赵对小李的债权，鼎丰公司有权向万佳公司主张担保责任

⑯ 62102049

甲因资金周转需要向乙借款100万元，借期一年，甲以其价值80万元的A车抵押，丙以其机器质押，丁提供保证的同时承诺："若丁未依约承担保证责任，自逾期之日起每日承担200元的违约责任"。现甲无力履行到期债务，且甲、丙、丁都未与债权人乙约定承担担保责任的顺序与份额。下列说法正确的是？（不定项）

A. 由于各担保人未约定承担责任的顺序，故债权人乙可任意选择向甲、丙、丁主张担保责任

B. 丙若承担了担保责任，有权向丁行使追偿权

C. 丁承担违约责任的承诺有效

D. 若甲、丙、丁三人与乙约定先就丙的机器受偿，丙承担担保责任后，有权向甲主张抵押权

参考答案

[1] A   [2] ABCD [3] A   [4] C   [5] C

[6] BC   [7] AD   [8] BCD   [9] B   [10] A

[11] ABD   [12] B   [13] ABCD [14] D   [15] ABCD

[16] D

第七章
非典型担保

一、历年真题及仿真题

综合知识点

【多选】

① 1503051

自然人甲与乙签订了年利率为30%、为期1年的1000万元借款合同。后双方又签订了房屋买卖合同，约定：甲把房屋卖给乙，房款为甲的借款本息之和。甲须在一年内以该房款分6期回购房屋。如甲不回购，乙有权直接取得房屋所有权。乙交付借款时，甲出具收到全部房款的收据。后甲未按约定回购房屋，也未把房屋过户给乙。因房屋价格上涨至3000万元，甲主张偿还借款本息，下列哪些选项是正确的？

A. 甲乙之间是借贷合同关系，不是房屋买卖合同关系

B. 应在不超过银行同期贷款利率的四倍以内承认借款利息

C. 乙不能获得房屋所有权

D. 因甲未按约定偿还借款，应承担违约责任

二、模拟训练

② 62202161

2021年6月，杨某向刘某借款100万元，借期1

年。同时，刘某要求杨某用自有房屋提供担保。对此，下列说法错误的是？（不定项）

A. 杨某将房屋过户登记且约定："若杨某到期未还款，该房屋归刘某所有"，该约定全部有效，刘某可以取得所有权

B. 双方又订立房屋买卖合同并约定："若杨某到期未还款，该借款转为购房款，杨某需履行买卖合同"，刘某可以请求履行买卖合同

C. 杨某将房屋过户登记且与刘某约定："借款到期后杨某应当以 102 万元回购房屋，若未回购则该房屋归刘某所有"，归刘某所有的约定无效，刘某只能就该房屋优先受偿

D. 若双方在 2022 年 7 月约定："因杨某到期未还款，以房屋抵债"，该约定有效

参考答案

[1] ACD　[2] AB

═══ 债 法 ═══

第一章
债的概述

模拟训练

1 62002088

甲向乙借款 5000 元，双方约定甲应当在 90 日内偿还该借款，或由甲的父亲在 90 日内向乙交付 1000 斤大豆抵债，关于上述债的种类，下列哪些选项是正确的？（多选）

A. 种类之债

B. 选择之债

C. 法定之债

D. 多数人之债

参考答案

[1] AB

第二章
债的移转

一、历年真题及仿真题

（一）债权让与

【不定项】

1 23020013

甲向乙借款 100 万元，并以自己的 A 房提供抵押担保，办理了登记。后乙将债权转让给丙，通知了甲，但未办理抵押权的变更登记。对此，下列说法正确的是？

A. 丙尚未取得抵押权

B. 丙已经取得抵押权

C. 甲可以向乙履行债务

D. 丙可以就 A 房优先受偿

（二）综合知识点

【单选】

2 22021164

甲欠乙 4 万元、5 万元，分别于 2022 年 3 月 1 日和 6 月 1 日到期；乙欠甲 10 万元，于 2022 年 4 月 1 日到期。5 月 12 日，甲将对乙的全部债权转让给了丙且通知了乙。对此，乙有什么权利？

A. 4 月 1 日可向甲提出抵销 9 万元

B. 5 月 12 日可向甲提出抵销 9 万元

C. 5 月 12 日可向丙提出抵销 9 万元

D. 5 月 12 日可向丙提出抵销 4 万元

3 17030009

甲经乙公司股东丙介绍购买乙公司矿粉，甲依约预付了 100 万元货款，乙公司仅交付部分矿粉，经结算欠甲 50 万元货款。乙公司与丙商议，由乙公司和丙以欠款人的身份向甲出具欠条。其后，乙公司未按期支付。关于丙在欠条上签名的行为，下列哪一选项是正确的？

A. 构成第三人代为清偿

解析页码
079—080

B. 构成免责的债务承担

C. 构成并存的债务承担

D. 构成无因管理

【不定项】

④ `1403091`

张某、方某共同出资，分别设立甲公司和丙公司。2013 年 3 月 1 日，甲公司与乙公司签订了开发某房地产项目的《合作协议一》，约定如下："甲公司将丙公司 10% 的股权转让给乙公司，乙公司在协议签订之日起三日内向甲公司支付首付款 4000 万元，尾款 1000 万元在次年 3 月 1 日之前付清。首付款用于支付丙公司从某国土部门购买 A 地块土地使用权。如协议签订之日起三个月内丙公司未能获得 A 地块土地使用权致双方合作失败，乙公司有权终止协议。"《合作协议一》签订后，乙公司经甲公司指示向张某、方某支付了 4000 万元首付款。张某、方某配合甲公司将丙公司的 10% 的股权过户给了乙公司。2013 年 5 月 1 日，因张某、方某未将前述 4000 万元支付给丙公司致其未能向某国土部门及时付款，A 地块土地使用权被收回挂牌卖掉。2013 年 6 月 4 日，乙公司向甲公司发函："鉴于土地使用权已被国土部门收回，故我公司终止协议，请贵公司返还 4000 万元。"甲公司当即回函："我公司已把股权过户到贵公司名下，贵公司无权终止协议，请贵公司依约支付 1000 万元尾款。"2013 年 6 月 8 日，张某、方某与乙公司签订了《合作协议二》，对继续合作开发房地产项目做了新的安排，并约定："本协议签订之日，《合作协议一》自动作废。"丁公司经甲公司指示，向乙公司送达了《承诺函》："本公司代替甲公司承担 4000 万元的返还义务。"乙公司对此未置可否。关于丁公司的《承诺函》，下列表述正确的是？

A. 构成单方允诺

B. 构成保证

C. 构成并存的债务承担

D. 构成免责的债务承担

二、模拟训练

⑤ `62402013`

甲对乙享有 10 万元债权，2023 年 12 月 14 日，甲与丙签订债权转让协议，将 10 万元债权转让给丙，丙当天通知了债务人乙。12 月 16 日，甲又与丁签订债权转让合同，将上述债权转让给丁，丁也于当天通知了债务人乙。后丙、丁均起诉要求乙偿还借款。甲以两份债权转让协议无效为由要求乙继续向自己履行。下列说法正确的是？（单选）

A. 乙应当向甲履行债务

B. 若丙未通知乙债权转让事宜，直接起诉乙履行债务，法院确认债权转让事实，应当认定债权转让自判决生效时对乙产生效力

C. 若乙向丙、丁主张其对甲的抗辩，法院可以追加甲为第三人

D. 若乙向丁履行，丙不可再要求乙向自己履行

⑥ `62202114`

2017 年 6 月 1 日，甲与丙签订借款合同约定：甲因其弟乙生病向丙借款 50 万元，该笔债务于 2017 年 12 月 1 日到期偿还。保证人丁为甲该笔债务提供保证，2022 年 1 月 1 日，乙痊愈后要求甲将该笔债务转移给自己承担，2022 年 1 月 2 日通知丙后，丙并未同意，直至 2022 年 1 月 15 日，丙表示同意甲将该笔债务转移给乙承担。对此下列说法正确的是？（单选）

A. 该笔 50 万元的债务于 2022 年 1 月 2 日转移给乙承担

B. 若丁于 2022 年 1 月 16 日口头同意，则其需要承担保证责任

C. 该笔债务诉讼时效自 2022 年 1 月 2 日通知到达丙时中断

D. 乙可以向丙主张该 50 万债务诉讼时效经过的抗辩权

⑦ `62002240`

甲对乙负担 100 万元借款债务，约定于 2019 年 9 月 1 日到期。2019 年 3 月 1 日，因双方订立买卖合同，乙对甲负担 50 万元债务，约定于 2019 年 11 月 1 日到期。2019 年 7 月 20 日，乙将对甲的 100 万元债权转让给丙，转让通知于 2019 年 8 月 1 日到达甲。下列哪一说法是正确的？（单选）

A．未经甲同意，乙不得将债权转让给丙

B．甲对乙享有的债权不得向丙主张抵销

C．因债权转让增加的履行费用，由丙承担

D．接到通知后，甲可以向丙主张抵销 50 万元

⑧ 62002102

1月1日，甲以 5 万元价格从乙家具厂订购了一批家具，已支付 1 万元，剩余款项在乙家具厂于 1 月 20 日交付家具后支付。甲、乙之间约定双方均不得转让债权。甲为支付剩余款项，向丙借款 5 万元，丁以其房屋设定抵押并办理了抵押登记手续，戊为甲提供保证，但未约定保证方式。后，丙将该债权转让给己，通知了甲，但未经丁同意。甲到期无法向己清偿 5 万元借款。下列说法正确的是？（不定项）

A．若甲将其债权转让给丙，并通知了乙家具厂。若丙不知道该不得转让的约定，乙家具厂不能以该约定为由拒绝向丙交货

B．乙家具厂将其债权转让给丁，并通知了甲。若丁知道该不得转让的约定，甲可以该约定为由拒绝向丁付款

C．因抵押权未办理变更登记，故己不得主张抵押权

D．戊的保证方式是一般保证

参考答案

[1]BD　　[2]D　　[3]C　　[4]AC　　[5]C

[6]D　　[7]B　　[8]AD

第三章
债的保全

一、历年真题及仿真题

（一）代位权

【单选】

① 2302111

甲公司为乙公司的项目提供机械设备，乙公司欠付使用费 200 万元，届期 1 年未清偿。甲公司得知丙公司欠乙公司一笔工程款 400 万元，且已届期 2 年，乙公司一直未主张。甲公司欲行使代位权起诉丙公司。对此，下列说法正确的是？

A．甲公司起诉后，甲公司对乙公司债权的诉讼时效中止

B．甲公司起诉后，乙公司对丙公司债权的诉讼时效中止

C．甲公司行使代位权以 200 万元为限

D．甲公司行使代位权以 400 万元为限

（二）综合知识点

【多选】

② 1703058

甲欠乙 30 万元到期后，乙多次催要未果。甲与丙结婚数日后即办理离婚手续，在《离婚协议书》中约定将甲婚前的一处住房赠与知悉甲欠乙债务的丙，并办理了所有权变更登记。乙认为甲侵害了自己的权益，聘请律师向法院起诉，请求撤销甲的赠与行为，为此向律师支付代理费 2 万元。下列哪些选项是正确的？

A．《离婚协议书》因恶意串通损害第三人利益而无效

B．如甲证明自己有稳定工资收入及汽车等财产可供还债，法院应驳回乙的诉讼请求

C．如法院认定乙的撤销权成立，则该赠与行为自被撤销时没有法律效力

D．如法院认定乙的撤销权成立，应一并支持乙提出的由甲承担律师代理费的请求

二、模拟训练

③ 62402008

2020 年至 2023 年，因商业往来，甲公司累计欠付乙公司货款 500 万元，双方约定上述款项履行期限至 2024 年 2 月 18 日，并约定因该款项产生任何争议，应提请 A 市仲裁委裁决。2023 年 5 月，乙公司向丙公司借款 300 万元，约定乙公司应在 2023 年 12 月 30 日前偿还。2024 年 6 月，经丙公司多次催告，乙公司仍未履行债务，乙公司名下

已无其他财产，此时丙公司得知甲公司还欠付乙公司 500 万元，到期后乙公司未催告也未起诉甲公司偿还，遂向法院提起代位权诉讼。下列说法正确的是？（多选）

A. 若甲公司以仲裁协议为由对法院主管提出异议，法院应予支持

B. 若丙公司仅起诉甲公司为被告，法院应当追加乙公司为第三人

C. 丙公司只能就 500 万元中的 300 万元行使代位权

D. 若甲、乙公司之间无仲裁协议，乙公司在丙公司起诉后，另行向法院起诉甲公司偿还 200 万元借款，则在代位权诉讼终结前，乙公司对甲公司的诉讼应当中止

④ 62102107

2020 年 9 月 11 日，张某为还清赌债向好友李某借款 100 万元，李某欣然答应，双方约定 1 年后还款。借款到期后张某无力清偿。后查明张某于 2021 年 9 月 3 日，张某主动放弃了对表弟周某的 70 万元到期债权。另查明张某于 2019 年 12 月 23 日将名下所有的价值 80 万元的祖宅赠与女友黄某，下列表述正确的是？（单选）

A. 李某有权请求撤销张某对黄某的赠与行为和张某放弃对周某到期债权的行为

B. 张某影响李某债权实现的行为被撤销的，自撤销之日起失去法律效力

C. 若 2021 年 9 月 12 日，杨某违规驾驶车辆撞倒张某，李某有权就杨某对张某的损害赔偿责任行使代位权

D. 李某行使撤销权所支付的律师费、误工费等必要费用应由张某负担

⑤ 62002219

甲对乙享有 100 万元债权，于 2021 年 9 月 1 日到期。2021 年 3 月 1 日，法院受理了丙破产的案件，乙一直未向丙的破产管理人申报其对丙享有的 200 万元债权，但乙剩余的财产不足以清偿对甲的 100 万元债务。下列哪一说法正确？（单选）

A. 甲可向丙的破产管理人申报乙对丙的债权

B. 甲可用通知的方式行使自己的代位权

C. 若甲欲通过诉讼行使自己的代位权，可在自己

住所地人民法院起诉

D. 若甲行使自己的代位权并胜诉，行使代位权的必要费用由丙负担

⑥ 62002168

2019 年 4 月 1 日，甲欠乙 20 万元，乙多次催促还款，但甲一直不予理会。2019 年 5 月 1 日，甲将对丙享有的 12 万元债权无偿转让给其妻子丁，且将其所有的一辆汽车免费送给其妹妹戊。乙于 2020 年 6 月 1 日才知道，遂向法院提起撤销权诉讼。甲辩称自 2019 年 5 月 1 日起，已经过了 1 年，乙无权行使撤销权。下列说法错误的是？（多选）

A. 乙可向法院请求撤销甲无偿转让其债权和免费赠送其车辆的行为

B. 甲的辩称理由成立

C. 乙有权主张丁将 12 万元直接偿还给自己

D. 行使债权人撤销权的必要费用由乙自己负担

第四章
债的消灭

一、历年真题及仿真题

（一）清偿

【单选】

① 1403013

胡某于 2006 年 3 月 10 日向李某借款 100 万元，期限 3 年。2009 年 3 月 30 日，双方商议再借 100 万元，期限 3 年。两笔借款均先后由王某保证，未约定保证方式和保证期间。李某未向胡某和王某催讨。胡某仅于 2010 年 2 月归还借款 100 万元。关于胡某归还的 100 万元，下列哪一表述是正确的？

A．因 2006 年的借款已到期，故归还的是该笔借款

B．因 2006 年的借款无担保，故归还的是该笔借款

C．因 2006 年和 2009 年的借款数额相同，故按比例归还该两笔借款

D．因 2006 年和 2009 年的借款均有担保，故按比例归还该两笔借款

【多选】

② 2402071

甲欠乙 100 万，到期未还，于是甲乙约定用房子抵债，签了协议，但是甲一直拒绝给乙办理过户登记。以下正确的是？

A．乙可以请求还款

B．乙可以请求甲办理过户登记

C．乙可以请求还款，胜诉后可以主张拍卖房屋实现债权

D．办理过户登记后，乙不能再请求还款

③ 1802111

甲为创业，向朋友乙借钱，第一次借 20 万元，2017 年 4 月 1 日到期，年利率为 20%，有担保；第二次借款 20 万元，2017 年 5 月 1 日到期，年利率 6%，无担保。甲一直未还钱。2017 年 5 月 6 日，甲委托丙代自己向乙偿还第一笔借款，丙随即向乙转让 20 万元，丙转账时备注偿还的是第一笔借款。乙不同意，收到后表示归还的是第二笔借款，因此对丙代为偿还的是哪一笔借款，甲乙发生争执。对此，若不考虑借款已经产生的利息，下列表述正确的是？

A．甲乙可于事后协商确定偿还的是哪一笔借款

B．若甲乙不能于事后达成协议，应认定偿还的是第一笔借款

C．若甲乙不能于事后达成协议，应认定偿还的是第二笔借款

D．若甲乙不能于事后达成协议，应认定第一笔借款和第二笔借款各偿还 10 万元

④ 1603056

王某向丁某借款 100 万元，后无力清偿，遂提出以自己所有的一幅古画抵债，双方约定第二天交

付。对此，下列哪些说法是正确的？

A．双方约定以古画抵债，等同于签订了另一份买卖合同，原借款合同失效，王某只能以交付古画履行债务

B．双方交付古画的行为属于履行借款合同义务

C．王某有权在交付古画前反悔，提出继续以现金偿付借款本息方式履行债务

D．古画交付后，如果被鉴定为赝品，则王某应承担瑕疵担保责任

（二）免除

【单选】

⑤ 2002010

甲乙丙三人为好友，乙借给甲 5000 元，约定一年后还款。某日乙、丙单独吃饭时，乙对丙说："甲生活艰难，之前借给他的 5000 元，我就不要了。"乙没有委托丙转告甲此事。但丙第二天打电话告诉了甲此事，甲知道了未置可否。但乙从未向甲表达过该意思。借款期满后，乙请求甲返还 5000 元借款。对此下列选项表述正确的是？

A．因为未经甲同意，乙免除甲借款债务的意思表示未生效

B．因为甲未在合理期限内拒绝，乙免除甲借款债务的意思表示已经生效

C．甲无须偿还对乙的借款债务

D．甲应当偿还对乙的借款债务

（三）提存

【多选】

⑥ 2202170

甲公司与乙公司签订仓储合同，将一部分货物存在乙公司的仓库里面，后期限届满，甲公司一直没有提货，乙公司多次催促，但甲公司置之不理。乙公司无奈只好变卖仓库中的部分货物抵销仓储费用，并对剩下的货物进行了提存；五年后甲公司仍未领取。对此，下列说法正确的是？

A．乙公司有权提存货物

B．提存 5 年后甲公司未领取，货物归国家所有

C．提存 5 年后甲公司未领取，货物归提存机构

解析页码

D. 提存 5 年后甲公司未领取，提存机构有权先扣除提存费用

（四）综合知识点

【单选】

7 `1902096`

乙向甲借款，以其自有房屋设定抵押并登记。乙向丙借款，又以同一套房屋设定抵押并登记。后乙与甲签订房屋买卖合同并办理完过户登记。下列说法正确的是？

A. 甲、丙的房屋抵押权均未消灭
B. 甲的抵押权消灭
C. 丙的抵押权消灭
D. 甲乙房屋买卖合同无效

【多选】

8 `2302120`

A 公司解雇王某后，还拖欠王某 10 万元的工资未给。在多次讨要无果的情况下，王某带走了 A 公司为其配备的电脑以及精密仪器。A 公司的母公司 B 公司得知后，怕影响集团的声誉，提出代 A 公司向王某先行支付 5 万元，王某收下了 5 万元。对此，下列表述正确的是？

A. 王某扣下电脑和仪器的行为属于自助
B. B 公司代付行为构成无因管理
C. A 公司仍欠王某工资 10 万元
D. A 公司仍欠王某工资 5 万元

二、模拟训练

9 `62402010`

2023 年 12 月 13 日，甲向乙借款 50 万元，约定 2024 年 5 月 1 日偿还。2024 年 5 月 20 日，乙催告甲还款，甲称暂时没有流动资金，故与乙达成以物抵债协议，将自己价值 52 万元的汽车抵给乙以清偿借款，并约定甲应当在 5 月 30 日前交付该汽车。5 月 31 日，甲未交付汽车，经催告后在合理期限内仍未履行，乙诉至法院。对此，下列说法错误的是？（多选）

A. 甲未交付汽车，其与乙之间的以物抵债协议尚未成立生效

B. 乙只能请求甲交付汽车，不能请求甲偿还 50 万元借款
C. 若甲交付了汽车，则原还款的债务同时消灭
D. 若法院根据以物抵债协议制作调解书，则汽车的所有权自调解书生效时发生转移

10 `62002237`

甲向朋友乙借钱，第一次借款 30 万元，约定 2020 年 3 月 20 日到期，年利率为 12%，有担保；第二次借款 10 万元，约定 2020 年 6 月 1 日到期，年利率为 10%，无担保。甲一直未还钱。2020 年 4 月 25 日，甲向乙还款 10 万元，但未作任何其他表示。若不考虑借款已经产生的利息，下列哪一说法是正确的？（单选）

A. 由于第二笔借款无担保，所以应认定甲清偿的是第二笔借款
B. 第一笔借款已到期，第二笔借款未到期，故应当认定甲清偿的是第一笔借款
C. 由于第一笔借款的利息更高，故应当认定甲清偿的是第一笔借款
D. 若甲与乙不能于事后达成协议，应认定第一笔借款和第二笔借款各偿还 5 万元

11 `62002204`

2003 年 2 月，甲向乙借款 10 万元用于创业，约定两年后归还本息合计 11 万元。2005 年 2 月，乙不知所踪，甲还钱无门。无奈之下，甲找到丙提存机构对 11 万元进行提存。下列哪一项说法是正确的？（单选）

A. 提存后，甲有义务及时通知提存的事实
B. 若乙出现欲取回甲归还的本息，其应当提前十日向提存部门递交书面申请，并附上自己是债权人的证明资料
C. 若自甲提存之日起三年内乙不领取，则 11 万元直接归国家所有
D. 提存费用由甲负担

参考答案

[1]A　　[2]ABCD　[3]AB　　[4]BD　　[5]D
[6]ABD　[7]A　　[8]BD　　[9]ABD　[10]B
[11]A

解析页码
087—088

第五章
无因管理

一、历年真题及仿真题

（一）无因管理的构成要件

【单选】

 1 `1403020`

甲的房屋与乙的房屋相邻。乙把房屋出租给丙居住，并为该房屋在 A 公司买了火灾保险。某日甲见乙的房屋起火，唯恐大火蔓延自家受损，遂率家人救火，火势得到及时控制，但甲被烧伤住院治疗。下列哪一表述是正确的？

A. 甲主观上为避免自家房屋受损，不构成无因管理，应自行承担医疗费用

B. 甲依据无因管理只能向乙主张医疗费补偿，因乙是房屋所有人

C. 甲依据无因管理只能向丙主张医疗费补偿，因丙是房屋实际使用人

D. 甲依据无因管理不能向 A 公司主张医疗费补偿，因甲欠缺为 A 公司的利益实施管理的主观意思

（二）综合知识点

【多选】

2 `2302119`

甲卖房给乙，过户时需要乙付 50000 元的房屋税，乙却迟迟未付。甲就先直接帮乙付了 50000 元，乙一直未还甲。后甲向法院起诉，要求乙归还 50000 元，并支付 5000 元律师费。请问以下正确的是？

A. 甲构成无因管理

B. 甲可以要求乙支付 5 万元

C. 甲可以要求乙支付 5000 元律师费

D. 甲不可以要求乙支付 50000 元和律师费

二、模拟训练

3 `62002132`

天刮大风，甲见邻居乙家的房顶要被风吹倒，可

能会砸坏自己家的东西，于是用自家的两根房梁去撑住。结果还是没有撑住，乙家的房顶仍然被风掀翻，砸坏了乙自己家的窗户玻璃。甲于是以自己的名义向丙借款 5000 元，修缮乙的房屋。下列哪一说法是正确的？（单选）

A. 甲的初衷是为了了自己，不成立无因管理

B. 乙家房屋最终被风掀翻，管理未达效果，甲不成立无因管理

C. 甲的行为构成无因管理

D. 丙有权请乙偿还 5000 元

4 `62002131`

9 岁的甲和 10 岁的乙放学回家途中，乙突然犯病晕倒，甲对乙实施人工呼吸，打车将乙送往医院，又以乙的名义办理了入院手续，并用自己的压岁钱垫付了医疗费 2000 元。下列哪一项说法是正确的？（单选）

A. 甲打车的行为效力待定

B. 甲办理入院手续的行为有效

C. 甲与乙之间不成立无因管理

D. 甲无权向乙或其父母主张报酬

参考答案

[1] D　　[2] AB　　[3] C　　[4] D

第六章
不当得利

一、历年真题及仿真题

综合知识点

【单选】

1 `2302106`

老甲有大甲小甲两个儿子，因不满大甲叛逆，老甲订立遗嘱表示自己的全部遗产由小甲一人继承。老甲去世后，小甲为亲情考虑，将继承的画以市价出售，所得 50 万元全部赠与大甲。5 个月后，

老甲的朋友乙找到小甲，要求小甲返还画，才知该画是乙在出国前委托老甲代为保管的。对此，下列表述正确的是？

A. 乙有权请求大甲返还 50 万元
B. 乙有权请求小甲返还 50 万元
C. 小甲已善意取得画的所有权
D. 乙有权请求小甲承担侵权损害赔偿责任

2 `2002090`

甲公司致电乙表示近期要给作为老客户的乙赠送礼品，乙让甲公司放到乙家门口，由乙的家人代收。乙的邻居丙网购了一台电脑，送货商丁送货的时候看错门牌号放在了乙的家门口，乙家人以为是甲公司赠送的礼物，遂收回家中。当晚，乙家发生大火，该电脑被焚毁。对此，下列说法中表述正确的是？

A. 丁应当赔偿丙一台外形、配置一样的电脑
B. 乙应当承担连带责任
C. 乙不承担赔偿责任
D. 丙可以要求公司把给乙的礼品作为对自己的补偿

【多选】

3 `1503061`

甲遗失其为乙保管的迪亚手表，为偿还乙，甲窃取丙的美茄手表和 4000 元现金。甲将美茄手表交乙，因美茄手表比迪亚手表便宜 1000 元，甲又从 4000 元中补偿乙 1000 元。乙不知甲盗窃情节。乙将美茄手表赠与丁，又用该 1000 元的一半支付某自来水公司水费，另一半购得某商场一件衬衣。下列哪些说法是正确的？

A. 丙可请求丁返还手表
B. 丙可请求甲返还 3000 元、请求自来水公司和商场各返还 500 元
C. 丙可请求乙返还 1000 元不当得利
D. 丙可请求甲返还 4000 元不当得利

4 `1503090`

顺风电器租赁公司将一台电脑出租给张某，租期为 2 年。在租赁期间内，张某谎称电脑是自己的，分别以市价与甲、乙、丙签订了三份电脑买卖合

同并收取了三份价款，但张某把电脑实际交付给了乙。后乙的这台电脑被李某拾得，因暂时找不到失主，李某将电脑出租给王某获得很高收益。王某租用该电脑时出了故障，遂将电脑交给康成电脑维修公司维修。王某和李某就维修费的承担发生争执。康成公司因未收到修理费而将电脑留置，并告知王某如 7 天内不交费，将变卖电脑抵债。李某听闻后，于当日潜入康成公司偷回电脑。如乙请求李某返还电脑和所获利益，下列说法正确的是？

A. 李某向乙返还所获利益时，应以乙所受损失为限
B. 李某应将所获利益作为不当得利返还给乙，但可以扣除支出的必要费用
C. 乙应以所有权人身份而非不当得利债权人身份请求李某返还电脑
D. 如李某拒绝返还电脑，需向乙承担侵权责任

二、模拟训练

5 `62002020`

下列行为属于不当得利的是？（单选）

A. 甲在餐厅吃饭，服务员误将他人点的一道菜上给他，甲明知上错菜仍然吃完
B. 甲乙之间的债务的诉讼时效届满后，甲收到乙自愿清偿的借款
C. 乙为升职，向甲提供性服务，甲欣然接受
D. 某小学搬迁至甲所在的小区，甲的房屋房价大涨

6 `62002129`

甲委托乙保管一部相机，市场价值 2 万元。期间，乙擅自以自己的名义，将相机以 1.8 万元的价格出卖给不知情的丙并交付。下列哪一说法是错误的？（单选）

A. 丙已经取得该相机的所有权
B. 甲有权对乙主张不当得利返还的数额为 2 万元
C. 甲有权对乙主张侵权损害赔偿的数额为 2 万元
D. 甲有权基于保管合同向乙主张违约损害赔偿 2 万元

参考答案

[1]A　　[2]C　　[3]AD　　[4]AD　　[5]A

[6]B

合同通则

第一章
合同概述

一、历年真题及仿真题

（一）合同的概念与分类（预约）

【单选】

1　2202172

甲公司向乙公司借款 30 万元用于购买一设备，借期 3 个月，丙公司以其车辆提供担保。借款到期后，甲公司无力清偿，与乙公司签订了以物抵债的协议。后甲公司与丁公司签订了买卖合同，并约定甲公司应于合同签订后 2 日内交付 2 万元定金。上述哪个行为属于实践性行为？

A. 借款合同

B. 定金合同

C. 以物抵债协议

D. 车辆担保

（二）综合知识点

【单选】

2　1902153

8 月 5 日，A 公司法定代表人甲向其朋友乙出具借条载明："A 公司今借到乙 1000 万元，月息 1%，用于支付 A 公司对 B 公司的工程款。"乙按照与甲的约定直接将该款项打入 B 公司的账户。乙于 8 月 6 日向 B 公司账户转入的 1000 万元于 8 月 7 日到达 B 公司账户。对此，下列表述正确的是？

A. 该借款合同在甲、乙间成立

B. 该借款合同成立的时间为 8 月 7 日

C. 若借款到期未偿还，乙只有权请求 A 公司偿还

D. 若借款到期未偿还，乙有权请求 A 公司与 B 公司承担连带清偿责任

3　1403011

方某为送汤某生日礼物，特向余某定做一件玉器。订货单上，方某指示余某将玉器交给汤某，并将订货情况告知汤某。玉器制好后，余某委托朱某将玉器交给汤某，朱某不慎将玉器碰坏。下列哪一表述是正确的？

A. 汤某有权要求余某承担违约责任

B. 汤某有权要求朱某承担侵权责任

C. 方某有权要求朱某承担侵权责任

D. 方某有权要求余某承担违约责任

【多选】

4　2402072

甲为女友乙定制了一个蛋糕，约定在乙生日当天将蛋糕送给乙，结果蛋糕店配送时摔坏了蛋糕，乙收到后很不高兴。以下正确的是？

A. 乙可以请求蛋糕店换蛋糕

B. 甲可以请求蛋糕店减价

C. 甲可以主张退货退款

D. 乙可以主张解除合同

5　1802110

吉某经营一家金首饰店，后因准备要成人高考遂把金店和存货都转让给了蒋某，老顾客展某不知情，发微信向吉某订了一个金镯子，吉某未表明店已转让，答应送货。吉某转告蒋某为展某送货，蒋某亲自送货到展某家中，展某母亲签收。月底，蒋某将账单寄给展某要求付款，但展某已汇款至吉某账户，拒绝再付。对此，下列说法正确的是？

A. 吉某经蒋某同意取得处分权，蒋某仍可向展某主张不当得利

B. 展某可拒绝付款给蒋某

C. 蒋某可请求吉某支付相应货款

D. 展某已取得货品所有权

解析页码

093—094

【不定项】

6 `2202036`

甲乙公司签订物流合同，甲公司支付运费，乙公司自行安排组织运输及费用。后乙公司与丙签订货运合同，丙履行完合同，乙公司未支付运费，丙便扣下了快递，甲公司为取回快递无奈之下给丙付了钱。下列说法正确的是?

A. 丙有权留置

B. 甲公司有权代为履行债务

C. 甲公司有权找乙公司要钱

D. 丙有权找甲公司要钱

7 `1503088`

甲公司、乙公司签订的《合作开发协议》约定，合作开发的 A 区房屋归甲公司、B 区房屋归乙公司。乙公司与丙公司签订《委托书》，委托丙公司对外销售房屋。《委托书》中委托人签字盖章处有乙公司盖章和法定代表人王某签字，王某同时也是甲公司法定代表人。张某查看《合作开发协议》和《委托书》后，与丙公司签订《房屋预订合同》，约定："张某向丙公司预付房款 30 万元，购买 A 区房屋一套。待取得房屋预售许可证后，双方签订正式合同。"丙公司将房款用于项目投资，全部亏损。后王某向张某出具《承诺函》：如张某不闹事，将协调甲公司卖房给张某。但甲公司取得房屋预售许可后，将 A 区房屋全部卖与他人。张某要求甲公司、乙公司和丙公司退回房款。张某与李某签订《债权转让协议》，将该债权转让给李某，通知了甲、乙、丙三公司。因李某未按时支付债权转让款，张某又将债权转让给方某，也通知了甲、乙、丙三公司。关于 30 万元预付房款，下列表述正确的是?

A. 由丙公司退给李某

B. 由乙公司和丙公司退给李某

C. 由丙公司退给方某

D. 由乙公司和丙公司退给方某

8 `1403088`

张某、方某共同出资，分别设立甲公司和丙公司。2013 年 3 月 1 日，甲公司与乙公司签订了开发某房地产项目的《合作协议一》，约定如下："甲公

司将丙公司 10% 的股权转让给乙公司，乙公司在协议签订之日起三日内向甲公司支付首付款 4000 万元，尾款 1000 万元在次年 3 月 1 日之前付清。首付款用于支付丙公司从某国土部门购买 A 地块土地使用权。如协议签订之日起三个月内丙公司未能获得 A 地块土地使用权致双方合作失败，乙公司有权终止协议。"《合作协议一》签订后，乙公司经甲公司指示向张某、方某支付了 4000 万元首付款。张某、方某配合甲公司将丙公司的 10% 的股权过户给了乙公司。2013 年 5 月 1 日，因张某、方某未将前述 4000 万元支付给丙公司致其未能向某国土部门及时付款，A 地块土地使用权被收回挂牌卖掉。2013 年 6 月 4 日，乙公司向甲公司发函："鉴于土地使用权已被国土部门收回，故我公司终止协议，请贵公司返还 4000 万元。"甲公司当即回函："我公司已把股权过户到贵公司名下，贵公司无权终止协议，请贵公司依约支付 1000 万元尾款。"2013 年 6 月 8 日，张某、方某与乙公司签订了《合作协议二》，对继续合作开发房地产项目做了新的安排，并约定："本协议签订之日，《合作协议一》自动作废。"丁公司经甲公司指示，向乙公司送达了《承诺函》："本公司代替甲公司承担 4000 万元的返还义务。"乙公司对此未置可否。关于 2013 年 5 月 1 日张某、方某未将 4000 万元支付给丙公司，应承担的责任，下列表述错误的是?

A. 向乙公司承担违约责任

B. 与甲公司一起向乙公司承担连带责任

C. 向丙公司承担违约责任

D. 向某国土部门承担违约责任

9 `1403086`

张某、方某共同出资，分别设立甲公司和丙公司。2013 年 3 月 1 日，甲公司与乙公司签订了开发某房地产项目的《合作协议一》，约定如下："甲公司将丙公司 10% 的股权转让给乙公司，乙公司在协议签订之日起三日内向甲公司支付首付款 4000 万元，尾款 1000 万元在次年 3 月 1 日之前付清。首付款用于支付丙公司从某国土部门购买 A 地块土地使用权。如协议签订之日起三个月内丙公司

未能获得 A 地块土地使用权致双方合作失败，乙公司有权终止协议。"《合作协议一》签订后，乙公司经甲公司指示向张某、方某支付了 4000 万元首付款。张某、方某配合甲公司将丙公司的 10%的股权过户给了乙公司。2013 年 5 月 1 日，因张某、方某未将前述 4000 万元支付给丙公司致其未能向某国土部门及时付款，A 地块土地使用权被收回挂牌卖掉。2013 年 6 月 4 日，乙公司向甲公司发函："鉴于土地使用权已被国土部门收回，故我公司终止协议，请贵公司返还 4000 万元。"甲公司当即回函："我公司已把股权过户到贵公司名下，贵公司无权终止协议，请贵公司依约支付 1000 万元尾款。"2013 年 6 月 8 日，张某、方某与乙公司签订了《合作协议二》，对继续合作开发房地产项目做了新的安排，并约定："本协议签订之日，《合作协议一》自动作废。"丁公司经甲公司指示，向乙公司送达了《承诺函》："本公司代替甲公司承担 4000 万元的返还义务。"乙公司对此未置可否。关于《合作协议一》，下列表述正确的是？

A. 是无名合同

B. 甲公司对股权转让的行为构成无权处分

C. 效力待定

D. 有效

二、模拟训练

⑩ 62402020

王某打算为即将生日的丈夫张某预定生日蛋糕，路过某蛋糕店时店员介绍该店蛋糕全部使用进口动物奶油制作，健康且口感极佳，王某遂付款购买一个 8 寸蛋糕，并约定："明日下午 2 点送至我先生张某公司，且张某有权请求交付蛋糕"。张某取到蛋糕后打开品尝，发现蛋糕店所使用的奶油是劣质植物奶油。下列说法正确的是？（多选）

A. 张某不是蛋糕购买者，不能请求交付蛋糕

B. 未按约定使用动物奶油，张某有权要求蛋糕店赔偿损失

C. 张某可以欺诈为由向蛋糕店主张撤销合同

D. 若合同撤销，蛋糕店可以要求王某返还蛋糕

⑪ 62002037

甲从乙处采购货物，已经支付货款，要求乙在一个月内直接将货物交给甲的客户丙。双方同时约定丙可以直接请求乙交付货物。一个月期满，乙没有交货。对此，下列说法正确的是？（多选）

A. 乙应当对甲承担违约责任

B. 丙可以请求乙对其承担违约责任

C. 如果丙明确表示拒绝甲乙约定让自己直接请求乙交付货物，则丙不可以请求乙对其承担违约责任

D. 若甲尚欠乙 10 万元货款，丙请求乙承担违约责任，则乙可以向丙主张该抗辩

⑫ 61802083

关于合同的分类，下列表述正确的是？（单选）

A. 甲与乙约定，乙向甲借款 20 万元，借期一年，利息 2 万元。后甲将 20 万元借款交付乙。该借款合同属于双务、有偿合同

B. 甲与乙约定，甲以一辆汽车给乙设立质权，半个月后甲交付汽车，甲、乙间的质押合同属于实践合同

C. 甲与乙约定，若乙通过法考，则甲赠与乙一台苹果笔记本电脑。该合同属于射幸合同

D. 甲与乙约定，甲向乙出售汽车一辆，价款 30万元，乙分 5 期支付，每期 6 万元，于每月的 10 日支付。该买卖合同属于非继续性合同

参考答案

[1]B　　[2]C　　[3]D　　[4]BC　　[5]BCD
[6]ABC　[7]A　　[8]ABCD [9]ABD　[10]BD
[11]ABCD [12]D

第二章
合同的成立

一、历年真题及仿真题

（一）要约与承诺

【单选】

① 2302010

甲和乙在食堂就餐时闲聊，甲说想把自己的燃油车以 8 万元卖掉然后换新能源汽车，丙听到此话便向甲表示愿以 8 万元购买甲的车，但甲丙关系不好，甲不想卖给丙，就口头表示自己再考虑一下。三天后，丙拟好了购车合同找甲签署，甲拒绝。对此，下列说法正确的是？

A. 甲表示打算卖掉自己的燃油车构成要约
B. 丙表示愿意购买甲的燃油车构成要约
C. 甲口头答应考虑考虑构成承诺
D. 丙拟好购车合同构成承诺

② 2202166

某店铺于换季时，将店里的断码衣服特价销售，误将 930 元的衣服标为了 390 元，并拍照在朋友圈宣传。顾客李某在朋友圈看到后，给店铺打电话提出购买该件衣服，店员表示同意；后店内的顾客张某也提出购买该件衣服，此时员工才发现衣服的价格贴错了标签。对此，下列说法错误的是？

A. 标签的性质属于要约邀请
B. 因李某与员工的意思表示不一致，合同未成立
C. 李某与店铺的买卖合同成立并生效
D. 店铺可基于重大误解撤销合同

（二）缔约过失责任

【单选】

③ 1703012

德凯公司拟为新三板上市造势，在无真实交易意图的情况下，短期内以业务合作为由邀请多家公司来其主要办公地点洽谈。其中，真诚公司安排

授权代表往返十余次，每次都准备了详尽可操作的合作方案，德凯公司佯装感兴趣并屡次表达将签署合同的意愿，但均在最后一刻推脱拒签。期间，德凯公司还将知悉的真诚公司的部分商业秘密不当泄露。对此，下列哪一说法是正确的？

A. 未缔结合同，则德凯公司就磋商事宜无需承担责任
B. 虽未缔结合同，但德凯公司构成恶意磋商，应赔偿损失
C. 未缔结合同，则商业秘密属于真诚公司自愿披露，不应禁止外泄
D. 德凯公司也付出了大量的工作成本，如被对方主张赔偿，则据此可主张抵销

（三）综合知识点

【单选】

④ 2302019

陈某在校内的二手平台上发布出售自己自行车的信息，标价 1000 元，附上发票照片和自行车照片并附言"仅此一辆，诚心出售，先到先得"。李某看到消息后便通过微信联系陈某出价 900 元，陈某不同意。多次砍价无果后，李某在微信上给陈某留言道："行，就按你说的，1100 元成交"。后陈某交付自行车，李某支付了 1000 元，陈某要求李某再支付 100 元并出示聊天记录，李某解释说是打错了，故拒绝支付。对此，以下说法正确的是？

A. 陈某在二手平台上发布的信息属于要约邀请
B. 陈某与李某未达成合意，合同不成立
C. 陈某与李某间成立了 1100 元的买卖合同
D. 陈某与李某间成立了 1000 元的买卖合同

⑤ 1503013

方某、李某、刘某和张某签订借款合同，约定："方某向李某借款 100 万元，刘某提供房屋抵押，张某提供保证。"除李某外其他人都签了字。刘某先把房本交给了李某，承诺过几天再作抵押登记。李某交付 100 万元后，方某到期未还款。下列哪一选项是正确的？

A. 借款合同不成立

B. 方某应返还不当得利

C. 张某应承担保证责任

D. 刘某无义务办理房屋抵押登记

【多选】

⑥ 1802053

甲在某大学摆设饮料自动贩卖机，乙投入两枚硬币购买了一罐咖啡，咖啡出来后，两枚硬币因机器故障跳出。乙见四处无人，乃取两枚硬币放入口袋。这一场景恰好被甲的职员丙发现，遂产生纠纷。关于本案，下列哪些说法是正确的？

A. 甲摆设自动贩卖机的行为属于要约

B. 乙投币购买咖啡的行为属于承诺

C. 乙将两枚硬币放入口袋的行为构成不当得利

D. 甲有权请求乙返还两枚硬币

⑦ 1603059

甲隐瞒了其所购别墅内曾发生恶性刑事案件的事实，以明显低于市价的价格将其转卖给乙；乙在不知情的情况下，放弃他人以市价出售的别墅，购买了甲的别墅。几个月后乙获悉实情，向法院申请撤销合同。关于本案，下列哪些说法是正确的？

A. 乙须在得知实情后一年内申请法院撤销合同

B. 如合同被撤销，甲须赔偿乙在订立及履行合同过程当中支付的各种必要费用

C. 如合同被撤销，乙有权要求甲赔偿主张撤销时别墅价格与此前订立合同时别墅价格的差价损失

D. 合同撤销后乙须向甲支付合同撤销前别墅的使用费

二、模拟训练

⑧ 62102084

为备考法考，毕胜购买了一支 Apple Pencil 以配备其 Ipad pro 使用。使用一年后，不小心遗落在校园穿梭巴士上。当天毕胜立即在学校表白墙发布悬赏广告，明确表明愿意以 200 元酬谢返还者。江洋捡到 Apple Pencil，用 QQ 小号和毕胜取得联系，毕胜拒绝支付报酬，江洋遂拒绝交付并注销 QQ 号。江洋了解到好朋友江河正好缺一个 Apple

Pencil，遂主动将该 Apple Pencil 寄给江河，并附函说明："价款 2000 元，若两周内未回复，视为江河以沉默的方式予以承诺。"后江河觉得太贵，主动将 Apple Pencil 寄回。江洋同寝室的室友庄算帮其寻找新买家，对外谎称该 Apple Pencil 是刚购买的、从未使用过，并出具虚假的发票。对于此事，江洋知悉。同学院的郝说话信以为真，遂以 2000 元向江洋购买该笔。下列说法正确的有哪些？（多选）

A. 毕胜通过公告的形式发布悬赏广告，自江洋看到该声明时对其生效

B. 该悬赏广告构成要约

C. 若江河收到 Apple Pencil 后，在两周内沉默，视为做出承诺的意思表示，则买卖合同成立

D. 郝说话有权申请法院撤销该买卖合同

⑨ 62102010

甲持有某商业银行 11% 的股份，2021 年 1 月 1 日甲、乙签订《股权转让协议》，约定乙以 2 亿元的价格购买甲的全部股份，甲应于 2021 年 6 月 10 日前根据《商业银行法》规定向人民银行办理完毕批准手续。现甲拒绝履行报批义务。以下说法正确的是？（单选）

A.《股权转让协议》未成立

B.《股权转让协议》未生效

C. 乙可以要求甲承担缔约过失责任

D. 报批义务条款未生效

参考答案

[1] B　　[2] B　　[3] B　　[4] D　　[5] C

[6] ABCD　[7] ABCD　[8] BD　　[9] B

解析页码

099—100

一、历年真题及仿真题

(一) 双务合同的履行抗辩权

【单选】

① 2002157

王某与张某订立买卖合同,约定王某于 2020 年 9 月 9 日交货,张某在收货后 10 天内付款。交货期届满时,王某发现张某有转移资金以逃避债务的行为。王某可依法行使何种权利?

A. 先履行抗辩权

B. 同时履行抗辩权

C. 先诉抗辩权

D. 不安抗辩权

【不定项】

② 1802089

2013 年 2 月 1 日,乙公司向甲公司订购巴西世界杯纪念短袖 T 恤 1 万件,双方约定:乙公司合同签订一周内向甲公司交付 5 万元定金,任何一方违约,应向对方支付 6 万元违约金,乙公司应在 4 月 5 日前支付 30 万元首期价款,甲公司从 5 月 1 日起分批交付 T 恤,交付完毕后乙公司付清余款。随后,乙公司按约交付了定金。4 月 4 日,乙公司准备按约支付首期价款,甲公司的竞争对手告知乙公司,甲公司生产经营严重恶化,将要破产。乙公司随即暂停付款,并电告甲公司暂停付款的原因,要求甲公司提供担保。甲公司告知乙公司:本公司经营正常,T 恤生产原料马上准备到位,正准备安排工人从 4 月 10 日起加班生产,乙公司应尽快履行合同,否则将不交货并追究违约责任。但乙公司坚持要求甲公司提供担保,甲不同意。乙没有按期支付首期价款,并于 4 月 7 日发出通知,解除甲乙之间合同,取消交易。甲公司与乙公司签订合同后,为生产该批 T 恤,于 2013 年 2 月 2 日立即向丙公司订购所需胚布

一批,要求丙 4 月 8 日前送至甲公司。4 月 8 日,丙将甲订购的胚布交由丁运输公司运送至甲公司时,甲公司负责人表示,由于乙公司昨日取消交易,甲公司也将解除与丙公司之间的合同,故请丁送回该批胚布于丙。丁回程途中,遭遇泥石流,该批胚布全毁。关于甲乙之间的关系,表述正确的是?

A. 乙公司虽然在 4 月 5 日前没有支付首期价款,但不应承担违约责任

B. 甲公司 4 月 4 日电话中关于将不交货的表示构成违约

C. 甲公司拒绝提供担保,乙公司有权解除合同

D. 乙公司无权解除合同,取消交易

(二) 综合知识点

【单选】

③ 1503010

甲与乙公司签订的房屋买卖合同约定:"乙公司收到首期房款后,向甲交付房屋和房屋使用说明书;收到二期房款后,将房屋过户给甲。"甲交纳首期房款后,乙公司交付房屋但未立即交付房屋使用说明书。甲以此为由行使先履行抗辩权而拒不支付二期房款。下列哪一表述是正确的?

A. 甲的做法正确,因乙公司未完全履行义务

B. 甲不应行使先履行抗辩权,而应行使不安抗辩权,因乙公司有不能交付房屋使用说明书的可能性

C. 甲可主张解除合同,因乙公司未履行义务

D. 甲不能行使先履行抗辩权,因甲的付款义务与乙公司交付房屋使用说明书不形成主给付义务对应关系

④ 1403003

甲公司和乙公司在前者印制的标准格式《货运代理合同》上盖章。《货运代理合同》第四条约定:"乙公司法定代表人对乙公司支付货运代理费承担连带责任。"乙公司法定代表人李红在合同尾部签字。后双方发生纠纷,甲公司起诉乙公司,并要求此时乙公司的法定代表人李蓝承担连带责任。

解析页码
101—102

关于李蓝拒绝承担连带责任的抗辩事由，下列哪一表述能够成立？

A. 第四条为无效格式条款

B. 乙公司法定代表人未在第四条处签字

C. 乙公司法定代表人的签字仅代表乙公司的行为

D. 李蓝并未在合同上签字

二、模拟训练

5 `62202142`

大学生刘某在某学术网站浏览论文，页面显示需要支付 7 元才能浏览，但该学术网站要求必须先把金钱通过第三方平台充值到该网站的个人账户才能进行购买，不仅限制单笔最低充值为 50 元，而且说明退款程序复杂要求收取 30% 的手续费，无奈之下刘某充值 50 元浏览 7 元的论文，后刘某多次联系网站客服请求退回账户的 43 元，均被拒绝。对此，下列说法正确的是？（多选）

A. 限制单笔最低充值的条款无效

B. 刘某与网站签署的合同无效

C. 该网站已经尽到了充分的提示义务，故该条款对签署的刘某发生效力

D. 网站拒绝退款的行为构成违约

6 `62102040`

蒋大金将一个富士绝版相机出卖给陆小白，双方约定蒋大金于 8 月 1 日交货，陆小白于 8 月 3 日付款。由于 8 月 1 日蒋大金未交货，所以陆小白 8 月 3 日也拒绝付款。后陆小白提起诉讼，要求蒋大金承担违约责任，蒋大金则主张陆小白也没有按时付款，也构成违约。以下说法正确的是？（多选）

A. 蒋大金的主张能够得到支持，双方均有违约行为

B. 蒋大金的主张不能得到支持，因为陆小白是在行使不安抗辩权

C. 蒋大金的主张不能得到支持，因为陆小白是在行使先履行抗辩权

D. 如果蒋大金是在有确切证据证明陆小白丧失商业信用的情况下拒绝交货，则蒋大金并不构成违约

7 `62002193`

甲、乙约定："甲以 35 万元从乙处购买汽车一辆，乙将该车交付给丙，丙有权请求乙交付。"但未对履行地点进行约定。在甲尚未支付价款时，丙请求乙交付该车。下列哪一说法是正确的？（单选）

A. 乙只能向甲主张同时履行抗辩权

B. 乙可向丙主张同时履行抗辩权

C. 根据合同相对原则，丙不是合同的相对方，故由乙向丙交付汽车的约定无效

D. 因甲乙未约定履行地点，则应直接按照合同相关条款或交易习惯确定

8 `61902181`

2019 年 2 月 5 日，张三与李四订立货物买卖合同，双方约定张三于 2019 年 4 月 10 日交货，李四于 2019 年 4 月 30 日付款。2 月底，张三发现李四的财产状况严重恶化，有无法支付货款的可能。此时，李四打来电话表示其财产状况将在一个月内好转，请张三放心。但是直到 4 月 5 日，李四的财产状况也并无好转。基于这一因素，张三并未按约定交货。则以下说法错误的是？（多选）

A. 张三应当按约定交货，但可以仅先交付部分货物，以防止将来因李四无法履行而遭受巨大损失

B. 张三应当按约定交货，但可以要求李四提供相应的担保

C. 因李四已经明确表示其财产状况将会好转，故张三应当按约定交货

D. 张三可以不按约定的时间交货，但如果李四提供了相应的担保，则张三应当恢复履行

参考答案

[1] D	[2] D	[3] D	[4] D	[5] AD
[6] CD	[7] B	[8] ABC		

解析页码

102—103

第四章
合同的变更与解除

一、历年真题及仿真题

综合知识点

【单选】

1 `2202029`

甲公司与乙公司签订长期供货合同后发生地震，原材料的采购成本以及运输成本急剧上涨，若继续履行合同甲公司将遭受重大损失，甲公司与乙公司协商变更合同被拒绝，下列说法正确的是？

A．合同因重大误解可撤销

B．合同因显失公平可撤销

C．合同因不可抗力可解除

D．合同因情势变更可变更

2 `2102052`

甲公司将一建设工程发包给乙建筑公司，约定包工包料，甲按固定单价向乙支付工程款，不可变更。乙施工期间，受全球疫情影响，施工原材料市价暴涨200%，若不相应调整工程款，乙将面临巨额亏损。乙向甲提出调整工程款，甲拒绝。乙于是诉至法院。法院应如何处理工程款，下列表述正确的是？

A．约定符合自愿原则，对工程款不予调整

B．约定违背公序良俗，可重新确定工程款

C．成立情势变更，可重新确定工程款

D．属于商业风险，对工程款不予调整

3 `1403012`

甲公司向乙公司购买小轿车，约定7月1日预付10万元，10月1日预付20万元，12月1日乙公司交车时付清尾款。甲公司按时预付第一笔款。乙公司于9月30日发函称因原材料价格上涨，需提高小轿车价格。甲公司于10月1日拒绝，等待乙公司答复未果后于10月3日向乙公司汇去20万元。乙公司当即拒收，并称甲公司迟延付款构成违约，要求解除合同，甲公司则要求乙公司继

续履行。下列哪一表述是正确的？

A．甲公司不构成违约

B．乙公司有权解除合同

C．乙公司可行使先履行抗辩权

D．乙公司可要求提高合同价格

【多选】

4 `2102065`

甲将A房屋和B房屋各一套以500万元的总价出卖给乙，约定若甲未按期交房或办理过户登记，按房价5%支付违约金。乙一次性付清500万元房款后，甲的房屋被政府征收，A房屋甲获得200万元拆迁补偿款，B房屋甲获得100万元拆迁补偿款。甲因此未按约向乙交付房屋，亦未按约给乙办理过户登记。乙因此诉至法院，乙的下列诉讼请求，能够得到法院支持的是？

A．主张解除与甲的房屋买卖合同

B．请求甲按约支付违约金

C．请求甲返还已支付的500万元房款

D．请求判决300万元拆迁补偿款归乙所有

5 `1703057`

2016年8月8日，玄武公司向朱雀公司订购了一辆小型客用汽车。2016年8月28日，玄武公司按照当地政策取得本市小客车更新指标，有效期至2017年2月28日。2016年底，朱雀公司依约向玄武公司交付了该小客车，但未同时交付机动车销售统一发票、合格证等有关单证资料，致使玄武公司无法办理车辆所有权登记和牌照。关于上述购车行为，下列哪些说法是正确的？

A．玄武公司已取得该小客车的所有权

B．玄武公司有权要求朱雀公司交付有关单证资料

C．如朱雀公司一直拒绝交付有关单证资料，玄武公司可主张购车合同解除

D．朱雀公司未交付有关单证资料，属于从给付义务的违反，玄武公司可主张违约责任，但不得主张合同解除

6 `1403051`

甲房产开发公司在交给购房人张某的某小区平面

解析页码

104—106

图和项目说明书中都标明有一个健身馆。张某看中小区健身方便，决定购买一套商品房并与甲公司签订了购房合同。张某收房时发现小区没有健身馆。下列哪些表述是正确的？

A. 甲公司不守诚信，构成根本违约，张某有权退房

B. 甲公司构成欺诈，张某有权请求甲公司承担缔约过失责任

C. 甲公司恶意误导，张某有权请求甲公司双倍返还购房款

D. 张某不能滥用权利，在退房和要求甲公司承担违约责任之间只能选择一种

【不定项】

7 1403089

张某、方某共同出资，分别设立甲公司和丙公司。2013 年 3 月 1 日，甲公司与乙公司签订了开发某房地产项目的《合作协议一》，约定如下："甲公司将丙公司 10% 的股权转让给乙公司，乙公司在协议签订之日起三日内向甲公司支付首付款 4000 万元，尾款 1000 万元在次年 3 月 1 日之前付清。首付款用于支付丙公司从某国土部门购买 A 地块土地使用权。如协议签订之日起三个月内丙公司未能获得 A 地块土地使用权致双方合作失败，乙公司有权终止协议。"《合作协议一》签订后，乙公司经甲公司指示向张某、方某支付了 4000 万元首付款。张某、方某配合甲公司将丙公司的 10% 的股权过户给了乙公司。 2013 年 5 月 1 日，因张某、方某未将前述 4000 万元支付给丙公司致其未能向某国土部门及时付款，A 地块土地使用权被收回挂牌卖掉。2013 年 6 月 4 日，乙公司向甲公司发函："鉴于土地使用权已被国土部门收回，故我公司终止协议，请贵公司返还 4000 万元。"甲公司当即回函："我公司已把股权过户到贵公司名下，贵公司无权终止协议，请贵公司依约支付 1000 万元尾款。"2013 年 6 月 8 日，张某、方某与乙公司签订了《合作协议二》，对继续合作开发房地产项目做了新的安排，并约定："本协议签订之日，《合作协议一》自动作废。"丁公司经甲公司指示，向乙公司送达了《承诺函》："本公司代替甲公司承担 4000 万元的返还义务。"乙公司对

此未置可否。关于甲公司的回函，下列表述正确的是？

A. 甲公司对乙公司解除合同提出了异议

B. 甲公司对乙公司提出的异议理由成立

C. 乙公司不向甲公司支付尾款构成违约

D. 乙公司可向甲公司主张不安抗辩权拒不向甲公司支付尾款

8 1403087

张某、方某共同出资，分别设立甲公司和丙公司。2013 年 3 月 1 日，甲公司与乙公司签订了开发某房地产项目的《合作协议一》，约定如下："甲公司将丙公司 10% 的股权转让给乙公司，乙公司在协议签订之日起三日内向甲公司支付首付款 4000 万元，尾款 1000 万元在次年 3 月 1 日之前付清。首付款用于支付丙公司从某国土部门购买 A 地块土地使用权。如协议签订之日起三个月内丙公司未能获得 A 地块土地使用权致双方合作失败，乙公司有权终止协议。"《合作协议一》签订后，乙公司经甲公司指示向张某、方某支付了 4000 万元首付款。张某、方某配合甲公司将丙公司的 10% 的股权过户给了乙公司。 2013 年 5 月 1 日，因张某、方某未将前述 4000 万元支付给丙公司致其未能向某国土部门及时付款，A 地块土地使用权被收回挂牌卖掉。 2013 年 6 月 4 日，乙公司向甲公司发函："鉴于土地使用权已被国土部门收回，故我公司终止协议，请贵公司返还 4000 万元。"甲公司当即回函："我公司已把股权过户到贵公司名下，贵公司无权终止协议，请贵公司依约支付 1000 万元尾款。"2013 年 6 月 8 日，张某、方某与乙公司签订了《合作协议二》，对继续合作开发房地产项目做了新的安排，并约定："本协议签订之日，《合作协议一》自动作废。"丁公司经甲公司指示，向乙公司送达了《承诺函》："本公司代替甲公司承担 4000 万元的返还义务。"乙公司对此未置可否。关于 2013 年 6 月 4 日乙公司向甲公司发函，下列表述正确的是？

A. 行使的是约定解除权

B. 行使的是法定解除权

C. 有权要求返还 4000 万元

解析页码
106—107

D. 无权要求返还 4000 万元

二、模拟训练

9 `62402005`

下列说法正确的是？（多选）

A. 甲与乙签订了一医疗美容消费服务合同约定，甲充值 1000 元，内含 10 次医疗美容服务。甲消费 5 次后因不满意服务，双方协议解除合同。乙无义务继续履行剩余 5 次美容服务

B. 甲与乙签订一房屋租赁合同，乙在租住两个月后未经甲同意转租，甲主张解除合同后，乙无权要求甲返还已租住的两个月租金

C. 甲从乙处购买一电话卡，甲安装上电话卡后发现与乙描述的套餐不同，双方协商解除合同，甲应当将电话卡返还给乙，乙应当退还甲购买电话卡的费用

D. 甲与乙签订一设备买卖合同，因乙延期交付造成了甲巨大的损失且不再需要该设备，甲解除合同后有权要求乙承担违约责任

10 `62202149`

光湖公司 8000 万竞拍得到县政府招标的采砂权，与县政府签订《采砂权出让合同》，约定：在规定期限内，在采砂区域内水位可供采砂作业的情况下，光湖公司的采砂数量要达到 1700 万吨，达到该采量光湖公司就应停止开采，合同履行完毕。采砂一个月后，碰巧遇到百年难遇的旱季，采砂区的水位因季节、气候因素自然下降，导致采砂泵船、运砂船作业困难，如要达到预计采量，光湖公司需要额外投入大量人力物力，远超所得利益。光湖公司只能停止开采。对此，下列说法正确的是？（多选）

A. 光湖公司可以请求解除合同

B. 光湖公司解除合同的通知到达县政府时合同即告解除

C. 若当年未出现旱季，但光湖公司却认为此开采利润空间小，遂直接发函告知县政府"公司已经停止开采"，则县政府催告后可解除合同

D. 光湖公司请求县政府退还部分合同价款的诉求可以得到支持

11 `62002157`

2003 年 6 月 24 日，金马机械厂与云南印刷厂签订《合作协议》，约定云南印刷厂租用金马机械厂厂房并使用金马机械厂劳务人员从事印刷生产活动，合作期限为 10 年，云南印刷厂向金马机械厂支付基本劳务报酬、水电费用和场租费用。2013 年 6 月 23 日，上述《合作协议》期限届满，双方仍继续按照该协议履行合同。2014 年 6 月 6 日，金马机械厂向云南印刷厂发出解除合作的通知函并要求支付费用，云南印刷厂收到通知后不同意终止合作。金马机械厂向法院提起诉讼，法院判决合同解除。关于该纠纷，下列说法正确的是？（多选）

A. 金马机械厂可以随时解除合同，但是应当在合理期限之前通知对方

B. 云南印刷厂可以随时解除合同，但是应当在合理期限之前通知对方

C. 《通知函》到达后，合作协议解除

D. 法院判决作出时，合作协议解除

12 `61802092`

毛大月饼厂与星星商场签订一份月饼买卖合同，约定毛大月饼厂于农历戊戌年即（2018 年）八月十一前向星星交付月饼若干。则下列表述中正确的有？（多选）

A. 若毛大月饼厂所在地发生地震致合同不能履行，则星星商场可以解除合同

B. 若毛大月饼厂所在地发生地震，致其只能如期交付 70% 的月饼，则星星商场可以解除合同

C. 若毛大月饼厂在农历 2018 年 8 月 11 日之前明确向星星商场表示不交货，则星星商场可以解除合同

D. 若毛大月饼厂迟延至农历 8 月 15 日尚未交货，则星星商场可以解除合同并要求赔偿损失

参考答案

[1] D　[2] C　[3] A　[4] AC　[5] ABC
[6] AB　[7] A　[8] AC　[9] ABCD [10] AD
[11] ABC　[12] ACD

解析页码
107—108

第五章
违约责任

一、历年真题及仿真题

（一）违约责任的成立

【单选】

1 `2202190`

甲的酒量较差，在参加乙的婚礼宴会时，因高兴自己多喝了几杯，遂喝醉。因意识不清，撞坏了饭店的一个屏风，价值 5000 元。对此，下列表述正确的是？

A. 饭店无权请求甲赔偿，因为甲因醉酒丧失了民事权利能力

B. 饭店无权请求甲赔偿，因为甲因醉酒丧失了民事行为能力

C. 饭店的损失可以请求甲承担

D. 饭店的损失可以请求乙承担

（二）违约责任的承担方式

【单选】

2 `2002084`

詹某将房屋租给音乐生小翠，约定小翠教詹某儿子小詹弹钢琴，每晚一小时，课时费抵房租。上了几个月的课后，小翠消失了一个月，詹某只能另请洪老师上课，一个月课时费 2000 元。一个月后小翠回来，詹某可以向小翠主张多少数额的违约责任？

A. 詹某支出的课酬 2000 元

B. 当地音乐生的平均课酬 3000 元

C. 当地平均房租 4000 元

D. 小翠无须支付任何费用

3 `1902150`

甲公司与乙公司签订买卖合同，总价款 100 万元，同时约定如果乙公司迟延交付一天，应支付总价款 1% 的违约金。后因乙公司迟延交付 10 天，甲公司损失 20 万元。乙公司已经按约向甲公司支付

了 10 万元违约金，对此，下列表述正确的是？

A. 甲公司有权请求乙公司再支付 10 万元违约金

B. 甲公司有权请求乙公司再支付 20 万元损害赔偿金

C. 甲公司有权请求乙公司再支付 10 万元违约金或者 20 万元损害赔偿金

D. 乙公司可不再支付任何费用

4 `1902143`

甲超市经常向郊区农民采购 2 年以上的老母鸡。采购价为每只 100 元，市零售价 250 元，老母鸡常年供不应求。某日，甲超市与农民乙签订每季度供应 20 只老母鸡的合同。乙对零售价和批发价无异议。第二季度，乙仅向超市供应了 10 只老母鸡，超市支付乙 1000 元。对尚未交付的 10 只鸡，超市可就下列哪一利益向乙主张损害赔偿？

A. 生产利润 1500 元

B. 采购价格 1000 元

C. 转售利润 1500 元

D. 零售价格 2500 元

【多选】

5 `2202182`

甲闲逛时发现乙正以 2 万元出售一只清代黄地粉彩百花图碗，甲之前看过相关书籍知道这碗是成对的，而后得知收藏家丙正在寻求另一只并以 10 万元报价收购。甲遂与乙达成协议，于 3 日后交货，并向乙支付 5000 元定金。甲也向乙表达了要转卖丙。甲找到丙达成协议，约定 3 日后交货，丙向甲支付 2 万元定金。3 日后，乙取出碗时，碗不小心摔碎了。对此，下列说法正确的是？

A. 甲有权请求乙双倍返还定金 1 万元

B. 甲有权请求乙双倍返还定金 8000 元，返还不当得利 1000 元

C. 甲还有权请求乙赔偿 96000 元

D. 丙请求甲双倍返还 4 万定金时，甲有权请求减少定金

6 `2202186`

大地公司一直在云朵公司为员工订餐，双方一直

解析页码
109——111

都是通过电子邮件的方式沟通订餐的内容。云朵公司看到邮件无异议就着手准备，有异议时才回复。某日，大地公司发送了订餐邮件，员工用餐时间已过，既未见送餐也未收到不送餐的邮件，大地公司迫不得已向另一家公司订餐，比平时多花了 2000 元。后得知，云朵公司换了新员工负责与大地公司对接，新员工觉得价格不合适没有回复。对此，下列哪些说法是正确的？

A. 云朵公司应基于缔约过失责任赔偿大地公司 2000 元损失

B. 云朵公司未回复，合同未成立

C. 云朵公司应基于违约责任赔偿大地公司 2000 元损失

D. 尽管未回复，但合同已经成立并生效

【不定项】

⑦ 1802090

2013 年 2 月 1 日乙公司向甲公司订购巴西世界杯纪念短袖 T 恤 1 万件，双方约定：乙公司合同签订一周内向甲公司交付 5 万元定金，任何一方违约，应向对方支付 6 万元违约金，乙公司应在 4 月 5 日前支付 30 万元首期价款，甲公司从 5 月 1 日起分批交付 T 恤，交付完毕后乙公司付清余款。随后，乙公司按约交付了定金。4 月 4 日，乙公司准备按约支付首期价款，甲公司的竞争对手告知乙公司，甲公司生产经营严重恶化，将要破产。乙公司随即暂停付款，并电告甲公司暂停付款的原因，要求甲公司提供担保。甲公司告知乙公司：本公司经营正常，T 恤生产原料马上准备到位，正准备安排工人从 4 月 10 日起加班生产，乙公司应尽快履行合同，否则将不交货并追究违约责任。但乙公司坚持要求甲公司提供担保，甲不同意。乙没有按期支付首期价款，并于 4 月 7 日发出通知，解除甲乙之间合同，取消交易。甲公司与乙公司签订合同后，为生产该批 T 恤，于 2013 年 2 月 2 日立即向丙公司订购所需胚布一批，要求丙 4 月 8 日前送至甲公司。4 月 8 日，丙将甲订购的胚布交由丁运输公司运送至甲公司时，甲公司负责人表示，由于乙公司昨日取消交易，甲公司也将解除与丙公司之间的合同，故请丁送回该批胚布于丙。丁回程途中，遭遇泥石流，该批胚布全

毁。关于甲乙合同中的定金和违约金，下列说法正确的是？

A. 甲公司可以没收定金，并要求乙公司支付违约金

B. 若甲公司实际损失为 9 万元，甲公司可以没收定金，并要求乙公司赔偿 4 万元损失

C. 若甲公司实际损失为 9 万元，甲公司不得请求法院增加违约金的金额

D. 若甲公司实际损失为 3 万元，乙公司以不构成违约为由进行抗辩而未主张调整过高违约金的，法院应告知乙公司可申请减少违约金

（三）综合知识点

【单选】

⑧ 2402073

大豆公司日用水量 200 立方米，后自来水公司从水表公司购得水表为大豆公司更换，大豆公司日用水量约为 250 立方米，大豆公司多次向自来水公司反应水表有问题，自来水公司称水表没有问题，大豆公司找专业机构检测，发现水表约快 20%。对此，下列说法错误的是？

A. 大豆公司应承担检测的费用

B. 大豆公司可解除合同

C. 自来水公司就超出部分的水费构成不当得利

D. 大豆公司可向自来水公司主张违约责任

⑨ 1802009

2015 年 10 月 1 日，甲将自己的房屋以 350 万元卖给乙，双方约定 2016 年 1 月 1 日办理过户登记手续。同时，为了在办理房屋登记时避税，将实际成交价写为 150 万元。2015 年 11 月 1 日，乙将该房屋以 400 万元卖给丙，双方签订了书面房屋买卖合同，约定 2016 年 2 月 1 日办理过户登记手续。2015 年 12 月 1 日，甲乙签订的房屋买卖合同被认定为无效。关于本案，下列哪一说法是错误的？

A. 丙以乙在缔约时对房屋没有所有权为由主张房屋买卖合同无效，法院不予支持

B. 乙丙的房屋买卖合同有效

C. 丙可以要求乙继续履行合同

D. 丙可以解除与乙的房屋买卖合同并主张损害赔偿

10 1703013

甲、乙两公司约定：甲公司向乙公司支付 5 万元研发费用，乙公司完成某专用设备的研发生产后双方订立买卖合同，将该设备出售给甲公司，价格暂定为 100 万元，具体条款另行商定。乙公司完成研发生产后，却将该设备以 120 万元卖给丙公司，甲公司得知后提出异议。下列哪一选项是正确的？

A. 甲、乙两公司之间的协议系承揽合同

B. 甲、乙两公司之间的协议系附条件的买卖合同

C. 乙、丙两公司之间的买卖合同无效

D. 甲公司可请求乙公司承担违约责任

11 1703011

甲与乙公司订立美容服务协议，约定服务期为半年，服务费预收后逐次计扣，乙公司提供的格式条款中载明"如甲单方放弃服务，余款不退"（并注明该条款不得更改）。协议订立后，甲依约支付 5 万元服务费。在接受服务 1 个月并发生费用 8000 元后，甲感觉美容效果不明显，单方放弃服务并要求退款，乙公司不同意。甲起诉乙公司要求返还余款。下列哪一选项是正确的？

A. 美容服务协议无效

B. "如甲单方放弃服务，余款不退"的条款无效

C. 甲单方放弃服务无须承担违约责任

D. 甲单方放弃服务应承担继续履行的违约责任

12 1403006

张某与李某共有一台机器，各占 50% 份额。双方共同将机器转卖获得 10 万元，约定张某和李某分别享有 6 万元和 4 万元。同时约定该 10 万元暂存李某账户，由其在 3 个月后返还给张某 6 万元。后该账户全部款项均被李某债权人王某申请法院查封并执行，致李某不能按期返还张某款项。下列哪一表述是正确的？

A. 李某构成违约，张某可请求李某返还 5 万元

B. 李某构成违约，张某可请求李某返还 6 万元

C. 李某构成侵权，张某可请求李某返还 5 万元

D. 李某构成侵权，张某可请求李某返还 6 万元

【多选】

13 2302118

甲装修房屋，网购了新的壁柜，商家在网店明确承诺"免费安装"。由于安装前需要先拆除旧的壁柜，上门安装的师傅乙表示若拆除需要向其支付 50 元。甲询问卖家，卖家称所承诺的免费安装不包括拆除，且商家是委托第三方进行安装。甲不想耽误时间，便让乙先拆除后安装，并支付给乙 50 元。乙拆除时因过失损坏墙面，修理费用 40 元。乙安装时因过失打碎一个瓷碗，价值 60 元。关于甲的权利救济，下列说法正确的是？

A. 有权请求商家赔偿 150 元

B. 有权请求商家赔偿 60 元

C. 有权请求乙赔偿 40 元

D. 有权请求乙赔偿 60 元

14 2302113

甲在乙的手机店购买一部新手机，手机使用一个月后发生故障，送修理店维修，发现手机是翻新机，内存有前期使用过的信息。对此，下列说法正确的是？

A. 甲可以显失公平为由撤销合同

B. 甲有权撤销合同并请求赔偿

C. 甲可申请 3 倍的惩罚性赔偿

D. 甲可以保留手机并要求乙补偿差价

15 2302017

甲公司向乙公司购买一批自行车，用于某自行车比赛，乙公司在运输过程中遭遇山体塌方，乙公司启用备用路线运输，但遗憾运抵时自行车比赛已经结束。以下选项正确的是？

A. 甲公司可以以合同目的无法实现主张解除合同

B. 乙公司应当承担违约责任

C. 乙公司可以主张因不可抗力不承担违约责任

D. 甲公司可以请求乙公司赔偿相应损失

16 2102063

李某开的水果店生意火爆，戴某亦有意在附近开一家水果店，遂打听李某水果店附近是否有店铺

解析页码

112—114

出租。李某水果店旁边的鲁某欲对外出租其店铺。为不让戴某租得该店铺，李某遂假意与不知情的鲁某订立预租合同约定："李某与鲁某一个月后按市场租金价格的 120% 订立正式租赁合同；李某支付鲁某 1 万元定金。"李某按约支付了 1 万元定金。等戴某提出租赁鲁某的房屋时，鲁某告知房屋已经出租。一个月后，李某一直拒绝鲁某订立正式房屋租赁合同。对此，下列表述正确的是？

A. 鲁某有权诉请李某履行订立正式租赁合同的义务

B. 鲁某有权通知李某解除与李某的预租合同

C. 李某无权请求鲁某返还 1 万元定金

D. 若 1 万元定金不足以弥补鲁某的损失，鲁某还有权请求李某承担违约损害赔偿

17 `1902166`

程某在某天天健身房办了一张健身年卡，服务期限为 2019 年 1 月 1 日至 2019 年 12 月 31 日，其中有格式条款规定："年卡服务期限不因任何事由而顺延。"四月份，因天天健身房装修中断服务，天天健身房通知程某服务期限顺延一个月。六月，程某出国学习，要求天天健身房将顺延服务期再顺延一个月，被天天健身房拒绝。下列说法正确的是？

A. 该格式条款违反公平原则

B. 该格式条款应认定为无效

C. 程某可以就天天健身房因装修顺延服务期限一个月的行为主张违约责任

D. 程某可以就天天健身房拒绝其服务期限顺延一个月的行为主张违约责任

二、模拟训练

18 `62402018`

2024 年 1 月 5 日，位于 A 市的丙公司向甲定制家具，丙公司提出以 34 万元的价格在甲公司处购买 1000 平米的纯实木板材。为达成与丙公司的交易，1 月 8 日甲公司与位于 B 市的板材生产商乙公司签订板材买卖合同，约定：2024 年 3 月 8 日前乙公司向甲公司提供 1000 平米的纯实木板材，总价 30 万元，由 B 公司办理运输。2024 年 3 月 10 日，乙公司毁约，拒绝向甲公司交付，甲公司

无奈与乙公司解除合同。4 月 1 日，甲公司诉至法院请求乙公司赔偿各项损失。经查明，合同签订前，甲公司派工作人员前往 B 市考察磋商数次，支出差旅费共计 8000 元。为安放板材，甲公司提前租下仓库，为此支出仓储费 2000 元，以下说法正确的是？（多选）

A. 计算甲公司的转售利润时应当扣除磋商过程中产生的差旅费 8000 元

B. 计算甲公司的转售利润时应当扣除仓储费 2000 元

C. 若起诉前甲公司以 32 万元的价格向丁公司购买同等质量和数量的板材，则甲公司有权请求乙公司赔偿其购买板材所多支出的 2 万元

D. 若起诉时同等质量和数量的板材市场价格为 33 万元，则甲公司可以请求乙公司赔偿市场价格与合同价格的差额 3 万元

19 `62202178`

2021 年 7 月 10 日，龙城公司急需 A 设备用来生产呼吸机投入使用。遂与海城公司签订买卖合同约定：龙城公司向海城公司购买 A 设备 10 批次，共计 100 万元，若海城公司未于 2021 年 8 月 20 日之前交付 10 批次 A 设备，则需要向龙城公司支付违约金 26 万元。2021 年 7 月 20 日，海城公司在合同签订后与位于 S 市的上城公司约定：由上城公司生产 10 批次 A 设备，并由上城公司负责将生产好的 A 设备于 2021 年 8 月 20 日之前托运给龙城公司。2021 年 7 月 25 日，因上城公司工厂订单过多，工厂无力生产 A 设备。后因设备迟迟未交付导致龙城公司产生 20 万元的损失，龙城公司遂向法院提起诉讼。下列说法正确的是？（单选）

A. 龙城公司有权要求上城公司承担违约责任

B. 龙城公司可以同时要求海城公司继续履行且支付违约金

C. 海城公司可向法院请求适当减少违约金

D. 海城公司应向龙城公司支付 26 万违约金并赔偿 20 万元损失

20 `61902195`

远帆公司与辉煌公司签订了一批汽车买卖合同，

双方约定远帆公司于 6 月 1 日交付给辉煌公司 100 辆汽车，辉煌公司在收到汽车后一周内支付购车价款 1000 万，双方同时还约定，辉煌公司应当先支付定金 10 万元，如果任何一方违约须向对方支付违约金 50 万。6 月 1 日，辉煌公司在收到汽车后，发现其中有 10 辆汽车不合格。6 月 5 日，辉煌公司因经营不善濒临破产，随即通知远帆公司自己无力履行合同。下列说法正确的是？（多选）

A. 辉煌公司可以向远帆公司主张违约责任

B. 远帆公司可以同时主张定金和违约金

C. 远帆公司交付的汽车有 10 辆不合格，因此辉煌公司有权拒绝支付全部价款

D. 远帆公司可以向辉煌公司主张违约责任

21 61802095

甲家里有一祖传元代青花瓷瓶，香港收藏家乙闻讯后，出高价购买，二人在 2017 年 8 月 11 日订立合同约定，三个月后双方一手交钱一手交货。不料，9 月 1 日乙突然接到甲的电话，后者声称将不履行合同，后乙查明甲在 8 月 31 日已将花瓶出售给另一个香港商人丙并交付。关于本案，以下表述正确的是？（多选）

A. 由于履行期限还未到期，故甲的行为不构成违约

B. 乙有权在 9 月 1 日立即通知甲解除合同

C. 乙在 9 月 1 日即可以追究甲的违约责任

D. 乙须等到 2017 年 11 月 11 日才能追究甲的违约责任

参考答案

[1] C	[2] A	[3] A	[4] C	[5] BC
[6] CD	[7] BD	[8] A	[9] C	[10] D
[11] B	[12] B	[13] BCD	[14] BCD	[15] AC
[16] BCD	[17] ABC	[18] ABCD	[19] B	[20] AD
[21] BC				

合同分论

第一章 买卖合同

一、历年真题及仿真题

（一）风险负担

【多选】

1 1802112

赵风欲将其绝版富士相机转让。吴雨知道消息后向赵风表示愿意原价购买。赵风同意，并表示待吴雨付款后才能交付该相机。吴雨遂依约定向赵风支付相应货款，但赵风在交货时却将另一台低配且过时的相机 B 交付给吴雨。吴雨在使用过程中发现赵风交付的相机有问题。三天后，吴雨家突然意外失火致相机被焚毁。关于相机损失的负担，下列说法正确的是？

A. 若吴雨未通知赵风解除相机买卖合同，相机被焚毁的风险由吴雨承担

B. 若吴雨未通知赵风解除相机买卖合同，相机被焚毁的风险由赵风承担

C. 若吴雨通知赵风解除相机买卖合同，相机被焚毁的风险由吴雨承担

D. 若吴雨通知赵风解除相机买卖合同，相机被焚毁的风险由赵风承担

（二）所有权保留买卖合同

【多选】

2 1902168

甲与乙签订电视机买卖合同，价格 5000 元，并约定全部价款支付完成前甲保留所有权。合同签订后，乙仅支付 4000 元，剩余 1000 元到期未支付。乙占有电视机后出质给不知情的丙并交付。下列说法正确的是？

A. 甲有权取回电视机变卖，将乙已支付价款返还

解析页码
116—117

乙

B. 甲无权取回电视，只能请求乙继续支付剩余价款

C. 若甲按约对电视所保留的所有权已经办理登记，则丙不能取得对电视机的质权

D. 若甲按约对电视所保留的所有权尚未办理登记，则丙已经取得对电视机的质权

（三）商品房买卖合同

【单选】

3 `1902146`

甲房产公司隐瞒没有取得预售许可证的事实，与不知情的乙就 A 房屋订立商品房预售合同，约定："A 房屋预售合同自双方办理预售登记时生效。"双方一直未办理预售登记。后甲向乙交付了 A 房屋，但乙一直未按约支付购房款。后甲公司诉请乙按约支付购房款。对此，下列表述正确的是？

A. 若甲公司直到起诉时仍未取得预售许可证，乙有权以甲公司未取得预售许可证为由主张 A 房屋预售合同无效

B. 若甲公司于起诉前取得预售许可证，乙仍有权以甲公司于合同订立时未取得预售许可证为由主张 A 房屋预售合同无效

C. 若甲公司于起诉前取得预售许可证，乙仍有权以未办理预售登记为由主张 A 房屋预售合同无效

D. 若甲公司于起诉前取得预售许可证，乙仍有权以未办理预售登记为由主张 A 房屋预售合同尚未生效

（四）试用买卖

【多选】

4 `2102149`

甲从某商场购买一台笔记本电脑，约定了 30 天的试用期。对此，下列哪些说法是正确的？

A. 若甲在试用期间将电脑租给丙，则视为同意购买

B. 若甲在试用期间支付了部分价款，则视为同意购买

C. 若电脑在试用期间遭意外火灾毁损，则甲应当

支付价款

D. 若甲直到试用期满后第二天才想起来归还电脑，商场有权拒绝受领

（五）综合知识点

【单选】

5 `2202177`

2023 年 3 月 1 日，汽车公司向甲销售一价值 25 万的汽车，双方约定试用期为 3 个月。2023 年 4 月 1 日，甲将车租给了乙，租金 2 万元。2023 年 5 月 1 日，乙把车借给了丙，当天因暴雨天气，车辆被雷击中后损毁。下列说法正确的是？

A. 车辆损毁的风险应当由汽车公司承担

B. 车辆损毁的风险应当由甲承担

C. 车辆损毁的风险应当由丙承担

D. 车辆损毁的风险应当由乙承担

6 `1802016`

2015 年 5 月 10 日甲公司与方某签订房屋买卖合同，约定："2016 年 5 月 10 日办理房屋过户登记手续，房屋价款分 2 次付清"。2015 年 6 月 10 日，甲公司将该套房屋再次以 400 万元出卖给韩某，双方约定 2016 年 5 月 6 日交房，交房后 10 天内办理房屋过户登记手续。2016 年 5 月 10 日，甲公司未按约定与方某办理房屋过户登记手续。方某得知甲公司已于 2016 年 5 月 6 日将房屋交付韩某使用，遂产生纠纷。关于本案，下列哪一表述是错误的？

A. 甲公司与方某签订的房屋买卖合同系分期付款买卖合同

B. 如方某举证证明甲公司与韩某构成恶意串通，则甲公司与韩某的购房合同无效

C. 2016 年 5 月 6 日后，房屋毁损、灭失的风险由韩某承担

D. 若甲公司未交付韩某房屋，韩某可以催告甲公司在 3 个月内交付，逾期不履行的，韩某可以解除合同

7 `1603013`

2013 年甲购买乙公司开发的商品房一套，合同约

定面积为 135 平米。2015 年交房时，住建部门的测绘报告显示，该房的实际面积为 150 平米。对此，下列哪一说法是正确的？

A. 房屋买卖合同存在重大误解，乙公司有权请求予以撤销

B. 甲如在法定期限内起诉请求解除房屋买卖合同，法院应予支持

C. 如双方同意房屋买卖合同继续履行，甲应按实际面积支付房款

D. 如双方同意房屋买卖合同继续履行，甲仍按约定面积支付房款

【多选】

8 `2102061`

甲公办学校向乙企业购买一批教学设备，因资金短缺，双方约定甲分期支付价款，最后一期价款支付前，所购教学设备的所有权归乙企业享有。双方为乙企业办理了保留所有权的登记。对此，下列表述正确的是？

A. 因甲系公办学校，因此双方保留所有权的约定无效

B. 若甲擅自将所购教学设备转卖，乙可以取回

C. 若甲擅自将所购教学设备出质，乙可以取回

D. 若甲在使用中未经注意义务损坏部分所购教学设备，乙可以取回

9 `2102066`

2020 年 3 月 1 日，甲将 A 房屋出卖给乙，约定："售价 300 万元；试用期为 A 房屋交付后一个月；合同生效后一个月内乙需一次支付全部价款；价款全部支付后一个月内甲为乙办理过户登记。"同日，甲向乙交付了 A 房屋。2020 年 3 月 15 日，乙与丙订立合同约定："乙将 A 房屋出租给丙，租期 1 年，自 2020 年 4 月 2 日至 2021 年 4 月 1 日。"2020 年 3 月 25 日，A 房屋漏水，乙价值数万元的财产因此毁损。2020 年 3 月 26 日，乙通知甲拒绝购买 A 房屋。对此，下列表述正确的是？

A. 房屋买卖合同未生效，因乙 2020 年 3 月 26 日通知拒绝购买

B. 2020 年 3 月 15 日，视为乙同意购买，A 房屋买卖合同生效

C. 2020 年 3 月 15 日，A 房屋租赁合同已成立但效力未定，因乙尚不享有 A 房屋的所有权

D. 因 A 房屋漏水给乙造成的损失，乙有权请求甲赔偿

10 `1802113`

甲将一房屋以 200 万元出卖给乙，双方约定："全部价款分 10 期支付，每期 20 万元，在乙支付完毕全部价款前甲保留出售房屋的所有权。"甲向乙交付了房屋。乙支付第 4 期价款后，甲为乙办理了房屋的过户登记，但乙一直不支付到期的第 5 期和第 6 期房款，催告后还不支付。对此，下列表述正确的是？

A. 房的所有权人仍为甲

B. 乙已经取得房屋的所有权

C. 有权请求乙一次性支付剩余的全部价款

D. 甲有权解除房屋买卖合同，并请求乙返还房屋

11 `1703059`

冯某与丹桂公司订立商品房买卖合同，购买了该公司开发的住宅楼中的一套住房。合同订立后，冯某发现该房屋存在问题，要求解除合同。就冯某提出的解除合同的理由，下列哪些选项是正确的？

A. 丹桂公司无正当理由迟延交房，经冯某催告后在 3 个月内仍未交房

B. 丹桂公司在交房前将冯某购买的该套房屋出卖给不知情的张某，并办理了过户登记

C. 房屋交付使用后，房屋主体结构质量经核验确属不合格的

D. 房屋存在质量问题，在保修期内丹桂公司拒绝修复的

12 `1603057`

甲公司借用乙公司的一套设备，在使用过程中不慎损坏一关键部件，于是甲公司提出买下该套设备，乙公司同意出售。双方还口头约定在甲公司支付价款前，乙公司保留该套设备的所有权。不料在支付价款前，甲公司生产车间失火，造成包括该套设备在内的车间所有财物被烧毁。对此，下列哪些选项是正确的？

解析页码　119—120

A. 乙公司已经履行了交付义务，风险责任应由甲公司负担
B. 在设备被烧毁时，所有权属于乙公司，风险责任应由乙公司承担
C. 设备虽然已经被烧毁，但甲公司仍然需要支付原定价款
D. 双方关于该套设备所有权保留的约定应采用书面形式

13 `1603061`

周某以 6000 元的价格向吴某出售一台电脑，双方约定五个月内付清货款，每月支付 1200 元，在全部价款付清前电脑所有权不转移。合同生效后，周某将电脑交给吴某使用。期间，电脑出现故障，吴某将电脑交周某修理，但周某修好后以 6200 元的价格将该电脑出售并交付给不知情的王某。对此，下列哪些说法是错误的？

A. 王某可以取得该电脑所有权
B. 在吴某无力支付最后一个月的价款时，周某可行使取回权
C. 如吴某未支付到期货款达 1800 元，周某可要求其一次性支付剩余货款
D. 如吴某未支付到期货款达 1800 元，周某可要求解除合同，并要求吴某支付一定的电脑使用费

二、模拟训练

14 `62202154`

2021 年 3 月 5 日，甲从乙处购买了一辆摩托车，价值一万元，约定甲先付款 5000 元，后每个月 5 号支付 500 元。并约定甲在付清全部价款前，所有权归乙，合同成立后并未登记。甲支付 5000 元后，乙将该摩托车交付给甲。但从 2021 年 9 月 5 日起，甲未再如约支付价款，催告后仍未支付。直至 2022 年 5 月，甲在乙多番催促下才一次性付清全部价款。之后，甲与丙签订试用买卖合同，约定试用期间为 2 个月，丙在试用期间内因向丁借钱将摩托车抵押给了丁。对此，下列说法错误的是？（单选）

A. 2021 年 12 月底，乙无权取回摩托车，但可以要求解除合同
B. 若甲在 2021 年 8 月 5 日将该摩托车卖给了不

知情的丙并交付，丙获得该车的所有权
C. 若甲在拿到车 2 个月后，因洪水导致车辆报废，甲有权拒绝支付剩余价款
D. 甲无需承担摩托车抵押给丁后所发生的毁损、灭失的风险

15 `62002220`

2019 年 7 月 1 日，甲商场与乙签订试用买卖合同，约定：甲商场将一台智能烤箱出卖给乙，价款为 1200 元，试用期为 15 天。7 月 10 日，乙将该烤箱赠与给丙。7 月 13 日，该烤箱因丙的邻居家意外失火被焚毁。下列哪些说法是错误的？（多选）

A. 甲商场、乙间的买卖合同于 2019 年 7 月 15 日生效
B. 烤箱被意外烧毁后，甲商场有权请求乙支付 1200 元价金
C. 因试用期尚未届满，试用买卖合同尚未生效，甲商场无权请求乙支付 1200 元价金
D. 若法律规定该品牌烤箱在有效使用年限届满后应予回收，甲商场只能自行回收而不得委托第三人回收

16 `62002103`

甲公司是一家专门生产微波炉的公司。2020 年 1 月 3 日，甲公司委托乙印刷宣传册 1 万册，约定于 2020 年 3 月 1 日交付，报酬 3 万元，于甲公司取货时支付。2020 年 1 月 5 日，甲公司与丙签订试用买卖合同，将一台微波炉出卖给丙试用，试用期 3 个月。1 个月后，微波炉因丙邻居家失火被焚毁。2020 年 1 月 7 日，甲公司将一台微波炉出卖给上海的丁。双方约定由甲公司代办托运，运输至大连后交付给承运人海路运输给丁。甲与戊签订运输合同，由戊运至大连后交付给承运人海路运输给丁。下列说法正确的是？（不定项）

A. 若乙于 2 月 26 日印好全部宣传册，但宣传册在交付前因洪水毁损，乙无权请求甲支付报酬
B. 若乙交付宣传册后，甲存放在仓库的宣传册当日即因洪水毁损，甲有权请求乙返还报酬
C. 因微波炉系在丙试用时毁损，该风险应由丙承担

D．自甲将设备交付给戊时，风险由丁承担

17 `61902059`

2018 年 1 月 13 日，甲公司与乙公司签订锦江竹苑小区项目策划销售代理合同，约定由甲公司为乙公司开发的锦江竹苑小区开展销售策划、广告宣传等销售活动。后来两公司因合同履行发生纠纷。经查，该小区并未取得商品房预售许可证。下列哪些选项不正确？（多选）

A．若该小区取得商品房预售许可，但在乙公司与逯某签订商品房买卖合同后，乙公司又将该房屋出卖给汪某并为汪某办理了过户登记，逯某可以请求解除合同

B．因乙公司未取得商品房预售许可证，甲公司与乙公司签订的代理合同无效

C．乙公司在起诉前取得商品房预售许可证明的，可以认定甲公司与乙公司签订的代理合同有效

D．乙公司在未取得预售许可时将一套房屋出卖给涂某，但在涂某起诉前，乙公司取得了预售许可，涂某与乙公司的买卖合同一定无效

参考答案

[1]AD	[2]BCD	[3]A	[4]ABD	[5]B
[6]A	[7]B	[8]BCD	[9]BD	[10]BCD
[11]ABC	[12]AC	[13]BCD	[14]C	[15]ACD
[16]A	[17]BCD		

第二章
租赁合同

历年真题及仿真题

（一）房屋承租人的优先权

【单选】

1 `1503011`

甲将房屋租给乙，在租赁期内未通知乙就把房屋出卖并过户给不知情的丙。乙得知后劝丙退出该交易，丙拒绝。关于乙可以采取的民事救济措施，

下列哪一选项是正确的？

A．请求解除租赁合同，因甲出卖房屋未通知乙，构成重大违约

B．请求法院确认买卖合同无效

C．主张由丙承担侵权责任，因丙侵犯了乙的优先购买权

D．主张由甲承担赔偿责任，因甲出卖房屋未通知乙而侵犯了乙的优先购买权

（二）一房数租

【单选】

2 `2102045`

甲将其 A 房屋先后出租给乙、丙、丁、戊，均约定租期 3 年。四个承租人均支付了第一期租金，均办理了房屋租赁备案登记，但甲未向任何一个承租人交付 A 房屋。乙、丙、丁、戊均诉请甲实际履行，经查，乙最先订立租赁合同；丙最先支付第一期租金；丁最先办理租赁备案登记；戊约定的租金数额最高。对此，法院应判决支持谁的诉讼请求？

A．乙

B．丙

C．丁

D．戊

【多选】

3 `1902109`

甲将自己的房屋于 2016 年 6 月租给乙并签订 A 合同，又于 2016 年 9 月租给丙签订 B 合同，其中乙办理了登记备案，丙率先住了进去，下列说法正确的是？

A．虽然 B 合同没有办理登记备案，但是 A 合同和 B 合同一样有效

B．A 合同先签订所以应当被优先履行

C．因为办理了登记所以 A 合同应当被优先履行

D．丙优先根据合同占有房屋所以 B 合同应当被优先履行

解析页码
122—123

（三）租赁合同效力

【多选】

4 `1703060`

居民甲经主管部门批准修建了一排临时门面房，核准使用期限为 2 年，甲将其中一间租给乙开餐馆，租期 2 年。期满后未办理延长使用期限手续，甲又将该房出租给了丙，并签订了 1 年的租赁合同。因租金问题，发生争议。下列哪些选项是正确的？

A．甲与乙的租赁合同无效

B．甲与丙的租赁合同无效

C．甲无权将该房继续出租给丙

D．甲无权向丙收取该年租金

（四）综合知识点

【单选】

5 `2202165`

5 月 1 日甲与乙签订房屋租赁合同，但乙未搬入房屋居住；5 月 18 日，甲与丙签订房屋买卖合同，并办理了所有权转移登记，但甲仍然占有房屋，并没有将房屋交付给丙；6 月 1 日，乙正式搬入该房屋居住。以下选项正确的是？

A．因乙未搬入房屋居住，甲乙的房屋租赁合同未生效

B．甲仍为房屋的所有权人

C．丙有权请求乙搬离房屋

D．乙有权继续租赁该房屋

6 `1703008`

甲以某商铺作抵押向乙银行借款，抵押权已登记，借款到期后甲未偿还。甲提前得知乙银行将起诉自己，在乙银行起诉前将该商铺出租给不知情的丙，预收了 1 年租金。半年后经乙银行请求，该商铺被法院委托拍卖，由丁竞买取得。下列哪一选项是正确的？

A．甲与丙之间的租赁合同无效

B．丁有权请求丙腾退商铺，丙有权要求丁退还剩余租金

C．丁有权请求丙腾退商铺，丙无权要求丁退还剩余租金

D．丙有权要求丁继续履行租赁合同

7 `1403014`

孙某与李某签订房屋租赁合同，李某承租后与陈某签订了转租合同，孙某表示同意。但是，孙某在与李某签订租赁合同之前，已经把该房租给了王某并已交付。李某、陈某、王某均要求继续租赁该房屋。下列哪一表述是正确的？

A．李某有权要求王某搬离房屋

B．陈某有权要求王某搬离房屋

C．李某有权解除合同，要求孙某承担赔偿责任

D．陈某有权解除合同，要求孙某承担赔偿责任

【多选】

8 `2202180`

星星公司与月亮公司签订租赁合同，约定将一台设备出租给月亮公司，并在一周后交付。次日，星星公司就同一台设备与环球公司订立买卖合同，并约定由星星公司继续租用。一周后，星星公司将设备交给月亮公司使用并按照约定收取押金。对此，下列选项正确的是？

A．设备所有权属于环球公司

B．设备所有权属于星星公司

C．月亮公司受买卖不破租赁保护

D．环球公司有权请求月亮公司返还设备

9 `2102067`

甲将其 A 房屋出租给乙，约定租期 2 年。甲向乙交付 A 房屋满 1 年的时候，为担保对丙 6 个月后到期的借款债务，未经乙同意，甲将 A 房屋抵押给丙，办理了抵押登记。甲到期未偿还对丙的借款债务，丙行使抵押权，申请法院拍卖 A 房屋。对此，下列表述正确的是？

A．甲将 A 房屋抵押给丙无须经过乙的同意，因为该抵押不会给乙造成不利影响

B．若乙参与拍卖，乙享有以同等条件优先受让的权利

C．若乙不参与拍卖，乙有权主张 A 房屋租赁合同对拍得人继续有效

D．A 房屋租赁合同租期届满时，乙享有以同等条

件优先承租的权利

10 1902154

2018 年 2 月 1 日，甲将其 A 房屋出租给乙，租期二年，约定禁止转租。2018 年 3 月 1 日，因乙刚刚购得一套更合适的住房，乙私下将 A 房屋转租给丙，约定租期三年。2018 年 4 月 1 日，甲给 A 房屋更换门锁时发现了乙擅自转租的事实，经乙说明情况后，甲一直未提出异议。1 年后甲将房屋出卖给丁，并办理了过户登记，但未告知丁房屋已经出租的事实。对此，下列表述正确的是？

A. 2018 年 11 月 1 日，甲有权通知乙解除双方的房屋租赁合同

B. 丙有权主张乙、丙间为期三年的房屋转租合同有效

C. 丁无权请求丙搬离该房屋

D. 丁可以向乙主张违约责任

11 1603060

居民甲将房屋出租给乙，乙经甲同意对承租房进行了装修并转租给丙。丙擅自更改房屋承重结构，导致房屋受损。对此，下列哪些选项是正确的？

A. 无论有无约定，乙均有权于租赁期满时请求甲补偿装修费用

B. 甲可请求丙承担违约责任

C. 甲可请求丙承担侵权责任

D. 甲可请求乙承担违约责任

12 1403059

刘某欠何某 100 万元货款届期未还且刘某不知所踪。刘某之子小刘为替父还债，与何某签订书面房屋租赁合同，未约定租期，仅约定："月租金 1 万元，用租金抵货款，如刘某出现并还清货款，本合同终止，双方再行结算。"下列哪些表述是错误的？

A. 小刘有权随时解除合同

B. 何某有权随时解除合同

C. 房屋租赁合同是附条件的合同

D. 房屋租赁合同是附期限的合同

13 1403057

2013 年 2 月 1 日，王某以一套房屋为张某设定了抵押，办理了抵押登记。同年 3 月 1 日，王某将该房屋无偿租给李某 1 年，以此抵王某欠李某的借款。房屋交付后，李某向王某出具了借款还清的收据。同年 4 月 1 日，李某得知房屋上设有抵押后，与王某修订租赁合同，把起租日改为 2013 年 1 月 1 日。张某实现抵押权时，要求李某搬离房屋。下列哪些表述是正确的？

A. 王某、李某的借款之债消灭

B. 李某的租赁权可对抗张某的抵押权

C. 王某、李某修订租赁合同行为无效

D. 李某可向王某主张违约责任

二、模拟训练

14 62102122

郝有钱将自己位于渝北区的房屋租给蒋帅，租期自 2020 年 1 月 1 日至 2021 年 1 月 1 日，租金 6000 元／月，每月 1 日支付。2020 年 3 月 1 日，蒋帅因资金周转困难，未付第 3 个月租金。3 月 5 日，郝有钱将房屋卖给曾美丽并办理了过户手续，曾美丽要求蒋帅搬出房屋。下列说法正确的是？（多选）

A. 若 2020 年 2 月 1 日，蒋帅经郝有钱同意将房屋转租，与赵好好签订了为期 2 年的房屋租赁合同，该合同因超期无效

B. 若蒋帅在租赁期间擅自将房屋转租给了程强，则郝有钱不可以解除蒋帅与程强之间的转租合同

C. 若蒋帅为了提升居住幸福感，经郝有钱同意给房屋墙壁刷了环保漆，租赁期满，蒋帅有权请求郝有钱补偿该费用

D. 蒋帅虽违约但租赁合同仍然有效，蒋帅得以之对抗曾美丽

15 62102019

蒋阿金将其一套房屋出租给其好友陆小白，陆小白为装修房屋向觉晓装修公司购买了一些高级装修设备，因陆小白无法付清全款，遂与觉晓装修公司约定在付清全款前由觉晓装修公司保留设备所有权，陆小白在使用这些设备装修外墙时，突降百年难得一遇的大暴雨，造成设备短路损毁。

解析页码

126—127

对此，下列选项正确的是？（单选）

A. 因约定了所有权保留，该设备损毁的风险应由觉晓装修公司承担

B. 若蒋阿金擅自将房屋卖给了其堂兄蒋文明，陆小白可依据优先购买权主张由蒋阿金和蒋文明承担赔偿责任

C. 陆小白经蒋阿金同意对房屋重新进行了装修，形成附合，后因蒋阿金违约致使租赁合同解除，陆小白可以请求蒋阿金赔偿剩余租赁期内装饰装修残值损失

D. 后陆小白经蒋阿金同意，将房屋转租给张小草，张小草擅自更改房屋承重结构，导致房屋受损，蒋阿金不可请求陆小白承担违约责任

16 62002045

2017 年 4 月 4 日，甲与乙签订商铺租赁合同，双方约定：由甲承租乙的房屋，租期 5 年，租金年付。甲承租房屋后与好友丙合伙开了一家小超市。2019 年 8 月 8 日，乙因资金周转困难，欲将该商铺出卖给好友丁，乙于当日通知了甲。2019 年 8 月 30 日，因甲一直未作出表示，乙与丁签订房屋买卖合同，并办理登记。2020 年 7 月 7 日，甲因遭遇车祸不幸去世。关于本案，下列说法错误的是？（多选）

A. 2019 年 8 月 30 日，甲仍可行使优先购买权

B. 丁有权要求甲腾退房屋

C. 甲去世后，租赁合同自动终止

D. 丙需与丁重新订立租赁合同

17 62002212

2017 年 6 月，张三把房屋出租给李四，约定租期为 3 年。李四入住后发现空调故障，因多次请张三维修无果，难忍暑热的李四自掏腰包请工人进行维修。之后，升职加薪的李四为提高生活品质，未经张三同意对该房屋进行了装修，共花费 5 万元。两年后，张三未通知李四，将该房屋以 300 万元的价格卖给知道房屋已经出租的弟弟张小明，并办理过户登记。下列哪些说法是正确的？（多选）

A. 张三与李四的租赁合同应采取书面形式

B. 李四可以请求张三支付空调维修费用

C. 李四可以请求张三支付装修费用 5 万元

D. 李四可以主张对该房屋行使优先购买权

第三章
融资租赁合同

一、历年真题及仿真题

（一）融资租赁合同

【单选】

1 1802007

乙融资租赁公司根据甲公司的选择，以 100 万元的价格向生产厂商丙公司购买了一台大型医疗设备出租给甲公司使用，租期 2 年，每月租金 5 万元，租期届满后该设备归乙公司所有。后丙公司依据乙公司的指示直接将设备交付给甲公司。关于本案，下列哪一说法是正确的？

A. 如租期内医疗设备存在瑕疵，乙公司应减少租金

B. 如租期内医疗设备因使用不当造成损坏，乙公司应承担维修义务

C. 租期内医疗设备毁损、灭失的风险应由乙公司承担

D. 租期内医疗设备毁损、灭失的风险应由甲公司承担

【不定项】

2 1603088

甲、乙、丙三人签订合伙协议并开始经营，但未取字号，未登记，也未推举负责人。其间，合伙人与顺利融资租赁公司签订融资租赁合同，租赁淀粉加工设备一台，约定租赁期限届满后设备归

承租人所有。合同签订后，出租人按照承租人的选择和要求向设备生产商丁公司支付了价款。如租赁期间因设备自身原因停机，造成承租人损失。下列说法正确的是？

A. 出租人应减少租金

B. 应由丁公司修理并赔偿损失

C. 承租人向丁公司请求承担责任时，出租人有协助义务

D. 出租人与丁公司承担连带责任

（二）综合知识点

【单选】

3　2202168

美术馆有一幅字画，价值 300 万元，一直挂在美术馆的展厅上。后来，为了偿还债务，美术馆就把这幅画以 300 万的价格卖给了甲融资租赁公司，又从甲公司以每月 5 万的价格租回来，租期 5 年半。后来证实这幅画系赝品。下列说法正确的是？

A. 画的所有权归美术馆

B. 画的所有权归甲公司

C. 甲公司和美术馆是借贷合同关系

D. 该画系赝品，甲公司能以欺诈为由撤销合同

【多选】

4　11703061

甲融资租赁公司与乙公司签订融资租赁合同，约定乙公司向甲公司转让一套生产设备，转让价为评估机构评估的市场价 200 万元，再租给乙公司使用 2 年，乙公司向甲公司支付租金 300 万元。合同履行过程中，因乙公司拖欠租金，甲公司诉至法院。下列哪些选项是正确的？

A. 甲公司与乙公司之间为资金拆借关系

B. 甲公司与乙公司之间为融资租赁合同关系

C. 甲公司与乙公司约定的年利率超过 24% 的部分无效

D. 甲公司已取得生产设备的所有权

二、模拟训练

5　62202180

李某与甲租赁公司签订《融资租赁合同》，约定甲

租赁公司根据李某的要求向乙公司购买挖掘机一台（总价 50 万元）交李某承租使用，李某每个季度支付挖掘机的租赁款 5 万元，下列关于该融资租赁合同在租赁期间的履行说法正确的是？（多选）

A. 若李某未经甲租赁公司将该台挖掘机以 60 万元的价格卖给丙公司，甲租赁公司有权解除合同

B. 若因挖掘机的关键零件毁损，支付修理费 1 万元，李某承担该修复费用

C. 若因失火烧坏挖掘机，甲租赁公司有权请求李某继续支付租金

D. 若乙公司交付的挖掘机存在瑕疵，依据合同相对性，李某应当要求甲租赁公司承担瑕疵担保责任

参考答案

| [1] D | [2] BC | [3] B | [4] BD | [5] ABC |

第四章
赠与合同

一、历年真题及仿真题

（一）赠与合同的撤销

【单选】

1　2302115

甲公司与乙希望小学签订捐赠协议，约定甲公司捐款 1000 万。甲公司支付 300 万后，资金链断裂，公司濒临破产，无力承担剩余捐款，学校请求其继续履行协议。对此，下列说法正确的是？

A. 甲公司可请求返还已捐赠的 300 万

B. 学校无权请求甲公司支付剩余捐款

C. 甲公司可不再支付剩余 700 万

D. 甲公司可申请撤销剩余的 700 万捐赠

2　2102142

老张承诺赠与儿媳小李腹中胎儿 2 万元。孩子出

解析页码

130—131

生后老张后悔，未给付赠款。关于此案，下列哪一说法是正确的？

A. 受赠人为小李

B. 受赠人为孩子

C. 赠与合同未生效

D. 赠与合同可撤销

【多选】

③ `2202192`

2015年7月，年入50万的甲（单身）希望帮助贫困儿童，便与乙慈善机构订立《赠与合同》，约定："2015年至2025年期间，甲每年赠与乙慈善机构30万元，并于每年8月15日支付。"甲分别在2015至2021年的8月15日将捐赠款项汇入乙慈善机构的账户。然而，2022年1月，甲遭遇裁员，且直至8月没有其他公司愿意聘用甲。甲丧失了经济来源，也无存款，无力继续履行对乙的赠与义务。对此，下列表述正确的是？

A. 甲有权撤销2015-2021年的赠与

B. 甲有权任意撤销2022年至2025年间的《赠与合同》，不再履行这四年的赠与义务

C. 甲有权拒绝履行2022年的赠与义务

D. 若甲2025年4月中了500万的彩票，乙请求甲履行2025年的赠与义务，甲不得拒绝

（二）综合知识点

【单选】

④ `1902110`

70岁的甲男与25岁的乙女约定婚后将其名下一栋别墅赠与乙女，同时约定将房屋赠与后乙女应当好好照顾甲男，婚后甲按约定将房屋赠与乙并办理过户登记，乙受赠后，性情大变并对甲愈发冷淡，将甲赶出家门。请问以下哪一项是正确的？

A. 甲可向法院主张撤销该婚姻

B. 该赠与合同违反善良风俗

C. 乙不能取得该房屋所有权

D. 甲可以撤销对乙的赠与

⑤ `1902152`

甲婚前有两套房产，约定与乙结婚后赠送乙一套房产。下列关于该套房产赠与的说法正确的是？

A. 不成立赠与行为，两套房产均为夫妻共同财产

B. 该房屋自双方约定达成之日起即变更为乙单独所有

C. 办理赠与房产过户登记之前，甲可撤销赠与

D. 即使赠与办理了公证手续，甲仍可撤销该赠与

【多选】

⑥ `1503060`

郭某意外死亡，其妻甲怀孕两个月。郭某父亲乙与甲签订协议："如把孩子顺利生下来，就送十根金条给孩子。"当日乙把八根金条交给了甲。孩子顺利出生后，甲不同意由乙抚养孩子，乙拒绝交付剩余的两根金条，并要求甲退回八根金条。下列哪些选项是正确的？

A. 孩子为胎儿，不具备权利能力，故协议无效

B. 孩子已出生，故乙不得拒绝赠与

C. 八根金条已交付，故乙不得要求退回

D. 两根金条未交付，故乙有权不交付

⑦ `1403061`

甲公司员工魏某在公司年会抽奖活动中中奖，依据活动规则，公司资助中奖员工子女次年的教育费用，如员工离职，则资助失效。下列哪些表述是正确的？

A. 甲公司与魏某成立附条件赠与

B. 甲公司与魏某成立附义务赠与

C. 如魏某次年离职，甲公司无给付义务

D. 如魏某次年未离职，甲公司在给付前可撤销资助

二、模拟训练

⑧ `62102109`

8月20日，蒋大金决定将其心爱的电动车赠与给其最聪明的学生曾聪明，蒋大金和曾聪明在赠与合同中约定"曾聪明需每天复习法考10小时。"8月27日，曾聪明从蒋大金家将车骑走，因电动车后轮胎有故障，路过一段石子路时后轮胎脱落，导致曾聪明摔下电动车且右腿骨折。以下说法错误的是？（单选）

解析页码

131—133

A. 若蒋大金在交付电动车时保证电动车无质量瑕疵的，事故发生后，蒋大金应对曾聪明承担赔偿责任

B. 8 月 27 日之前，由于蒋大金尚未交付电动车，其可以反悔，且不承担违约责任

C. 若曾聪明因沉迷于王者荣耀，每天仅复习法考 1 小时，则赠与合同无效

D. 若曾聪明不接受蒋大金的赠与，则赠与合同不能成立

9 `62002042`

2020 年 6 月 1 日，甲与好友乙签订赠与合同，双方约定甲将其收藏的鼻烟壶无偿赠与乙，甲于 7 月 1 日前交付给乙，二人于当日办理了公证手续。2020 年 6 月 15 日，甲向山东省慈善联合总会表示愿意捐赠价值 50 万元的轮椅，双方约定于一个月内交付。2020 年 6 月 20 日，甲将收藏的名画赠与丙，于当日交付。2020 年 7 月 1 日，甲突然反悔，不愿将鼻烟壶赠与乙，并故意将鼻烟壶摔碎。关于本案，下列说法正确的是？（多选）

A. 因鼻烟壶未转移，甲可以任意撤销赠与

B. 甲与山东省慈善联合会所做的赠与合同不得任意撤销

C. 甲丙之间的赠与合同不可任意撤销

D. 乙无权要求甲承担赔偿责任

参考答案

| [1] C | [2] B | [3] CD | [4] D | [5] C |
| [6] BC | [7] AC | [8] C | [9] BC | |

第五章
民间借贷合同

一、历年真题及仿真题

综合知识点

【单选】

1 `2202023`

5 月 20 日，甲因购买制造假酒设备和原材料向乙借款 50 万元，期限 1 年，月息 2%，并告知借款用途，乙当即同意，并于次日向甲交付现金 20 万元，5 月 22 日向甲银行卡转账 30 万元。应乙要求，丙以自己所持有的某有限公司的股权为该笔贷款提供担保，为其办理了质押登记，下列说法正确的是？

A. 借款合同部分无效

B. 借款合同无效

C. 丙应承担担保责任

D. 借款合同于 5 月 20 日成立

【不定项】

2 `1703090`

甲服装公司与乙银行订立合同，约定甲公司向乙银行借款 300 万元，用于购买进口面料。同时，双方订立抵押合同，约定甲公司以其现有的以及将有的生产设备、原材料、产品为前述借款设立抵押。借款合同和抵押合同订立后，乙银行向甲公司发放了贷款，但未办理抵押登记。之后，根据乙银行要求，丙为此项贷款提供连带责任保证，丁以一台大型挖掘机作质押并交付。如甲公司违反合同约定将借款用于购买办公用房，则乙银行享有的权利有？

A. 提前收回借款

B. 解除借款合同

C. 请求甲公司按合同约定支付违约金

D. 对甲公司所购办公用房享有优先受偿权

解析页码
133—134

二、模拟训练

3 `62202106`

2019 年 12 月 14 日，甲银行、乙公司签订一份《借款合同》，约定：甲借款 100 万元给乙，借款用途为工程款，借款期限 24 个月。后乙公司将 100 万用于炒股。下列说法正确的是？（多选）

A. 甲银行可以停止发放借款

B. 甲银行可以解除贷款合同

C. 甲银行可以提前收回借款

D. 若乙公司将借款用于工程款支出，且提前 12 个月偿还借款，仍需支付 24 个月的利息

4 `61902014`

关于借款合同，下列说法错误的是？（不定项）

A. 甲企业因生产经营需要，向乙企业借款 1000 万元，则借款合同无效

B. 丙企业因生产经营需要，与本企业职工签订借款合同以筹集资金，企业与职工的借款合同无效

C. 借款人借款用于违法犯罪活动的，则借款人和出借人的借款合同无效

D. 借贷双方约定的年利率超过合同成立时一年期贷款市场报价利率四倍的，超过部分的利息约定无效

参考答案

[1] B　　[2] ABC　　[3] BC　　[4] ABC

第六章
服务合同

一、历年真题及仿真题

（一）建设工程施工合同

【单选】

1 `2302015`

乙公司承包甲公司的某建筑工程，承包款项为 100 万元。乙公司将该工程以 80 万元的价格转包

给刘某，乙公司向刘某支付了其中的 20 万元。后该工程竣工且验收合格，刘某起诉甲公司要求支付剩余工程款。法院查明甲公司已向乙公司支付了 50 万元，将乙公司追加为第三人，刘某不变更诉讼请求。法院应当判决由谁承担向刘某支付剩余工程款的责任？

A. 判决甲公司向刘某支付 60 万元

B. 判决甲公司向刘某支付 50 万元

C. 判决甲公司向刘某支付 50 万元，乙公司向刘某支付 10 万元

D. 判决乙公司向刘某支付 60 万元

2 `1902155`

李某借用有资质的甲建筑公司的名义，经投标承包了乙房地产开发公司的一处住宅建设工程并订立了建设工程施工合同。双方在中标合同备案后，又就同一项目另行订立了一份在工期要求、计价方式和承包总价款方面均不同于中标合同的施工合同。随后，李某又以甲建筑公司项目部的名义与具有劳务作业法定资质的丙公司订立劳务分包合同。该工程经竣工验收不合格。下列选项正确的是？

A. 建设工程施工合同应认定为部分无效

B. 对于因建设工程质量不合格造成的损失，乙公司只能请求甲公司承担赔偿责任

C. 若该工程经修复后合格，工程价款应参照备案合同约定予以结算

D. 劳务分包合同应认定为无效

【多选】

3 `1703062`

甲房地产开发公司开发一个较大的花园公寓项目，作为发包人，甲公司将该项目的主体工程发包给了乙企业，签署了建设工程施工合同。乙企业一直未取得建筑施工企业资质。现该项目主体工程已封顶完工。就相关合同效力及工程价款，下列哪些说法是正确的？

A. 该建设工程施工合同无效

B. 因该项目主体工程已封顶完工，故该建设工程施工合同不应认定为无效

C. 该项目主体工程经验收合格，则乙企业可请求参照合同关于工程价款的约定折价补偿

D. 该项目主体工程经验收不合格，经修复后仍不合格的，乙企业不能请求参照合同关于工程价款的约定折价补偿

（二）中介合同

【多选】

4　1902169

周某在多家房屋中介公司挂牌销售一房屋。欲购买房屋的肖某先后与甲、乙两家中介公司订立《看房协议》，其中均有特别承诺条款载明："肖某承诺不直接联系房主，否则，仍须按《看房协议》的约定支付全部服务佣金。"甲、乙均分别带领肖某查看了周某的房屋。由于周某出售的房屋在乙中介公司的报价略低，肖某遂经由乙公司中介与周某签订了房屋买卖合同。甲公司知情后，诉请肖某依照特别承诺条款支付全部服务佣金。对此，下列表述正确的是？

A. 特别承诺条款属于无效的格式条款

B. 肖某与甲公司间的《看房协议》有效

C. 肖某构成跳单，应向甲公司支付全部中介报酬

D. 肖某不构成跳单，无须向甲公司支付中介报酬

（三）物业服务合同

【单选】

5　2102054

某小区开发商与甲物业公司订立前期物业服务合同，业主乙因车位长期无故被人占用，不满甲公司服务，遂拒付物业费以示抗议。对此，下列表述正确的是？

A. 乙可以未参与该物业服务合同的签订为由，主张该物业服务合同对其无拘束力

B. 乙可以其长期在外工作，未实际接受物业服务为由，拒绝支付物业服务费

C. 乙无权以物业服务瑕疵为由主张物业服务合同对其无拘束力

D. 确有必要时，甲公司可停止供水供电，催告乙交付物业费

（四）保理合同

【不定项】

6　2202150

丙是保理公司，与甲签订了保理合同，约定：将甲对乙的 120 万应收账款转让给丙，丙支付给甲 100 万元，甲没有追索权。后丙找乙要债时发现甲与乙之间的 120 万的借款事实系虚构。下列说法错误的是？

A. 丙可以向甲主张回购应收账款债权

B. 丙只能向乙主张应收账款债权

C. 乙仍然要对丙承担责任

D. 若乙清偿 120 万，扣除融资款本息和费用后，剩余的 10 万要返还给甲

（五）供用电、水、气、热力合同

【多选】

7　1403060

甲公司与小区业主吴某订立了供热合同。因吴某要出国进修半年，向甲公司申请暂停供热未果，遂拒交上一期供热费。下列哪些表述是正确的？

A. 甲公司可以直接解除供热合同

B. 经催告吴某在合理期限内未交费，甲公司可以解除供热合同

C. 经催告吴某在合理期限内未交费，甲公司可以中止供热

D. 甲公司可以要求吴某承担违约责任

（六）承揽合同

【多选】

8　2202033

甲得到一匹名贵布料，准备给女朋友量身定制旗袍，便与乙于 4 月 5 号签订加工协议，合同约定由乙来制作，于 4 月 15 号完工交货。因材质复杂，乙需要额外购买机器，花费 5000 元，甲预付了 20000 元工钱（包含 5000 元机器款项）。不料，甲于 4 月 13 号和女朋友分手，便通知乙无需再制作该旗袍。对此，下列说法正确的是？

解析页码

136—138

A．甲有权解除合同

B．甲应向乙支付全部报酬

C．机器所有权归乙

D．未完工旗袍所有权甲乙共有

（七）综合知识点

【单选】

⑨ 2102143

甲欲买房，找到中介公司，签订了中介合同，约定买房后向中介公司支付2万元报酬。中介公司员工乙在网站上看到甲想要的房子，私下联系甲，带甲去看了丙的房子，并签订合同，乙仅收取甲5000元报酬。下列哪一说法正确？

A．甲应向中介公司支付2万元

B．甲、乙、丙承担连带责任

C．甲、乙承担连带责任

D．乙收取的5000元不构成不当得利

⑩ 1503014

甲公司与没有建筑施工资质的某施工队签订合作施工协议，由甲公司投标乙公司的办公楼建筑工程，施工队承建并向甲公司交纳管理费。中标后，甲公司与乙公司签订建筑施工合同。工程由施工队负责施工。办公楼竣工验收合格交付给乙公司。乙公司尚有部分剩余工程款未支付。下列哪一选项是正确的？

A．合作施工协议有效

B．建筑施工合同属于效力待定

C．施工队有权向甲公司主张工程款

D．甲公司有权拒绝支付剩余工程款

⑪ 1503015

刘某与甲房屋中介公司签订合同，委托甲公司帮助出售房屋一套。关于甲公司的权利义务，下列哪一说法是错误的？

A．如有顾客要求上门看房时，甲公司应及时通知刘某

B．甲公司可代刘某签订房屋买卖合同

C．如促成房屋买卖合同成立，甲公司可向刘某收取报酬

D．如促成房屋买卖合同成立，甲公司自行承担中

介活动费用

【多选】

⑫ 1703055

甲公司以一地块的建设用地使用权作抵押向乙银行借款3000万元，办理了抵押登记。其后，甲公司在该地块上开发建设住宅楼，由丙公司承建。甲公司在取得预售许可后与丁订立了商品房买卖合同，丁交付了全部的购房款。现住宅楼已竣工验收，但甲公司未能按期偿还乙银行借款，并欠付丙公司工程款1500万元，乙银行和丙公司同时主张权利，法院拍卖了该住宅楼。下列哪些选项是正确的？

A．乙银行对建设用地使用权拍卖所得价款享有优先受偿权

B．乙银行对该住宅楼拍卖所得价款享有优先受偿权

C．若甲公司将住宅建好后将房地一并抵押给乙银行，丙公司对该住宅楼的优先受偿权优先于乙银行的抵押权

D．丙公司对该住宅楼的优先受偿权不得对抗丁对其所购商品房的权利

二、模拟训练

⑬ 62202098

甲为A市大型水果超市老板，自泰国订购了1000个榴莲，由于甲超市无处存放，甲与乙仓库签订合同约定将榴莲存放于乙处，合同未约定储存期间和仓储费用。并于合同签订后2日，将该批榴莲运入乙仓库，运入仓库时，该批榴莲已达到5分熟。下列说法正确的是？（单选）

A．自榴莲运入乙仓库时，甲乙之间的仓储合同成立

B．合同未约定仓储费用，视为无偿

C．甲超市可随时解除合同

D．乙仓库需要承担榴莲变质的赔偿责任

⑭ 62102091

华润银行与大优公司签订《国内保理业务合同》，类型为有追索权的明保理，华润银行向大优公司

提供 3680 万元的保理融资款。为办理上述融资保理业务，大优公司将其与燃料公司签订的一份数量为 5.5 万吨、价款为 2450 万元的煤炭买卖合同变更为数量为 9.5 万吨、价款为 4611 万元的合同，并将该合同项下大优公司对燃料公司享有的 4611 万元应收账款转让给华润银行。华润银行派员到燃料公司核实该 4611 万元应收账款的真实性时，燃料公司在《应收账款转让确认书》和《应收账款转让通知确认书》上盖章，并由其工作人员签名确认。后由于上述 3680 万元保理融资款的本息未能得到清偿。下列说法正确的是？（多选）

A. 应收账款债权并非真实合法有效的债权，燃料公司有权以此为由拒绝向华润银行付款

B. 大优公司将应收账款转让给华润银行，华润银行不能再向大优公司主张偿还保理融资款本息

C. 若燃料公司向华润银行支付 4611 万应收款项，扣除保理融资款本息尚余 500 万，需要向大优公司进行返还

D. 若为了避免燃料公司对大优公司的信用状况产生担忧，华润银行和大优公司约定为暗保理，在通知应收账款转让给华润银行的前一周，燃料公司已经向大优公司支付 2000 万的款项，华润银行受让的 2000 万元债权消灭

15 62102014

长江房地产公司就某楼盘的开发与黄河建筑公司达成合作，由黄河建筑公司对该楼盘进行施工建设，以下说法正确的是？（单选）

A. 若就该楼盘的开发，长江房地产公司与黄河建筑公司先后签订的数份建设工程施工合同均无效，但该建设工程竣工且质量合格，黄河建筑公司有权请求长江房地产公司参照实际履行的合同关于工程价款的约定折价补偿

B. 若该建设工程竣工且质量合格，但长江房地产公司拒付工程款，该建设工程已部分抵押给银行。若黄河建筑公司在合同中放弃了建设工程价款优先受偿权，且黄河建筑公司尚拖欠工人工资 200 万，则黄河建筑公司无权主张享有建设工程价款优先受偿权

C. 若长江房地产公司将其部分工程抵押给了秦岭公司，黄河建筑公司无权主张其建设工程价款

优先受偿权优先于抵押权人秦岭公司

D. 黄河建筑公司行使建设工程价款优先受偿权的期限为 6 个月，自建设工程竣工验收合格之日起算

16 62102108

飞翔公司与甲银行订立无追索权的保理合同，双方约定飞翔公司将其对光大公司的 8000 万元应收账款转让给甲银行，甲银行为其提供资金融通、应收账款转让等服务。后甲银行取得超过保理融资款本息和相关费用的部分，飞翔公司要求其返还。对此下列说法错误的是？（单选）

A. 飞翔公司与甲银行之间的保理合同自通知债务人光大公司时发生效力

B. 假设飞翔公司与光大公司之间的应收账款是双方恶意虚构的，甲银行对此并不知情，后甲银行向光大公司主张债权时，光大公司不得以该债权系虚构为由拒绝还款

C. 甲银行不可以向飞翔公司主张回购应收账款债权

D. 甲银行取得超过保理融资款本息和相关费用的部分，无需向飞翔公司返还

17 62002047

龙腾小区于 2017 年 8 月 30 日建成并通过竣工验收，建设单位为 Z 市大河房地产开发有限公司（大河公司）。2018 年 5 月 2 日，大河公司与乐活物业管理有限公司签订《小区前期物业管理委托合同》，合同期限为 2 年。2018 年 6 月 5 日，龙腾小区成立业主委员会，业主委员会与骄阳物业公司订立《物业服务合同》。甲为龙腾小区 3 单元 5 栋 606 房的业主，2018 年 7 月入住以来，一直未缴纳物业费。下列说法错误的是？（多选）

A.《小区前期物业管理委托合同》对业主没有约束力

B.《物业服务合同》生效后，《小区前期物业管理委托合同》终止

C. 骄阳物业公司可以将全部物业服务转委托给第三人

D. 骄阳物业公司可以采取停止提供燃气的方式催

解析页码
140—141

甲交纳物业费

18 61902182

下列说法不正确的是？（不定项）

A. 张某与李某口头约定张某将自己的房屋出租给李某居住，租期为两年。李某入住一个月之后，便打电话给张某，提出不再租住，张某可以拒绝李某的要求

B. 郑某委托好友夏某为其购买手机一部，在夏某去购买手机的路上，郑某打电话给夏某，要求其不要再购买手机，夏某可以正去往购买途中为由拒绝

C. 邱某与王某达成协议，约定王某为邱某保管钻石项链一年，五个月后，邱某打电话给王某，想要取回钻石项链，则王某可以保管尚未到期为由拒绝

D. 吉某与郭某达成协议，约定吉某将其电动车交给郭某维修，一周后吉某来取。一天后，吉某就过来要求取回电动车，郭某可以电动车尚未修好为由拒绝

参考答案

[1]B	[2]C	[3]ACD	[4]BD	[5]C
[6]AD	[7]CD	[8]AC	[9]A	[10]C
[11]B	[12]ACD	[13]C	[14]CD	[15]A
[16]A	[17]ACD	[18]BCD		

第七章
合伙合同

历年真题及仿真题

（一）合伙合同

【不定项】

1 1603087

甲、乙、丙三人签订合伙协议并开始经营，但未取字号，未登记，也未推举负责人。其间，合伙人与顺利融资租赁公司签订融资租赁合同，租赁

淀粉加工设备一台，约定租赁期限届满后设备归承租人所有。合同签订后，出租人按照承租人的选择和要求向设备生产商丁公司支付了价款。乙在经营期间发现风险太大，提出退伙，甲、丙表示同意，并通知了出租人，但出租人表示反对，认为乙退出后会加大合同不履行的风险。下列说法正确的是？

A. 经出租人同意，乙可以退出

B. 乙可以退出，无需出租人同意

C. 乙必须向出租人提供有效担保后才能退出

D. 乙退出后对合伙债务不承担责任

参考答案

[1]B

侵权责任和人格权

第一章
侵权法总则

一、历年真题及仿真题

（一）免责、减责事由

【单选】

1 1902140

甲、乙、丙、丁均为资深骑马爱好者，相约去草原骑马。甲提供四匹马供4人骑行，骑行过程中，乙的马被突然出现的野兔惊吓，造成乙摔倒受伤。乙受伤的该责任如何承担？

A. 甲承担全部责任

B. 四人平均分担

C. 乙自行承担

D. 甲承担补充责任

2 1703023

刘婆婆回家途中，看见邻居肖婆婆带着外孙小勇

和另一家邻居的孩子小囡（均为 4 岁多）在小区花园中玩耍，便上前拿出几根香蕉递给小勇，随后离去。小勇接过香蕉后，递给小囡一根，小囡吞食时误入气管导致休克，经抢救无效死亡。对此，下列哪一选项是正确的？

A. 刘婆婆应对小囡的死亡承担民事责任

B. 肖婆婆应对小囡的死亡承担民事责任

C. 小勇的父母应对小囡的死亡承担民事责任

D. 属意外事件，不产生相关人员的过错责任

（二）多数人侵权

【单选】

3 1802107

某天深夜 12 点，甲驾驶载有超高货物的重型卡车将公路上的一根缆线挂落，五分钟后，乙驾驶重型卡车驶过时车轮将挂落的缆线卷起致路边行人受伤。经查，事发路段无路灯，乙也未开车灯。关于侵权责任的承担下列表述正确的是？

A. 甲承担全部责任

B. 甲乙承担按份责任

C. 甲乙承担连带责任

D. 乙承担全部责任

【多选】

4 2002011

甲在地铁里下天桥楼梯，边走边低头看手机，突然被地面翘起来的铁皮绊了一下，甲未受伤，但却把上楼梯的乙撞倒，造成乙重伤。关于赔偿责任主体，下列哪些说法是正确的？

A. 地铁公司应承担责任

B. 甲应承担责任

C. 若难以确定责任大小，甲与地铁公司平均承担责任

D. 若难以确定责任大小，甲与地铁公司连带承担责任

（三）综合知识点

【单选】

5 2302016

外卖员张某在送外卖的时候遇到李某跳江自杀，

将手机交给路人王某后奋不顾身跳入十米深的江里，落水时背部受伤。救人过程中，李某因挣扎反抗导致自己的手臂骨折，张某还是强行将李某救上岸。王某因围观太过紧张，不慎将张某的手机跌落导致屏幕摔碎。对此，以下哪一选项是正确的？

A. 李某胳膊骨折可向张某请求赔偿

B. 张某背部损伤可向李某请求适当补偿

C. 张某手机摔坏可向王某请求赔偿

D. 张某手机摔坏可向李某请求赔偿

6 2202190

甲的酒量较差，在参加乙的婚礼宴会时，因高兴自己多喝了几杯，遂喝醉。因意识不清，撞坏了饭店的一个屏风，价值 5000 元。对此，下列表述正确的是？

A. 饭店无权请求甲赔偿，因为甲因醉酒丧失了民事权利能力

B. 饭店无权请求甲赔偿，因为甲因醉酒丧失了民事行为能力

C. 饭店的损失可以请求甲承担

D. 饭店的损失可以请求乙承担

7 2202175

酒店的工作人员给花园里的桃树喷杀虫药，喷完以后没有放相关警示牌。住在酒店的甲在逛花园时看到桃子长势喜人，便摘了一些拿回酒店并分享给室友。室友吃了后，因药物中毒住院。下列说法正确的是？

A. 酒店应当承担部分侵权责任

B. 酒店应根据公平责任原则分担医药费

C. 甲应根据公平责任原则分担医药费

D. 由甲承担全部责任

8 2202191

研究生小明在学校宿舍的上铺睡觉时，从床上摔到地上，摔断了腿。调查显示，学校提供的床位的护栏高度小于相关规定 10cm，但成年男性正常翻身，并不会从床上摔下去。学校之前也从未发生此事件，因此学校未对床的护栏的高度进行核查并更换不符合标准的床位。同时查明，小明摔下床是由于小明翻身的动作过大。对小明所遭受

损害的责任承担，下列表述正确的是？

A. 学校应当承担责任

B. 属于意外事件，学校不应当承担责任

C. 小明属于自甘风险，应自行承担全部责任

D. 小明未尽合理的注意义务，应自担部分责任

⑨ 2202171

甲、乙在一水库边比赛用石头打水漂，恰遇丙在水库里游泳，丙被一块石头击中受伤，但不能查清到底是谁扔的石头砸到了丙；经查证，水库里面禁止游泳，管理人只放置了一个警示牌但未采取其他的保障措施。对于丙的受伤，下列说法正确的是？

A. 只由甲乙承担连带责任

B. 甲乙能以丙有过失进行抗辩

C. 管理人应该与甲乙一起承担连带责任

D. 甲乙承担连带责任，管理人承担补充责任

⑩ 2202163

甲在小区购买了一个停车位，停车位正上方是乙家的窗户。乙在窗台上养了一盆花，甲担心花盆落下砸到自己的车，于是与乙交涉，请求乙搬开花盆，乙以窗台很结实、花盆不会掉落为由拒绝了甲的请求，甲应当如何救济自己的权利？

A. 请求乙排除妨害

B. 请求乙消除危险

C. 请求乙赔偿损失

D. 请求乙恢复原状

⑪ 2202025

某学校在未设围栏的露天操场举办篮球赛，路人王某为抄近道从篮球场穿过，篮球队员马某专心比赛快速奔跑不慎撞倒王某，致王某头部重伤，下列哪个选项正确？

A. 马某承担部分责任

B. 马某承担全部责任

C. 学校承担全部责任

D. 王某自己担责

⑫ 1902144

某校研究生甲下课后见电梯人多拥挤便选择走楼梯下楼，在下楼过程中由于甲专注玩手机失足摔

倒，造成擦伤和中度脑震荡。关于甲的损害，下列说法正确的是？

A. 因学校电梯太少，数量设置不合理，故应由学校对甲承担全部损害赔偿责任

B. 甲与学校均有过错，各自承担与其过错相应的责任

C. 应适用公平责任，由学校对甲适当补偿

D. 学校不承担责任，由甲自行承担全部损害后果

⑬ 1902141

甲得知某路桥公司在甲村公墓附近修路时，不慎触挖其舅舅乙的墓地，并将乙的骨灰盒轻微碰裂，甲于是向路桥公司索要精神损害赔偿100万元。路桥公司承认碰裂事实，但主张修路是为了公共利益，加之及时恢复，不应支付高额赔偿。甲遂向法院提起诉讼。法院应当如何处理？

A. 支持甲的全部诉讼请求

B. 驳回甲的诉讼请求

C. 支持甲的部分诉讼请求

D. 不予受理

⑭ 1802006

吕某遭到恶狗追咬，路人马某上前相救，情急之下拿了旁边路人何某的雨伞与恶狗搏斗。马某被狗咬伤（造成医疗费、误工损失数百元），何某的雨伞也在搏斗中打坏。经查，狗为赵某所养，赵某无赔偿能力。下面哪一选项是正确的？

A. 马某有权请求吕某给予适当补偿

B. 马某有权请求吕某赔偿损失

C. 何某有权请求马某给予适当补偿

D. 何某有权请求吕某给予适当补偿

⑮ 1703022

姚某旅游途中，前往某玉石市场参观，在唐某经营的摊位上拿起一只翡翠手镯，经唐某同意后试戴，并问价。唐某报价18万元（实际进货价8万元，市价9万元），姚某感觉价格太高，急忙取下，不慎将手镯摔断。关于姚某的赔偿责任，下列哪一选项是正确的？

A. 应承担违约责任

B. 应赔偿唐某8万元损失

解析页码

145—146

081

C. 应赔偿唐某 9 万元损失

D. 应赔偿唐某 18 万元损失

【多选】

16 2402069

甲乙是邻居，甲的院墙破败不堪、摇摇欲坠，乙多次找甲协商让其修缮，甲都置之不理。后乙找人简单修理加固，花费 2000 元。以下正确的是?

A. 乙有权找甲支付 2000 元

B. 乙有权要求甲排除妨碍

C. 乙有权要求甲赔礼道歉

D. 乙有权要求甲消除危险

17 2302018

某小区住户甲在二楼居住，垃圾分类的 4 个垃圾桶就放在甲的窗户下面，长期以来，臭气熏天，苍蝇乱飞，甲长期不敢开窗，受到困扰。以下说法正确的是?

A. 甲有权请求物业公司排除妨害

B. 甲有权请求物业公司停止侵害

C. 甲有权请求物业公司赔礼道歉

D. 甲有权解除物业服务合同

18 2302021

甲在某影楼拍摄写真，摄影师乙为了炫耀自己的修图技术，未经甲的同意便将对比图与原图发到网上，被甲的熟人认出，甲遭到嘲笑，甲于是起诉影楼和乙。以下正确的是?

A. 乙的行为侵犯了甲的名誉权

B. 乙的行为侵犯了甲的肖像权

C. 甲有权要求影楼承担责任

D. 甲有权要求影楼和乙承担连带责任

19 2202189

4 岁的甲玩耍时，爬上了自家阳台的防盗窗，因不慎踩空，将头卡在了防盗窗中。14 岁的乙听见哭声，立刻爬上楼下业主的花架，向上托举甲，避免其窒息。在等待救援期间，乙的手臂被花架防盗的玻璃碎片划伤，楼下业主的花也损毁大半。对此，下列表述正确的是?

A. 乙应事先取得其父母的同意再实施救助行为

B. 楼下业主的损失应由乙的父母承担

C. 楼下业主的损失应由甲的父母承担

D. 对乙遭受的人身损害，甲的父母应适当补偿

20 2102071

甲、乙、丙同属某大学校篮球队的队员，在某次市篮球比赛中，甲传球给乙却不慎导致乙鼻子受伤。丙作为乙的好友，认为甲系故意为之，为给乙报仇，遂拿起篮球向甲砸去，也导致甲鼻子受伤。对此，下列说法正确的是:

A. 乙属自甘风险，就鼻子遭受的损害，无权请求甲赔偿

B. 就鼻子遭受的损害，乙有权请求比赛组织者赔偿

C. 甲属自甘风险，就鼻子遭受的损害，无权请求丙赔偿

D. 就鼻子遭受的损害，甲无权请求比赛组织者和丙承担连带赔偿责任

21 2102064

甲在乙银行办了银行卡。某天，甲接到短信，显示该银行卡在 2000 公里外的异地刷卡消费 1 万元。30 分钟后，甲赶到乙银行持该银行卡存入 1 元，证明银行卡仍在甲手上，且甲不可能在异地刷卡消费。对此，下列表述正确的是?

A. 无论能否查明盗刷者，甲均有权请求乙银行赔偿 1 万元

B. 若不能查明盗刷者，甲只有权请求乙银行赔偿 5000 元的损失

C. 若不能查明盗刷者，甲自担全部 1 万元损失

D. 若已经查明盗刷者，甲有权选择请求乙银行或者盗刷者赔偿 1 万元

22 1703067

甲、乙、丙三家毗邻而居，甲、乙分别饲养山羊各一只。某日二羊走脱，将丙辛苦栽培的珍稀药材悉数啃光。关于甲、乙的责任，下列哪些选项是正确的?

A. 甲、乙可各自通过证明已尽到管理职责而免责

B. 基于共同致害行为，甲、乙应承担连带责任

C. 如能确定二羊各自啃食的数量，则甲、乙各自承担相应赔偿责任

D. 如不能确定二羊各自啃食的数量，则甲、乙平

均承担赔偿责任

㉓ 1503058

张某毕业要去外地工作，将自己贴身生活用品、私密照片及平板电脑等装箱交给甲快递公司运送。张某在箱外贴了"私人物品，严禁打开"的字条。张某到外地收到快递后察觉有异，经查实，甲公司工作人员李某曾翻看箱内物品，并损坏了平板电脑。下列哪些选项是正确的？

A. 甲公司侵犯了张某的隐私权

B. 张某可请求甲公司承担精神损害赔偿责任

C. 张某可请求甲公司赔偿平板电脑的损失

D. 张某可请求甲公司和李某承担连带赔偿责任

㉔ 1403022

欣欣美容医院在为青年女演员欢欢实施隆鼻手术过程中，因未严格消毒导致欢欢面部感染，经治愈后面部仍留下较大疤痕。欢欢因此诉诸法院，要求欣欣医院赔偿医疗费并主张精神损害赔偿。该案受理后不久，欢欢因心脏病急性发作猝死。网络名人洋洋在其博客上杜撰欢欢是吸毒过量致死。下列哪些表述是错误的？

A. 欣欣医院构成违约行为和侵权行为

B. 欢欢的继承人可继承欣欣医院对欢欢支付的精神损害赔偿金

C. 洋洋的行为侵犯了欢欢的名誉权

D. 欢欢的母亲可以欢欢的名义对洋洋提起侵权之诉

【不定项】

㉕ 2002009

甲为唐山大地震孤儿，仅有一张与父母的合影。甲为留作纪念，将照片交给某照相馆修复，不料照相馆因为员工抽烟发生火灾，遭受重大财产损失，甲的照片也被损毁，甲因此十分痛苦。据此，下列选项说法正确的是？

A. 甲可选择向照相馆主张违约责任并一并主张精神损害赔偿

B. 甲可选择向照相馆主张侵权责任并一并主张精神损害赔偿

C. 照相馆侵害了甲的健康权

D. 照相馆侵害了甲的肖像权

二、模拟训练

㉖ 62302003

下列选项说法正确的有哪些？（多选）

A. 甲公司是搜索引擎商，有搜索广告业务。A公司为宣传企业购买了该服务，并3年内间断使用同行业B公司的名称为关键词对A公司进行商业推广。B公司有权要求甲公司、A公司停止侵害

B. 邹某盖房时把门前的地砖多增高了5厘米，导致房屋所在地势呈邹某家高，邻居车某家低的态势，每逢下雨车某家门前就会形成积水，导致行动不便。车某有权要求邹某排除妨害

C. 周某更换粪管时为了降低管道下水的响声，将衔接粪管的倾斜角度由标准角度大幅度减少，邻居叶某认为该行为有造成排泄物外溢的风险，有权请求消除危险

D. 清雅传媒公司擅自使用刘某早年拍摄的一组山水照作为某部电视剧的宣传照，该剧爆火后，刘某得知自己拍摄的照片被盗用，刘某有权要求清雅传媒公司停止侵害，该请求不受诉讼时效限制

㉗ 62202090

以下哪些选项是正确的？（多选）

A. 甲进入乙经营的鬼屋后因惊吓过度当场去世，经查，甲患有心脏病，乙对甲的死亡不承担责任

B. 乙与丙打架，甲在一旁拉架，乙踹了甲一脚，致甲的脑袋磕到石块死亡，乙应当对甲的死亡承担责任

C. 员工乙窃取了甲公司的商业秘密，但尚未转卖就被抓获，未造成任何损失，甲公司可以请求乙承担侵权责任

D. 乙散播谣言甲在外从事不正当职业，甲回家后被人议论纷纷，对此，甲可以请求乙承担侵权责任

㉘ 62202010

宋某、周某均为羽毛球业余爱好者，经常性地自发参加羽毛球比赛。2020年4月上午，宋某、周

某与另外参加比赛的四人在公园内露天场地进行羽毛球 3 对 3 比赛。运动中，周某杀球进攻，宋某直立举拍防守未果，被羽毛球击中右眼。事发后，宋某至北京大学人民医院就诊治疗，术后 5 周余验光提示右眼最佳矫正视力为 0.05。宋某遂诉至法院，要求周某赔偿医疗费、护理费、住院伙食补助费、营养费等各项费用。关于周某责任承担问题，下列说法正确的是？（多选）

A. 周某的行为直接导致宋某的重伤，应该承担侵犯身体权的侵权责任

B. 宋某参加比赛是自甘风险的行为，理应自己承担责任

C. 若周某存在故意或者重大过失导致宋某受伤，应该承担责任

D. 周某与宋某都没有过错，应该平均分担损失

29 `62002004`

2018 年 10 月 20 日，成年人甲、乙（系冲浪爱好者，已有多年冲浪经验）在某海域自行进行冲浪训练，起浪后，甲乘浪往沙滩方向前进，因海上风浪过大严重影响观察，甲无法注意到前方仍有乙和其他冲浪者在候浪，连人带冲浪板直接撞向乙，造成乙眼睛、手臂受伤。经司法鉴定，乙的伤残等级为一处八级，一处十级。关于本案，下列选项说法正确的是？（单选）

A. 甲有过错

B. 甲应承担侵权责任

C. 乙可以提出精神损害赔偿

D. 甲乙之间的事故属于意外事件

30 `61902194`

郑某将自己的一块玉石交给吉某保管，双方约定吉某应妥善保管该玉石，不得擅自使用，郑某向吉某支付保管费 1 万元。不久后，吉某的好友邱某知道吉某在保管该玉石，便提出借来观赏几天，吉某碍于情面就将该玉石借给了邱某，而邱某在观赏时不慎将玉石损坏。下列说法错误的是？（不定项）

A. 郑某可以吉某违反保管合同为由，要求其赔偿损失

B. 郑某可以邱某侵犯其所有权为由，要求其赔偿损失

C. 郑某可以邱某侵犯其所有权为由，要求精神损害赔偿

D. 郑某可以同时要求吉某承担违约责任和侵权责任

31 `61802124`

甲驾车闯红灯，与此同时，对面的乙也驾车闯红灯，结果甲、乙二车同时撞上正在通过人行道的行人张三，致张三重伤，经查，甲、乙两人的行为单独均足以致使张三受重伤。对张三的损害责任的承担，下列表述中正确的是哪一个？（单选）

A. 由甲、乙承担按份责任

B. 由甲、乙承担连带责任

C. 由甲、乙对张三的损害适当补偿

D. 如果甲无力赔偿，由乙承担补充赔偿责任

32 `61802125`

张小明、李小军、陈小春年龄分别是 8 岁、11 岁、9 岁。一日三人都在张小明家里玩耍，张小明家在 20 层楼，三人玩耍过程中发现从张小明家往楼下丢跳球很好玩，于是就纷纷拿着跳球往下丢。不幸，张三家的哈士奇正好在楼下，被其中一个跳球砸伤。张三因此花去医疗费 3000 元。下列说法正确的是？（多选）

A. 因为张小明、李小军、陈小春都是限制行为能力人，所以由监护人承担责任

B. 如果张小明证明不是自己丢的，可以免责

C. 如不能确定是谁扔的跳球导致张三家狗受伤，张小明、李小军、陈小春的监护人应一同承担连带赔偿责任

D. 如张小明有自己的财产，应当从自己的财产中支付赔偿费用

参考答案

[1] C	[2] D	[3] B	[4] ABC	[5] B
[6] C	[7] A	[8] A	[9] D	[10] B
[11] D	[12] D	[13] D	[14] A	[15] C
[16] AD	[17] AB	[18] BC	[19] CD	[20] AD
[21] AD	[22] CD	[23] AC	[24] CD	[25] AB
[26] ABCD	[27] ABD	[28] BC	[29] D	[30] CD
[31] B	[32] ACD			

解析页码

第二章
具体侵权行为

一、历年真题及仿真题

（一）机动车道路交通事故责任

【单选】

1 `2102133`

孙某有一日在上班的路上，无偿搭载好友周某去超市。由于孙某边驾车边玩手机，导致汽车与路边护栏相撞，致周某面部受伤，精神萎靡，住院三个月。在不考虑保险的前提下，对于周某的人身损害，下列哪一说法是正确的？

A. 孙某可以适当减轻责任

B. 孙某应承担无过错责任

C. 孙某不应该承担责任

D. 孙某应该赔偿周某实际损失和精神损失费

2 `2102053`

公交公司的司机甲驾驶公交车的过程中，操作不当，致使公交车撞上路边的护栏，甲以及车上乘客均因此遭受人身损害，乘客乙因受伤错失订立一份能获利 100 万元合同的机会。公交车投保了交强险与保额为 200 万元的商业第三者责任险。对此，下列表述正确的是？

A. 司机甲遭受的人身损害先以交强险赔付

B. 乘客乙遭受的人身损害先以交强险赔付

C. 乘客乙因受伤错失订立合同遭受的 100 万元损失先以商业第三者责任险赔付

D. 撞坏的护栏先以交强险和商业第三者责任险赔付

3 `1902151`

飞驰汽车厂用其他车上拆下来的配件组装成拼装汽车卖给奔腾汽车店，奔腾汽车店又将拼装车卖给沈某，沈某在驾驶途中因刹车装置失灵，致使高某损害，高某诉求损害赔偿责任承担。下列表述正确的是？

A. 应由飞驰汽车厂负责

B. 应由奔腾店负责

C. 应由沈某负责

D. 应由飞驰汽车厂、奔腾汽车店、沈某承担连带责任

4 `2302108`

甲将自己的轿车以 8 万元出售给乙，交付但未办理过户登记。乙在行驶过程中为躲避闯红灯的丙，与丁开的车相撞，交警认定乙承担 30% 的责任、丙承担 70% 的责任。谁是适格被告？

A. 甲、丙

B. 甲、乙、丙

C. 乙、丙

D. 丙

【多选】

5 `2302107`

A 将自己的轿车出借给刚取得驾驶证的 B，并约定只能在甲市驾驶，不能驾车上高速。但 B 在用车期间，某日突然接到工作安排，需开往另一市，在高速上撞伤 C，交警认定 B 承担 70% 的责任。对此，下列说法正确的有？

A. B 对 A 构成违约

B. C 可以请求 B 承担赔偿责任

C. A 无须对 C 承担赔偿责任

D. A 作为机动车所有权人，C 有权请求 A 承担责任

（二）环境侵权责任

【单选】

6 `1503022`

甲、乙、丙三家公司生产三种不同的化工产品，生产场地的排污口相邻。某年，当地大旱导致河水水位大幅下降，三家公司排放的污水混合发生化学反应，产生有毒物质致使河流下游丁养殖场的鱼类大量死亡。经查明，三家公司排放的污水均分别经过处理且符合国家排放标准。后丁养殖场向三家公司索赔。下列哪一选项是正确的？

A. 三家公司均无过错，不承担赔偿责任

B. 三家公司对丁养殖场的损害承担连带责任

C. 本案的诉讼时效是 2 年

D. 三家公司应按照污染物的种类、排放量等因素承担责任

（三）动物致害责任

【单选】

7　1703024

王某因全家外出旅游，请邻居戴某代为看管其饲养的宠物狗。戴某看管期间，张某偷狗，被狗咬伤。关于张某被咬伤的损害，下列哪一选项是正确的？

A. 王某应对张某所受损害承担全部责任

B. 戴某应对张某所受损害承担全部责任

C. 王某和戴某对张某损害共同承担全部责任

D. 王某或戴某不应对张某损害承担全部责任

【多选】

8　1503067

关于动物致害侵权责任的说法，下列哪些选项是正确的？

A. 甲 8 周岁的儿子翻墙进入邻居院中玩耍，被院内藏獒咬伤，邻居应承担侵权责任

B. 小学生乙和丙放学途经养狗的王平家，丙故意逗狗，狗被激怒咬伤乙，只能由丙的监护人对乙承担侵权责任

C. 丁下夜班回家途经邻居家门时，未看到邻居饲养的小猪趴在路上而绊倒摔伤，邻居应承担侵权责任

D. 戊带女儿到动物园游玩时，动物园饲养的老虎从破损的虎笼蹿出将戊女儿咬伤，动物园应承担侵权责任

（四）用人单位责任

【单选】

9　1403021

甲电器销售公司的安装工人李某在为消费者黄某安装空调的过程中，不慎从高处掉落安装工具，将路人王某砸成重伤。李某是乙公司的劳务派遣人员，此前曾多次发生类似小事故，甲公司曾要

求乙公司另派他人，但乙公司未予换人。下列哪一选项是正确的？

A. 对王某的赔偿责任应由李某承担，黄某承担补充责任

B. 对王某的赔偿责任应由甲公司承担，乙公司承担相应责任

C. 甲公司与乙公司应对王某承担连带赔偿责任

D. 对王某的赔偿责任承担应采用过错责任原则

（五）监护人责任

【单选】

10　1503024

甲的儿子乙（8 岁）因遗嘱继承了祖父遗产 10 万元。某日，乙玩耍时将另一小朋友丙的眼睛划伤。丙的监护人要求甲承担赔偿责任 2 万元。后法院查明，甲已尽到监护职责。下列哪一说法是正确的？

A. 因乙的财产足以赔偿丙，故可以不用甲的财产赔偿

B. 甲已尽到监护职责，无需承担侵权责任

C. 用乙的财产向丙赔偿，乙赔偿后可在甲应承担的份额内向甲追偿

D. 应由甲直接赔偿，否则会损害被监护人乙的利益

（六）人格权及侵权责任

【单选】

11　2402075

甲的长相酷似乙明星，在网络上热度很高。后甲去整容，把脸调整地更像乙明星，因此受邀获得了许多商演机会，并且在直播平台上直播卖货，赚了很多钱。对此，下列说法正确的是？

A. 甲的整容行为侵犯了乙的肖像权

B. 甲商演的行为侵犯了乙的肖像权

C. 甲直播带货的行为侵犯了乙的肖像权

D. 甲不构成侵犯乙的肖像权

12　2402076

甲经常擅自在自己的公众号用明星林某的艺名、

解析页码
154—155

杂志照片、影视片段等为自己的产品做推广。以下正确的是？

A. 甲侵犯了明星的姓名权

B. 甲侵犯了明星的荣誉权

C. 甲侵犯了明星的隐私权

D. 明星无权向甲索要赔偿

13 `1703020`

张某因出售公民个人信息被判刑，孙某的姓名、身份证号码、家庭住址等信息也在其中，买方是某公司。下列哪一选项是正确的？

A. 张某侵害了孙某的身份权

B. 张某侵害了孙某的名誉权

C. 张某侵害了孙某对其个人信息享有的民事权益

D. 某公司无须对孙某承担民事责任

14 `1603022`

下列哪一情形构成对生命权的侵犯？

A. 甲女视其长发如生命，被情敌乙尽数剪去

B. 丙应丁要求，协助丁完成自杀行为

C. 戊为报复欲致己于死地，结果将己打成重伤

D. 庚医师因误诊致辛出生即残疾，辛认为庚应对自己的错误出生负责

【多选】

15 `2002092`

甲保留着老张的家书，在老张去世后，甲与乙出版社约定将家书出版，老张子女听说此事表示拒绝公开，因为家书中涉及隐私。对此，下列表述中正确的是？

A. 子女可在诉讼外请求出版社停止出版

B. 子女可诉请法院判决出版社停止出版

C. 子女有权要求甲承担财产损害赔偿责任

D. 子女有权要求甲承担精神损害赔偿责任

16 `1902105`

甲培训机构和知名法考讲师乙签订授课合同，并将乙的照片用于宣传。一报纸为帮助春晓法考公司招生，也将乙的照片用于宣传，但照片的眼部打了马赛克，实际乙并未在该公司上课。以下说法正确的是？

A. 甲培训机构侵犯乙的肖像权

B. 报纸侵犯乙的肖像权

C. 报纸侵犯乙的名誉权

D. 该报纸侵犯了乙的姓名权

（七）医疗损害责任

【单选】

17 `1603023`

田某突发重病神志不清，田父将其送至医院，医院使用进口医疗器械实施手术，手术失败，田某死亡。田父认为医院在诊疗过程中存在一系列违规操作，应对田某的死亡承担赔偿责任。关于本案，下列哪一选项是正确的？

A. 医疗损害适用过错责任原则，由患方承担举证责任

B. 医院实施该手术，无法取得田某的同意，可自主决定

C. 如因医疗器械缺陷致损，患方只能向生产者主张赔偿

D. 医院有权拒绝提供相关病历，且不会因此承担不利后果

（八）违反安全保障义务的责任

【多选】

18 `2102072`

甲村辟出一场地供村民无偿使用，吉某和段某分别在该场地上经营马场，将马出租给游客骑行。游客乙租用吉某的马，因乙是新手，由吉某带乙骑行完第一圈后，乙说自己已经完全掌握骑术，不用吉某带骑，吉某于是让乙独自骑行了第二圈，乙骑行第三圈时，因为不得要领使马受惊狂奔，将正好进入马场饲养马匹的段某撞成轻伤。对段某因此遭受的人身损害，应如何承担责任，下列表述正确的是？

A. 甲村应当承担责任

B. 吉某应当承担责任

C. 段某应当承担责任

D. 游客乙应当承担责任

解析页码
155—157

（九）物件致害责任

【单选】

⑲ 1603024

张小飞邀请关小羽来家中做客，关小羽进入张小飞所住小区后，突然从小区的高楼内抛出一块砚台，将关小羽砸伤。关于砸伤关小羽的责任承担，下列哪一选项是正确的？

A. 张小飞违反安全保障义务，应承担侵权责任

B. 顶层业主通过证明当日家中无人，可以免责

C. 小区物业不负有安全保障义务，无须承担侵权责任

D. 如查明砚台系从 10 层抛出，10 层以上业主仍应承担补充责任

【多选】

⑳ 2002012

洪某在某小区被不明业主高空抛下的物品砸伤，花费医疗费数万元，于是将二楼以上住户、小区物业公司、管区派出所告上法庭索赔。对此，下列哪些说法是正确的？

A. 二楼以上住户、物业公司不承担连带责任

B. 二楼以上住户若能证明自己不在家，则不承担责任

C. 派出所承担查清案件事实的责任

D. 物业公司承担安全保障义务

㉑ 1802057

于某将其饲养的宠物狗借给赵某玩一个月，期间，赵某受钱某的邀请，去住在三楼的钱某家玩，并将宠物狗放在三楼的窗台上晒太阳。钱某提醒赵某，狗有摔下去的危险，但赵某不为所动，钱某亦未再反应。果然，狗在窗台上玩耍时摔下楼，砸伤了正常走路的杨某。对此，下列表述正确的是？

A. 钱某应当承担建筑物管理人的侵权责任

B. 赵某应当承担疏于照看动物的侵权责任

C. 赵某应当承担饲养动物致人损害的侵权责任

D. 于某应当承担饲养动物致人损害的侵权责任

（十）产品责任

【多选】

㉒ 1902167

甲商场促销期间，乙前往购买了一台豆浆机，甲商场免费附送了一罐奶粉。乙食用该奶粉后因奶粉质量问题上吐下泻，乙请求甲商场承担赔偿责任，甲商场以乙未支付奶粉对价为由拒绝赔偿。对此，下列表述正确的是？

A. 乙可请求甲商场承担违约责任

B. 乙可请求甲商场承担侵权责任

C. 由乙自行承担损失

D. 可请求奶粉的生产商承担侵权责任

（十一）帮工责任

【多选】

㉓ 1403066

甲家盖房，邻居乙、丙前来帮忙。施工中，丙因失误从高处摔下受伤，乙不小心撞伤小孩丁。下列哪些表述是正确的？

A. 对丙的损害，甲、丙应根据各自的过错承担相应责任

B. 对丙的损害，甲不承担任何赔偿责任，但可在受益范围内予以适当补偿

C. 对丁的损害，甲应承担赔偿责任

D. 对丁的损害，甲应承担补充赔偿责任

（十二）综合知识点

【单选】

㉔ 2202183

马某在父亲去世后向甲公司购买了骨灰盒并委托甲公司办理丧葬事宜，甲公司在整理死者遗容并举办丧礼火化后，安排员工乙运送骨灰盒交付马某并送到墓地，途中乙不慎碰坏骨灰盒，导致部分骨灰撒出，骨灰盒也损坏严重无法修复。马某起诉甲公司侵权，请求甲公司赔偿骨灰盒损失和精神损害抚慰金。关于法院应如何判决，下列表述正确的是？

解析页码

157—159

A. 法院应驳回起诉

B. 应判决支持骨灰盒请求

C. 应判决支持精神损害抚慰金请求

D. 若马某提起的是违约之诉，违约之诉不能提精神损害抚慰金请求

25 `2202028`

甲委托乙看管房屋，乙请来丙为自己拆除空调，见甲家空调老旧，遂请求丙将甲的空调拆掉，并用旧空调抵偿拆除费用，但是丙说不接私活，告诉乙可以让丙同乡的丁（非专业人士）来拆甲房子里的空调，乙同意，不料丁在拆空调时，摔成重伤。以下说法正确的是？

A. 乙请丙拆掉甲家空调构成无因管理

B. 乙、丁成立承揽合同

C. 乙对丁的损害承担全部责任

D. 甲需对丁赔偿

26 `2102075`

甲在小区内行走，由于乙违规将一辆卡车停放在小区占住了道路，小区物业知情未处理，甲只能绕道而行。甲绕行至展某楼下时，展某放在自家19楼阳台上的衣架被大风吹落砸伤甲。甲因此遭受的人身损害，应如何承担责任？

A. 展某应当对全部损害承担赔偿责任

B. 卡车车主乙应当承担部分赔偿责任

C. 小区物业应当承担相应的补充责任

D. 可按高空抛物处理，由小区相关的业主承担公平责任适当补偿

27 `2102055`

桃花村全村都在旅游景区里（未提供采摘杨梅活动），甲游玩时看到杨梅树，树下没有防护措施，或者禁止攀爬的警示牌，就问路人丙杨梅能否采摘，丙回答说："尽管去采，没人管"。其实杨梅树是村民乙家的。甲于是上树采摘杨梅，不慎跌落受伤。对甲因此遭受的损害，应如何承担责任？

A. 甲自己承担全部损失

B. 乙对甲应承担违反安全保障义务的责任

C. 丙应对甲承担部分赔偿责任

D. 桃花村对甲承担违反安全保障义务的责任

28 `2002086`

出租人甲与乙签订房屋租赁合同，约定因租赁产生的一切责任由乙承担。乙住了没几天，其自己安装的花架被吹落砸伤经过的丙。之前物业多次告诫乙花架摇晃，乙未采取措施。丙的损失应找谁承担责任？

A. 甲、乙承担连带责任

B. 甲承担责任

C. 乙承担责任

D. 物业公司承担责任

29 `2002085`

某小区流浪狗频繁出没，业主向物业反映，物业未采取任何措施。某日，张某出门倒垃圾，不慎把厨余垃圾洒出，引起流浪狗疯抢。小学生小明吃着鸡腿路过，不幸被流浪狗围堵咬伤。关于小明的损害赔偿责任，下列表述正确的是？

A. 应由张某承担责任

B. 应由小区物业公司承担补充责任

C. 应由小区物业公司与张某承担连带责任

D. 小明无权向他人索赔

30 `2002083`

甲、乙在泳池游泳时，想测试救生员的救援速度，就游到离救生员最远的角落假装溺水。丙来参观游泳馆，见此，情急之下跳水救人，兜里的手机被泡坏。对丙遭受的损失，下列表述中正确的是？

A. 游泳馆未尽到安全保障义务，应对丙承担赔偿责任

B. 丙的行为属于自甘风险，其他人无需赔偿

C. 丙的行为构成无因管理，丙可以请求甲、乙适当补偿

D. 丙有权请求甲、乙全额赔偿

31 `1902102`

孟某是某外卖公司的员工，驾车行驶送外卖时未尽注意义务，撞倒老人孔某，导致孔某骨头碎裂，但医生诊断孔某骨头碎裂主要是因为骨质疏松严重，对此，下列说法正确的是？

解析页码

160—162

A．孟某承担全部赔偿责任

B．外卖公司承担全部赔偿责任

C．骨质疏松可减轻侵权赔偿责任

D．孟某与孔某过错相抵

32 `1503023`

某洗浴中心大堂处有醒目提示语："到店洗浴客人的贵重物品，请放前台保管"。甲在更衣时因地滑摔成重伤，并摔碎了手上价值 20 万元的定情信物玉镯。经查明：因该中心雇用的清洁工乙清洁不彻底，地面湿滑导致甲摔倒。下列哪一选项是正确的？

A．甲应自行承担玉镯损失

B．洗浴中心应承担玉镯的全部损失

C．甲有权请求洗浴中心赔偿精神损害

D．洗浴中心和乙对甲的损害承担连带责任

【多选】

33 `2402081`

甲驾驶的货车与乙驾驶的客车相撞，导致客车内的乘客丙重伤。交警认定货车全责。后查明戊是货车的所有权人，甲只是戊请的司机。甲所驾驶的货车是套牌车，该车牌号属于丁，丁知道自己的号牌被套的事实，并收取了费用。以下说法正确的是？

A．丙可以请求甲承担侵权责任

B．丙可以请求乙承担侵权责任

C．丙可以请求戊承担侵权责任

D．丙可以请求丁承担侵权责任

34 `2402074`

张某有多年驾龄，且驾驶记录良好，某日张某借李某的车开，因超速追尾王某的车，张某全责。后张某把车送到甲处维修，因修车费过高，张某拒绝支付。以下正确的是？

A．甲可留置该车

B．李某有权代为缴纳修车费

C．王某可要求张某赔偿

D．王某可要求李某赔偿

35 `2302117`

甲到某饭店就餐，将车停放于饭店的地下车库内，

取得停车票一张。停车票上载明：消费满 400 元的，当日免费停车；未满 400 元的，每小时收取停车费 8 元。甲就餐消费已满 400 元，可免收停车费，但甲行至车库后，发现自己的车被偷。后查明乙盗窃该车并卖给了丙。对此，甲可主张什么权利？

A．要求乙返还卖车所得

B．要求饭店承担违约责任

C．要求饭店承担侵权责任

D．要求饭店承担补充赔偿责任

36 `2302011`

周某是一位厨师，在自己开设的"周记美食"公众号上面上传美食视频，有一期"周氏爆炒龙虾"的视频爆火。李某利用 AI 换脸技术，把视频中周某的脸换成自己的，其他原封不动，并以"李氏爆炒小龙虾"为名上传至自己的公众号，也吸引了较多的点击量。李某侵犯了周某的哪些权利？

A．姓名权

B．名誉权

C．肖像权

D．著作权

37 `2202193`

甲工厂从乙处购买一机器设备进行生产加工，加工物要卖给丙，乙对此知情。机器价值 600 万，乙交付设备后甲支付价款。但使用过程中，发现该设备的质量与说明书上严重不符，无法按照约定用途使用，导致甲无法交货，遭受 20 万元的利润损失。下列说法正确的是？

A．乙应当承担产品责任

B．乙应当承担违约责任

C．甲工厂有权要求乙维修、更换或者退货

D．甲工厂有权要求乙赔偿所造成 20 万的损失

38 `2102073`

5 岁的小丁在 4 楼阳台玩的时候不小心将盆栽打落，砸伤了路过的外卖送餐小哥小李。经查明：小李系甲公司的雇员，被派遣至乙公司提供劳务；甲公司为小李购买了工伤保险，但保险金不足以弥补小李遭受的损害；小丁个人名下有财产，但

解析页码

162—164

也不足以弥补小李遭受的损害。对小李因此遭受的损害，应如何承担责任，下列表述错误的是？

A. 小丁应当以其个人财产承担赔偿责任

B. 赔偿费用可以先由小丁支付，不足的由小丁父母承担

C. 乙公司应当承担工伤保险责任，为小李落实工伤保险待遇

D. 甲公司应当承担工伤保险责任，为小李落实工伤保险待遇

39 `2102068`

甲、乙是邻居，住对门。甲在家门口安装了一个摄像头，因甲安装的摄像头能够拍摄到乙家人员出入情况，乙请求甲拆除。甲提出将摄像头调整到拍不到乙家人员出入的状态，乙仍坚持要求甲拆除。甲生气，既不调整也不拆除。乙因此诉至法院。对此，下列表述正确的是？

A. 该纠纷不属于民法调整的对象

B. 系甲行使物权的行为，乙无权干涉

C. 甲的行为成立对乙隐私权的侵害

D. 法院可判决甲将摄像头调整到拍不到乙家人员出入的状态

40 `2002093`

甲认识与自己长得很像的乙，得知其获得劳动模范称号，就伪造乙的身份证领取了证书和奖金。关于甲的该行为，下列表述中正确的是？

A. 甲的行为构成不当得利

B. 甲的行为侵害了乙的荣誉权

C. 甲的行为侵害了乙的姓名权

D. 甲的行为侵害了乙的财产权

41 `2002160`

甲居住在高档小区，小区实行严格的封闭管理，住户需凭证件进出。该小区业主与物业服务公司签订物业服务合同，合同约定业主每月按建筑面积每平方米 15 元的标准缴纳物业费。物业公司在小区挂横幅称"24 小时巡逻，打击流浪狗、严防偷盗，给您一个安全温馨的家园"。下列哪些选项是正确的？

A. 甲 7 岁的儿子放学回来进小区后，被 5 只流浪狗咬伤，花去医疗费 1200 元，事后流浪狗被

警察打死。物业公司应当对甲的儿子的损害承担赔偿责任

B. 甲的汽车后备厢的东西在小区内被偷，通过监控录像可见小偷用时 5 小时，前前后后出入 3 次，偷走了一箱茅台飞天白酒，汽车的备胎和车顶行李架，总计价值 18000 元，至今没有破案。对于甲的损失，物业公司应当承担赔偿责任

C. 甲停放在楼下公共车棚的电动自行车不久也丢失了，损失 2400 元，物业公司应当承担赔偿责任

D. 甲在楼下乘凉时被邻居乙散养的藏獒咬成重伤，花费医疗费 32000 元，物业公司应当承担相应的补充责任

42 `2002087`

阿东将其跑车借给阿南使用，阿南驾驶该车经过某商店时，将车停在商店门口，准备进去买包烟就走，因此车未熄火，未上锁。15 岁的阿西见车上无人，便对 13 岁的阿北说："这车我开过，你要不要试一试？"阿北应允后二人进入驾驶室，阿北按照阿西的指示开动汽车，行驶 100 余米后驶入人行道，将行人阿中撞伤。经查阿西、阿北个人均无财产。关于谁应当对阿中因此遭受的人身损害承担侵权责任，下列表述中正确的是？

A. 阿东

B. 阿南

C. 阿西的监护人

D. 阿北的监护人

43 `1902092`

林某因车祸双腿截肢，安装了只能由专业人员拆卸的假肢，一日与刘某发生口角，刘某一怒之下将林某的假肢打碎。关于本案说法正确的是？

A. 林某的生命健康权遭到侵害

B. 林某可就假肢向刘某主张精神损害赔偿

C. 林某的身体权遭到侵害

D. 林某可主张所有权遭到侵害

44 `1902068`

甲创作完成一部小说，在小说中对烈士李某的英

雄形象进行了歪曲与诋毁。乙将该部小说内容改编为漫画，上传至丙网站。丁未经许可根据漫画制作成了电子游戏。周某是烈士李某的遗孀要求丙网站删除相关漫画，下列有关说法正确的是？

A. 周某可起诉甲侵犯了李某的名誉

B. 周某可起诉乙侵犯了李某的名誉

C. 丁侵犯了甲和乙的著作权

D. 如果丙网站拒不删除该漫画，对于扩大的损害周某可追究网站的连带责任

45　1802059

小学生小甲（12 周岁）邀请好友小乙（10 周岁）和小丙（11 周岁）前往饭店吃饭。席间，小乙和小丙醉酒后因口角发生打斗。饭店老板张某未上前制止。结果小丙将小乙打伤，花去医药费 5000元。关于本案，下列哪些说法是正确的？

A. 小甲的父母应承担相应的赔偿责任

B. 小丙的父母应承担赔偿责任

C. 饭店应在其过错范围内承担相应的补充责任

D. 小丙的父母和饭店应承担连带责任

46　1603067

4 名行人正常经过北方牧场时跌入粪坑，1 人获救 3 人死亡。据查，当地牧民为养草放牧，储存牛羊粪便用于施肥，一家牧场往往挖有三四个粪坑，深者达三四米，之前也发生过同类事故。关于牧场的责任，下列哪些选项是正确的？

A. 应当适用无过错责任原则

B. 应当适用过错推定责任原则

C. 本案情形已经构成不可抗力

D. 牧场管理人可通过证明自己尽到管理职责而免责

47　1503066

张某毕业要去外地工作，将自己贴身生活用品、私密照片及平板电脑等装箱交给甲快递公司运送。张某在箱外贴了"私人物品，严禁打开"的字条。张某到外地收到快递后察觉有异，经查实，甲公司工作人员李某曾翻看箱内物品，并损坏了平板电脑。下列哪些选项是正确的？

A. 甲公司侵犯了张某的隐私权

B. 张某可请求甲公司承担精神损害赔偿责任

C. 张某可请求甲公司赔偿平板电脑的损失

D. 张某可请求甲公司和李某承担连带赔偿责任

48　1403067

甲参加乙旅行社组织的旅游活动。未经甲和其他旅游者同意，乙旅行社将本次业务转让给当地的丙旅行社。丙旅行社聘请丁公司提供大巴运输服务。途中，由于丁公司司机黄某酒后驾驶与迎面违章变道的个体运输户刘某货车相撞，造成甲受伤。甲的下列哪些请求能够获得法院的支持？

A. 请求丁公司和黄某承担连带赔偿责任

B. 请求黄某与刘某承担连带赔偿责任

C. 请求乙旅行社和丙旅行社承担连带赔偿责任

D. 请求刘某承担赔偿责任

【不定项】

49　2102074

王某经常让邻居李某免费搭乘自己的私家车上班。一日，王某开车时因低头玩手机导致发生交通事故，致使坐在后排的李某遭受人身损害，并且面部受伤毁容。经查，王某为私家车投保了交强险和商业第三者责任险。对此，下列表述正确的是？

A. 李某可请求承保交强险的保险公司支付保险金

B. 李某可请求承保商业第三者责任险的保险公司支付保险金

C. 王某应承担全部损害赔偿责任

D. 因系好意施惠，王某不承担赔偿责任

二、模拟训练

50　62202152

关于侵权，下列说法正确的是？（单选）

A. 甲去当地的动物园玩被里面的猴子抓伤，动物园尽到管理职责的，也应该承担责任

B. 乙将自己的汽车借给没有驾照的丙，丙交通肇事致人重伤，乙和丙承担连带责任

C. 丁到朋友戊家去玩，不小心碰落阳台上的花盆导致行人受伤，丁应该承担赔偿责任

D. 己住的小区楼栋高空抛物致人重伤，己可以主张自己住一楼而免责

解析页码

167—168

51 `62102102`

俞某是甲空调专卖店的员工，专门负责甲空调专卖店的空调上门配送安装服务，某日邱某在甲空调专卖店购买了一台由格美空调公司生产的格美空调，由俞某负责配送安装，在运往邱某家路上，俞某不小心撞伤了路人郑某，将郑某送到医院后，俞某立刻赶往邱某家中进行空调安装。空调安装好以后，俞某和朋友黄某到动物园游玩，入园前阅读了游客须知的告示牌并在书面协议上签字，协议写明："禁止游客下游览车，否则后果自负"。后黄某被老虎吸引想要近距离接触，擅自下车后被老虎咬伤。而邱某在使用空调期间，突然空调短路，导致起火，给邱某家造成了 5000 元的财产损失，后查明是由于空调内部零件质量问题。对此，下列说法错误的是？（单选）

A. 俞某应当对郑某承担侵权责任

B. 黄某的行为属于自担风险，动物园已尽到管理提示职责，可不承担责任

C. 邱某有权请求甲空调专卖店赔偿因火灾造成的财产损失

D. 甲空调专卖店如果承担了责任，有权向格美空调公司追偿

52 `62002097`

甲聘请丁为司机，在某日接小甲（10岁）回家途中，因丁醉酒发生严重车祸，造成丁自己轻伤，行人戊重伤，小甲无碍。戊被送往医院救治，医院安排医生王某进行手术救治戊，但王某因被医院分配了过重的手术任务，劳累过度，在手术过程中晕倒失去知觉，倒下时手术刀掉落在戊的创口上，导致戊遭受伤害。小甲回到家后，深感汽车危险，遂破坏了所住小区的大多数私家车轮胎。小甲的父母甲、乙早已离异，二人将小甲委托给小甲的姑姑丙照顾，小甲长期跟随姑姑丙生活。关于上述事件的责任承担，下列说法正确的是？（多选）

A. 医院无权向王某追偿

B. 小甲的父母甲和乙无须承担侵权责任，小甲的姑姑丙需要承担与其过错相应的责任

C. 对于行人戊的损害，甲赔偿后，可以向丁追偿

D. 对于丁的损害，其有权请求甲全额赔偿

53 `62002148`

张华喜爱种植花木，在某花园小区的十楼住房的阳台上都摆满了花盆。景天物业公司管理人员路过看见，常赞美张华的花木甚为茂盛。2019 年 8 月 9 日暴风来袭，张华未及时收起其花盆，阳台上的花盆吹落，导致吴梦被砸至重伤。当日 8 岁的张小华（张华之子）在校踢足球将过路同学周寻砸伤。周寻遂诉至法院，要求张小华承担侵权责任。关于本题，下列说法正确的是？（多选）

A. 吴梦可要求张华承担赔偿责任

B. 吴梦可要求景天物业公司承担赔偿责任

C. 张华应当对周寻承担侵权责任

D. 周寻应当以张小华为被告

54 `62002108`

某报社在一篇新闻报道中披露未成年人甲是明星乙的私生子，致使甲备受同学嘲讽和奚落，甲因精神痛苦，自残左手无名指。因该报社给甲造成严重的心理阴影，甲成人之后，其行为愈发乖张。某日，甲在市场上购买了一幅丙创作的国画后，将丙的署名刮去，签上自己的艺名并盖上自己的印章后，将该画悬挂于某画展鉴赏。往来游客对甲的创作水准赞不绝口。下列说法正确的是？（不定项）

A. 报社侵害了甲的隐私权

B. 报社侵害了甲的身体权

C. 甲侵害了丙的姓名权

D. 甲侵害了丙的荣誉权

55 `62002066`

2013 年洪某公开发表《"部分英雄烈士事迹"的细节分歧》一文，文章通过援引不同来源、不同内容、不同时期的报刊资料等，对"部分英雄烈士"事迹中的细节作出推测、质疑和评价。葛某作为"部分英雄烈士"之一葛老之子，认为洪某的文章企图抹黑英雄的形象和名誉，遂向法院提起侵权之诉。关于本案，下列选项正确的是？（不定项）

A. 由于洪某在文章中没有侮辱性的言词，且关于事实的表述有相应的根据，不应认为构成对葛

老的名誉利益的侵害

B．葛某作为葛老之子，有权提起诉讼

C．若葛老的配偶、子女、父母均去世，其他利害关系人有权提起诉讼

D．假如葛某起诉时已过诉讼时效，对于葛某请求停止侵害葛振林名誉、荣誉的行为以及向葛某赔礼道歉、消除影响，法院不予支持

56 61902033

小红到佳乐家超市购物，在购物之后拎着购物袋走出超市，被超市保安拦下，保安怀疑小红的部分商品没有付钱，将小红带入封闭的办公室进行搜身，后来并没有发现小红有未付钱的商品。小红因此事感觉自己受到了侮辱和伤害，造成了严重的精神痛苦。下列说法不正确的是？（多选）

A．佳乐家超市侵犯了小红的人格尊严

B．佳乐家超市侵犯了小红的身体权

C．佳乐家超市侵犯了小红的健康权

D．佳乐家超市不构成侵权

参考答案

[1] D	[2] D	[3] D	[4] C	[5] ABC
[6] D	[7] D	[8] ACD	[9] B	[10] A
[11] D	[12] A	[13] C	[14] B	[15] AB
[16] AB	[17] A	[18] BD	[19] B	[20] ABCD
[21] AB	[22] ABD	[23] AC	[24] B	[25] B
[26] A	[27] A	[28] C	[29] B	[30] C
[31] B	[32] C	[33] CD	[34] ABC	[35] ABCD
[36] CD	[37] BCD	[38] AC	[39] CD	[40] ABC
[41] ABCD	[42] BCD	[43] BC	[44] ABCD	[45] BC
[46] BD	[47] AC	[48] CD	[49] C	[50] D
[51] A	[52] AC	[53] ABC	[54] A	[55] B
[56] CD				

婚姻家庭

第一章　婚姻家庭法

一、历年真题及仿真题

（一）离婚救济

【单选】

1 1603019

钟某性情暴躁，常殴打妻子柳某，柳某经常找同村未婚男青年杜某诉苦排遣，日久生情。现柳某起诉离婚，关于钟、柳二人的离婚财产处理事宜，下列哪一选项是正确的？

A．针对钟某家庭暴力，柳某不能向其主张损害赔偿

B．针对钟某家庭暴力，柳某不能向其主张精神损害赔偿

C．如柳某婚内与杜某同居，则柳某不能向钟某主张损害赔偿

D．如柳某婚内与杜某同居，则钟某可以向柳某主张损害赔偿

（二）法定夫妻财产制

【单选】

2 1802005

张老汉居住在单位公租房内，妻子李某因病去世。后张老汉与家中保姆何某相爱。婚后，张老汉开始领养老保险金。几年后，张老汉用 10 万元养老保险金购买了该公租房并登记在自己名下。关于养老保险金和房屋的归属，下列哪一说法是正确的？

A．10 万元养老保险金属于张老汉的个人财产

B．房屋属于张老汉和前妻李某共有

C．房屋属于张老汉所有

D．房屋属于张老汉和保姆何某共有

解析页码
171—172

【多选】

3 `2202035`

下列选项中属于夫妻共同财产的有？

A. 登记结婚后，办理婚礼时一方收的礼金

B. 婚前出版的小说婚后获得稿酬

C. 婚后一方取得的企业破产安置费

D. 男方给女方的父母支付的彩礼，婚后女方父母将彩礼给予女方

4 `2002170`

小陈 2018 年 5 月以自己的名义首付 100 万元，借款 100 万元买房一套，6 月 1 日与小李结婚、婚后两人共同努力还清了全部 100 万元借款。2020 年 3 月两人离婚，此时该房屋的市场价格已经涨到 400 万元。关于该房屋的分割，下列说法不正确的是？

A. 判决房屋归小陈所有，但应当偿还小李 55 万元

B. 判决为小陈和小李的共同财产

C. 判决房屋归小陈个人所有，小陈补偿小李 200 万元

D. 判决房屋归小陈个人所有，小陈补偿小李 100 万元

5 `1902162`

甲婚前饲养一头母牛已怀有小牛，甲和乙结婚后，经乙精心饲养照顾，小牛顺利出生，双方均未提及小牛的归属。一年后，双方离婚。关于该小牛，下列表述正确的是？

A. 属于甲婚前财产的天然孳息

B. 属于甲婚前财产的自然增值

C. 属于甲个人财产

D. 属于甲与乙的夫妻共同财产

（三）离婚时的财产处理

【单选】

6 `1703018`

刘男按当地习俗向戴女支付了结婚彩礼现金 10 万元及金银首饰数件（当地习俗一般给付彩礼 5 万），婚后不久刘男即主张离婚并要求返还彩礼。

关于该彩礼的返还，下列哪一选项是正确的？

A. 因双方已办理结婚登记，故不能主张返还

B. 刘男主张彩礼返还，不以双方离婚为条件

C. 已办理结婚登记，未共同生活的，可主张返还

D. 已办理结婚登记，并已共同生活的，一律不可主张返还

7 `1603018`

乙起诉离婚时，才得知丈夫甲此前已着手隐匿并转移财产。关于甲、乙离婚的财产分割，下列哪一选项是错误的？

A. 甲隐匿转移财产，分割财产时可少分或不分

B. 就履行离婚财产分割协议事宜发生纠纷，乙可再起诉

C. 离婚后发现甲还隐匿其他共同财产，乙可另诉再次分割财产

D. 离婚后因发现甲还隐匿其他共同财产，乙再行起诉不受诉讼时效限制

（四）离婚后的子女抚养

【多选】

8 `2102069`

张某与李某离婚后，10 岁的婚生女儿张小某判归李某抚养，张某依判决每月支付 3000 元抚养费。因李某不予配合，张某多次未能如愿探望张小某。暑假期间，张某不顾李某的阻拦，强行将张小某带回跟自己生活一段时间。在辅导写作业时，张某才发现李某已经再婚并将孩子改为随继父姓周，取名周小某。第二天，李某通知张某，张小某下学期只能上私立高中，学费远高于公立学校，要求张某因此增加每月的抚养费。对此，下列表述正确的是？

A. 若张某提出探望张小某，李某负有配合的法律义务

B. 张小某有权以需上私立高中为由请求张某增加抚养费

C. 张某有权以李某擅自变更孩子姓氏为由拒绝支付抚养费

D. 张某有权请求李某将孩子的姓氏改回

解析页码

173—174

觉晓法考 KEEP AWAKE

婚姻家庭法

9 `2002155`

下列关于探望权的说法不正确的是？

A．探望权的对象是未成年子女和成年子女

B．探望权的主体除了父母之外还包括了孩子的祖父母和外祖父母

C．与子女共同生活的一方应当协助探望权的行使，如果拒绝履行协助义务的，可以对其强制执行

D．生效的离婚判决中未涉及探望权的，当事人无权单独就探望权起诉

10 `1603065`

屈赞与曲玲协议离婚并约定婚生子屈曲由屈赞抚养，另口头约定曲玲按其能力给付抚养费并可随时探望屈曲。对此，下列哪些选项是正确的？

A．曲玲有探望权，屈赞应履行必要的协助义务

B．曲玲连续几年对屈曲不闻不问，违背了法定的探望义务

C．屈赞拒不履行协助曲玲探望的义务，经由裁判可依法对屈赞采取拘留、罚款等强制措施

D．屈赞拒不履行协助曲玲探望的义务，经由裁判可依法强制从屈赞处接领屈曲与曲玲会面

（五）无效婚姻

【单选】

11 `2402077`

A 与 B 结婚，婚后生一子，孩子 6 岁时 B 消失不见。B 的母亲一直对 A 不满，于是便向法院申请确认 A 与 B 的婚姻无效。法院经查明，发现 A 与 B 是表兄妹，且起诉前 B 已经死亡。下列选项中，法院的做法正确的是？

A．裁定驳回起诉

B．判决确认婚姻无效

C．裁定不予受理

D．判决驳回诉讼请求

【多选】

12 `2302012`

甲、乙婚后育有一子小甲。后双方起诉至法院要求离婚。法院在调解时发现，甲、乙均未满 20

岁。对此，法院该怎么处理？

A．作出确认婚姻无效的判决

B．作出准予离婚的判决

C．可以对甲乙之间婚姻效力的问题进行调解

D．可以对关于小甲的抚养权的问题进行调解

（六）可撤销婚姻

【多选】

13 `2402078`

李某的父亲欠张某钱，没钱还款。张某暴力催债，并威胁李某嫁给他，否则砍死其父亲。婚后生一子小张。婚后第 6 年，李某父亲死亡，李某的母亲劝李某撤销婚姻。以下说法正确的是？

A．如果婚姻被撤销，李某可不再付抚养费

B．李某母亲作为利害关系人，可以请求撤销婚姻

C．婚姻撤销不影响小张与其父母的关系

D．虽已过了 6 年，李某依然可以起诉撤销

（七）综合知识点

【单选】

14 `2302112`

甲（男）、乙（女）系夫妻。甲起诉离婚，诉讼中甲将 10 万元的租金所得转到甲父名下的账户。经查，该租金来源于甲婚前购买的房屋，该房屋登记在甲名下，婚后出租所得 10 万元。下列说法不正确的是？

A．房子是甲的婚前个人财产

B．租金所得是夫妻共同财产

C．租金所得是甲的个人财产

D．可以少分给甲夫妻共同财产

15 `2302014`

凌某和李某分居三年多，因感情不合于 2021 年 9 月签订离婚协议书，但未办理离婚手续。双方对婚后设立的多家公司的股权、名下的多套房产以及其他财产债务进行了分割，并且变更了部分公司的股权登记和部分房产登记，其余则尚未变更。2023 年，凌某反悔不想离婚，李某到法院提起离婚诉讼且拒绝按照离婚协议分割财产。对此，以

下哪一选项是正确的?

A. 协议书尚未生效，法院应依法分割财产和债务

B. 未变更的其他股权和房产，按协议书处理

C. 已变更的，变更时起成为一方个人财产

D. 如财产分割无法达成一致，法院应判决不许离婚

16 `2202024`

20岁甲男与21岁乙女经相亲认识便闪婚，婚后一年经常吵架，乙女才知道甲男真实年龄，现乙女应如何向法院提起诉讼救济?

A. 因欺诈可撤销

B. 因瑕疵可撤销

C. 婚姻有效

D. 婚姻无效

17 `2202174`

甲（男）年少时被诊断为严重精神异常，后治愈。在与乙结婚5年后发病，乙才得知该情形。下列说法正确的是?

A. 甲乙的婚姻关系没有效力瑕疵

B. 乙可以请求法院确认婚姻无效

C. 乙的父母可以请求法院撤销婚姻

D. 乙可以请求法院撤销婚姻

18 `2102141`

2016年甲与乙结婚，婚后育有一女，两年后，乙外出务工。甲等乙务工回来后向其同伴打听到，乙外出务工期间经常吸毒，并欠下大笔债务，后经询问乙婚前就经常吸毒，但是在结婚的时候隐瞒其吸毒史。甲心灰意冷，向法院起诉离婚。对此，下列哪一说法是错误的?

A. 对于乙因吸毒欠下的债务，甲无须承担

B. 由于乙隐瞒婚前吸毒的事实，甲有权主张撤销婚姻

C. 因为乙有吸毒的不良记录，法院应将孩子的抚养权判给甲

D. 本案在审理中应当进行调解

19 `1703017`

高甲患有精神病，其父高乙为监护人。2009年高甲与陈小美经人介绍认识，同年12月陈小美以其

双胞胎妹妹陈小丽的名义与高甲登记结婚，2011年生育一子高小甲。2012年高乙得知儿媳的真实姓名为陈小美，遂向法院起诉。诉讼期间，陈小美将一直由其抚养的高小甲户口迁往自己原籍，并将高小甲改名为陈龙，高乙对此提出异议。下列哪一选项是正确的?

A. 高甲与陈小美的婚姻属无效婚姻

B. 高甲与陈小美的婚姻属可撤销婚姻

C. 陈小美为高小甲改名的行为侵害了高小甲的合法权益

D. 陈小美为高小甲改名的行为未侵害高小甲的合法权益

20 `1603020`

刘山峰、王翠花系老夫少妻，刘山峰婚前个人名下拥有别墅一栋。关于婚后该别墅的归属，下列哪一选项是正确的?

A. 该别墅不可能转化为夫妻共同财产

B. 婚后该别墅自动转化为夫妻共同财产

C. 婚姻持续满八年后该别墅即依法转化为夫妻共同财产

D. 刘、王可约定婚姻持续八年后该别墅转化为夫妻共同财产

21 `1503020`

胡某与黄某长期保持同性恋关系，胡某创作同性恋题材的小说发表。后胡某迫于父母压力娶陈某为妻，结婚时陈某父母赠与一套房屋，登记在陈某和胡某名下。婚后，胡某收到出版社支付的小说版税10万元。此后，陈某得知胡某在婚前和婚后一直与黄某保持同性恋关系，非常痛苦。下列哪一说法是正确的?

A. 胡某隐瞒同性恋重大事实，导致陈某结婚的意思表示不真实，陈某可请求撤销该婚姻

B. 陈某受欺诈而登记结婚，导致陈某父母赠与房屋意思表示不真实，陈某父母可撤销赠与

C. 该房屋不属于夫妻共同财产

D. 10万元版税属于夫妻共同财产

22 `1503007`

甲乙为夫妻，共有一套房屋登记在甲名下。乙瞒

着甲向丙借款 100 万元供个人使用，并将房屋抵押给丙。在签订抵押合同和办理抵押登记时乙冒用甲的名字签字。现甲主张借款和抵押均无效。下列哪一表述是正确的？

A. 抵押合同无效

B. 借款合同无效

C. 甲对 100 万元借款应负连带还款义务

D. 甲可请求撤销丙的抵押权

23 1403023

甲（男）、乙（女）结婚后，甲承诺，在子女出生后，将其婚前所有的一间门面房，变更登记为夫妻共同财产。后女儿丙出生，但甲不愿兑现承诺，导致夫妻感情破裂离婚，女儿丙随乙一起生活。后甲又与丁（女）结婚。未成年的丙因重病住院急需医疗费 20 万元，甲与丁签订借款协议从夫妻共同财产中支取该 20 万元。下列哪一表述是错误的？

A. 甲与乙离婚时，乙无权请求将门面房作为夫妻共同财产分割

B. 甲与丁的协议应视为双方约定处分共同财产

C. 如甲、丁离婚，有关医疗费按借款协议约定处理

D. 如丁不同意甲支付医疗费，甲无权要求分割共有财产

【多选】

24 2402079

郑某和赵某于 2021 年 5 月结婚，婚后郑某与赵某申请房屋变更登记，将郑某婚前个人名义全款购买的房屋变成双方共同所有。之后不久，双方经常争吵，于 2021 年 9 月分居，随后双方打算离婚，赵某申请分割该房产。对此，下列说法正确的是？

A. 该房屋属于夫妻共同财产

B. 该房屋仍属于郑某个人财产

C. 双方应该 1:1 分配该房屋

D. 因赵某未出资，应少分

25 2202173

甲（男）丧偶后，便雇佣保姆乙照顾自己。甲与乙相处融洽，乙也声称自己单身，甲乙决定结婚。婚后甲立遗嘱约定死后将全部财产留给乙。甲死

亡后，经查明，乙与甲结婚之时与第三人还存在婚姻关系。甲的女儿申请法院确认婚姻无效，甲的儿子主张遗嘱无效，要继承甲的遗产。下列说法正确的是？

A. 甲的女儿有权请求法院确认婚姻无效

B. 遗嘱无效

C. 若婚姻确认无效，乙丧失继承权

D. 甲的儿媳可以主张甲的儿子继承的遗产属于夫妻共同财产

26 2002003

甲（男）与乙（女）同居一段时间后，乙提出分手，甲不想分手，谎称有乙的隐私照片，暗示如果乙不与自己结婚就会公布乙的隐私照片。乙心生恐惧，遂与甲结婚。关于该结婚行为的法律后果，下列哪些说法是错误的？

A. 因胁迫可撤销

B. 因欺诈可撤销

C. 因非真实意思而无效

D. 甲侵犯了乙的隐私权

27 1802056

孙新和孙立系双胞胎兄弟，2017 年 3 月 10 日，哥哥孙新因故无法与其女友韩孟前往民政局办理结婚登记手续，遂由弟弟孙立拿着自己的身份证办理了结婚登记手续。4 月 2 日，孙新因病前往医院治疗，住院期间爱上了照顾自己的小护士马冬梅，二人欲办理结婚登记手续。关于本案，下列哪些说法是错误的？

A. 韩孟可以向法院提起民事诉讼主张撤销婚姻

B. 孙新可以向法院提起民事诉讼主张撤销婚姻

C. 法院应当宣告孙立和韩孟的婚姻无效

D. 韩孟可以向法院提起行政诉讼

28 1703065

乙女与甲男婚后多年未生育，后甲男发现乙女因不愿生育曾数次擅自中止妊娠，为此甲男多次殴打乙女。乙女在被打住院后诉至法院要求离婚并请求损害赔偿，甲男以生育权被侵害为由提起反诉，请求乙女赔偿其精神损害。法院经调解无效，拟判决双方离婚。下列哪些选项是正确的？

解析页码　178—180

A. 法院应支持乙女的赔偿请求
B. 乙女侵害了甲男的生育权
C. 乙女侵害了甲男的人格尊严
D. 法院不应支持甲男的赔偿请求

㉙ 1503065

董楠（男）和申蓓（女）是美术学院同学，共同创作一幅油画作品《爱你一千年》。毕业后二人结婚育有一女。董楠染上吸毒恶习，未经申蓓同意变卖了《爱你一千年》，所得款项用于吸毒。因董楠恶习不改，申蓓在女儿不满1周岁时提起离婚诉讼。下列哪些说法是正确的？

A. 申蓓虽在分娩后1年内提出离婚，法院应予受理
B. 如调解无效，应准予离婚
C. 董楠出售《爱你一千年》侵犯了申蓓的物权和著作权
D. 对董楠吸毒恶习，申蓓有权请求离婚损害赔偿

【不定项】

㉚ 2002162

根据《民法典》的规定，下列关于婚姻的消灭的有关说法正确的是？

A. 婚姻无效或者被撤销的，无过错方有权请求过错方承担损害赔偿责任
B. 一方患有重大疾病没有如实告知对方的，另一方可以自知道或者应当知道撤销事由之日起1年内向法院提出撤销婚姻
C. 夫妻一方因抚育子女、照料老年人、协助另一方工作等负担较多义务的，离婚时有权向另一方请求补偿，另一方应当给予补偿
D. 自婚姻登记机关收到离婚登记申请之日起30日内，任何一方不愿意离婚的，可以向婚姻登记机关撤回离婚登记申请。30日期间届满后30日内，双方应当亲自到婚姻登记机关申请发给离婚证；未申请的，视为撤回离婚登记申请

二、模拟训练

㉛ 62002177

周某与吴某于2020年1月登记结婚，婚后二人

共同购买一套房屋，登记在周某名下。2020年4月，周某与郑某相识，并迅速移情别恋。吴某与周某产生多次争吵，周某遂直接搬出去与郑某同居在一起，并擅自将该房屋卖给了不知情的王某。且周某向法院提起诉讼要求离婚。下列说法错误的是？（多选）

A. 吴某有权就周某擅自处分房屋的行为请求精神损害赔偿
B. 吴某有权请求郑某承担离婚损害赔偿责任
C. 若吴某一审时未提出损害赔偿请求而于二审期间提出，二审法院应当先行调解，调解不成的，发回一审法院重新审理
D. 若吴某不同意离婚亦未提起损害赔偿请求，可以在离婚后单独就损害赔偿提起诉讼

㉜ 62002180

甲因与乙结婚后无房居住，于2017年8月3日以个人名义向丙借了3万元用于购房，约定3年后归还。2018年3月1日，甲、乙书面约定，此后双方所得的财产归各自所有。甲于2018年9月1日向丁借款10万元，丁对甲、乙的该项约定知情。后甲外出打工与他人同居。2020年9月1日，法院判决甲与乙离婚，家庭财产全部归乙。下列说法正确的是？（多选）

A. 丙有权找甲偿还借款
B. 丙有权找乙偿还借款
C. 乙有权请求损害赔偿
D. 甲对丁的10万元债务由甲的个人财产清偿

㉝ 61902025

王红和李刚于2012年2月结婚，2019年6月因感情不和离婚，双方未约定财产的归属问题。在王红和李刚婚姻关系存续期间形成的下列财产中，属于双方共同共有财产的是？（不定项）

A. 王红婚前承租，婚后以夫妻共同财产购买，并登记在王红一人名下的房屋
B. 李刚在婚前撰写并发表的散文，在婚后所获得的稿酬以及李刚婚后所取得的养老金
C. 王红婚前的房屋出租后获得的租金，房屋于婚后涨价的300万以及王红婚后用个人财产炒股

D．婚后由李刚的父母单独出资购买，产权登记在李刚名下的房屋

34 `61802135`

根据我国《民法典》，下列哪些情形下法院可准予甲乙离婚？（多选）

A．甲（男）与乙（女）结婚后，甲丝毫不收敛，仍然在外赌博、吸毒，经亲朋好友多方劝告亦无丝毫悔改

B．甲乙婚后 7 年，甲在一次旅游途中结识年轻貌美的丙女，甲抛妻弃子在外与丙长期同居

C．甲在乙怀孕期间另觅新欢，立即以夫妻感情破裂为由提起离婚诉讼

D．甲乙婚后长期感情不合，分居已逾 3 年

参考答案

[1] C	[2] D	[3] ABC	[4] ABC	[5] AD
[6] C	[7] D	[8] ABD	[9] ABCD	[10] AC
[11] B	[12] AD	[13] CD	[14] C	[15] A
[16] D	[17] A	[18] B	[19] D	[20] D
[21] D	[22] D	[23] D	[24] AD	[25] ABCD
[26] BCD	[27] ABC	[28] AD	[29] ABCD	[30] ABCD
[31] ABC	[32] ABCD	[33] AB	[34] ABD	

第二章
收养法

一、历年真题及仿真题

（一）收养

【单选】

1 `2202178`

甲 1 岁时父母因车祸去世，一直由爷爷抚养。甲 5 岁时，作为监护人的爷爷因身体原因无法再抚养甲，遂决定将孙子送给其未婚的姑姑丙收养。下列说法正确的是？

A．应当征得甲的同意

B．若甲的外祖母反对，爷爷无权将甲送给丙收养

C．爷爷应当与丙签订收养协议

D．若丙今年 32 岁，丙无权收养甲

2 `1703019`

小强现年 9 周岁，生父谭某已故，生母徐某虽有抚养能力，但因准备再婚决定将其送养。徐某的姐姐要求收养，其系华侨富商，除已育有一子外符合收养人的其他条件；谭某父母为退休教师，也要求抚养。下列哪一选项是正确的？

A．徐某因有抚养能力不能将小强送其姐姐收养

B．徐某的姐姐因有子女不能收养小强

C．谭某父母有优先抚养的权利

D．收养无须征得小强同意

【多选】

3 `2202032`

29 岁的沈男和 31 岁的邱女再婚，二人均在婚前育有一子一女，沈俊（5 岁）、沈俏（4 岁），邱靓（7 岁）、邱丽（3 岁），两人欲收养对方子女重新组成新 6 人家庭，沈男前妻和邱女前夫均同意。下列说法正确的是？

A．邱女已满 30 岁，均可收养沈俊、沈俏

B．沈男不满 30 岁，不可以收养邱靓、邱丽

C．沈男前妻和邱女前夫无特殊困难不影响两人收养

D．因不满足 40 周岁的年龄差，沈男与邱女不得收养对方的异性子女

（二）综合知识点

【单选】

4 `1403002`

张某和李某达成收养协议，约定由李某收养张某 6 岁的孩子小张；任何一方违反约定，应承担违约责任。双方办理了登记手续，张某依约向李某支付了 10 万元。李某收养小张 1 年后，因小张殴打他人赔偿了 1 万元，李某要求解除收养协议并要求张某赔偿该 1 万元。张某同意解除但要求李某返还 10 万元。下列哪一表述是正确的？

A．李某、张某不得解除收养关系

解析页码　182—184

B. 李某应对张某承担违约责任

C. 张某应赔偿李某1万元

D. 李某应返还不当得利

二、模拟训练

5 `62002095`

下列说法错误的是？（多选）

A. 生父母送养子女的，可以单方送养

B. 甲（男）为华侨，已经有两个孩子，仍能收养自己的三代以内旁系同辈血亲的子女

C. 收养查找不到生父母的儿童的，办理登记的民政部门应当在登记前予以公告

D. 收养应当向市级以上人民政府民政部门登记，市级以上人民政府民政部门应当依法进行收养评估

继　承

一、历年真题及仿真题

（一）遗嘱与遗赠

【单选】

1 `1802106`

夏浩与妻子王丽育有子女夏天、夏至，其女夏至有一女儿夏小雪。2014年夏浩订立自书遗嘱称将自己遗产全部留给外孙女夏小雪。2015年，夏浩将自书遗嘱更改为遗产留给夏至和夏小雪，各得1/2。2016年，夏浩又自书遗嘱更改为全部遗产留给妻子王丽。2017年，在好朋友吉某在场的情况下，夏浩口头将遗嘱更改为妻子王丽得遗产的1/2，夏至和夏小雪各得1/4。夏浩于2017年去世。问：夏浩的遗产之分割，应当遵守哪一年订立的遗嘱？

A. 2014年

B. 2015年

C. 2016年

D. 2017年

2 `1802060`

2015年甲立公证遗嘱：死后其全部遗产归长子乙。2016年甲又前往同一公证部门立公证遗嘱：死后全部遗产归次子丙。由于儿子不孝，2017年甲又在家中亲笔书写一份遗嘱，写明其全部遗产死后归大女儿丁，并注明年月日。后甲因病住院，小女儿戊悉心照料，2018年甲病危，口头遗嘱死后全部遗产归小女儿戊，在场的两名护士可以见证。后甲死亡。关于本案，下列哪一说法是正确的？

A. 2015年甲立的第一份公证遗嘱生效

B. 2016年甲立的第二份公证遗嘱生效

C. 丁无权继承甲的遗产

D. 戊无权继承甲的全部遗产

3 `1403024`

甲有乙、丙和丁三个女儿。甲于2013年1月1日亲笔书写一份遗嘱，写明其全部遗产由乙继承，并签名和注明年月日。同年3月2日，甲又请张律师代书一份遗嘱，写明其全部遗产由丙继承。同年5月3日，甲因病被丁送至医院急救，甲又立口头遗嘱一份，内容是其全部遗产由丁继承，在场的赵医生和李护士见证。甲病好转后出院休养，未立新遗嘱。如甲死亡，下列哪一选项是甲遗产的继承权人？

A. 乙

B. 丙

C. 丁

D. 乙、丙、丁

【多选】

4 `1902170`

任某有一子任甲，一女任乙。任某重病由任甲照顾，任甲威胁任某订立遗嘱，否则就给任某停止用药，任某害怕便依据任甲的意思订立了遗嘱X。由于任某病重，以至遗嘱X字迹不清，任甲便按照遗嘱X重新抄写了一份遗嘱，为遗嘱Y。出院后，任某由任乙照顾，任乙谎称任某得了不治之

症将不久于人世，劝其订立遗嘱，任某信以为真，因此订立了遗嘱 Z。一月后任某因车祸意外死亡，问上述遗嘱的性质和效力如何？

A. 遗嘱 X 无效

B. 遗嘱 Y 不成立

C. 遗嘱 Y 无效

D. 遗嘱 Z 不成立

（二）继承权的放弃、丧失和保护

【多选】

⑤ 2302006

段父有三子：段甲、段乙、段丙。段甲曾因家庭纠纷经常殴打段父；段乙为争夺家产，曾雇凶谋杀哥哥段甲，但行动失败；段丙则多次口头上说自己对家产分文不要。段父临终前，自认为是自己疏于管教而导致段甲、段乙的不良行为，而他们现在已经悔改，便选择原谅段甲、段乙，承诺两人仍享有家产的继承权。段父死亡后，遗产分割前，段丙再次向段甲、段乙口头表示不要家产。对此，下列说法正确的是？

A. 段甲没有丧失继承权

B. 段乙没有丧失继承权

C. 段丙已经放弃继承权

D. 段丙仍然享有继承权

（三）综合知识点

【单选】

⑥ 2402064

王甲全权委托周某购买祖宅，周某花几个月说服现主人李某出售房屋，合同签订完毕次日，周某从王甲儿子小王处得知，王甲已于上周死亡。唯一继承人小王对购买祖宅的事不知情，也没有兴趣，表示不会买房。以下正确的是？

A. 因王甲去世，合同无效

B. 因小王拒绝追认，合同无效

C. 李某可以请求周某赔偿损失

D. 李某可以请求小王支付合同价款

⑦ 2002005

甲精通某网络平台开发的网络游戏，并获得该款

游戏装备"开天辟地斧"（市场价值 1 万元）。另一玩家乙欲花 1.2 万元购买该装备，甲乙双方约定先付款后交货。不料付款后甲尚未交付就突发脑溢血死亡，甲的近亲属只有儿子小甲。对此，下列哪一说法是正确的？

A. 如账号无法登录，网络平台无义务协助

B. 小甲继承 1.2 万元财产，无需履行给付装备义务

C. 甲死亡，甲乙约定无效

D. 1.2 万元为网络虚拟财产，小甲有权继承

⑧ 1802011

2012 年 5 月 10 日，张楠（男）和李霞（女）结婚。婚后，生育一子张军。从 2013 年 2 月起二人感情不和，张楠前往深圳打工，并结识打工妹何芸。二人自 2015 年 2 月开始同居，并生育一子张强。2016 年 1 月，张楠因病住院，于 2 月 1 日亲笔书写一份遗嘱称："死后将自己的所有遗产留给何芸。"但未注明年月日。2017 年 10 月，张楠去世。关于本案，下列哪一说法是错误的？

A. 张楠的遗嘱无效，何芸不能继承张楠的遗产

B. 李霞有权继承张楠的遗产

C. 张军是张楠的第一顺序的法定继承人

D. 张强不能继承张楠的遗产

⑨ 1603021

贡某立公证遗嘱：死后财产全部归长子贡文所有。贡文知悉后，立自书遗嘱：贡某全部遗产归弟弟贡武，自己全部遗产归儿子贡小文。贡某随后在贡文遗嘱上空白处书写：同意，但还是留 10 万元给贡小文。贡某同时签名，注明年、月、日。其后，贡文先于贡某死亡。关于遗嘱的效力，下列哪一选项是正确的？

A. 贡某遗嘱应以先前公证的为准

B. 贡某的公证遗嘱因贡文先死亡而不生效力

C. 贡文遗嘱被贡某修改的部分合法有效

D. 贡文遗嘱涉及处分贡某财产的部分有效

⑩ 1603005

蔡永父母在共同遗嘱中表示，二人共有的某处房产由蔡永继承。蔡永父母去世前，该房由蔡永之

解析页码

187—188

姐蔡花借用，借用期未明确。2012年上半年，蔡永父母先后去世，蔡永一直未办理该房屋所有权变更登记，也未要求蔡花腾退。2015年下半年，蔡永因结婚要求蔡花腾退，蔡花拒绝搬出。对此，下列哪一选项是正确的?

A. 因未办理房屋所有权变更登记，蔡永无权要求蔡花搬出
B. 因诉讼时效期间届满，蔡永的房屋腾退请求不受法律保护
C. 蔡花系合法占有，蔡永无权要求其搬出
D. 蔡永对该房屋享有物权请求权

11 `1503021`

老夫妇王冬与张霞有一子王希、一女王楠，王希婚后育有一子王小力。王冬和张霞曾约定，自家的门面房和住房属于王冬所有。2012年8月9日，王冬办理了公证遗嘱，确定门面房由张霞和王希共同继承。2013年7月10日，王冬将门面房卖给他人并办理了过户手续。2013年12月，王冬去世，不久王希也去世。关于住房和出售门面房价款的继承，下列哪一说法是错误的?

A. 张霞有部分继承权
B. 王楠有部分继承权
C. 王小力有部分继承权
D. 王小力对住房有部分继承权、对出售门面房的价款有全部继承权

12 `1403001`

薛某驾车撞死一行人，交警大队确定薛某负全责。鉴于找不到死者亲属，交警大队调处后代权利人向薛某预收了6万元赔偿费，商定待找到权利人后再行转交。因一直未找到权利人，薛某诉请交警大队返还6万元。根据社会主义法治理念公平正义要求和相关法律规定，下列哪一表述是正确的?

A. 薛某是义务人，但无对应权利人，让薛某承担赔偿义务，违反了权利义务相一致的原则
B. 交警大队未受损失而保有6万元，形成不当得利，应予退还
C. 交警大队代收6万元，依法行使行政职权，与薛某形成合法有效的行政法律关系，无须退还
D. 如确实未找到权利人，交警大队代收的6万元

为无主财产，应收归国库

【多选】

13 `2402080`

某村民甲为建厂房向村民乙借款20万，丙欠甲100万。某日甲突然暴毙，甲的唯一继承人丁在国外以书面形式明确表示放弃遗产继承。对此，下列说法错误的是?

A. 乙的债权消灭
B. 丙的债务消灭
C. 村委会代管遗产
D. 仍由丁继承财产

14 `2302023`

徐某与周某育有一子小周，后徐某与周某离婚，小周随母亲周某去国外生活，很少回国。徐某与王某结婚，王某带着和前夫的孩子小王与徐某一起生活。小王十周岁时，徐某与王某离婚，双方约定，小王跟随王某生活，徐某不再照顾小王。徐某晚年生活一直由侄子大壮照料。现徐某去世，未留下遗嘱。对此，以下选项正确的是?

A. 小周虽未尽到赡养义务仍有权继承
B. 小王是第一顺位的法定继承人
C. 大壮作为实际赡养人，可以适当分得遗产
D. 大壮因对徐某的赡养享有第一顺位继承权

15 `2202030`

甲乙丙出去漂流，乙是甲的妹妹，丙是乙的儿子，漂流出事故，乙先死，然后甲死，丙最后死。甲未婚无子女，父母双亡。乙还有一个儿子丁，丙还有一个儿子戊，甲的遗产怎么继承?

A. 甲没有继承人，遗产归国家
B. 丁可以代位继承甲的遗产
C. 戊可以转继承丙代位继承的甲的遗产
D. 甲的死亡赔偿金不是遗产

16 `2202176`

甲丧偶且父母双亡，仅有一儿一女，均已成年，在2022年的3月2日、5月10日、9月20日先后立了三份遗嘱。3月2日的遗嘱中表明将遗产全部留给儿子;5月10日的遗嘱中表明将遗产平

均分给儿子和女儿，且甲将 5 月 10 日的遗嘱在公证处做了公证；9 月 20 日的遗嘱中表明将遗产全部留给女儿。另外，甲雇佣了一个保姆，在三份遗嘱中均为保姆设定了居住权，居住权未登记。甲去世后，女儿决定将甲的器官捐献，但是甲的儿子表示不同意捐献。下列说法正确的是？

A. 因为甲生前没同意，女儿无权捐献甲的器官

B. 因为甲的儿子不同意，女儿无权捐献甲的器官

C. 遗产应该由儿子和女儿平分，且保姆居住权设立

D. 遗产应当归女儿所有，且保姆居住权未设立

17 `2102148`

李某有一子（李某某）一女（李某力），生前立下自书遗嘱，将名下两套房子 A 房与 B 房都给李某某，该遗嘱已公证。由于李某力经常照顾李某，李某又将 A 房赠与李某力并办理了登记手续。李某某得知此事后下毒打算毒死李某，李某临死前得知是儿子下毒，遂立下自书遗嘱，将 B 房赠与其好友赵某。李某死亡后，李某的子女以及赵某为争夺房产产生争议。对此，下列哪些说法是正确的？

A. 赵某取得 B 房的所有权

B. 李某某取得 B 房的所有权

C. 李某力取得 A 房的所有权

D. 李某某没有因此丧失法定继承权

18 `2102070`

黄某有一子黄唯与一女黄美，黄某随儿子黄唯共同生活。黄美与前夫有一子赵小星，黄美与卢某再婚后共同抚养卢某与前妻的儿子卢小东直至其成年。2021 年 2 月 1 日黄美因车祸去世。紧接着黄某去世，留有 3 套房屋的遗产，但未立遗嘱。下列四人，对黄某 3 套房屋享有继承权的是？

A. 黄唯

B. 赵小星

C. 卢小东

D. 卢某

19 `2002088`

华某经常大笔资助前夫抚养的儿子华小伟，华某丈夫祝某因考虑女儿祝娟成长一直隐忍，严格控制财物支出。后祝某不幸患病去世，遗留婚前房产一套和婚后现金收入 200 万元。关于遗产的继承，下列表述正确的是？

A. 祝某婚后现金收入 200 万元，祝娟可继承 100 万元

B. 祝娟可继承所有房产

C. 华小伟无权继承任何财产

D. 华某可就继承祝某遗产所得现金再赠与华小伟 50 万元

20 `1902095`

15 年前，甲唯一独子死亡，后由甲的儿媳妇乙一直照顾甲的生活，3 年前乙与丙结婚并生下一子丁，1 年前乙患病死亡，半年后甲也死亡，问丁能否继承甲的遗产？

A. 不可以代位继承

B. 不可以转继承

C. 能适当继承一部分

D. 可以继承全部

21 `1802109`

周男与吴女婚姻关系存续期间，与郑女形成非法同居关系。周男病故前立有遗嘱："遗产的一半归郑女所有。"周男生前与吴女育有一子小周，与郑女育有一女小郑。下列哪些人可以继承周男的遗产？

A. 郑女

B. 小郑

C. 吴女

D. 小周

22 `1703066`

韩某于 2017 年 3 月病故，留有住房 1 套、存款 50 万元、名人字画 10 余幅及某有限责任公司股权等遗产。韩某在 2014 年所立第一份自书遗嘱中表示全部遗产由其长子韩大继承。在 2015 年所立第二份自书遗嘱中，韩某表示其死后公司股权和名人字画留给 7 岁的外孙女婷婷。2017 年 6 月，韩大在未办理韩某遗留房屋所有权变更登记的情况下以自己的名义与陈卫订立了商品房买卖合同。下列哪些选项是错误的？

A. 韩某的第一份遗嘱失效

解析页码

190—192

B. 韩某的第二份遗嘱无效

C. 韩大与陈卫订立的商品房买卖合同无效

D. 婷婷不能取得某有限责任公司股东资格

㉓ 1603066

熊某与杨某结婚后，杨某与前夫所生之子小强由二人一直抚养，熊某死亡，未立遗嘱。熊某去世前杨某孕有一对龙凤胎，于熊某死后生产，产出时男婴为死体，女婴为活体但旋即死亡。关于对熊某遗产的继承，下列哪些选项是正确的？

A. 杨某、小强均是第一顺位的法定继承人

B. 女婴死亡后，应当发生法定的代位继承

C. 为男婴保留的遗产份额由杨某、小强继承

D. 为女婴保留的遗产份额由杨某继承

㉔ 1403065

甲（男）与乙（女）结婚，其子小明 20 周岁时，甲与乙离婚。后甲与丙（女）再婚，丙子小亮 8 周岁，随甲、丙共同生活。小亮成年成家后，甲与丙甚感孤寂，收养孤儿小光为养子，视同己出，未办理收养手续。丙去世，其遗产的第一顺序继承人有哪些？

A. 小明

B. 小亮

C. 甲

D. 小光

二、模拟训练

㉕ 62202036

李父和李母育有一子（李甲）一女（李乙）。老两口原有住房一套，该房屋被动迁拆除，补偿 100 万元。2007 年李父工伤去世，公司给付 40 万死亡赔偿金。2010 年，李母去世。经查明，李母生前租用 2 台农用机械设备尚未归还。另查明，李母在世时曾精神恍惚偷盗邻居家 4 万元现金放置于家中衣柜。现在对遗产继承问题发生争议。下列说法正确的是？（单选）

A. 在 2007 年李父去世后李甲可主张继承 50 万元的拆迁补偿款

B. 40 万死亡赔偿金应先分一半给李母，剩下的才是李父的遗产

C. 李母去世后，李乙可主张继承 2 万元衣柜中的现金

D. 李母去世后，李乙无权主张继承 1 台农用机械设备

㉖ 62102025

奉先自幼被老董收养并办理了登记手续，老董抚养奉先长大，两人一直共同生活。奉先成年后，将卧病在床的生父接到家中悉心照顾。十年后奉先的生父去世。次年 1 月，老董在公证处经公证设立遗嘱一：死后将其所有的房屋等全部遗产留给侄子董三；同年 3 月，老董在家拟定书面遗嘱二：死后将所有遗产留给养子奉先；同年 4 月，老董将所有房屋卖给袁大并办理过户登记。同年 5 月，老董突发恶疾去世。对此，下列说法正确的是？（单选）

A. 因遗嘱一为公证遗嘱，故老董与袁大的房屋买卖合同无效

B. 老董的遗产应当由董三和奉先平分

C. 奉先有权作为除继承人以外的人，分得生父的遗产

D. 奉先有权作为第一顺序继承人，继承生父的遗产

㉗ 62102023

2019 年 8 月，甲立有遗嘱 A，内容为甲死后，其存款由配偶乙、儿子丙（20 周岁）平分，房产归配偶乙。乙因重大疾病长期瘫痪在床，又没有其他生活来源，丙为了继承全部存款，将遗嘱篡改为"存款全部归丙"。2020 年 5 月，甲发现遗嘱 A 被丙修篡改，于是又立下遗嘱 B，内容为其遗产全部由配偶乙继承，并于 5 日后进行了公证。2021 年 1 月，因丙确有悔改表现，甲又立遗嘱 C，内容为其遗产 1/3 归丙继承，2/3 由乙继承。2021 年 6 月，甲因病去世，下列说法正确的是？（单选）

A. 遗嘱 A 被丙篡改，故遗嘱 A 无效

B. 丙因篡改遗嘱 A，丧失了对甲的继承权

C. 甲的遗产应由乙和丙平分

D. 甲的遗产 1/3 由丙继承，2/3 由乙继承

㉘ 62002012

王冬与张蓓有一子王希、一女王楠，王希婚后育

有一子王东东。王冬与张蓓曾约定，自家的门面房、住房和存款中的 11 万元属于王冬所有。2021 年 8 月 9 日，王冬办理了公证遗嘱，确定自己死后，门面房和存款 11 万元由王希和王楠共同继承，住房由张蓓继承。2021 年 10 月 10 日，王冬将门面房卖给他人并办理了过户手续。2022 年 1 月，王冬立下新遗嘱，称存款 6 万元由王希和王楠共同继承，另外 5 万元由张蓓继承。同年 3 月王冬去世，不久王希和其妻子因意外事故，同时去世，此时遗产尚待分割。关于住房、出售门面房价款和存款的继承，下列哪一说法是错误的？（单选）

A. 住房由张蓓继承

B. 张蓓对出售门面房价款无继承权

C. 王希应当继承的遗产转给王东东和张蓓

D. 张蓓可以继承 6.5 万元存款，王楠可以继承 3 万元存款，王东东可以继承 1.5 万元存款

㉙ 62002202

丈夫张某与妻子王某带领 3 岁的儿子张小某旅游途中发生车祸，三人均死亡，但不能确定死亡的先后顺序。张某的在世亲人为其父亲张大，王某的在世亲人为其母亲李丽、父亲王二。王某死后，王二发现一份王某立下的遗嘱，遗嘱中王某将全部财产留给了其母亲李丽，王二深感愤怒，便销毁了这份遗嘱。下列哪一说法是正确的？（单选）

A. 应当推定张某先死亡

B. 应当推定张某和王某同时死亡

C. 王二享有继承权

D. 在遗产处理后，张大以书面形式作出放弃继承的表示，则张大丧失继承权

㉚ 62002039

甲乙系夫妻，二人育有子女丙、丁、戊。因甲的大哥己膝下无子女，甲便按照民间风俗将丙过继给己，但并未办理收养手续。不久，甲因病去世，乙带着丁、戊回娘家的路途上也不幸遭遇车祸，三人当场去世。己收养丙后一直未婚，二人相依为命。后己因突发心脏病去世，生前留有房产一套。下列说法错误的是？（多选）

A. 己与丙系法律上的养父子关系

B. 丙可基于代位继承而继承己的遗产

C. 丙可基于转继承而继承己的遗产

D. 丙无权继承己的遗产

㉛ 62002062

甲（男）与乙（女）于 1974 年 3 月登记结婚，育有一女丙。1981 年 9 月，甲乙二人经法院调解离婚。1984 年 12 月，甲与丁再婚，婚后丁与前夫所生之子戊（2 岁）跟随甲共同生活。1991 年 10 月，甲与丁协议离婚，协议中约定戊由丁继续抚养，甲不再承担抚养费用。甲与丁离婚后，9 岁的戊跟随其母丁去往国外居住，甲与丁戊之间再无往来。后甲与戊再婚，婚后未生育子女，二人于 2000 年 11 月协议离婚。2002 年 5 月，甲与庚登记结婚，婚后育有一女辛。甲于 2016 年 5 月 3 日死亡，其父母均先于其死亡，甲生前并未立有遗嘱。关于本案，下列选项错误的是？（不定项）

A. 丙有权继承甲的遗产

B. 戊有权继承甲的遗产

C. 庚有权继承甲的遗产

D. 辛有权继承甲的遗产

㉜ 61802142

张明生有四个儿子张大、张二、张三、张四，在下列情况下丧失继承权的是？（多选）

A. 张大故意杀害张明

B. 张二为争夺遗产而杀害张大

C. 张三不尽赡养义务，并经常虐待张明，曾将张明打成重伤

D. 张四在张明死之前就声明和他断绝父子关系，张四丧失了继承权

参考答案

[1] C	[2] C	[3] A	[4] AC	[5] AD
[6] D	[7] D	[8] D	[9] B	[10] D
[11] D	[12] D	[13] ABD	[14] AC	[15] BCD
[16] BD	[17] AC	[18] AB	[19] CD	[20] AB
[21] BCD	[22] ABCD	[23] ACD	[24] BC	[25] D
[26] C	[27] D	[28] B	[29] B	[30] ACD
[31] B	[32] ABC			

解析页码

194

法考题库系列·客观严选 解析

民法
客观·严选好题

觉晓法考组　编著

中国政法大学出版社

2024·北京

声　明　　1. 版权所有，侵权必究。

　　　　　　2. 如有缺页、倒装问题，由出版社负责退换。

图书在版编目（CIP）数据

客观严选4000好题. 民法客观·严选好题 / 觉晓法考组编著. -- 北京：中国政法大学出版社，2024. 12.（法考题库系列）. -- ISBN 978-7-5764-1747-0

Ⅰ. D920.4

中国国家版本馆 CIP 数据核字第 202438092Y 号

出 版 者	中国政法大学出版社
地　　　址	北京市海淀区西土城路 25 号
邮寄地址	北京 100088 信箱 8034 分箱　邮编 100088
网　　　址	http://www.cuplpress.com（网络实名：中国政法大学出版社）
电　　　话	010-58908285(总编室) 58908433（编辑部）58908334(邮购部)
承　　　印	重庆天旭印务有限责任公司
开　　　本	787mm×1092mm　1/16
印　　　张	19.75
字　　　数	555 千字
版　　　次	2024 年 12 月第 1 版
印　　　次	2024 年 12 月第 1 次印刷
定　　　价	72.00 元（全两册）

CSER 高效学习模型

觉晓坚持每年组建"名师 + 高分学霸"教学团队，按照 Comprehend（讲考点→理解）→ System（搭体系→不散）→ Exercise（刷够题→会用）→ Review（多轮背→记住）学习模型设计教学产品，让你不断提高学习效果。

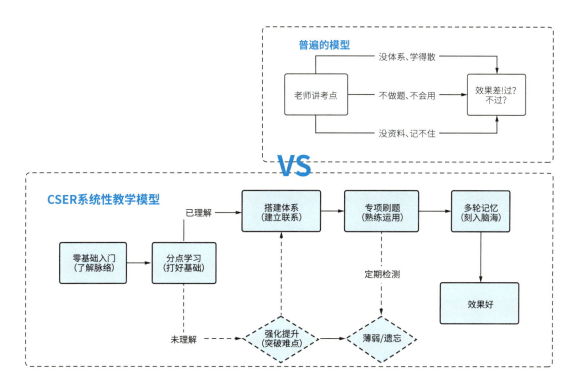

前面理解阶段跟名师，但后面记忆应试阶段，"高分学霸"更擅长，这样搭配既能保证理解，又能应试；时间少的在职考生可以直接跟"学霸"学习高效应试。

同时，知识要成体系性，后期才能记住，否则学完就忘！因此，觉晓有推理背诵图（推背图）、诉讼流程图等产品，辅助你建立知识框架体系，后期可以高效复习！

坚持数据化学习

"觉晓法考"APP 已经实现"学→练→测→背→评"全程线上化学习。在学习期间，觉晓会进行数据记录，自 2018 年 APP 上线，觉晓已经积累了上百万条数据，并有几十万真实考生的精准学习数据。

觉晓有来自百度、腾讯、京东等大厂的 AI 算法团队，建模分析过线考生与没过线考生的数据差异，建立"过考模型"，指导学员到底要听多少课，做多少题，正确率达到多少才能飘过或者稳过。

过考模型的应用层包括：

1. 完整的过考方案和规划：内部班的过考规划和阶段目标，均按照过考模型稳过或过考标准制定；让学员花更少地时间，更稳得过线。

2. 精准的过考数据指标：让你知道过线每日需要消耗的"热量、卡路里"，有标准，过线才稳！

3. 客观题知识图谱：按往年 180 分、200 分学员学习数据，细化到每个知识点的星级达标标准，并根据考频和考查难度，趋势等维度，将知识点划分为 ABCDE 类。还能筛选"未达标"针对提分。

知识类型	考频	难度	学习说明
A	高	简单	必须掌握
B	高	难	必须掌握（主＋客）
C	中	简单	必须掌握
D	中	难	时间不够可放弃（主＋客）
E	考频低或者很难、偏		直接放弃

4. 根据过考模型＋知识图谱分级教学：BD 类主客观都要考，主客融合一起学，E 类对过考影响不大，可直接放弃，AC 性价比高，简化背诵总结更能应试拿分，一些对过线影响不大的科目就减少知识点，重要的就加强；课时控制，留够做题时间，因为中后期做题比听课更重要！

5. AI 智能推送查缺补漏包：根据你学习的达标情况，精准且有效地推送知识点课程和题目，查漏补缺，让你的时间花得更有价值！

6. 精准预测过考概率（预估分）：实时检测你的数据，对比往年相似考生数据模型，让你知道，你这样学下去，最后会考多少分！明确自己距离过线还差多少分，从而及时调整自己的学习状态。

注：觉晓每年都会分析当年考生数据，出具一份完整的过考模型数据分析报告，包括"客观题版""主客一体版""主观题二战版"，可以下载觉晓 APP 领取。

目录
Contents

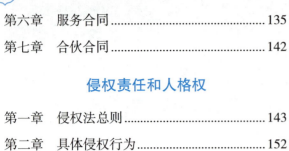

侵权责任和人格权

婚姻家庭

继　承

总　则

第一章
民法基本原则

参考答案

[1]A　　[2]D　　[3]AB

历年真题及仿真题

综合知识点

【单选】

1 1902094

参考答案：A

解析：ABCD项：根据《民法典》第8条规定："民事主体从事民事活动，不得违反法律，不得违背公序良俗。"本题中甲男和乙女的约定不合理的限制了乙女的生育自由，属于对公序良俗原则的违反。但是该协议是基于双方自愿、平等的意志签订的，也并未涉及公平与否的问题。因此，A项正确，BCD项错误。

综上所述，本题答案为A项。

2 1703001

参考答案：D

解析：A项：《民法典》第5条规定："民事主体从事民事活动，应当遵循自愿原则，按照自己的意思设立、变更、终止民事法律关系。"自愿原则，也称意思自治原则，是指民事主体有权根据自己的意愿，自愿从事民事活动，按照自己的意思自主决定民事法律关系的内容以及设立、变更和终止，自觉承受相应的法律后果。本题中乙在二人宅基地的边界线靠己方一侧，建起高5米围墙，属于行使自己权利的行为，不存在将自己的意志强加于他人的问题。因此，A项错误。

B项：《民法典》第6条规定："民事主体从事民事活动，应当遵循公平原则，合理确定各方的权利和义务。"公平原则是指民事主体从事民事活动时要秉持公平理念，公正平允、合理地确定各方的

权利和义务，并依法承担相应的民事责任。本题中甲、乙之间因建围墙之事而产生的纠纷，与是否公平、平允、合理地确定双方的权利义务问题无涉。因此，B项错误。

C项：《民法典》第4条规定："民事主体在民事活动中的法律地位一律平等。"平等原则，是指民事主体，不论自然人、法人还是非法人组织，不论自然人是男、女、老、少、贫、富，不论法人规模大小、经济实力雄厚与否，不论非法人组织经营什么业务，在从事民事活动时，他们相互之间在法律地位上都是平等的，他们的合法权益受到法律的平等保护。本题中，甲、乙二人均为自然人，是平等独立的民事主体，二者间的矛盾与平等原则无涉。因此，C项错误。

D项：《民法典》第7条规定："民事主体从事民事活动，应当遵循诚信原则，秉持诚实，恪守承诺。"《民法典》第132条规定："民事主体不得滥用民事权利损害国家利益、社会公共利益或者他人合法权益。"诚信原则作为民法最为重要的基本原则，被称为民法的"帝王条款"，是各国民法公认的基本原则。诚信原则要求善意、合法行使权利，禁止权利滥用。本题中，乙在二人宅基地的边缘线靠己方一侧，建起高5米围墙的行为，虽然属于行使自己权利的行为，但该行为使甲在自家院内却有身处监牢之感，显属违背善意行使权利的诚信原则。因此，D项正确。

综上所述，本题答案为D项。

【多选】

3 2402061

参考答案：A,B

解析：A项：根据《民法典》第9条规定："民事主体从事民事活动，应当有利于节约资源、保护生态环境。"本题中，甲乙买卖国家保护动物破坏了生态环境和生物多样性，违背了绿色原则。因此A项当选。

B项：这个题其实第一反应是合法原则，但选项没有合法原则，而公序良俗原则是给合法原则兜底的，可以选公序良俗原则。因此B项当选。

C项：诚信原则主要是指要诚实善意、信守承诺，不欺诈、不毁约。本题中，甲乙并没有欺诈毁约

的行为，因此并不违反诚信原则。因此，C 项不当选。

D 项：自愿原则是指自由表示真实意思，自主决定是否行使民事权利、承担民事义务。本题中，甲乙之间的买卖合同都是彼此的真实意思，并不违反自愿原则。因此，D 项不当选。

综上所述，本题答案是 AB。

第二章
民事法律关系

参考答案

[1]A　　[2]B　　[3]AD　　[4]ABC　　[5]CD
[6]C

一、历年真题及仿真题

（一）民事法律事实

【单选】

① 1603010

参考答案：A

解析：ABCD 项：甲邀请朋友乙来家中吃饭属于好意施惠，不属于民法的调整范围，也就无需承担责任。同时，甲被烫伤的后果也不是乙造成的，故乙无需承担侵权责任。因此，A 项正确，BCD 项错误。

综上所述，本题答案为 A 项。

② 1603001

参考答案：B

解析：A 项：《民法典》第 2 条规定："民法调整平等主体的自然人、法人和非法人组织之间的人身关系和财产关系"。本题中，甲请求税务机关退还个人所得税，甲与税务机关不是平等主体，不由民法调整。因此，A 项错误。

B 项：根据《民法典》第 317 条第 2 款规定："权利人悬赏寻找遗失物的，领取遗失物时应当按照承诺履行义务"。本题中，乙丢失手机后发布寻物启事属于悬赏广告，由民法调整。因此，B 项正确。

C 项：丙在作该承诺时不具有受法律拘束的意思，

不由民法调整。因此，C 项错误。

D 项：丁去福利院做帮工，和福利院之间的关系并无受法律拘束的意思，不属于民法来调整。因此，D 项错误。

综上所述，本题答案为 B 项。

【多选】

③ 2102056

参考答案：A,D

解析：A 项：甲乙双方在法官的调解下达成"减轻甲赔偿责任"这一协议，属于自愿协议免责的范畴。注意，免责只是作为免责事由的通称，不代表均是免除全部责任。因此，A 项正确。

B 项：法官调解时引用《民法典》条文征询双方意见，没有进行强制。因此，B 项错误。

C 项：本题已构成民事侵权法律关系，法院有权裁判。因此，C 项错误。

D 项：甲乙发生纠纷的时间在《民法典》生效之前，诉及法院时《民法典》已经生效，原则上《民法典》没有溯及力，但有例外情形，《民法典》可以溯及既往。第一，在《民法典》出台前，没有好意同乘法律责任的相关规定，因此可以适用《民法典》进行裁判；第二，按照《民法典》裁判更有利于保护当事人的合法权益。本案满足这两个例外，因此可以适用《民法典》裁判。为有利于当事人而适用《民法典》，体现了法的时间效力中的有利追溯。因此，D 项正确。

综上所述，本题正确答案为 AD 项。

④ 1902104

参考答案：A,B,C

解析：AB 项：法律事实，就是法律规范所规定的、能够引起法律关系产生、变更和消灭的客观情况或者现象，包括法律行为和法律事件。赠与行为引起赠与法律关系，属于法律事实。本题中，"所汇款项不是彩礼而是对乙的赠与"属于对赠与事实的一种表述。因此，AB 项正确。

C 项：本题中，甲通过诉讼的方式，对自己权利进行救济，体现了法具有可诉性的特征。因此，C 项正确。

D 项：风俗习惯不仅仅适用于民事案件，作为法的考量因素之一，在行政和刑事案件也适用，选项的表述过于绝对。因此，D项错误。

综上所述，本题答案为ABC项。

二、模拟训练

⑤ 61902121

参考答案：C,D

解析：AD项：根据《民法典》第2条的规定："民法调整平等主体的自然人、法人和非法人组织之间的人身关系和财产关系。"何某与税务机关之间形成的是行政法律关系，两者之间不是平等主体，因此，A项错误。D项：根据《民法典》第32条的规定："没有依法具有监护资格的人的，监护人由民政部门担任，也可以由具备履行监护职责条件的被监护人住所地的居民委员会、村民委员会担任。"本题中，由于死者身份无法查明，不能确定监护人，因此民政部门成为死者的监护人，此时民政部门与侵权人李某之间不属于管理与被管理的关系，属于平等主体之间的关系，形成有效的合同关系。因此，D项正确。

B项：属于情谊关系，不受民法调整，不属于民事法律关系。因此，B项错误。

C项：根据《民法典》第1245条的规定："饲养的动物造成他人损害的，动物饲养人或者管理人应当承担侵权责任；但是，能够证明损害是因被侵权人故意或者重大过失造成的，可以不承担或者减轻责任。"C项的情形属于饲养的动物致人侵权，饲养人黄某应承担侵权责任，属于民事法律关系。因此，C项正确。

综上所述，本题答案为CD。

⑥ 61802001

参考答案：C

解析：A项：在民法上，能够发生、变更、消灭民事法律关系的行为只有两类：一是法律行为；二是事实行为。A项尚未进入缔约阶段，在合同法上没有法律意义，尚不能形成契约关系，也不会促成其他民事法律关系的产生。因此，A项错误。

B项：属于法外领域，恋爱关系不为法律所调整，不发生合同、侵权等法律关系，属于其他社会关系。因此，B项错误。

C项：由于甲的劝酒而导致乙酒精中毒住院治疗，因为甲未尽注意义务，由此事实行为可能产生对乙的侵权损害赔偿关系，属于侵权之债的民事法律关系，受民法所调整。因此，C项正确。

D项：成年人之间原则上应不存在先行行为引发的义务；因为每个人自愿参与活动，都能够事先意识到风险的存在且甘冒风险，甲乙之间并未形成某种特别紧密的联系进而产生救助义务。既然不存在法定义务，就没有侵权责任，也就没有赔偿的问题。因此，D项错误。

综上所述，本题答案为C项。

第三章 自然人

参考答案

[1]BCD	[2]C	[3]B	[4]BD	[5]ABC
[6]C	[7]D	[8]D	[9]ABCD	[10]ABC
[11]C	[12]D	[13]A	[14]A	[15]D
[16]ABCD	[17]ABCD	[18]AB	[19]ABD	[20]C
[21]ABCD	[22]ABC	[23]B		

一、历年真题及仿真题

（一）自然人权利能力与行为能力

【多选】

① 1902158

参考答案：B,C,D

解析：ABC项：根据《民法典》第16条规定："涉及遗产继承、接受赠与等胎儿利益保护的，胎儿视为具有民事权利能力。但是，胎儿娩出时为死体的，其民事权利能力自始不存在。"据此，胎儿自受胎时起，享有民事权利能力，若胎儿娩出时为死体，胎儿自受胎时自始不享有民事权利能力；若胎儿娩出时为活体，胎儿自受胎时享有民事权利能力。本题中，丙为胎儿时，可作为受赠人订立赠与合同，但须经其法定代理人（父母）代理。甲向胎儿作出赠与的要约，胎儿的父亲乙代理予以承诺。赠与合同成立并生效。因此，A 项错误；B 选项正确。丙娩出时为活体，丙确定自受胎时享有民事权利能力，赠与合同的受赠人为丙。因此，C 项正确。

D 项：根据《民法典》第 658 条规定："赠与人在赠与财产的权利转移之前可以撤销赠与。经过公证的赠与合同或者依法不得撤销的具有救灾、扶贫、助残等公益、道德义务性质的赠与合同，不适用前款规定。"本题中，甲对丙的赠与不属于以上不可撤销的情形，因此甲享有任意撤销权。故 D 项正确。

综上所述，本题答案为 BCD 项。

（二）宣告失踪与宣告死亡

【单选】

2 `2202188`

参考答案：C

解析：A 项：自然人的民事行为能力仅受年龄或者精神状态（能否辨认自己行为）影响，宣告失踪后，甲仍具有民事行为能力。A 选项错误。

B 项：根据《民法典》第 42 条第 1 款规定："失踪人的财产由其配偶、成年子女、父母或者其他愿意担任财产代管人的人代管。"被宣告失踪后，失踪人的财产由相应主体代管，而非继承。宣告死亡才发生继承的效果。B 选项错误。

C 项：根据《民法典》第 1079 条第 4 款规定："一方被宣告失踪，另一方提起离婚诉讼的，应当准予离婚。"甲被宣告失踪后，若乙起诉离婚，法院应当准予。C 选项正确。

D 项：根据《民法典总则编司法解释》第 16 条第 3 款规定："被申请人的债权人、债务人、合伙人等民事主体不能认定为民法典第四十六条规定的利害关系人，但是不申请宣告死亡不能保护其相应合法权益的除外。"债权人原则上不能申请宣告死亡，只有在其合法权益受影响才能申请宣告死亡，而乙申请宣告失踪后，可以通过财产代管清偿丙的债务，丙的合法权益可以通过宣告失踪的方式得到保护。因此，丙不能申请宣告死亡，法院只能依据乙的申请宣告失踪。D 选项错误。

综上所述，本题答案为 C。

3 `1802013`

参考答案：B

解析：A 项：根据《民法典》第 46 条第 1 款第 2 项的规定："自然人有下列情形之一的，利害关系人可以向人民法院申请宣告该自然人死亡：（二）因意外事件，下落不明满 2 年。"本题中，韩某乘坐 MH360 飞机中途失事属于意外事件，利害关系人依法有权申请宣告韩某死亡，且没有顺序先后的限制。因此，A 项错误。

B 项：根据《民法典》第 47 条的规定："对同一自然人，有的利害关系人申请宣告死亡，有的利害关系人申请宣告失踪，符合本法规定的宣告死亡条件的，人民法院应当宣告死亡。"本题中，韩某因意外事件下落不明，依法满 2 年即可宣告死亡，至今已 4 年（以出题年份 2018 年计算）有余，符合宣告死亡的条件。故法院应当根据韩某父母的申请宣告韩某死亡。因此，B 项正确。

C 项：根据《民法典》第 48 条的规定："被宣告死亡的人，人民法院宣告死亡的判决作出之日视为其死亡的日期；因意外事件下落不明宣告死亡的，意外事件发生之日视为其死亡的日期。"本题中，韩某因意外事件下落不明被法院宣告死亡的，意外事件发生之日视为韩某死亡的日期，而非判决作出之日。因此，C 项错误。

D 项：根据《民法典》第 49 条的规定："自然人被宣告死亡但是并未死亡的，不影响该自然人在被宣告死亡期间实施的民事法律行为的效力。"本题中，如韩某被通州区法院宣告死亡而实际上并未死亡的，其在被宣告死亡期间所实施的民事法律行为应具体问题具体分析（可能有效、可能无效、可能效力待定，也可能可撤销），故并非一定效力待定。因此，D 项错误。

综上所述，本题答案为 B 项。

【多选】

4 `1902160`

参考答案：B，D

解析：ABCD 项：根据《民法典》第 51 条规定："被宣告死亡的人的婚姻关系，自死亡宣告之日起消除。死亡宣告被撤销的，婚姻关系自撤销死亡宣告之日起自行恢复。但是，其配偶再婚或者向婚姻登记机关书面声明不愿意恢复的除外。"据此，甲被宣告死亡的，甲、乙的婚姻关系自人民法院作出死亡宣告判决之日起消灭。因此，A项错误；B项正确。即使乙再婚后又离婚，也属于不能自行恢复婚姻关系的情形，故甲的死亡宣告被撤销时，甲、乙的婚姻关系不能自行恢复。因此，C项错误；D项正确。

综上所述，本题答案为BD项。

⑤ 1703052

参考答案：A,B,C

解析：A项：《民法典》第51条规定："被宣告死亡的人的婚姻关系，自死亡宣告之日起消除。死亡宣告被撤销的，婚姻关系自撤销死亡宣告之日起自行恢复。但是，其配偶再婚或者向婚姻登记机关书面声明不愿意恢复的除外。"本题中，2016年12月，甲的死亡宣告被撤销，乙未再婚，因此，甲、乙之间的婚姻关系自撤销死亡宣告之日起自行恢复，但是乙向婚姻登记机关书面声明不愿意恢复的除外。故A项正确，当选。

B项：《民法典》第230条规定："因继承取得物权的，自继承开始时发生效力。"本题中，甲被宣告死亡后，作为其唯一继承人的乙可以自甲被法院宣告死亡后（即2015年9月）立即取得甲所有财产的所有权。因此，2016年3月，乙将家里的一辆轿车赠送给弟弟丙的行为属于有权处分，故B项正确，当选。

C项：《民法典》第53条第1款规定："被撤销死亡宣告的人有权请求依照本法第六编取得其财产的民事主体返还财产；无法返还的，应当给予适当补偿。"本题中，在甲被宣告死亡期间，乙将家里的一辆轿车赠送给弟弟丙的行为属于有权处分，且交付并办理了过户登记，丙已经合法取得轿车的所有权，同时，丙并不属于依照《民法典》继承编取得财产的民事主体，故依法可以不返还。故C项正确，当选。

D项：《民法典》第49条规定："自然人被宣告死亡但是并未死亡的，不影响该自然人在被宣告死亡期间实施的民事法律行为的效力。"本题中，在被宣告死亡期间，甲将登记于自己名下的一套夫

妻共有住房私自卖给丁的行为，属于无权处分，根据《民法典》第597条之规定："因出卖人未取得处分权致使标的物所有权不能转移的，买受人可以解除合同并请求出卖人承担违约责任。法律、行政法规禁止或者限制转让的标的物，依照其规定。"可知无权处分不影响合同效力，只是不能发生物权变动，故买卖合同有效。故D项错误，不当选。

综上所述，本题答案为ABC。

（三）监护

【单选】

⑥ 2302114

参考答案：C

解析：A项：离婚不影响父母的监护资格，父母永远都是未成年人的监护人，除非被撤销监护资格、没有监护能力。因此，A选项错误。

B项：继父母不会因再婚自动取得监护资格，需要形成抚养关系，形成有抚养关系的继父母子女关系后，才会成为监护人。因此，B项错误。

C项：监护人严重侵害被监护人利益，法院可以撤销监护资格。C项正确。

D项：根据《民法典》第37条规定："依法负担被监护人抚养费、赡养费、扶养费的父母、子女、配偶等，被人民法院撤销监护人资格后，应当继续履行负担的义务。"乙应继续支付抚养费。D项错误。

综上所述，本题答案为C。

⑦ 2002158

参考答案：D

解析：A项：根据《民法典》第36条规定："监护人有下列情形之一的，人民法院根据有关个人或者组织的申请，撤销其监护人资格，安排必要的临时监护措施，并按照最有利于被监护人的原则依法指定监护人：（一）实施严重损害被监护人身心健康的行为；（二）怠于履行监护职责，或者无法履行监护职责且拒绝将监护职责部分或者全部委托给他人，导致被监护人处于危困状态；（三）实施严重侵害被监护人合法权益的其他行为。本条规定的有关个人、组织包括：其他依法具有监

护资格的人，居民委员会、村民委员会、学校、医疗机构、妇女联合会、残疾人联合会、未成年人保护组织、依法设立的老年人组织、民政部门等。前款规定的个人和民政部门以外的组织未及时向人民法院申请撤销监护人资格的，民政部门应当向人民法院申请。"甲对被监护人丙实施严重损害被监护人身心健康的行为，丙的祖父属于其他依法具有监护资格的人，有权申请法院撤销甲的监护资格。因此，A 项正确，不当选。

B 项：根据《民法典》第 37 条规定："依法负担被监护人抚养费、赡养费、扶养费的父母、子女、配偶等，被人民法院撤销监护人资格后，应当继续履行负担的义务。"本题中，甲的监护资格被撤销后丙仍有权请求甲支付抚养费。因此，B 项正确，不当选。

C 项：根据《民法典》第 31 条规定："对监护人的确定有争议的，由被监护人住所地的居民委员会、村民委员会或者民政部门指定监护人，有关当事人对指定不服的，可以向人民法院申请指定监护人；有关当事人也可以直接向人民法院申请指定监护人。居民委员会、村民委员会、民政部门或者人民法院应当尊重被监护人的真实意愿，按照最有利于被监护人的原则在依法具有监护资格的人中指定监护人。依据本条第一款规定指定监护人前，被监护人的人身权利、财产权利以及其他合法权益处于无人保护状态的，由被监护人住所地的居民委员会、村民委员会、法律规定的有关组织或者民政部门担任临时监护人。监护人被指定后，不得擅自变更；擅自变更的，不免除被指定的监护人的责任。"本题中，若甲的监护资格被撤销后，丙的监护人确定前，人民法院可以指定丙住所地的居民委员会担任丙的临时监护人。因此，C 项正确，不当选。

D 项：根据《民法典》第 38 条规定："被监护人的父母或者子女被人民法院撤销监护人资格后，除对被监护人实施故意犯罪的外，确有悔改表现的，经其申请，人民法院可以在尊重被监护人真实意愿的前提下，视情况恢复其监护人资格，人民法院指定的监护人与被监护人的监护关系同时终止。"本题中，甲因对丙实施故意犯罪，故不得申请恢复被撤销的监护资格。因此，D 项错误，当选。

综上所述，本题为选非题，正确答案为 D 项。

8 `2002002`

参考答案：D

解析：ABD 项：根据《民法典》第 27 条第 1 款的规定："父母是未成年子女的监护人。"《民法典》第 36 条第 1 款的规定："监护人有下列情形之一的，人民法院根据有关个人或者组织的申请，撤销其监护人资格，安排必要的临时监护措施，并按照最有利于被监护人的原则依法指定监护人：（一）实施严重损害被监护人身心健康的行为；（二）怠于履行监护职责，或者无法履行监护职责且拒绝将监护职责部分或者全部委托给他人，导致被监护人处于危困状态；（三）实施严重侵害被监护人合法权益的其他行为。"根据《民法典》第 1084 条第 1 款规定："父母与子女之间的关系，不因父母离婚而消除。离婚后，子女无论由父或者母直接抚养，仍是父母双方的子女。"因此我国的监护制度是广义的监护，包含了父母子女的亲权关系，除非是出现了父母虐待、遗弃子女等情况，经法院撤销其监护资格后父母才不是子女的监护人，否则父母都是未成年子女当然的监护人，即使离婚，双方均为未成年子女的监护人，所以陆某和蒋某都是小勇的监护人。因此，D 项正确，AB 项错误。

C 项：根据前述解析可知：未成年人的父母是未成年人当然的监护人，这意味着在父母有监护能力的条件下，不能将监护资格通过指定监护、协议监护等方式转给其他有资格担任监护人的主体。本题中陆某和蒋某均是小勇的有监护能力的当然监护人，不能将监护资格转给陆某父母。作为监护人的父母可以通过委托监护将监护事务委托给他人代为履行，但监护人资格并不因此失去。故陆某父母不是小勇的监护人。因此，C 项错误。

综上所述，本题答案为 D 项。

【多选】

9 `1802108`

参考答案：A,B,C,D

解析：A 项：根据《民法典》第 29 条规定："被监护人的父母担任监护人的，可以通过遗嘱指定监护人。"本题中，甲作为父亲是丙的监护人，故甲可以通过遗嘱指定丙的奶奶担任监护人。因此，A项正确。

B项：根据《民法典》第36条规定："监护人有下列情形之一的，人民法院根据有关个人或者组织的申请，撤销其监护人资格，安排必要的临时监护措施，并按照最有利于被监护人的原则依法指定监护人：（一）实施严重损害被监护人身心健康的行为；（二）怠于履行监护职责，或者无法履行监护职责且拒绝将监护职责部分或者全部委托给他人，导致被监护人处于危困状态；（三）实施严重侵害被监护人合法权益的其他行为。本条规定的有关个人、组织包括：其他依法具有监护资格的人、居民委员会、村民委员会、学校、医疗机构、妇女联合会、残疾人联合会、未成年人保护组织、依法设立的老年人组织、民政部门等。前款规定的个人和民政部门以外的组织未及时向人民法院申请撤销监护人资格的，民政部门应当向人民法院申请。"本题中，监护人甲的行为属于无法履行监护职责，又未将监护职责委托他人代为行使，导致被监护人丙处于危困状态，故民政局有权申请人民法院撤销甲的监护人资格。因此，B项正确。

C项：根据《民法典》第37条规定："依法负担被监护人抚养费、赡养费、扶养费的父母、子女、配偶等，被人民法院撤销资格后，应当继续履行负担的义务。"本题中，甲对丙的监护资格被撤销后，仍须支付丙抚养费。因此，C项正确。

D项：根据《民法典》第38条规定："被监护人的父母或者子女被人民法院撤销资格后，除对被监护人实施故意犯罪的外，确有悔改表现的，经其申请，人民法院可以在尊重被监护人真实意愿的前提下，视情况恢复其监护人资格，人民法院指定的监护人与被监护人的监护关系同时终止。"本题中，甲的吸毒行为并不构成对被监护人丙实施故意犯罪，因此在其戒毒成功后可以申请恢复对丙的监护人资格。因此，D项正确。

综上所述，本题答案为ABCD项。

10 `1703051`

参考答案：A,B,C

解析：A项：《民法典》第29条规定："被监护人的父母担任监护人的，可以通过遗嘱指定监护人。"本题中，余某作为小翠的养父，可以通过遗嘱为小翠指定监护人。故A项正确，当选。

B项：《民法典》第30条规定："依法具有监护资格的人之间可以协议确定监护人。协议确定监护人应当尊重被监护人的真实意愿。"同时，《民法典》第1084条第1款规定："父母与子女间的关系，不因父母离婚而消除。离婚后，子女无论由父或者母直接抚养，仍是父母双方的子女。"本题中，虽然余某与妻子离婚，但离婚并不影响双方对小翠的监护，二者作为养父和养母依然是监护人。B项协议确定由前妻担任监护人虽然有点多此一举，但是也不能说错。B项正确，当选。【题目有点不严谨，当年官方公布答案也认为B正确，考生知道此处知识点即可。】

C项：《民法典》第33条规定："具有完全民事行为能力的成年人，可以与其近亲属、其他愿意担任监护人的个人或者组织事先协商，以书面形式确定自己的监护人，在自己丧失或者部分丧失民事行为能力时，由该监护人履行监护职责。"本题中，余某身患重病，依法可以与其堂兄事先协商以书面形式确定堂兄为自己的监护人。故C项正确，当选。

D项：《民法典》第27条规定："父母是未成年子女的监护人。未成年人的父母已经死亡或者没有监护能力的，由下列有监护能力的人按顺序担任监护人：（一）祖父母、外祖父母；（二）兄、姐；（三）其他愿意担任监护人的个人或者组织，但是须经未成年人住所地的居民委员会、村民委员会或者民政部门同意。"本题中，如作为养父的余某病故，依法应由养母（余某前妻）担任监护人而不是余某父母担任小翠的监护人。故D项错误，不当选。

综上所述，本题答案为ABC。

（四）综合知识点

【单选】

11 `2202190`

参考答案：C

解析：A 项：根据《民法典》第 13 条规定："自然人从出生时起到死亡时止，具有民事权利能力，依法享有民事权利，承担民事义务。"因此，甲的民事权利能力不因醉酒而丧失。因此，A 项错误。

B 项：影响自然人民事行为能力的因素为年龄或精神状况（不能或不能完全辨认自己的行为），醉酒只是暂时的对自己的行为失去一定的控制能力，不属于不能或不能完全辨认自己行为的情形，故甲依然具有民事行为能力。因此，B 项错误。

C 项：根据《民法典》第 1190 条第 2 款规定："完全民事行为能力人因醉酒、滥用麻醉药品或者精神药品对自己的行为暂时没有意识或者失去控制造成他人损害的，应当承担侵权责任。"甲作为完全民事行为能力人，造成他人损害的，因醉酒丧失意识，不是免责事由，应当赔偿给酒店造成的损失。因此，C 项正确。

D 项：乙对饭店的损害没有过错，不承担侵权责任。而且乙也没有违约行为，不承担违约责任。因此，D 项错误。

综上所述，本题答案为 C 项。

12 **2102047**

参考答案：D

解析：AB 项：根据《民法典》第 33 条规定："具有完全民事行为能力的成年人，可以与其近亲属、其他愿意担任监护人的个人或者组织事先协商，以书面形式确定自己的监护人，在自己丧失或者部分丧失民事行为能力时，由该监护人履行监护职责。"由此可知，意定监护人由本人自主选定，并不要求意定监护人必须是本人的近亲属。故乙即使不是甲的近亲属也能担任甲的监护人，丙是否有监护能力不影响乙担任监护人的资格。因此，AB 项错误。

C 项：丙是甲的儿子，对甲负有赡养义务，不因任何条件而免除。因此，C 项错误。

D 项：根据《民法典》第 35 条第 3 款："成年人的监护人履行监护职责，应当最大程度地尊重被监护人的真实意愿，保障并协助被监护人实施与其智力、精神健康状况相适应的民事法律行为。对被监护人有能力独立处理的事务，监护人不得干涉。"甲可以独立决定进入养老院生活，乙不得干

涉。因此，D 项正确。

综上所述，本题正确答案为 D 项。

13 **2002001**

参考答案：A

解析：ABCD 项：根据《民法典》第 16 条的规定："涉及遗产继承、接受赠与等胎儿利益保护的，胎儿视为具有民事权利能力。但是，胎儿娩出时为死体的，其民事权利能力自始不存在。"由题意可知胎儿没有流产，且损害赔偿请求权同遗产继承、接受赠与等一样是需要保护的胎儿利益，所以乙视为有民事权利能力，故乙有损害赔偿请求权，只是需由父母代为行使。根据《民法典》第 1218 条的规定："患者在诊疗活动中受到损害，医疗机构或者其医务人员有过错的，由医疗机构承担赔偿责任。"本题中医生用药错误说明医生存在故意或过失，医院应当承担赔偿责任，甲有损害赔偿请求权，且根据法条规定其应向医院而不是医生主张。因此，A 项正确，BCD 项错误。

综上所述，本题答案为 A 项。

14 **1902091**

参考答案：A

解析：ABD 项：根据《民法典》第 33 条的规定："具有完全民事行为能力的成年人，可以与其近亲属、其他愿意担任监护人的个人或者组织事先协商，以书面形式确定自己的监护人，在自己丧失或者部分丧失民事行为能力时，由该监护人履行监护职责。"因此，A 项正确。意定监护协议是附条件的合同，本题中，甲丧失民事行为能力时意定监护协议才生效，并非甲死后才生效，意定监护协议和遗赠协议也不会因为甲有成年子女而无效。因此，BD 项错误。

C 项：遗赠可以附义务，受遗赠人履行义务的，有权主张遗赠的财产。本题中，甲和乙约定，乙当甲的监护人，待甲死后甲名下一半遗产归乙继承，该约定合法有效。因此，C 项错误。

综上所述，本题答案为 A 项。

15 **1802103**

参考答案：D

解析：A 项：《民法典》第 35 条第 1 款规定："监护

人应当按照最有利于被监护人的原则履行监护职责。监护人除为维护被监护人利益外，不得处分被监护人的财产。"本题中，考虑到日常生活中房屋投资的升值空间较大，而风险相对较小，故应当认定监护人赵某将小强的50万元奖金用于为小强购买房屋，属于监护人为被监护人小强的利益尽到监护职责的行为。虽事后房屋大幅贬值，亦不能认定为赵某未尽监护职责给被监护人造成损失，赵某无须承担损害赔偿责任。因此，A项错误。

B项：《民法典》第188条第1款规定："向人民法院请求保护民事权利的诉讼时效期间为三年。法律另有规定的，依照其规定。"如果小强因监护人赵某实施加害行为遭受人身或财产损害而享有损害赔偿请求权，则应当适用3年的诉讼时效期间。但本题中，赵某为被监护人小强的利益尽到监护职责，并无损害行为。无损害行为也就无损害赔偿请求权，故也谈不上赔偿损失的诉讼时效问题。因此，B项错误。

CD项：《民法典》第163条第2款规定："委托代理人按照被代理人的委托行使代理权。法定代理人依照法律的规定行使代理权。"本题中，赵某作为法定代理人用小强所获奖金以小强的名义订立房屋买卖合同，系为了维护被监护人小强的利益，属于法定代理、有权代理。该房屋买卖合同无其他法定无效事由，应认定为有效。因此，C项错误，D项正确。

综上所述，本题答案为D项。

【多选】

16 `1802051`

参考答案： A,B,C,D

解析： A项：根据《民法典》第190条的规定："无民事行为能力人或限制民事行为能力人对其法定代理人的请求权的诉讼时效期间，自该法定代理终止之日起计算"。同时，根据《民法典》第188条第1款的规定："向人民法院请求保护民事权利的诉讼时效期间为三年。法律另有规定的，依照其规定。"据此可知，本题中，甲向其父母追偿损失受3年诉讼时效的限制，且自法定代理终止之日起计算。因此，A项错误，当选。

BC项：根据《民法典》第34条第1款的规定："监护人的职责是代理被监护人实施民事法律行为，保护被监护人的人身权利、财产权利以及其他合法权益等"。同时，根据《民法典》第35条第1款的规定："监护人应当按照最有利于被监护人的原则履行监护职责。监护人除为维护被监护人利益外，不得处分被监护人的财产。"本题中，甲的父母履行监护人职责应使甲的利益最大化，使甲的财产保值增值。因此，B项错误，当选。甲的父母未关注相关政策购买房屋，导致损失惨重，不属于为被监护人利益处分财产，构成无权代理，房屋买卖合同效力待定。根据《民法典》第34条第3款的规定："监护人不履行监护职责或者侵害被监护人合法权益的，应当承担法律责任。"应对甲承担赔偿责任。因此，C项错误，当选。

D项：根据《民法典》第121条的规定："没有法定的或者约定的义务，为避免他人利益受损失而进行管理的人，有权请求受益人偿还由此支出的必要费用。"据此可知，无因管理的构成要件有三：（1）没有法定或约定的义务；（2）主观上具有管理他人事务的意思（管理人可适当兼为自己利益）；（3）客观上实施了管理他人事务的行为（至于管理是否有效果在所不问）。本题中，甲的父母系甲的法定监护人，有法定的义务保护甲的民事权益。因此，甲父母的行为不构成无因管理。因此，D项错误，当选。

综上所述，本题答案为ABCD项。

17 `1802055`

参考答案： A,B,C,D

解析： A项：根据《民法典》第36条第3款的规定："前款规定的个人和民政部门以外的组织未及时向人民法院申请撤销监护人资格的，民政部门应当向人民法院申请。"本题中，孙某作为养父对养女小丽实施性侵害，属于严重损害被监护人身心健康行为，依法可以取消监护人资格。但有权取消孙某监护人资格的机关是法院而非民政部门，民政部门只能作为申请人。因此，A项错误，当选。

B项：根据《民法典》第37条的规定："依法负担

被监护人抚养费、赡养费、扶养费的父母、子女、配偶等，被人民法院撤销监护人资格后，应当继续履行负担的义务。"本题中，孙某虽然被取消监护人资格，但是应当继续履行负担抚养费的义务。因此，B 项错误，当选。

C 项：根据《民法典》第 38 条的规定："被监护人的父母或者子女被人民法院撤销监护人资格后，除对被监护人实施故意犯罪的外，确有悔改表现的，经其申请，人民法院可以在尊重被监护人真实意愿的前提下，视情况恢复其监护人资格，人民法院指定的监护人与被监护人的监护关系同时终止。"本题中，孙某对小丽实施性侵害，构成强奸罪，属于故意犯罪，不能恢复监护人资格。因此，C 项错误，当选。

D 项：根据《民法典》第 191 条的规定："未成年人遭受性侵害的损害赔偿请求权的诉讼时效期间，自受害人年满十八周岁之日起计算。"本题中，孙某对小丽实施性侵害，小丽对孙某的损害赔偿请求权依法自年满 18 周岁之日起计算而非法定代理终止之日。因此，D 项错误，当选。

综上所述，本题为选非题，答案为 ABCD 项。

18 `1603052`

参考答案：A,B

解析：AB 项：《民法典》第 35 条第 1 款规定："监护人应当按照最有利于被监护人的原则履行监护职责。监护人除为维护被监护人利益外，不得处分被监护人的财产。"因此，B 项正确。第 34 条第 3 款规定："监护人不履行监护职责或者侵害被监护人合法权益的，应当承担法律责任。"甲的父母乙和丙作为甲的监护人，除为甲的利益外，不得处分甲的财产。给甲造成财产损失的，应当赔偿损失。因此，A 项正确。

C 项：《民法典》第 121 条规定："没有法定的或者约定的义务，为避免他人利益受损失而进行管理的人，有权请求受益人偿还由此支出的必要费用。"甲的父母乙和丙作为甲的合法监护人具有法律规定的义务，所以不适用无因管理制度。因此，C 项错误。

D 项：《民法典》第 190 条规定："无民事行为能力人或者限制民事行为能力人对其法定代理人的请

求权的诉讼时效期间，自该法定代理终止之日起计算。"既然还未起算，就不能说诉讼时效中止（因为中止是时效已经开始计算了，只不过出现了法定的情形，所以中止）。因此，D 项错误。

综上所述，本题答案为 AB 项。

二、模拟训练

19 `62202185`

参考答案：A,B,D

解析：A 项：《民法典》第 33 条规定："具有完全民事行为能力的成年人，可以与其近亲属、其他愿意担任监护人的个人或者组织事先协商，以书面形式确定自己的监护人，在自己丧失或者部分丧失民事行为能力时，由该监护人履行监护职责。"甲乙签订的监护协议属于意定监护协议，甲签订该协议时具备完全民事行为能力，且协议采用书面形式签订，协议有效。因此，A 项正确。

BC 项：《民法典总则编司法解释》第 11 条第 1 款规定："具有完全民事行为能力的成年人与他人依据民法典第三十三条的规定订立书面协议事先确定自己的监护人后，协议的任何一方在该成年人丧失或者部分丧失民事行为能力前请求解除协议的，人民法院依法予以支持。该成年人丧失或者部分丧失民事行为能力后，协议确定的监护人无正当理由请求解除协议的，人民法院不予支持。"签订意定监护协议后，甲丧失民事行为能力的，乙原则上是不得解除该协议的，除非有正当理由，法院才会予以同意解除。因此，B 项正确。甲在丧失行为能力以前，对于该意定监护协议，甲乙双方都有权予以解除，但是甲的子女非该协议的主体，其无权解除该协议，只有协议的当事人才有权利解除，因此，C 项错误。

D 项：《民法典总则编司法解释》第 11 条第 2 款规定："该成年人丧失或者部分丧失民事行为能力后，协议确定的监护人有民法典第三十六条第一款规定的情形之一，该条第二款规定的有关个人、组织申请撤销其监护人资格的，人民法院依法予以支持。"《民法典》第 36 条第 1、2 款规定："监护人有下列情形之一的，人民法院根据有关个人或者组织的申请，撤销其监护人资格，安排必要的临时监护措施，并按照最有利于被监护人的原则依法指定监护人:(一)实施严重损害被监护人身心健康的行为;(二)怠于履行监护职责,或者无法履行监护职责且拒绝将监护职责部分或者全部委托给他人,导致被监护人处于危困状态;(三)实施严重侵害被监护人合法权益的其他行为。本条规定的有关个人、组织包括:其他依法具有监护资格的人、居民委员会、村民委员会、学校、医疗机构、妇女联合会、残疾人联合会、未成年人保护组织、依法设立的老年人组织、民政部门等。"乙履行监护协议确定的职责时,经常虐待打骂甲,其行为严重损害了被监护人的身心健康,侵害了被监护人甲的利益,对此,甲的子女有权利向法院申请撤销乙的监护资格。因此,D项正确。

综上所述,本题正确答案为ABD项。

20 `62202169`

参考答案:C

解析:AB项:根据《民法典》第16条:"涉及遗产继承、接受赠与等胎儿利益保护的,胎儿视为具有民事权利能力。但是,胎儿娩出时为死体的,其民事权利能力自始不存在。"根据《民法典总则编司法解释》第4条:"涉及遗产继承、接受赠与等胎儿利益保护,父母在胎儿娩出前作为法定代理人主张相应权利的,人民法院依法予以支持。"本题涉及遗产继承、接受赠与,胎儿小甲视为有民事权利能力。甲在小甲娩出前应作为法定代理人主张相应权利。甲应当以小甲的名义请求丙交付玉佩。戊无权以小甲未出生为由,在分割遗产时拒绝将邮票分割给小甲。因此,A项正确,B项正确,均不当选。

C项:根据《民法典总则编司法解释》第8条的规定:"未成年人的父母与其他依法具有监护资格的人订立协议,约定免除具有监护能力的父母的监护职责的,人民法院不予支持。协议约定在未成年人的父母丧失监护能力时由该具有监护资格的人担任监护人的,人民法院依法予以支持。依法具有监护资格的人之间依据民法典第三十条的规定,约定由民法典第二十七条第二款、第二十八条规定的不同顺序的人共同担任监护人,或者由顺序在后的人担任监护人的,人民法院依

法予以支持。"本题中,甲不可以与甲母协议免除自己的监护职责。故C项错误,当选。

D项:根据《民法典》第37条:"依法负担被监护人抚养费、赡养费、扶养费的父母、子女、配偶等,被人民法院撤销监护人资格后,应当继续履行负担的义务。"本题中,甲不得因被撤销监护资格而拒付小甲的抚养费。因此,D项正确,不当选。

综上所述,本题为选非题,正确答案为C项。

21 `62202133`

参考答案:A,B,C,D

解析:A项:《民法典总则编司法解释》第7条第1款规定:"担任监护人的被监护人父母通过遗嘱指定监护人,遗嘱生效时被指定的人不同意担任监护人的,人民法院应当适用民法典第二十七条、第二十八条的规定确定监护人。"遗嘱生效时被指定的人不同意的,按照法定监护确定监护人。因此,A项错误,当选。

B项:《民法典总则编司法解释》第8条第1款规定:"未成年人的父母与其他依法具有监护资格的人订立协议,约定免除具有监护能力的父母的监护职责的,人民法院不予支持。协议约定在未成年人的父母丧失监护能力时由该具有监护资格的人担任监护人的,人民法院依法予以支持。"父母具有监护能力的,不可通过约定来免除父母的监护职责。因此,B项错误,当选。

C项:《民法典总则编司法解释》第8条第2款规定:"依法具有监护资格的人之间依据民法典第三十条的规定,约定由民法典第二十七条第二款、第二十八条规定的不同顺序的人共同担任监护人,或者由顺序在后的人担任监护人的,人民法院依法予以支持。"协议监护可一人可数人共同,且不受法定监护顺位限制。因此,C项错误,当选。

D项:《民法典总则编司法解释》第7条第2款规定:"未成年人由父母担任监护人,父母中的一方通过遗嘱指定监护人,另一方在遗嘱生效时有监护能力,有关当事人对监护人的确定有争议的,人民法院应当适用民法典第二十七条第一款的规定确定监护人。"《民法典》第27条第1款规定:"父母是未成年子女的监护人。"本题中,甲的母亲在遗嘱生效时有监护能力,与指定监护人乙之

间对于监护人的确定有争议的，甲的母亲是甲的监护人。因此，D 项错误，当选。

综上所述，本题为选非题，答案为 ABCD 项。

22　62202132

参考答案：A,B,C

解析：AB 项：《民法典总则编司法解释》第 14 条规定："人民法院审理宣告失踪案件时，下列人员应当认定为民法典第四十条规定的利害关系人：（一）被申请人的近亲属；（二）依据民法典第一千一百二十八条、第一千一百二十九条规定对被申请人有继承权的亲属；（三）债权人、债务人、合伙人等与被申请人有民事权利义务关系的民事主体，但是不申请宣告失踪不影响其权利行使、义务履行的除外。"外婆作为近亲属，孙子作为近亲属和代位继承人，都属于申请宣告失踪的利害关系人，且无顺序限制。因此，AB 项正确。

C 项：《民法典总则编司法解释》第 16 条第 1 款规定："人民法院审理宣告死亡案件时，被申请人的配偶、父母、子女，以及依据民法典第一千一百二十九条规定对被申请人有继承权的亲属应当认定为民法典第四十六条规定的利害关系人。"儿子属于申请宣告死亡的利害关系人。因此，C 项正确。

D 项：《民法典总则编司法解释》第 16 条第 2 款规定："符合下列情形之一的，被申请人的其他近亲属，以及依据民法典第一千一百二十八条规定对被申请人有继承权的亲属应当认定为民法典第四十六条规定的利害关系人：（一）被申请人的配偶、父母、子女均已死亡或者下落不明的；（二）不申请宣告死亡不能保护其相应合法权益的。"一方面，其他近亲属申请宣告死亡需要满足配偶死亡等条件，乙未死。另一方面，甲丙之间也无利益牵扯。因此，D 项错误。

综上所述，本题答案为 ABC 项。

23　61902097

参考答案：B

解析：A 项：《民法典》第 46 条第 1 款规定："自然人有下列情形之一的，利害关系人可以向人民法院申请宣告该自然人死亡：（一）下落不明满四年；（二）因意外事件，下落不明满二年。"第 47 条规

定："对同一自然人，有的利害关系人申请宣告死亡，有的利害关系人申请宣告失踪，符合本法规定的宣告死亡条件的，人民法院应当宣告死亡。"2015 年 12 月，李某下落不明已满 4 年，符合宣告失踪或宣告死亡的条件，若李某的妻子和母亲主张不同的，人民法院应当宣告李某死亡，故 A 项错误。

B 项：《民法典》第 48 条规定："被宣告死亡的人，人民法院宣告死亡的判决作出之日视为其死亡的日期；因意外事件下落不明宣告死亡的，意外事件发生之日视为其死亡的日期。"李某属于本条前半句的情形，故 B 项正确。

C 项：《民法典》第 52 条规定："被宣告死亡的人在被宣告死亡期间，其子女被他人依法收养的，在死亡宣告被撤销后，不得以未经本人同意为由主张收养行为无效。"即便李某撤销死亡宣告，其仍不能以收养未经本人同意为由主张收养关系无效，故 C 项错误。

D 项：《民法典》第 51 条规定："被宣告死亡的人的婚姻关系，自死亡宣告之日起消除。死亡宣告被撤销的，婚姻关系自撤销死亡宣告之日起自行恢复。但是，其配偶再婚或者向婚姻登记机关书面声明不愿意恢复的除外。"李某被宣告死亡之日起，王某与李某的婚姻关系即消灭，而非王某再婚之日才消灭，故 D 项错误。

综上所述，本题答案为 B。

第四章
法人和非法人组织

参考答案

[1]A　　[2]C　　[3]D　　[4]D　　[5]A
[6]AC　　[7]BC

一、历年真题及仿真题

（一）法人分类

【单选】

1　2102048

参考答案：A

解析：AB项：根据《民法典》第93条规定："设立捐助法人应当依法制定法人章程。捐助法人应当设理事会、民主管理组织等决策机构，并设执行机构。理事长等负责人按照法人章程的规定担任法定代表人。捐助法人应当设监事会等监督机构。"该基金会法人由甲出资设立，属于捐助法人，应当依法制定法人章程，且应当设监督机构。因此，A项正确，B项错误。

C项：根据《民法典》第92条第1款规定："具备法人条件，为公益目的以捐助财产设立的基金会、社会服务机构等，经依法登记成立，取得捐助法人资格。"故基金会法人的成立以登记为要件，登记后取得法人资格。因此，C项错误。

D项：根据《民法典》第95条规定："为公益目的成立的非营利法人终止时，不得向出资人、设立人或者会员分配剩余财产。剩余财产应当按照法人章程的规定或者权力机构的决议用于公益目的；无法按照法人章程的规定或者权力机构的决议处理的，由主管机关主持转给宗旨相同或者相近的法人，并向社会公告。"故以公益为目的成立的基金会法人不得向出资人甲分配利润，终止时，剩余财产不得返还给出资人甲。因此，D项错误。

综上所述，本题正确答案为A项。

2 `1802014`

参考答案：C

解析：A项：根据《民法典》第88条的规定："具备法人条件，为适应经济社会发展需要，提供公益服务设立的事业单位，经依法登记成立，取得事业单位法人资格；依法不需要办理法人登记的，从成立之日起，具有事业单位法人资格。"据此可知，事业单位法人并非一律从登记之日起取得法人资格，依法不需要办理法人登记的，从成立之日起即具备法人资格。因此，A项错误。

B项：根据《民法典》第90条的规定："具备法人条件，基于会员共同意愿，为公益目的或会员共同利益等非营利目的设立的社会团体，经依法登记成立，取得社会团体法人资格；依法不需要办理法人登记的，从成立之日起，具有社会团体法人资格。"据此可知，社会团体法人的成立并非一律从成立之日起具有法人资格。因此，B项错

误。

C项：根据《民法典》第92条第1款的规定："具备法人条件，为公益目的以捐助财产设立的基金会、社会服务机构等，经依法登记成立，取得捐助法人资格。"据此可知，捐助法人均从登记之日起取得法人资格。因此，C项正确。

D项：根据《民法典》第97条的规定："有独立经费的机关和承担行政职能的法定机构从成立之日起，具有机关法人资格，可以从事为履行职能所需要的民事活动。"据此可知，有独立经费的机关法人从成立之日起具有法人资格，无需登记。因此，D项错误。

综上所述，本题答案为C项。

3 `1503001`

参考答案：D

解析：ABCD项：根据《基金会管理条例》第10条第1款、第2款第2项规定："基金会章程必须明确基金会的公益性质，不得规定使特定自然人、法人或者其他组织受益的内容。基金会章程应当载明下列事项：（二）设立宗旨和公益活动的业务范围"，第15条规定："基金会、基金会分支机构、基金会代表机构和境外基金会代表机构的登记事项需要变更的，应当向登记管理机关申请变更登记。基金会修改章程，应当征得其业务主管单位的同意，并报登记管理机关核准。"本题中，改变基金会的宗旨和目的，是对基金会的章程的改变，需经主管机关的批准。故D项正确，当选；ABC项错误，不当选。

综上所述，本题答案为D项。

4 `1403004`

参考答案：D

解析：ABCD项：根据《慈善法》第3条第2项："本法所称慈善活动，是指自然人、法人和其他组织以捐赠财产或者提供服务等方式，自愿开展的下列公益活动：（二）扶老、救孤、恤病、助残、优抚。"第34条规定："本法所称慈善捐赠，是指自然人、法人和其他组织基于慈善目的，自愿、无偿赠与财产的活动。"第58条规定："慈善项目终止后捐赠财产有剩余的，按照募捐方案或者捐赠协议处理；募捐方案未规定或者捐赠协议未约

定的，慈善组织应当将剩余财产用于目的相同或者相近的其他慈善项目，并向社会公开。"本题中，对于余下的 5 万元，募捐方案未规定或者捐赠协议未约定的，慈善组织应当将剩余财产用于目的相同或者相近的其他慈善项目，并向社会公开。因此，D 项正确，ABC 项错误。

综上所述，本题答案为 D 项。

（二）法定代表人行为效力

【单选】

 5 2402062

参考答案：A

解析：《合同编通则解释》第 22 条第 1 款："法定代表人、负责人或者工作人员以法人、非法人组织的名义订立合同且未超越权限，法人、非法人组织仅以合同加盖的印章不是备案印章或者系伪造的印章为由主张该合同对其不发生效力的，人民法院不予支持。"只要法定代表人以法人名义在权限范围内行事，公司就要承担后果，仅是伪造公章不影响合同效力。因此，A 项正确。

【多选】

6 1902099

参考答案：A，C

解析：ABCD 项：根据《民法典》第 504 条规定："法人的法定代表人或者非法人组织的负责人超越权限订立的合同，除相对人知道或者应当知道其超越权限外，该代表行为有效，订立的合同对法人或者非法人组织发生效力。"本题中，甲明知陈某超越权限，仍让其盖章。陈某的行为属于越权代表，而不是表见代表。陈某越权代表订立的合同对乙分公司不发生效力，乙公司无需承担担保责任。因此，AC 项正确，BD 项错误。

综上所述，本题答案为 AC 项。

二、模拟训练

 7 61902125

参考答案：B，C

解析：A 项：根据《基金会管理条例》第 16 条的规定："基金会、境外基金会代表机构有下列情

形之一的，应当向登记管理机关申请注销登记：（一）按照章程规定终止的；（二）无法按照章程规定的宗旨继续从事公益活动的；（三）由于其他原因终止的。"据此，基金会作为非营利性法人，其终止须有上述法定事由，张某无权单独决定终止。因此，A 项错误。

B 项：《民法典》第 94 条第 2 款规定："捐助法人的决策机构、执行机构或者法定代表人作出决定的程序违反法律、行政法规、法人章程，或者决定内容违反法人章程的，捐助人等利害关系人或者主管机关可以请求人民法院撤销该决定。但是，捐助法人依据该决定与善意相对人形成的民事法律关系不受影响。"张某作为捐助人，在基金会的决策机构作出决定的程序违反法律时，有权请求法院撤销该决定，因此，B 项正确。

C 项：《民法典》第 94 条第 1 款规定："捐助人有权向捐助法人查询捐助财产的使用、管理情况，并提出意见和建议，捐助法人应当及时、如实答复。"因此，李某作为捐助人，可以向捐助法人提出建议，C 项正确。

D 项：《民法典》第 95 条规定："为公益目的成立的非营利法人终止时，不得向出资人、设立人或者会员分配剩余财产。剩余财产应当按照法人章程的规定或者权力机构的决议用于公益目的；无法按照法人章程的规定或者权力机构的决议处理的，由主管机关主持转给宗旨相同或者相近的法人，并向社会公告。"张某成立的基金会在终止运营时，不得向出资人和设立人即李某和张某返还财产。因此，D 项错误。

综上所述，本题答案为 BC 项。

第五章
民事法律行为

参考答案

[1] B	[2] B	[3] C	[4] D	[5] D
[6] D	[7] AD	[8] AD	[9] B	[10] D
[11] B	[12] C	[13] B	[14] A	[15] D
[16] D	[17] AC	[18] ABCD	[19] AD	[20] BC
[21] AB	[22] BCD	[23] AC	[24] A	[25] ABC
[26] ABCD	[27] D	[28] D		

一、历年真题及仿真题

(一) 效力待定的民事法律行为

【单选】

1 2102046

参考答案：B

解析：ABCD项：根据《民法典》第145条第1款规定："限制民事行为能力人实施的纯获利益的民事法律行为或者与其年龄、智力、精神健康状况相适应的民事法律行为有效；实施的其他民事法律行为经法定代理人同意或者追认后有效。"9岁的乙是限制行为能力人，而慈善家提出的只能用于学习的10万赠与合同，因为是附义务的赠与，不属于纯获利的法律行为，所以需要其父母追认，父母不同意，合同无效。故B项正确，ACD错误。综上所述，本题答案为B项。

(二) 可撤销的民事法律行为

【单选】

2 1902142

参考答案：B

解析：ABC项：根据《民法典》第148条："一方以欺诈手段，使对方在违背真实意思的情况下实施的民事法律行为，受欺诈方有权请求人民法院或者仲裁机构予以撤销。"《民法典》第151条："一方利用对方处于危困状态、缺乏判断能力等情形，致使民事法律行为成立时显失公平的，受损害方有权请求人民法院或者仲裁机构予以撤销。"

本题中，李某作为法定代表人在被故意灌醉而缺乏判断能力的状态下签订违背甲公司远期商业规划且明显不利于公司的合作协议，属于显失公平，而非欺诈，甲公司作为受损害方可以主张撤销合同。虽然乙公司的行为亦属"乘人之危"，但《民法典》已将"乘人之危"并入"显失公平"，甲公司只能以"显失公平"为由撤销而不能以"乘人之危"为由撤销。因此，B项正确；AC项错误。

D项：根据《民法典》第147条规定："基于重大误解实施的民事法律行为，行为人有权请求人民法院或者仲裁机构予以撤销。"成立重大误解，需要符合三个条件：第一，行为人实施法律行为时对法律行为的内容产生了在交易上具有重要性的认识错误或者表达错误；第二，因该认识错误或者表达错误，行为人作出不真实的意思表示；第三，不真实的意思表示是行为人无意作出的。本题中，李某系因醉酒导致识别能力减弱而作出不真实的意思表示，而非因认识错误作出不真实的意思表示，不成立重大误解。因此，D项错误。综上所述，本题答案为B项。

3 1902093

参考答案：C

解析：AD项：根据《民法典》第151条的规定："一方利用对方处于危困状态、缺乏判断能力等情形，致使民事法律行为成立时显失公平的，受损害方有权请求人民法院或者仲裁机构予以撤销。"乘人之危被纳入显失公平之中。本题中，唐某主观上没有利用自己的优势或者利用对方的困境、危难、急迫等不利境地。赵某不得以唐某乘人之危或显失公平为由，撤销与唐某的买卖合同。因此，AD项错误。

B项：根据《民法典》第149条的规定："第三人实施欺诈行为，使一方在违背真实意思的情况下实施的民事法律行为，对方知道或者应当知道该欺诈行为的，受欺诈方有权请求人民法院或者仲裁机构予以撤销。"本题中，因唐某不知道周某的欺诈行为，赵某不得以第三人欺诈为由，撤销与唐某的买卖合同。因此，B项错误。

C项：根据《民法典》第147条的规定："基于重大误解实施的民事法律行为，行为人有权请求人民民法院或者仲裁机构予以撤销。"重大误解是指行为人对标的物的性质，如质量、品种，发生重大误解，并基于此，表意人表示出来的意思与其内心真意不一致的情形。本题中，赵某以为名画是赝品，并基于此与唐某签订买卖合同，属于重大误解，可以撤销与唐某的买卖合同。因此，C 项正确。

综上所述，本题答案为 C 项。

4 `1802015`

参考答案：D

解析：A 项：根据《民法典》第 150 条规定："一方或第三人以胁迫手段，使对方在违背真实意思的情况下实施的民事法律行为，受胁迫方有权请求法院或仲裁机构予以撤销。"本题中，无论乙是否知道丙对甲实施胁迫一事，均不影响甲请求撤销与乙的买卖合同。因此，A 项错误。

B 项：根据《民法典》第 148 条规定："一方以欺诈手段，使对方在违背真实意思的情况下实施的民事法律行为，受欺诈方有权请求人民法院或者仲裁机构予以撤销"。欺诈，是指民事法律关系的当事人一方故意实施某种欺骗对方的行为，并使对方陷入错误，而与欺诈行为人实施的民事法律行为。本题中，甲不知祖传瓷器为赝品，没有欺诈。因此，B 项错误。

C 项：根据《民法典》第 152 条第 1 款第 2 项规定："有下列情形之一的，撤销权消灭：（二）当事人受胁迫，自胁迫行为终止之日起 1 年内没有行使撤销权。"本题中，胁迫行为终止之日为 2017 年 3 月 2 日，从此时开始起算 1 年除斥期间，撤销权的除斥期间至 2018 年 3 月 2 日。故法院应支持甲的撤销权。因此，C 项错误。

D 项：根据《民法典》第 152 条第 1 款第 1 项规定："有下列情形之一的，撤销权消灭：（一）当事人自知道或者应当知道撤销事由之日起一年内、重大误解的当事人自知道或者应当知道撤销事由之日起九十日内没有行使撤销权。"本题中，乙 2017 年 3 月 10 日方知瓷器为赝品，除斥期间为 90 天，从 2017 年 3 月 11 日开始计算，至 2017 年 6 月 8 日即为 90 天，除斥期间届满。因此，D 项正确。

综上所述，本题答案为 D 项。

5 `1703010`

参考答案：D

解析：A 项：实施民事法律行为时所发生的认识错误，只有符合法定的特定情形，才能以重大误解、遭受欺诈等为由获得相应的救济，此外的其他错误，不能获得救济。本题中陈老伯发生的认识错误，不能被认定为重大误解、欺诈等，陈老伯不能因该认识错误而享有撤销权。故 A 项错误，不当选。

B 项：《民法典》第 147 条规定："基于重大误解实施的民事法律行为，行为人有权请求人民法院或者仲裁机构予以撤销。"重大误解的对象原则上系意思表示的内容错误，但是陈老伯系对"轨道交通"产生了错误认识，该错误并非意思表示内容的错误，因为"轨道交通 19 号线需为地铁"并不是合同内容的组成部分。因此不属于重大误解，陈老伯不能撤销合同。故 B 项错误，不当选。

C 项：《民法典》第 151 条规定："一方利用对方处于危困状态、缺乏判断能力等情形，致使民事法律行为成立时显失公平的，受损害方有权请求人民法院或者仲裁机构予以撤销。"本题中，开发商并未利用自己的优势地位，陈老伯亦未处于危困状态、缺乏判断能力。因此，不存在显失公平的问题，陈老伯不可基于此而主张撤销合同，故 C 项错误，不当选。

D 项：《民法典》第 148 条规定："一方以欺诈手段，使对方在违背真实意思的情况下实施的民事法律行为，受欺诈方有权请求人民法院或者仲裁机构予以撤销。"本题中，销售经理给陈老伯介绍时告知周边有轨道交通 19 号线，并不存在欺诈行为。本质上而言，双方系对"轨道交通"的理解不一致，陈老伯认为轨道交通应该是地铁，可以使用老年卡且地铁房升值空间大，于是决定购买商品房。而开发商认为城市铁路也属于轨道交通，出行方便，销售经理在介绍时不存在欺诈。且都公开的信息不构成欺诈。故 D 项正确，当选。

综上所述，本题答案为 D 项。

6 `1703003`

参考答案：B

解析：AB项：《民法典》第149条规定："第三人实施欺诈行为，使一方在违背真实意思的情况下实施的民事法律行为，对方知道或者应当知道该欺诈行为的，受欺诈方有权请求人民法院或者仲裁机构予以撤销。"本题中，第三人甲实施欺诈行为，使乙在违背真实意思的情况下以5000元购买了齐某的石雕。齐某在场却未作反对表示，应认定为齐某知道甲实施欺诈行为，受欺诈方乙可以请求法院或仲裁机构撤销其购买行为。同时，买卖合同的当事人为乙和齐某，甲并非合同当事人。因此，乙应向齐某主张撤销合同而非向甲主张撤销合同。故A项错误，不当选。B项正确，当选。

C项：《民法典》第148条规定："一方以欺诈手段，使对方在违背真实意思的情况下实施的民事法律行为，受欺诈方有权请求人民法院或者仲裁机构予以撤销。"本题中，齐某曾以5000元将一尊石雕卖给甲的行为构成欺诈，属于可撤销的民事法律行为。甲得向齐某主张撤销其购买行为，故C项错误，不当选。

D项：《民法典》第152条第1款第1项规定："有下列情形之一的，撤销权消灭：（一）当事人自知道或者应当知道撤销事由之日起1年内、重大误解的当事人自知道或者应当知道撤销事由之日起90日内没有行使撤销权；"该条第2款规定："当事人自民事法律行为发生之日起五年内没有行使撤销权的，撤销权消灭。"由此可知，在欺诈的情形下，受欺诈方乙应当自知道或应当知道撤销事由之日起1年内行使撤销权，否则撤销权消灭。当然，若乙自购买行为发生之日起5年内没有行使撤销权，撤销权亦消灭。故D项错误，不当选。

综上所述，本题答案为B项。

【多选】

7 `2302007`

参考答案：A,D

解析：AD项：根据《民法典总则编解释》第19条第1款规定："行为人对行为的性质、对方当事人或者标的物的品种、质量、规格、价格、数量等产生错误认识，按照通常理解如果不发生该错误认识行为人就不会作出相应意思表示的，人民法院可以认定为民法典第一百四十七条规定的重

大误解。"本题中，乙对标的物性质发生错误认识，不知道是古董，如果知道是古董不可能以这个价格出卖，构成重大误解，可以申请撤销合同。因此，AD项正确。

B项：根据《民法典》第151条规定："一方利用对方处于危困状态、缺乏判断能力等情形，致使民事法律行为成立时显失公平的，受损害方有权请求人民法院或者仲裁机构予以撤销。"本题中，甲并未利用乙处于危困状态、缺乏判断能力等情形，买卖合同成立时未显失公平。因此，B项错误。

C项：根据《民法典总则编解释》第21条规定："故意告知虚假情况，或者负有告知义务的人故意隐瞒真实情况，致使当事人基于错误认识作出意思表示的，人民法院可以认定为民法典第一百四十八条、第一百四十九条规定的欺诈。"本题中，甲不存在故意告知虚假情况或者负有告知义务而故意隐瞒真实情况的情形，不构成欺诈。因此，C项错误。

综上所述，本题正确答案为AD。

8 `1902157`

参考答案：A,D

解析：A项：根据《民法典》第149条规定："第三人实施欺诈行为，使一方在违背真实意思的情况下实施的民事法律行为，对方知道或者应当知道该欺诈行为的，受欺诈方有权请求人民法院或者仲裁机构予以撤销。"甲明知该保健品实际为芝麻粉和红糖的混合物仍提供信用背书，对丁实施了积极的欺骗行为，构成买卖合同以外的第三人欺诈。由于受欺诈人丁的合同相对人丙知道第三人甲欺诈的事实，因此，受欺诈人丁享有撤销权，有权以遭受第三人甲欺诈为由撤销与丙的保健品买卖合同。因此，A项正确。

B项：重大误解须为误解人自发产生认识错误，因甲的积极欺诈行为，导致丁对保健品的性质产生认识错误，属于"被引起的错误"，而非"自发产生的错误"，因此不成立重大误解。B项错误。

C项：根据《民法典》第150条规定："一方或者第三人以胁迫手段，使对方在违背真实意思的情况下实施的民事法律行为，受胁迫方有权请求人民法院或者仲裁机构予以撤销。"丙与丁订立买卖

合同过程中，不存在胁迫行为。因此，C 项错误。

D 项：根据《民法典》第 148 条规定："一方以欺诈手段，使对方在违背真实意思的情况下实施的民事法律行为，受欺诈方有权请求人民法院或者仲裁机构予以撤销。"本题中，丙威胁甲提供信用背书将芝麻粉和红糖的混合物包装成保健品"长寿一号"销售，属于故意制造虚假事实；丙在销售过程中故意告知了丁虚假事实，属于积极欺诈；再者，丙作为销售者也有告知、说明义务，但丙未履行该义务，故意对丁隐瞒真实事实，构成消极欺诈。综上，丙构成欺诈，丁可以丙欺诈为由解除合同。因此，D 项正确。

综上所述，本题答案为 AD 项。

（三）综合知识点

【单选】

⑨ `2202027`

参考答案：B

解析：A 项：古玩交易是典型风险行为，不构成重大误解。A 项错误。

C 项：甲没有危困状态，没有缺乏判断能力，不构成显失公平。古玩交易本就是凭各自知识和经验鉴别真伪。C 项错误。

D 项：出卖人没有欺诈行为。D 项错误。（如果要考出卖人的欺诈，一定会在案情凸显出卖人的主观，比如明知是赝品、积极编故事等）

综上所述，本题正确答案为 B 项。

⑩ `2202026`

参考答案：D

解析：A 项：乙五星级酒店最多是没意识到山水画的价值，但是价值认识错误不构成重大误解。A 项错误。

B 项：根据《民法典》第 151 条的规定："一方利用对方处于危困状态、缺乏判断能力等情形，致使民事法律行为成立时显失公平的，受损害方有权请求人民法院或者仲裁机构予以撤销。"乙酒店没有危困状态，没有缺乏判断能力，乙酒店是理性主体，所以不构成显失公平。B 项错误。

C 项：甲公司在收购乙五星级酒店全部财产的情况下对包含在内的巨型山水画不存在说明、告知

义务，故甲公司不构成欺诈。C 项错误。

D 项：根据《民法典》第 143 条的规定："具备下列条件的民事法律行为有效：（一）行为人具有相应的民事行为能力；（二）意思表示真实；（三）不违反法律、行政法规的强制性规定，不违背公序良俗。"甲公司与乙五星级酒店的买卖合同无其他效力瑕疵，故合同有效。D 项正确。

综上所述，本题正确答案为 D 项。

⑪ `2102049`

参考答案：B

解析：A 项：根据《民法典》第 311 条第 1 款："无处分权人将不动产或者动产转让给受让人的，所有权人有权追回；除法律另有规定外，符合下列情形的，受让人取得该不动产或者动产的所有权：（一）受让人受让该不动产或者动产时是善意；（二）以合理的价格转让；（三）转让的不动产或者动产依照法律规定应当登记的已经登记，不需要登记的已经交付给受让人。"此画为齐白石真迹，市场价为 3000 万元，而小李以 3000 元的价格出卖给王某，非合理对价，且王某明知画的价值，不属于善意，不符合善意取得构成要件，王某不可善意取得该画。因此，A 项错误。

B 项：根据《民法典》第 147 条："基于重大误解实施的民事法律行为，行为人有权请求人民法院或者仲裁机构予以撤销。"行为人因对行为的性质、对方当事人、标的物的品种、质量、规格和数量等的错误认识，使行为的后果与自己的意思相悖，可以认定为重大误解。小李以为是假的但其实是真的，对标的物发生错误认识，属于重大误解。误解方小李有权撤销。因此，B 项正确。

C 项：显失公平需要利用对方危困、急迫、轻率等不利困境，该题中并未有该种情形。因此，C 项错误。

D 项：欺诈需要王某故意告知虚假事实或隐瞒真实事实，本题中王某没有声张不属于隐瞒，隐瞒的前提是有告知义务，而王某作为买方没有告知义务。因此，D 项错误。

综上所述，本题正确答案为 B 项。

⑫ `1802002`

参考答案：C

解析：AB项：根据《民法典》第20条的规定："不满8周岁的未成年人为无民事行为能力人，由其法定代理人代理实施民事法律行为。"同时，根据《民法典》第144条的规定："无民事行为能力人所实施的民事法律行为无效。"本题中，小张6岁时作为无民事行为能力人，其所实施的受赠书画的民事法律行为无效，母亲刘某反对与否并不影响民事法律行为的效力。因此，AB项错误。

CD项：根据《民法典》第19条的规定："8周岁以上的未成年人为限制民事行为能力人，实施民事法律行为由其法定代理人代理或经其法定代理人同意、追认，但是，可以独立实施纯获利益的民事法律行为或与其年龄、智力相适应的民事法律行为。"同时，根据《民法典》第145条第1款的规定："限制民事行为能力人实施的纯获利益的民事法律行为或者与其年龄、智力、精神健康状况相适应的民事法律行为有效；实施的其他民事法律行为经法定代理人同意或追认后有效。"本题中，小张8岁时属于限制民事行为能力人，其所实施的受赠檀木手串的民事法律行为因纯获利益而有效。因此，C项正确，D项错误。

综上所述，本题答案为C项。

13 1703002

参考答案：B

解析：A项：《民法典》第18条第2款规定："16周岁以上的未成年人，以自己的劳动收入为主要生活来源的，视为完全民事行为能力人。"本题中，肖特16周岁，以演出收入为主要生活来源，应视为完全民事行为能力人。故A项错误，不当选。

B项：《民法典》第20条规定："不满8周岁的未成年人为无民事行为能力人，由其法定代理人代理实施民事法律行为。"同时，《民法典》第144条规定："无民事行为能力人实施的民事法律行为无效。"据此可知，肖特7岁时作为无民事行为能力人，其受赠口琴1个的民事法律行为是无效的，应由其法定代理人代理实施。故B项正确，当选。

CD项：《民法典》第19条规定："8周岁以上的未成年人为限制民事行为能力人，实施民事法律行为由其法定代理人代理或者经其法定代理人同意、追认；但是，可以独立实施纯获利益的民事法律行为或者与其年龄、智力相适应的民事法律行为。"同时，《民法典》第145条第1款规定："限制民事行为能力人实施的纯获利益的民事法律行为或者与其年龄、智力、精神健康状况相适应的民事法律行为有效；实施的其他民事法律行为经法定代理人同意或者追认后有效。"本题中，肖特9岁和15岁时均属于限制民事行为能力人，其受赠钢琴1架和受赠名贵小提琴1把的民事法律行为属于纯获利益的民事法律行为，均有效。故CD项错误，不当选。

综上所述，本题答案为B项。

14 1603003

参考答案：A

解析：A项："赌石"活动在该地盛行，则潘某与商家明确知悉赌石的相关活动规则，购买原石后自负损益。所以，商家无权要求潘某退货。故A项正确，当选。

B项：商家与潘某的买卖合同作为"射幸合同"完全可以维持双方权利义务明显不对等的状况，依法不应适用公平原则对当事人约定的权利义务进行干预调整。所以不可以基于公平原则要求潘某补偿，故B项错误，不当选。

C项：《民法典》第147条规定："基于重大误解实施的民事法律行为，行为人有权请求人民法院或者仲裁机构予以撤销。"潘某与商家订立买卖合同时，双方对交易的性质没有产生误解，而且双方事前约定损益自负。所以，商家不可以以重大误解为由撤销交易。故C项错误，不当选。

D项：《民法典》第151条规定："一方利用对方处于危困状态、缺乏判断能力等情形，致使民事法律行为成立时显失公平的，受损害方有权请求人民法院或者仲裁机构予以撤销。"本题中不存在潘某利用商家处于危困状态、缺乏判断能力等情形，不构成显失公平。故D项错误，不当选。

综上所述，本题答案为A项。

15 1503004

参考答案：D

解析：ABCD项：根据《民法典》第145条第1款的规定："限制民事行为能力人实施的纯获利益的

民事法律行为或者与其年龄、智力、精神健康状况相适应的民事法律行为有效；实施的其他民事法律行为经法定代理人同意或者追认后有效。"本题中，陈某 15 岁，系限制民事行为能力人，甲公司与陈某签订的委托合同效力待定，陈某的法定代理人即其父母拒绝追认后，委托合同确定无效。代理权授予是单方法律行为，一方意思表示即可成立。因此，D 项正确，当选；ABC 项错误，不当选。

综上所述，本题答案为 D 项。

16 1503003

参考答案：D

解析：先分析本题案情：甲公司伪造房产证，存在虚构事实的积极欺诈行为，且甲公司是故意欺骗乙公司，故意想让乙公司因被骗而作出购买房屋的意思表示。而乙公司确实因为甲公司的欺诈行为陷入错误认识，并因该错误认识而作出购买房屋的意思表示。故甲公司的行为符合欺诈的构成要件，受欺诈方乙公司可主张撤销合同，进而主张甲公司承担缔约过失责任；也可以选择不撤销合同，此时合同有效，甲公司无法履行合同义务（交房），应承担违约责任。

BD 项：从上述分析可知，乙公司有选择权，并非只能请求撤销合同，因此 B 选项错误，D 选项正确。

AC 项：欺诈属于可撤销事由，而 AC 项却说可以主张合同无效，显然错误。其次，就 C 项来说，即使是无效合同，基于合同相对性，也只能由乙公司自己主张，乙公司的主管部门不是合同相对人，不能主张。

综上，本题正确答案为 D 项。

【有很多同学不会在题目中判断某个合同是无效还是可撤销，对此大家只需要记住无效的 5 种事由和可撤销的 4 种事由，然后看案情到底是哪种事由。对本题而言，有同学疑惑为什么不属于通谋虚伪表示或恶意串通，要注意，"通谋"和"串通"体现的是合同双方当事人一起去搞弯弯绕，本题只是甲公司一方搞小动作，乙公司是不知道的。此外，买卖合同本身也并不违反法律、公序良俗等，因此本题中不存在无效事由。】

【多选】

17 2402063

参考答案：A,C

解析：A 项：《民法典》第 1188 条第 1 款规定："无民事行为能力人、限制民事行为能力人造成他人损害的，由监护人承担侵权责任。监护人尽到监护职责的，可以减轻其侵权责任。"王某是限制民事行为能力人，由王某父母承担侵权责任。A 项正确。

BD 项：①乙对王某的行为能力认识错误，但是不按照重大误解处理，还是按照民事行为能力规则处理（为了保护无、限制民事行为能力人）。②王某是限制民事行为能力人，买车导致一学期的生活费都没了，严重影响生活，且价格很高，合同效力待定。父母拒绝追认，合同自始无效。因此 BD 项错误。

C 项：合同无效后双方互相返还财产，还车还钱，因此可以要求返还 4500 元。只是车有损坏，乙可以请求赔偿损失。C 项正确。

综上所述，本题答案为 AC。

18 2102058

参考答案：A,B,C,D

解析：ABCD 项：该约定由双方自愿协商形成，未违反自愿原则，也不构成显失公平，不违反法律、行政法规的强制性规定，不违背公序良俗，合法有效，应尊重当事人的意思自治，该合同在成立时已生效。因此 ABCD 项错误，当选。

综上所述，本题为选非题，正确答案为 ABCD 项。

19 2102057

参考答案：A,D

解析：A 项：根据题意，甲乙对 A 房屋不存在均知情，其内心真意就是订立借款合同，而非租赁合同，实际成立的法律关系也是借款法律关系，因此合同实际上是借款合同。A 项正确。

BCD 项：根据《民法典》146 条："行为人与相对人以虚假的意思表示实施的民事法律行为无效。以虚假的意思表示隐藏的民事法律行为的效力，依照有关法律规定处理。"只要不含有合同无效的事由，一般情况下合同成立即生效。而在阴阳合同中，根据"阴合同"的性质确定合同效力，借款合同为"阴合同"，借款合同有效。虽然丙不知道房屋并不存在，但从房价100万，月租金10万可以知道不是租赁，是名为租赁实为借款。保证人在知道或者应当知道债权人与债务人之间真实交易目的，即使表面行为无效也要为隐藏的行为承担保证责任。所以，甲乙不存在恶意串通损害丙的利益，也对丙不构成欺诈，该保证合同有效，因此D项正确。

综上所述，本题正确答案为AD项。

⑳ 2002091

参考答案：B,C

解析：AB项：合伙合同的法律关系是"共担风险，共享利益"；借款合同的法律关系是"提供借款，还本付息"。认定合同性质要根据合同实际法律关系，而非合同名称。甲乙并不共担风险，只是按照10%年利率向乙还本付息，三年还清。因此甲乙之间名为合伙实为借款。故A错B对。

CD项：甲乙实际上是想发生借款合同的法律后果，因此合伙合同是双方通谋虚伪表示，无效；借款合同是隐藏行为，有效。故C对D错。

综上所述，本题答案为BC项。

㉑ 1902097

参考答案：A,B

解析：AB项：抛弃物，是指所有人基于抛弃的意思表示，自动放弃占有和所有权的物。抛弃行为存在意思表示，且该行为的意思表示属于无相对人的意思表示。本题中，甲留下喝剩下的可乐的行为依据社会一般观念，具有放弃对剩余可乐占有及所有的意思。因此，可乐属于抛弃物，该意思表示并不需要有相对人存在。因此，AB项正确。

C项：可乐与甲的书包放在一起时，根据日常生活观念，应当认定所有权人没有抛弃的意思表示，甲仍对可乐享有所有权。由于可乐并非无主物，乙不能捡拾该可乐进行先占。因此，C项错误。

D项：根据《民法典》第657条规定："赠与合同是赠与人将自己的财产无偿给予受赠人，受赠人表示接受赠与的合同。"赠与合同属于双方法律行为，是指赠与人将自己的财产无偿给予受赠人，

受赠人表示接受的一种行为。本题中，甲没有作出将可乐赠与乙的意思表示，乙也没有作出接受赠与的意思表示，故不属于赠与的情形。因此，D项错误。

综上所述，本题答案为AB项。

㉒ 1503052

参考答案：B,C,D

解析：ACD项：根据《民法典》第148条规定，"一方以欺诈手段，使对方在违背真实意思的情况下实施的民事法律行为，受欺诈方有权请求人民法院或者仲裁机构予以撤销。"本题中，价格为2800元的兵马俑，按照一般人的见识足以知道其属于复制品，而且真品属于禁止流通物，王某明知"秦始皇兵马俑"为复制品而购买，并非被诱使作出错误意思表示，商店的行为不属于欺诈，王某也不享有撤销权。故A项正确，不当选；CD项错误，当选。

B项：根据《民法典》第147条："基于重大误解实施的民事法律行为，行为人有权请求人民法院或者仲裁机构予以撤销。"本题中，在订立买卖合同时，王某应当明知该纪念品不可能属于真品，所以不构成对买卖标的物的错误认识，不构成重大误解。故B项错误，当选。

综上所述，本题为选非题，答案为BCD项。

㉓ 1503002

参考答案：A,C

解析：先分析案情：甲隐瞒汽车里程表错误的事实，且该事实会影响到交易价格，甲应当告知却没有告知，存在消极欺诈行为。甲主观上存在双重故意（故意骗乙＋故意想让乙因被骗而以23万元价格作出购买决定）。乙确实因为甲公司的消极欺诈陷入错误认识，并因该错误认识而作出以23万元购买的意思表示。故甲构成欺诈，受欺诈方乙可主张撤销合同，也可以选择不撤销合同，而主张让甲承担违约责任。

ACD项：欺诈是可撤销事由，乙可以请求法院或仲裁机构撤销合同，而非变更合同。因此A项错误，当选。可撤销合同中撤销权的行使必须以诉讼或仲裁的方式，通知不能产生撤销合同的效力。因此C项错误，当选。若乙选择撤销合同，可以

主张甲承担缔约过失责任。因此 D 项正确，不当选。

B 项：若乙选择不撤销合同，则可以主张甲承担违约责任，采取补救措施，如修理、重作、更换、退货、减少价款等，因此 B 项正确，不当选。根据《民法典》第 582 条规定："履行不符合约定的，应当按照当事人的约定承担违约责任。对违约责任没有约定或者约定不明确，依据本法第五百一十条的规定仍不能确定的，受损害方根据标的的性质以及损失的大小，可以合理选择请求对方承担修理、重作、更换、退货、减少价款或者报酬等违约责任。"

综上所述，本题为选非题，答案为 AC 项。

【不定项】

24 `1403090`

参考答案：A

解析：ABC 项：根据《民法典》第 119 条："依法成立的合同，对当事人具有法律约束力。"本题中，张某、方某与乙公司签订《合作协议二》，约定后续房产开发项目事宜，意思表示真实有效，并无其他效力瑕疵，因此为有效合同。注意：虽然《协议二》当中约定《协议一》作废，对于《协议一》另一当事人甲公司来讲，未经甲公司同意，对甲公司不发生效力。但基于合同的相对性，对张某、方某、乙公司而言，只要合同的约定是出于当事人真实、一致的意思表示，且不违反法律、行政法规的效力强制性规定，该约定就是有效的。故 A 项正确，当选；BC 项错误，不当选。

D 项：《合作协议一》为甲公司和乙公司之间的合同，约束甲乙双方，《合作协议二》是张某、方某与乙公司之间的合同，约束张某、方某与乙公司双方，甲公司作为法人，享有独立法律地位，张某、方某作为出资人，无权以与乙公司之间的《协议二》取代甲乙公司之间的协议。故 D 项错误，不当选。

综上所述，本题答案为 A 项。

二、模拟训练

25 `62202018`

参考答案：A,B,C

解析：A 项：甲误把月季当玫瑰，对标的物的品种产生认识错误，按照通常理解甲若没有认错，就不会购买月季，故甲的行为成立重大误解，有权请求撤销合同，A 当选。

B 项：乙欲以 10 元每斤的价格出售，但丙记错了，记成了 4 元每斤，属于第三人传达错误，按照通常理解，如果丙不发生传达错误，乙就不会作出以该价格出售的意思表示，乙构成重大误解，有权请求撤销合同，B 当选。

C 项：由于系统 bug 原为 99 元 / 双的价格变成了 9.9 元 / 双，属于表达错误，按照通常理解，如果丁不发生表达错误，就不会作出以该价格出售的意思表示，故丁可以重大误解为由请求撤销合同，C 当选。

D 项：甲认为铜壶即使名家制作也不会过于"值钱"，属于对壶的价值产生了错误认识，不构成重大误解，无权请求撤销合同，D 不选。【注意区别，对价格产生认识错误可以构成重大误解，如以为是 100 块，实际是 10000 块】

综上所述，本题答案为 ABC 项。

26 `62102117`

参考答案：A,B,C,D

解析：AB 项：《民法典》第 150 条规定："一方或者第三人以胁迫手段，使对方在违背真实意思的情况下实施的民事法律行为，受胁迫方有权请求人民法院或者仲裁机构予以撤销。"本案属于第三人李四胁迫王五，使王五违背真实意思表示签订保证合同，因此该保证合同属于可撤销合同，而不是无效合同。故 A 项错误，当选。此外，该条并未区分一方胁迫与第三人胁迫，统一规定为受胁迫方可以撤销民事法律行为。特别是与《民法典》第 149 条相比可知，第三人胁迫时不考虑相对人的主观状态，不论相对人对胁迫是否知情，受胁迫方均可请求人民法院或者仲裁机构撤销民事法律行为。故 B 项错误，当选。

C 项：根据《民法典》第 152 条第 1 款规定，"有下列情形之一的，撤销权消灭：（一）当事人自知道或者应当知道撤销事由之日起一年内、重大误解的当事人自知道或者应当知道撤销事由之日起九十日内没有行使撤销权；（二）当事人受胁迫，自胁迫行为终止之日起一年内没有行使撤销权；(三) 当事人知道撤销事由后明确表示或者以自己的行为表明放弃撤销权"。据此，基于胁迫的撤销权的除斥期间为一年而不是九十日。故 C 项错误，当选。

D 项：撤销权属于形成诉权，权利的行使需要向法院起诉或者请求仲裁机构仲裁，法院或者仲裁机构决定撤销合同后，合同才失效，并非发出撤销通知之日起失效。故 D 项错误，当选。

综上所述，本题为选非题，正确答案为 ABCD 项。

27 `62102068`

参考答案：D

解析：A 项：根据《民法典》第 151 条的规定："一方利用对方处于危困状态、缺乏判断能力等情形，致使民事法律行为成立时显失公平的，受损害方有权请求人民法院或者仲裁机构予以撤销。"甲书店与乙之间的交易并非乙利用甲书店处于危困状态等不利境地而做出的欠缺选择自由的交易，且甲书店作为图书行业的经营者，对图书价值具有丰富的判断能力，故不成立显失公平，甲书店不能基于显失公平主张撤销该合同。因此，A 项错误。

B 项：根据《民法典》第 147 条的规定："基于重大误解实施的民事法律行为，行为人有权请求人民法院或者仲裁机构予以撤销。"甲书店通过将 PDF 扫描打印版谎称正版二手书籍，以 300 元的价格出售，实际该 PDF 扫描打印版价值 3000 元。价值错误不成立重大误解，价值具有主观性。且倘若容许甲书店以重大误解为由撤销买卖合同，将严重影响交易安全，故甲书店不能基于重大误解主张撤销该合同。因此，B 项错误。

C 项：根据《民法典》第 148 条的规定："一方以欺诈手段，使对方在违背真实意思的情况下实施的民事法律行为，受欺诈方有权请求人民法院或者仲裁机构予以撤销。"《民法典》第 152 条规定："有下列情形之一的，撤销权消灭：(一) 当事人自知道或者应当知道撤销事由之日起一年内、重大误解的当事人自知道或者应当知道撤销事由之日起九十日内没有行使撤销权；…"本题中，甲书店以 PDF 扫描打印版谎称正版二手书籍出售的

行为构成欺诈，乙作为受欺诈方享有撤销权，其可自知道或应当知道撤销事由之日起一年内行使撤销权，除斥期间的起算点并非是买卖合同签订时，而是乙知道撤销事由时。因此，C 项错误。

D 项：可撤销合同在被撤销前为有效合同。乙有权不行使撤销权，使可撤销合同继续生效并履行该合同。此时，甲书店作为合同相对方，受有效合同的约束，故其应当继续合同履行。甲作为欺诈方，没有撤销权。因此，D 项正确。

综上所述，本题答案为 D 项。

28 `61902128`

参考答案：D

解析：A 项：根据《民法典》第 137 条："以对话方式作出的意思表示，相对人知道其内容时生效。以非对话方式作出的意思表示，到达相对人时生效。以非对话方式作出的采用数据电文形式的意思表示，相对人指定特定系统接收数据电文的，该数据电文进入该特定系统时生效；未指定特定系统的，相对人知道或者应当知道该数据电文进入其系统时生效。当事人对采用数据电文形式的意思表示的生效时间另有约定的，按照其约定。"本题中，甲"发出书面信件"是以非对话方式作出的意思表示，到达相对人乙时生效，而非自乙知道之时起生效。因此，A 项错误。

B 项：根据《民法典》第 140 条的规定："行为人可以明示或者默示作出意思表示。沉默只有在有法律规定、当事人约定或者符合当事人之间的交易习惯时，才可以视为意思表示。"本题中，法律并未规定 B 项的情形可以视为沉默，双方当事人也没有作出约定，也不存在交易习惯，故乙的沉默不能视为意思表示。因此，B 项错误。

C 项：根据《民法典》第 139 条："以公告方式作出的意思表示，公告发布时生效。"本题中，甲公司以商业广告的方式作出的要约属于"以公告的方式作出的意思表示"，应当在该广告发布时生效，而非相对人了解时生效。因此，C 项错误。

D 项：本题中，遗嘱属于单方意思表示，甲的爷爷的自书遗嘱无须向甲作出，仍能在其死亡时生效。因此，D 项正确。

第六章
代理

参考答案

[1]D	[2]BD	[3]C	[4]B	[5]CD
[6]B	[7]D	[8]D	[9]AB	[10]B
[11]ABD	[12]BC			

一、历年真题及仿真题

（一）代理概述

【单选】

1 1503009

参考答案：D

解析：A项：本题中，甲乙之间不存在借贷关系，甲用乙的钱为乙买东西，构成代理行为，甲乙之间没有借贷的合意，所以不能适用借贷关系。因此，A项错误。

BCD项：根据《民法典》第162条："代理人在代理权限内，以被代理人名义实施的民事法律行为，对被代理人发生效力。"本题中，甲乙之间存在代理关系，法律效果由乙承担，乙对甲授权的中心内容是"甲为乙购买彩票"，甲改变彩票号码的行为，未超出该授权的中心内容。甲乙之间的代理关系没有变化，所以代理行为的效果仍然归属于被代理人乙。因此，D项正确，BC项错误。

综上所述，本题答案为D项。

【多选】

2 2102144

参考答案：B,D

解析：ABDC项：《民法第》第162条规定："代理人在代理权限内，以被代理人名义实施的民事法律行为，对被代理人发生效力。"本题中，甲将出卖古画的代理权授予乙，双方有双层法律关系：（1）基础关系层，甲与乙之间有合法有效的委托合同，依据该合同，乙有义务为甲的利益而出卖古画；（2）授权关系层，乙有权以甲的名义对外签订古画买卖合同，享有代理权。本题中，乙以甲的名义和丁签订了古画买卖合同，属于有权代理。但是，乙有意选择了出价更低的丁，而未选择出价更高的其他有意购买者，并且收取了丁给的20%的好处费，违反了和甲的基础关系——委托合同，属于滥用代理权。《民法典》第164条第2款规定："代理人和相对人恶意串通，损害被代理人合法权益的，代理人和相对人应当承担连带责任。"据此，代理人和相对人恶意串通，合同效力待定，对于甲的损失，乙与丁应承担连带责任。因此，BD项正确，AC项错误。

综上所述，本题答案为BD项。

（二）狭义的无权代理

【单选】

3 2002156

参考答案：C

解析：ABCD项：《民法典》第172条规定："行为人没有代理权、超越代理权或者代理权终止后，仍然实施代理行为，相对人有理由相信行为人有代理权的，代理行为有效。"乙擅自以丙的名义向甲主张买车，即没有代理权仍然实施代理行为。但被代理人丙未否认，甲有理由相信乙有代理权，因此构成表见代理，法律后果由被代理人丙承受，应当由丙支付车款，C项正确，ABD项错误。

综上，正确答案为C项。

4 2002004

参考答案：B

解析：A项：根据《民法典》第171条第1、2款的规定："行为人没有代理权、超越代理权或者代理权终止后，仍然实施代理行为，未经被代理人追认的，对被代理人不发生效力。相对人可以催告被代理人自收到通知之日起三十日内予以追认。被代理人未作表示的，视为拒绝追认。行为人实施的行为被追认前，善意相对人有撤销的权利。撤销应当以通知的方式作出。"丙被开除后失去了代理权限，伪造甲的公章，属于无权代理，乙作为善意的相对人，在甲公司追认前，可以行使撤销权。撤销应当以通知的方式作出。因此，A项正确，不当选。

BCD项：根据《民法典》第171条第3款的规定：

"行为人实施的行为未被追认的，善意相对人有权请求行为人履行债务或者就其受到的损害请求行为人赔偿。但是，赔偿的范围不得超过被代理人追认时相对人所能获得的利益。"由于被代理人甲没有追认，且甲被伪造公章没有可归责性，不构成表见代理，因此该合同并不对甲产生效力，乙公司无权请求甲公司履行合同。因此，B项错误，当选。由于被代理人甲没有追认，乙公司有权选择请求行为人丙履行交付义务或者赔偿损失。因此，CD项正确，不当选。

综上所述，本题为选非题，答案为B项。

（三）表见代理

【多选】

⑤ `1403052`

参考答案：C,D

解析：根据《民法典》第172条："行为人没有代理权、超越代理权或者代理权终止后，仍然实施代理行为，相对人有理由相信行为人有代理权的，代理行为有效。"由此可知，表见代理的判断标准主要是"相对人有理由相信"无权代理人有权代理，即主观上第三人需要善意且无过失，客观上需要代理人存在权利外观，该权利外观的形成一般可归责于被代理人。

A项：本题中，单位作为当事人订立合同时，在合同上加盖单位的合同专用章和加盖单位的公章具有同等效力，吴某不享有代理权，但持有甲公司的合同专用章与吴某订立借款合同，可以构成表见代理。因此，A项错误。

B项：本题中，吴某持有甲公司授权委托书和合同专用章，温某有理由相信其享有代理权，虽然温某未与甲公司核实即将借款交给吴某，不能认定温某具有过失，吴某可以构成表见代理。因此，B项错误。

C项：本题中，虽然温某对授权委托书没有实质审查义务，但却有形式审查义务（即查看授权委托书的内容），若吴某出示的授权委托书仅载明授权其参与投标活动，未授权其借款，温某仍与吴某订立借款合同，属于有过失，不构成表见代理。因此，C项正确。

D项：本题中，若吴某出示的空白授权委托书已届期，温某仍与其签订借款合同，属于有过失，不构成表见代理。因此，D项正确。

综上所述，本题答案为CD项。

（四）综合知识点

【单选】

⑥ `2202179`

参考答案：B

解析：A项：张某并没有想将效果归属于A公司，不构成无权代理。A项错误。

BC项：张某冒用A公司名义签合同，是冒名行为。如果相对人不在乎和谁签合同，冒名行为在冒名人和相对人之间生效。如果相对人在乎和谁签合同，准用无权代理规则处理。本题中，因为涉及到用公司优惠价签订合同，所以相对人商家是在乎对方身份的，按照无权代理处理。《民法典》第503条规定："无权代理人以被代理人的名义订立合同，被代理人已经开始履行合同义务或者接受相对人履行的，视为对合同的追认。"A公司知晓事情原由后，欲将张某购买的牛肝菌拿来当作福利发给员工，视为对张某行为的追认，故由A公司承担牛肝菌买卖合同的法律后果，即支付牛肝菌的价款并取得其所有权。因此，B项正确，C项错误。

【区分】无权代理和冒名

冒名行为有两种，一种是姓名冒用，如甲说"我是乙"，这种和无权代理很好区分。第二种是身份冒用，比如本题张某以A公司名义买牛肝菌，这种看起来会和无权代理很像，都是没有授权，以他人名义签订合同，身份冒用和无权代理的区别关键看是否想将法律效果归属于名义者承担，从而构成两方关系还是三方关系。身份冒用是我假借公司名义（仅为获得优惠），目的是将法律效果归属于自己（我来付钱收货），构成两方关系；无权代理是我以公司名义，目的是将法律效果归属于公司（公司付钱收货），我只是代理人，构成三方关系。

D项：《民法典总则编解释》第21条规定："故意告知虚假情况，或者负有告知义务的人故意隐瞒真实情况，致使当事人基于错误认识作出意思表示的，人民法院可以认定为民法典第一百四十八条、第一百四十九条规定的欺诈。"公司已经追认，享受优惠价不再存在欺诈问题。因此，D 项错误。

综上所述，本题答案为 B。

【说明】为什么一会说冒名，不是无权代理，不选 A，一会又按无权代理处理。——在定性的时候，务必区分冒名和代理。冒名是"甲对别人说我就是乙"。而代理是三方结构，"甲对别人说我是代理乙做事，"看最终的效果能不能归属乙承担。这个题张某是冒用公司名义，为了获得优惠价。冒名行为怎么处理目前法律没有规定，按照通说按照无权代理处理。但是不能反推凡是按照无权代理规则处理的都构成代理（无权代理）。

7　1902148

参考答案：D

解析：A 项：成立无因管理需要管理人具有管理他人事务的意思，甲缺乏管理意思，因此甲的行为不成立无因管理。因此，A 项错误。

BCD 项：根据《民法典》第 171 条第 1 款规定："行为人没有代理权、超越代理权或者代理权终止后，仍然实施代理行为，未经被代理人追认的，对被代理人不发生效力。"本题中，甲实施的行为不属于无权代理。甲实施的行为属于冒名行为，如果相对人不在乎和谁签合同，冒名行为在冒名人和相对人之间生效。如果相对人在乎和谁签合同：准用无权代理规则处理。本题中，相对人丙认为是借给乙，才欣然同意，属于相对人在乎和谁签合同的情形，应按照无权代理处理。被冒名人乙知情后，对甲的冒名行为予以追认，该借款合同在乙、丙之间成立并生效。故乙取得借款利益来源于有效的借款合同，具有法律上的原因，不成立不当得利。因此，B 项错误。由于借款合同在乙、丙之间成立并生效，约定的期限届满后，丙有权依照借款合同请求乙偿还借款。因此，C 项错误；D 项正确。

综上所述，本题答案为 D 项。

8　1603004

参考答案：D

解析：A 项：以合法形式掩盖非法目的，例如订立

合法的建造房屋合同，目的在于非法转让划拨建设用地使用权，但是本题中该买卖合同并不存在此种情形。因此，A 项错误。

B 项：唐某受公司委托订购空气净化机，唐某买的确实是乙公司的空气净化机，并未超出代理权限。因此，B 项错误。

C 项：甲公司是否受欺诈要看它的代理人唐某是否受欺诈，唐某是和乙公司串通的，所以不存在欺诈。因此，C 项错误。

D 项：根据《民法典》第 164 条第 2 款规定："代理人和相对人恶意串通，损害被代理人合法权益的，代理人和相对人应当承担连带责任。"甲公司委托员工唐某订购空气净化机属于委托代理合同，唐某与乙公司恶意串通，收取回扣，损害甲公司的利益。唐某与乙公司应当承担连带责任。因此，D 项正确。

综上所述，本题答案为 D 项。

【多选】

9　2102059

参考答案：A,B

解析：ABCD 项：根据《民法典》第 172 条："行为人没有代理权、超越代理权或者代理权终止后，仍然实施代理行为，相对人有理由相信行为人有代理权的，代理行为有效。"甲公司已告知乙公司就谈判事宜必须经由吉某和展某共同签字，吉某擅自签字且甲公司没有过错，吉某构成无权代理而非表见代理。若甲公司开始履行，则视为以行为对吉某签订合同进行追认。乙公司本身有过错，不是善意的相对人，不能请求吉某履行合同。因此，CD 项错误，AB 项正确。

综上所述，本题的正确答案为 AB 项。

【不定项】

10　1503087

参考答案：B

解析：A 项：根据《最高人民法院关于审理商品房买卖合同纠纷案件适用法律若干问题的解释》（以下简称《商品房买卖合同解释》"）第 2 条的规定："出卖人未取得商品房预售许可证明，与买受人订立的商品房预售合同，应当认定无效，但是

在起诉前取得商品房预售许可证明的，可以认定有效。"本题中，丙公司与张某订立《房屋预订合同》时，尚未取得预售许可证，但在起诉前取得，该商品房预售合同有效。此外，《民法典》第597条第1款规定："因出卖人未取得处分权致使标的物所有权不能转移的，买受人可以解除合同并请求出卖人承担违约责任。"据此可知，无权处分不影响买卖合同的效力。本题中，张某与丙公司签订的《房屋预订合同》是要买A区房屋。而A区房屋所有权归属于甲公司，甲公司并未委托丙公司对外销售房屋。因此，丙公司系无权处分，但无权处分不影响合同的效力，其与张某签订的《房屋预订合同》有效。因此，A项错误，不当选。

B项：本题中，丙公司擅自以自己的名义，将甲公司享有所有权的A区房屋出售给张某，符合无权处分的概念。因此，B项正确。

C项：根据《民法典》第162条规定："代理人在代理权限内，以被代理人名义实施的民事法律行为，对被代理人发生效力。"本题中，乙公司与丙公司签订《委托书》，委托丙公司对外销售房屋，即销售B区房屋，但丙公司却对外销售A区房屋，超越了代理范围。对于乙公司而言，显然不构成有效代理。因此，C项错误。

D项：如前所述，与张某订立合同时，丙公司构成无权处分。表见代理需要具备权利外观，本案中《合作开发协议》载明A区是甲的，B区是乙的，《委托书》当事人是乙和丙。都不能让张某误认为甲委托丙代理。因此，D项错误。

综上所述，本题答案为B项。

二、模拟训练

⑪ 61902154

参考答案：A,B,D

解析：ABCD项：根据《民法典》第171条的规定："行为人没有代理权、超越代理权或者代理权终止后，仍然实施代理行为，未经被代理人追认的，对被代理人不发生效力。相对人可以催告被代理人自收到通知之日起三十日内予以追认。被代理人未作表示的，视为拒绝追认。行为人实施的行为被追认前，善意相对人有撤销的权利。撤销应当以通知的方式作出。行为人实施的行为未

被追认的，善意相对人有权请求行为人履行债务或者就其受到的损害请求行为人赔偿。但是，赔偿的范围不得超过被代理人追认时相对人所能获得的利益。相对人知道或者应当知道行为人无权代理的，相对人和行为人按照各自的过错承担责任。"本题中，在甲尚未作出追认或者拒绝的意思表示前，该买卖合同既不是有效的，也不是无效的，而是效力待定。因此，AB项错误，当选。同时，如果甲在收到通知之日起三十日内未作表示，应当认定是拒绝追认。因此，C项正确，不当选。善意的丙在甲作出追认前享有撤销权，而不是随时都可以撤销该合同。因此，D项错误，不当选。综上所述，本题为选非题，正确答案为ABD项。

⑫ 61902101

参考答案：B,C

解析：ABC项：根据《民法典》第171条的规定："行为人没有代理权、超越代理权或者代理权终止后，仍然实施代理行为，未经被代理人追认的，对被代理人不发生效力。相对人可以催告被代理人自收到通知之日起三十日内予以追认。被代理人未作表示的，视为拒绝追认。行为人实施的行为被追认前，善意相对人有撤销的权利。撤销应当以通知的方式作出。行为人实施的行为未被追认的，善意相对人有权请求行为人履行债务或者就其受到的损害请求行为人赔偿。但是，赔偿的范围不得超过被代理人追认时相对人所能获得的利益。相对人知道或者应当知道行为人无权代理的，相对人和行为人按照各自的过错承担责任。"本题中，钱某的行为属于超越代理权的狭义无权代理，在被代理人赵某追认之前效力待定。因此，A项错误。根据本条的规定，在钱某的行为被赵某追认之前，善意相对人有权撤销，狭义无权代理中相对人是否善意的标准相对表见代理更低，只要相对人不知代理人没有代理权即可。因此，BC项正确。

D项：根据《民法典》第172条的规定："行为人没有代理权、超越代理权或者代理权终止后，仍然实施代理行为，相对人有理由相信行为人有代理权的，代理行为有效。"本题中，结合民法理论，表见代理要求代理人具有有权代理的外观，

且该外观一般是由被代理人原因造成，本题中显然被代理人赵某没有任何过错，相对人孙某也没有足够的理由相信钱某有代理权，因此不构成表见代理。因此，D 项错误。

综上所述，本题正确答案为 BC 项。

第七章
诉讼时效

参考答案

[1] BD　　[2] ABCD　[3] ABCD　[4] A　　[5] A
[6] ABD　[7] D　　　[8] AD　　[9] BC

一、历年真题及仿真题

（一）诉讼时效的性质及适用

【多选】

1 2002006

参考答案：B,D

解析：ACD 项：根据《民法典》第 196 条的规定："下列请求权不适用诉讼时效的规定：（一）请求停止侵害、排除妨碍、消除危险；（二）不动产物权和登记的动产物权的权利人请求返还财产；（三）请求支付抚养费、赡养费或者扶养费；（四）依法不适用诉讼时效的其他请求权。"因此停止侵害和消除危险不适用诉讼时效抗辩，自行车属于未登记的动产，不在上述规定内，其返还原物请求权应当适用三年诉讼时效的规定，三年后甲可以主张时效抗辩。因此，AC 项错误，D 项正确。

B 项：损害赔偿请求权是债权请求权，适用三年诉讼时效。根据《民法典》第 188 条第 2 款第 1 句规定"诉讼时效期间自权利人知道或者应当知道权利受到损害以及义务人之日起计算。"乙当晚就知道是甲所为，诉讼时效开始计算，三年后甲可以主张时效抗辩。因此，B 项正确。

综上所述，本题答案为 BD 项。

2 1802061

参考答案：A,B,C,D

解析：根据《民法典》第 196 条的规定："下列请求权不适用诉讼时效的规定：（一）请求停止侵害、排除妨碍、消除危险；（二）不动产物权和登记的动产物权的权利人请求返还财产；（三）请求给付抚养费、赡养费或扶养费；（四）依法不适用诉讼时效的其他请求权。"

A 项：小张请求邻居小李清理建筑垃圾排除妨碍的权利依法不适用诉讼时效的规定，属于上述法律规定中的第（一）项。因此，A 项正确。

B 项：小张作为不动产房屋的所有权人在租期届满后依法请求承租人小黄返还房屋的权利依法不适用诉讼时效的规定，属于上述法律规定中的第（二）项。因此，B 项正确。

C 项：小张作为登记的动产物权的权利人请求小徐返还别克轿车的权利依法不适用诉讼时效的规定，属于上述法律规定中的第（二）项。因此，C 项正确。

D 项：被监护人小甲请求监护人小张给付抚养费的权利依法不适用诉讼时效的规定，属于上述法律规定中的第（三）项。因此，D 项正确。

综上所述，本题答案为 ABCD 项。

3 1403053

参考答案：A,B,C,D

解析：A 项：根据民法理论的主流观点，形成权一般适用除斥期间。本题中，当事人请求撤销合同的撤销权适用除斥期间，不适用诉讼时效。因此，A 项正确。

B 项：根据民法理论的主流观点，请求确认合同无效是一种诉讼上的请求，属于确认之诉，而非实体上的请求权，不适用诉讼时效。因此，B 项正确。

C 项：根据《民法典》第 278 条第 1 款第 5、6 项："下列事项由业主共同决定：……（五）使用建筑物及其附属设施的维修资金；（六）筹集建筑物及其附属设施的维修资金；……"本题中，维修基金在性质上属于业主的共有财产，业主交付义务乃法定，其随业主的身份而存在，不因时间的经过而消灭，不适用诉讼时效。因此，C 项正确。

D 项：根据民法理论的主流观点，共有物分割请求权，虽名为请求权，实乃形成权，不适用诉讼时效。不仅如此，共有物分割请求权作为形成权，不仅不适用诉讼时效，也不适用除斥期间。因此，D项正确。

综上所述，本题答案为ABCD项。

（二）综合知识点

【单选】

4 `1703004`

参考答案：A

解析：AD项：根据《民法典》第170条第1款规定："执行法人或者非法人组织工作任务的人员，就其职权范围内的事项，以法人或者非法人组织的名义实施的民事法律行为，对法人或者非法人组织发生效力。"本题中，法务小王系甲公司新录用的员工，擅自以公司名义签署承诺函的行为显然不属于其职权范围内的事项，应构成无权代理，该行为经甲公司追认后，方能对甲公司产生法律效力，如甲公司不追认，则甲公司仍可主张诉讼时效抗辩。因此，A项正确，D项错误。

B项：根据《民法典》第195条第1项规定："有下列情形之一的，诉讼时效中断，从中断、有关程序终结时起，诉讼时效期间重新计算：（一）权利人向义务人提出履行请求；……"据此可知，诉讼时效中断必须发生在诉讼时效期间内，如诉讼时效期间已经届满，则不会发生诉讼时效中断的可能。因此，B项错误。

C项：根据《民法典》第193条规定："人民法院不得主动适用诉讼时效的规定。"据此可知，对于诉讼时效的适用，法院不得主动适用。因此，C项错误。

综上所述，本题答案为A项。

5 `1403005`

参考答案：A

解析：ACD项：根据《民法典》第192条规定："诉讼时效期间届满的，义务人可以提出不履行义务的抗辩。诉讼时效期间届满后，义务人同意履行的，不得以诉讼时效期间届满为由抗辩；义务人已自愿履行的，不得请求返还。"《诉讼时效规定》第19条第1款规定："诉讼时效期间届满，

当事人一方向对方当事人作出同意履行义务的意思表示或者自愿履行义务后，又以诉讼时效期间届满为由进行抗辩的，人民法院不予支持。"本题中，乙公司在书面答复中愿意偿还3万元，是对3万元的诉讼时效利益的放弃，不能再以诉讼时效期间届满进行抗辩，但并不表明乙公司抛弃了全部10万元债务的时效利益。因此，A项正确，CD项错误。

B项：根据《民法典》第472条规定："要约是希望与他人订立合同的意思表示，该意思表示应当符合下列条件：（一）内容具体确定；（二）表明经受要约人承诺，要约人即受该意思表示约束。"本题中，乙公司的书面答复是对3万元债务时效利益的抛弃，并没有与甲公司订立合同的意思表示，不是要约，属于单方法律行为，不需要对方的同意。因此，B项错误。

综上所述，本题答案为A项。

【多选】

6 `1902159`

参考答案：A,B,D

解析：A项：《民法典》第36条第1款第1项规定："监护人有下列情形之一的，人民法院根据有关个人或者组织的申请，撤销其监护人资格：（一）实施严重损害被监护人身心健康的行为；……"甲、乙离婚后，甲、乙均为丙的法定监护人，但主要抚养义务由甲承担。甲作为监护人，实施了严重损害被监护人身心健康以及严重侵害被监护人财产权益的行为，乙有权申请法院撤销甲的监护人资格。因此，A项正确。

B项：根据《民法典》第37条规定："依法负担被监护人抚养费、赡养费、扶养费的父母、子女、配偶等，被人民法院撤销监护人资格后，应当继续履行负担的义务。"《民法典》第196条第3项规定："下列请求权不适用诉讼时效的规定：（三）请求支付抚养费、赡养费或者扶养费。"所以若法院撤销甲的监护资格，丙仍有权请求甲支付抚养费，且不受诉讼时效期间限制。因此，B项正确。

C项：《民法典》第35条第1款规定："监护人应当按照最有利于被监护人的原则履行监护职责。监护人除为维护被监护人利益外，不得处分被监

护人的财产。"丙为限制民事行为能力人，爷爷赠与其珠宝是纯获利益行为，合法有效，丙取得珠宝所有权。据此，甲为个人赌博之需，以自己的名义出卖丙所有的珠宝，属于无权处分，但甲实施无权处分时对珠宝直接占有，根据生活一般观念，受让人受让时多为善意，符合善意取得的构成要件。受让人已经善意取得珠宝的所有权，故丙无权请求珠宝买受人返还珠宝。因此，C 项错误。

D 项：《民法典》第 34 条第 3 款规定："监护人不履行监护职责或者侵害被监护人合法权益的，应当承担法律责任。"甲无权处分丙所有的珠宝，丙对珠宝的所有权因受让人善意取得而消灭，丙对甲享有侵权损害赔偿请求权或者不当得利返还请求权，诉讼时效期间均为 3 年。同时，《民法典》第 190 条规定："无民事行为能力人或者限制民事行为能力人对其法定代理人的请求权的诉讼时效期间，自该法定代理终止之日起计算。"因此，丙请求甲承担损害赔偿责任的诉讼时效期间自甲、丙监护关系消灭之日起开始计算，因此，D 项正确。

综上所述，本题答案为 ABD 项。

二、模拟训练

7 `62102113`

参考答案：D

解析：A 项：根据《民法典》995 条规定："人格权受到侵害的，受害人有权依照本法和其他法律的规定请求行为人承担民事责任。受害人的停止侵害、排除妨碍、消除危险、消除影响、恢复名誉、赔礼道歉请求权，不适用诉讼时效的规定。"赔礼道歉请求权属于上述的不适用诉讼时效的请求权。因此，A 项错误。

B 项：根据《民法典》第 197 条第 2 款规定："当事人对诉讼时效利益的预先放弃无效。"因此，B 项错误。

C 项：根据《诉讼时效规定》第 9 条："权利人对同一债权中的部分债权主张权利，诉讼时效中断的效力及于剩余债权，但权利人明确表示放弃剩余债权的情形除外。"针对同一债权，部分中断、全部中断，徐某主张 3 万元债权的行为会导致全部债权诉讼时效中断。因此，C 项错误。

D 项：根据《民法典》第 191 条规定："未成年人

遭受性侵害的损害赔偿请求权的诉讼时效期间，自受害人年满十八周岁之日起计算。"小丽遭受性侵害时未成年，其损害赔偿请求权的诉讼时效期间自年满 18 周岁之日起算。因此，D 项正确。

综上所述，本题答案为 D 项。

8 `61902133`

参考答案：A,D

解析：A 项：根据《诉讼时效规定》第 16 条："债权人提起代位权诉讼的，应当认定对债权人的债权和债务人的债权均发生诉讼时效中断的效力。"本题中，王某对杨某提起代位权诉讼的行为，会导致杨某对张某债务的诉讼时效中断。因此，A 项正确。

B 项：根据《诉讼时效规定》第 17 条第 1 款："债权转让的，应当认定诉讼时效从债权转让通知到达债务人之日起中断。"本题中，孙某债务的诉讼时效自孙某收到债权让与通知时中断。因此，B 项错误。

C 项：根据《诉讼时效规定》第 15 条第 2 款："对于连带债务人中的一人发生诉讼时效中断效力的事由，应当认定对其他连带债务人也发生诉讼时效中断的效力。"连带之债，1 人中断，全部中断，小红对赵某要求承担 2 万元，会导致赵某和朱某对小红负担的连带债务诉讼时效均中断。因此，C 项错误。

D 项：法律没有对诉讼时效的中断和中止规定次数限制。因此，D 项正确。

综上所述，本题正确答案为 AD 项。

9 `61902076`

参考答案：B,C

解析：A 项：根据《诉讼时效规定》第 4 条："未约定履行期限的合同，依照民法典第五百一十条、第五百一十一条的规定，可以确定履行期限的，诉讼时效期间从履行期限届满之日起计算；不能确定履行期限的，诉讼时效期间从债权人要求债务人履行义务的宽限期届满之日起计算，但债务人在债权人第一次向其主张权利之时明确表示不履行义务的，诉讼时效期间从债务人明确表示不履行义务之日起计算。"本题中，王某从吴某处借款，未约定还款期限，但王某在吴某第一次向其主张权利之时就明确表示不履行义务，诉讼时效期间从王某明确表示不履行义务之日起计算。因此，A项正确，不当选。

B项：根据《民法典》第190条："无民事行为能力人或者限制民事行为能力人对其法定代理人的请求权的诉讼时效期间，自该法定代理终止之日起计算。"本题中，导致"法定代理终止"的原因不只是未成年人成年这一种情况，还有可能是法定代理人的监护权被剥夺等情况。B项说法过于狭隘。因此，B项错误，当选。

C项：根据《民法典》第194条第2款："自中止时效的原因消除之日起满六个月，诉讼时效期间届满。"本题中，导致诉讼时效中止的事由消除后不重新计算诉讼时效。因此，C项错误，当选。

D项：根据《诉讼时效规定》第19条第1款："诉讼时效期间届满，当事人一方向对方当事人作出同意履行义务的意思表示或者自愿履行义务后，又以诉讼时效期间届满为由进行抗辩的，人民法院不予支持。"本题中，诉讼时效期间届满，当事人一方自愿履行义务后，不得再以诉讼时效期间届满为由进行抗辩。因此，D项正确，不当选。

综上所述，本题为选非题，答案为BC项。

物　权

第一章
物与物权

参考答案

[1] A　　[2] BC　　[3] D　　[4] AD　　[5] ABD
[6] ABCD

历年真题及仿真题

（一）物

【单选】

❶ 1802010

参考答案：A

解析：AB项：根据《民法典》第630条的规定："标的物在交付之前产生的孳息，归出卖人所有；交付之后产生的孳息，归买受人所有。但是，当事人另有约定的除外。"本题中，张某将大海螺出卖给苏某后，且张某与苏某之间未有约定，大海螺中产生的孳息即珍珠应归买方苏某所有。因此，A项正确，B项错误。

CD项：本题中，当苏某将大海螺交给河海大饭店加工时，苏某依然是大海螺的所有权人。因此，孳息仍然归苏某而非承揽人海河大饭店，更非厨师何某。因此，CD项错误。

综上所述，本题答案为A项。

（二）物权法定原则

【多选】

❷ 2002089

参考答案：B，C

解析：ABCD项：根据《民法典》第230条规定："因继承取得物权的，自继承开始时发生效力。"甲通过继承取得房屋所有权，无需办理登记，自继承开始时（被继承人死亡时），甲取得对房屋的所有权。根据《民法典》第232条规定："处分依照本节规定享有的不动产物权，依照法律规定需要办理登记的，未经登记，不发生物权效力。"本题中，甲、乙订立房屋买卖合同后，未办理任何登记，不能发生基于买卖的不动产物权变动效果，房屋所有权尚未移转给乙。甲乙虽约定交付房屋发生物权变动，但是物权的公示方法必须由法律明文规定，即物权法定原则。而不动产所有权的公示方法是登记而非交付。因此甲乙不能按照自己约定的"交付转移所有权"发生物权变动的效果。因此，C项正确，D项错误。同时，未办理前述登记，只是不能发生基于法律行为的不动产物权变动效果，甲、乙间的房屋买卖合同效力不因此受影响，甲、乙已就房屋买卖合同的主要条款达成合意，且无效力瑕疵，甲、乙房屋买卖合同已经成立并生效。根据物权法定原则，甲乙"交付转移不动产所有权"这一约定是无效的。但这部分无效不会影响合同其他部分的效力，其他部分合法有效。A项错误，B项正确。

综上所述，本题答案为 BC 项。

（三）综合知识点

【单选】

3　2002082

参考答案：D

解析：ABC 项：《民法典》第 401 条规定："抵押权人在债务履行期限届满前，与抵押人约定债务人不履行到期债务时抵押财产归债权人所有的，只能依法就抵押财产优先受偿。"这是关于流押条款的规定。甲乙约定到期还不上钱房屋归甲所有，属于流押条款，流押条款无效。流押条款不影响抵押合同其他条款的效力，因此抵押合同其他部分合法有效。因此，B 项错误。流押条款没有物权效力，债权人甲不能取得房屋所有权，故 C 项错误。但是甲、乙已就抵押合同的主要条款达成合意，故甲、乙间的房屋抵押合同已经成立。故 A 项错误。

D 项：甲乙之间的房屋抵押合同成立且有效（除流押条款），已经办理完毕抵押登记，甲对乙房屋的不动产抵押权已经设立。若乙到期未履行还款义务，甲有权对抵押房屋行使抵押权，就该房屋变卖所得价款优先受偿。因此，D 项正确。

综上所述，本题答案为 D 项。

【多选】

4　1503090

参考答案：A,D

解析：A 项：乙受有损失，李某取得利益，二者有因果关系，且李某取得利益无法律上的原因，李某构成不当得利，应当返还所获利益。就返还范围而言，得利＜损失时，返还数额以得利为准；得利＞损失时，返还数额以损失为准。虽然本题并未明确得利和损失的数额大小，【但不管是哪种情况，李某返还的范围都一定是≤损失的（返还得利，小于损失，返还损失，等于损失）】，故"以所受损失为限"的表述没有问题。因此，A 项正确。

B 项：按照多数人对《民法典》第 460 条的理解，无权占有期间，占有人对无权占有物支出的"必

要费用"，善意的无权占有人有权请求权利人补偿，恶意的无权占有人无权请求权利人补偿。就此而言，李某将电脑出租给王某，从该行为可认为李某此时的心态为自主占有，李某系电脑的恶意无权占有人，就支出的必要费用，李某无权请求乙补偿（即就此对乙不享有不当得利返还请求权）。同时，李某的行为亦不成立正当的无因管理，就支出的必要费用，李某亦无权依照无因管理请求乙予以补偿。因此，B 项错误。

C 项：乙是所有权人，对李某享有返还原物请求权。通说观点认为，"返还原物请求权"与"侵害权益型不当得利返还请求权"可以发生竞合，乙有权选择通过主张不当得利的方式请求李某返还占有的电脑。因此，C 项错误。

D 项：《民法典》第 240 条规定："所有权人对自己的不动产或者动产，依法享有占有、使用、收益和处分的权利。"据此，若无权占有人李某经请求返还而拒不返还，就属于故意侵占在"权益归属上"应归属于所有权人乙的"占有、使用、收益权能"，损害乙的所有权，成立过错侵权责任。因此，D 项正确。

综上所述，本题答案为 AD 项。

【有同学可能会疑惑 A 项为什么不适用占有和拾得遗失物的返还规则，因为对这两种情况，民法典没有规定具体的返还范围限制，只规定了可以返还原物和孳息，因此涉及到"返还利益"时，一般都适用不当得利的相关规定。此外，从本题选项设置看，也能看出主要考查的是不当得利相关规则】

5　1403054

参考答案：A,B,D

解析：A 项：根据《民法典》第 539 条规定："债务人以明显不合理的低价转让财产、以明显不合理的高价受让他人财产或者为他人的债务提供担保，影响债权人的债权实现，债务人的相对人知道或者应当知道该情形的，债权人可以请求人民法院撤销债务人的行为。"《最高人民法院关于适用〈中华人民共和国民法典〉合同编通则若干问题的解释》（以下简称"《民法典合同编通则解释》"）第 42 条第 2 款"转让价格未达到交易时交

易地的市场交易价或者指导价百分之七十的，一般可以认定为'明显不合理的低价'；受让价格高于交易时交易地的市场交易价或者指导价百分之三十的，一般可以认定为'明显不合理的高价'。"本题中，市值120万元的房屋抵价90万元，不属于以明显低价转让。因此，A项错误，当选。

B项：根据《民法典》第483条规定："承诺生效时合同成立，但是法律另有规定或者当事人另有约定的除外。"《民法典》第502条第1款规定："依法成立的合同，自成立时生效，但是法律另有规定或者当事人另有约定的除外。"本题中，房屋买卖合同自成立时生效，不以房屋过户为生效条件。因此，B项错误，当选。

C项：根据《民法典》第154条规定："行为人与相对人恶意串通，损害他人合法权益的民事法律行为无效。"本题中，如果谢某能够举证杜某、赖某恶意串通，把市价120万的房子通过90万的价格就进行了交易，则该合同属于恶意串通损害第三人利益的合同，该合同应属无效。因此，C项正确，不当选。

D项：本题中，由于房屋尚未过户，仍属杜某所有，但谢某不能直接取得房屋所有权以实现债权，只能通过协商、仲裁、起诉等方式进一步确认偿还方式。因此，D项错误，当选。

综上所述，本题为选非题，答案为ABD项。

【不定项】

⑥ 2102151

参考答案：A,B,C,D

解析：A项：《民法典》第979条第1款规定："管理人没有法定的或者约定的义务，为避免他人利益受损失而管理他人事务的，可以请求受益人偿还因管理事务而支出的必要费用；管理人因管理事务受到损失的，可以请求受益人给予适当补偿。"该条规定了无因管理情形下管理人所享有的债权。本题中，甲的榕树倒了以后砸进了乙家，乙在没有约定或者法定义务的情形下，替甲清理了榕树的树枝，构成无因管理，乙有权请求甲偿还因管理事务而支出的必要费用，即其支出的清理榕树树枝的费用。因此，A项正确。

B项：乙家尚未倒塌的墙岌岌可危，仍有侵害乙

房屋所有权的危险，乙有权依据消除危险请求权请求甲加固还没倒塌的墙。因此，B项正确。

C项：甲的榕树倒了以后砸到了乙家，砸坏了乙的东西和围墙，构成侵权，乙曾多次催促甲修剪，但甲一直未采取措施，存在过错，甲须对乙遭受的损失承担侵权责任，乙有权请求甲支付修缮院子的费用，C项正确。

D项：甲的榕树倒了以后砸进了乙家，甲仍为其所有权人，乙对树枝的占有属于无权占有，甲有权依据返还原物请求权请求乙返还清理出来的树枝。因此，D项正确。

综上所述，本题答案为ABCD项。

第二章
基于法律行为的物权变动

参考答案

[1]AD　　[2]BCD　[3]A　　　[4]C　　　[5]D
[6]D　　　[7]D　　　[8]BD　　[9]CD

一、历年真题及仿真题

（一）登记

【多选】

① 1503005

参考答案：A,D

解析：B项：根据《民法典》第143条规定："具备下列条件的民事法律行为有效：（一）行为人具有相应的民事行为能力；（二）意思表示真实；（三）不违反法律、行政法规的强制性规定，不违背公序良俗。"本题中，甲乙借名买房的合同，双方意思表示真实，且不违反法律、行政法规的强制性规定和公序良俗，因此该借名买房合同合法有效。双方应当按照合同的约定履行合同确定的义务。因此，甲有权请求乙依照合同履行为自己办理过户登记的义务。因此，B项错误。

C项：本题中，依照甲乙双方的意思表示，合同的内容就是借名买房，并不涉及借款事项，且借

名买房协议有效。因此，C 项错误。

AD 项：借名买房中不动产所有权归属于实际出资人还是名义登记人存在争议，但不影响本题答案的推出。本题为多选题且选择正确答案。由于 BC 选项均错误，因此，AD 应当为正确答案。【若所有权归属于实际出资人甲，则甲作为不动产物权的真实权利人，有权申请更正登记。乙出售房屋属于无权处分，丙支付合理房款并办理过户后符合善意取得的构成要件。但若所有权归属于乙，则甲无权申请更正登记。乙出售房屋属于有权处分，丙取得房屋无需依据善意取得。此时，AD 项均错误，无法得出两个正确答案。因此，本题采借名买房中不动产所有权归属于实际出资人的观点】

综上所述，本题答案为 AD。

2 `1403055`

参考答案：B,C,D

解析：AB 项：根据《民法典》第 220 条规定："权利人、利害关系人认为不动产登记簿记载的事项错误的，可以申请更正登记。不动产登记簿记载的权利人书面同意更正或者有证据证明登记确有错误的，登记机构应当予以更正。不动产登记簿记载的权利人不同意更正的，利害关系人可以申请异议登记。登记机构予以异议登记的，申请人在异议登记之日起 15 日内不起诉，异议登记失效。异议登记不当，造成权利人损害的，权利人可以向申请人请求损害赔偿。"本题中，更正登记需要名义权利人书面同意或者有证据证明登记确有错误，"直接"二字太草率，不严谨，一般都是错误选项才会出现的。同时，利害关系人可以申请异议登记。因此，A 项错误，B 项正确。

CD 项：根据《民法典》第 234 条规定："因物权的归属、内容发生争议的，利害关系人可以请求确认权利。"此处的确认之诉，可以异议登记为前提，也可不以异议登记为前提。本题中，刘某与张某约定房屋登记在张某名下，但房屋归刘某所有，刘某使用房屋并保存产权证，约定本身并不违反法律和行政法规的强制性规定，因此合法有效。刘某可向法院确认其为所有权人，再依据法院判决请求登记机关变更登记。因此，CD 项正确。

综上所述，本题答案为 BCD 项。

（二）一物数卖

【单选】

3 `1603012`

参考答案：A

解析：ABCD 项：《最高人民法院关于审理买卖合同纠纷案件适用法律问题的解释（2020 修正）》（以下简称《买卖合同解释》）第 6 条规定："出卖人就同一普通动产订立多重买卖合同，在买卖合同均有效的情况下，买受人均要求实际履行合同的，应当按照以下情形分别处理：（一）先行受领交付的买受人请求确认所有权已经转移的，人民法院应予支持；（二）均未受领交付，先行支付价款的买受人请求出卖人履行交付标的物等合同义务的，人民法院应予支持；（三）均未受领交付，也未支付价款，依法成立在先合同的买受人请求出卖人履行交付标的物等合同义务的，人民法院应予支持。"本题中，甲出售的挖掘机属于普通动产，甲与戊于 6 月 1 日签订合同并且完成交付，所以戊取得所有权。4 月 1 日丙支付了 20% 的货款，5 月 1 日丁完成支付全部货款，先行支付是决定因素，支付的数额并非决定因素，故丙可优先丁要求实际履行。3 月 1 日甲、乙签订合同，但乙并未支付货款。因此，A 项正确，BCD 项错误。

综上所述，本题答案为 A 项。

（三）交付

【单选】

4 `2302110`

参考答案：C

解析：AB 项：根据《民法典》第 224 条规定："动产物权的设立和转让，自交付时发生效力，但是法律另有规定的除外。"第 225 条规定："船舶、航空器和机动车等的物权的设立、变更、转让和消灭，未经登记，不得对抗善意第三人。"本题中，甲将 A 车交付给乙时，乙即取得了汽车的所有权。未经登记，只是不能对抗善意第三人。因此，AB 选项错误。

CD项：根据《民法典物权编解释（一）》第 6 条规定："转让人转让船舶、航空器和机动车等所有权，受让人已经支付合理价款并取得占有，虽未经登记，但转让人的债权人主张其为民法典第二百二十五条所称的'善意第三人'的，不予支持，法律另有规定的除外。"本题中，乙支付了全部价款并取得占有，乙可以对抗丙。丙只是普通债权人，没有担保物权，不能优先受偿。因此，C 选项正确，D 选项错误。

综上所述，本题答案为 C。

⑤ 1703005

参考答案：D

解析：A 项：《民法典》第 226 条规定："动产物权设立和转让前，权利人已经占有该动产的，物权自民事法律行为生效时发生效力。"本题中，庞某将自行车借给黄某使用期间，二者达成协议，黄某以 8000 元的价格购买该自行车。该行为属于典型的简易交付，即"先借后买"，买卖合同生效时，视为已经完成了交付，自行车所有权转移给黄某。因此，A 项错误。

B 项：黄某通过简易交付取得自行车所有权后，将自行车转卖给洪某的行为属于有权处分，因此，B 项错误。

CD项：《民法典》第 228 条规定："动产物权转让时，当事人又约定由出让人继续占有该动产的，物权自该约定生效时发生效力。"本题中，黄某将自行车以 9000 元转卖给洪某后，双方约定由黄某继续使用一个月。该行为属于典型的占有改定，即"先卖后借（占有）"，二者约定生效时，视为已经完成了交付，自行车所有权转移给洪某。因此，此时自行车的所有权属于洪某。庞某既不能向黄某，也不能向洪某主张原物返还请求权。因此，C 项错误；D 项正确。

综上所述，本题答案为 D 项。

（四）综合知识点

【单选】

⑥ 2002007

参考答案：D

解析：CD项：根据《民法典》224 条规定："动产

物权的设立和转让，自交付时发生效力，但是法律另有规定的除外。"要构成现实交付，需要有两个要件：（1）双方具有交付的合意；（2）向受让人移转直接占有，也就是转移对动产的实际控制。陈某依指示向小张交付鸽子，小张接鸽子时突然害怕，手一缩，鸽子飞了，双方虽有交付的合意，但未能将实际的控制转移到小张手里，交付未完成，鸽子的所有权没有转移给小张，仍属于陈某。因此 D 项正确，C 项错误。

A 项：鸽子非基于陈某的意志飞走，并非陈某抛弃，因此属于遗失物而非无主物。A 项错误。

B 项：根据《民法典》第 522 条第 1 款："当事人约定由债务人向第三人履行债务，债务人未向第三人履行债务或者履行债务不符合约定的，应当向债权人承担违约责任。"本题中，老张向陈某购买鸽子并示意陈某直接交给小张，属于当事人约定由债务人直接向第三人履行的"利益第三人合同"。在该合同中，小张是受让人，老张不是合同约定的受让人，不会取得所有权。因此，B 项错误。

综上所述，本题答案为 D 项。

⑦ 1503012

参考答案：D

解析：A 项：本题中，面包券是一种债权凭证，而非物权凭证，是持券人享有相应的债权以请求乙公司交付一定数额面包并移转面包所有权的有价证券。因此，A 项错误。

B 项：《民法典》第 563 条第 1 款规定："有下列情形之一的，当事人可以解除合同：（一）因不可抗力致使不能实现合同目的；（二）在履行期限届满前，当事人一方明确表示或者以自己的行为表明不履行主要债务；（三）当事人一方迟延履行主要债务，经催告后在合理期限内仍未履行；（四）当事人一方迟延履行债务或者有其他违约行为致使不能实现合同目的；（五）法律规定的其他情形。"本题中，甲乙之间购买面包券的合同因交割完毕表明该协议已经履行完毕，不存在解除权的问题。因此，B 项错误。

C 项："无记名有价证券"适用"占有即所有规则"，即无记名有价证券的持券人有权行使证券标表的权利，义务人无权拒绝。本题中，"不挂失"

表明证券标表的权利不能被发行人废止。因此，C项错误。

D项：无记名债权凭证标表之权利的转让，以交付为生效要件。本题中，若某顾客从张某处受让面包券，并完成面包券的交付，则该面包券上标表的债权即让与给该顾客享有。因此，D项正确。

综上所述，本题答案为D项。

二、模拟训练

8 `62002218`

参考答案：B,D

解析：AD项：《民法典》第227条规定："动产物权设立和转让前，第三人占有该动产的，负有交付义务的人可以通过转让请求第三人返还原物的权利代替交付。"本题中，丙于5月1日已取得电脑的所有权。因此，A项正确，不当选；D项错误，当选。

BC项：《民法典》第546条第1款规定："债权人转让债权，未通知债务人的，该转让对债务人不发生效力。"通说观点：以指示交付完成交付的，类推适用《民法典》第546条第1款关于"债权让与通知"的规定，让与人应当对直接占有人发出"通知"，通知到达直接占有人之前，已经"通过指示交付"完成的物权变动对直接占有人不发生效力。本题中，7月1日，丙是所有权人，但丙对乙不享有返还原物请求权。因为，丙依照指示交付方式取得了电脑所有权的事实，但未通知直接占有人乙，对乙不发生效力。因此，B项错误，当选；C项正确，不当选。

综上所述，本题为选非题，答案为BD项。

9 `61902080`

参考答案：C,D

解析：ACD项：《民法典》第221条规定："当事人签订买卖房屋的协议或者签订其他不动产物权的协议，为保障将来实现物权，按照约定可以向登记机构申请预告登记。预告登记后，未经预告登记的权利人同意，处分该不动产的，不发生物权效力。预告登记后，债权消灭或者自能够进行不动产登记之日起九十日内未申请登记的，预告登记失效。"结合民法理论，预告登记的功能在于，

在办理过户登记前，限制卖方再次将房屋出售，预告登记后，未经预告登记的权利人同意处分该不动产的，不发生物权效力。预告登记不能发生所有权的转移。而买卖合同被认定为无效，以及放弃债权都属于债权消灭的情形，预告登记失效。因此，A项错误，CD项正确。

B项：《民法典》第215条规定："当事人之间订立有关设立、变更、转让和消灭不动产物权的合同，除法律另有规定或者当事人另有约定外，自合同成立时生效；未办理物权登记的，不影响合同效力。"本题中，刘某与张某的合同有效，但是根据上述ACD项的分析，由于张某为李某办理了预告登记，未经预告登记的权利人李某的同意，张某处分该房屋的行为不发生物权效力，故刘某没有取得该房屋的所有权。因此，B项错误。

综上所述，本题答案为CD项。

第三章
非基于法律行为的物权变动

参考答案

[1] B	[2] B	[3] ABD	[4] ABD	[5] D
[6] ACD	[7] B	[8] A	[9] D	[10] A
[11] BD	[12] ABD	[13] BC	[14] ABCD	[15] D
[16] BCD	[17] ACD	[18] A	[19] BCD	

一、历年真题及仿真题

（一）继承、文书等

【单选】

1 `1902149`

参考答案：B

解析：ABCD项：根据《民法典》第229条规定："因人民法院、仲裁机构的法律文书或者人民政府的征收决定等，导致物权设立、变更、转让或者消灭的，自法律文书或者征收决定等生效时发生效力。"但是，2022年4月10日起实施的《民诉法解释》第491条规定"拍卖成交或者依法定程序裁定以物抵债的，标的物的所有权自拍卖成交

裁定或者抵债裁定送达买受人或者接受抵债物的债权人时转移"据此，人民法院在执行程序中，所作的改变原物权关系的拍卖成交裁定书、变卖成交裁定书或者以物抵债裁定书，不动产无须登记，动产无须交付，自裁定送达买受人或者接受抵债物的债权人时发生物权变动的效果。因此，乙于拍卖裁定送达时取得房屋所有权。因此，B项正确，ACD项错误。

综上所述，本题答案为B项。

（二）拾得遗失物

【单选】

2 `1703006`

参考答案：B

解析：AD项：《民法典》第314条规定："拾得遗失物，应当返还权利人。拾得人应当及时通知权利人领取，或者送交公安等有关部门。"同时，《民法典》第317条规定："权利人领取遗失物时，应当向拾得人或者有关部门支付保管遗失物等支出的必要费用。权利人悬赏寻找遗失物的，领取遗失物时应当按照承诺履行义务。拾得人侵占遗失物的，无权请求保管遗失物等支出的费用，也无权请求权利人按照承诺履行义务。"本题中，乙作为手链的拾得人应依法履行返还义务。如乙履行了返还义务的，有权请求遗失人甲支付500元悬赏报酬。如乙不履行返还义务的，则丧失500元悬赏报酬请求权。题目中，乙未履行返还义务，因此，无权要求甲支付500元。因此，AD项错误。

BC项：《民法典》第316条规定："拾得人在遗失物送交有关部门前，有关部门在遗失物被领取前，应当妥善保管遗失物。因故意或者重大过失致使遗失物毁损、灭失的，应当承担民事责任。"据此，根据题意，因拾得人乙对遗失物手链的毁损灭失具有重大过失，甲有权要求乙对此承担赔偿责任。因此，B项正确，C项错误。

综上所述，本题答案为B项。

【多选】

3 `2402066`

参考答案：A,B,D

解析：ABC项：①李某最开始拒绝200元时不知道悬赏广告的存在，不能因此认定李某放弃了要求支付悬赏报酬的权利。②李某即使不知道悬赏广告的存在，只要还了，就可以请求报酬，和有没有照顾好无关。因此依然可以请求1万元。AB项错误，当选；C项正确，不当选。

D项：拾得人只要没有故意/重大过失，就不用赔。李某没有重大过失，王某无权要求支付500元。D项错误，当选。

综上所述，本题答案为ABD。

4 `2102146`

参考答案：A,B,D

解析：AD项：《民法典》第317条规定："权利人领取遗失物时，应当向拾得人或者有关部门支付保管遗失物等支出的必要费用。权利人悬赏寻找遗失物的，领取遗失物时应当按照承诺履行义务。拾得人侵占遗失物的，无权请求保管遗失物等支出的费用，也无权请求权利人按照承诺履行义务。"据此，甲公开发布悬赏广告，乙还狗后，有权请求甲支付悬赏报酬。乙所支付的医药费属于必要费用，可以向甲求偿。因此，AD项正确。

B项：《民法典》第312条规定："所有权人或者其他权利人有权追回遗失物，……"，《民法典》第235条规定："无权占有不动产或者动产的，权利人可以请求返还原物。"乙作为狗的拾得人，对该狗是无权占有，甲作为狗的所有权人有权请求返还。因此，B项正确。

C项：乙捡到甲的宠物狗，构成拾得遗失物。拾得遗失物本身不会导致物权的变动，甲仍为该狗的所有权人。乙不构成善意取得。因此，C项错误。

综上所述，本题答案为ABD项。

（三）先占

【单选】

5 `1802003`

参考答案：D

解析：ABCD项：根据《民法典》第322条规定："因加工、附合、混合而产生的物的归属，有约定的，按照约定；没有约定或者约定不明确的，依照法律规定；法律没有规定的，按照充分发挥物的效用以及保护无过错当事人的原则确定。因一方当事人的过错或者确定物的归属造成另一方当事人损害的，应当给予赔偿或者补偿。"

本题中，甲将乙的太湖石（动产）安装在自家房屋（不动产）上，太湖石成为房屋的重要组成部分，二者相互结合成为一个物，非经毁损或变更其性质不能将二者分立，构成动产与不动产的添附。因此，应由不动产所有人甲取得动产（太湖石）的所有权。而对于原动产所有权人乙而言，其可以《民法典》第 322 条之规定，适用不当得利的规则和侵权责任的规则来进行救济。甲借乙的太湖石赏玩，而将其安装于不动产之上，故应当认定甲将太湖石安装于自家房屋墙面上，系存在过错，应当赔偿而非补偿。

甲明知白龙玉为乙所有，将乙所有的动产（白龙玉）加工成雕像，系恶意加工，雕像应归乙所有。因此，ACD 项正确，B 项错误。

综上所述，本题答案为 ACD 项。

（四）添附

【多选】

⑥ 1902100

参考答案：A,C,D

解析：ABCD 项：根据《民法典》第 322 条规定："因加工、附合、混合而产生的物的归属，有约定的，按照约定；没有约定或者约定不明确的，依照法律规定；法律没有规定的，按照充分发挥物的效用以及保护无过错当事人的原则确定。因一方当事人的过错或者确定物的归属造成另一方当事人损害的，应当给予赔偿或者补偿。"

本题中，甲将乙的太湖石（动产）安装在自家房屋（不动产）上，太湖石成为房屋的重要组成部分，二者相互结合成为一个物，非经毁损或变更其性质不能将二者分立，构成动产与不动产的添附。因此，应由不动产所有人甲取得动产（太湖石）的所有权。而对于原动产所有权人乙而言，其可以《民法典》第 322 条之规定，适用不当得利的规则和侵权责任的规则来进行救济。甲借乙的太湖石赏玩，而将其安装于不动产之上，故应

当认定甲将太湖石安装于自家房屋墙面上，系存在过错，应当赔偿而非补偿。

甲明知白龙玉为乙所有，将乙所有的动产（白龙玉）加工成雕像，系恶意加工，雕像应归乙所有。因此，ACD 项正确，B 项错误。

综上所述，本题答案为 ACD 项。

（五）善意取得

【单选】

⑦ 1603006

参考答案：B

解析：A 项：《民法典》第 311 条第 1 款规定："无处分权人将不动产或者动产转让给受让人的，所有权人有权追回；除法律另有规定外，符合下列情形的，受让人取得该不动产或者动产的所有权：（一）受让人受让该不动产或者动产时是善意；（二）以合理的价格转让；（三）转让的不动产或者动产依照法律规定应当登记的已经登记，不需要登记的已经交付给受让人"。房屋是夫妻二人共有，登记在失踪财产代管人乙的名下，丙对这一情况知悉，不是善意，所以不适用善意取得制度。因此，A 项错误。

B 项：《民法典》第 301 条规定："处分共有的不动产或者动产以及对共有的不动产或者动产作重大修缮、变更性质或者用途的，应当经占份额三分之二以上的按份共有人或者全体共同共有人同意，但是共有人之间另有约定的除外"。乙为失踪丈夫的财产管理人，虽然房屋登记在乙的名下，但为夫妻共同财产，乙不单独享有处分权，且丙对这一情况知晓，虽乙为丙办理了过户登记手续，丙也无法通过善意取得制度取得房屋的所有权，甲有权请求返还。因此，B 项正确。

CD 项：《民法典》第 43 条第 1 款规定："财产代管人应当妥善管理失踪人的财产，维护其财产权益。"乙为失踪丈夫的财产代管人，财产代管人的职责应当是妥善管理失踪人的财产，维护其财产权益，而不得对其保管的财产进行随意侵犯、处分；同时，虽然房屋登记在乙的名下，但为夫妻共同财产，乙不单独享有处分权，所以乙出售夫妻共有房屋的行为属于无权处分，且丙知道这一

事实，也不构成善意取得。因此，D 项错误。《民法典》第 1060 条第 1 款规定了家事代理权，即："夫妻一方因家庭日常生活需要而实施的民事法律行为，对夫妻双方发生效力，但是夫妻一方与相对人另有约定的除外"。本题中，出卖共有房屋不属于因日常生活需要，不构成家事代理权。因此，C 项错误。

综上所述，本题答案为 B 项。

（六）综合知识点

【单选】

8 `2102174`

参考答案：A

解析：ACD 项：对于动产与不动产的添附，其法律效果有：（1）动产的所有权消灭，由不动产所有权人取得添附物的所有权；（2）动产上原有的权利负担消灭（这一效果本题并未涉及）；（3）对于所有权丧失者损害的填补，可以主张侵权损害赔偿请求权或者不当得利返还请求权。本题，赵某的砖块被使用后，与钱某的房屋融为一体，构成添附，由钱某取得添附物的所有权，赵某丧失砖块的所有权，对于赵某的损失，可向钱某主张不当得利返还请求权。既然砖块所有权已经消灭，那么赵某也无法请求钱某返还砖块。因此，A 项正确，CD 项错误。

B 项：《民法典》第 979 条第 1 款规定："管理人没有法定的或者约定的义务，为避免他人利益受损失而管理他人事务的，可以请求受益人偿还因管理事务而支出的必要费用，管理人因管理事务受到损失的，可以请求受益人给予适当补偿。"据此，无因管理的构成，要求管理人有管理他人事务的意思，但是在本题中钱某并无管理赵某事务的意思，其只有管理自己事务的意思，不符合无因管理的构成要件。因此，B 项错误。

综上所述，本题答案为 A 项。

9 `1802008`

参考答案：D

解析：A 项：根据民事法律行为成立所需意思表示的数量和合意形成的方式的不同，可以将民事法律行为分为单方民事法律行为、双方民事法律行为、

多方民事法律行为和决议行为。其中，单方民事法律行为，是指依一方当事人的意思表示而成立的民事法律行为。典型的单方民事法律行为包括动产所有权的抛弃、订立遗嘱和遗赠。本题中，小张将老王裤子扔掉的行为系动产所有权的抛弃，属于典型的单方民事法律行为而非事实行为。因此，A 项错误。

B 项：先占制度虽然在我国现行法律中并无明文规定，但无论是学理上还是司法实践中，均承认先占可以发生物权变动。所谓"先占"是指，以所有的意思，先于他人占有无主的动产，从而取得其所有权的法律事实。对于先占而言，应当具备三个要件：（1）需以所有的意思占有无主物；（2）对象是无主物；（3）标的物为动产。本题中，老王的裤子被小张抛弃后即属于无主动产。刘老太可以基于先占而取得裤子的所有权。因此，B 项错误。

CD 项：根据《民法典》第 314 条的规定："拾得遗失物，应当返还权利人。拾得人应当及时通知权利人领取，或者送交公安等有关部门。"本题中，小张将老王裤子扔掉时不存在抛弃 5000 元手表的单方意思表示。因此，手表属于遗失物，刘老太拾得遗失物，依法应当返还。同时根据前面的分析，裤子因为属于无主物，可以先占。因此，C 项错误，D 项正确。

综上所述，本题答案为 D 项。

10 `1503006`

参考答案：A

解析：A 项：《民法典》第 312 条规定："所有权人或者其他权利人有权追回遗失物。该遗失物通过转让被他人占有的，权利人有权向无处分权人请求损害赔偿……"第 319 条规定："拾得漂流物、发现埋藏物或者隐藏物的，参照适用拾得遗失物的有关规定。法律另有规定的，依照其规定。"本题中，瓷瓶为埋藏物，原为甲的祖父所有，甲的祖父去世后，甲继承取得该瓷瓶的所有权。丙将瓷瓶卖给丁，属于无权处分，故甲有权向无权处分人丙请求损害赔偿。因此，A 项正确。

B 项：根据前述分析，所有权人或者其他权利人有权向无权处分权人请求损害赔偿，但乙并非该

瓷瓶的所有权人或者其他权利人。因此，B 项错误。

C 项:《民法典合同编通则解释》第 19 条第 1 款规定:"以转让或者设定财产权利为目的的订立的合同，当事人或者真正权利人仅以让与人在订立合同时对标的物没有所有权或者处分权为由主张合同无效的，人民法院不予支持;因未取得真正权利人事后同意或者让与人事后未取得处分权导致合同不能履行，受让人主张解除合同并请求让与人承担违反合同的赔偿责任的，人民法院依法予以支持。"无权处分并不影响买卖合同效力，本题中，无其他影响合同效力的理由，丙丁之间的买卖合同有效。因此，C 项错误。

D 项:埋藏物不适用善意取得制度。因此，D 项错误。

综上所述，本题答案为 A 项。

【多选】

11 `2102060`

参考答案:B,D

解析:AB 项:古画为甲所有，乙擅自将其出卖，属于无权处分行为，侵犯了甲对该画的所有权;丙只是借用了古画，并没有处分古画，故丙的行为不属于无权处分。因此 A 项错误，B 项正确。

CD 项:根据《民法典》第 311 条第 1 款规定:"无处分权人将不动产或者动产转让给受让人的，所有权人有权追回;除法律另有规定外，符合下列情形的，受让人取得该不动产或者动产的所有权:(一)受让人受让该不动产或者动产时是善意;(二)以合理的价格转让;(三)转让的不动产或者动产依照法律规定应当登记的已经登记，不需要登记的已经交付给受让人。"乙无权处分，丁不知古画为甲所有，且乙以指示交付的方式向丁完成了交付，交付时点为指示交付的合意达成之时，而不需要等到丙临摹完真正交给丁。丁构成善意取得，丁在乙指示交付后取得所有权，且无需承担侵害甲所有权的责任。因此 C 项错误，D 项正确。

综上所述，本题正确答案为 BD 项。

12 `2002159`

参考答案:A,B,D

解析:ABD 项:根据《民法典》第 312 条规定:"所有权人或者其他权利人有权追回遗失物。该遗失物通过转让被他人占有的，权利人有权向无处分权人请求损害赔偿，或者自知道或者应当知道受让人之日起二年内向受让人请求返还原物;但是，受让人通过拍卖或者向具有经营资格的经营者购得该遗失物的，权利人请求返还原物时应当支付受让人所付的费用。权利人向受让人支付所付费用后，有权向无处分权人追偿。"戊是向具有经营资格的经营者购得该玉石的，权利人请求返还原物时应当支付受让人所付的费用。因此，A 项错误，当选。遗失物不能善意取得，戊不能善意取得，所有权人有权追回。因此，B 项错误，当选。所有权人应当自知道或者应当知道受让人之日起二年内向受让人请求返还原物。因此，D 项错误，当选。

C 项:根据《民法典》第 228 条规定:"动产物权转让时，当事人又约定由出让人继续占有该动产的，物权自该约定生效时发生效力。"《民法典》第 311 条第 1 款规定:"无处分权人将不动产或者动产转让给受让人的，所有权人有权追回;除法律另有规定外，符合下列情形的，受让人取得该不动产或者动产的所有权:(一)受让人受让该不动产或者动产时是善意;(二)以合理的价格转让;(三)转让的不动产或者动产依照法律规定应当登记的已经登记，不需要登记的已经交付给受让人。"本题中，甲向乙再借用玉石把玩几天，乙表示同意，表明甲乙通过占有改定方式完成交付，所有权人从甲变更为乙。之后，甲再将玉石出卖给丙属于无权处分，丙为善意第三人，可以善意取得该玉石的所有权。后玉石丢失，因遗失物不适用善意取得，所以该玉石所有权人的先后顺序是甲、乙、丙。因此，C 项正确，不当选。

综上所述，本题为选非题，正确答案为 ABD 项。

13 `1902161`

参考答案:B,C

解析:ABC 项:古铜币是甲的祖父于 1920 年埋藏的，故属于埋藏物而非无主物;埋藏物能够确定所有人的，归其所有；不能确定所有人的，归国家所有。本题中的古铜币为埋藏物，能够确定甲通过继承取得所有权，应认定归甲所有。因此，A项错误，BC项正确。

D项：古铜币发现后，占有人以自己的名义出卖给善意的乙，属于无权处分，但由于古铜币为埋藏物，善意的受让人乙不能善意取得。因此，D项错误。

综上所述，本题答案为BC项。

14 1902106

参考答案：A,B,C,D

解析：A项：根据《民法典》第1165条第1款规定："行为人因过错侵害他人民事权益造成损害的，应当承担侵权责任。"本题中，根据侵权责任构成要件，曹某故意实施加害行为，陈某因此遭受损害，两者之间存在因果关系，所以陈某可以请求曹某承担侵权责任。因此，A项正确。

B项：根据《民法典》第301条规定："处分共有的不动产或者动产以及对共有的不动产或者动产作重大修缮、变更性质或者用途的，应当经占份额三分之二以上的按份共有人或者全体共同共有人同意，但是共有人之间另有约定的除外。"本题中，该房屋属于夫妻共有财产，张某擅自出卖房屋的行为属于无权处分，但无权处分不会影响合同效力，所以，该买卖合同有效。因此，B项正确。

C项：根据《民法典》第311条第1款规定："无处分权人将不动产或者动产转让给受让人的，所有权人有权追回；除法律另有规定外，符合下列情形的，受让人取得该不动产或者动产的所有权：（一）受让人受让该不动产或者动产时是善意；（二）以合理的价格转让；（三）转让的不动产或者动产依照法律规定应当登记的已经登记，不需要登记的已经交付给受让人。"本题中，辛某为善意第三人，以合理的价格购买了该房屋，并且已办理过户登记，符合善意取得的要件，辛某已善意取得该房屋的所有权。因此，C项正确。

D项：根据《民法典》第1062条规定："夫妻在婚姻关系存续期间所得的下列财产，为夫妻的共同财产，归夫妻共同所有：（一）工资、奖金、劳务报酬；（二）生产、经营、投资的收益；（三）知识

产权的收益；（四）继承或者受赠的财产，但是本法第一千零六十三条第三项规定的除外；（五）其他应当归共同所有的财产。夫妻对共同财产，有平等的处理权。"本题中，张某和陈某结婚后用共同积蓄买了一套房，尽管登记在张某名下，但仍属于张某和陈某的共同财产。因此，D项正确。

综上所述，本题答案为ABCD项。

【不定项】

15 2402065

参考答案：D

解析：张某概括继承权利义务（保管家具），没有所有权→送李某（张某是无权处分，李某受赠，不符合善意取得）→李某又卖给甲公司（李某还是无权处分，甲公司善意取得）

A项：根据《合同编通则解释》第19条第1款："以转让或者设定财产权利为目的订立的合同，当事人或者真正权利人仅以让与人在订立合同时对标的物没有所有权或者处分权为由主张合同无效的，人民法院不予支持；因未取得真正权利人事后同意或者让与人事后未取得处分权导致合同不能履行，受让人主张解除合同并请求让与人承担违反合同的赔偿责任的，人民法院依法予以支持。"本题中，张某对家具无处分权不影响合同效力，合同有效。因此，A项错误。

B项：根据《民法典》第311条第1款的规定："无处分权人将不动产或者动产转让给受让人的，所有权人有权追回；除法律另有规定外，符合下列情形的，受让人取得该不动产或者动产的所有权：（一）受让人受让该不动产或者动产时是善意；（二）以合理的价格转让；（三）转让的不动产或者动产依照法律规定应当登记的已经登记，不需要登记的已经交付给受让人。"本题中，张某无权处分家具，李某受赠，不属于以合理价格受让，李某不能善意取得所有权。李某又将家具卖给甲公司，构成无权处分，甲公司善意取得所有权。因此周某无法请求返还。B项错误。

C项：①根据《民法典》第897条规定："保管期内，因保管人保管不善造成保管物毁损、灭失的，保管人应当承担赔偿责任。但是，无偿保管人证明自己没有故意或者重大过失的，不承担赔偿责

任。"张某和周某之间成立无偿保管合同，张某没有故意和重大过失，不用承担赔偿责任。②张某没有过错，不构成侵权。因此，C 项错误。

D 项：李某构成不当得利，需要返还。因此，D 项正确。

综上所述，本题答案为 D。

16 1503089

参考答案：B,C,D

解析：A 项：根据《民法典》第 597 条第 1 款规定："因出卖人未取得处分权致使标的物所有权不能转移的，买受人可以解除合同并请求出卖人承担违约责任。"本题中，张某不享有电脑的所有权，其出卖构成无权处分，但无权处分不影响合同的效力。且合同不存在其他无效事由，张某与甲、乙、丙三人签订的合同均有效。因此，A 项错误。

B 项：张某基于与顺风公司签订的租赁合同占有电脑，是有权占有、合法占有。因此，B 项正确。

C 项：根据《民法典》第 311 条第 1 款规定："无处分权人将不动产或者动产转让给受让人的，所有权人有权追回；除法律另有规定外，符合下列情形的，受让人取得该不动产或者动产的所有权：（一）受让人受让该不动产或者动产时是善意；（二）以合理的价格转让；（三）转让的不动产或者动产依照法律规定应当登记的已经登记，不需要登记的已经交付给受让人。"本题中，张某谎称电脑是自己的，与他人签订了数份买卖合同，这些合同均有效。张某最终向乙完成交付，乙善意取得电脑所有权。因此，C 项正确。

D 项：根据《民法典》第 580 条规定："当事人一方不履行非金钱债务或者履行非金钱债务不符合约定的，对方可以请求履行，但是有下列情形之一的除外：（一）法律上或者事实上不能履行；……有前款规定的除外情形之一，致使不能实现合同目的的，人民法院或者仲裁机构可以根据当事人的请求终止合同权利义务关系，但是不影响违约责任的承担。"本题中，张某对甲、丙交付电脑并移转所有权的义务因电脑已实际交付给乙而履行不能，甲、丙有权请求张某承担违约责任。因此，D 项正确。

综上所述，本题答案为 BCD 项。

二、模拟训练

17 6210203

参考答案：A,C,D

解析：A 项：根据《民法典》第 231 条："因合法建造、拆除房屋等事实行为设立或者消灭物权的，自事实行为成就时发生效力。"故蒋道理虽未办理房屋所有权登记，但在其小洋房建好时便取得房屋所有权。因此，A 项正确。

B 项：根据《民法典》第 312 条："所有权人或者其他权利人有权追回遗失物。该遗失物通过转让被他人占有的，权利人有权向无处分权人请求损害赔偿，或者自知道或者应当知道受让人之日起二年内向受让人请求返还原物，但是，受让人通过拍卖或者向具有经营资格的经营者购得该遗失物的，权利人请求返还原物时应当支付受让人所付的费用。权利人向受让人支付所付费用后，有权向无处分权人追偿。"本题中，无人机为遗失物，虽然蒋道理支付了合理价格且无人机已经交付给蒋道理，但是遗失物不适用善意取得制度，故蒋道理不能取得无人机所有权。因此，B 项错误。

C 项：根据《民法典》第 228 条："动产物权转让时，当事人又约定由出让人继续占有该动产的，物权自该约定生效时发生效力。"蒋文明同意卖给蒋道理但提出自己要借用一星期再交付给蒋道理属于以占有改定的方式转让物权，自双方达成约定时蒋道理便取得所有权。因此，C 项正确。

D 项：根据《民法典》第 229 条："因人民法院、仲裁机构的法律文书或者人民政府的征收决定等，导致物权设立、变更、转让或者消灭的，自法律文书或者征收决定等生效时发生效力。"以及《民法典物权编解释（一）》第 7 条："人民法院、仲裁机构在分割共有不动产或者动产等案件中作出并依法生效的改变原有物权关系的判决书、裁决书、调解书，以及人民法院在执行程序中作出的拍卖成交裁定书、变卖成交裁定书、以物抵债裁定书，应当认定为民法典第二百二十九条所称导致物权设立、变更、转让或者消灭的人民法院、仲裁机构的法律文书。"蒋道理通过法院执行程序的司法拍卖中拍得了一辆奔宝汽车，且法院已经作出拍卖成交裁定书并送达蒋道理，故蒋道理取得所有权。因此，D 项正确。

综上所述，本题答案为 ACD 项。

18

参考答案：A

解析：根据《民法典》第 322 条规定："因加工、附合、混合而产生的物的归属，有约定的，按照约定；没有约定或者约定不明确的，依照法律规定；法律没有规定的，按照充分发挥物的效用以及保护无过错当事人的原则确定。因一方当事人的过错或者确定物的归属造成另一方当事人损害的，应当给予赔偿或者补偿。"

A 项：本题中，甲擅自将乙的油漆涂刷在自己的汽车上，属于动产与动产的附合。从我国的司法实践看，动产与动产的附合应当由原所有人按照其动产的价值共有合成物。如果可以区别主物或从物，或者一方动产的价值显然高于他方的动产，则应当由主物或价值较高的物的原所有人取得合成物的所有权，并给对方以赔偿或补偿。汽车属于主物，且汽车价值较高，即使甲是恶意的，其仍旧可以取得刷漆后的汽车的所有权，但需要对乙进行赔偿。故 A 项错误，当选。

B 项：本题中，甲将自己的方糖加入乙的咖啡属于动产与动产混合，乙无过错，从保护无过错当事人的原则出发，应当由乙取得加糖后的咖啡的所有权。故 B 项正确，不当选。

C 项：本题中，王某擅自在李某的纸上作画属于加工，按照我国司法实践的一般做法，加工物的所有权原则上归原物的所有人，仅在加工人善意且加工后增加的价值大于材料的价值时，加工物才可以归加工人所有。本题中，王某擅自在李某的纸上作画，属于恶意加工，故加工物的所有权归纸的所有人李某。故 C 项正确，不当选。

D 项：本题中，张某擅自将赵某的地砖铺在自己的家中属于动产与不动产的附合，在我国司法实践中，动产与不动产的附合，由不动产所有人取得合成物的所有权，但应当给原动产所有人以赔偿或补偿。因此，不动产所有权人张某取得附合物的所有权，但是应当给予赵某一定的赔偿。故

D 项正确，不当选。

综上所述，本题为选非题，答案为 A 项。

19

参考答案：B,C,D

解析：ABCD 项：根据《民法典》第 312 条规定："所有权人或者其他权利人有权追回遗失物。该遗失物通过转让被他人占有的，权利人有权向无处分权人请求损害赔偿，或者自知道或者应当知道受让人之日起二年内向受让人请求返还原物；但是，受让人通过拍卖或者向具有经营资格的经营者购得该遗失物的，权利人请求返还原物时应当支付受让人所付的费用。权利人向受让人支付所付费用后，有权向无处分权人追偿。"本题中，对遗失物而言，权利人可以自知道或者应当知道受让人之日起 2 年内向受让人请求返还原物，孙某 3 年后才知道受让人沙某，自此才开始计算 2 年的回复期，因此孙某仍可以行使回复权。因此，A 项错误，B 项正确，C 项正确。由于唐某是通过有经营资格的经营者珠宝店购买项链，故孙某应当对沙某补足相应的价款。因此，D 项正确。

综上所述，本题正确答案为 BCD 项。

第四章
所有权

参考答案

[1]D　　[2]AD　　[3]D　　[4]ABC　[5]C
[6]BC　[7]ABCD[8]D　　[9]ACD　[10]B
[11]D　　[12]BCD

一、历年真题及仿真题

（一）建筑物区分所有权

【单选】

1

参考答案：D

解析：AB 项：根据《民法典》第 278 条第 1 款

第 8 项规定:"下列事项由业主共同决定:（八）改变共有部分的用途或者利用共有部分从事经营活动;"第 278 条第 2 款规定:"业主共同决定事项,应当由专有部分面积占比三分之二以上的业主且人数占比三分之二以上的业主参与表决。决定前款第六项至第八项规定的事项,应当经参与表决专有部分面积四分之三以上的业主且参与表决人数四分之三以上的业主同意。决定前款其他事项,应当经参与表决专有部分面积过半数的业主且参与表决人数过半数的业主同意。"本题中,需要双 2/3 参与表决,参与表决的双 3/4 通过。B 项错误。该事项应由业主共同决定,业委会是业主大会选举出来的人,5-11 人,因此不能由业委会投票通过。A 项错误。

CD 项:根据《民法典》第 282 条规定:"建设单位、物业服务企业或者其他管理人等利用业主的共有部分产生的收入,在扣除合理成本之后,属于业主共有。"建筑外墙面属于建筑物的整体构造部分,应当属于全体业主共有,因此墙体广告的收入在扣除必要费用后应当分给全体业主。D 项正确,C 项错误。

综上所述,本题答案是 D。

【多选】

2 1802052

参考答案:A,D

解析:AB 项:根据《建筑物区分所有权纠纷解释》第 3 条第 1 款第 1 项的规定:"除法律、行政法规规定的共有部分外,建筑区划内的以下部分,也应当认定为民法典第二编第六章所称的共有部分:（一）建筑物的基础、承重结构、外墙、屋顶等基本结构部分,通道、楼梯、大堂等公共通行部分,消防、公共照明等附属设施、设备,避难层、设备层或者设备间等结构部分。"本题中,甲自家窗户下的外墙,属于全体业主共有。因此,B 项错误,A 项正确。

CD 项:根据《民法典》第 273 条第 1 款的规定:"业主对建筑物专有部分以外的共有部分,享有权利,承担义务;不得以放弃权利为由不履行义务。"再根据《建筑物区分所有权纠纷解释》第 4 条规定:"业主基于对住宅、经营性用房等专有部

分特定使用功能的合理需要,无偿利用屋顶以及与其专有部分相对应的外墙面等共有部分的,不应认定为侵权。但违反法律、法规、管理规约,损害他人合法权益的除外。"本题中,乙擅自将空调安装于甲家窗户下的外墙上,既违背了"无偿利用与其专有部分相对应的外墙面"之规定,另一方面空调产生的噪音也会损害甲的合法权益,故乙无权实施该行为。甲基于合理需要可以无偿利用。因此,C 项错误,D 项正确。

综上所述,本题答案为 AD 项。

【不定项】

3 1703088

参考答案:D

解析:ABC 项:根据《民法典》第 286 条第 2 款规定:"业主大会或者业主委员会,对任意弃置垃圾、排放污染物或者噪声、违反规定饲养动物、违章搭建、侵占通道、拒付物业费等损害他人合法权益的行为,有权依照法律、法规以及管理规约,请求行为人停止侵害、排除妨碍、消除危险、恢复原状、赔偿损失。"《建筑物区分所有权纠纷解释》第 15 条规定:"业主或者其他行为人违反法律、法规、国家相关强制性标准、管理规约,或者违反业主大会、业主委员会依法作出的决定,实施下列行为的,可以认定为民法典第二百八十六条第二款所称的其他'损害他人合法权益的行为':（一）损害房屋承重结构,损害或者违章使用电力、燃气、消防设施,在建筑物内放置危险、放射性物品等危及建筑物安全或者妨碍建筑物正常使用;（二）违反规定破坏、改变建筑物外墙面的形状、颜色等损害建筑物外观;（三）违反规定进行房屋装饰装修;（四）违章加建、改建,侵占、挖掘公共通道、道路、场地或者其他共有部分。"根据上述规定可知,对于某业主或者其他行为人所实施的侵害建筑物区分所有权,侵害其他业主合法权益的行为,原则上只能由业主大会或者业主委员会代表全体业主寻求救济,仅在该侵害行为客观上同时对其他业主的专有权造成侵害时,专有权遭受侵害的业主才有权以自己的名义寻求救济。对于 5 栋某业主任意弃置垃圾、7 栋某业主违反规定饲养动物、8 栋顶楼

某业主违规搭建楼顶花房等行为原则上仅构成对业主共有权的侵害，只能由业主大会或者业主委员会主张救济的权利。因此，ABC项错误。

D项：根据《民法典》第287条规定："业主对建设单位、物业服务企业或者其他管理人以及其他业主侵害自己合法权益的行为，有权请求其承担民事责任。"本题中，蒋某楼上邻居因不当装修损坏蒋某家天花板，构成对蒋某专有权的侵害，蒋某有权以自己的名义向法院提起诉讼。因此，D项正确。

综上所述，本题答案为D项。

④ 1703087

参考答案：A,B,C

解析：ABC项：根据《民法典》第279条的规定："业主不得违反法律、法规以及管理规约，将住宅改变为经营性用房。业主将住宅改变为经营性用房的，除遵守法律、法规以及管理规约外，应当经有利害关系的业主一致同意。"《建筑物区分所有权纠纷解释》第11条规定："业主将住宅改变为经营性用房，本栋建筑物内的其他业主，应当认定为民法典第二百七十九条所称'有利害关系的业主'。建筑区划内，本栋建筑物之外的业主，主张与自己有利害关系的，应证明其房屋价值、生活质量受到或者可能受到不利影响。"据此可知，如蒋某是同一栋住宅楼的业主或能证明田某开办茶楼而使其房屋价值、生活质量受到或可能受到不利影响的，则蒋某属于利害关系人，田某将住宅改为经营性用房，应经蒋某的同意。因此，ABC项正确。

D项：根据上述《民法典》第279条的规定，业主将住宅改变为经营性用房，应当经有利害关系的业主一致同意，即必须是全体同意，不能是多数同意。同时，《建筑物区分所有权纠纷解释》第10条第2款规定："将住宅改变为经营性用房的业主以多数有利害关系的业主同意其行为进行抗辩的，人民法院不予支持。"据此可知，业主如要将住宅改变为经营性用房，应经利害关系人全体一致同意，即"一票否决制"。因此，D项错误。

综上所述，本题答案为ABC项。

⑤ 1703086

参考答案：C

解析：A项：《民法典》第275条第1款规定："建筑区划内，规划用于停放汽车的车位、车库的归属，由当事人通过出售、附赠或者出租等方式约定。"本题中，地下停车场系建筑区划内规划用于停放汽车的车位，其所有权归属依照购房合同的约定予以确定，不属于业主共有权的客体，不属于业主共有。因此，A项错误。

BD项：《民法典》第273条第2款规定："业主转让建筑物内的住宅、经营性用房，其对共有部分享有的共有和共同管理的权利一并转让。"据此可知，法律并未规定建筑物区分所有权人之间存在优先购买权。如小区其他业主出售车位，蒋某等无车位业主并不享有优先购买权。同时，由于该车位并不属于业主共有。因此，小区业主如出售房屋，其所购车位可不一同转让，因此，BD项错误。

C项：《民法典》第276条规定："建筑区划内，规划用于停放汽车的车位、车库应当首先满足业主的需要。"因此，C项正确。

综上所述，本题答案为C项。

（二）按份共有人的优先购买权

【多选】

⑥ 1703054

参考答案：B,C

解析：AB项：根据《民法典》第305条规定："按份共有人可以转让其享有的共有的不动产或者动产份额。其他共有人在同等条件下享有优先购买的权利。"同时，《民法典物权编解释（一）》第13条规定："按份共有人之间转让共有份额，其他按份共有人主张依照民法典第三百零五条规定优先购买的，不予支持，但按份共有人之间另有约定的除外。"据此可知，按份共有人对内转让份额的（甲将自己的份额转让给丙），其他按份共有人不享有优先购买权；而如果是对外转让份额的（乙将自己的份额转让给戊），则其他按份共有人在同等条件下享有优先购买权。因此，A项错误，B项正确。

C项：根据《民法典》第306条第2款规定："两个以上其他共有人主张行使优先购买权的，协商确定各自的购买比例；协商不成的，按照转让时各自的共有份额比例行使优先购买权。"据此可知，如甲、丙均对乙的份额主张优先购买权的，双方可协商确定各自购买的份额。因此，C 项正确。

D 项：不能以优先购买权受侵害为由主张合同无效。因此，D 项错误。

综上所述，本题答案为 BC 项。

7 1603053

参考答案：A,B,C,D

解析：A 项：《民法典》第 306 条第 1 款规定："按份共有人转让其享有的共有的不动产或者动产份额的，应当将转让条件及时通知其他共有人。其他共有人应当在合理期限内行使优先购买权。"按份共有人向共有人之外的第三人转让其享有的份额，负有通知其他按份共有人的义务，不需要经过其他按份共有人的同意。因此，A 项错误，当选。

B 项：《民法典》第 306 条第 2 款规定："两个以上其他共有人主张行使优先购买权的，协商确定各自的购买比例；协商不成的，按照转让时各自的共有份额比例行使优先购买权。"本案中，若按份共有人乙、丙、丁均以同等条件主张优先购买权，需协商确定各自的购买比例，协商不成的，按照转让时各自的共有份额比例行使优先购买权；并非由丁取得相应份额。因此，B 项错误，当选。

C 项：《民法典物权编解释（一）》第 10 条规定："民法典第三百零五条所称的'同等条件'，应当综合共有份额的转让价格、价款履行方式及期限等因素确定。"据此可知，价款履行方式及期限乃是重要因素。本案中，丙欲以分期付款的方式主张优先购买权，与戊的一次性付款并非同等条件。因此，C 项错误，当选。

D 项：《民法典物权编解释（一）》第 13 条规定："按份共有人之间转让共有份额，其他按份共有人主张依据民法典第三百零五条规定优先购买的，不予支持，但按份共有人之间另有约定的除外。"本案中，若甲改由向按份共有人乙转让其共有份额，系对内转让，故其他按份共有人即丙、丁在同等条件下不享有优先购买权。因此，D 项错误，当选。

综上所述，本题为选非题，答案为 ABCD 项。

（三）共有物管理、处分、分割等

【单选】

8 1802105

参考答案：D

解析：ABCD 项：首先，根据《民法典》第 231 条的规定："因合法建造、拆除房屋等事实行为设立或者消灭物权的，自事实行为成就时发生效力。"本题中，张强合法建造房屋，无须办理房屋所有权的初始登记，自事实行为成就时，即所建造的每一间房屋封顶时，张强取得房屋的所有权。其次，根据《民法典》第 209 条第 1 款的规定："不动产物权的设立、变更、转让和消灭，经依法登记，发生效力；未经登记，不发生效力，但是法律另有规定的除外。"本题中，张强将其单独的房屋所有权的三分之二赠与儿子张小强，张强须先办理初始登记，再办理房屋所有权变更登记，才能发生物权效力，房屋由张强单独所有变更为张强与张小强按份共有。最后，根据《民法典》第 725 条规定："租赁物在承租人按照租赁合同占有期限内发生所有权变动的，不影响租赁合同的效力。"本题中，在张强与好实惠超市的有效房屋租赁合同存续期间，租赁房屋所有权发生变动的，根据买卖不破除租赁规则，自租赁物所有权变动之时，新的所有权人，即按份共有人张强与张小强，就法定承受出租人地位。根据《民法典》第 307 条规定："因共有的不动产或者动产产生的债权债务，在对外关系上，共有人享有连带债权、承担连带债务，但是法律另有规定或者第三人知道共有人不具有连带债权债务关系的除外；在共有人内部关系上，除共有人另有约定外，按份共有人按照份额享有债权、承担债务，共同共有人共同享有债权、承担债务。偿还债务超过自己应当承担份额的按份共有人，有权向其他共有人追偿。"因本案中未说明第三人是否知道共有人不具有连带债权债务关系，则推定为第三人不知道，故因共有的出租给超市的不动产所产生的债权，在张强和张小强内部关系上，是按份享有债权；但在对外关系上，共有人张强和张小强享有连带债权、承担连带债务。因此，D 项正确，ABC 项错误。

综上所述，本题答案为 D 项。

（四）综合知识点

【不定项】

⑨ `2202037`

参考答案：A,C,D

解析：A项：根据《民法典》第274条的规定："建筑区划内的道路，属于业主共有，但是属于城镇公共道路的除外。建筑区划内的绿地，属于业主共有，但是属于城镇公共绿地或者明示属于个人的除外。建筑区划内的其他公共场所、公用设施和物业服务用房，属于业主共有。"建筑区划内的物业服务用房，属于业主共有。随意出租侵犯了建筑物区分所有权中的共有权。A项正确。

B项：住改商需要有利害关系业主一致同意，物业服务用房非住宅，不适用该条。根据《民法典》第278条的规定："下列事项由业主共同决定：……（八）改变共有部分的用途或者利用共有部分从事经营活动；……业主共同决定事项，应当由专有部分面积占比三分之二以上的业主且人数占比三分之二以上的业主参与表决。决定前款第六项至第八项规定的事项，应当经参与表决专有部分面积四分之三以上的业主且参与表决人数四分之三以上的业主同意。……"因此，改变物业服务用房的用途需要双2/3开会，且需要双2/3的双3/4同意。B项错误。

C项：根据《民法典》第282条的规定："建设单位、物业服务企业或者其他管理人等利用业主的共有部分产生的收入，在扣除合理成本之后，属于业主共有。"C项正确。

D项：根据《民法典》第946条第1款的规定："业主依照法定程序共同决定解聘物业服务人的，可以解除物业服务合同。决定解聘的，应当提前六十日书面通知物业服务人，但是合同对通知期限另有约定的除外。"业主有任意解除权，依法定程序形成决议后可以解除。D项正确。

综上所述，本题的正确答案为ACD项。

二、模拟训练

⑩ `62102074`

参考答案：B

解析：A项：根据《民法典》第276条的规定：

"建筑区划内，规划用于停放汽车的车位、车库应当首先满足业主的需要。"地下架空层是规划内用于停放汽车的场所，蒋大金作为觉晓筑梦家园的业主，有权优先享有该车库的使用权，物业服务企业在未满足业主需求的前提下，将车库对外出租，是不合法的。因此，A项错误。

B项：根据《民法典》第281条的规定："建筑物及其附属设施的维修资金，属于业主共有。经业主共同决定，可以用于电梯、屋顶、外墙、无障碍设施等共有部分的维修、更新和改造。维修资金的筹集、使用情况应当公布。紧急情况下需要维修建筑物及其附属设施的，业主大会或者业主委员会可以依法申请使用维修资金。"公园属于建筑物的附属设施，在紧急情况下业主大会或者业主委员会可以申请使用维修资金予以维护。因此，B项正确。

C项：根据《民法典》第279条的规定："业主不得违反法律、法规以及管理规约，将住宅改变为经营性用房。业主将住宅改变为经营性用房的，除遵守法律、法规以及管理规约外，应当经有利害关系的业主一致同意。"陆小白将住房改为经营性用房，应取得具有利害关系的业主的一致同意，而非全小区业主的同意。因此，C项错误。

D项：根据《民法典》第278条的规定："下列事项由业主共同决定：（七）改建、重建建筑物及其附属设施；"张小草改建觉晓筑梦家园公园亭的行为属于改建建筑物附属设施的行为，应当由其他业主共同决定，张小草擅自将亭子改建，其他业主有权制止该不合法的改建行为。因此，D项错误。

综上所述，本题答案为B项。

⑪ `62002246`

参考答案：D

解析：A项：根据《民法典》306条第1款规定："按份共有人转让其享有的共有的不动产或者动产份额的，应当将转让条件及时通知其他共有人。其他共有人应当在合理期限内行使优先购买权。"本题中，甲将其共有份额转让给不属于共有人的丁，无须得到乙、丙的同意，但是应当将转让条件及时通知乙和丙。因此，A项错误。

B 项：根据《民法典物权编解释（一）》第 11 条第 2 项规定："优先购买权的行使期间，按份共有人之间有约定的，按照约定处理；没有约定或者约定不明的，按照下列情形确定：（二）通知中未载明行使期间，或者载明的期间短于通知送达之日起十五日的，为十五日。"本题中，甲在通知中载明的行使期间短于送达之日起 15 日，则行使期间应为 15 日为准。因此，B 项错误。

C 项：根据《民法典物权编解释（一）》第 13 条规定："按份共有人之间转让共有份额，其他按份共有人主张依据民法典第三百零五条规定优先购买的，不予支持，但按份共有人之间另有约定的除外。"本题中，甲将其共有份额转让给乙，属于按份共有人之间的份额转让，其他按份共有人无优先购买权。因此，C 项错误。

D 项：根据《民法典》第 306 条第 2 款规定："两个以上其他共有人主张行使优先购买权的，协商确定各自的购买比例；协商不成的，按照转让时各自的共有份额比例行使优先购买权。"本题中，乙、丙均主张行使优先购买权，应协商确定各自的购买比例；协商不成的，按照甲转让时各自的共有份额比例行使优先购买权。因此，D 项正确。

综上所述，本题答案为 D 项。

12 `62002227`

参考答案：B,C,D

解析：根据《民法典》第 278 条规定："下列事项由业主共同决定：（一）制定和修改业主大会议事规则；（二）制定和修改管理规约；（三）选举业主委员会或者更换业主委员会成员；（四）选聘和解聘物业服务企业或者其他管理人；（五）使用建筑物及其附属设施的维修资金；（六）筹集建筑物及其附属设施的维修资金；（七）改建、重建建筑物及其附属设施；（八）改变共有部分的用途或者利用共有部分从事经营活动；（九）有关共有和共同管理权利的其他重大事项。业主共同决定事项，应当由专有部分面积占比三分之二以上的业主且人数占比三分之二以上的业主参与表决。决定前款第六项至第八项规定的事项，应当经参与表决专有部分面积四分之三以上的业主且参与表决人数四分之三以上的业主同意。决定前款其他事项，

应当经参与表决专有部分面积过半数的业主且参与表决人数过半数的业主同意。"

A 项："改建建筑物"属于上述规定中第（七）项的情形，应当经参与表决专有部分面积四分之三以上的业主且参与表决人数四分之三以上的业主同意。因此，A 项错误。

BCD 项："制定和修改业主大会议事规则"属于上述规定中第（一）项的情形，"使用建筑物的维修资金"属于上述第（五）项的情形，"制定和修改管理规约"属于上述规定第（二）项的情形，应当经参与表决专有部分面积过半数的业主且参与表决人数过半数的业主同意。因此，BCD 项正确。

综上所述，本题答案为 BCD 项。

第五章　用益物权

参考答案

[1] B　　[2] B　　[3] BD　　[4] A　　[5] ABCD

[6] BCD　　[7] AD　　[8] ABCD

一、历年真题及仿真题

（一）土地承包经营权

【单选】

1 `2102051`

参考答案：B

解析：ABC 项：根据《民法典》第 333 条："土地承包经营权自土地承包经营合同生效时设立。"乙原本承包本村 50 亩上地，经村委会同意将 20 亩与同村丙的 15 亩进行互换后，无须登记即生效，故乙只对实际承包的 45 亩土地享有土地承包经营权。乙将 30 亩地出租给甲公司，出租的只是土地的经营权，乙作为集体经济组织的成员，有权对承包土地的经营权进行流转，这并不影响土地的承包权。因此，B 项正确，AC 项错误。

D 项：根据《民法典》第 341 条："流转期限为五年以上的土地经营权，自流转合同生效时设立。当事人可以向登记机构申请土地经营权登记；未

经登记，不得对抗善意第三人。"合同生效就设立土地经营权，未登记不影响。因此，D项错误。

综上所述，本题正确答案为B项。

② 1703007

参考答案：B

解析：A项：根据《民法典》第334条规定："土地承包经营权人依照法律规定，有权将土地承包经营权互换、转让。未经依法批准，不得将承包地用于非农建设。"以发包方式设立的土地承包经营权，即使未办理设权登记，土地承包经营权人也拥有在一定范围内处分该土地承包经营权的处分权。因此，A项错误。

B项：根据《民法典》第333条第1款规定："土地承包经营权自土地承包经营权合同生效时设立。"本题中，村民胡某在订立的土地承包经营权合同生效时，即取得土地承包经营权。因此，B项正确。

CD项：根据《民法典》第335条规定："土地承包经营权互换、转让的，当事人可以向登记机构申请登记；未经登记，不得对抗善意第三人。"胡某将土地承包经营权转让给同村村民周某，未办理变更登记的，仅不产生对抗效力，而非不发生效力。此外，未办理登记不影响合同的成立与生效。因此，CD项错误。

综上所述，本题答案为B项。

【多选】

③ 1603054

参考答案：B,D

解析：A项：根据《农村土地承包法》第3条第2款规定："农村土地承包采取农村集体经济组织内部的家庭承包方式，不宜采取家庭承包方式的荒山、荒沟、荒丘、荒滩等农村土地，可以采取招标、拍卖、公开协商等方式承包。"本案中，集体土地不单只能以家庭承包的方式进行承包，还可采取招标、拍卖、公开协商等方式。因此，A项错误。

B项：根据《农村土地承包法》第16条第1款规定："家庭承包的承包方是本集体经济组织的农户。"本案中，家庭承包的方式只适用于本集体经

济组织的农户，集体经济组织之外的人只能通过招标、拍卖、公开协商等方式承包。因此，B项正确。

C项：根据《农村土地承包法》第52条第1款规定："发包方将农村土地发包给本集体经济组织以外的单位或者个人承包，应当事先经本集体经济组织成员的村民会议三分之二以上成员或者三分之二以上村民代表的同意，并报乡（镇）人民政府批准。"本案中，若河西村欲将荒山发包给Z企业，不仅须经2/3以上成员或村民代表同意，还须报乡（镇）人民政府批准。因此，C项错误。

D项：根据《农村土地承包法》第51条规定："以其他方式承包农村土地，在同等条件下，本集体经济组织成员享有优先承包权。"本案中，若河西村村民黄某也要承包该荒山，则本集体经济组织成员黄某享有优先承包权。因此，D项正确。

综上所述，本题答案为BD项。

（二）综合知识点

【单选】

④ 2302020

参考答案：A

解析：A项：根据《民法典》第221条第2款规定："预告登记后，债权消灭或者自能够进行不动产登记之日起九十日内未申请登记的，预告登记失效。"本题中，1月2日办理房屋预告登记，至5月5日，已经超过90日，预告登记失效。因此，A项正确。

BD项：根据《民法典》第368条规定："居住权无偿设立，但是当事人另有约定的除外。设立居住权的，应当向登记机构申请居住权登记。居住权自登记时设立。"本题中，甲母的居住权未登记，没有设立。甲为甲父设立居住权并登记，甲父取得房屋居住权。因此，BD项错误。

C项：根据《民法典》第209条第1款规定："不动产物权的设立、变更、转让和消灭，经依法登记，发生效力；未经登记，不发生效力，但是法律另有规定的除外。"本题中，案涉房屋未办理过户登记，乙未取得房屋所有权。因此，C项错误。

综上所述，本题正确答案为A。

【多选】

5 2402068

参考答案：A,B,C,D

解析：ABD项：房屋已经因山洪毁损，所以房屋所有权消灭。根据《民法典》第364条规定："宅基地因自然灾害等原因灭失的，宅基地使用权消灭。对失去宅基地的村民，应当依法重新分配宅基地。"宅基地已经因为山洪灭失，宅基地使用权消灭。甲可以重新申请宅基地。因此，ABD项正确。

【说明：根据《土地管理法》第62条第5款规定："农村村民出卖、出租、赠与住宅后，再申请宅基地的，不予批准。"为啥还能重新申请？——牢记原理，一户一宅。出租后不能再申请，是说你不能有2块。但是如果1块已经没了，那是可以再申请的。因此重新申请分配的前提是因自然灾害灭失。】

C项：根据《民法典》第563条第1款规定："有下列情形之一的，当事人可以解除合同：（一）因不可抗力致使不能实现合同目的；（二）在履行期限届满前，当事人一方明确表示或者以自己的行为表明不履行主要债务；（三）当事人一方迟延履行主要债务，经催告后在合理期限内仍未履行；（四）当事人一方迟延履行债务或者有其他违约行为致使不能实现合同目的；（五）法律规定的其他情形。"本题中，房屋租赁合同已经因为山洪冲毁房屋而无法实现合同目的，所以乙有权解除合同。因此C项正确。

综上所述，本题答案为ABCD项。

6 2202167

参考答案：B,C,D

解析：AB项：《民法典》第380条规定："地役权不得单独转让。土地承包经营权、建设用地使用权等转让的，地役权一并转让，但是合同另有约定的除外。"地役权依附于甲的土地承包经营权上，所以甲的土地承包经营权转让时，地役权随之转让。丙享有地役权，乙无权解除合同，拒绝丙取水。因此，A项错误，B项正确。

C项：《民法典》第374条规定："地役权自地役权合同生效时设立。当事人要求登记的，可以向登

记机构申请地役权登记；未经登记，不得对抗善意第三人。"因此，C项正确。

D项：《农村土地承包法》第32条规定："承包人应得的承包收益，依照继承法的规定继承。林地承包的承包人死亡，其继承人可以在承包期内继续承包。"原则上承包权不可以继承，但林地可以。因此，D项正确。

综上所述，本题答案为BCD项。

7 1403056

参考答案：A,D

解析：A项：根据《民法典》第333条第1款的规定："土地承包经营权自土地承包经营权合同生效时设立。"本题中，季大的土地承包经营权自合同生效时设立。因此，A项正确。

B项：根据《民法典》第335条的规定："土地承包经营权互换、转让的，当事人可以向登记机构申请登记；未经登记，不得对抗善意第三人。"据此，登记只产生对抗效力，而不是生效要件。本题中，如季大转让其土地承包经营权，则未经变更登记不影响转让的效力。因此，B项错误。

CD项：根据《民法典》第1122条的规定："遗产是自然人死亡时遗留的个人合法财产。依照法律规定或者根据其性质不得继承的遗产，不得继承。"故被继承人享有的土地承包经营权不属于遗产（因承包人需为集体经济组织成员）。而被继承人在生前土地上投入资金和劳动所产生的增值和孳息应当属于其个人遗产。本题中，家庭承包方式取得的耕地承包经营权不属于遗产，而该耕地上未收割的农作物属于承包应得的个人收益，可以继承。因此，C项错误，D项正确。

综上所述，本题答案为AD项。

二、模拟题

8 62002086

参考答案：A,B,C,D

解析：A项：根据《民法典》第332条规定："耕地的承包期为三十年。草地的承包期为三十年至五十年。林地的承包期为三十年至七十年。前款规定的承包期限届满，由土地承包经营权人依照农村土地承包的法律规定继续承包。"本题中，甲

所承包的耕地承包期限届满后，有权依照法律的规定继续承包。因此，A项错误，当选。

B项：根据《民法典》第341条规定："流转期限为五年以上的土地经营权，自流转合同生效时设立。当事人可以向登记机构申请土地经营权登记；未经登记，不得对抗善意第三人。"本题中，乙的土地经营权自甲乙之间的流转合同生效时设立。因此，B项错误，当选。

C项：根据《民法典》第346条规定："设立建设用地使用权，应当符合节约资源、保护生态环境的要求，遵守法律、行政法规关于土地用途的规定，不得损害已经设立的用益物权。"根据《民法典》第378条规定："土地所有权人享有地役权或者负担地役权的，设立土地承包经营权、宅基地使用权等用益物权时，该用益物权人继续享有或者负担已经设立的地役权。"据此，设立建设用地使用权不得损害已经设立的用益物权，地役权属于用益物权的一种，建设用地使用权人乙应当继续负担已经设立的地役权。因此，C项错误，当选。

D项：根据《民法典》第369条规定："居住权不得转让、继承。设立居住权的住宅不得出租，但是当事人另有约定的除外。"居住权不得转让属于法律规定，没有例外，当事人约定并不能排除适用。因此，D项错误，当选。

综上所述，本题为选非题，答案为ABCD项。

参考答案

[1] C　　[2] BCD　　[3] B　　[4] D　　[5] ABC
[6] BD　　[7] ABD　　[8] AD　　[9] ABCD

一、历年真题及仿真题

（一）占有的性质及分类

【单选】

1 1802104

参考答案：C

解析：A项：本题中，甲把教材放在教室，打算吃完饭后回来继续复习，依照一般社会观念，甲并没有放弃占有的意思，短暂离开占有物仍属于客观上对物具有实际控制，故甲仍维持对教材的直接占有。因此，A项错误。

B项：本题中，乙翻看教材时，从时间上看，乙系暂时翻看，依照一般社会观念，不具有占有的意思；且短暂翻看也不会打破甲对教材的实际控制状态，故乙对教材不成立占有，甲也未失去对教材的占有。因此，B项错误。

CD项：本题中，乙将教材带出教室时，依照一般社会观念，乙欲占为己有，具有占有的意思（若无占有意思则在原地翻阅即可，不必带出教室）。带出教室后，乙打破甲对教材的实际控制地位，建立了自己对教材事实上的支配。故乙取得对教材的占有而甲对教材的占有因被侵夺而消灭。因此，C项正确，D项错误。

综上所述，本题答案为C项。

【多选】

2 1503056

参考答案：B,C,D

解析：A项：在占有媒介关系中，直接占有其物者是以他主占有之意思而占有。如以自己所有之意思而为占有，则不是间接占有。当直接占有人改变他主占有的意思而为自主占有时，间接占有即归于消灭。只有存在租赁合同、保管合同、借用合同、质押合同等存在占有媒介关系，遗失物的拾得人与遗失人之间不存在占有媒介关系，因此，不存在直接占有和间接占有的问题。因此，A 项错误。【注意，本题以往真题观点是承认遗失物的拾得人与遗失人之间存在占有媒介关系，但是经教研组讨论以及查询不同学说以后，目前法考中按照不承认法定占有媒介关系是更符合逻辑的，因此 A 选项错误。】

B 项：本题中，甲拾得乙的手机，对手机的占有系无权占有，从甲将手机卖给不知情的丙并交付的行为可以判定，甲对手机系以据为己有的意思而占有，为自主占有。因此，B 项正确。

C 项：本题中，手机系遗失物，不适用善意取得，手机仍归乙所有。相对于所有权人乙而言，丙属于无权占有，但丙误以为自己系所有权人，属于善意占有。因此，C 项正确。

D 项：根据《最高人民法院关于适用〈中华人民共和国民法典〉有关担保制度的解释》（以下简称《担保制度的解释》）第 62 条第 1 款规定："债务人不履行到期债务，债权人因同一法律关系留置合法占有的第三人的动产，并主张就该留置财产优先受偿的，人民法院应予支持。第三人以该留置财产并非债务人的财产为由请求返还的，人民法院不予支持。"本题中，丙丁之间具有维修合同法律关系，丙拒绝支付维修费用，丁有权依据维修合同法律关系留置该手机，丁为有权占有，其主观上显然并无想取得所有权之意，属于他主占有。因此，D 项正确。

综上所述，本题答案为 BCD 项。

（二）占有的推定

【单选】

③ 1603009

参考答案：B

解析：ABCD 项："基于动产占有的所有权推定"规则包含两个层次："基于现存占有的推定"是指动产的自主占有人，推定其随着占有的取得而取得所有权。该规则有一个基础：占有人的占有须为自主占有。该推定规则具有适用的优先性，在

该规则不能适用或被推翻时，可以适用"基于先前占有的推定"规则，此规则内容是推定前一个自主占有人享有所有权，并且该所有权一直持续存在。本题中，现占有人乙不能提供其取得宝石戒指时为自主占有的证据，因此不能适用"基于现存占有的推定"规则来推定乙于自主占有戒指时取得对戒指的所有权。同时，甲能证明在 2015 年 10 月 1 日前一直合法占有该戒指，则可以适用"基于先前占有的推定"规则。若甲能进一步证明其在 2015 年 10 月 1 日前一直以自主占有的意思占有该戒指，则推定甲对该戒指有所有权，且其所有权一直持续到现在。因此，B 项正确，ACD 错误。

综上所述，本题答案为 B 项。

（三）综合知识点

【单选】

④ 1403009

参考答案：D

解析：A 项：根据《民法典》第 314 条："拾得遗失物，应当返还权利人。拾得人应当及时通知权利人领取，或者送交公安等有关部门。"本题中，小羊属王某遗失物，王某对小羊的所有权不因遗失而消灭，同时，张某也不能因拾得小羊获得所有权。因此，A 项错误。

BCD 项：根据《民法典》第 462 条第 1 款："占有的不动产或者动产被侵占的，占有人有权请求返还原物；对妨害占有的行为，占有人有权请求排除妨害或者消除危险；因侵占或者妨害造成损害的，占有人有权依法请求损害赔偿。"占有指占有人对不动产或者动产的实际控制。占有人可以是依法有权占有不动产或者动产，如根据租赁合同在租期内占有对方交付的租赁物。占有人也可能是无权占有他人的不动产或者动产。占有在遭到侵害，或者有遭到侵害的危险情况下，占有人对侵害人或造成这种侵害状态的人，有权要求排除侵害或消除这种危险性，维持、恢复占有的权利，但无权占有的该项权利不得对抗有权占有。本题中，即张某的无权占有不能对抗所有权人王某，因此无权要求其返还。而李某将小羊交还王某后，

李某并不拥有小羊的占有，张某也因此无法要求李某返还，但就占有状态受保护而言，李某侵犯了张某的占有。因此，BC项错误，D项正确。综上所述，本题答案为D项。

【多选】

⑤ `2402070`

参考答案：A,B,C

解析：ABC项:《民法典》第462条第1款规定："占有的不动产或者动产被侵占的，占有人有权请求返还原物；对妨害占有的行为，占有人有权请求排除妨害或者消除危险；因侵占或者妨害造成损害的，占有人有权依法请求损害赔偿。"李某以侵夺外的方式妨碍占有，占有人有权请求排除妨害。只要是占有人都可以主张，此题中，许某是直接占有人，齐某和张某是间接占有人。因此，ABC项都正确。

D项：齐某需要交付租赁物，且保证租赁物符合约定用途，这些齐某都是做到的。至于李某的行为，不在齐某作为出租人所负的义务范围内，齐某没有违约行为，不能向齐某主张违约责任。D项错误。

综上所述，本题答案是ABC。

⑥ `1403058`

参考答案：B,D

解析：AB项：通说认为对未获得规划许可证和施工许可证的建筑，属于违法建造，虽不享有所有权，但由于其实际的管理与控制，也形成了一种占有的事实状态，并受法律的保护，为了保护秩序，他人不得随意侵犯。本题中，由于门面房没有取得规划许可，徐某对于违章建筑不享有所有权，但可成立占有。因此小区其他业主强行拆除门面房的行为没有侵犯其所有权，但侵犯了徐某的占有。因此，A项错误，B项正确。

C项：对于已拆除的违章建筑，没有恢复原状的可能和必要。因此，C项错误。

D项：虽然徐某对门面房不享有所有权，但盖房子的墙砖是徐某购买并享有所有权的，其他业主毁坏了徐某拥有所有权的墙砖，应就该损失进行赔偿。因此，D项正确。

综上所述，本题答案为BD项。

【关于C项可以这样理解，今天给他恢复原状盖好了，隔几天行政机关处理又要责令拆除，反正早晚都要拆，而且通过赔偿损失的方式也可以弥补徐某的损失了，为啥还要再费事给他恢复原状呢。还有同学疑惑为什么不能理解成对墙砖恢复原状，因为恢复原状要求具备恢复的可能性，而墙砖都被破坏了，其他业主也没办法再把它们拼合起来吧】

【不定项】

⑦ `2002008`

参考答案：A,B,D

解析：A项：根据《民法典》第314条的规定："拾得遗失物，应当返还权利人。拾得人应当及时通知权利人领取，或者送交公安等有关部门。"张三拾得遗失物，应当返还给其所有人，不能自行占有，故张三属于无权占有。因此，A项正确。

B项：根据《民法典》第462条第1款的规定："占有的不动产或者动产被侵占的，占有人有权请求返还原物；对妨害占有的行为，占有人有权请求排除妨害或者消除危险；因侵占或者妨害造成损害的，占有人有权依法请求损害赔偿。"玉在李四手中被王二盗走，王二侵夺了李四对玉的占有，李四可以请求王二返还占有。因此，B项正确。

C项：李四是无权占有，但是李四误以为玉属于张三，通过向张三借用，误信自己拥有占有玉的权利，属于无权占有人不知其无占有的权利，是善意占有。因此，C项错误。

D项：根据《民法典》第235条的规定："无权占有不动产或者动产的，权利人可以请求返还原物。"赵五作为所有权人可以请求无权占有人王二返还原物。因此，D项正确。

综上所述，本题答案为ABD项。

二、模拟训练

⑧ `62402003`

参考答案：A,D

解析：根据《民法典》第462条第1款规定："占有的不动产或者动产被侵占的，占有人有权请求返还原物；对妨害占有的行为，占有人有权请求排除妨害或者消除危险；因侵占或者妨害造成损害的，占有人有权依法请求损害赔偿。"

A 项：B 更换门锁并霸占房屋的行为属于对 A 占有的侵夺，A 有权请求 B 返还房屋的占有。因此，A 项正确。

B 项：甲对手表的占有因借用合同到期变成了无权占有，但无权占有人亦有权请求侵夺人返还占有。因此，B 项错误。

C 项：甲对珍珠项链属于间接占有，间接占有人亦有权请求侵夺人返还占有。因此，C 项错误。

D 项：占有返还请求权应当对现在还在占有的侵夺人行使，可以是直接占有亦可以是间接占有。甲构成对手机的间接占有，乙有权请求间接占有人甲返还占有。因此，D 项正确。

综上所述，本题答案为 AD。

9 `61902135`

参考答案：A,B,C,D

解析：A 项：本题中，张某错拿孙某的电脑，对于孙某的电脑属于欠缺本权的占有，即无权占有。因此，A 项正确。

B 项：根据《民法典》第 460 条的规定："不动产或者动产被占有人占有的，权利人可以请求返还原物及其孳息；但是，应当支付善意占有人因维护该不动产或者动产支出的必要费用。"本题中，在刘某告知张某拿错电脑之前，张某是善意的他主占有，享有必要费用请求权。因此，B 项正确。

C 项：根据《民法典》第 462 条的规定："占有的不动产或者动产被侵占的，占有人有权请求返还原物；对妨害占有的行为，占有人有权请求排除妨害或者消除危险；因侵占或者妨害造成损害的，占有人有权依法请求损害赔偿。占有人返还原物的请求权，自侵占发生之日起一年内未行使的，该请求权消灭。"本题中，张某侵夺孙某对电脑的占有，无论张某善意还是恶意，都构成侵夺，孙某有权主张占有返还请求权。因此，C 项正确。

D 项：根据《民法典》第 461 条的规定："占有的不动产或者动产毁损、灭失，该不动产或者动产的权利人请求赔偿的，占有人应当将因毁损、灭失取得的保险金、赔偿金或者补偿金等返还给权利人；权利人的损害未得到足够弥补的，恶意占

有人还应当赔偿损失。"本题中，张某在得知电脑拿错后，对于孙某属于恶意占有人，因此无论对于电脑的损坏是否具有过错，都需要承担损害赔偿责任。因此，D 项正确。

综上所述，本题正确答案为 ABCD 项。

担保

 第一章 担保概述

一、历年真题及仿真题

综合知识点

【单选】

1 `2202038`

参考答案：B

解析：ABC 项：实际发生的债权额小于最高额度的，按实际发生额即 2022 万算。又根据《民法典》第 695 条第 1 款的规定："债权人和债务人未经保证人书面同意，协商变更主债权债务合同内容，减轻债务的，保证人仍对变更后的债务承担保证责任；加重债务的，保证人对加重的部分不承担保证责任。"同时根据《民法典》第 697 条第 1 款的规定："债权人未经保证人书面同意，允许债务人转移全部或者部分债务，保证人对未经其同意转移的债务不再承担保证责任，但是债权人和保证人另有约定的除外。"本题中，债权人乙公司与债务人甲公司在未经保证人丙公司书面同意情况下，乙公司对甲公司免除 22 万元尾款，此时丙公司仅对变更后的债务承担保证责任。同时债权人乙公司同意债务人甲公司将 500 万元债务转移给丁公司承担，在未经保证人丙公司书面同意的情况下，丙公司对未经其书面同意转移的 500 万元债务不再承担保证责任。故丙公司仅应对

1500 万元债务承担保证责任。故 AC 项错误，B 项正确。

D 项：根据《民法典》第 686 条规定："保证的方式包括一般保证和连带责任保证。当事人在保证合同中对保证方式没有约定或者约定不明确的，按照一般保证承担保证责任。"本题中，未明确约定保证方式，因此丙公司应对甲公司产生的债务承担一般保证责任。故 D 项错误。

综上所述，本题正确答案为 B 项。

② 1603008

参考答案：D

解析：A 项：根据《民法典》第 307 条规定："因共有的不动产或者动产产生的债权债务，在对外关系上，共有人享有连带债权、承担连带债务，但是法律另有规定或者第三人知道共有人不具有连带债权债务关系的除外；在共有人内部关系上，除共有人另有约定外，按份共有人按照份额享有债权、承担债务，共同共有人共同享有债权、承担债务。偿还债务超过自己应当承担份额的按份共有人，有权向其他共有人追偿。"《民法典》第 520 条第 2 款："部分连带债务人的债务被债权人免除的，在该连带债务人应当承担的份额范围内，其他债务人对债权人的债务消灭。"按份共有人对外承担连带责任，如戊免除共有人甲的损害赔偿责任，则乙在甲应当分担的份额范围内免责。因此，A 项错误。

B 项：根据《民法典》第 403 条规定："以动产抵押的，抵押权自抵押合同生效时设立；未经登记，不得对抗善意第三人。"即动产抵押权自抵押合同生效时设立，所以，甲、乙将货车抵押给债权人丁，虽未办理抵押登记，但债权人丁依然享有抵押权。担保物权具有优先受偿的属性，法律所称"第三人"，一般指对同一标的物享有物权之人，债务人之一般债权人并不包括在内。本题中，戊不属于第 403 条规定的善意第三人，其债权为一般债权，故戊没有优先受偿的权利。因此，B 项错误。

C 项：根据《民法典》第 419 条规定："抵押权人应当在主债权诉讼时效期间行使抵押权；未行使的，人民法院不予保护。"本题中，债权人丁应当

在主债权诉讼时效期间行使抵押权。因此，C 项错误。

D 项：根据《民法典》第 307 条的规定可知，本题中，甲与乙按份共有一辆货车，两人将车抵押给债权人丁，若甲承担了全部的担保责任，则可以向乙追偿，要求乙清偿其应当承担的份额。因此，D 项正确。

综上所述，本题答案为 D 项。

③ 1403010

参考答案：A

解析：ABCD 项：根据《民法典》第 692 条："保证期间是确定保证人承担保证责任的期间，不发生中止、中断和延长。债权人与保证人可以约定保证期间，但是约定的保证期间早于主债务履行期限或者与主债务履行期限同时届满的，视为没有约定；没有约定或者约定不明确的，保证期间为主债务履行期限届满之日起六个月。债权人与债务人对主债务履行期限没有约定或者约定不明确的，保证期间自债权人请求债务人履行债务的宽限期届满之日起计算。"第 695 条第 2 款："债权人和债务人变更主债权债务合同的履行期限，未经保证人书面同意的，保证期间不受影响。"本题中，丙公司对三笔还款分别提供保证，则其中 100 万元的保证期间届满日为 2013 年 1 月 30 日；200 万元的保证期间届满日为 2013 年 2 月 28 日；300 万元的保证期间届满日为 2013 年 3 月 30 日。乙与甲约定将三笔还款顺延 3 个月，但未经丙书面同意，因此保证期间未变更。当甲公司于 2013 年 3 月 15 日起诉乙公司要求还款，前两笔债务皆已过保证期间，丙公司仅对第三笔 300 万元的债务承担保证责任。因此，A 项正确，BCD 项错误。

综上所述，本题答案为 A 项。

二、模拟训练

④ 62102120

参考答案：A,B,C

解析：A 项：担保具有效力上的从属性，主合同无效，担保合同也无效，当事人约定担保合同的效力独立于主合同的，约定无效，所以若乔四美与乔晶晶的买卖合同归于无效，担保合同也归于

无效，乔三丽不应再承担连带保证责任。因此，A项错误，当选。

B项：因主合同无效而导致担保合同无效的，担保人虽然不承担担保责任，但可能承担赔偿责任（缔约过失责任）。若担保人乔三丽没有过错，则不需要承担赔偿责任，但若乔三丽有过错，赔偿范围不超过债务人乔四美不能清偿部分的 1/3，B项错误，当选。

C项：若因担保人乔三丽与债权人乔晶晶的原因导致保证合同无效，双方均有过错，但债务人乔四美没有过错，则乔三丽承担的赔偿责任不应超过乔四美不能清偿部分的 1/2，而非承担全部赔偿责任。C项错误，当选。

D项：《民法典》第 691 条："保证的范围包括主债权及其利息、违约金、损害赔偿金和实现债权的费用。当事人另有约定的，按照其约定。"乔四美到期无法支付 50 万元的皮包价款属于违约，根据违约金条款，应当支付 1 万元的违约金。乔三丽作为保证人，保证的范围是 50 万元的主债权和 1万元的违约金。因此，D项正确，不当选。

综上所述，本题为选非题，答案为 ABC项。

第二章
抵押权

【参考答案】

[1] C　　[2] C　　[3] B　　[4] C　　[5] A

[6] ACD　[7] AD　[8] ABD　[9] BCD　[10] AC

[11] BD　[12] BD　[13] BC　[14] C　　[15] B

[16] D　　[17] BC

一、历年真题及仿真题

（一）抵押权的设立

【单选】

1 2202031

参考答案：C

解析：AB项：根据《民法典》第 402 条规定："以

本法第三百九十五条第一款第一项至第三项规定的财产或者第五项规定的正在建造的建筑物抵押的，应当办理抵押登记。抵押权自登记时设立。"可知我国对于不动产抵押权采取登记生效要件主义，不动产抵押权自办理抵押登记时设立。本题中丙恶意不办理抵押登记，抵押权并未设立，故AB项错误。

C项：根据《担保制度的解释》第 46 条第 3 款的规定："因抵押人转让抵押财产或者其他可归责于抵押人自身的原因导致不能办理抵押登记，债权人请求抵押人在约定的担保范围内承担责任的，人民法院依法予以支持，但是不得超过抵押权能够设立时抵押人应当承担的责任范围。"本题中，抵押人丙经抵押权人甲多次催告仍然恶意不配合办理抵押登记，属于可归责于抵押人丙自身的原因导致不能办理抵押登记，故甲有权请求丙在抵押物的价值范围内承担违约责任。C项正确。

D项：根据《民法典》第 215 条的规定："当事人之间订立有关设立、变更、转让和消灭不动产物权的合同，除法律另有规定或者当事人另有约定外，自合同成立时生效；未办理物权登记的，不影响合同效力。"甲和丙签订的抵押合同，自合同成立时生效。未办理登记的，不影响合同效力。且该合同无其他效力瑕疵，合同有效。D项错误。

综上所述，本题正确答案为 C项。

（二）最高额抵押

【不定项】

2 1603090

参考答案：C

解析：A项：《民法典》第 421 条规定："最高额抵押担保的债权确定前，部分债权转让的，最高额抵押权不得转让，但是当事人另有约定的除外。"抵押权具有消灭上的从属性，抵押权担保的债权消灭的，抵押权消灭。但在这一点上，最高额抵押权有特别之处。在其担保的债权额确定之前，最高额抵押权不具有从属于个别债权的消灭上的从属性（但另有约定的除外），在其担保的债权额确定后，最高额抵押权才具有从属于个别债权的消灭上的从属性。因此，A项错误。

BC项：《民法典》第421条规定："最高额抵押担保的债权确定前，部分债权转让的，最高额抵押权不得转让，但是当事人另有约定的除外。"第423条规定："有下列情形之一的，抵押权人的债权确定：（一）约定的债权确定期间届满；（二）没有约定债权确定期间或者约定不明确，抵押权人或者抵押人自最高额抵押权设立之日起满二年后请求确定债权；（三）新的债权不可能发生；（四）抵押权人知道或者应当知道抵押财产被查封、扣押；（五）债务人、抵押人被宣告破产或者解散；（六）法律规定债权确定的其他情形。"本题中，未出现最高额抵押担保债权确定的情形，故甲将上述债权转让给丁后，最高额抵押权不得转让。因此，B项错误，C项正确。

D项：在债权确定之前，债权可以转让，但是除当事人另有约定之外，最高额抵押权不随之转让。因此，D项错误。

综上所述，本题答案为C项。

（三）综合知识点

【单选】

③ 1902108

参考答案：B

解析：ABC项：根据《民法典》第154条规定："行为人与相对人恶意串通，损害他人合法权益的民事法律行为无效。"知情不等于恶意，成立恶意串通，需要行为人明知其行为会造成他人损害，还需要行为人主观上有侵害他人的故意，以损害他人利益为目的，追求或希望损害发生。本题中甲公司和A公司只知道自己行为会造成乙公司受损，主观上并没有侵害乙公司的故意，不成立恶意串通。就房屋上的抵押权，需要登记设立，但是未登记影响抵押权的设立，不影响合同效力，综上合同有效。甲公司对房屋不享有抵押权。就汽车上的抵押权，合同生效时即设立抵押权，未登记只是不产生对抗效力。因此，甲公司对汽车享有抵押权。因此，AC项错误，B项正确。

D项：根据《民法典》第539条规定："债务人以明显不合理的低价转让财产、以明显不合理的高价受让他人财产或者为他人的债务提供担保，影

响债权人的债权实现，债务人的相对人知道或者应当知道该情形的，债权人可以请求人民法院撤销债务人的行为。"为他人债务提供担保才能撤销，为自己债务提供担保不属于债权人撤销权的情形，债权人可以先下手为强。因此，D项错误。

综上所述，本题答案为B项。

④ 1902156

参考答案：C

解析：A项：根据《民法典》第403条规定："以动产抵押的，抵押权自抵押合同生效时设立；未经登记，不得对抗善意第三人。"棉花属于动产，甲以动产棉花为银行设立抵押权，抵押合同生效时，抵押权即设立。因此，A项错误。

B项：根据《民法典》第406条第1款规定："抵押期间，抵押人可以转让抵押财产。当事人另有约定的，按照其约定。抵押财产转让的，抵押权不受影响。"抵押权存续期间，抵押人转让抵押财产无须经抵押权人同意。甲将抵押的棉花转让给乙属于有权处分，自向乙完成交付时，乙取得所购棉花的所有权。因此，B项错误。

C项：乙已经将棉花"消耗殆尽"，抵押物已灭失，银行对棉花的抵押权也已经消灭。因此，C项正确。

D项：银行有权请求甲承担违约损害赔偿责任或者侵权损害赔偿责任。但乙既不构成违约，也对银行因此遭受的损失无过错，不构成侵权，故不承担责任。因此，D项错误。

综上所述，本题答案为C项。

⑤ 1802012

参考答案：A

解析：AB项：根据《民法典》第402条的规定："以本法第三百九十五条第一款第一项至第三项规定的财产或者第五项规定的正在建造的建筑物抵押的，应当办理抵押登记。抵押权自登记时设立。"第395条规定："债务人或者第三人有权处分的下列财产可以抵押：（一）建筑物和其他土地附着物；……"同时，根据《民法典》第215条的规定："当事人之间订立有关设立、变更、转让和消灭不动产物权的合同，除法律另有规定或合同另有约定外，自合同成立时生效；未办理物

觉晓法考

抵押权

057

登记的，不影响合同效力。"本题中，甲乙虽未办理抵押登记手续，不动产抵押权未设立，但二者间的抵押合同合法有效。因此，A 项错误，当选；B 项正确，不当选。

C 项：根据物权法定的基本原理，对于动产而言，既可以设立抵押权，又可以设立质押权。因此，C 项正确，不当选。

D 项：根据《民法典》第 403 条的规定："以动产抵押的，抵押权自抵押合同生效时设立；未经登记，不得对抗善意第三人。"本题中，尽管汽车抵押后尚未交付，也未登记，但汽车抵押权自甲乙签订的动产抵押合同生效时设立，故乙有权请求将甲的汽车拍卖，并就所得价款行使优先受偿权。因此，D 项正确，不当选。

综上所述，本题为选非题，答案为 A 项。

【多选】

6　2202034

参考答案：A,C,D

解析：ABD 项：根据《民法典》第 170 条规定："执行法人或者非法人组织工作任务的人员，就其职权范围内的事项，以法人或者非法人组织的名义实施的民事法律行为，对法人或者非法人组织发生效力。法人或者非法人组织对执行其工作任务的人员职权范围的限制，不得对抗善意相对人。"管理人王某超越权限与不知情的乙签订买卖合同和抵押合同，对个人独资企业发生效力，乙有权要求独资企业履行买卖合同，也有权行使抵押权。因此，AD 项正确，B 项错误。

C 项：甲和王某是委托合同关系，根据《民法典》第 933 条的规定："委托人或者受托人可以随时解除委托合同……"甲可以解聘王某。故 C 项正确。

综上所述，本题正确答案为 ACD 项。

7　2102062

参考答案：A,D

解析：AB 项：根据《民法典》第 404 条规定："以动产抵押的，不得对抗正常经营活动中已经支付合理价款并取得抵押财产的买受人。"丙属于正常经营活动中的买受人，且已经支付合理价款（合理价款不需要支付全部价款），A 船虽已交付给

丙，但出卖人甲保留动产的所有权，因此丙未取得抵押财产的所有权，不满足正常经营买受人规则，乙可以对 A 船行使抵押权。因此 A 项正确，B 项错误。

CD 项：根据《买卖合同解释》第 26 条："买受人已经支付标的物总价款的百分之七十五以上，出卖人主张取回标的物的，人民法院不予支持。"故丙已经支付了 80% 的价款，甲不得对 A 船行使取回权，但可以请求买受人支付尚未支付的价款或者解除合同。因此 C 项错误，D 项正确。

综上所述，本题正确答案为 AD 项。

8　2002161

参考答案：A,B,D

解析：A 项：根据《民法典》第 403 条规定："以动产抵押的，抵押权自抵押合同生效时设立；未经登记，不得对抗善意第三人。"乙银行自抵押合同生效时取得抵押权。因此，A 项正确。

B 项：本题中，甲公司以其现有的以及将有的生产设备、原材料设定抵押，性质上属于动产浮动抵押。因此，B 项正确。

C 项：根据《动产和权利担保统一登记办法》第 4 条规定："中国人民银行征信中心（以下简称征信中心）是动产和权利担保的登记机构，具体承担服务性登记工作，不开展事前审批性登记，不对登记内容进行实质审查。征信中心建立基于互联网的动产融资统一登记公示系统（以下简称统一登记系统）为社会公众提供动产和权利担保登记和查询服务。"当事人应当通过中国人民银行征信中心动产融资统一登记公示系统自主办理登记。因此，C 项错误。

D 项：根据《民法典》第 404 条规定："以动产抵押的，不得对抗正常经营活动中已经支付合理价款并取得抵押财产的买受人。"因此，D 项正确。

综上所述，本题正确答案为 ABD 项。

9　1802058

参考答案：B,C,D

解析：A 项：根据《民法典》第 420 条第 2 款的规定："最高额抵押权设立前已经存在的债权，经当事人同意，可以转入最高额抵押担保的债权范围。"甲超市和乙公司之间实质上形成了一个最高

额抵押担保，故最高额抵押权设立前已经存在的债权，经当事人约定，也可以将之纳入担保范围。因此，A项正确，不当选。

BC项：根据《民法典》第421条的规定："最高额抵押担保的债权确定前，部分债权转让的，最高额抵押权不得转让，但当事人另有约定的除外。"本题中，当事人之间不存在特别约定，故30万债权转让有效，但最高额抵押权并不随之转移。所以，无论是否通知甲公司，丁公司均无权主张最高额抵押权。因此，BC项错误，当选。

D项：《民法典》第406条第1款规定："抵押期间，抵押人可以转让抵押财产。当事人另有约定的，按照其约定。抵押财产转让的，抵押权不受影响。"据此，甲超市虽以办公用房提供最高额抵押担保并办理抵押登记手续，在当事人没有另外约定的情况下，可以在抵押期间转让办公用房。因此，D项错误，当选。

综上所述，本题为选非题，答案为BCD项。

⑩ 1503053

参考答案：A,C

解析：A项：本题中，乙与银行就房屋抵押合同的主要条款达成一致，且无效力瑕疵，故双方之间的抵押合同成立并生效。后乙将房屋出售给丙致使不能为银行办理抵押登记，构成违约。因此，乙应向银行承担违约责任。因此，A项正确。

B项：本题中，丙非保证人，故丙无义务代为向银行还款。因此，B项错误。

C项：本题中，若丙代为向银行还款则构成第三人代为清偿，除丙之代为清偿系履行对甲的赠与，丙对债务人甲享有追偿权，可向甲主张相应款项。因此，C项正确。

D项：根据《民法典》第402条的规定："以本法第三百九十五条第一款第一项至第三项规定的财产或者第五项规定的正在建造的建筑物抵押的，应当办理抵押登记。抵押权自登记时设立。"根据本条规定，不动产抵押权自登记时设立。由于尚未登记，银行未取得抵押权。因此，D项错误。

综上所述，本题答案为AC项。

⑪ 1503054

参考答案：B,D

解析：AB项：《民法典》第420条规定："为担保债务的履行，债务人或者第三人对一定期间内将要连续发生的债权提供担保财产的，债务人不履行到期债务或者发生当事人约定的实现抵押权的情形，抵押权人有权在最高债权额限度内就该担保财产优先受偿。最高额抵押权设立前已经存在的债权，经当事人同意，可以转入最高额抵押担保的债权范围。"本题中，甲公司、乙公司和张某签订的《个人最高额抵押协议》中虽约定债权确定期间为2014年7月2日到2015年7月1日，但是一周前的货款经当事人同意可转入最高额抵押的范围，因此甲公司共欠乙公司400万元，且未超过最高债权额。因此，A项错误，B项正确。

CD项：《民法典》第424条规定："最高额抵押权除适用本节规定外，适用本章第一节的有关规定。"第419条规定："抵押权人应当在主债权诉讼时效期间行使抵押权；未行使的，人民法院不予保护。"抵押权的期间就是抵押权有效存在的期间。因此，C项错误，D项正确。

综上所述，本题答案为BD项。

【不定项】

⑫ 1703089

参考答案：B,D

解析：A项：根据《民法典》第396条规定："企业、个体工商户、农业生产经营者可以将现有的以及将有的生产设备、原材料、半成品、产品抵押，债务人不履行到期债务或者发生当事人约定的实现抵押权的情形，债权人有权就抵押财产确定时的动产优先受偿。"这是我国关于动产浮动抵押的规定。动产浮动抵押指特定的抵押人以其现有的和将来所有的生产设备、原材料、半成品、产品等动产为债权人设定抵押权担保。最高额抵押是为债务人或第三人提供担保财产，担保债权人对债务人在未来一定期限内连续发生的不特定债权，抵押权人有权在最高债权额限度内优先受偿。本题中，甲公司是以其现有的以及将有的生产设备、原材料、产品为乙银行债权设定抵押，双方签订的抵押合同是典型的动产浮动抵押合同而不是最高额抵押合同。因此，A项错误。

BC项：根据《民法典》第403条规定："以动产抵

押的，抵押权自抵押合同生效时设立；未经登记，不得对抗善意第三人。"本题中，抵押权的客体为动产，故乙银行自合同生效时取得抵押权，登记系对抗要件，并非设立要件。因此，B项正确，C项错误。

D项：根据《民法典》第404条规定："以动产抵押的，不得对抗正常经营活动中已经支付合理价款并取得抵押财产的买受人。"《担保制度的解释》第56条第1款规定："买受人在出卖人正常经营活动中通过支付合理对价取得已被设立担保物权的动产，担保物权人请求就该动产优先受偿的，人民法院不予支持，但是有下列情形之一的除外：（一）购买商品的数量明显超过一般买受人；（二）购买出卖人的生产设备；（三）订立买卖合同的目的在于担保出卖人或者第三人履行债务；（四）买受人与出卖人存在直接或者间接的控制关系；（五）买受人应当查询抵押登记而未查询的其他情形。"原则上，不论是在休眠期内还是休眠期结束后，动产浮动抵押均适用《民法典》第404条的规定，即抵押权人不得对抗正常经营活动中已支付合理价款并取得抵押财产的买受人；但若存在上述例外情形，抵押权人可就该抵押动产优先受偿。因此，D项正确。

综上所述，本题答案为BD项。

13 1603089

参考答案：B，C

解析：AB项：根据《民法典》第420条第2款规定："最高额抵押权设立前已经存在的债权，经当事人同意，可以转入最高额抵押担保的债权范围。"本题中，水泥供应合同约定，将2013年5月6日前乙欠甲的货款纳入了最高额抵押的担保范围，该约定有效，因此，B项正确；A项错误。

CD项：根据《民法典》第695条第1款规定："债权人和债务人未经保证人书面同意，协商变更主债权债务合同内容，减轻债务的，保证人仍对变更后的债务承担保证责任；加重债务的，保证人对加重的部分不承担保证责任。"本题中，如最高额保证合同未约定将2013年5月6日前乙欠甲的货款纳入最高额保证的担保范围，则丙（保证人）当然对最高额保证前的债务不承担保证责任。

因此，C项正确。D项称丙有权主张减轻其保证责任错误，丙是对加重的部分不承担保证责任，而非减轻自己已经存在的保证责任。因此，D项错误。

综上所述，本题答案为BC项。

14 1603090

参考答案：C

解析：A项：《民法典》第421条规定："最高额抵押担保的债权确定前，部分债权转让的，最高额抵押权不得转让，但是当事人另有约定的除外。"抵押权具有消灭上的从属性，抵押权担保的债权消灭的，抵押权消灭。但在这一点上，最高额抵押权有特别之处。在其担保的债权额确定之前，最高额抵押权不具有从属于个别债权的消灭上的从属性（但是另有约定的除外），在其担保的债权额确定后，最高额抵押权才具有从属于个别债权的消灭上的从属性。因此，A项错误。

BC项：《民法典》第421条规定："最高额抵押担保的债权确定前，部分债权转让的，最高额抵押权不得转让，但是当事人另有约定的除外。"第423条规定："有下列情形之一的，抵押权人的债权确定：（一）约定的债权确定期间届满；（二）没有约定债权确定期间或者约定不明确，抵押权人或者抵押人自最高额抵押权设立之日起满二年后请求确定债权；（三）新的债权不可能发生；（四）抵押权人知道或者应当知道抵押财产被查封、扣押；（五）债务人、抵押人被宣告破产或者解散；（六）法律规定债权确定的其他情形。"本题中，未出现最高额抵押担保债权确定的情形，故甲将上述债权转让给丁后，最高额抵押权不得转让。因此，B项错误，C项正确。

D项：在债权确定之前，债权可以转让，但是除当事人另有约定之外，最高额抵押权不随之转让。因此，D项错误。

综上所述，本题答案为C项。

二、模拟训练

15 62002189

参考答案：B

解析：ABC项：原则上抵押财产转让不影响抵押

权人行使抵押权，但是存在两个例外，一是符合正常经营买受人规则，二是未办理登记的动产抵押权不得对抗善意受让人。首先，不管是在休眠期内还是休眠期结束，都能适用正常经营买受人规则。甲公司是挖掘机制造商，出售挖掘机属于其正常经营活动的范畴。甲公司转让给丙和丁挖掘机，且丙和丁均已支付合理价款并已取得所有权（完成了交付），符合正常经营买受人规则，故A、B挖掘机均不再属于抵押财产，乙公司不能行使抵押权。A项正确，B项错误。其次，只要符合正常经营买受人规则，两台挖掘机上的抵押权已经消灭，乙公司对动产抵押权的追及效力被阻断，乙公司都不再享有抵押权了，当然也无法对抗买受人丁。C项正确，不当选。

D项：《民法典》第396条规定："企业、个体工商户、农业生产经营者可以将现有的以及将有的生产设备、原材料、半成品、产品抵押，债务人不履行到期债务或者发生当事人约定的实现抵押权的情形，债权人有权就抵押财产确定时的动产优先受偿。"《民法典》第411条第1项规定："依据本法第三百九十六条规定设定抵押的，抵押财产自下列情形之一发生时确定：（一）债务履行期限届满，债权未实现。"本题中，甲公司的债务自2020年10月1日到期，且甲公司到期不能履行1000万元借款债务，故2020年10月1日，休眠期结束，乙公司对甲公司享有的动产浮动抵押权的抵押财产确定。因此，D项正确，不当选。

综上所述，本题为选非题，答案为B项。

注意，只要满足正常经营买受人规则，无论是否登记，抵押权人都不得对抗买受人。

16 `62002163`

参考答案：D

解析：A项：《民法典》第406条第1款规定："抵押期间，抵押人可以转让抵押财产。当事人另有约定的，按照其约定。抵押财产转让的，抵押权不受影响。"本题中，甲将该汽车转让给丁，乙银行的抵押权并不受影响。因此，A项错误。

BD项：《民法典》第406条第2款规定："抵押人转让抵押财产的，应当及时通知抵押权人。抵押权人能够证明抵押财产转让可能损害抵押权的，

可以请求抵押人将转让所得的价款向抵押权人提前清偿债务或者提存。转让的价款超过债权数额的部分归抵押人所有，不足部分由债务人清偿。"本题中，甲转让该汽车的，应当及时通知乙银行，但并未规定未通知则该转让对乙银行不产生效力；甲将该汽车转让给丁，丁将汽车用于运输，且造成磨损，可能损害抵押权或者抵押权实现后的清偿数额等，银行可以要求甲就转让所得价款提前清偿。因此，B项错误，D项正确。

C项：《民法典》第404条规定："以动产抵押的，不得对抗正常经营活动中已经支付合理价款并取得抵押财产的买受人。"《担保制度的解释》第56条第2款规定："前款所称出卖人正常经营活动，是指出卖人的经营活动属于其营业执照明确记载的经营范围，且出卖人持续销售同类商品。前款所称担保物权人，是指已经办理登记的抵押权人、所有权保留买卖的出卖人、融资租赁合同的出租人。"本题中，甲将该汽车转让给丁的行为并不是"出卖人正常经营活动"，故丁并不属于正常经营活动中的已经支付合理价款并取得抵押财产的买受人，因而对丁的受让行为不适用上述规定。因此，C项错误。

综上所述，本题答案为D项。

17 `62002060`

参考答案：B,C

解析：AB项：《民法典》第420条第2款规定："最高额抵押权设立前已经存在的债权，经当事人同意，可以转入最高额抵押担保的债权范围。"基于尊重当事人意思自治原则，第420条第2款允许经当事人同意，将最高额抵押权设立前已经存在的债权转入最高额抵押担保的债权范围，对于是否须办理变更登记并未作出要求。本题中，《补充协议》系当事人双方的真实意思表示，且所约定内容符合法律规定，故其依法成立并生效，其作为原最高额抵押合同的组成部分，与原最高额抵押合同具有同等法律效力。因此，当事人另行达成协议将最高额抵押权设立前已经存在的债权转入该最高额抵押担保的债权范围，只要转入的债权数额仍在该最高额抵押担保的最高债权额限度内，即使未对该最高额抵押权办理变更登记手

续，该最高额抵押权的效力仍然及于被转入的债权。因此，A 项错误，B 项正确。

C 项：《民法典》第 423 条第 5 项规定："有下列情形之一的，抵押权人的债权确定：……（五）债务人、抵押人被宣告破产或者解散；……"本题中，凯盛公司作为抵押人被法院宣告破产，此时 G 银行的债权确定。因此，C 项正确。

D 项：《民法典》第 421 条规定："最高额抵押担保的债权确定前，部分债权转让的，最高额抵押权不得转让，但是当事人另有约定的除外。"本题中，并未表述当事人之间另有约定，故债权人 G 银行在 2015 年 10 月 19 日（债权确定期）之前转让债权的，最高额抵押权并不随之转让。因此，D 项错误。

综上所述，本题答案为 BC 项。

第三章
质权

参考答案
[1] C　　[2] BCD　[3] BCD　[4] BCD　[5] C
[6] D

一、历年真题及仿真题

综合知识点

【单选】

1　1503008

参考答案：C

解析：A 项：根据《民法典》总则编第六章第三节关于民事法律行为效力的数条规定，无效的情形仅限于主体为无民事行为能力人、恶意串通、违背法律及行政法规的强制性规定、违背公序良俗的情形。本题中，甲乙之间的质押合同，不存在无效的事由。且红木不属于法律禁止质押的动产。因此，A 项错误。

BCD 项：根据《民法典》第 429 条规定："质权自出质人交付质押财产时设立。"据此，乙、甲约

定，乙以所有的一块红木为甲设立动产质权，甲通过该质押合同取得质权须三个条件：第一，乙、甲间的质押合同有效；第二，乙具有相应的处分权；第三，完成红木的交付。根据《民法典》第 228 条："动产物权转让时，当事人又约定由出让人继续占有该动产的，物权自该约定生效时发生效力。"为甲设立动产质权时，乙对甲只能以现实交付、简易交付或者指示交付的方式完成红木的交付，若乙对甲以占有改定方式交付红木的，不能发生质权设立的效果。甲、丙订立委托合同，委托丙代甲直接占有该红木，在这个基础上，乙将红木的直接占有移转给丙时，就是乙已经通过占有媒介关系向甲完成出质红木的现实交付。乙无为丙设立质权的意思，故 B 选项错误。因符合动产质权的设立要件，甲对红木享有质权，故 C 选项正确；D 选项错误。

综上所述，本题答案为 C 项。

【多选】

2　2002171

参考答案：B, C, D

解析：A 项：原则上，金钱为种类物，不能作为担保物权的客体，但是封存的现金，或开设特定账户储存的资金，因可以特定化，所以可以成为动产质权的客体。因此，A 项错误。

B 项：转走的 50 万元资金，因丧失了特定性，回归成种类物，不能再作为动产质权的客体。因此，B 项正确。

CD 项：根据《民法典》第 577 条规定："当事人一方不履行合同义务或者履行合同义务不符合约定的，应当承担继续履行、采取补救措施或者赔偿损失等违约责任。"甲、乙、丙三公司与丁银行订立的《担保协议》中，包含乙公司、丙公司与丁银行之间的委托合同的内容，即丁银行承担确保需有乙、丙公司的共同签字，专门账户内的资金才能动用的义务。本题中，丁银行未尽此项义务，需承担与乙公司委托合同上的违约责任。因此，C 项正确。上述《担保协议》还包含丙公司与乙公司之间质押合同的内容，丙公司擅自转走账户款项的行为，构成质押合同上的违约，应向乙公司承担违约责任。因此，D 项正确。

综上所述，本题正确答案为BCD项。

3 1902163

参考答案：B,C,D

解析：AB项：根据《民法典》第445条第1款规定："以应收账款出质的，质权自办理出质登记时设立。"甲以对乙享有的应收账款为标的为丙设立权利质权，质权自办理出质登记时设立；登记为丙权利质权设立的生效要件，但是，根据区分原则，未办理出质登记，只是不能发生权利质权设立的效力，不影响甲、丙间质押合同的生效。因此，A项错误，B项正确。

CD项：根据《民法典》第445条第2款规定："应收账款出质后，不得转让，但是出质人与质权人协商同意的除外。出质人转让应收账款所得的价款，应当向质权人提前清偿债务或者提存。"应收账款出质后，不得转让，甲擅自转让属于无权处分，该应收账款质权已经登记，丁不能善意取得该债权，故丙可以主张丁未取得该债权。若丙同意甲将对乙的应收账款债权转让给丁，权利质权人丙有权就转让所得价款优先受偿。因此，CD项正确。

综上所述，本题答案为BCD项。

4 1703056

参考答案：B,C,D

解析：A项：根据《民法典》第430条第1款规定："质权人有权收取质押财产的孳息，但是合同另有约定的除外。"本题中，蛋属于鹦鹉的孳息，乙作为质权人享有孳息收取权，以便控制孳息，对甲主张质权。因此，A项错误。

B项：根据《民法典》第432条第1款规定："质权人负有妥善保管质押财产的义务；因保管不善致使质押财产毁损、灭失的，应当承担赔偿责任。"据此可知，质权人负有妥善保管义务。本题中，因乙保管不善，2016年10月1日鹦鹉死亡，质权人乙需承担赔偿责任。因此，B项正确。

C项：根据《民法典》第437条第1款规定："出质人可以请求质权人在债务履行期限届满后及时行使质权；质权人不行使的，出质人可以请求人民法院拍卖、变卖质押财产。"本题中，2017年4月4日，甲未偿还借款，乙未实现质权，则出质人甲可请求质权人乙及时行使质权。因此，C项正确。

D项：根据《民法典》第435条规定："质权人可以放弃质权。债务人以自己的财产出质，质权人放弃该质权的，其他担保人在质权人丧失优先受偿权益的范围内免除担保责任，但是其他担保人承诺仍然提供担保的除外。"本题中，乙作为质权人可以放弃质权。债务人甲以自己的鹦鹉出质，乙放弃质权，故作为保证人的丙在质权人乙放弃质权的范围内免除相应的保证责任。因此，D项正确。

综上所述，本题答案为BCD项。

二、模拟训练

5 62102082

参考答案：C

解析：A项：《民法典》第441条规定："以汇票、本票、支票、债券、存款单、仓单、提单出质的，质权自权利凭证交付质权人时设立……"《担保制度的解释》第58条规定："以汇票出质，当事人以背书记载'质押'字样并在汇票上签章，汇票已经交付质权人的，人民法院应当认定质权自汇票交付质权人时设立。"质押人马杰已经按约定将汇票交付给质权人，权利质权设立；且以背书记载"质押"字样并在汇票上签章，具有对抗效力。因此，A项正确，不当选。

B项：《民法典》第434条规定："质权人在质权存续期间，未经出质人同意转质，造成质押财产毁损、灭失的，应当承担赔偿责任。"本题中，质权人小丁擅自处分质物，给出质人小石造成损害，应当承担损害赔偿责任。因此，B项正确，不当选。

C项：《民法典》第429条规定："质权自出质人交付质押财产时设立。"因此质权的设立需完成实际交付，甲乙之间以占有改定方式完成质押动产交付的，占有改定之时，不发生动产质权设立的效果。因此，C项错误，当选。

D项：《民法典》第436条第2款的规定："债务人不履行到期债务或者发生当事人约定的实现质权的情形，质权人可以与出质人协议以质押财产折价，也可以就拍卖、变卖质押财产所得的价款优先受偿。"本题中,参照关于所有权的善意取得规定,出质人小迪是无权处分人,质权人小黄已经取得动产的占有,质权人小黄是善意的,且善意取得质权不要求"以合理价格受让",可知质权人小黄善意取得质权,质权人小黄在债务人小迪不履行到期债务的情况下,质权人小黄可以就拍卖、变卖手表的价款优先受偿。因此,D 项正确,不当选。

综上所述,本题为选非题,答案为 C 项。

6 `62002164`

参考答案:D

解析:A 项:《民法典》第 440 条规定:"债务人或者第三人有权处分的下列权利可以出质:(一)汇票、本票、支票;(二)债券、存款单;(三)仓单、提单;(四)可以转让的基金份额、股权;(五)可以转让的注册商标专用权、专利权、著作权等知识产权中的财产权;(六)现有的以及将有的应收账款;(七)法律、行政法规规定可以出质的其他财产权利。"本题中,风云公司可用于出质的应收账款仅限于现有的以及将有的,而不是任何应收账款均可以。因此,A 项错误。

B 项:《民法典》第 445 条第 1 款规定:"以应收账款出质的,质权自办理出质登记时设立。"因此,B 项错误。

CD 项:《民法典》第 445 条第 2 款规定:"应收账款出质后,不得转让,但是出质人与质权人协商同意的除外。出质人转让应收账款所得的价款,应当向质权人提前清偿债务或者提存。"本题中,风云公司若想将该应收账款转让,须与质权人太阳公司协商同意,而不可以自行决定。因此,C 项错误;D 项正确。

综上所述,本题答案为 D 项。

第四章
留置权

参考答案

[1]CD　　[2]D　　[3]C　　[4]BD　　[5]AD

[6]C　　[7]CD

一、历年真题及仿真题

(一) 留置权的成立要件

【多选】

1 `1503055`

参考答案:C,D

解析:A 项:《民法典》第 447 条规定:"债务人不履行到期债务,债权人可以留置已经合法占有的债务人的动产,并有权就该动产优先受偿。前款规定的债权人为留置权人,占有的动产为留置财产。"本题中,张某和王某约定,货物运到后一周内支付费用,货物运到时债务尚未到期,所以张某尚不产生留置权。因此,A 项错误。

B 项:《民法典》第 448 条规定:"债权人留置的动产,应当与债权属于同一法律关系,但企业之间留置的除外。"本题中,刘某的债权与方某的家具不属于同一法律关系,刘某不可以留置家具。因此,B 项错误。

C 项:《担保制度的解释》第 62 条第 1 款规定:"债务人不履行到期债务,债权人因同一法律关系留置合法占有的第三人的动产,并主张就该留置财产优先受偿的,人民法院应予支持。第三人以该留置财产并非债务人的财产为由请求返还的,人民法院不予支持。"本题中,虽该行李系第三人丁某所有,但寄存处可因同一法律关系留置合法占有的丁某行李。因此,C 项正确。

D 项:《民法典》第 448 条规定:"债权人留置的动产,应当与债权属于同一法律关系,但是企业之间留置的除外。"《担保制度的解释》第 62 条第 2 款规定:"企业之间留置的动产与债权并非同一法律关系,债务人以该债权不属于企业持续经营中发生的债权为由请求债权人返还留置财产的,人民法院应予支持。"本题中，甲公司和乙公司均为企业，所以不需被留置财产与债权属同一法律关系；且该借款属于乙公司持续经营中发生的债权，故甲公司可以行使留置权。因此，D项正确。

综上所述，本题答案为CD项。

（二）综合知识点

【单选】

2 1802004

参考答案：D

解析：A项：根据《民法典》第448条规定："债权人留置的动产，应当与债权属于同一法律关系，但是企业之间留置的除外。"吉某向公司主张提成奖金，属于劳动者向用人单位提供劳动、接受管理，并有权要求用人单位依劳动合同支付劳动报酬的劳动关系。而为公司高管出行便利而配备的公务用车，并不是劳动关系的标的物。吉某占有的公务用车与其基于劳动关系所生债权不属于同一法律关系，故不成立留置权。因此，A项错误。

B项：双务履行抗辩前提是基于同一双务合同，借用合同是单务合同，没有双务履行抗辩问题。因此，B项错误。

C项：自助需要情况紧急，本题不符合。因此，C项错误。

综上所述，本题答案为D项。

说明：根据最高院公报案例的观点（长三角商品交易所有限公司诉卢海云返还原物纠纷案），基于劳动关系产生的债权不能行使留置权：留置权调整对象应该是平等主体，而劳动关系双方处于管理和被管理的不平等关系，劳动者不能基于劳动管理关系对占有的用人单位的财产进行留置，否则导致劳动管理秩序的紊乱。再从同一法律关系角度分析：商务车只是公司为经理出行提供的便利，并非是双方建立的劳动关系的标的物，公司可以随时收回车辆也并不影响原有劳动关系的履行。

3 1603007

参考答案：C

解析：A项：返还请求权属于物权人和占有人。乙通知甲解除借用关系并且告知丙，丙向甲核实后，

甲已经承认自己既不是物权人，也不能行使占有返还请求权，所以甲无权请求丙返还自行车。因此，A项错误。

B项：乙为所有权人，而且乙已经解除了其与甲之间的借用关系并告知丙，所以，乙作为物权人要求返还原物不需要甲的同意。因此，B项错误。

CD项：根据《担保制度的解释》第62条第1款规定："债务人不履行到期债务，债权人因同一法律关系留置合法占有的第三人的动产，并主张就该留置财产优先受偿的，人民法院应予支持。第三人以该留置财产并非债务人的财产为由请求返还的，人民法院不予支持。"丙基于维修法律关系合法占有债务人甲交付的自行车，若甲、乙不支付维修费用，丙均可以合法留置该自行车，系有权占有。《民法典》第235条规定："无权占有不动产或者动产的，权利人可以请求返还原物。"乙虽是所有权人，但在留置权消灭以前，丙相对于乙为有权占有人，若乙对丙主张返还原物请求权，丙可提出有权占有的抗辩。因此，C项正确，D项错误。

综上所述，本题答案为C项。

【多选】

4 2202184

参考答案：B，D

解析：A项：《民法典》第230条规定："因继承取得物权的，自继承开始时发生效力。"本题中，自吴某死亡时，辛某取得该车的所有权。所有权不会因为盗窃的事实发生改变，盗窃者不会取得所有权，所有权人依然是辛某。因此，A项错误。

B项：车修理期间，柳某成立直接占有。车被盗后，柳某的直接占有消灭，盗窃者成为直接占有人，柳某也不成立间接占有，因为盗窃者不是基于他主占有。B项正确。

C项：《民法典》第457条规定："留置权人对留置财产丧失占有或者留置权人接受债务人另行提供担保的，留置权消灭。"该条所指的丧失占有理论存在着不同观点，客观题考试建议按照下述观点进行理解，即非自愿丧失占有之时，留置权不消灭；若无法请求返还（留置物毁损灭失等），留置权才消灭。本题中，只说明了车辆被盗，属于非

自愿丧失占有，可以请求返还，留置权未消灭。因此，C 项错误。

D 项：《民法典》第 451 条规定："留置权人负有妥善保管留置财产的义务；因保管不善致使留置财产毁损、灭失的，应当承担赔偿责任。"柳某未尽妥善保管的义务，导致该车被盗，应当对所有人辛某承担相应的责任。因此，D 项正确。

综上所述，本题答案为 BD 项。

5 1902164

参考答案：A,D

解析：A 项：根据《民法典》第 224 条规定："动产物权的设立和转让，自交付时发生效力，但是法律另有规定的除外。"乙可向甲以现实交付、简易交付、指示交付或者占有改定的方式完成交付。买卖合同订立时，一方面，乙、甲约定甲自此时起取得沙发所有权；另一方面，双方还约定乙在剩余的两个月租期内继续占有使用沙发，通过这两方面的约定，乙以占有改定的方式完成沙发的交付，甲取得所有权。因此，A 项正确。

B 项：根据《民法典》第 448 条规定："债权人留置的动产，应当与债权属于同一法律关系，但是企业之间留置的除外。"乙对甲就剩余 1000 元价款支付请求权是基于甲、乙间的家具买卖合同而生，而乙占有甲所有的电器系基于甲、乙间的房屋租赁关系，二者不属于同一法律关系，乙对占有的甲所有的电器不成立留置权。因此，B 项错误。

C 项：根据《民法典》第 525 条规定："当事人互负债务，没有先后履行顺序的，应当同时履行。一方在对方履行之前有权拒绝其履行请求。一方在对方履行债务不符合约定时，有权拒绝其相应的履行请求。"本题中，房屋租期届满时，乙基于沙发买卖合同对甲享有 1000 元价款支付请求权，甲基于房屋租赁合同对乙享有请求返还房屋和电器的请求权，二者并非基于同一个双务合同所生，不存在履行上的牵连性，不成立同时履行抗辩权。因此，C 项错误。

D 项：甲、乙就买卖沙发的主要条款达成合意，且无效力瑕疵，买卖合同已经成立并生效。因此，D 项正确。

综上所述，本题答案为 AD 项。

【不定项】

6 1503091

参考答案：C

解析：A 项：根据《民法典》第 453 条第 1 款规定："留置权人与债务人应当约定留置财产后的债务履行期限；没有约定或者约定不明确的，留置权人应当给债务人六十日以上履行债务的期限，但是鲜活易腐等不易保管的动产除外。债务人逾期未履行的，留置权人可以与债务人协议以留置财产折价，也可以就拍卖、变卖留置财产所得的价款优先受偿。"本题中，留置权人康成公司单方告知王某 7 天内不交费将变卖电脑，属于与债务人没有约定留置财产后的债务履行期限的情形，应当给债务人王某 60 日以上履行债务的期限，7 天不符合法律规定。因此，A 项错误。

B 项：根据《民法典》第 457 条规定："留置权人对留置财产丧失占有或者留置权人接受债务人另行提供担保的，留置权消灭。"留置权人对留置财产丧失占有，如果是自愿丧失占有，留置权消灭；如果是非自愿丧失占有，只要能请求返还，留置权不消灭。本题中，电脑被李某偷走后，康成公司非自愿丧失了对电脑的占有，仍可请求返还，留置权不消灭。因此，B 项错误。

C 项：根据《民法典》第 462 条规定："占有的不动产或者动产被侵占的，占有人有权请求返还原物；对妨害占有的行为，占有人有权请求排除妨害或者消除危险；因侵占或者妨害造成损害的，占有人有权依法请求损害赔偿。占有人返还原物的请求权，自侵占发生之日起一年内未行使的，该请求权消灭。"本题中，李某侵夺了康成公司对电脑的占有，康成公司有权自侵占发生之日起 1 年内基于占有返还请求权请求李某返还电脑；也可基于留置权对无权占有人李某行使返还原物请求权。因此，C 项正确。

D 项：本题中，电脑维修费产生的债权债务关系发生在康成公司和王某之间，根据债的相对性，康成公司只能要求王某向其支付维修费。因此，D 项错误。

综上所述，本题答案为 C 项。

二、模拟训练

7 62202055

参考答案：C,D

解析：AB项：《民法典》第453条规定："留置权人与债务人应当约定留置财产后的债务履行期限；没有约定或者约定不明确的，留置权人应当给债务人六十日以上履行债务的期限，但是鲜活易腐等不易保管的动产除外。债务人逾期未履行的，留置权人可以与债务人协议以留置财产折价，也可以就拍卖、变卖留置财产所得的价款优先受偿。"留置权不同于其他担保物权的一个重要特点就在于其存在二次效力，当债权清偿期限届满而债务人不履行债务时，留置权仅产生留置的效力，即权利人有权留置标的物，但尚不发生优先受偿效力。也就是说，乙运营公司不能立即将留置物进行变价并优先受偿，而必须在宽限期届满后还未履行，留置权人才能就留置物的价值优先受偿。宽限期的期限有约从约，没有约定的，除不易保管的动产外应当在60日以上。因此，AB项错误。

CD项：《民法典》第457条规定："留置权人对留置财产丧失占有或者留置权人接受债务人另行提供担保的，留置权消灭。"该条所指的丧失占有在理论存在着不同观点，客观题考试建议按照下述观点进行理解，即非自愿丧失占有之时，留置权不消灭；若无法请求返还（留置物毁损灭失等），留置权才消灭。本题中，只说明了车辆被盗，属于非自愿丧失占有，可以请求返还，留置权未消灭。留置权人接受债务人另行提供担保的，留置权消灭。因此，CD项正确。

综上所述，本题答案为CD项。

第五章
保证

保证

参考答案

[1]D　　[2]A　　[3]ABD　　[4]AB　　[5]AC
[6]A　　[7]B

一、历年真题及仿真题

综合知识点

【单选】

1 1403015

参考答案：D

解析：A项：根据《民法典》第143条："具备下列条件的民事法律行为有效：（一）行为人具有相应的民事行为能力；（二）意思表示真实；（三）不违反法律、行政法规的强制性规定，不违背公序良俗。"本题中，李某与甲银行关于直接在账户内扣划款项的约定并不存在5种无效情形，是为有效。因此，A项错误。

B项：根据《民法典》第695条："债权人和债务人未经保证人书面同意，协商变更主债权债务合同内容，减轻债务的，保证人仍对变更后的债务承担保证责任；加重债务的，保证人对加重的部分不承担保证责任。债权人和债务人变更主债权债务合同的履行期限，未经保证人书面同意的，保证期间不受影响。"本题中，不存在上述事由，也不存在保证期间或保证债务诉讼时效经过等事由，李某应当按照约定承担连带保证责任。因此，B项错误。

C项：根据《民法典》第700条："保证人承担保证责任后，除当事人另有约定外，有权在其承担保证责任的范围内向债务人追偿，享有债权人对债务人的权利，但是不得损害债权人的利益。"也即是说，保证人只要承担了保证责任，就可以向债务人追偿，保证人此时就变成了债务人的另一个债权人，和其他债权人并没有优劣顺位之分，只是不得损害其他债权人的利益。因此本题中，乙支行收回20万元全部借款本金和利息之前，李某也有权向张某追偿。因此，C 项错误。

D 项：根据《民事诉讼法》第 51 条第 1 款："公民、法人和其他组织可以作为民事诉讼的当事人。"《民诉解释》第 52 条："民事诉讼法第五十一条规定的其他组织是指合法成立、有一定的组织机构和财产，但又不具备法人资格的组织，包括：……；（六）依法设立并领取营业执照的商业银行、政策性银行和非银行金融机构的分支机构；……"本题中，乙支行属于依法设立并领取营业执照的商业银行的分支机构，具有诉讼主体资格，可以作为民事诉讼的当事人参加诉讼。另外，根据合同相对性，乙支行和张某、李某之间有合同关系。因此，应当由乙支行向张某、李某主张合同权利，即向张某追索欠款，向李某主张保证责任。同时，甲银行由于和李某有特别约定，可以直接抵扣李某账户中的存款。因此，D 项正确。

综上所述，本题答案为 D 项。

2 `1403010`

参考答案：A

解析：ABCD 项：根据《民法典》第 692 条："保证期间是确定保证人承担保证责任的期间，不发生中止、中断和延长。债权人与保证人可以约定保证期间，但是约定的保证期间早于主债务履行期限或者与主债务履行期限同时届满的，视为没有约定；没有约定或者约定不明确的，保证期间为主债务履行期限届满之日起六个月。债权人与债务人对主债务履行期限没有约定或者约定不明确的，保证期间自债权人请求债务人履行债务的宽限期届满之日起计算。"第 695 条第 2 款："债权人和债务人变更主债权债务合同的履行期限，未经保证人书面同意的，保证期间不受影响。"本题中，丙公司对三笔还款分别提供保证，则其中 100 万元的保证期间届满日为 2013 年 1 月 30 日；200 万元的保证期间届满日为 2013 年 2 月 28 日；300 万元的保证期间届满日为 2013 年 3 月 30 日。乙与甲约定将三笔还款顺延 3 个月，但未经丙书面同意，因此保证期间未变更。当甲公司于 2013 年 3 月 15 日起诉乙公司要求还款，前两笔债务皆已过保证期间，丙公司仅对第三笔 300 万元的债务承担保证责任。因此，A 项正确，BCD 项错误。

综上所述，本题答案为 A 项。

多选

3 `1902165`

参考答案：A，B，D

解析：A 项：根据《民法典》第 686 条第 2 款规定："当事人在保证合同中对保证方式没有约定或者约定不明确的，按照一般保证承担保证责任。"因未约定保证方式，故乙的保证方式属于一般保证。《民法典》第 687 条规定："一般保证的保证人在主合同纠纷未经审判或者仲裁，并就债务人财产依法强制执行仍不能履行债务前，有权拒绝向债权人承担保证责任，……"乙作为一般保证人，享有先诉抗辩权。因此，A 项正确。

B 项：根据《民法典》第 701 条规定："保证人可以主张债务人对债权人的抗辩。债务人放弃抗辩的，保证人仍有权向债权人主张抗辩。"《民法典》第 702 条规定："债务人对债权人享有抵销权或者撤销权的，保证人可以在相应范围内拒绝承担保证责任。"保证债务系主债务的从债务，因此，主债务人对债权人享有的抗辩，保证人有权援用向债权人抗辩。因此，B 项正确。

CD 项：根据《民法典》第 695 条第 1 款规定："债权人和债务人未经保证人书面同意，协商变更主债权债务合同内容，减轻债务的，保证人仍对变更后的债务承担保证责任；加重债务的，保证人对加重的部分不承担保证责任。"债务人甲与债权人大江银行协议将主债务由 50 万元增加到 70 万元，乙未置可否，未书面同意，不代表乙同意，故保证人乙对加重的 20 万元不承担保证责任。因此，C 项错误；D 项正确。

综上所述，本题答案为 ABD 项。

【不定项】

4 `1802088`

参考答案：A，B

解析：A 项：根据《民法典》第 686 条第 2 款规定："当事人在保证合同中对保证方式没有约定或者约定不明确的，按照一般保证承担保证责任。"结合《民法典》第 687 条第 2 款规定："一般保证的保证人在主合同纠纷未经审判或者仲裁，并就债务人财产依法强制执行仍不能履行债务前，有权拒绝向债权人承担保证责任，但是有下列情形之一的除外：（一）债务人下落不明，且无财产可供执行；（二）人民法院已经受理债务人破产案件；（三）债权人有证据证明债务人的财产不足以履行全部债务或者丧失履行债务能力；（四）保证人书面表示放弃本款规定的权利。"据此可知，一般保证人才享有先诉抗辩权。本题中，丙、丁为保证人，但对于保证范围和保证方式均未约定，丙、丁按新法规定承担的是一般保证责任。丙属于一般保证人，可以行使先诉抗辩权。因此，A项正确。

B项：根据《诉讼时效规定》第18条规定："主债务诉讼时效期间届满，保证人享有主债务人的诉讼时效抗辩权。保证人未主张前述诉讼时效抗辩权，承担保证责任后向主债务人行使追偿权的，人民法院不予支持，但主债务人同意给付的情形除外。"本题中，保证人丁可以行使诉讼时效抗辩权。因此，B项正确。

C项：根据《民法典》第419条规定："抵押权人应当在主债权诉讼时效期间行使抵押权；未行使的，人民法院不予保护。"本题中，在诉讼时效已经经过后，抵押人有权拒绝。因此，C项错误。

D项：根据《民法典》第387条第2款规定："第三人为债务人向债权人提供担保的，可以要求债务人提供反担保。反担保适用本法和其他法律的规定。"据此可知，反担保人与债权人之间并不存在任何的合同关系，债权人不得直接向反担保人主张权利。因此，D项错误。

综上所述，本题答案为AB项。

二、模拟训练

参考答案：A，C

解析：A项：《民法典》第692条规定："保证期间是确定保证人承担保证责任的期间，不发生中止、中断和延长。债权人与保证人可以约定保证期间，但是约定的保证期间早于主债务履行期限或者与主债务履行期限同时届满的，视为没有约定；没有约定或者约定不明确的，保证期间为主债务履行期限届满之日起六个月。债权人与债务

人对主债务履行期限没有约定或者约定不明确的，保证期间自债权人请求债务人履行债务的宽限期届满之日起计算。"《担保制度的解释》第25条第2款规定："当事人在保证合同中约定了保证人在债务人不履行债务或者未偿还债务时即承担保证责任、无条件承担保证责任等类似内容，不具有债务人应当先承担责任的意思表示的，人民法院应当将其认定为连带责任保证。"《民法典》第693条规定："一般保证的债权人未在保证期间对债务人提起诉讼或者申请仲裁的，保证人不再承担保证责任。连带责任保证的债权人未在保证期间请求保证人承担保证责任的，保证人不再承担保证责任。"保证期间为主债务履行期限届满之日起六个月，该笔借款合同的保证期间为：2022年5月29日-2022年11月28日。若2023月3月28日，乙起诉甲、丙、丁、戊偿还借款，丙、丁为一般保证人，乙未在保证期间内提起诉讼或仲裁，丙、丁不再承担保证责任。戊为连带保证人，乙在2022年6月28日，第一次催告甲、丙、丁、戊偿还借款，即乙在保证期间内请求过戊偿还借款。戊无权引用保证期间经过进行抗辩，应当承担保证责任。因此，若2023年3月28日，乙起诉甲、丙、丁、戊偿还借款，戊应当承担保证责任，无权拒绝偿还借款。因此，A项错误，当选。

B项：《民法典》第694条第2款规定："连带责任保证的债权人在保证期间届满前请求保证人承担保证责任的，从债权人请求保证人承担保证责任之日起，开始计算保证债务的诉讼时效。"如前所述，保证期间为：2022年5月29日-2022年11月28日。乙在2022年6月28日，催告甲、丙、丁、戊偿还借款。对于连带保证责任的债务的诉讼时效自2022年6月29日起算，至2025年7月25日已过保证债务的诉讼时效，戊有权提起诉讼时效抗辩拒绝偿还借款。丙、丁因乙未在保证期间内提起诉讼或仲裁，丙、丁不再承担保证责任。所以，若2025月7月25日，乙起诉甲、丙、丁、戊偿还借款，丙、丁、戊有权拒绝偿还借款。因此，B项正确，不当选。

C项：《担保制度的解释》第31条第1款规定："一般保证的债权人在保证期间内对债务人提起诉讼或者申请仲裁后，又撤回起诉或者仲裁申请，

债权人在保证期间届满前未再行提起诉讼或者申请仲裁，保证人主张不再承担保证责任的，人民法院应予支持。"如前所述，因乙在 2022 年 6 月 28 日催告甲、丙、丁、戊偿还借款，戊无权引用保证期间经过的抗辩。2022 年 7 月 30 日乙起诉时，一般保证的期间尚未经过，但甲起诉后又撤诉。2022 年 12 月 20 日，乙再次起诉时，保证期间已经经过，此时丙、丁不再承担保证责任。丙、丁有权拒绝偿还借款。因此，C 项错误，当选。

D 项：《担保制度的解释》第 13 条第 2 款规定："同一债务有两个以上第三人提供担保，担保人之间未对相互追偿作出约定且未约定承担连带共同担保，但是各担保人在同一份合同书上签字、盖章或者按指印，承担了担保责任的担保人请求其他担保人按照比例分担向债务人不能追偿部分的，人民法院应予支持。"丙、丁在该合同保证人一栏签字，属于各担保人在同一份合同书上签字、盖章或者按指印，丙有权请求丁按比例分担向甲不能追偿的部分。因此，D 项正确，不当选。

综上所述，本题为选非题，答案为 AC 项。

6　62102076

参考答案：A

解析：AB 项：《担保制度的解释》第 36 条的规定："第三人向债权人提供差额补足、流动性支持等类似承诺文件作为增信措施，具有提供担保的意思表示，债权人请求第三人承担保证责任的，人民法院应当依照保证的有关规定处理。第三人向债权人提供的承诺文件，具有加入债务或者与债务人共同承担债务等意思表示的，人民法院应当认定为《民法典》第五百五十二条规定的债务加入。"本题中，丁提供的承诺函约定，在甲无法清偿债务后才承担清偿债务的义务（也就是他还不上了你再来找我），符合《担保制度的解释》第 36 条中规定的提供差额补足的情形，应认定为保证。A 项正确，B 项错误。

C 项：保证是以自身信用来提供担保，而根据反担保的原理，担保人就是因为对债务人的信用信不过才要求债务人提供反担保，故债务人当然不能自己作为保证人，但债务人可以提供物保，或者找其他人提供保证或物保。C 项错误。

D 项：《担保制度的解释》第 19 条的规定："担保合同无效，承担了赔偿责任的担保人按照反担保合同的约定，在其承担赔偿责任的范围内请求反担保人承担担保责任的，人民法院应予支持。"反担保合同不是担保合同的从合同，即使担保合同无效，但丙已经按照担保合同承担赔偿责任的，丙可以依据反担保合同中的约定在其赔偿责任范围内请求反担保人戊承担反担保责任。D 项错误。

综上所述，本题答案为 A 项。

关于保证和债务承担的区分，可以将保证人理解成是第二顺位的人，不管债务人能不能还得上钱，债权人肯定要先去找债务人，所以在作出保证的意思时，一定会有"他还不上 / 不还再来找我"这种自己是第二位的意思。如果直接表示愿意跟债务人一起还，或者替债务人还钱等冲在第一位的意思，才可能是债务承担。

7　62102105

参考答案：B

解析：AD 项：游文华和董礼貌约定债务人"不能"履行债务时，保证人承担保证责任，因此游文华的保证方式为一般保证，享有先诉抗辩权。所谓先诉抗辩权，是指债权人在起诉 / 仲裁债务人，并经强制执行后仍不足以清偿全部债务的，才可以去找保证人要钱，2021 年 6 月 1 日，游文华还享有先诉抗辩权，董礼貌不能单独起诉一般保证人。因此，D 项错误。可以怎么告：单独告债务人蒋道理，蒋道理和游文华作共同被告；如果单独告一般保证人，法院会释明应当追加债务人为共同被告，债权人不同意的，驳回起诉。

B 项：保证期间的长度有约从约，但如果当事人约定保证期间早于主债履行期或同时届满，或约定保证人承担责任直至主债本息还清为止，则视为约定不明，保证期间为主债务履行期限届满之日起 6 个月。《民法典》第 201 条第 1 款规定："按照年、月、日计算期间的，开始的当日不计入，自下一日开始计算。"蒋道理和董礼貌约定 2021 年 6 月 1 日还本付息，即主债务履行期限届满之日为 6 月 1 日，因此游文华的保证期间应自 2021 年 6 月 2 日起算 6 个月。因此，B 项正确。

C 项：《担保制度的解释》第 31 条第 1 款规定：

"一般保证的债权人在保证期间内对债务人提起诉讼或者申请仲裁后，又撤回起诉或者仲裁申请，债权人在保证期间届满前未再行提起诉讼或者申请仲裁，保证人主张不再承担保证责任的，人民法院应予支持。"若董礼貌在保证期间内撤回对蒋道理的起诉，且在保证期间届满前未再次提起诉讼，游文华无需承担保证责任。因此，C项错误。

综上所述，本题答案为B项。

第六章
担保并存

参考答案

[1] A   [2] ABCD   [3] A   [4] C   [5] C
[6] BC   [7] AD   [8] BCD   [9] B   [10] A
[11] ABD   [12] B   [13] ABCD [14] D   [15] ABCD
[16] D

一、历年真题及仿真题

（一）共同担保（含混合担保）

【单选】

1 1403008

参考答案：A

解析：ABCD项：《民法典》第392条第1款规定："被担保的债权既有物的担保又有人的担保的，债务人不履行到期债务或者发生当事人约定的实现担保物权的情形，债权人应当按照约定实现债权；没有约定或者约定不明确，债务人自己提供物的担保的，债权人应当先就该物的担保实现债权；第三人提供物的担保的，债权人可以就物的担保实现债权，也可以请求保证人承担保证责任。提供担保的第三人承担担保责任后，有权向债务人追偿。"本题中，该债权既有物的担保也有人的担保，且双方并未就担保物权的实现进行约定，甲公司作为债务人，自己提供了机器设备并在其上设定了抵押权，乙公司应先行使机器设备抵押权。根据《担保制度的解释》第13条的规定："同一

债务有两个以上第三人提供担保，担保人之间约定相互追偿及分担份额，承担了担保责任的担保人请求其他担保人按照约定分担份额的，人民法院应予支持；担保人之间约定承担连带共同担保，或者约定相互追偿但是未约定分担份额的，各担保人按照比例分担向债务人不能追偿的部分。同一债务有两个以上第三人提供担保，担保人之间未对相互追偿作出约定且未约定承担连带共同担保，但是各担保人在同一份合同书上签字、盖章或者按指印，承担了担保责任的担保人请求其他担保人按照比例分担向债务人不能追偿部分的，人民法院应予支持。除前两款规定的情形外，承担了担保责任的担保人请求其他担保人分担向债务人不能追偿部分的，人民法院不予支持。"丙公司和丁公司都为提供担保的第三人，只能向债务人甲公司追偿，彼此间不能相互追偿，因此，A项正确，BCD项错误。

综上所述，本题答案为A项。

【多选】

2 1603055

参考答案：A,B,C,D

解析：ABCD项：《民法典》第407条规定："抵押权不得与债权分离而单独转让或者作为其他债权的担保。债权转让的，担保该债权的抵押权一并转让，但是法律另有规定或者当事人另有约定的除外。"所以，戊对丙和丁的房屋享有抵押权。同一债权有两个以上抵押人的，当事人对其提供的抵押财产所担保的债权份额或者顺序没有约定或者约定不明的，抵押权人可以就其中任一或者各个财产行使抵押权。丙和丁的房屋均未限定抵押物的担保金额，构成非按份共同抵押，所以抵押权人戊可以就其中任一或各个财产行使抵押权（并以任意比例优先受偿）。因此，AB项错误，当选。C、D项中"必须先"和"只能"错误，如何实现担保物权可由戊任意选择。因此，CD项错误，当选。

综上所述，本题是选非题，答案为ABCD项。

补充：根据法条修改，案情补充了通知丙、丁这个案情，因为考点就是抵押权人实现抵押权的问题，所以为贴合考点进行了补充。

【不定项】

3 `1703091`

参考答案：A

解析：ABCD 项：根据《民法典》第 392 条的规定："被担保的债权既有物的担保又有人的担保的，债务人不履行到期债务或者发生当事人约定的实现担保物权的情形，债权人应当按照约定实现债权；没有约定或者约定不明确，债务人自己提供物的担保的，债权人应当先就该物的担保实现债权；第三人提供物的担保的，债权人可以就物的担保实现债权，也可以请求保证人承担保证责任。提供担保的第三人承担担保责任后，有权向债务人追偿。"本题中，甲公司以其现有的以及将有的生产设备、原材料、产品为对乙银行的借款设立抵押，属于动产浮动抵押，抵押权自抵押合同生效时设立。因此，本题既有债务人甲公司提供的抵押担保，又有第三人提供的保证和质押担保，构成了混合担保。在当事人未约定担保权行使顺序的情形下，债权人乙银行应先就债务人甲公司的抵押财产优先受偿。对于丙的保证担保和丁的质押担保没有顺序限制，债权人乙银行可以自由选择。因此，A 项正确，BCD 项错误。

综上所述，本题答案为 A 项。

（二）综合知识点

【单选】

4 `2302116`

参考答案：C

解析：A 项：根据《民法典》第 445 条第 1 款规定："以应收账款出质的，质权自办理出质登记时设立。"《担保制度的解释》第 61 条第 1 款规定："以现有的应收账款出质，应收账款债务人向质权人确认应收账款的真实性后，又以应收账款不存在或者已经消灭为由主张不承担责任的，人民法院不予支持。"本题中，虽然应收账款为虚构，但经过了 C 公司的真实性确认且办理了质押登记，权利质权有效设立。A 项错误。

BCD 项：根据《民法典》第 392 条规定："被担保的债权既有物的担保又有人的担保的，债务人不履行到期债务或者发生当事人约定的实现担保

物权的情形，债权人应当按照约定实现债权；没有约定或者约定不明确，债务人自己提供物的担保的，债权人应当先就该物的担保实现债权；第三人提供物的担保的，债权人可以就物的担保实现债权，也可以请求保证人承担保证责任。提供担保的第三人承担担保责任后，有权向债务人追偿。"本题中，B 公司的债权既有 A 公司作为债务人提供的权利质押，又有第三人 D 公司提供的保证，构成混合担保，B 公司应当先就 A 公司提供的权利质权实现债权。因此，C 选项正确，BD 选项错误。

综上所述，本题答案为 C。

5 `2102050`

参考答案：C

解析：A 项：根据《民法典》第 396 条规定："企业、个体工商户、农业生产经营者可以将现有的以及将有的生产设备、原材料、半成品、产品抵押，债务人不履行到期债务或者发生当事人约定的实现抵押权的情形，债权人有权就抵押财产确定时的动产优先受偿。"第 403 条规定："以动产抵押的，抵押权自抵押合同生效时设立，未经登记，不得对抗善意第三人。"甲公司为乙银行设立动产浮动抵押，抵押期间甲公司购入的财产自动成为抵押财产。乙对 A 设备享有抵押权。故 A 项错误。

B 项：动产所有权自交付发生物权变动。且出卖人与买受人虽约定分期付款，但没有约定保留所有权。因此，自交付时乙已经取得 A 设备所有权。故 B 项错误。

CD 项：根据《民法典》第 416 条规定："动产抵押担保的主债权是抵押物的价款，标的物交付后十日内办理抵押登记的，该抵押权人优先于抵押物买受人的其他担保物权人受偿，但是留置权人除外。"丙公司向甲公司交付 A 设备的当日办理了抵押登记，所以丙公司对设备享有价款优先权，且丙公司的价款优先权优于乙的抵押权。丙公司依据价款优先权对 A 设备优先受偿，同时乙银行也基于动产浮动抵押权对 A 设备优先受偿。（乙劣后于丙受偿，但可以优先于没有抵押权的普通债权人受偿，因此仍可优先受偿。）故 D 项错误，C

项正确。

综上所述，本题答案为 C 项。

【多选】

6 `2202169`

参考答案：B,C

解析：A 项：《民法典》第 699 条规定："同一债务有两个以上保证人的，保证人应当按照保证合同约定的保证份额，承担保证责任；没有约定保证份额的，债权人可以请求任何一个保证人在其保证范围内承担保证责任。"甲乙没有约定保证份额，构成连带共同保证，丙可以请求任何一个保证人承担责任，故乙的清偿是基于保证责任的清偿，构成有效清偿。因此，A 项正确，不当选。

B 项：《担保制度的解释》第 13 条规定："同一债务有两个以上第三人提供担保，担保人之间约定相互追偿及分担份额，承担了担保责任的担保人请求其他担保人按照约定分担份额的，人民法院应予支持；担保人之间约定承担连带共同担保，或者约定相互追偿但是未约定分担份额的，各担保人按照比例分担向债务人不能追偿的部分。同一债务有两个以上第三人提供担保，担保人之间未对相互追偿作出约定且未约定承担连带共同担保，但是各担保人在同一份合同书上签字、盖章或者按指印，承担了担保责任的担保人请求其他担保人按照比例分担向债务人不能追偿部分的，人民法院应予支持。除前两款规定的情形外，承担了担保责任的担保人请求其他担保人分担向债务人不能追偿部分的，人民法院不予支持。"甲乙未对相互追偿作出约定或约定承担连带共同担保，且分别订立了保证合同，不属于可以相互追偿的情形。因此，B 项错误，当选。

CD 项：甲与丙的约定有违公序良俗，丙无权请求甲支付 20 万元。因此，C 项错误，当选；D 项正确，不当选。

综上所述，本题为选非题，答案为 BC 项。

7 `2202187`

参考答案：A,D

解析：ABC 项：《民法典》第 414 条第 1 款规定："同一财产向两个以上债权人抵押的，拍卖、变卖抵押财产所得的价款依照下列规定清偿：（一）抵押权已经登记的，按照登记的时间先后确定清偿顺序；（二）抵押权已经登记的先于未登记的受偿；（三）抵押权未登记的，按照债权比例清偿。"即登记的优先于未登记的；先登记的优先于后登记的。抵押权顺位是丙＞丁＞乙。至于丙丁是否知情乙享有抵押权并不影响顺位。因此，A 项错误，当选。BC 项正确，不当选。

D 项：《民法典》第 403 条规定："以动产抵押的，抵押权自抵押合同生效时设立；未经登记，不得对抗善意第三人。"本题中，丁的抵押权自抵押合同生效时设立，登记是对抗要件。因此，D 项错误，当选。

综上所述，本题为选非题，答案为 AD。

8 `2102152`

参考答案：B,C,D

解析：AB 项：《民法典》第 396 条规定："企业、个体工商户、农业生产经营者可以将现有的以及将有的生产设备、原材料、半成品、产品抵押，债务人不履行到期债务或者发生当事人约定的实现抵押权的情形，债权人有权就抵押财产确定时的动产优先受偿。"《民法典》第 416 条规定："动产抵押担保的主债权是抵押物的价款，标的物交付后十日内办理抵押登记的，该抵押权人优先于抵押物买受人的其他担保物权人受偿，但是留置权人除外。"首先，甲公司为乙银行设立了动产浮动抵押权，动产浮动抵押的客体是甲公司现有的及将有的原材料、半成品、成品，因此甲公司为丙公司定作的 A 船，自动纳入抵押财产范围，A 船上存在乙银行的动产浮动抵押权；其次，丙公司又用 A 船为甲公司设立了抵押权，并且 A 船担保的是 A 船自身买入的价款，并在交付后十日内办理了抵押登记，符合价款优先权的构成要件，此时 A 船上还存在甲公司的价款优先权。最后，价款优先权优先于留置权之外的所有担保物权受偿，但注意，这一条的前提是同一人给不同人设定担保之间的关系，也就是说，如果案情是甲的 A 船给乙设立了抵押后，又给丙设立了价款优先权，那肯定是丙优先于乙受偿；但本题案情是，不同人给不同人设定的担保，甲给乙设，丙给甲设，那么在乙和甲之间不能适用价款优先权的顺位（如果丙再给丁设担保，甲丁之间就可以），只能按照在先原则，乙的动产浮动抵押权登记在甲的抵押权之前，因此乙优先于甲受偿。因此，A项错误，B项正确。

C项：抵押物原则上是可以转让的，受让人可以取得所有权，除非有禁止转让的约定等特殊事由，因此，A船上存在乙银行的动产浮动抵押权并不会影响丙公司取得所有权，丙自交付时取得所有权。因此，C项正确。

D项：D项考查的是抵押物转让之后，抵押权人和受让人之间的关系，原则上抵押权人可以对抗受让人（即抵押权人可以对受让人继续行使抵押权），除非受让人满足正常经营买受人规则，或是未登记的抵押权不能对抗善意的受让人。但是本题没有这两种例外。本题中，80 万价款的标的物，买受人丙公司仅支付了 20 万，虽然法律并无明文规定合理价款大概是多少，但是不到 50% 显然不属于合理价款，不能适用正常经营买受人规则；且乙银行的抵押权已经登记，可以对抗善意买受人。因此乙银行的抵押权可以对抗丙公司。因此，D项正确。

综上所述，本题答案为 BCD 项。

【不定项】

9　1802086

参考答案：B

解析：A项：保证债务具有消灭上的从属性，若主债权债务消灭，则保证债务亦随同消灭。本题中，甲公司清偿了债务，主债权消灭，丙的保证责任也随着主债权的消灭而消灭，因此，甲为丙设定的反担保也随之消灭。因此，A项错误。

B项：根据《民法典》第 686 条规定，"保证的方式包括一般保证和连带责任保证。当事人在保证合同中对保证方式没有约定或者约定不明确的，按照一般保证承担保证责任。"《民法典》第 687条第 2 款规定："一般保证的保证人在主合同纠纷未经审判或者仲裁，并就债务人财产依法强制执行仍不能履行债务前，有权拒绝向债权人承担保证责任，但是有下列情形之一的除外：（一）债务人下落不明，且无财产可供执行；（二）人民法院

已经受理债务人破产案件；（三）债权人有证据证明债务人的财产不足以履行全部债务或者丧失履行债务能力；（四）保证人书面表示放弃本款规定的权利。"本题中，当事人对于保证范围和保证方式均未约定，根据法律规定，丙、丁为一般保证，甲到期不能还款，在乙银行未经诉讼或仲裁，并就甲的财产强制执行仍不能履行债务前，不能直接请求丙或丁要求承担责任。因此，B项正确。

CD项：根据《民法典》第 392 条规定："被担保的债权既有物的担保又有人的担保的，债务人不履行到期债务或者发生当事人约定的实现担保物权的情形，债权人应当按照约定实现债权；没有约定或者约定不明确，债务人自己提供物的担保的，债权人应当先就该物的担保实现债权；第三人提供物的担保的，债权人可以就物的担保实现债权，也可以请求保证人承担保证责任。提供担保的第三人承担担保责任后，有权向债务人追偿。"《担保制度的解释》第 13 条规定："同一债务有两个以上第三人提供担保，担保人之间约定相互追偿及分担份额，承担了担保责任的担保人请求其他担保人按照约定分担份额的，人民法院应予支持；担保人之间约定承担连带共同担保，或者约定相互追偿但是未约定分担份额的，各担保人按照比例分担向债务人不能追偿的部分。同一债务有两个以上第三人提供担保，担保人之间未对相互追偿作出约定且未约定承担连带共同担保，但是各担保人在同一份合同书上签字、盖章或者按指印，承担了担保责任的担保人请求其他担保人按照比例分担向债务人不能追偿部分的，人民法院应予支持。除前两款规定的情形外，承担了担保责任的担保人请求其他担保人分担向债务人不能追偿部分的，人民法院不予支持。"本题中，担保人丙与丁对于保证范围和保证方式均未约定，此时二者属于法律推定的连带共同保证，此处区别于直接约定的连带共同保证。担保人丙与丁之间并未约定相互追偿，也未在同一合同签字盖章按指印，不符合上述法条可互相追偿的情形，所以二者承担责任后，只能向债务人甲追偿，二者之间不可互相追偿。因此，CD 项错误。

综上所述，本题答案为 B 项。

10 `1802087`

参考答案：A

解析：AB项：根据《民法典》第392条规定："被担保的债权既有物的担保又有人的担保的，债务人不履行到期债务或者发生当事人约定的实现担保物权的情形，债权人应当按照约定实现债权；没有约定或者约定不明确，债务人自己提供物的担保的，债权人应当先就该物的担保实现债权；第三人提供物的担保的，债权人可以就物的担保实现债权，也可以请求保证人承担保证责任。提供担保的第三人承担担保责任后，有权向债务人追偿。"本题中，既有丙、丁提供的人保，也有戊、己提供的物保，构成混合担保。由于乙银行债权并无债务人甲自己提供的物保，因此乙银行可以请求保证人丙、丁承担保证责任，也可以就戊、己提供的物保实现债权，相互间并无先后顺序之分。戊、己未约定承担责任的份额和顺序，乙银行可以就戊或己的房产行使抵押权。因此，A项错误，当选；B项正确，不当选。

C项：根据《担保制度的解释》第13条规定："同一债务有两个以上第三人提供担保，担保人之间约定相互追偿及分担份额，承担了担保责任的担保人请求其他担保人按照约定分担份额的，人民法院应予支持；担保人之间约定承担连带共同担保，或者约定相互追偿但是未约定分担份额的，各担保人按照比例分担向债务人不能追偿的部分。同一债务有两个以上第三人提供担保，担保人之间未对相互追偿作出约定且未约定承担连带共同担保，但是各担保人在同一份合同书上签字、盖章或者按指印，承担了担保责任的担保人请求其他担保人按照比例分担向债务人不能追偿部分的，人民法院应予支持。除前两款规定的情形外，承担了担保责任的担保人请求其他担保人分担向债务人不能追偿部分的，人民法院不予支持。"本题中，担保人之间未约定追偿或在同一合同上签名盖章按指印，因此担保人之间不可相互追偿，戊应当向债务人甲追偿。因此，C项正确，不当选。

D项：根据《民法典》第391条规定："第三人提供担保，未经其书面同意，债权人允许债务人转移全部或者部分债务的，担保人不再承担相应的担保责任。"本题中，如甲将全部债务转让给好友辛，未经戊和己的书面同意，戊和己不再承担担保责任。因此，D项正确，不当选。

综上所述，本题为选非题，答案为A项。

11 `1603091`

参考答案：A,B,D

解析：A项：《民法典》第423条规定："有下列情形之一的，抵押权人的债权确定：……（五）债务人、抵押人被宣告破产或者解散"。本题中，乙于2014年1月被法院宣告破产，则最高额抵押担保的甲的债权确定。因此，A项正确。

BC项：《民法典》第392条规定："被担保的债权既有物的担保又有人的担保的，债务人不履行到期债务或者发生当事人约定的实现担保物权的情形，债权人应当按照约定实现债权；没有约定或者约定不明确，债务人自己提供物的担保的，债权人应当先就该物的担保实现债权；第三人提供物的担保的，债权人可以就物的担保实现债权，也可以请求保证人承担保证责任。提供担保的第三人承担担保责任后，有权向债务人追偿。"本题中，乙作为债务人，以自己的土地使用权提供抵押应当先就该抵押物实现债权。因此，C项错误，B项正确。

D项：《破产法》第51条规定："债务人的保证人或者其他连带债务人已经代替债务人清偿债务的，以其对债务人的求偿权申报债权。债务人的保证人或者其他连带债务人尚未代替债务人清偿债务的，以其对债务人的将来求偿权申报债权。但是，债权人已经向管理人申报全部债权的除外。"因此，D项正确。

综上所述，本题答案为ABD项。

二、模拟训练

12 `62102053`

参考答案：B

解析：A项：《民法典》第392条规定："被担保的债权既有物的担保又有人的担保的，债务人不履行到期债务或者发生当事人约定的实现担保物权的情形，债权人应当按照约定实现债权；没有约定或者约定不明确，债务人自己提供物的担保的，债权人应当先就该物的担保实现债权；第三人提供物的担保的，债权人应当先就该物的担保实现债权；第三人提供物的担保的，债权人应当先就该物的担保实现债权；第三人提供物的担保的，债权人应当先就该物的担保实现债权；第三人提供物的担保的，债权人可以就物的担保实现债权，也可以请求保证人承担保证责任。提供担保的第三人承担担保责任后，有权向债务人追偿。"王五和赵六承担担保责任后有权向债务人张三追偿。因此，A 项错误。

BCD 项：《民法典》第 392 条的规定："被担保的债权既有物的担保又有人的担保的，债务人不履行到期债务或者发生当事人约定的实现担保物权的情形，债权人应当按照约定实现债权；没有约定或者约定不明确，债务人自己提供物的担保的，债权人应当先就该物的担保实现债权；第三人提供物的担保的，债权人可以就物的担保实现债权，也可以请求保证人承担保证责任。提供担保的第三人承担担保责任后，有权向债务人追偿。"有人保也有物保，且物保为债务人提供的情况下，应先就债务人的物保实现债权，但是本题的物保是第三人赵六提供的，所以李四可以就股票的担保实现债权，也可以请求王五承担保证责任，不存在承担担保责任的先后顺序。因此，B 项正确，CD 项错误。

综上所述，本题答案为 B 项。

13 `62102033`

参考答案：A,B,C,D

解析：ACD 项：根据《担保制度的解释》第 57 条："担保人在设立动产浮动抵押并办理抵押登记后又购入或者以融资租赁方式承租新的动产，下列权利人为担保价款债权或者租金的实现而订立担保合同，并在该动产交付后十日内办理登记，主张其权利优先于在先设立的浮动抵押权的，人民法院应予支持：（一）在该动产上设立抵押权或者保留所有权的出卖人；（二）为价款支付提供融资而在该动产上设立抵押权的债权人；（三）以融资租赁方式出租该动产的出租人。买受人取得动产但未付清价款或者承租人以融资租赁方式占有租赁物但是未付清全部租金，又以标的物为他人设立担保物权，前款所列权利人为担保价款债权或者租金的实现而订立担保合同，并在该动产交付后十日内办理登记，主张其权利优先于买受人为他人设立的担保物权的，人民法院应予支持。同一动产上存在多个价款优先权的，人民法院应

当按照登记的时间先后确定清偿顺序。"本题 A 项小花小草约定小花付清价款前小草保留所有权，小草为保留所有权的出卖人，且在铲车交付后十日内办理登记，所以小草享有价款优先权。C 项小花与觉晓公司签订融资租赁合同，觉晓公司作为以融资租赁方式出租该动产的出租人，且在铲车交付后十日内办理登记，也有权主张价款优先权。D 项小花向红旗银行借款欲购买小草的铲车，红旗银行作为为价款支付提供融资而在该动产上设立抵押权的债权人，且在铲车交付后十日内办理登记，也享有价款优先权。因此，ACD 项正确。

B 项：根据《民法典》第 416 条："动产抵押担保的主债权是抵押物的价款，标的物交付后十日内办理抵押登记的，该抵押权人优先于抵押物买受人的其他担保物权人受偿，但是留置权人除外。"8 月 5 日小草将铲车交付给小花，8 月 10 日为担保铲车的价金办理抵押登记，属于标的物交付后十日内办理登记的情形，故小花享有价款优先权。因此，B 项正确。

综上所述，本题答案为 ABCD 项。

14 `62102103`

参考答案：D

解析：ABCD 项：《民法典》第 456 条规定："同一动产上已经设立抵押权或者质权，该动产又被留置的，留置权人优先受偿。"第 416 条规定："动产抵押担保的主债权是抵押物的价款，标的物交付后十日内办理抵押登记的，该抵押权人优先于抵押物买受人的其他担保物权人受偿，但是留置权人除外。"爱车修理厂为留置权人，因此爱车修理厂最先受偿。《担保制度的解释》第 57 条规定："担保人在设立动产浮动抵押并办理抵押登记后又购入或者以融资租赁方式承租新的动产，下列权利人为担保价款债权或者租金的实现而订立担保合同，并在该动产交付后十日内办理登记，主张其权利优先于在先设立的浮动抵押权的，人民法院应予支持：（一）在该动产上设立抵押权或者保留所有权的出卖人；（二）为价款支付提供融资而在该动产上设立抵押权的债权人；（三）以融资租赁方式出租该动产的出租人。"铁观音公司与虎丘公司签订了融资租赁合同，并在动产交付后 10 日

内为虎丘公司办理了保留所有权登记，因此虎丘公司的价款优先权次之。《民法典》第415条的规定："同一财产既设立抵押权又设立质权的，拍卖、变卖该财产所得的价款按照登记、交付的时间先后确定清偿顺序。"10月1日，铁观音公司将自动压茶机出质给宝利公司并完成交付。10月5日，铁观音公司又将该自动压茶机抵押给万昊公司，并于同日办理抵押登记。故宝利公司的质权优于万昊公司的抵押权。因此，本题各公司的担保物权清偿顺序为爱车修理厂、虎丘公司、宝利公司、万昊公司。因此，ABC项错误，D项正确。综上所述，本题答案为D项。

15 `62102085`

参考答案：A,B,C,D

解析：A项：《民法典》第403条规定："以动产抵押的，抵押权自抵押合同生效时设立；未经登记，不得对抗善意第三人。"摩托车属于动产，抵押权自抵押合同生效时设立，登记产生对抗善意第三人的效果。因此，A项错误，当选。

B项：《民法典》第414条规定："同一财产向两个以上债权人抵押的，拍卖、变卖抵押财产所得的价款依照下列规定清偿：（一）抵押权已经登记的，按照登记的时间先后确定清偿顺序；（二）抵押权已经登记的先于未登记的受偿；（三）抵押权未登记的，按照债权比例清偿。其他可以登记的担保物权，清偿顺序参照适用前款规定。"《民法典》第409条第1款规定："抵押权人可以放弃抵押权或者抵押权的顺位。抵押权人与抵押人可以协议变更抵押权顺位以及被担保的债权数额等内容。但是，抵押权的变更未经其他抵押权人书面同意的，不得对其他抵押权人产生不利影响。"本题中，清偿优先顺序为小张＞小赵＞小蒋、小王。小张于6月1日因协议变更担保债权数额增加的100万元，未经其他抵押权人同意，不可对抗小蒋、小王、小赵。若摩托车拍卖后得价款500万元，先由小张获得100万元，再由小赵获得200万元，再由小蒋、小王各自获得100万元。因此，B项错误，当选。

C项：《民法典》第392条规定："被担保的债权既有物的担保又有人的担保的，债务人不履行到期

债务或者发生当事人约定的实现担保物权的情形，债权人应当按照约定实现债权；没有约定或者约定不明确，债务人自己提供物的担保的，债权人应当先就该物的担保实现债权；第三人提供物的担保的，债权人可以就物的担保实现债权，也可以请求保证人承担保证责任。提供担保的第三人承担担保责任后，有权向债务人追偿。"本题中，小赵是债权人，小李是债务人，小李自己提供了物的担保，鼎丰公司是保证人，万佳公司提供了抵押担保，属于有债务人自身物保的混合担保。如果小李未能按期偿还债务，小赵应当先就小李的摩托车行使抵押权；行使摩托车抵押权不足部分，小赵可以要求万佳公司承担抵押担保责任，也可以要求鼎丰公司承担保证担保责任。因此，C项错误，当选。

D项：《担保制度的解释》第14条规定："同一债务有两个以上第三人提供担保，担保人受让债权的，人民法院应当认定该行为系承担担保责任。受让债权的担保人作为债权人请求其他担保人承担担保责任的，人民法院不予支持；该担保人请求其他担保人分担相应份额的，依照本解释第十三条的规定处理。"故鼎丰公司受让小赵对小李债权的行为应视为鼎丰公司对小赵承担担保责任，鼎丰公司不能要求万佳公司承担担保责任。因此，D项错误，当选。

综上所述，本题为选非题，答案为ABCD项。

16 `62102049`

参考答案：D

解析：A项：甲丙丁均未与债权人约定顺序和份额，属于连带共同担保，债务人甲自己提供了物保，乙应先就债务人的物保实现债权，不足部分再任意请求丙、丁承担担保责任。故A项错误。

B项：担保人之间原则上不能追偿，但有3个例外：一是担保人之间约定可以互相追偿；二是担保人明确约定为连带共同担保；三是担保人在同一合同书上签字盖章按手印。本题中不存在上述例外，故丙若承担了担保责任，不能向丁追偿。B项错误。

C项：根据《担保制度的解释》第3条第1款的规定："当事人对担保责任的承担约定专门的违

约责任，或者约定的担保责任范围超出债务人应当承担的责任范围，担保人主张仅在债务人应当承担的责任范围内承担责任的，人民法院应予支持。"丁承担违约责任的承诺违反担保从属性而无效。C 项错误。

D 项：根据《担保制度的解释》第 18 条第 2 款的规定："同一债权既有债务人自己提供的物的担保，又有第三人提供的担保，承担了担保责任或者赔偿责任的第三人，主张行使债权人对债务人享有的担保物权的，人民法院应予支持。"丙承担责任后，可以代债权人之位向甲主张乙所享有的抵押权。故 D 项正确。

综上所述，本题答案为 D 项。

第七章
非典型担保

参考答案

[1]ACD　　[2]AB

一、历年真题及仿真题

综合知识点

【多选】

1 　1503051

参考答案：A,C,D

解析：A 项：根据《民间借贷规定》第 23 条第 1 款规定："当事人以订立买卖合同作为民间借贷合同的担保，借款到期后借款人不能还款，出借人请求履行买卖合同的，人民法院应当按照民间借贷法律关系审理。当事人根据法庭审理情况变更诉讼请求的，人民法院应当准许。"据此，甲乙之间是借贷合同关系，不是房屋买卖合同关系。因此，A 项正确。

B 项：根据《民间借贷规定》第 25 条规定："出借人请求借款人按照合同约定利率支付利息的，人民法院应予支持，但是双方约定的利率超过合同成立时一年期贷款市场报价利率四倍的除外。前

款所称'一年期贷款市场报价利率'，是指中国人民银行授权全国银行间同业拆借中心自 2019 年 8 月 20 日起每月发布的一年期贷款市场报价利率。"因此，B 项错误。

C 项：《民间借贷规定》第 23 条第 2 款规定："按照民间借贷法律关系审理作出的判决生效后，借款人不履行生效判决确定的金钱债务，出借人可以申请拍卖买卖合同标的物，以偿还债务。就拍卖所得的价款与应偿还借款本息之间的差额，借款人或者出借人有权主张返还或者补偿。"本题中，即便借款人在诉讼发生后拒不履行生效判决，出借人也只是可以申请拍卖买卖合同标的物，以偿还债务，而不是取得房屋所有权。因此，C 项正确。

D 项：本题中，甲未对乙履行偿还借款义务，属于违约行为，应承担违约责任。因此，D 项正确。

综上所述，本题答案为 ACD 项。

二、模拟训练

2 　62202161

参考答案：A,B

解析：A 项：《担保制度的解释》第 68 条第 2 款规定："债务人或者第三人与债权人约定将财产形式上转移至债权人名下，债务人不履行到期债务，财产归债权人所有的，人民法院应当认定该约定无效，但是不影响当事人有关提供担保的意思表示的效力。当事人已经完成财产权利变动的公示，债务人不履行到期债务，债权人请求对该财产享有所有权的，人民法院不予支持；债权人请求参照民法典关于担保物权的规定对财产折价或者以拍卖、变卖该财产所得的价款优先受偿的，人民法院应予支持；债务人履行债务后请求返还财产，或者请求对财产折价或者以拍卖、变卖所得的价款清偿债务的，人民法院应予支持。"本题中，债务履行期限届满前，杨某和刘某签订房屋买卖合同，转移所有权的约定无效，但不影响担保合同的效力。房屋已过户的情况下，刘某只能参照担保物权就房屋优先受偿，不能直接取得房屋所有权。因此，A 项错误，当选。

B 项：《民间借贷规定》第 23 条规定："当事人以订立买卖合同作为民间借贷合同的担保，借款到

期后借款人不能还款，出借人请求履行买卖合同的，人民法院应当按照民间借贷法律关系审理。当事人根据法庭审理情况变更诉讼请求的，人民法院应当准许。按照民间借贷法律关系审理作出的判决生效后，借款人不履行生效判决确定的金钱债务，出借人可以申请拍卖买卖合同标的物，以偿还债务。就拍卖所得的价款与应偿还借款本息之间的差额，借款人或者出借人有权主张返还或者补偿。"在债务履行期届满前，杨某和刘某为担保民间借贷合同的履行而订立房屋买卖合同，约定债务届期不履行则履行买卖合同，构成后让与担保。按照民间借贷处理，可以申请拍卖，不能取得所有权。因此，B项错误，当选。

C项：《担保制度的解释》第68条第3款规定："债务人与债权人约定将财产转移至债权人名下，在一定期间后再由债务人或者其指定的第三人以交易本金加上溢价款回购，债务人到期不履行回购义务，财产归债权人所有的，人民法院应当参照第二款规定处理。回购对象自始不存在的，人民法院应当依照民法典第一百四十六条第二款的规定，按照其实际构成的法律关系处理。"刘某只能优先受偿。因此，C项正确，不当选。

D项：债务履行期限届满后，当事人双方约定抵债物归债权人所有的，在没有其他合同无效事由时，应认定约定有效，故刘某可以取得房屋的所有权。因此，D项正确，不当选。

综上所述，本题为选非题，答案为AB项。

债 法

第一章
债的概述

参考答案

[1]AB

模拟训练

 62002088

参考答案：A,B

解析：A项：种类之债，是指给付标的物仅以种类和数量指示的债，即以种类物为标的物的债。种类物是具有相同品质、可用相同的物替代的物。特定之债是指给付的标的物为特定物的债。特定物包括：（1）独一无二的物；（2）原本为种类物，经行为人指定而特定。种类之债转化为特定之债有两种途径：（1）债务人交付其物之必要行为完结；（2）经债权人同意，债务人指定应交付之物。本题中，债务人应向债权人支付5000元借款，或向债权人交付1000斤大豆，债的标的均仅以种类和数量指示，并未特定化；同时也没有发生种类之债经特定化转化为特定之债的情形。因此，甲与乙之间的合同之债类型构成种类之债。因此，A项正确，当选。

B项：简单之债是指仅有一个标的的债。选择之债，是指债的标的有数个，债务人只需履行其中一个，可选择一个履行的债。一旦选择作出，选择之债转化为简单之债。本题中，债的标的有数个，即5000元借款与1000斤大豆。甲可以选择其一履行，故构成选择之债。因此，B项正确，当选。

C项：法定之债是指依据法律规定而发生的债，包括侵权行为之债、不当得利之债、无因管理之债、缔约过失之债、拾得遗失物之债等。意定之债是指依据法律行为发生的债，包括合同之债、单方行为所生之债、多方行为所生之债。本题中，甲乙双方约定，甲于90日内偿还借款或交付大豆抵债，属于合同之债，是基于法律行为发生的债，故属于意定之债。因此，C 项错误，不当选。

D 项：单一之债，是指债权人与债务人均为一人的债。多数人之债，是指债权人或债务人为二人以上的债。本题中，虽然甲的父亲可以代为履行，但其性质为由第三人履行的合同。甲的父亲不属于债务人，故本题中的债务为单一之债，而非多数人之债。因此，D 项错误，不当选。

综上所述，本题答案为 AB 项。

 ## 第二章
债的移转

参考答案

[1]BD	[2]D	[3]C	[4]AC	[5]C
[6]D	[7]B	[8]AD		

一、历年真题及仿真题

（一）债权让与

【不定项】

1 2302013

参考答案：B,D

ABD 项：根据《民法典》第 547 条规定："债权人转让债权的，受让人取得与债权有关的从权利，但是该从权利专属于债权人自身的除外。受让人取得的从权利不因该从权利未办理转移登记手续或者未转移占有而受到影响。"本题中，乙将对甲的债权转让给丙，虽未办理转移登记手续，但丙仍取得 A 房的抵押权，可以就 A 房优先受偿。因此，A 项错误，BD 项正确。

C 项：根据《民法典》第 546 条规定："债权人转让债权，未通知债务人的，该转让对债务人不发生效力。"本题中，乙将对甲的债权转让给丙，通知了甲，该债权转让对甲生效，甲应向丙履行债务，向乙履行债务不发生清偿的效力。因此，C 项错误。

综上所述，本题正确答案为 BD。

（二）综合知识点

【单选】

2 2202164

参考答案：D

解析：A 项：《民法典》568 条第 1 款规定："当事人互负债务，该债务的标的物种类、品质相同的，任何一方可以将自己的债务与对方的到期债务抵销；但是，根据债务性质、按照当事人约定或者依照法律规定不得抵销的除外。"债务抵销要满足当事人互负债务，债务的性质相同，主动债权已经到期的条件。4 月 1 日乙的到期债权只有 4 万元，不能主张抵销 9 万元。因此，A 项错误。

BCD 项：《民法典》第 549 条规定："有下列情形之一的，债务人可以向受让人主张抵销：（一）债务人接到债权转让通知时，债务人对让与人享有债权，且债务人的债权先于转让的债权到期或者同时到期；（二）债务人的债权与转让的债权是基于同一合同产生。"债权让与后，债务人有权向受让人丙主张抵销，但仅能抵销先于转让的债权到期或同时到期的债务。乙对甲的债权分别于 3 月 1 日、6 月 1 日到期，转让的债权于 4 月 1 日到期，因此，乙只能向丙主张抵销 3 月 1 日到期的 4 万元债务。因此，BC 项错误，D 项正确。

综上所述，本题答案为 D 项。

3 1703009

参考答案：C

解析：A 项：第三人代为清偿，是指债务人以外的第三人，以消灭债务人对债权人负担的债务为目的，向债权人为清偿行为，经债权人受领，债务人对债权人的债务因清偿而全部或部分消灭的制度。本题中，从乙公司和丙以欠款人的身份向甲出具欠条的表述里可以看出，丙没有代替债务人乙公司还款的意思表示，不构成第三人代为清偿。因此，A 项错误。

BC 项：本题中，该约定不会导致原债务人乙公司免责的法律效果，乙公司并未退出债务清偿的法律关系，其应继续承担履行责任。因此，不构成免责的债务承担。本质上而言，二者向甲出具的欠条构成并存的债务承担，即在原债务人乙公司并不退出法律关系的情况下，丙加入到债务履行的法律关系中，由原债务人乙公司和丙共同向债权人承担责任。因此，B项错误，C项正确。

D项：本题中，丙与乙商议后承担债务，丙承担债务的行为系对其与乙之间约定义务的履行，不符合无因管理的构成要件。因此，D项错误。

综上所述，本题答案为C项。

【不定项】

4 1403091

参考答案：A，C

解析：A项：根据民法理论，单方允诺是指表意人向相对人作出的为自己设定某种义务，使相对人取得某种权利的单方意思表示。单方允诺的债务加入，指第三人在没有与债权人或债务人达成债务加入合同的情况下，单方允诺向债权人偿还债务人的债务，不免除债务人履行清偿债务义务的一种债务承担方式。本题中，丁公司经过甲公司的指示，向乙公司送达了《承诺函》，表明由丁公司代替甲公司承担债务返还义务，使得相对人乙公司获得了行使债权的选择权（即可以选择向甲公司主张，也可以选择向丁公司主张）。同时乙公司对此未作表示，因此符合单方允诺的定义。因此，A项正确。

B项：根据《民法典》第685条："保证合同可以是单独订立的书面合同，也可以是主债权债务合同中的保证条款。第三人单方以书面形式向债权人作出保证，债权人接收且未提出异议的，保证合同成立。"本题中，丁公司向乙公司发出承诺函表示"本公司代替甲公司承担4000万元的返还义务"并无保证的意思，因此该承诺函构成债务承担，而非保证。因此，B项错误。

CD项：根据《民法典》第551条第1款："债务人将债务的全部或者部分转移给第三人的，应当经债权人同意。"免责的债务承担是指第三人取代原债务人的地位而承担全部合同债务，使债务人脱离合同关系的债务承担方式；根据《民法典》第552条："第三人与债务人约定加入债务并通知债权人，或者第三人向债权人表示愿意加入债务，债权人未在合理期限内明确拒绝的，债权人可以请求第三人在其愿意承担的债务范围内和债务人

承担连带债务。"并存的债务承担是指债务人并不脱离合同关系，而由第三人加入到合同关系当中，与债务人共同承担合同义务的债务承担方式。在并存的债务承担中，由于原债务人没有脱离债的关系，对债权人的利益不会发生影响，因而只要债权人未明确拒绝，就对债权人发生效力。本题中，乙公司对丁公司《承诺函》未置可否，未表示同意，从而丁公司的承诺仅能构成并存的债务承担。因此，C项正确，D项错误。

综上所述，本题答案为AC项。

二、模拟训练

5 62402013

参考答案：C

解析：A项：根据《民法典合同编通则解释》第49条第1款规定："债务人接到债权转让通知后，让与人以债权转让合同不成立、无效、被撤销或者确定不发生效力为由请求债务人向其履行的，人民法院不予支持。但是，该债权转让通知被依法撤销的除外。"本题中，债务人乙已经接到债权转让通知，甲无权以债权转让无效为由请求乙向自己履行。故A项错误。

B项：根据《民法典合同编通则解释》第48条第2款规定："让与人未通知债务人，受让人直接起诉债务人请求履行债务，人民法院经审理确认债权转让事实的，应当认定债权转让自起诉状副本送达时对债务人发生效力。债务人主张因未通知而给其增加的费用或者造成的损失从认定的债权数额中扣除的，人民法院依法予以支持。"本题中，若丙未通知乙债权转让事宜，直接起诉要求履行债务且胜诉，法院应当认定债权转让自起诉状副本送达时对债务人乙发生效力。故B项错误。

C项：根据《民法典合同编通则解释》第47条第1款规定："债权转让后，债务人向受让人主张其对让与人的抗辩的，人民法院可以追加让与人为第三人。"故C项正确。

D项：根据《民法典合同编通则解释》第50条第1款规定："让与人将同一债权转让给两个以上受让人，债务人以已经向最先通知的受让人履行为由主张其不再履行债务的，人民法院应予支持。债务人明知接受履行的受让人不是最先通知的受

让人，最先通知的受让人请求债务人继续履行债务或者依据债权转让协议请求让与人承担违约责任的，人民法院应予支持；最先通知的受让人请求接受履行的受让人返还其接受的财产的，人民法院不予支持，但是接受履行的受让人明知该债权在其受让前已经转让给其他受让人的除外。"本题中，债务人乙明知最先通知的受让人是丙而向丁履行，最先通知的受让人丙有权请求乙继续向自己履行。故 D 项错误。

6 62202114

参考答案：D

解析：A 项：《民法典》第 551 条第 1 款规定："债务人将债务的全部或者部分转移给第三人的，应当经债权人同意。"直至 2022 年 1 月 15 日，债权人丙才同意将该笔债务转移给乙承担，因此该笔债务 2022 年 1 月 2 日并未转移给乙承担。因此，A 项错误。

B 项：免责的债务承担中，原债权债务关系存在担保的，未经担保人书面同意，担保人在转让范围内不承担担保责任，本题中，丁仅以口头形式同意，担保人在转让范围内不承担担保责任，丁某无需承担担保责任。因此，B 项错误。

CD 项：《民法典》第 553 条规定："债务人转移债务的，新债务人可以主张原债务人对债权人的抗辩；原债务人对债权人享有债权的，新债务人不得向债权人主张抵销。"本题中，该笔债务于 2017 年 12 月 1 日到期，2022 年 1 月 1 日时该笔债务的诉讼时效已经经过，新债务人乙可以主张原债务人甲对丙的诉讼时效经过的抗辩权，因此该笔债务的诉讼时效已经届满，通知到达丙时不发生中断的效力。因此，C 项错误，D 项正确。

综上所述，本题正确答案为 D 项。

7 62002240

参考答案：B

解析：A 项：根据《民法典》546 条第 1 款规定："债权人转让债权，未通知债务人的，该转让对债务人不发生效力。"由此可知，债权人转让债权无须征得债务人的同意，只需要将转让的事实通知债务人。本题中，乙作为债权人，将其债权转让给丙，并且已经通知了甲，其债权转让行为对甲

发生效力。因此，A 项错误。

BD 项：根据《民法典》第 549 条规定："有下列情形之一的，债务人可以向受让人主张抵销：（一）债务人接到债权转让通知时，债务人对让与人享有债权，且债务人的债权先于转让的债权到期或者同时到期；（二）债务人的债权与转让的债权是基于同一合同产生。"本题中，在甲接收到债权转让通知之前，甲对乙享有 50 万元债权，且甲的债权于 2019 年 11 月 1 日到期，而乙转让给丙的债权于 2019 年 9 月 1 日到期，则甲的债权后于转让的债权到期。故甲不得向丙主张抵销 50 万元。因此，B 项正确，D 项错误。

C 项：根据《民法典》第 550 条规定："因债权转让增加的履行费用，由让与人负担。"本题中，因债权转让而增加的履行费用应当由让与人乙承担。因此，C 项错误。

综上所述，本题答案为 B 项。

8 62002102

参考答案：A,D

解析：AB 项：根据《民法典》第 545 条第 2 款规定："当事人约定非金钱债权不得转让的，不得对抗善意第三人。当事人约定金钱债权不得转让的，不得对抗第三人。"本题中，甲对乙享有的债权是由乙向甲交付家具，属于非金钱债权；甲、乙双方就非金钱债权不得转让的约定，不能对抗善意第三人。因此，甲将其债权转让给不知情的丙，乙家具厂不能以约定来对抗善意第三人丙。因此，A 项正确。乙对甲享有的债权是由甲向乙支付家具款，属于金钱债权。甲、乙双方就金钱债权不得转让的约定，不得对抗第三人，即使第三人丁知道该债权不得转让的约定，甲也不能以该约定为由拒绝付款。因此，B 项错误。（该条区分的理由是在于保护债务人的利益和债权流通性之间的平衡。金钱债权的转让对债务人所造成的影响小，流通性价值在实践中非常重要，其与融资之间的关系更为密切，因此无论受让人善意还是恶意，都能取得债权。而非金钱债权转让中，为保护善意的受让人及保障债权的流通价值，赋予善意受让人取得债权以及债务人向恶意受让人主张债权禁止转让的抗辩）

C 项：根据《民法典》第 547 条规定："债权人转让债权的，受让人取得与债权有关的从权利，但是该从权利专属于债权人自身的除外。受让人取得从权利不因该从权利未办理转移登记手续或者未转移占有而受到影响。"本题中，丙将债权转让给己，己取得与债权有关的从权利（抵押权），该抵押权不因未办理变更登记而受到影响。因此，C 项错误。

D 项：根据《民法典》第 686 条规定："保证的方式包括一般保证和连带责任保证。当事人在保证合同中对保证方式没有约定或者约定不明确的，按照一般保证承担保证责任。"本题中，戊为甲提供保证，但未约定保证方式，则按照一般保证承担保证责任。因此，D 项正确。

综上所述，本题答案为 AD 项。

第三章
债的保全

参考答案

[1]C　　[2]BD　　[3]BCD　　[4]D　　[5]A
[6]BCD

一、历年真题及仿真题

（一）代位权

【单选】

1　2302111

参考答案：C

解析：AB 项：提起代位权诉讼，会导致 2 个债诉讼时效中断，而不是中止。中止一般是客观不可控的原因引起，比如不可抗力。因此，AB 选项错误。

CD 项：根据《民法典》第 535 条第 2 款规定："代位权的行使范围以债权人的到期债权为限。债权人行使代位权的必要费用，由债务人负担。"本题中，甲公司对乙公司享有 200 万元的到期债权，其向丙公司行使代位权的数额应以 200 万元为限。

因此，C 选项正确，D 选项错误。

综上所述，本题答案为 C。

（二）综合知识点

【多选】

2　1703058

参考答案：B,D

解析：A 项：恶意串通，是指行为人与相对人互相勾结，为谋取私利而实施的损害他人合法权益的民事法律行为。《民法典》第 154 条规定："行为人与相对人恶意串通，损害他人合法权益的民事法律行为无效。"本题中，丙虽然知悉甲欠乙债务的事实，但二者并未相互勾结。因此，不构成恶意串通。此处所指的"恶意"，是指双方订立合同的目的在于追求损害他人的合法权益。仅双方当事人于合同成立时知道成立的合同将损害他人合法权益的，不构成恶意串通。故《离婚协议书》合法有效。因此，A 项错误。

B 项：《民法典》第 538 条规定："债务人以放弃其债权、放弃债权担保、无偿转让财产等方式无偿处分财产权益，或者恶意延长其到期债权的履行期限，影响债权人的债权实现的，债权人可以请求人民法院撤销债务人的行为。"据此可知，债权人撤销权的行使需要债务人无偿转让财产的行为对债权人造成损害，如甲证明自己有稳定的工资收入及汽车等财产可供还债，则说明甲的行为不会对债权人造成损害，因此，法院应驳回乙的诉讼请求。因此，B 项正确。

C 项：《民法典》第 542 条规定："债务人影响债权人的债权实现的行为被撤销的，自始没有法律约束力。"据此可知，如法院认定乙的撤销权成立，则该赠与行为自始没有法律效力。因此，C 项错误。

D 项：《民法典》第 540 条规定："撤销权的行使范围以债权人的债权为限。债权人行使撤销权的必要费用，由债务人负担。"据此可知，如法院认定乙的撤销权成立，应一并支持乙提出的由甲承担律师代理费的请求。因此，D 项正确。

综上所述，本题答案为 BD 项。

二、模拟训练

3 62402008

参考答案：B、C、D

解析：A 项：根据《民法典合同编通则解释》第 36 条规定："债权人提起代位权诉讼后，债务人或者相对人以双方之间的债权债务关系订有仲裁协议为由对法院主管提出异议的，人民法院不予支持。但是，债务人或者相对人在首次开庭前就债务人与相对人之间的债权债务关系申请仲裁的，人民法院可以依法中止代位权诉讼。"本题中，甲、乙公司之间签有仲裁协议，丙公司提起代位权诉讼，甲公司提出异议，法院不予支持。故 A 项错误。

B 项：根据《民法典合同编通则解释》第 37 条第 1 款规定："债权人以债务人的相对人为被告向人民法院提起代位权诉讼，未将债务人列为第三人的，人民法院应当追加债务人为第三人。"故 B 项正确。

C 项：根据《民法典》第 535 条第 2 款规定："代位权的行使范围以债权人的到期债权为限。债权人行使代位权的必要费用，由债务人负担。"本题中，丙公司行使代位权应以自己到期的 300 万元为限。故 C 项正确。

D 项：根据《民法典合同编通则解释》第 39 条规定："在代位权诉讼中，债务人对超过债权人代位请求数额的债权部分起诉相对人，属于同一人民法院管辖的，可以合并审理。不属于同一人民法院管辖的，应当告知其向有管辖权的人民法院另行起诉；在代位权诉讼终结前，债务人对相对人的诉讼应当中止。"本题中，乙公司另行起诉甲公司偿还 200 万，在代位权诉讼终结前，乙公司与甲公司的诉讼应当中止。故 D 项正确。

综上所述，本题正确答案为 BCD 项。

4 62102107

参考答案：D

解析：A 项：债权人撤销权的成立条件有二：一是债权人对债务人有合法、有效债权；二是债务人负担债务之后，债务人实施了有害债权的行为。因此，债权人行使撤销权的时间因素要求在"债务人负担债务之后"，实施的财产行为损害到债权人的债权。由于张某对黄某的赠与行为发生在张

某负担债务之前，因此债权人李某不得撤销张某对黄某的赠与。《民法典》第 538 条规定："债务人以放弃其债权、放弃债权担保、无偿转让财产等方式无偿处分财产权益，或者恶意延长其到期债权的履行期限，影响债权人的债权实现的，债权人可以请求人民法院撤销债务人的行为。"张某放弃到期债权的行为发生在负担债务之后，损害了债权人李某的债权，李某有权请求撤销张某放弃对周某到期债权的行为。因此，A 项错误。

B 项：《民法典》第 542 条规定："债务人影响债权人的债权实现的行为被撤销的，自始没有法律约束力。"债权人撤销权行使的法律后果是使得影响债权人的债权实现的行为自始无效，而并非自撤销之日。因此，B 项错误。

C 项：《民法典》第 535 条第 1 款规定："因债务人怠于行使其债权或者与该债权有关的从权利，影响债权人的到期债权实现的，债权人可以向人民法院请求以自己的名义代位行使债务人对相对人的权利，但是该权利专属于债务人自身的除外。"张某在交通事故中所获的损害赔偿属于专属于债务人自身的权利，李某不得行使代位权。因此，C 项错误。

D 项：《民法典》第 540 条规定："撤销权的行使范围以债权人的债权为限。债权人行使撤销权的必要费用，由债务人负担。"律师费、误工费是必要费用，应由债务人张某负担。因此，D 项正确。

综上所述，本题答案为 D 项。

5 62002219

参考答案：A

解析：A 项：根据《民法典》第 536 条规定："债权人的债权到期前，债务人的债权或者与该债权有关的从权利存在诉讼时效期间即将届满或者未及时申报破产债权等情形，影响债权人的债权实现的，债权人可以代位向债务人的相对人请求其向债务人履行、向破产管理人申报或者作出其他必要的行为。"本题中，甲对乙的债权于 2021 年 9 月 1 日到期，而 2021 年 3 月 1 日法院受理丙的破产申请时，甲的债权尚未到期，但乙未及时申报破产债权，该行为将影响甲的债权的实现，故甲可以向丙的破产管理人申报乙对丙的债权。因

此，A 项正确。

B 项：根据《民法典》第 535 条第 1 款规定："因债务人怠于行使其债权或者与该债权有关的从权利，影响债权人的到期债权实现的，债权人可以向人民法院请求以自己的名义代位行使债务人对相对人的权利，但是该权利专属于债务人自身的除外。"由此可知，代位权的行使只能通过诉讼方式。本题中，甲不能以通知的方式行使自己的代位权。因此，B 项错误。

C 项：对公民提起的民事诉讼，一般由被告住所地人民法院管辖。因此，C 项错误。

D 项：根据《民法典》第 535 条第 2 款规定："……债权人行使代位权的必要费用，由债务人负担。"本题中，若甲行使自己的代位权并胜诉，行使代位权的必要费用应当由债务人乙负担，而非由次债务人丙负担。因此，D 项错误。

综上所述，本题答案为 A 项。

6 `62002168`

参考答案：B,C,D

解析：A 项：《民法典》第 538 条规定："债务人以放弃其债权、放弃债权担保、无偿转让财产等方式无偿处分财产权益，或者恶意延长其到期债权的履行期限，影响债权人的债权实现的，债权人可以请求人民法院撤销债务人的行为。"本题中，甲一直不予偿还乙的借款，且无偿转让其债权及无偿转让其汽车，明显影响了乙的债权的实现，债权人乙有权向法院起诉行使撤销权。因此，A 项正确，不当选。

B 项：《民法典》第 541 条规定："撤销权自债权人知道或者应当知道撤销事由之日起一年内行使。自债务人的行为发生之日起五年内没有行使撤销权的，该撤销权消灭。"本题中，乙知道甲的行为的时间为 2020 年 6 月 1 日，因此，该撤销权的除斥期间应从 6 月 1 日之日起计算，即未超过 1 年且尚未超过行为发生之日起 5 年的最长期间，故甲的辩称理由不成立。因此，B 项错误，当选。

C 项：债权人乙有权请求受让人丁向自己返还所受利益，并有义务将所受利益加入债务人甲的一般财产，将其作为全体一般债权人的责任财产，即遵循"入库规则"，其不享有优先受偿权。因

此，C 项错误，当选。

D 项：根据《民法典》第 540 条规定："撤销权的行使范围以债权人的债权为限。债权人行使撤销权的必要费用，由债务人负担。"本题中，债权人乙行使撤销权的必要费用，由债务人甲负担。因此，D 项错误，当选。

综上所述，本题为选非题，答案为 BCD 项。

第四章
债的消灭

[1]A　　[2]ABCD　[3]AB　　[4]BD　　[5]D
[6]ABD　[7]A　　　[8]BD　　[9]ABD　[10]B
[11]A

一、历年真题及仿真题

（一）清偿

【单选】

1 `1403013`

参考答案：A

解析：ABCD 项：根据《民法典》第 560 条规定："债务人对同一债权人负担的数项债务种类相同，债务人的给付不足以清偿全部债务的，除当事人另有约定外，由债务人在清偿时指定其履行的债务。债务人未作指定的，应当优先履行已经到期的债务；数项债务均到期的，优先履行对债权人缺乏担保或者担保最少的债务；均无担保或者担保相等的，优先履行债务人负担较重的债务；负担相同的，按照债务到期的先后顺序履行；到期时间相同的，按照债务比例履行。"本题中，2010 年胡某归还 100 万元时，两笔债务均无债务人胡某的指定，而第一笔借款已经到期，第二笔借款尚未到期。根据法律规定，归还的债务相当于归还的是 2006 年的 100 万借款。因此，A 项正确，BCD 项错误。

综上所述，本题答案为 A 项。

【多选】

2 2402071

参考答案：A,B,C,D

解析：《合同编通则解释》第27条第2款规定："债务人或者第三人履行以物抵债协议后，人民法院应当认定相应的原债务同时消灭；债务人或者第三人未按照约定履行以物抵债协议，经催告后在合理期限内仍不履行，债权人选择请求履行原债务或者以物抵债协议的，人民法院应予支持，但是法律另有规定或者当事人另有约定的除外。"因此，届满后签订以物抵债协议，协议是有效的，债务人需要履行，债权人履行了，以物抵债协议和原债同时消灭。因此 D 项正确。

如果债务人一直不履行，债权人可以选择请求履行原债（请求还钱，胜诉后甲不还，乙可以申请拍卖房屋）或以物抵债协议。因此 ABC 项正确。

综上所述，本题答案是 ABCD。

3 1802111

参考答案：A,B

解析：ABCD 项：根据《民法典》第 560 条第 1 款的规定："债务人对同一债权人负担的数项债务种类相同，债务人的给付不足以清偿全部债务的，除当事人另有约定外，由债务人在清偿时指定其履行的债务。"该条规定了"约定抵充"优先于"指定抵充"。因此，本题中虽然代为清偿的第三人丙实施了指定抵充行为，但若债务人甲（或代为清偿的第三人丙）与债权人乙于事后达成协议，即于事后进行了"约定抵充"，则溯及自 20 万元履行时发生"约定抵充"的法律效果，不发生"指定抵充"清偿的效果。但是如果没有"约定抵充"，代为清偿的第三人丙在向乙代为清偿 20 万元时，实施了"指定抵充"行为，明确指定清偿第一笔借款，"指定抵充"优先于"法定抵充"，依照丙单方面的指定，发生清偿第一笔借款的法律效果。因此，AB 项正确，CD 项错误。

综上所述，本题答案为 AB 项。

4 1603056

参考答案：B,D

解析：以物抵债，是指债务人以他种给付代替其

所负担的给付，从而使债消灭的现象。若未明确约定以物抵债协议签订后原债务消灭，应认定为新债清偿，新旧债并存。

ABC 项：根据《民法典合同编通则解释》第 27 条第 2 款规定："债务人或者第三人履行以物抵债协议后，人民法院应当认定相应的原债务同时消灭；债务人或者第三人未按照约定履行以物抵债协议，经催告后在合理期限内仍不履行，债权人选择请求履行原债务或者以物抵债协议的，人民法院应予支持，但是法律另有规定或者当事人另有约定的除外。"债务人或者第三人履行以物抵债协议前，新债（转移古画所有权）与旧债（还债）并存，原借款合同未失效。新债履行完毕，新旧债一并消灭，因此，双方交付古画的行为亦属于履行借款合同义务。若债务人不履行交付古画的新债，债权人丁某既可以请求履行新债，也可以选择履行旧债，但债务人王某没有选择权。因此，AC 项错误，B 项正确。

D 项：交付的古画为赝品，属于合同履行存在瑕疵，丁某可请求承担瑕疵担保责任。因此，D 项正确。

综上所述，本题答案为 BD 项。

（二）免除

【单选】

5 2002010

参考答案：D

解析：ABCD 项：根据《民法典》第 575 条规定："债权人免除债务人部分或者全部债务的，债权债务部分或者全部终止，但是债务人在合理期限内拒绝的除外。"债权人免除债务，仅需作出免除的意思表示，到达债务人时生效（以非对话的方式）或者自债务人了解时生效（以对话的方式），无须债务人同意。该意思表示也可以委托他人作出。债务人不愿意接受免除，可于合理期限内拒绝。本题中，债权人乙没有对债务人甲作出免除的意思表示（是对第三人作出的），也没有委托第三人丙转达，因此免除的意思表示其实根本没有作出，当然不能生效（而不是因为甲没同意所以不能生效）。债务人甲仍需还钱。因此，ABC 错误，D 正确。

综上所述，本题答案为 D 项。

（三）提存

【多选】

6 2202170

参考答案：A,B,D

解析：A 项：《民法典》第 916 条规定："储存期限届满，存货人或者仓单持有人不提取仓储物的，保管人可以催告其在合理期限内提取；逾期不提取的，保管人可以提存仓储物。"乙公司是保管人，在存货人甲公司经催告后仍不提取仓储物时有权提存仓储物。因此，A 项正确。

BCD 项：《民法典》574 条第 2 款规定："债权人领取提存物的权利，自提存之日起五年内不行使而消灭，提存物扣除提存费用后归国家所有。但是，债权人未履行对债务人的到期债务，或者债权人向提存部门书面表示放弃领取提存物权利的，债务人负担提存费用后有权取回提存物。"5 年后甲公司仍未提取货物，货物收归国家所有；提存机构有权扣除提存费用。因此，BD 项正确，C 项错误。

综上所述，本题答案为 ABD 项。

（四）综合知识点

【单选】

7 1902096

参考答案：A

解析：ABCD 项：《民法典》第 406 条第 1 款规定："抵押期间，抵押人可以转让抵押财产。当事人另有约定的，按照其约定。抵押财产转让的，抵押权不受影响。"乙将房屋转让给甲，属有权处分，甲、乙间的房屋买卖合同有效，甲自办理过户登记时取得对房屋的所有权，也不影响丙的抵押权。且根据《民法典》第 393 条的规定："有下列情形之一的，担保物权消灭：（一）主债权消灭；（二）担保物权实现；（三）债权人放弃担保物权；（四）法律规定担保物权消灭的其他情形。"丙的抵押权没有消灭事由，不消灭。该房屋上甲有所有权，又有抵押权，所有权和他物权归一人发生混同，原则上说，他物权消灭，但他物权存在有意义则不消灭。乙以其房屋先后为甲、丙设立抵押

权，并先后办理了抵押登记。根据《民法典》第 414 条第 1 款的规定，甲的房屋抵押权为第一顺位，丙的房屋抵押权为第二顺位。因此甲的抵押权存在有意义，抵押权不消灭。因此，A 项正确，BCD 项错误。

综上所述，本题答案为 A 项。

【多选】

8 2302120

参考答案：B,D

解析：A 项：根据《民法典》第 1177 条第 1 款规定："合法权益受到侵害，情况紧迫且不能及时获得国家机关保护，不立即采取措施将使其合法权益受到难以弥补的损害的，受害人可以在保护自己合法权益的必要范围内采取扣留侵权人的财物等合理措施；但是，应当立即请求有关国家机关处理。"自助一般是人跑了就找不到了这种紧迫，拖欠工资的行为不符合情势紧迫来不及请求公力救济的条件，完全可以通过仲裁等获得救济，不属于自助行为。因此，A 项错误。

B 项：根据《民法典》第 979 条第 1 款规定："管理人没有法定的或者约定的义务，为避免他人利益受损失而管理他人事务的，可以请求受益人偿还因管理事务而支出的必要费用；管理人因管理事务受到损失的，可以请求受益人给予适当补偿。"本题中，B 公司虽然是 A 公司的母公司，但母公司和子公司都是独立个体，B 公司对支付 A 公司员工的工资没有法定或约定的义务，为 A 公司的利益而代付工资，构成无因管理。因此，B 项正确。

CD 项：B 公司代为支付工资，属于第三人代为履行，5 万元因清偿而消灭，因此还剩 5 万元。C 项错误，D 项正确。

综上所述，本题答案为 BD。

二、模拟训练

9 62402010

参考答案：A,B,D

解析：ABCD 项：根据《民法典合同编通则解释》第 27 条规定："债务人或者第三人与债权人在债务履行期限届满后达成以物抵债协议，不存在影

响合同效力情形的，人民法院应当认定该协议自当事人意思表示一致时生效。债务人或者第三人履行以物抵债协议后，人民法院应当认定相应的原债务同时消灭；债务人或者第三人未按照约定履行以物抵债协议，经催告后在合理期限内仍不履行，债权人选择请求履行原债务或者以物抵债协议的，人民法院应予支持，但是法律另有规定或者当事人另有约定的除外。前款规定的以物抵债协议经人民法院确认或者人民法院根据当事人达成的以物抵债协议制作成调解书，债权人主张财产权利自确认书、调解书生效时发生变动或者具有对抗善意第三人效力的，人民法院不予支持。债务人或者第三人以自己不享有所有权或者处分权的财产权利订立以物抵债协议的，依据本解释第十九条的规定处理。"本题中甲、乙之间的以物抵债协议是诺成合同，自甲、乙意思表示达成一致时成立生效。故 A 项错误。甲未按约定履行以物抵债协议，经催告后在合理期限内仍未履行，乙可以选择请求甲履行原债务或以物抵债协议。故 B 项错误。若甲履行以物抵债协议交付了汽车，原债务同时消灭。故 C 项正确。若法院根据以物抵债协议制作调解书，汽车所有权不会直接发生转移，需要交付才能发生物权变动的效果。故 D 项错误。

综上所述，本题为选非题，正确答案为 ABD 项。

10 62002237

参考答案：B

解析：ABCD 项：根据《民法典》第 560 条第 2 款规定："债务人未作指定的，应当优先履行已经到期的债务；数项债务均到期的，优先履行对债权人缺乏担保或者担保最少的债务；均无担保或者担保相等的，优先履行债务人负担较重的债务；负担相同的，按照债务到期的先后顺序履行；到期时间相同的，按照债务比例履行。"本题中，甲在还款时未具体说明偿还的是哪一笔借款，但是 2020 年 4 月 25 日时，第一笔借款已经到期，第二笔借款尚未到期，因此，应当优先偿还已经到期的第一笔借款。因此，B 项正确，ACD 项错误。

综上所述，本题答案为 B 项。

11 62002204

参考答案：A

解析：A 项：根据《民法典》第 572 条的规定："标的物提存后，债务人应当及时通知债权人或者债权人的继承人、遗产管理人、监护人、财产代管人。"本题中，因乙失踪，甲将到期的借款及利息提存至丙机构，提存后，甲应当及时向乙或者乙的财产代管人通知该事实。因此，A 项正确。

B 项：根据《民法典》第 574 条第 1 款的规定："债权人可以随时领取提存物。但是，债权人对债务人负有到期债务的，在债权人未履行债务或者提供担保之前，提存部门根据债务人的要求应当拒绝其领取提存物。"本题中，乙作为债权人可以随时领取提存物。因此，B 项错误。

C 项：根据《民法典》第 574 条第 2 款的规定："债权人领取提存物的权利，自提存之日起五年内不行使而消灭，提存物扣除提存费用后归国家所有。但是，债权人未履行对债务人的到期债务，或者债权人向提存部门书面表示放弃领取提存物权利的，债务人负担提存费用后有权取回提存物。"本题中，"3 年""直接归国家所有"的说法均错误。因此，C 项错误。

D 项：根据《民法典》第 573 条的规定："标的物提存后，毁损、灭失的风险由债权人承担。提存期间，标的物的孳息归债权人所有。提存费用由债权人负担。"本题中，提存费用应由债权人乙负担。因此，D 项错误。

综上所述，本题答案为 A 项。

第五章
无因管理

参考答案

[1]D　　[2]AB　　[3]C　　[4]D

一、历年真题及仿真题

(一)无因管理的构成要件

【单选】

1 `1403020`

参考答案：D

解析：A项：根据民法理论，管理人实施无因管理时，既为了他人利益，兼为自己利益，仍可在为他人利益范围内成立无因管理。本题中，甲救火的行为，一方面是为了自己利益，另一方面也是为了乙、丙的利益，仍可成立无因管理。因此，A项错误。

BCD项：根据民法理论，管理人在管理他人事务时，要求管理人对于他人的身份、范围有可能的认知。本题中，甲救火的行为，同时管理了乙、丙、A公司的事务，但甲救火时，并未意识到该房屋在A公司买了火灾保险，欠缺为A公司管理事务的意思，仅具有为乙、丙管理事务的意思。故甲救火的行为，可在甲乙间成立无因管理之债，甲有权向乙主张医疗费，也可在甲丙间成立无因管理之债，甲有权向丙主张医疗费。但甲、A公司间不成立无因管理之债，甲不能向A公司主张医疗费。因此，BC项错误，D项正确。

综上所述，本题答案为D项。

(二)综合知识点

【多选】

2 `2302119`

参考答案：A,B

解析：ABD项：根据《民法典》第979条规定："管理人没有法定的或者约定的义务，为避免他人利益受损失而管理他人事务的，可以请求受益人偿还因管理事务而支出的必要费用；管理人因管

理事务受到损失的，可以请求受益人给予适当补偿。管理事务不符合受益人真实意思的，管理人不享有前款规定的权利；但是，受益人的真实意思违反法律或者违背公序良俗的除外。"本题中，甲没有义务帮乙支付税费，为了乙的利益，替乙支付了税费，虽然违背乙的意思，但乙的意思违反法律，因此依然构成无因管理。甲可以请求偿还因管理事务而支出的必要费用（税费）。因此AB项正确，D项错误。

C项：能要求对方支付律师费的情形一般有2种，一是双方约定了律师费的负担，二是法律直接规定了可以让对方承担，如债权人撤销权、著作侵权等。本题不符合这些情形，甲不能请求乙承担律师费。C项错误。

综上所述，本题答案为AB。

二、模拟训练

3 `62002132`

参考答案：C

解析：ABC项：根据《民法典》第979条第1款规定："管理人没有法定的或者约定的义务，为避免他人利益受损失而管理他人事务的，可以请求受益人偿还因管理事务而支出的必要费用；管理人因管理事务受到损失的，可以请求受益人给予适当补偿。"本题中，为他人利益，兼为自己利益，仍可在为他人利益范围内成立无因管理，且无因管理重在管理行为本身，只要管理人甲尽到了适当管理的义务，即使目的未能达成，也不影响无因管理之成立与效力。故甲构成无因管理。因此，AB项错误，C项正确。

D项：基于合同的相对性，丙只能请求借款合同的一方当事人甲偿还5000元。因此，D项错误。

综上所述，本题答案为C项。

4 `62002131`

参考答案：D

解析：AB项：根据《民法典》第19条规定："八周岁以上的未成年人为限制民事行为能力人，实施民事法律行为由其法定代理人代理或者经其法定代理人同意、追认；但是，可以独立实施纯获利益的民事法律行为或者与其年龄、智力相适应

的民事法律行为。"本题中，甲虽然是限制民事行为能力人，但打车（即订立客运合同）与甲的行为能力相适应，应为有效。而办理入院手续（即订立医疗合同）与甲的行为能力不相适应，此时应处于效力待定状态，等待其父母的追认。因此，AB 项错误。

CD 项：根据《民法典》第 979 条第 1 款规定："管理人没有法定的或者约定的义务，为避免他人利益受损失而管理他人事务的，可以请求受益人偿还因管理事务而支出的必要费用；管理人因管理事务受到损失的，可以请求受益人给予适当补偿。"本题中，甲对帮助乙并无法定或约定的义务，为了避免乙生命受威胁而实施救助行为。无因管理是事实行为而非法律行为，故甲是限制民事行为能力人也不影响无因管理的成立。但甲作为管理人只能请求受益人偿还因管理支出的必要费用及自支出时起的利息，无报酬请求权。因此，C 项错误，D 项正确。

综上所述，本题答案为 D 项。

第六章
不当得利

一、历年真题及仿真题

综合知识点

【单选】

1 2302106

参考答案：A

解析：AB 项：根据《民法典》第 986 条规定："得利人不知道且不应当知道取得的利益没有法律根据，取得的利益已经不存在的，不承担返还该利益的义务。"第 988 条规定："得利人已经将取得的利益无偿转让给第三人的，受损失的人可以请

求第三人在相应范围内承担返还义务。"本题中，小甲卖了不属于遗产的画，构成不当得利，但其对此不知情，是善意得利人。又将 50 万赠与大甲，此时小甲取得的利益已不存在，因此小甲不对乙承担返还义务，大甲作为无偿取得财产的第三人，对乙承担返还义务。因此 A 选项正确，B 选项错误。

C 项：根据《民法典》第 311 条第 1 款的规定："无处分权人将不动产或者动产转让给受让人的，所有权人有权追回；除法律另有规定外，符合下列情形的，受让人取得该不动产或者动产的所有权：（一）受让人受让该不动产或者动产时是善意；（二）以合理的价格转让；（三）转让的不动产或者动产依照法律规定应当登记的已经登记，不需要登记的已经交付给受让人。"本题中，小甲无偿继承该画，不属于以合理价格受让，不能善意取得所有权。因此，C 选项错误。

D 项：小甲处分画属于无权处分，但小甲主观上是善意，不存在过错，不构成侵权。因此，D 选项错误。

综上所述，本题答案为 A。

2 2002090

参考答案：C

解析：A 项：根据《民法典》第 512 条第 1 款的规定："通过互联网等信息网络订立的电子合同的标的为交付商品并采用快递物流方式交付的，收货人的签收时间为交付时间。电子合同的标的为提供服务的，生成的电子凭证或者实物凭证中载明的时间为提供服务时间；前述凭证没有载明时间或者载明时间与实际提供服务时间不一致的，以实际提供服务的时间为准。"丙网购电脑，若双方未就交付地点另作约定，则完成交付的时间为"买受人丙确认签收时"，因送货商丁送错货，出卖人尚未向丙完成出卖电脑的交付。一般而言，出卖人与承运人订立的运输合同，不属于《民法典》第 522 条第 2 款规定的"纯正的利益第三人合同"，丙不可以请求丁承担违约责任，要求丁赔偿一台外形、配置一样的电脑。因此，A 项错误。

BC 项：《民法典》第 986 条规定："得利人不知道且不应当知道取得的利益没有法律根据，取得的

利益已经不存在的，不承担返还该利益的义务。"送货商丁错误地将丙购买的电脑送给乙，乙对该电脑的占有成立不当得利（受损失的人为出卖人或者丙）。同时，由于乙有正当理由以为取得的电脑系甲公司赠送的礼品，乙不知道且不应当知道取得的利益没有法律根据，乙属于善意不当得利人。据此，善意不当得利人仅返还"现存利益"，所受利益不存在的，善意不当得利人免除返还义务。乙取得的不当得利（电脑）已经毁损灭失，所受利益不存在，乙免除返还不当得利的义务。因此，B项错误，C项正确。

D项：根据《民法典》第465条第2款规定："依法成立的合同，仅对当事人具有法律约束力，但是法律另有规定的除外。"根据"合同的相对性"原理，丙只能请求出卖人承担违约责任，而无权请求甲公司把给乙的礼品作为对自己的补偿。因此，D项错误。

综上所述，本题答案为C项。

【多选】

③ 1503061

参考答案：A，D

解析：A项：《民法典》第311条规定："无处分权人将不动产或者动产转让给受让人的，所有权人有权追回；除法律另有规定外，符合下列情形的，受让人取得该不动产或者动产的所有权：（一）受让人受让该不动产或者动产时是善意；（二）以合理的价格转让；（三）转让的不动产或者动产依照法律规定应当登记的已经登记，不需要登记的已经交付给受让人。受让人依据前款规定取得不动产或者动产的所有权的，原所有权人有权向无处分权人请求损害赔偿。当事人善意取得其他物权的，参照适用前两款规定。"本题中，甲盗窃他人的手表，而后将手表补偿给乙，对于甲而言属于无权处分行为，对于乙而言，尽管乙善意无过失、已经完成交付，但仍然不能援用《民法典》第311条主张善意取得该手表，因为盗赃物不适用善意取得。乙没有取得所有权，转手赠与丁，也属于无权处分，手表为盗赃物，而且因为丁是无偿受让，不能主张善意取得，丁亦不能取得所有权，此时丁乃是无权占有人。根据《民法典》第

235条规定，"无权占有不动产或者动产的，权利人可以请求返还原物。"丙当然可以请求无权占有人丁返还原物。因此，A项正确。

B项：本题中，甲支付给乙的1000元也为盗赃，但是货币适用"占有即所有规则"，甲自丙处窃取并占有这1000元时，甲即成为所有权人。甲转让给乙并交付，系有权处分。丙无权请求乙返还1000元。乙又分别转给自来水公司和商场，也是有权处分，丙无权请求自来水公司和商场各返还500元。因此，B项错误。

C项：《民法典》第985条规定："得利人没有法律根据取得不当利益的，受损失的人可以请求得利人返还取得的利益，但是有下列情形之一的除外：（一）为履行道德义务进行的给付；（二）债务到期之前的清偿；（三）明知无给付义务而进行的债务清偿。"本题中，甲向乙转让1000元属于有权处分，转让行为有效，乙取得1000元的利益具有法律上的原因，不成立不当得利。因此，C项错误。

D项：《民法典》第985条规定："得利人没有法律根据取得不当利益的，受损失的人可以请求得利人返还取得的利益，但是有下列情形之一的除外：（一）为履行道德义务进行的给付；（二）债务到期之前的清偿；（三）明知无给付义务而进行的债务清偿。"本题中，甲因窃取丙4000元而获得利益，并因此致丙遭受损失，甲取得该利益不具有法律上的原因，成立不当得利，丙可请求甲返还4000元不当得利。因此，D项正确。

综上所述，本题答案为AD项。

④ 1503090

参考答案：A，D

解析：A项：乙受有损失，李某取得利益，二者有因果关系，且李某取得利益无法律上的原因，李某构成不当得利，应当返还所获利益。就返还范围而言，得利<损失时，返还数额以得利为准；得利>损失时，返还数额以损失为准。虽然本题并未明确得利和损失的数额大小，【但不管是哪种情况，李某返还的范围都一定是≤损失的（返还得利，小于损失，返还损失，等于损失）】，故"以所受损失为限"的表述没有问题。因此，A项正确。

B 项：按照多数人对《民法典》第 460 条的理解，无权占有期间，占有人对无权占有物支出的"必要费用"，善意的无权占有人有权请求权利人补偿，恶意的无权占有人无权请求权利人补偿。就此而言，李某将电脑出租给王某，从该行为可认为李某此时的心态为自主占有，李某系电脑的恶意无权占有人，就支出的必要费用，李某无权请求乙补偿（即就此对乙不享有不当得利返还请求权）。同时，李某的行为亦不成立正当的无因管理，就支出的必要费用，李某亦无权依照无因管理请求乙予以补偿。因此，B 项错误。

C 项：乙是所有权人，对李某享有返还原物请求权。通说观点认为，"返还原物请求权"与"侵害权益型不当得利返还请求权"可以发生竞合，乙有权选择通过主张不当得利的方式请求李某返还占有的电脑。因此，C 项错误。

D 项：《民法典》第 240 条规定："所有权人对自己的不动产或者动产，依法享有占有、使用、收益和处分的权利。"据此，若无权占有人李某经请求返还而拒不返还，就属于故意侵占在"权益归属上"应归属于所有权人乙的"占有、使用、收益权能"，损害乙的所有权，成立过错侵权责任。因此，D 项正确。

综上所述，本题答案为 AD 项。

【有同学可能会疑惑 A 项为什么不适用占有和拾得遗失物的返还规则，因为对这两种情况，民法典没有规定具体的返还范围限制，只规定了可以返还原物和孳息，因此涉及到"返还利益"时，一般都适用不当得利的相关规定。此外，从本题选项设置看，也能看出主要考查的是不当得利相关规则】

二、模拟训练

5　62002020

参考答案：A

解析：根据《民法典》第 985 条规定："得利人没有法律根据取得不当利益的，受损失的人可以请求得利人返还取得的利益，但是有下列情形之一的除外：（一）为履行道德义务进行的给付；（二）债务到期之前的清偿；（三）明知无给付义务而进行的债务清偿。"

A 项：甲明知上错菜仍然吃完，甲获有利益，饭店受有损失，二者之间有因果关系，且甲取得利益没有法律依据，故甲构成不当得利。因此，A 项正确。

B 项：甲乙之间的诉讼时效届满，乙没有给付义务而自愿清偿，甲有保留该清偿的权利，不属于不当得利。因此，B 项错误。

C 项：不当得利仅调整财产利益关系，性服务属于非财产性利益，甲不构成不当得利。因此，C 项错误。

D 项：小学搬迁，房价大涨，并没有受害方，甲取得的是反射利益，不属于不当得利。因此，D 项错误。

综上所述，本题答案为 A 项。

6　62002129

参考答案：B

解析：A 项：根据《民法典》第 311 条第 1 款规定："无处分权人将不动产或者动产转让给受让人的，所有权人有权追回；除法律另有规定外，符合下列情形的，受让人取得该不动产或者动产的所有权：（一）受让人受让该不动产或者动产时是善意；（二）以合理的价格转让；（三）转让的不动产或者动产依照法律规定应当登记的已经登记，不需要登记的已经交付给受让人。"本题中，丙善意取得了该相机的所有权。因此，A 项正确，不当选。

BCD 项：不当得利制度的规范目的重在去除不当得利，而非损害赔偿，故不当得利返还的范围遵循以下规则：（1）得利小于损失时，返还的数额以得利为准；（2）得利大于损失时，返还的数额以损失为准。因此甲有权对乙主张不当得利返还的数额为 1.8 万元，而非 2 万元。若甲选择主张侵权损害赔偿或违约损害赔偿，则可以主张 2 万元。本题彰显了不同的债权请求权具有不同的功能和作用，也彰显了请求权竞合制度存在的价值，债权人可以选择主张对自己最有利的请求权。因此，B 项错误，当选；CD 项正确，不当选。

综上所述，本题为选非题，答案为 B 项。

合同通则

第一章
合同概述

参考答案

[1] B　[2] C　[3] D　[4] BC　[5] BCD
[6] ABC　[7] A　[8] ABCD [9] ABD　[10] BD
[11] ABCD [12] D

一、历年真题及仿真题

（一）合同的概念与分类（预约）

【单选】

1 2202172

参考答案：B

解析：ABCD 项：实践性行为，是指除当事人意思表示一致之外，还需要交付标的物才能成立的民事法律行为。定金、自然人之间的借款、保管、借用是我国现行法上几种典型的实践性行为。因此，B 项正确。甲公司与乙公司之间的借款行为不是自然人之间的借款，不属于实践性行为。因此，A 项错误。根据《民法典合同编通则解释》第 27 条第 1 款规定："债务人或者第三人与债权人在债务履行期限届满后达成以物抵债协议，不存在影响合同效力情形的，人民法院应当认定该协议自当事人意思表示一致时生效。"以物抵债协议属于诺成性行为。因此，C 项错误。担保合同属于诺成性行为。因此，D 项错误。

综上所述，本题答案为 B。

（二）综合知识点

【单选】

2 1902153

参考答案：C

解析：A 项：根据《民法典》第 61 条第 2 款规定："法定代表人以法人名义从事的民事活动，其法律后果由法人承受。"据此，甲作为 A 公司的法定代表人，在代表权限范围内，以 A 公司的名义与乙订立借款合同，该借款合同直接归属于 A 公司承受，该借款合同在 A 公司与乙之间成立。因此，A 项错误。

B 项：根据《民法典》第 679 条规定："自然人之间的借款合同，自贷款人提供借款时成立。"自然人间的借款合同，属于实践合同。本题中，借款合同的当事人为 A 公司与乙，不属于自然人之间的借款合同，该借款合同自当事人意思表示一致时即成立，故于 8 月 5 日成立。因此，B 项错误。

CD 项：根据《民法典》第 465 条第 2 款规定："依法成立的合同，仅对当事人具有法律约束力，但是法律另有规定的除外。"尽管甲、乙约定所借款项由乙打入 B 公司账户，且乙已经按约将所借款项打入 B 公司账户，但借款合同仍仅在 A 公司与乙之间成立，B 公司与乙之间未成立借款合同。合同具有相对性。因此，若借款到期未偿还，乙只能请求 A 公司清偿，而无权请求 B 公司承担连带清偿责任。因此，C 项正确；D 项错误。

综上所述，本题答案为 C 项。

3 1403011

参考答案：D

解析：A 项：根据《民法典》第 522 条第 1 款规定："当事人约定由债务人向第三人履行债务，债务人未向第三人履行债务或者履行债务不符合约定的，应当向债权人承担违约责任。"本题中，根据合同相对性原理，汤某为第三人而非合同相对人，故无权要求余某承担违约责任。因此，A 项错误。

BC 项：承揽合同中，交付工作成果前，玉器归余某所有，汤某和方某都不是所有权人，没有侵犯物权，不能请求承担侵权责任。因此，BC 项错误。

D 项：根据《民法典》第 593 条规定："当事人一方因第三人的原因造成违约的，应当依法向对方承担违约责任。当事人一方和第三人之间的纠纷，依照法律规定或者按照约定处理。"本题中，余某因朱某的行为造成违约，但余某仍应向合同相对人方某承担违约责任。因此，D 项正确。

综上所述，本题正确答案为 D 项。

【多选】

④ 2402072

参考答案：B,C

解析：AD 项：合同相对方是甲和蛋糕店，乙是不真正利益第三人（没约定乙可以直接请求交付，乙只能接收，是不真正利益第三人）。更换和解除都是合同当事人才有的权利，第三人没有。AD 项错误。

B 项：《民法典》第 582 条规定："履行不符合约定的，应当按照当事人的约定承担违约责任。对违约责任没有约定或者约定不明确，依据本法第五百一十条的规定仍不能确定的，受损害方根据标的的性质以及损失的大小，可以合理选择请求对方承担修理、重作、更换、退货、减少价款或者报酬等违约责任。"蛋糕店构成违约，甲可以请求承担违约责任，其中减价就是一种违约的承担方式。B 项正确。

C 项：蛋糕摔坏，合同目的已经不能实现，甲可以主张解除合同，解除的后果是要恢复原状，退货退款。C 项正确。

综上所述，本题答案是 BC。

⑤ 1802110

参考答案：B,C,D

解析：A 项：根据《民法典》第 122 条的规定："因他人没有法律根据，取得不当利益，受损失的人有权请求其返还不当利益。"本题中，展某基于有效的买卖合同取得所有权，展某因此获得的利益"具有法律上的原因"，不成立不当得利。因此，A 项错误。

B 项：根据《民法典》第 465 条第 2 款的规定："依法成立的合同，仅对当事人具有法律约束力，但是法律另有规定的除外。"合同具有相对性，除非法律另有规定，仅合同债权人有权请求债务人履行合同债务，合同当事人以外的第三人无权请求债务人履行合同义务。本题中，吉某以自己的名义与展某订立买卖合同，买卖合同的当事人为吉某与展某，吉某因店铺已经转让而委托蒋某为展某送货，在法律地位上，蒋某仅系吉某履行出卖人义务的"履行辅助人"，蒋某并未因此成为前述买卖合同的当事人，蒋某无权请求展某向自己

支付货款，故展某可拒绝付款给蒋某。因此，B 项正确。

C 项：根据《民法典》第 921 条的规定："委托人应当预付处理委托事务的费用。受托人为处理委托事务垫付的必要费用，委托人应当偿还该费用并支付利息。"本题中，因吉某委托蒋某向展某送货，双方成立委托合同，蒋某有权请求吉某支付货品的价款以及代为送货所生的必要费用。因此，C 项正确。

D 项：根据《民法典》第 224 条的规定："动产物权的设立和转让，自交付时发生效力，但是法律另有规定的除外。"本题中，吉某与展某的买卖合同有效，且已完成现实交付，因此展某已取得货品所有权。因此，D 项正确。

综上所述，本题答案为 BCD 项。

【不定项】

⑥ 2202036

参考答案：A,B,C

解析：A 项：运费债权到期，且丙占有动产的原因和乙承担债务的原因一样，都是基于运输合同，是同一法律关系。同时《担保制度的解释》第 62 条第 1 款规定："债务人不履行到期债务，债权人因同一法律关系留置合法占有的第三人的动产，并主张就该留置财产优先受偿的，人民法院应予支持。第三人以该留置财产并非债务人的财产为由请求返还的，人民法院不予支持。"丙留置第三人动产不影响留置权成立。A 项正确。

BC 项：根据《民法典》第 524 条规定："债务人不履行债务，第三人对履行该债务具有合法利益的，第三人有权向债权人代为履行；但是，根据债务性质、按照当事人约定或者依照法律规定只能由债务人履行的除外。债权人接受第三人履行后，其对债务人的债权转让给第三人，但是债务人和第三人另有约定的除外。"乙公司不履行，丙有权留置，影响甲公司利益，比如影响甲公司按时交付快递，甲公司具有合法利益，有权代为履行。B 项正确。代为履行完毕后，丙的债权转让给甲公司，所以甲公司可以去要求乙公司支付钱款。C 项正确。

D 项：根据《民法典》第 465 条第 2 款规定："依

法成立的合同，仅对当事人具有法律约束力，但是法律另有规定的除外。"本题中，根据合同相对性原理，乙公司和丙之间签订的合同，不约束甲公司。故丙无权找甲公司要钱。D项错误。

综上所述，本题正确答案为ABC项。

⑦ 1503088

参考答案：A

解析：AC项：《民法典合同编通则解释》第50条："让与人将同一债权转让给两个以上受让人，债务人以已经向最先通知的受让人履行为由主张其不再履行债务的，人民法院应予支持。债务人明知接受履行的受让人不是最先通知的受让人，最先通知的受让人请求债务人继续履行债务或者依据债权转让协议请求让与人承担违约责任的，人民法院应予支持；最先通知的受让人请求接受履行的受让人返还其接受的财产的，人民法院不予支持，但是接受履行的受让人明知该债权在其受让前已经转让给其他受让人的除外。前款所称最先通知的受让人，是指最先到达债务人的转让通知中载明的受让人。当事人之间对通知到达时间有争议的，人民法院应当结合通知的方式等因素综合判断，而不能仅根据债务人认可的通知时间或者通知记载的时间予以认定。当事人采用邮寄、通讯电子系统等方式发出通知的，人民法院应当以邮戳时间或者通讯电子系统记载的时间等作为认定通知到达时间的依据。"债务人应该向最先通知的受让人履行，即向李某履行。因此，A项正确，C项错误。

BD项：乙公司和丙公司签订委托合同，约定丙公司代为对外销售房屋。但丙公司以自己名义向张某销售房屋，而非以乙公司名义，故不构成对乙公司的代理。债权具有相对性，除非法律另有规定，债权人只能请求债务人履行债务。债权转让后，债权人为李某而不是方某，债务人为丙公司而不是乙公司，丙公司应当独自承担退款责任。因此，BD项错误。

综上所述，本题答案为A项。

⑧ 1403088

参考答案：A,B,C,D

解析：ABCD项：根据合同相对性原则，除法律、

合同另有规定以外，只有合同当事人才能享有合同规定的权利，并承担该合同规定的义务，当事人以外的任何第三人不能主张合同上的权利，不负担合同中规定的义务。因此违约责任只能在特定的合同关系当事人之间发生。本题中，《合作协议一》是甲乙公司间签订的合同，仅对甲乙公司有约束力，张某、方某作为非合同相对人，不对乙公司承担连带责任。同时本材料未体现张某、方某与丙公司及国土部门之间存在合同，因此也不对其承担违约责任。因此，ABCD项错误，当选。

综上所述，本题为选非题，正确答案为ABCD项。

【B项：本题是否属于股东滥用权利，应当和公司承担连带责任的情形？ 股东要担责的前提是，公司已经无法向债权人偿债，此时才需要考虑是否存在人格混同、股东是否滥用权利等。题目中并未提及乙公司的债权已经到了无法实现的地步，此种情况只会由公司担责，不会由股东直接对债权人担责】

⑨ 1403086

参考答案：A,B,D

A项：根据民法理论，无名合同是指合同编分则部分未明文规定的合同。即《民法典》明确规定的买卖合同；供用电、水、气、热力合同；赠与合同；借款合同；保证合同；租赁合同；融资租赁合同；保理合同；承揽合同；建设工程合同；运输合同；技术合同；保管合同；仓储合同；委托合同；物业服务合同；行纪合同；中介合同；合伙合同共19类有名合同之外的合同。本题中，《合作协议一》签订了附条件的股权转让协议，不属于列举内的合同。因此，A项正确。

B项：根据民法理论，无权处分，是指行为人无处分权，以自己的名义实施的对他人财产的法律上的处分行为。本题中，未提及甲公司拥有丙公司股权，则其转让丙公司股权的行为应认定为无权处分。因此，B项正确。

CD项：根据《民法典》第467条规定："本法或者其他法律没有明文规定的合同，适用本编通则的规定，并可以参照适用本编或者其他法律最相类似合同的规定。"根据《民法典》第597条第1款规定："因出卖人未取得处分权致使标的物所有

权不能转移的，买受人可以解除合同并请求出卖人承担违约责任。"据此可知，无权处分订立的买卖合同不影响合同的效力，在不存在其他效力瑕疵前提下，合同是有效的。本题中，《合作协议一》可以参照买卖合同的规定处理。因此，C 项错误，D 项正确。

综上所述，本题答案为 ABD 项。

二、模拟训练

10 `62402020`

参考答案：B,D

解析：A 项：真正利益第三人合同是法律规定或当事人约定第三人可以直接请求债务人向其履行债务的合同。本题中，张某属于真正利益第三人，可以直接请求蛋糕店交付。故 A 选项错误。

B 项：根据《民法典》第 522 条第 2 款规定"法律规定或者当事人约定第三人可以直接请求债务人向其履行债务，第三人未在合理期限内明确拒绝，债务人未向第三人履行债务或者履行债务不符合约定的，第三人可以请求债务人承担违约责任；债务人对债权人的抗辩，可以向第三人主张。"本题中，蛋糕店交付的蛋糕未使用动物奶油制作，属于履行债务不符合约定，因此，第三人张某可请求蛋糕店承担违约责任，赔偿损失。故 B 选项正确。

C 项：根据《民法典合同编通则解释》第 29 条第 1 款规定"民法典第五百二十二条第二款规定的第三人请求债务人向自己履行债务的，人民法院应予支持；请求行使撤销权、解除权等民事权利的，人民法院不予支持，但是法律另有规定的除外。"本题中，张某系真正利益第三人，不享有撤销权，因此，无权主张撤销合同。故 C 选项错误。

D 项：根据《民法典合同编通则解释》第 29 条第 2 款规定"合同依法被撤销或者被解除，债务人请求债权人返还财产的，人民法院应予支持。"本题中，蛋糕店与王某签订蛋糕买卖合同，合同被解除其负有返还义务。故 D 选项正确。

综上所述，本题正确答案为 BD。

11 `62002037`

参考答案：A,B,C,D

解析：根据《民法典》第 522 条规定："当事人约定由债务人向第三人履行债务，债务人未向第三人履行债务或者履行债务不符合约定的，应当向债权人承担违约责任。法律规定或者当事人约定第三人可以直接请求债务人向其履行债务，第三人未在合理期限内明确拒绝，债务人未向第三人履行债务或者履行债务不符合约定的，第三人可以请求债务人承担违约责任；债务人对债权人的抗辩，可以向第三人主张。"

A 项：一个月期满，乙没有交货，应当向债权人甲承担违约责任。因此，A 项正确。

B 项：由于双方同时约定丙可以直接请求乙交付货物，且题目没有说明丙明确拒绝，则第三人丙可以请求乙对其承担违约责任。因此，B 项正确。

C 项：如果丙明确表示拒绝，则丙不能直接请求乙向其承担违约责任。因此，C 项正确。

D 项：乙作为债务人，其对债权人甲的抗辩，可以向第三人丙主张。因此，D 项正确。

综上所述，本题答案为 ABCD 项。

12 `61802083`

参考答案：D

解析：A 项：《民法典》第 679 条规定："自然人之间的借款合同，自贷款人提供借款时成立。"自然人间的借款合同属于实践合同，在甲向乙实际提供借款之前，借款合同尚未成立。甲交付 20 万元借款的义务属于先合同义务，不是合同义务；借款合同成立后，仅乙负担还本付息的义务，甲不负担合同义务，故该借款合同属于单务合同，而不是双务合同；乙享有占有借款 20 万元一年的权益，但是需要付出支付利息的代价，所以，该借款合同属于有偿合同。因此，A 项错误。

B 项：《民法典》第 429 条规定："质权自出质人交付质押财产时设立。"所谓实践合同，指除当事人意思表示一致外，尚需交付标的物才能导致合同成立或者生效的合同。如定金合同、自然人之间的借款合同、借用合同、保管合同。质押合同的成立与生效不以质物的交付为要件，因此质押合同属于诺成合同，而非实践合同。因此，B 项错误。

C 项：《民法典》第 158 条规定："民事法律行为可以附条件，但是根据其性质不得附条件的除外。

附生效条件的民事法律行为，自条件成就时生效。附解除条件的民事法律行为，自条件成就时失效。"射幸合同，指合同成立之时，当事人的合同权利义务内容尚不能确定，需依赖某不确定事实的发生尚能确定的合同。典型的射幸合同包括保险合同、彩票购买合同。甲、乙的赠与合同附生效条件，合同成立之时双方的权利义务内容已经确定，只是合同是否生效不能确定。该赠与合同属于确定合同，因此甲乙之间的合同属于附条件合同，而非射幸合同。因此，C项错误。

D项：所谓继续性合同，指合同内容须持续的给付才能实现合同目的的合同。如租赁合同、委托合同、劳务合同。非继续性合同，也称一时性合同，指债务人可以通过一次性的履行行为清偿全部债务的合同，既指一次履行完毕，也指分期履行。本题中，甲、乙间的分期付款买卖合同属于非继续性合同，因此，D项正确。

综上所述，本题正确答案为D项。

第二章
合同的成立

一、历年真题及仿真题

（一）要约与承诺

【单选】

1 2302010

参考答案：B

解析：AB项：根据《民法典》第472条规定："要约是希望与他人订立合同的意思表示，该意思表示应当符合下列条件：（一）内容具体确定；（二）表明经受要约人承诺，要约人即受该意思表示约束。"本题中，甲在闲聊时表示想把自己的车以8万元出售，没有受拘束的意思，不构成要约。因

此，A项错误。丙表示愿以8万元购买该车，内容具体确定，具有订立合同的目的并表明一经承诺即受拘束的意思，构成要约。因此，B项正确。

CD项：根据《民法典》第479条规定："承诺是受要约人同意要约的意思表示。"承诺必须表明受要约人决定与要约人订立合同，具有受拘束的意思，甲口头答应考虑考虑并无决定与丙订立合同的意思，故不构成承诺，C项错误。承诺只能由受要约人作出，本案中丙发出要约，只能由甲作出承诺。因此，D项错误。

综上所述，本题正确答案为B。

2 2202166

参考答案：B

解析：A项：《民法典》第473条第1款规定："要约邀请是希望他人向自己发出要约的表示。拍卖公告、招标公告、招股说明书、债券募集办法、基金招募说明书、商业广告和宣传、寄送的价目表等为要约邀请。"标签的目的在于宣传商品，让顾客看到后向店铺发出要约，所以属于要约邀请。因此，A项正确，不当选。

BCD项：李某通过电话提出订立买卖合同的要约，员工表示同意时合同成立并生效。由于衣服标签贴错，将930元的衣服误标为390元，构成重大误解，店铺有权主张撤销合同。但撤销前，合同依然有效。因此，B项错误，当选；CD项正确，不当选。

综上所述，本题为选非题，答案为B项。

（二）缔约过失责任

【单选】

3 1703012

参考答案：B

解析：AB项：根据《民法典》第500条第1项规定："当事人在订立合同过程中有下列情形之一，造成对方损失的，应当承担赔偿责任：（一）假借订立合同，恶意进行磋商；"本题中，德凯公司为新三板上市造势，对合作方佯装感兴趣并屡次表达将签署合同的意愿，在无真实交易意图的情况下，恶意与真诚公司进行磋商，构成恶意磋商，依法应承担缔约过失责任。因此，A项错误；B项

正确。

C 项：根据《民法典》第 501 条规定："当事人在订立合同过程中知悉的商业秘密或者其他应当保密的信息，无论合同是否成立，不得泄露或者不正当地使用；泄露、不正当地使用该商业秘密或者信息，造成对方损失的，应当承担赔偿责任。"本题中，德凯公司在与真诚公司磋商过程中知悉了真诚公司的部分商业秘密，后德凯公司还将其知悉的真诚公司的部分商业秘密不当泄露，依法应承担缔约过失责任。因此，C 项错误。

D 项：根据《民法典》第 568 条第 1 款规定："当事人互负债务，该债务的标的物种类、品质相同的，任何一方可以将自己的债务与对方的到期债务抵销；但是，根据债务性质、按照当事人约定或者依照法律规定不得抵销的除外。"本题中，德凯公司依法应向真诚公司承担缔约过失的损害赔偿责任，但对于真诚公司而言，其属于正常的商业交往，无需对德凯公司承担赔偿责任。因此，如其向德凯公司主张赔偿，德凯公司不得主张抵销。因此，D 项错误。

综上所述，本题答案为 B 项。

（三）综合知识点

【单选】

④ 2302019

参考答案：D

解析：A 项：根据《民法典》第 472 条的规定："要约是希望与他人订立合同的意思表示，该意思表示应当符合下列条件：（一）内容具体确定；（二）表明经受要约人承诺，要约人即受该意思表示约束。"本案中，陈某在二手平台上发布的信息内容具体确定，且能够体现要约人愿意受该意思表示的约束，构成要约。因此，A 项错误。

BCD 项：《民法典》第 488 条规定："承诺的内容应当与要约的内容一致。""行，就按你说的，1100元成交"李某的意思是以 1000 元成立自行车买卖合同，相对人陈某其实也知道说的是 1000 元，双方之间成立 1000 元的买卖合同。因此，BC 项错误，D 项正确。

综上所述，本题答案为 D。

⑤ 1503013

参考答案：C

解析：AB 项：《民法典》第 490 条第 1 款规定："当事人采用合同书形式订立合同的，自当事人均签字、盖章、按指印时合同成立。在签字、盖章、按指印之前，当事人一方已经履行主要义务，对方接受时，该合同成立。"本题中，方某是借款人，李某是出借人，李某虽未签字但已履行了主要义务，借款合同有效成立，刘某为抵押人，张某为保证人，抵押合同和保证合同也成立生效。因此，A 项错误。方某取得 100 万元是由于其和李某签订的借款合同，方某取得 100 万元具有法律上的原因，不构成不当得利。因此，B 项错误。

C 项：本题中，保证合同成立，此时方某到期没有偿还借款，引起保证责任的产生。因此，C 项正确。

D 项：本题中，因为抵押合同生效，刘某有义务办理抵押登记。因此，D 项错误。

综上所述，本题答案为 C 项。

【多选】

⑥ 1802053

参考答案：A,B,C,D

解析：A 项：根据《民法典》第 472 条的规定："要约是希望与他人订立合同的意思表示，该意思表示应当符合下列条件：（一）内容具体确定；（二）表明经受要约人承诺，要约人即受该意思表示约束。"本题中，甲摆设自动贩卖机的行为属于要约。因此，A 项正确。

B 项：根据《民法典》第 479 条的规定："承诺是受要约人同意要约的意思表示。"本题中，乙向自动贩卖机投币购买咖啡的行为属于承诺。因此，B 项正确。

CD 项：根据《民法典》第 122 条的规定："因他人没有法律根据，取得不当利益，受损失的人有权请求其返还不当利益。"据此可知，不当得利包括四个构成要件：（1）没有法定或约定的原因；（2）一方获益；（3）一方受损；（4）获益与受损之间存在因果关系。本题中，两枚硬币因机器故障跳出，乙将其归为己有，损害了甲的利益，乙构成不当得利，甲有权请求乙返还不当得利，即两枚硬币。因此，CD 项正确。

综上所述，本题答案为 ABCD 项。

7 `1603059`

参考答案：A,B,C,D

解析：A 项：根据《民法典》第 148 条规定："一方以欺诈手段，使对方在违背真实意思的情况下实施的民事法律行为，受欺诈方有权请求人民法院或者仲裁机构予以撤销。"第 152 条第 1 款第 1 项规定："有下列情形之一的，撤销权消灭：（一）当事人自知道或者应当知道撤销事由之日起一年内、重大误解的当事人自知道或者应当知道撤销事由之日起九十日内没有行使撤销权；"本题中，甲乙间的买卖合同属于因乙遭受甲的欺诈订立的买卖合同，乙有权在得知实情后一年内申请法院撤销合同。故 A 项正确，当选。

BCD 项：在可撤销的合同中，如撤销权人乙行使撤销权，则买卖合同自始无效，乙可以追究甲的缔约过失责任，缔约过失责任赔偿的对象是受害人遭受的"合理信赖利益损失"和"固有利益损失"。"合理信赖利益损失"包括"所受损失"和"所失利益"，"所受损失"包括为订立合同而合理支出的交通费、鉴定费、咨询费等；"所失利益"主要指因对方违反先合同义务而丧失与第三人交易机会所遭受的损失。"固有利益损失"指受害人因对方违反先合同义务而遭受的人身和合同标的物之外的其他财产损失。B 项中的必要费用即"所受损失"。故 B 项中费用为"所受损失"，C 项中差额为"所失利益"。D 项中，在乙撤销合同后，买卖合同自始无效，乙对于合同撤销前对别墅的使用构成不当得利，应向甲支付别墅的使用费。故 BCD 项正确，当选。

综上所述，本题答案为 ABCD 项。

二、模拟训练

8 `62102084`

参考答案：B,D

解析：A 项：根据《民法典》第 139 条的规定："以公告方式作出的意思表示，公告发布时生效。"毕胜在学校表白墙发布公告，自其公告发布时就

生效，并非等到江洋看到时才生效。因此，A 项错误。

【对江洋而言，没看到悬赏广告也生效吗？ 是的。比如说江洋在没看到悬赏广告的情况下，捡到了遗失物并返还毕胜，毕胜同样要履行悬赏广告中的允诺，向江洋支付 200 元酬谢，因为悬赏广告在发布时就已经生效了】

B 项：根据最新观点，悬赏广告为对不特定的人的要约。悬赏广告作出时，要约生效，相对人完成指定行为时，承诺生效，在悬赏者与完成指定行为者之间成立悬赏广告合同之债。毕胜通过校园表白墙，向不特定的多数人发布公告，为自己设定向拾到人支付 200 元的义务，构成要约。因此，B 项正确。

C 项：根据《民法典》第 140 条第 2 款的规定："沉默只有在有法律规定、当事人约定或者符合当事人之间的交易习惯时，才可以视为意思表示。"江河在收到附函说明时，是单方做出沉默视为承诺的声明，并未就此和江洋达成一致意见，因此江河两周未回复，不能视为以沉默的方式进行承诺，买卖合同未成立。因此，C 项错误。

【注意，江洋和江河之间不构成试用买卖。试用买卖是指，买卖合同的双方当事人约定买受人在试用一段时间后决定是否购买标的物，但本题中江洋擅自寄给江河，并未达成约定】

D 项：根据《民法典》第 149 条的规定："第三人实施欺诈行为，使一方在违背真实意思的情况下实施的民事法律行为，对方知道或者应当知道该欺诈行为的，受欺诈方有权请求人民法院或者仲裁机构予以撤销。"庄算实施欺诈行为，导致郝说话陷入错误认识，和江洋签订合同，合同相对方江洋对欺诈行为是知情，故被欺诈的郝说话可以行使撤销权，申请法院撤销该买卖合同。因此，D 项正确。

综上所述，本题答案为 BD 项。

【注意】在法考中做到有关悬赏广告的性质的题目，若为客观题，按照"要约说"作答；若为主观题，答案是开放的，可将"要约说"与"单方允诺说"一并写上。

9 `62102010`

参考答案：B

解析：A项：根据《民法典》第490条第1款的规定："当事人采用合同书形式订立合同的，自当事人均签名、盖章或者按指印时合同成立。在签名、盖章或者按指印之前，当事人一方已经履行主要义务，对方接受时，该合同成立。"本题中，甲乙于2021年1月1日签订了协议，故协议已经成立。因此，A项错误。

B项：根据《民法典》第502条规定："依法成立的合同，自成立时生效，但是法律另有规定或者当事人另有约定的除外。依照法律、行政法规的规定，合同应当办理批准等手续的，依照其规定。"根据《中华人民共和国商业银行法》第28条规定："任何单位和个人购买商业银行股份总额百分之五以上的，应当事先经国务院银行业监督管理机构批准。"本题中，乙购买甲持有的11%股份的协议应当报国务院银行监督管理机构批准，甲、乙的股权转让协议附法定生效条件，未审批合同不生效。因此，B项正确。

C、D项：根据《最高人民法院关于印发〈全国法院民商事审判工作会议纪要〉的通知》第38条规定："须经行政机关批准生效的合同，对报批义务及未履行报批义务的违约责任等相关内容作出专门约定的，该约定独立生效。一方因另一方不履行报批义务，请求解除合同并请求其承担合同约定的相应违约责任的，人民法院依法予以支持。"所以，甲未履行报批义务承担的是违约责任而不是缔约过失责任。因此，C项错误。报批义务条款不因合同未生效而不发生效力，报批条款独立生效。因此，D项错误。

综上所述，本题答案为B项。

第三章
合同的内容与履行

一、历年真题及仿真题

（一）双务合同的履行抗辩权

【单选】

1 `2002157`

参考答案：D

解析：A项：根据《民法典》第526条规定："当事人互负债务，有先后履行顺序，应当先履行债务一方未履行的，后履行一方有权拒绝其履行请求。先履行一方履行债务不符合约定的，后履行一方有权拒绝其相应的履行请求。"先履行抗辩权是指先履行一方不履行，后履行一方可以拒绝履行。因此，A项错误。

B项：根据《民法典》第525条规定："当事人互负债务，没有先后履行顺序的，应当同时履行。一方在对方履行之前有权拒绝其履行请求。一方在对方履行债务不符合约定时，有权拒绝其相应的履行请求。"同时履行抗辩权是指合同没有约定先后履行顺序，任何一方可以在对方履行之前拒绝履行。因此，B项错误。

C项：根据《民法典》第687条第2款规定："一般保证的保证人在主合同纠纷未经审判或者仲裁，并就债务人财产依法强制执行仍不能履行债务前，有权拒绝向债权人承担保证责任，但是有下列情形之一的除外：（一）债务人下落不明，且无财产可供执行；（二）人民法院已经受理债务人破产案件；（三）债权人有证据证明债务人的财产不足以履行全部债务或者丧失履行债务能力；（四）保证人书面表示放弃本款规定的权利。"先诉抗辩权是一般保证人的权利，在债权人起诉债务人强制执行完毕之前，一般保证人可以行使先诉抗辩权拒绝承担保证责任。因此，C项错误。

D 项：根据《民法典》第 527 条第 1 款规定："应当先履行债务的当事人，有确切证据证明对方有下列情形之一的，可以中止履行：（一）经营状况严重恶化；（二）转移财产、抽逃资金，以逃避债务；（三）丧失商业信誉；（四）有丧失或者可能丧失履行债务能力的其他情形。"本题中，王某与张某订立的买卖合同有约定履行顺序，王某为先履行合同一方，张某为后履行合同一方，先履行一方王某有理由认为张某转移财产以逃避债务的行为，足以危及债权，可以行使不安抗辩权。因此，D 项正确。

综上所述，本题正确答案为 D 项。

【不定项】

2 `1802089`

参考答案：D

解析：ACD 项：《民法典》第 527 条规定："应当先履行债务的当事人，有确切证据证明对方有下列情形之一的，可以中止履行：（一）经营状况严重恶化；（二）转移财产、抽逃资金，以逃避债务；（三）丧失商业信誉；（四）有丧失或者可能丧失履行债务能力的其他情形。当事人没有确切证据中止履行的，应当承担违约责任。"不安抗辩权的行使方必须负举证义务，证明对方存在上述某一种情形之一。本题中，乙公司只是听到甲公司的竞争对手称甲公司将要破产，而无确切证据，在无"确切证据"的情况下不履行支付 30 万元首期价款义务，不属于合法行使不安抗辩权，构成违约。因此，A 项错误。由于乙公司不属于合法行使不安抗辩权，甲公司有权拒绝提供担保，乙公司无权解除合同。因此，C 项错误，D 项正确。

B 项：《民法典》第 526 条规定："当事人互负债务，有先后履行顺序，应当先履行债务一方未履行的，后履行一方有权拒绝其履行请求。先履行一方履行债务不符合约定的，后履行一方有权拒绝其相应的履行请求。"本题中，甲公司与乙公司约定，应当由乙公司在 4 月 5 日前支付 30 万元首期价款，其后甲公司再从 5 月 1 日起分批交付 T 恤。因此，乙公司属于先履行债务的一方，甲公司属于后履行债务的一方，甲公司称若乙公司不履行合同则自己不交货，是行使顺序履行抗辩权

的行为，不构成违约。因此，B 项错误。

综上所述，本题答案为 D 项。

（二）综合知识点

【单选】

3 `1503010`

参考答案：D

解析：AD 项：《民法典》第 526 条规定："当事人互负债务，有先后履行顺序，应当先履行债务一方未履行的，后履行一方有权拒绝其履行请求。先履行一方履行债务不符合约定的，后履行一方有权拒绝其相应的履行请求。"本题中，甲乙之间互负债务且有先后履行顺序。但乙已经履行了交付房屋的主给付义务，交付房屋使用说明书仅属于从给付义务，甲不能因乙未履行从给付义务而拒绝履行主给付义务，不符合行使先履行抗辩权的条件。因此，D 项正确，A 项错误。

B 项：《民法典》第 527 条第 1 款规定："应当先履行债务的当事人，有确切证据证明对方有下列情形之一的，可以中止履行：（一）经营状况严重恶化；（二）转移财产、抽逃资金，以逃避债务；（三）丧失商业信誉；（四）有丧失或者可能丧失履行债务能力的其他情形。"据此，不安抗辩权属于先履行一方的权利。本题中，甲付首期房款后乙交付房屋的约定已履行（主给付义务），甲不存在不安抗辩权；行使不安抗辩权必须得有一定的前提，必须得有充足的证据证明对方不能为对待给付的风险时才能行使不安抗辩权。乙只是轻微违约，达不到行使不安抗辩权的程度。因此，B 项错误。

C 项：《民法典》第 563 条第 1 款规定："有下列情形之一的，当事人可以解除合同：（一）因不可抗力致使不能实现合同目的；（二）在履行期限届满前，当事人一方明确表示或者以自己的行为表明不履行主要债务；（三）当事人一方迟延履行主要债务，经催告后在合理期限内仍未履行；（四）当事人一方迟延履行债务或者有其他违约行为致使不能实现合同目的；（五）法律规定的其他情形。"本题中，乙已经履行了交付房屋的主给付义务，交付房屋使用说明书属于从给付义务，不符合该

条款规定的合同法定解除情形，故甲无权解除合同。因此，C 项错误。

综上所述，本题答案为 D 项。

④　1403003

参考答案：D

解析：A 项：根据《民法典》第 497 条规定："有下列情形之一的，该格式条款无效：（一）具有本法第一编第六章第三节和本法第五百零六条规定的无效情形；（二）提供格式条款一方不合理地免除或者减轻其责任、加重对方责任、限制对方主要权利；（三）提供格式条款一方排除对方主要权利。"本题中，《货运代理合同》第四条不存在上述无效情形，双方意思表示真实且没有违反法律规定，故该条约定合法有效。因此，A 项错误。

B 项：本题中，在合同上签字，即为承诺全部合同条款，无需单独在第四款签字，作为抗辩的理由不成立。因此，B 项错误。

C 项：本题中，签字人李红签字产生两重效力：第一是代表效力，使得合同对乙公司生效。此时的李红是代表人，从代表人的角度看，签署的合同属于代表行为，对公司产生效力；第二是特别约款——乙公司法定代表人对乙公司支付货运代理费承担连带责任，李红签署该协议，李红对货运代理费承担连带责任，该约定属于李红和甲公司的特别约定。此时的李红充当第三人，产生约定的连带责任，该连带责任与其他人无关（李红相当于并存的债务承担人）。因此，C 项错误。

D 项：本题中，乙公司现在的法定代表人是李蓝，但是货运代理合同是李红签的。合同中的连带责任承担者特定于当时签字的法定代表人，而不扩张于后来的继位者。李红承担连带责任是因为其在货运代理合同中约定"乙公司法定代表人对乙公司支付货运代理费承担连带责任"表明李红同意自己（作为乙公司的法定代表人）对乙公司支付代理费的义务承担连带责任。根据合同的相对性，该协议对李蓝（后来的法定代表人）不发生效力。因此，D 项正确。

综上所述，本题的答案为 D 项。

二、模拟训练

⑤　62202142

参考答案：A,D

解析：AB 项：根据《民法典》第 497 条规定："有下列情形之一的，该格式条款无效：（一）具有本法第一编第六章第三节和本法第五百零六条规定的无效情形；（二）提供格式条款一方不合理地免除或者减轻其责任、加重对方责任、限制对方主要权利；（三）提供格式条款一方排除对方主要权利。"本题中，网站限制单笔最低充值为 50 元的条款限制了消费者自主选择商品和服务的权利，限制单笔充值金额对于想要购买价格便宜的商品的消费者而言实际上构成了强制消费，该条款属于无效的格式条款。格式条款无效，合同并不当然无效，没有其他的无效事由的，合同有效。因此，A 项正确，B 项错误。

C 项：根据《民法典》第 496 条第 2 款规定："采用格式条款订立合同的，提供格式条款的一方应当遵循公平原则确定当事人之间的权利和义务，并采取合理的方式提示对方注意免除或者减轻其责任等与对方有重大利害关系的条款，按照对方的要求，对该条款予以说明。提供格式条款的一方未履行提示或者说明义务，致使对方没有注意或者理解与其有重大利害关系的条款的，对方可以主张该条款不成为合同的内容。"本题中，虽然网站尽到了提示的义务，但是该条款明显限制了消费者自主选择的权利，已经包含了格式条款无效的事由，故即使尽到了妥善的提示义务，该条款对刘某也不发生效力。因此，C 项错误。

D 项：根据《民法典》第 577 条规定："当事人一方不履行合同义务或者履行合同义务不符合约定的，应当承担继续履行、采取补救措施或者赔偿损失等违约责任。"本题中，可以退款是当事人双方约定的事由，现在客服拒绝退款，不履行合同规定的义务，已经构成违约。因此，D 项正确。

综上所述，本题正确答案为 AD 项。

⑥　62102040

参考答案：C,D

解析：ABCD 项：《民法典》第 526 条规定："当事人互负债务，有先后履行顺序，应当先履行债务一方未履行的，后履行一方有权拒绝其履行请求。先履行一方履行债务不符合约定的，后履行一方有权拒绝其相应的履行请求。"《民法典》第527条规定："应当先履行债务的当事人，有确切证据证明对方有下列情形之一的，可以中止履行：（一）经营状况严重恶化；（二）转移财产、抽逃资金，以逃避债务；（三）丧失商业信誉；（四）有丧失或者可能丧失履行债务能力的其他情形。当事人没有确切证据中止履行的，应当承担违约责任。"本题中，蒋大金和陆小白约定了履行的先后顺序，即蒋大金先交货、陆小白后付款。陆小白在蒋大金没有交货的情况下拒绝付款，符合先履行抗辩权的行使条件，陆小白的行为是行使合法的抗辩权，不构成违约。因此，A项错误；C项正确。不安抗辩权是先履行一方享有的权利，陆小白作为后履行一方不享有此权利。因此，B项错误。同时，如果蒋大金能证明陆小白丧失商业信用，此时符合不安抗辩权的行使条件，不构成违约。因此，D项正确。

综上所述，本题答案为CD项。

7 `62002193`

参考答案：B

解析：ABC项：《民法典》第525条规定："当事人互负债务，没有先后履行顺序的，应当同时履行。一方在对方履行之前有权拒绝其履行请求。一方在对方履行债务不符合约定时，有权拒绝其相应的履行请求。"《民法典》第522条规定："当事人约定由债务人向第三人履行债务，债务人未向第三人履行债务或者履行债务不符合约定的，应当向债权人承担违约责任。法律规定或者当事人约定第三人可以直接请求债务人向其履行债务，第三人未在合理期限内明确拒绝，债务人未向第三人履行债务或者履行债务不符合约定的，第三人可以请求债务人承担违约责任；债务人对债权人的抗辩，可以向第三人主张。"本题中，甲乙的买卖合同属于向第三人履行的合同，故"由乙向丙交付汽车"的约定有效。甲乙之间互负债务，且没有先后履行顺序，在甲未支付价款前，乙可以主张同时履行抗辩权，在向第三人履行的合同中，乙对甲的抗辩可以向第三人丙主张。因此，AC项

错误，B项正确。

D项：《民法典》第510条规定："合同生效后，当事人就质量、价款或者报酬、履行地点等内容没有约定或者约定不明确的，可以协议补充；不能达成补充协议的，按照合同相关条款或者交易习惯确定。"本题中，甲乙未对履行地点进行约定，则应当先由甲乙协议补充，不能达成补充协议的，按照合同相关条款或者交易习惯确定。因此，D项错误。

综上所述，本题答案为B项。

8 `61902181`

参考答案：A,B,C

解析：ABCD项：根据《民法典》第527条的规定："应当先履行债务的当事人，有确切证据证明对方有下列情形之一的，可以中止履行：（一）经营状况严重恶化；（二）转移财产、抽逃资金，以逃避债务；（三）丧失商业信誉；（四）有丧失或者可能丧失履行债务能力的其他情形。当事人没有确切证据中止履行的，应当承担违约责任。"第528条规定："当事人依据前条规定中止履行的，应当及时通知对方。对方提供适当担保的，应当恢复履行。中止履行后，对方在合理期限内未恢复履行能力且未提供适当担保的，视为以自己的行为表明不履行主要债务，中止履行的一方可以解除合同并可以请求对方承担违约责任。"本题中，在李四的财产状况严重恶化，有无法支付货款可能的情况下，张三作为先履行债务的一方，可以行使不安抗辩权，拒绝交付货物。因此，AB项错误，当选。C项仅仅是"李四明确表示其财产状况将会好转"，不足以对抗张三的不安抗辩权。因此，C项错误，当选。D项称"张三可以不按约定的时间交货"，正确；如果李四能够提供相应担保，则按照《民法典》第528条规定，张三应当恢复履行。因此，D项正确，不当选。

综上所述，本题为选非题，答案为ABC项。

第四章
合同的变更与解除

参考答案

[1] D	[2] C	[3] A	[4] AC	[5] ABC
[6] AB	[7] A	[8] AC	[9] ABCD	[10] AD
[11] ABC	[12] ACD			

一、历年真题及仿真题

综合知识点

【单选】

1 2202029

参考答案：D

解析：AB 项：重大误解和显失公平都是合同成立时有瑕疵，而本题合同成立时并无瑕疵。AB 项错误。

C 项：不可抗力解除合同必须达到"合同目的不能实现"的程度，而本题合同依然可以履行，只是履行的成本高，因此不能以此解除。C 项错误。

D 项：《民法典》第 533 条规定："合同成立后，合同的基础条件发生了当事人在订立合同时无法预见的、不属于商业风险的重大变化，继续履行合同对于当事人一方明显不公平的，受不利影响的当事人可以与对方重新协商；在合理期限内协商不成的，当事人可以请求人民法院或者仲裁机构变更或者解除合同。人民法院或者仲裁机构应当结合案件的实际情况，根据公平原则变更或者解除合同。"本题中，甲公司与乙公司签订供货合同后，原材料因地震导致原材料和运输成本上涨，继续履行该合同，对甲公司来说损失过大，且地震不属于商业风险，是当事人在订立合同时无法预见的情形，继续履行对甲公司显失公平，但是该合同并非完全不能履行，因此甲公司可以基于情势变更请求变更。故 D 项正确。

综上所述，本题答案为 D 项。

2 2102052

参考答案：C

解析：ABCD 项：根据最高人民法院《关于依法

妥善审理涉新冠肺炎疫情民事案件若干问题的指导意见（一）》第 3 条第 2 款："疫情或者疫情防控措施仅导致合同履行困难的，当事人可以重新协商；能够继续履行的，人民法院应当切实加强调解工作，积极引导当事人继续履行。当事人以合同履行困难为由请求解除合同的，人民法院不予支持。继续履行合同对于一方当事人明显不公平，其请求变更合同履行期限、履行方式、价款数额等的，人民法院应当结合案件实际情况决定是否予以支持。合同依法变更后，当事人仍然主张部分或者全部免除责任的，人民法院不予支持。因疫情或者疫情防控措施导致合同目的不能实现，当事人请求解除合同的，人民法院应予支持。"该条规定了因疫情导致合同履行困难时可适用情势变更处理，情势变更原则，是指合同依法成立后，全面履行前，因不可归责于当事人的原因，使合同赖以成立的基础或环境发生当事人难以预料的不属于商业风险的重大变化，若继续履行合同则显失公平，受不利影响的一方当事人有权请求法院或仲裁机构变更或解除合同的法律制度。本题中施工期间受全球疫情影响，原材料价格暴涨，导致合同履行困难，继续履行对乙明显不公平，成立情势变更，可重新确定工程款。因此，C 项正确，ABD 项错误。

综上所述，本题答案为 C 项。

3 1403012

参考答案：A

解析：AC 项：根据《民法典》第 526 条规定："当事人互负债务，有先后履行顺序，应当先履行债务一方未履行的，后履行一方有权拒绝其履行请求。先履行一方履行债务不符合约定的，后履行一方有权拒绝其相应的履行请求。"本题中，乙公司不符合先履行抗辩权行使条件，同时，因乙公司提出变更要求在前，甲公司拒绝乙公司提出提高价款的变更要约后，因等待乙公司答复未果而于两日后按照要求付款，不能因此认为甲公司构成违约。因此，A 项正确，C 项错误。

B 项：根据《民法典》第 563 条第 1 款规定："有下列情形之一的，当事人可以解除合同：（一）因不可抗力致使不能实现合同目的；（二）在履行期限届满之前，当事人一方明确表示或者以自己的行为表明不履行主要债务；（三）当事人一方迟延履行主要债务，经催告后在合理期限内仍未履行；（四）当事人一方迟延履行债务或者有其他违约行为致使不能实现合同目的；（五）法律规定的其他情形。"第634条第1款规定："分期付款的买受人未支付到期价款的数额达到全部价款的五分之一，经催告后在合理期限内仍未支付到期价款的，出卖人可以请求买受人支付全部价款或者解除合同。"本题中，乙公司不具备依法解除合同的条件。因此，B项错误。

D项：根据《民法典》第533条第1款规定："合同成立后，合同的基础条件发生了当事人在订立合同时无法预见的、不属于商业风险的重大变化，继续履行合同对于当事人一方明显不公平的，受不利影响的当事人可以与对方重新协商；在合理期限内协商不成的，当事人可以请求人民法院或者仲裁机构变更或者解除合同。"本题中，订立合同后，原材料上涨属于正常商业风险，不能适用情势变更的规则，乙公司不能以此为由要求变更合同价格。因此，D项错误。

综上所述，本题正确答案为A项。

【多选】

4 `2102065`

参考答案：A,C

解析：AB项：根据《民法典》第563条第1款规定："有下列情形之一的，当事人可以解除合同：（一）因不可抗力致使不能实现合同目的；……"政府征收属于不可抗力，故乙可以主张解除与甲的房屋买卖合同。根据《民法典》第590条规定："当事人一方因不可抗力不能履行合同的，根据不可抗力的影响，部分或者全部免除责任，但是法律另有规定的除外。因不可抗力不能履行合同的，应当及时通知对方，以减轻可能给对方造成的损失，并应当在合理期限内提供证明。"因不可抗力解除合同无需承担违约责任，故乙请求甲按约支付违约金的请求不能得到法院支持。因此A项正确，B项错误。

CD项：根据《民法典》第566条第1款规定："合同解除后，尚未履行的，终止履行；已经履行

的，根据履行情况和合同性质，当事人可以请求恢复原状或者采取其他补救措施，并有权请求赔偿损失。"本题中合同目的已经无法实现，而乙尚未取得房屋所有权，拆迁补偿款应为房屋所有权人甲所有，但乙可请求甲返还已支付的500万元房款。因此C项正确，D项错误。

综上所述，本题答案为AC项。

5 `1703057`

参考答案：A,B,C

解析：A项：《民法典》第224条规定："动产物权的设立和转让，自交付时发生效力，但是法律另有规定的除外。"据此可知，动产物权变动依"交付"取得。客车属于特殊动产，特殊动产也属于动产，特殊动产的物权变动规则是：交付变动，登记对抗。朱雀公司依约向玄武公司交付了小客车，则玄武公司已取得该小客车的所有权，故A项正确。

B项：《民法典》第599条规定："出卖人应当按照约定或者交易习惯向买受人交付提取标的物单证以外的有关单证和资料。"本题中，朱雀公司虽然依约向玄武公司交付了小客车，但未同时交付机动车销售统一发票、合格证等有关单证资料，没有向买受人履行从给付义务，因此玄武公司有权要求朱雀公司交付有关单证资料。故B项正确。

CD项：《民法典》第577条规定："当事人一方不履行合同义务或者履行合同义务不符合约定的，应当承担继续履行、采取补救措施或者赔偿损失等违约责任。"同时，第563条第1款第4项规定："有下列情形之一的，当事人可以解除合同：（四）当事人一方迟延履行债务或者有其他违约行为致使不能实现合同目的；"据此可知，从给付义务的违反构成违约，可以追究违约责任。同时，如果由于从给付义务的违反导致根本违约（即合同目的无法实现），权利人可以解除合同。本题中，如果朱雀公司一直拒绝交付有关单证资料，将导致玄武公司无法办理车辆所有权登记和牌照，即构成根本违约。因此，玄武公司可以解除合同。故C项正确，D项错误。

综上所述，本题答案为ABC。

6 1403051

参考答案：A,B

解析：A 项：根据《民法典》第 563 条第 1 款规定："有下列情形之一的，当事人可以解除合同：（一）因不可抗力致使不能实现合同目的；（二）在履行期限届满前，当事人一方明确表示或者以自己的行为表明不履行主要债务；（三）当事人一方迟延履行主要债务，经催告后在合理期限内仍未履行；（四）当事人一方迟延履行债务或者有其他违约行为致使不能实现合同目的；（五）法律规定的其他情形。"本题中，张某为健身方便的目的购买甲公司商品房，但实际收房时因没有健身馆导致乙的合同目的不能实现，符合第（四）项的情形，甲公司的违约行为致使张某不能实现合同目的，张某有权请求解除合同。因此，A 项正确。

B 项：根据《民法典》第 148 条："一方以欺诈手段，使对方在违背真实意思的情况下实施的民事法律行为，受欺诈方有权请求人民法院或者仲裁机构予以撤销。"本题中，甲公司宣传material小区平面图和项目说明书中都标明一个健身馆，但实际上并不存在，构成欺诈，因此，二者签订的房屋买卖合同属于可撤销的合同。张某若撤销该合同，则有权要求甲公司承担缔约过失责任。因此，B 项正确。

【合同可撤销和合同可被解除并不冲突，只要合同符合相应的情况，都是当事人张某的救济途径，张某可自行择一行权，如果撤销合同，就不存在解除的问题；也可以选择不撤销合同，合同就是有效的，张某可以解除这个有效的合同】

C 项：根据《民法典》第 157 条规定："民事法律行为无效、被撤销或者确定不发生效力后，行为人因该行为取得的财产，应当予以返还；不能返还或者没有必要返还的，应当折价补偿。有过错的一方应当赔偿对方由此所受到的损失；各方都有过错的，应当各自承担相应的责任。法律另有规定的，依照其规定。"本题中，张某申请撤销该合同后，甲公司应当返还张某的购房款，但张某无权请求双倍返还购房款。因此，C 项错误。【注意：因最高人民法院《关于审理商品房买卖合同纠纷案件适用法律若干问题的解释》被修改，"特定情况下被拆迁人和买受人不再享有双倍赔偿请

求权"，故对答案解析进行更正，学员对该知识点进行掌握即可，不必太过纠结题目设置的合理性】

D 项：根据《民法典》第 566 条第 1 款规定："合同解除后，尚未履行的，终止履行；已经履行的，根据履行情况和合同性质，当事人可以请求恢复原状或者采取其他补救措施，并有权请求赔偿损失。"据此可知，合同解除与承担违约责任之间并不冲突，可以并用。本题中，张某可以主张解除合同，要求退房，那么同时，可以一并要求甲公司承担赔偿损失等违约责任。因此，D 项错误。

【如果张某主张因欺诈撤销合同，此时也可以要求退房（因为合同被撤销的法律后果也包括返还财产），同时可以主张缔约过失责任】

综上所述，本题正确答案为 AB 项。

【不定项】

7 1403089

参考答案：A

解析：A 项：《民法典》第 565 条第 1 款规定："当事人一方依法主张解除合同的，应当通知对方。合同自通知到达对方时解除；通知载明债务人在一定期限内不履行债务则合同自动解除，债务人在该期限内未履行债务的，合同自通知载明的期限届满时解除。对方对解除合同有异议的，任何一方当事人均可以请求人民法院或者仲裁机构确认解除行为的效力。"本题中，甲公司回函中明确写道：贵公司无权终止协议，属于对乙公司解除合同提出异议。因此，A 项正确。

B 项：《民法典》第 562 条规定："当事人协商一致，可以解除合同。当事人可以约定一方解除合同的事由。解除合同的事由发生时，解除权人可以解除合同。"本题中，合同双方在《合作协议一》中就合同解除事由进行了约定，当约定事由发生时，乙公司有权解除合同，因此甲公司异议理由不成立。因此，B 项错误。

C 项：《民法典》第 566 条第 1 款规定："合同解除后，尚未履行的，终止履行；已经履行的，根据履行情况和合同性质，当事人可以请求恢复原状或者采取其他补救措施，并有权请求赔偿损失。"本题中，乙公司在解除合同后，对于尚未履行的尾款不再履行，因此不支付尾款不构成违约。因

此，C 项错误。

D 项:《民法典》第 527 条规定:"应当先履行债务的当事人,有确切证据证明对方有下列情形之一的,可以中止履行:(一)经营状况严重恶化;(二)转移财产、抽逃资金,以逃避债务;(三)丧失商业信誉;(四)有丧失或者可能丧失履行债务能力的其他情形。当事人没有确切证据中止履行的,应当承担违约责任。"结合民法理论可知,不安抗辩权是指当事人互负债务,有先后履行顺序的,先履行的一方有确切证据表明另一方丧失履行债务能力时,在对方没有恢复履行能力或者没有提供担保之前,有权中止合同履行的权利。本题中甲公司和乙公司约定履行顺序如下:甲先转股权,乙在 13 年 3 月 1 日合同签订之日起 3 日内支付首付款,丙在 13 年 3 月 1 日起 3 个月内取得 A 地使用权,乙在 14 年 3 月 1 日之前付尾款。就尾款问题而言,甲公司是先履行一方,乙公司是后履行一方,乙公司可以行使顺序履行抗辩权,而不安抗辩权是先履行一方享有的权利。乙公司不符合不安抗辩权行使条件。因此,D 项错误。

综上所述,本题正确答案为 A 项。

⑧ 1403087

参考答案:A,C

解析:AB 项:根据《民法典》第 562 条:"当事人协商一致,可以解除合同。当事人可以约定一方解除合同的事由。解除合同的事由发生时,解除权人可以解除合同。"结合民法理论可知,合同解除是指一方根据约定或法定事由,终止合同履行的民事行为。法定解除权是指出现法定事由,当事人依法解除合同的权利,包括不可抗力、预期违约、根本违约、迟延违约及其他法定情况。约定解除权是指当事人根据合同约定的解除条件解除合同的权利。本题中,双方当事人约定如下:"甲公司将丙公司 10% 的股权转让给乙公司……如协议签订之日起三个月内丙公司未能获得 A 地块土地使用权致双方合作失败,乙公司有权终止协议。"乙公司发函根据的是甲公司和乙公司约定的合同的解除事由,所以是行使约定解除权。因此,A 项正确,B 项错误。

CD 项:根据《民法典》第 565 条:"当事人一方

依法主张解除合同的,应当通知对方。合同自通知到达对方时解除;……"第 566 条第 1 款规定:"合同解除后,尚未履行的,终止履行;已经履行的,根据履行情况和合同性质,当事人可以请求恢复原状或者采取其他补救措施,并有权请求赔偿损失。"本题中,乙公司行使了约定解除权,甲乙双方的合同已经解除。对于乙公司已经履行的 4000 万元,根据性质可以返还,乙公司有权请求甲公司返还。因此,C 项正确,D 项错误。

综上所述,本题答案为 AC 项。

二、模拟训练

⑨ 62402005

参考答案:A,B,C,D

解析:根据《民法典》第 566 条第 1、2 款规定:"合同解除后,尚未履行的,终止履行;已经履行的,根据履行情况和合同性质,当事人可以请求恢复原状或者采取其他补救措施,并有权请求赔偿损失。合同因违约解除的,解除权人可以请求违约方承担违约责任,但是当事人另有约定的除外。"

A 项:合同解除后,没履行的不再履行。A 项正确。

B 项:房屋租赁合同为继续性合同,被解除后,乙应当支付已经租住的两个月的租金。B 项正确。

C 项:电话卡买卖合同已经履行,解除合同后,互负返还义务。C 项正确。

D 项:合同解除不影响违约责任的承担。乙因迟延交付款构成违约,甲有权请求乙承担违约责任。D 项正确。

综上所述,本题答案为 ABCD。

⑩ 62202149

参考答案:A,D

解析:A 项:《民法典》第 533 条第 1 款规定:"合同成立后,合同的基础条件发生了当事人在订立合同时无法预见的、不属于商业风险的重大变化,继续履行合同对于当事人一方明显不公平的,受不利影响的当事人可以与对方重新协商;在合理期限内协商不成的,当事人可以请求人民法院或者仲裁机构变更或者解除合同。"本题中,光湖公司在履行《采砂权出让合同》过程中遭遇罕见低水位，导致采砂船作业困难，未能达到《采砂权出让合同》约定的合同目的，这一客观情况是光湖公司在签订合同时不可能预见到的，光湖公司的损失也非商业风险所致。在此情况下，继续履行合同，必然导致光湖公司承担巨额损失，有悖于合同履行的公平原则。因此，光湖公司可以基于情势变更解除该合同。因此，A 项正确。

B 项：通知解除合同的方式不适用于情势变更，以情势变更为由解除合同，只能通过法院或者仲裁机构才能解除合同。因此，B 项错误。

【本题能否因为不可抗力，通知解除合同？ 不能。不可抗力要达到合同目的不能实现的程度，才可以解除合同，但是本题的旱灾，只要光湖公司投入人力物力就可以履行下去，只是对光湖一方明显不公，因此是情势变更而非不可抗力，所以只能诉讼方式解除合同】

C 项：《民法典》第 563 条规定："有下列情形之一的，当事人可以解除合同：（一）因不可抗力致使不能实现合同目的；（二）在履行期限届满前，当事人一方明确表示或者以自己的行为表明不履行主要债务；（三）当事人一方迟延履行主要债务，经催告后在合理期限内仍未履行；（四）当事人一方迟延履行债务或者有其他违约行为致使不能实现合同目的；（五）法律规定的其他情形。以持续履行的债务为内容的不定期合同，当事人可以随时解除合同，但是应当在合理期限之前通知对方。"由此可见，在履行期限届满前，当事人一方明确表示不履行主要债务的，已经构成预期违约。发生根本违约，非违约一方享有解除权。预期违约的情况下县政府行使解除权，不以催告为前置条件。因此，C 项错误。

D 项：《民法典》第 566 条第 1 款规定："合同解除后，尚未履行的，终止履行；已经履行的，根据履行情况和合同性质，当事人可以请求恢复原状或者采取其他补救措施，并有权请求赔偿损失。"本题中，合同解除后，光湖公司对于未实际开采和履行的部分，有权要求县政府退还该部分合同价款。因此，D 项正确。

综上所述，本题正确答案为 AD 项。

11 62002157

参考答案：A,B,C

解析：AB 项：《民法典》第 563 条第 2 款规定："以持续履行的债务为内容的不定期合同，当事人可以随时解除合同，但是应当在合理期限之前通知对方。"本题中，金马机械厂与云南印刷厂签订的《合作协议》于 2013 年 6 月 24 日到期，期满后双方仍存在租用、生产等履行前述合同义务的行为，且双方对原合同内容均未提出新的异议，视为双方默示继续履行原合同。另由于双方未约定合同期限，应当视为不定期合同，故双方均享有单方随时解除合同的权利，但应当在合理期限之前通知对方。因此，AB 项正确。

CD 项：《民法典》第 565 条第 1 款规定："当事人一方依法主张解除合同的，应当通知对方。合同自通知到达对方时解除；通知载明债务人在一定期限内不履行债务则合同自动解除，债务人在该期限内未履行债务的，合同自通知载明的期限届满时解除。对方对解除合同有异议的，任何一方当事人均可以请求人民法院或者仲裁机构确认解除行为的效力。"本题中，金马机械厂发出的通知中并未含有"债务人在一定期限内不履行债务则合同自动解除"的内容，因此不存在合同自通知载明的期限届满时解除的情况。也就是说，自金马机械厂发出的通知到达云南印刷厂时，双方合同解除。因此，C 选项正确；D 选项错误。

综上所述，本题答案为 ABC 项。

12 61802092

参考答案：A,C,D

解析：本题涉及合同解除的法定事由问题。

《民法典》第 563 条规定："有下列情形之一的，当事人可以解除合同：（一）因不可抗力致使不能实现合同目的；（二）在履行期限届满前，当事人一方明确表示或者以自己的行为表明不履行主要债务；（三）当事人一方迟延履行主要债务，经催告后在合理期限内仍未履行；（四）当事人一方迟延履行债务或者有其他违约行为致使不能实现合同目的；（五）法律规定的其他情形。以持续履行的债务为内容的不定期合同，当事人可以随时解除合同，但是应当在合理期限之前通知对方。"

A项：地震属于不可抗力，其致使合同不能履行，当事人可行使合同解除权。因此，A项正确。

B项：毛大月饼厂因不可抗力不能完成部分合同义务，并未完全导致合同目的不能实现，星星商场不能解除合同。因此，B项错误。

【B项中的70%是如何计算出来的？那交货50%、40%就可以解除合同了吗？大家无需计较义务的履行程度，究竟到多少百分比才可以解除合同，考试一般会给到比较明显的数字，要根据生活经验，核心是判断会不会影响到合同目的的实现，比如70%以上，商场也有很多月饼可以卖，不算合同目的无法实现】

C项：在履行期限届满之前，当事人一方明确表示不履行主要债务，当事人可以解除合同。因此，C项正确。

D项：农历8月15日即是中秋节，毛大月饼厂至此时还未交货，合同目的已经不能实现。因迟延交货致使合同目的不能实现的，当事人无需催告，可直接行使合同解除权，进而要求损害赔偿。因此，D项正确。

综上所述，本题正确答案为ACD项。

第五章
违约责任

参考答案

[1]C	[2]A	[3]A	[4]C	[5]BC
[6]CD	[7]BD	[8]A	[9]C	[10]D
[11]B	[12]B	[13]BCD	[14]BCD	[15]AC
[16]BCD	[17]ABC	[18]ABCD	[19]B	[20]AD
[21]BC				

一、历年真题及仿真题

（一）违约责任的成立

【单选】

1 2202190

参考答案：C

解析：A项：根据《民法典》第13条规定："自然人从出生时起到死亡时止，具有民事权利能力，依法享有民事权利，承担民事义务。"因此，甲的民事权利能力不因醉酒而丧失。因此，A项错误。

B项：影响自然人民事行为能力的因素为年龄或精神状况（不能或不能完全辨认自己的行为），醉酒只是暂时的对自己的行为失去一定的控制能力，不属于不能或不能完全辨认自己行为的情形，故甲依然具有民事行为能力。因此，B项错误。

C项：根据《民法典》第1190条第2款规定："完全民事行为能力人因醉酒、滥用麻醉药品或者精神药品对自己的行为暂时没有意识或者失去控制造成他人损害的，应当承担侵权责任。"甲作为完全民事行为能力人，造成他人损害的，因醉酒丧失意识，不是免责事由，应当赔偿给酒店造成的损失。因此，C项正确。

D项：乙对饭店的损害没有过错，不承担侵权责任。而且乙也没有违约行为，不承担违约责任。因此，D项错误。

综上所述，本题答案为C项。

（二）违约责任的承担方式

【单选】

2 2002084

参考答案：A

解析：AD项：根据《民法典》第577条规定："当事人一方不履行合同义务或者履行合同义务不符合约定的，应当承担继续履行、采取补救措施或者赔偿损失等违约责任。"詹某与小翠之间成立合同关系，小翠无正当理由未履行一个月的钢琴授课合同义务，应当承担违约责任。根据《民法典》第580条第1款规定："当事人一方不履行非金钱债务或者履行非金钱债务不符合约定的，对方可以请求履行，但是有下列情形之一的除外：（一）法律上或者事实上不能履行；（二）债务的标的不适于强制履行或者履行费用过高；（三）债权人在合理期限内未请求履行。"小翠对詹某负担的提供钢琴授课的合同义务，属于"不适于强制履行"的合同义务，詹某不得强制小翠履行。根据《民法典》第581条规定："当事人一方不履行债务或者履行债务不符合约定，根据债务的性质不得强制履行的，对方可以请求其负担由第三人替代履行的费用。"据此，小翠无正当理由未对詹某履行提供钢琴授课的合同义务，詹某可请求第三人履行该义务，并请求小翠承担相应的费用。因此，A 项正确，D 项错误。

BC 项：根据《民法典》第 584 条规定："当事人一方不履行合同义务或者履行合同义务不符合约定，造成对方损失的，损失赔偿额应当相当于因违约所造成的损失，包括合同履行后可以获得的利益；但是，不得超过违约一方订立合同时预见到或者应当预见到的因违约可能造成的损失。"本题中，小翠违约给詹某造成的只有直接损失（詹某支出的课酬 2000 元），无可得利益损失。同时，洪老师向小詹提供钢琴授课与小翠向小詹提供钢琴授课，均符合债务本旨，均能达到相同的清偿效果，詹某未因此遭受损失。因此，小翠应对詹某承担违约损害赔偿范围仅为 2000 元。因此，BC 项错误。

综上所述，本题答案为 A 项。

3 1902150

参考答案：A

解析：AD 项：根据《民法典》第 585 条第 2 款规定："约定的违约金低于造成的损失的，人民法院或者仲裁机构可以根据当事人的请求予以增加。"甲、乙约定的违约金属于补偿性违约金，数额为 10 万元，低于因违约造成的损失 20 万元，故甲公司有权请求乙公司再支付 10 万元违约金。因此，A 项正确；D 项错误。

BC 项：共损失 20 万，已经支付 10 万，因此不能再请求 20 万，否则违反填平和禁止获利原则。因此，BC 项错误。

综上所述，本题答案为 A 项。

4 1902143

参考答案：C

解析：ABCD 项：根据《民法典》第 584 条："当事人一方不履行合同义务或者履行合同义务不符合约定，造成对方损失的，损失赔偿额应当相当于因违约所造成的损失，包括合同履行后可以获得的利益；但是，不得超过违约一方订立合同时

预见到或者应当预见到的因违约可能造成的损失。"因此，损害赔偿金的范围包括可得利益的损失。本题中，合同约定每季度供应 20 只老母鸡，但农民乙只交付 10 只鸡，构成违约。超市的损害赔偿金额为差价（250 元 –100 元）×10 只鸡 =1500 元，即转售利润；乙对零售价和批发价无异议表明了乙能够预见到因违约给超市可能造成的损失为 1500 元，该赔偿数额符合可预见性规则。因此，C 项正确，ABD 项错误。

综上所述，本题答案为 C 项。

【多选】

5 2202182

参考答案：B,C

解析：AB 项：《民法典》第 586 条第 2 款规定："定金的数额由当事人约定；但是，不得超过主合同标的额的百分之二十，超过部分不产生定金的效力。实际交付的定金数额多于或者少于约定数额的，视为变更约定的定金数额。"本题中，甲乙买卖合同的标的额为 2 万元，甲向乙支付了 5000 元定金，其中仅 4000 元产生定金的效力，另外 1000 元不发生定金的效力。乙摔碎了碗，导致无法交付，属于根本违约，根据定金罚则，乙应当双倍返还给甲，返还 8000 元；不发生定金效力的 1000 元，乙应作为不当得利返还给甲。因此，A 项错误，B 项正确。

C 项：《民法典》第 588 条第 2 款规定："定金不足以弥补一方违约造成的损失的，对方可以请求赔偿超过定金数额的损失。"《民法典合同编通则解释》第 63 条第 2 款"在认定民法典第五百八十四条规定的"违约一方订立合同时预见到或者应当预见到的因违约可能造成的损失"时，人民法院应当根据当事人订立合同的目的，综合考虑合同主体、合同内容、交易类型、交易习惯、磋商过程等因素，按照与违约方处于相同或者类似情况的民事主体在订立合同时预见到或者应当预见到的损失予以确定。除合同履行后可以获得的利益外，非违约方主张还有其向第三人承担违约责任应当支出的额外费用等其他因违约所造成的损失，并请求违约方赔偿，经审理认为该损失系违约一方订立合同时预见到或者应当预见到的，人民法

院应予支持。"损害赔偿范围包括可预见的对第三人承担的违约责任以及转售利润。本题中，甲遭受了2万元实际损失（甲对丙双倍返还），以及8万元的可得利益（2万元购进，10万元卖出，转售的差价）。又因为乙对甲的双倍返还，抵销了4000，剩余96000元，甲有权请求乙承担96000元的损害赔偿责任。因此，C项正确。

D项：10万的合同，2万的定金全部产生定金效力，因第三人乙违约，甲依然要对丙承担违约责任，双倍返还定金4万，无权请求减少。因此，D项错误。

综上所述，本题答案为BC。

6 `2202186`

参考答案：C,D

解析：BD项：大地公司发送了订餐邮件，在性质上属于要约。《民法典》第140条第2款规定："沉默只有在有法律规定、当事人约定或者符合当事人之间的交易习惯时，才可以视为意思表示。"虽然云朵公司沉默，但大地公司和云朵公司存在交易习惯，沉默构成意思表示，对于大地公司的订餐要约，云朵公司的沉默就视为承诺。因此，大地公司与云朵公司之间订餐的合同已经成立并生效。因此，B项错误，D项正确。

AC项：由于合同成立且生效，云朵公司违约，应承担的不是缔约过失责任，而是违约责任。因此，A项错误。《民法典》第581条规定："当事人一方不履行债务或者履行债务不符合约定，根据债务的性质不得强制履行的，对方可以请求其负担由第三人替代履行的费用。"云朵公司应当负担替代履行的费用。C项正确。

综上所述，本题答案为CD。

【不定项】

7 `1802090`

参考答案：B,D

解析：A项：根据《民法典》第588条第1款规定："当事人既约定违约金，又约定定金的，一方违约时，对方可以选择适用违约金或者定金条款。"因此不得并用。A项错误。

B项：根据《民法典》第588条第2款规定："定

金不足以弥补一方违约造成的损失的，对方可以请求赔偿超过定金数额的损失。"因此，B项正确。

C项：根据《民法典》第585条第1款规定："约定的违约金低于造成的损失的，人民法院或者仲裁机构可以根据当事人的请求予以增加；约定的违约金过分高于造成的损失的，人民法院或者仲裁机构可以根据当事人的请求予以适当减少。"本题中，甲公司与乙公司约定的违约金为6万元，若甲公司的实际损失为9万元，甲公司可以请求法院增加违约金的金额。因此，C项错误。

D项：根据《买卖合同解释》第21条第1款规定："买卖合同当事人一方以对方违约为由主张支付违约金，对方以合同不成立、合同未生效、合同无效或不构成违约等为由进行免责抗辩而未主张调整过高的违约金的，人民法院应当就法院若不支持免责抗辩，当事人是否需要主张调整违约金进行释明。"因此，D项正确。

综上所述，本题答案为BD项。

（三）综合知识点

【单选】

8 `2402073`

参考答案：A

解析：AD项：《民法典》第593条规定："当事人一方因第三人的原因造成违约的，应当依法向对方承担违约责任。当事人一方和第三人之间的纠纷，依照法律规定或者按照约定处理。"自来水公司因水表公司的水表质量问题对大豆公司构成违约，应向大豆公司承担违约责任。D项正确，不当选。

检测费用是大豆公司的实际损失，而且自来水公司能够预见，应由自来水公司承担。A项错误，当选。

B项：水表有质量问题，导致合同目的不能实现，大豆公司可以解除。因此，B项正确，不当选。

C项：自来水公司多收取的水费没有法律依据，构成不当得利。因此，C项正确，不当选。

综上所述，本题答案是A。

9 `1802009`

参考答案：C

解析：AB 项：根据《合同编司法解释》第 19 条第 1 款："以转让或者设定财产权利为目的订立的合同，当事人或者真正权利人仅以让与人在订立合同时对标的物没有所有权或者处分权为由主张合同无效的，人民法院不予支持；因未取得真正权利人事后同意或者让与人事后未取得处分权导致合同不能履行，受让人主张解除合同并请求让与人承担违反合同的赔偿责任的，人民法院依法予以支持。"据此可知，无权处分不影响买卖合同的效力，合同也没有其他效力瑕疵，有效。因此，AB 项正确，不当选。

C 项：根据《民法典》第 580 条第 1 款规定："当事人一方不履行非金钱债务或者履行非金钱债务不符合约定的，对方可以请求履行，但是有下列情形之一的除外：（一）法律上或者事实上不能履行；（二）债务的标的不适于强制履行或者履行费用过高；（三）债权人在合理期限内未请求履行。"本题中，甲乙的合同被认定为无效，乙无法取得房屋，因此丙也无法要求乙继续履行。因此，C 项错误，当选。

D 项：因乙未取得房屋所有权致使房屋所有权不能转移的，丙可以解除合同并请求出卖人承担违约责任。因此，D 项正确，不当选。

综上所述，本题为选非题，答案为 C 项。

10 `1703013`

参考答案：D

解析：A 项：《民法典》第 770 条规定："承揽合同是承揽人按照定作人的要求完成工作，交付工作成果，定作人支付报酬的合同。承揽包括加工、定作、修理、复制、测试、检验等工作。"承揽合同的特征之一是定作人支付的报酬与承揽人完成并交付的工作成果属于对价关系。本题中，并非对价关系，二者间的合同不属于承揽合同，故 A 项错误。

B 项：《民法典》第 158 条规定："民事法律行为可以附条件，但是根据其性质不得附条件的除外。附生效条件的民事法律行为，自条件成就时生效。附解除条件的民事法律行为，自条件成就时失

效。"据此可知，附条件合同中的条件需对合同的效力产生影响，本题中，甲乙双方约定"研发生产后双方订立买卖合同，将该设备出售给甲公司，价格暂定为 100 万元，具体条款另行商定"并不会对买卖合同的效力产生影响。因此，不属于附条件的买卖合同，故 B 项错误。

CD 项：甲乙间成立两个合同，一个是技术开发合同，一个是预约合同。《民法典》第 495 条规定："当事人约定在将来一定期限内订立合同的认购书、订购书、预订书等，构成预约合同。当事人一方不履行预约合同约定的订立合同义务的，对方可以请求其承担预约合同的违约责任。"本题中，乙公司在完成研发生产后，未按照预约合同的约定履行与甲公司订立买卖合同的义务，而是与丙公司订立买卖合同。因此，甲公司有权请求乙公司承担预约合同的违约责任。乙公司完成研发生产后，取得设备所有权，卖给丙公司是有权处分，同时乙丙间的买卖合同不具有合同无效的情形，应当为有效。故 C 项错误，D 项正确。

综上所述，本题答案为 D 项。

11 `1703011`

参考答案：B

解析：AB 项：根据《民法典》第 497 条规定："有下列情形之一的，该格式条款无效：（一）具有本法第一编第六章第三节和本法第五百零六条规定的无效情形；（二）提供格式条款一方不合理地免除或者减轻其责任、加重对方责任、限制对方主要权利；（三）提供格式条款一方排除对方主要权利。"同时，《民法典》第 156 条规定："民事法律行为部分无效，不影响其他部分效力的，其他部分仍然有效。"本题中，乙公司作为提供格式条款一方，在格式条款中载明"如甲方放弃服务，余款不退"（并注明该条款不得更改），该种约定属于不合理地加重对方责任的情形，该条款无效，但该条款无效并不影响其他格式条款的效力。因此，A 项错误；B 项正确。

C 项：根据《民法典》第 577 条规定："当事人一方不履行合同义务或者履行合同义务不符合约定的，应当承担继续履行、采取补救措施或者赔偿损失等违约责任。"本题中，甲与乙公司订立的美

容服务协议约定，服务期半年，仅1个月后，甲就单方放弃服务，构成违约，应依法承担违约责任。因此，C项错误。

D项：《民法典》第580条第1款第2项规定："当事人一方不履行非金钱债务或者履行非金钱债务不符合约定的，对方可以请求履行，但是有下列情形之一的除外：（二）债务的标的不适于强制履行或者履行费用过高；"本题中，双方签订的是美容服务协议，甲单方放弃服务应承担违约责任，但债务标的为美容，这属于一种人身性质的服务，人身性质的债务不适于强制履行，因此依法应免除甲承担继续履行的违约责任。因此，D项错误。

综上所述，本题的答案为B项。

12 `1403006`

参考答案：B

解析：AB项：本题中，张某与李某就变卖后的价款达成"张某6万，李某4万，由李某保存，3个月后支付"的协议，意思表示真实有效，并无其他效力瑕疵，在此基础上形成了张某为债权人，李某为债务人的6万元债权债务关系。李某账户被查封执行并不影响该债权债务关系的存在，李某因此到期不能返还张某款项，构成违约，数额为6万元。因此，A项错误，B项正确。

CD项：根据《民法典》第577条规定："当事人一方不履行合同义务或者履行合同义务不符合约定的，应当承担继续履行、采取补救措施或者赔偿损失等违约责任。"第1164条："本编调整因侵害民事权益产生的民事关系。"结合民法理论，侵权责任编一般不调整合同法律关系。本题中，张某和李某约定将10万元存入李某的账户，李某未按照期限给付，属于违约，并未构成侵权。因此，CD项错误。

综上所述，本题正确答案为B项。

【多选】

13 `2302118`

参考答案：B，C，D

解析：1.就拆除费50元：商家承诺的"免费安装"是为了重复使用而预先拟定，并未与对方协商的条款，是格式条款。《民法典》第498条："对格

式条款的理解发生争议的，应当按照通常理解予以解释。对格式条款有两种以上解释的，应当作出不利于提供格式条款一方的解释。格式条款和非格式条款不一致的，应当采用非格式条款。"按通常理解，安装是不包括拆除的，因此这50元商家不承担。拆除是甲乙间订立的承揽合同，与商家无关。因此，A项错误。

2.就墙面修理费40元：甲乙有承揽合同，乙有过失，要承担违约责任。同时乙也构成侵权。不管是基于违约还是侵权，甲都能请求乙赔偿40元。因此，C项正确。

3.就瓷碗赔偿费60元：乙打碎瓷碗，构成侵权，甲有权请求乙赔偿60元。同时根据《民法典》第593条规定："当事人一方因第三人的原因造成违约的，应当依法向对方承担违约责任。当事人一方和第三人之间的纠纷，依照法律规定或者按照约定处理。"有关壁柜的安装合同的双方当事人为甲和商家，因第三人乙所产生的违约责任，甲也有权请求商家承担。故BD项正确。

综上所述，本题答案为BCD。

14 `2302113`

参考答案：B，C，D

解析：A项：根据《民法典》第151条规定："一方利用对方处于危困状态、缺乏判断能力等情形，致使民事法律行为成立时显失公平的，受损害方有权请求人民法院或者仲裁机构予以撤销。"本题中，乙并未利用甲处于危困状态或者缺乏判断能力进行交易，不构成显失公平。因此，A选项错误。

【注意：甲判断不出手机是翻新机不叫缺乏判断能力，对完全民事行为能力人来说，一般只有老年人、醉酒等才属于缺乏判断能力】

BD项：乙以二手机冒充全新手机，构成欺诈，甲有权要求撤销合同，并主张缔约过失责任。B项正确。

甲也可以不撤销合同，乙构成违约，根据《民法典》第582条规定："履行不符合约定的，应当按照当事人的约定承担违约责任。对违约责任没有约定或者约定不明确，依据本法第五百一十条的规定仍不能确定的，受损害方根据标的的性质以及损失的大小，可以合理选择请求对方承担修理、

重作、更换、退货、减少价款或者报酬等违约责任。"甲有权要求补偿差价。D 项正确。

C 项:《消费者权益保护法》第 55 条规定:"经营者提供商品或者服务有欺诈行为的，应当按照消费者的要求增加赔偿其受到的损失，增加赔偿的金额为消费者购买商品的价款或者接受服务的费用的三倍;增加赔偿的金额不足五百元的，为五百元。法律另有规定的，依照其规定。经营者明知商品或者服务存在缺陷，仍然向消费者提供，造成消费者或者其他受害人死亡或者健康严重损害的，受害人有权要求经营者依照本法第四十九条、第五十一条等法律规定赔偿损失，并有权要求所受损失二倍以下的惩罚性赔偿。"本题中，乙经营的店存在欺诈行为，甲作为消费者有权请求手机价款 3 倍的惩罚性赔偿。因此，C 项正确。

综上所述，本题答案为 BCD。

15 `2302017`

参考答案:A,C

解析:A 项:根据《民法典》第 563 条第 1 款规定:"有下列情形之一的，当事人可以解除合同:（一）因不可抗力致使不能实现合同目的;……"甲公司购买自行车主要用于特定比赛，乙公司因山体塌方未按时运达，致使合同目的无法实现，甲公司可主张解除合同。因此，A 项正确。

BCD 项:根据《民法典》第 563 条第 2 款规定:"合同因违约解除的，解除权人可以请求违约方承担违约责任，但是当事人另有约定的除外。"《民法典》第 590 条第 1 款规定:"当事人一方因不可抗力不能履行合同的，根据不可抗力的影响，部分或者全部免除责任，但是法律另有规定的除外。因不可抗力不能履行合同的，应当及时通知对方，以减轻可能给对方造成的损失，并应当在合理期限内提供证明。"合同解除不影响违约责任的承担，但是山体塌方属于不可抗力，乙启用备用路线运输，尽可能减轻给对方造成的损失。故乙公司因不可抗力免除违约责任的承担。因此，BD 项错误，C 项正确。

综上所述，本题答案为 AC 项。

16 `2102063`

参考答案:B,C,D

解析:A 项:李某与鲁某约定之后签订正式的合同，因此已签的预租合同是预约合同，李某不履行预约合同，鲁某可以请求承担预约合同的违约责任，但不能请求实际履行而强制订立本约（否则违反了意思自治原则）。因此，A 项错误。

B 项:根据《民法典》第 563 条第 1 款规定:"有下列情形之一的，当事人可以解除合同:（1）因不可抗力致使不能实现合同目的;（2）在履行期限届满前，当事人一方明确表示或者以自己的行为表明不履行主要债务;（3）当事人一方迟延履行主要债务，经催告后在合理期限内仍未履行;（4）当事人一方迟延履行债务或者有其他违约行为致使不能实现合同目的;（5）法律规定的其他情形。"李某的行为符合"迟延履行致使不能实现合同目的"，鲁某有权解除合同，通知即可。因此，B 项正确。

C 项:根据《民法典》第 587 条规定:"给付定金的一方不履行债务或者履行债务不符合约定，致使不能实现合同目的的，无权请求返还定金;收受定金的一方不履行债务或者履行债务不符合约定，致使不能实现合同目的的，应当双倍返还定金。"李某恶意拒绝履行合同，无权请求鲁某返还定金。因此，C 项正确。

D 项:根据《民法典》第 588 条第 2 款规定:"定金不足以弥补一方违约造成的损失的，对方可以请求赔偿超过定金数额的损失。"若 1 万元定金不足以弥补鲁某的损失，鲁某还有权请求李某赔偿超过定金数额的损失。因此，D 项正确。

综上所述，本题的答案为 BCD 项。

17 `1902166`

参考答案:A,B,C

解析:A 项:"服务期限不因任何事由而顺延"，意味着即使很正当的理由都不能顺延，将导致不公平的合同权利义务关系。因此，A 项正确。

B 项:根据《民法典》第 497 条规定"有下列情形之一的，该格式条款无效:（一）具有本法第一编第六章第三节和本法第五百零六条规定的无效情形;（二）提供格式条款一方不合理地免除或者减轻其责任、加重对方责任、限制对方主要权利;（三）提供格式条款一方排除对方主要权利。""服务期限不因任何事由而顺延"这一格式条款，"不合理地加重对方责任或排除对方主要权利"。因此，该格式条款无效。因此，B项正确。

C项：天天健身房因装修，一个月不能提供服务，通知服务期限顺延一个月，属于迟延给付，且无免责事由，构成违约。因此，C项正确。

D项：程某出国学习不属于不可抗力，不享有单方面将服务期限再顺延一个月的权利。因此，D项错误。

综上所述，本题答案为ABC项。

二、模拟训练

18 `62402018`

参考答案：A,B,C,D

解析：ABCD项：根据《民法典合同编通则解释》第60条规定："人民法院依据民法典第五百八十四条的规定确定合同履行后可以获得的利益时，可以在扣除非违约方为订立、履行合同支出的费用等合理成本后，按照非违约方能够获得的生产利润、经营利润或者转售利润等计算。非违约方依法行使合同解除权并实施了替代交易，主张按照替代交易价格与合同价格的差额确定合同履行后可以获得的利益的，人民法院依法予以支持；替代交易价格明显偏离替代交易发生时当地的市场价格，违约方主张按照市场价格与合同价格的差额确定合同履行后可以获得的利益的，人民法院应予支持。非违约方依法行使合同解除权但是未实施替代交易，主张按照违约行为发生后合理期间内合同履行地的市场价格与合同价格的差额确定合同履行后可以获得的利益的，人民法院应予支持。"本题中，甲公司支出的差旅费与仓储费是为订立、履行合同支出的合理成本，在确定可得利益时应当扣除。故AB项正确。若甲公司实施替代交易，与丁公司签订合同，则可以向乙公司主张替代交易与合同价格的差额2万元，故C项正确。若甲公司未实施替代交易，则可以请求乙公司赔偿市场价格与合同价格的差额3万元，故D项正确。

综上所述，本题正确答案为ABCD项。

19 `62202178`

参考答案：B

解析：A项：根据《民法典》第593条规定："当事人一方因第三人的原因造成违约的，应当依法向对方承担违约责任。当事人一方和第三人之间的纠纷，依照法律规定或者按照约定处理。"本题中，龙城公司与海城公司属于设备买卖合同的相对人，海城公司因为上城公司的原因造成违约的，应当由海城公司向龙城公司承担违约责任。故A项错误。

B项：根据《民法典》第585条第3款规定："当事人就迟延履行约定违约金的，违约方支付违约金后，还应当履行债务。"继续履行可以与支付违约金并用。本题中，龙城公司与海城公司约定了迟延履行的违约金，故龙城公司在要求海城公司支付违约金后，还可以要求其继续履行。故B项正确。

C项：根据《民法典》第585条第2款规定："约定的违约金低于造成的损失的，人民法院或者仲裁机构可以根据当事人的请求予以增加；约定的违约金过分高于造成的损失的，人民法院或者仲裁机构可以根据当事人的请求予以适当减少。"当事人约定的违约金超出造成损失百分之三十的，一般可以认定为过分高于造成的损失。本题中，龙城公司损失20万元，损失的30%为6万元，也就是说违约金若＞26万元可认定为过分高于损失，但案情中的违约金正好约定为26万，海城公司无法请求法院适当减少违约金。故C项错误。

D项：根据《民法典》第585条第2款规定："约定的违约金低于造成的损失的，人民法院或者仲裁机构可以根据当事人的请求予以增加；约定的违约金过分高于造成的损失的，人民法院或者仲裁机构可以根据当事人的请求予以适当减少。"约定的违约金增加的，以不超过实际损失为限额，故违约金不能与补偿性损害赔偿并用。本题中，海城公司在向龙城公司支付26万违约金后无需再赔偿20万元损失。故D项错误。

综上所述，本题正确答案为B项。

20 `61902195`

参考答案：A,D

解析：A项：《民法典》第582条规定："履行不符合约定的，应当按照当事人的约定承担违约责任。

对违约责任没有约定或者约定不明确，依据本法第五百一十条的规定仍不能确定的，受损害方根据标的的性质以及损失的大小，可以合理选择请求对方承担修理、重作、更换、退货、减少价款或者报酬等违约责任。"本题中，远帆公司交付的汽车部分存在质量瑕疵，不符合约定，辉煌公司可以向远帆公司主张违约责任。因此，A 项正确。

B 项：《民法典》第 588 条第 1 款规定："当事人既约定违约金，又约定定金的，一方违约时，对方可以选择适用违约金或者定金条款。"违约金和定金只能择一适用，而不能同时适用。因此，B 项错误。

C 项：《民法典》第 526 条规定："当事人互负债务，有先后履行顺序，应当先履行债务一方未履行的，后履行一方有权拒绝其履行请求。先履行一方履行债务不符合约定的，后履行一方有权拒绝其相应的履行请求。"本题中，远帆公司交付的汽车中有 10 辆不合格，因此辉煌公司只能拒绝支付 10 辆汽车的购车价款，不能拒绝支付全部价款。因此，C 项错误。

D 项：《民法典》第 578 条规定："当事人一方明确表示或者以自己的行为表明不履行合同义务的，对方可以在履行期限届满前请求其承担违约责任。"本题中，辉煌公司因经营不善而濒临破产，并在履行期限届满前通知远帆公司自己无力继续履行合同，其行为构成预期违约，远帆公司可以向辉煌公司主张违约责任。因此，D 项正确。

综上所述，本题答案为 AD 项。

21 `61802095`

参考答案：B,C

解析：ACD 项：《民法典》第 578 条规定："当事人一方明确表示或者以自己的行为表明不履行合同义务的，对方可以在履行期限届满前请求其承担违约责任。"本题中，甲乙二人在 2017 年 8 月 11 日订立合同约定，三个月后双方一手交钱一手交货。但甲 9 月 1 日致电乙表示将不履行合同，且在 8 月 31 日已将花瓶出售给另一个香港商人丙并交付，甲之行为构成预期违约，亦属于违约行为，且无需等到履行期限届满，乙就可以追究甲的违约责任，因此，AD 项错误，C 项正确。

B 项：《民法典》第 563 条第 1 款规定："有下列情形之一的，当事人可以解除合同：（一）因不可抗力致使不能实现合同目的；（二）在履行期限届满前，当事人一方明确表示或者以自己的行为表明不履行主要债务；（三）当事人一方迟延履行主要债务，经催告后在合理期限内仍未履行；（四）当事人一方迟延履行债务或者有其他违约行为致使不能实现合同目的；（五）法律规定的其他情形。"甲的违约行为符合上述法律规定的第（二）项情形，乙可以立即解除合同，此为行使一般法定解除权，可以通知方式行权。因此，B 项正确。

合同分论

第一章 买卖合同

参考答案

[1] AD	[2] BCD	[3] A	[4] ABD	[5] B
[6] A	[7] B	[8] BCD	[9] BD	[10] BCD
[11] ABC	[12] AC	[13] BCD	[14] C	[15] ACD
[16] A	[17] BCD			

一、历年真题及仿真题

（一）风险负担

【多选】

1 `1802112`

参考答案：A,D

解析：AB 项：根据《民法典》第 604 条规定："标的物毁损、灭失的风险，在标的物交付之前由出卖人承担，交付之后由买受人承担，但是法律另有规定或者当事人另有约定的除外。"本题中，因双方未约定风险负担的规则，吴雨、赵风相机买卖合同生效后，自赵风向吴雨交付相机之后，风险移转给吴雨承担。因此，A 项正确，B 项错误。

CD 项：根据《民法典》第 610 条规定："因标的物不符合质量要求，致使不能实现合同目的的，买受人可以拒绝接受标的物或者解除合同。买受人拒绝接受标的物或者解除合同的，标的物毁损、灭失的风险由出卖人承担。"本题中，赵风交付的相机质量不符合约定，致使吴雨订立合同的目的不能实现，构成根本违约，吴雨享有法定解除权。若吴雨行使法定解除权，通知赵风解除买卖合同，此时风险由出卖人赵风承担。因此，C 项错误，D 项正确。

综上所述，本题答案为 AD 项。

（二）所有权保留买卖合同

【多选】

② 1902168

参考答案：B,C,D

解析：AB 项：根据《民法典》第 642 条第 1 款规定："当事人约定出卖人保留合同标的物的所有权，在标的物所有权转移前，买受人有下列情形之一，造成出卖人损害的，除当事人另有约定外，出卖人有权取回标的物：（一）未按照约定支付价款，经催告后在合理期限内仍未支付；（二）未按照约定完成特定条件；（三）将标的物出卖、出质或者作出其他不当处分。"但《买卖合同解释》第 26 条第 1 款规定："买受人已经支付标的物总价款的百分之七十五以上，出卖人主张取回标的物的，人民法院不予支持。"本题中，电视机价格为 5000 元，乙已经支付了 4000 元，买受人乙已经支付总价款的 80%，因此，无论丙是否善意取得对电视机的质权，出卖人甲均不享有取回权。因此，A 项错误；B 项正确。

CD 项：根据《民法典》第 311 条的规定："无处分权人将不动产或者动产转让给受让人的，所有权人有权追回；除法律另有规定外，符合下列情形的，受让人取得该不动产或者动产的所有权：（一）受让人受让该不动产或者动产时是善意；（二）以合理的价格转让；（三）转让的不动产或者动产依照法律规定应当登记的已经登记，不需要登记的已经交付给受让人。"在乙按约支付全部价款之前，电视机所有权归甲。乙占有电视机后

出质给不知情的丙，属于无权处分。《民法典》第 641 条第 2 款规定："出卖人对标的物保留的所有权，未经登记，不得对抗善意第三人。"据此，若"甲保留的所有权"已经办理登记，则能对抗丙，丙不能善意取得对电视机的质权。若"甲保留的所有权"尚未办理登记，则不能对抗善意第三人丙，丙能善意取得对电视机的质权。因此，CD 项正确。

综上所述，本题答案为 BCD 项。

（三）商品房买卖合同

【单选】

③ 1902146

参考答案：A

解析：AB 项：根据《商品房买卖合同解释》第 2 条规定："出卖人未取得商品房预售许可证明，与买受人订立的商品房预售合同，应当认定无效，但是在起诉前取得商品房预售许可证明的，可以认定有效。"故若甲公司直到起诉时仍未取得预售许可证，乙有权以甲公司未取得预售许可证为由主张 A 房屋预售合同无效，因此 A 项正确，当选；B 项错误，不当选。

CD 项：根据《商品房买卖合同解释》第 6 条规定："当事人以商品房预售合同未按照法律、行政法规规定办理登记备案手续为由，请求确认合同无效的，不予支持。当事人约定以办理登记备案手续为商品房预售合同生效条件的，从其约定，但当事人一方已经履行主要义务，对方接受的除外。"甲、乙约定以办理登记备案手续为 A 房屋预售合同的"生效条件"，因此，在按约办理登记备案手续之前，所附生效条件未成就，A 房屋预售合同虽已成立但未生效。但本题中甲已经履行交付房屋的义务且乙受让，应当认定 A 房屋预售合同已经生效。故 CD 项错误，不当选。

综上所述，本题答案为 A 项。

（四）试用买卖

【多选】

④ 2102149

参考答案：A,B,D

解析：ABD 项：《民法典》第 638 条规定："试用买卖的买受人在试用期内可以购买标的物，也可以拒绝购买。试用期限届满，买受人对是否购买标的物未作表示的，视为购买。试用买卖的买受人在试用期内已经支付部分价款或者对标的物实施出卖、出租、设立担保物权等行为的，视为同意购买。"试用买卖是以买受人的认可为生效条件的买卖合同，因此买受人认可与否决定了该买卖合同最终的效力。据此，若甲在试用期间支付了部分价款，或者将电脑租给丙，或者在试用期内不作任何表示，均产生认可的法律效果，相应地，买卖合同正式生效。因此，AB 项正确。试用期满后的第二天，甲已经成为该电脑的所有权人，其没有义务将电脑归还，若甲归还，则商场有权拒绝受领。因此，D 项正确。

C 项：《民法典》第 640 条规定："标的物在试用期内毁损、灭失的风险由出卖人承担。"试用期内标的物毁损灭失的风险由出卖人——商场承担，因此若电脑在试用期间遭意外火灾毁损，甲也无须支付价款。因此，C 项错误。

综上所述，本题答案为 ABD 项。

（五）综合知识点

【单选】

5 2202177

参考答案：B

解析：A 项：《民法典》第 638 条第 2 款规定："试用买卖的买受人在试用期内已经支付部分价款或者对标的物实施出卖、出租、设立担保物权等行为的，视为同意购买。"《民法典》第 640 条规定："标的物在试用期内毁损、灭失的风险由出卖人承担。"甲将车租给乙时，其行为视为同意购买，车辆的所有权转移给买受人甲，毁损、灭失的风险也转移给甲，不再适用试用期内出卖人承担损失的规定，汽车公司无需承担车辆的损失。因此，A 项错误。

BCD 项：租赁物毁损灭失的，风险归所有权人负担，而不是遵循"交付主义"，该规则同样适用于借用合同。即乙丙不承担标的物损毁的风险，风险应当由甲承担。因此，B 项正确，CD 项错误。

综上所述，本题答案为 B。

6 1802016

参考答案：A

解析：A 项：根据《买卖合同解释》第 27 条第 1 款规定："民法典第六百三十四条第一款规定的'分期付款'，系指买受人将应付的总价款在一定期限内至少分三次向出卖人支付。"本题中，甲公司与方某约定房屋价款分 2 次付清，不满 3 次。因此，A 项错误，当选。

B 项：根据《商品房买卖合同解释》第 7 条规定："买受人以出卖人与第三人恶意串通，另行订立商品房买卖合同并将房屋交付使用，导致其无法取得房屋为由，请求确认出卖人与第三人订立的商品房买卖合同无效的，应予支持。"因此，B 项正确，不当选。

C 项：根据《商品房买卖合同解释》第 8 条第 2 款规定："房屋毁损、灭失的风险，在交付使用前由出卖人承担，交付使用后由买受人承担；买受人接到出卖人的书面交房通知，无正当理由拒绝接收的，房屋毁损、灭失的风险自书面交房通知确定的交付使用之日起由买受人承担，但法律另有规定或者当事人另有约定的除外。"本题中，房屋已于 2016 年 5 月 6 日交付给韩某，房屋损毁、灭失的风险此后由韩某承担。因此，C 项正确，不当选。

D 项：根据《商品房买卖合同解释》第 11 条第 1 款规定："根据民法典第五百六十三条的规定，出卖人迟延交付房屋或者买受人迟延支付购房款，经催告后在三个月的合理期限内仍未履行，解除权人请求解除合同的，应予支持，但当事人另有约定的除外。"因此，D 项正确，不当选。

综上所述，本题为选非题，答案为 A 项。

7 1603013

参考答案：B

解析：A 项：甲与乙订立商品房买卖合同时，对买卖房屋的面积均未发生错误认识，不成立重大误解。因此，A 项错误。

BCD 项：原 2003 年《商品房买卖合同解释》（现已修改）第 14 条规定："出卖人交付使用的房屋套内建筑面积或者建筑面积与商品房买卖合同约

定面积不符，合同有约定的，按照约定处理；合同没有约定或者约定不明确的，按照以下原则处理：（一）面积误差比绝对值在3%以内（含3%），按照合同约定的价格据实结算，买受人请求解除合同的，不予支持；（二）面积误差比绝对值超出3%，买受人请求解除合同、返还已付购房款及利息的，应予支持。买受人同意继续履行合同，房屋实际面积大于合同约定面积的，面积误差比在3%以内（含3%）部分的房价款由买受人按照约定的价格补足，面积误差比超出3%部分的房价款由出卖人承担，所有权归买受人；房屋实际面积小于合同约定面积的，面积误差比在3%以内（含3%）部分的房价款及利息由出卖人返还买受人，面积误差比超过3%部分的房价款由出卖人双倍返还买受人。"注意：现2020年《商品房买卖合同解释》删除了原解释第十四条关于房屋面积误差的规定，且《民法典》和现有司法解释新规尚无相关规定。

本题中，约定面积为135平米，实际面积为150平米，面积误差比为11%，在3%以上，所以甲可以解除合同，因此，B项正确。

根据法条可知，如同意房屋买卖合同继续履行，面积误差比在3%以内（含3%）部分的房价款由买受人按照约定的价格补足，面积误差比超出3%部分的房价款由出卖人承担，所有权归买受人，因此，CD错误。

综上所述，本题答案为B。

【多选】

8 `2102061`

参考答案：B,C,D

解析：A项：根据《担保制度的解释》第6条第1款第1项："以公益为目的的非营利性学校、幼儿园、医疗机构、养老机构等提供担保的，人民法院应当认定担保合同无效，但是有下列情形之一的除外：（一）在购入或者以融资租赁方式承租教育设施、医疗卫生设施、养老服务设施和其他公益设施时，出卖人、出租人为担保价款或者租金实现而在该公益设施上保留所有权。"甲公办学校虽为非营利性主体，但其以保留所有权形式买入教学设备，保留所有权的约定是有效的。A项错

误。

BCD项：根据《民法典》第641条第2款："出卖人对标的物保留的所有权，未经登记，不得对抗善意第三人。"第642条"当事人约定出卖人保留合同标的物的所有权，在标的物所有权转移前，买受人有下列情形之一，造成出卖人损害的，除当事人另有约定外，出卖人有权取回标的物：（一）未按照约定支付价款，经催告后在合理期限内仍未支付；（二）未按照约定完成特定条件；（三）将标的物出卖、出质或者作出其他不当处分。"甲是公办学校不影响甲乙双方保留所有权的约定的效力，甲乙双方关于设备的所有权保留买卖约定合法有效，并且已进行登记，产生对抗效力，在最后一期价款支付前，所购教学设备的所有权归乙，甲不得不当处分，否则乙有权取回。不当处分，根据最高院观点，既包括法律上的不当处分，如出卖、出质；也包括事实上的不当处分，如损害标的物、抛弃对标的物的占有。BCD项正确。

综上所述，本题答案为BCD项。

9 `2102066`

参考答案：B,D

解析：ABC项：根据《民法典》第638条第2款规定："试用买卖的买受人在试用期限内已经支付部分价款或者对标的物实施出卖、出租、设立担保物权等行为的，视为同意购买。"2020年3月15日，乙对房屋实施出租行为，视为其同意购买，故A房屋买卖合同已经生效。因此，AC项错误，B项正确。

D项：根据《民法典》第617条规定："出卖人交付的标的物不符合质量要求的，买受人可以依据本法第五百八十二条至第五百八十四条的规定请求承担违约责任"。甲与乙间的买卖合同生效后，房屋漏水即质量不符合要求，因此给乙造成的损失，可以请求甲承担违约损害赔偿责任。D项正确。

综上所述，本题的答案为BD项。

10 `1802113`

参考答案：B,C,D

解析：AB项：根据《买卖合同解释》第25条规定："买卖合同当事人主张民法典第六百四十一条

关于标的物所有权保留的规定适用于不动产的，人民法院不予支持。"据此，保留所有权买卖的标的物仅限于动产。本题中，甲、乙买卖房屋时约定出卖人甲保留房屋所有权，该约定违反物权法定，不发生物权效力。在甲为乙办理完毕房屋过户登记时，乙取得房屋所有权。因此，A 项错误，B 项正确。

CD 项：根据《民法典》第 634 条第 1 款的规定："分期付款的买受人未支付到期价款的数额达到全部价款的五分之一，经催告后在合理期限内仍未支付到期价款的，出卖人可以请求买受人支付全部价款或者解除合同。"本题中，甲、乙间的房屋买卖合同虽非保留所有权买卖，但仍属于分期付款买卖，现买受人欠付的到期价款达到全部价款的五分之一以上，催告后乙在合理期限内仍不支付价款，则甲既可以请求乙一次性支付全部剩余价款，也可以解除买卖合同。因此，CD 项正确。

综上所述，本题答案为 BCD 项。

11 **1703059**

参考答案：A,B,C

解析：A 项：《商品房买卖合同解释》第 11 条第 1 款规定："根据民法典第五百六十三条的规定，出卖人迟延交付房屋或者买受人迟延支付购房款，经催告后在三个月的合理期限内仍未履行，解除权人请求解除合同的，应予支持，但当事人另有约定的除外。"A 项中，丹桂公司迟延交房，经冯某催告后在 3 个月内仍未交房，冯某可以要求解除合同。故 A 项正确。

B 项：《民法典》第 563 条第 1 款规定："有下列情形之一的，当事人可以解除合同：（一）因不可抗力致使不能实现合同目的；（二）在履行期限届满前，当事人一方明确表示或者以自己的行为表明不履行主要债务；（三）当事人一方迟延履行主要债务，经催告后在合理期限内仍未履行；（四）当事人一方迟延履行债务或者有其他违约行为致使不能实现合同目的；（五）法律规定的其他情形。"B 项中丹桂公司在交房前将冯某购买的该套房屋出卖给不知情的张某，并办理了过户登记。丹桂公司的违约行为导致其与冯某的合同目的不能实现，冯某可以要求解除合同。故 B 项正确。

C 项：《商品房买卖合同解释》第 9 条规定："因房屋主体结构质量不合格不能交付使用，或者房屋交付使用后，房屋主体结构质量经核验确属不合格，买受人请求解除合同和赔偿损失的，应予支持。"C 项中，房屋交付使用后，房屋主体结构质量经核验确属不合格的，买受人冯某可以要求解除合同。故 C 项正确。

D 项：《商品房买卖合同解释》第 10 条规定："因房屋质量问题严重影响正常居住使用，买受人请求解除合同和赔偿损失的，应予支持。交付使用的房屋存在质量问题，在保修期内，出卖人应当承担修复责任；出卖人拒绝修复或者在合理期限内拖延修复的，买受人可以自行或者委托他人修复。修复费用及修复期间造成的其他损失由出卖人承担。"本题中，房屋存在质量问题，在保修期内丹桂公司拒绝修复的，冯某可以追究丹桂公司的违约责任，但不可以解除合同。故 D 项错误。

综上所述，本题答案为 ABC 项。

12 **1603057**

参考答案：A,C

解析：A 项：根据《民法典》第 604 条规定："标的物毁损、灭失的风险，在标的物交付之前由出卖人承担，交付之后由买受人承担，但是法律另有规定或者当事人另有约定的除外。"本题中，乙公司通过简易交付的方式完成交付义务，风险由甲公司承担。因此，A 项正确。

B 项：风险负担的移转与标的物所有权的移转并不挂钩。本题中，虽有保留所有权的约定，但在乙向甲完成出卖设备的交付后，风险仍移转给甲承担。因此，B 项错误。

C 项：本题中，乙公司已经完成交付义务，所以风险应当由甲公司承担，甲公司仍然需要支付原定价款。因此，C 项正确。

D 项：《民法典》并未规定对动产所有权保留必须采用书面形式。因此，D 项错误。

综上所述，本题答案为 AC 项。

13 **1603061**

参考答案：B,C,D

解析：A 项：根据《民法典》第 641 条规定："当事人可以在买卖合同中约定买受人未履行支付价

款或者其他义务的，标的物的所有权属于出卖人。出卖人对标的物保留的所有权，未经登记，不得对抗善意第三人。"本题中，周某与吴某约定在全部价款付清前电脑的所有权不发生转移，所以周某仍然是电脑的所有权人，周某修好电脑之后以6200元的价格将电脑出售给不知情的王某并且完成交付，所以王某取得电脑的所有权。因此，A项正确，不当选。

B项：根据《买卖合同解释》第26条第1款规定："买受人已经支付标的物总价款的百分之七十五以上，出卖人主张取回标的物的，人民法院不予支持。"本题中，吴某无力支付最后一个月的价款，但其已经支付的价款超过标的物总价款的75%，所以周某不可以行使取回权。因此，B项错误，当选。

CD项：根据《民法典》第634条规定："分期付款的买受人未支付到期价款的数额达到全部价款的五分之一，经催告后在合理期限内仍未支付到期价款的，出卖人可以请求买受人支付全部价款或者解除合同。出卖人解除合同的，可以向买受人请求支付该标的物的使用费。"本题中，如吴某未支付到期货款达1800元，则其未支付的到期价款达标的物全部价款的30%，系五分之一以上，周某经催告后吴某在合理期限内仍未支付到期价款的，才可要求其一次性支付剩余货款或解除合同。因此，CD项错误，当选。

综上所述，本题为选非题，答案为BCD项。

二、模拟训练

14 `62202154`

参考答案：C

解析：A项《民法典》第642条规定："当事人约定出卖人保留合同标的物的所有权，在标的物所有权转移前，买受人有下列情形之一，造成出卖人损害的，除当事人另有约定外，出卖人有权取回标的物：（一）未按照约定支付价款，经催告后在合理期限内仍未支付；（二）未按照约定完成特定条件；（三）将标的物出卖、出质或者作出其他不当处分。出卖人可以与买受人协商取回标的物；协商不成的，可以参照适用担保物权的实现程序。"根据《买卖合同解释》第26条："买受人已

经支付标的物总价款的百分之七十五以上，出卖人主张取回标的物的，人民法院不予支持。"甲在2021年9月5日前已经支付7500元，达到75%，乙不享有取回权。

《民法典》第634条第1款规定："分期付款的买受人未支付到期价款的数额达到全部价款的五分之一，经催告后在合理期限内仍未支付到期价款的，出卖人可以请求买受人支付全部价款或者解除合同。"2021年12月底，甲未支付到期价款的数额为2500元，达到全部价款的1/5，催告后，甲仍不支付，乙有权解除合同。因此，A项正确，不当选。

【不能取回但可以解除合同，收回标的物，这是不是矛盾呢？题目中所说的取回不是说将摩托车拿回的动作，而特指所有权保留中出卖人满足特定条件可以行使的"取回权"，看到取回就想到取回权这个专有名词，然后联想所有权保留合同的相关知识点。但是最终的法律效果上，出卖人确实可以收回摩托车，不是通过行使取回权而是解除合同】

B项：《民法典》第641条规定："当事人可以在买卖合同中约定买受人未履行支付价款或者其他义务的，标的物的所有权属于出卖人。出卖人对标的物保留的所有权，未经登记，不得对抗善意第三人。"本题中，甲乙约定甲在付清全部价款前，摩托车所有权归乙所有。因此，甲在2021年8月5日，即付清全部价款前将该摩托车卖给了丙，属于无权处分，但由于保留所有权的约定未经登记，丙可以善意取得该车所有权。因此，B项正确，不当选。

C项：《民法典》第604条规定："标的物毁损、灭失的风险，在标的物交付之前由出卖人承担，交付之后由买受人承担，但是法律另有规定或者当事人另有约定的除外。"所有权保留不影响标的物的风险负担。本题中，虽然摩托车所有权归乙所有，但摩托车已经交付给了甲，由甲承担摩托车毁损、灭失的风险，甲无权依此拒绝支付剩余价款。因此，C项错误，当选。

D项：《民法典》第638条第2款规定："试用买卖的买受人在试用期内已经支付部分价款或者对标的物实施出卖、出租、设立担保物权等行为的，

视为同意购买。"第 640 条规定："标的物在试用期内毁损、灭失的风险由出卖人承担。"试用买卖中的出卖人仅需承担试用期间内标的物毁损、灭失的风险。本题中，丙在试用期间内因向丁借钱将摩托车抵押给了丁，视为同意购买，即试用期间结束，风险应当由丙承担。因此，D 项正确，不当选。

综上所述，本题为选非题，正确答案为 C 项。

15 62002220

参考答案：A，C，D

解析：试用买卖合同是指，出卖人与买受人约定，于买卖合同成立时，出卖人将标的物交付给买受人试用，若买受人在试用期内认可该买卖，买卖合同自认可时生效的特殊买卖。

A 项：根据《民法典》第 638 条的规定："试用买卖的买受人在试用期内可以购买标的物，也可以拒绝购买。试用期限届满，买受人对是否购买标的物未作表示的，视为购买。试用买卖的买受人在试用期内已经支付部分价款或者对标的物实施出卖、出租、设立担保物权等行为的，视为同意购买。"据此可知，2019 年 7 月 10 日，乙将试用的烤箱赠与丙时，即视为乙同意购买，故甲商场、乙买卖合同自 2019 年 7 月 10 日生效。因此，A 项错误，当选。

BC 项：根据《民法典》第 604 条的规定："标的物毁损、灭失的风险，在标的物交付之前由出卖人承担，交付之后由买受人承担，但是法律另有规定或者当事人另有约定的除外。"2019 年 7 月 10 日，在甲商场、乙之间的试用买卖合同生效后，该烤箱已交付给乙，风险应当由乙承担，故乙仍负有向甲支付约定价款的义务。因此，B 项正确，不当选，C 项错误，当选。

D 项：根据《民法典》第 625 条的规定："依照法律、行政法规的规定或者按照当事人的约定，标的物在有效使用年限届满后应予回收的，出卖人负有自行或者委托第三人对标的物予以回收的义务。"本题中，甲商场既可以自行回收，也可以委托第三人对标的物予以回收。因此，D 项错误，当选。

综上所述，本题为选非题，答案为 ACD 项。

16 62002103

参考答案：A

解析：AB 项：根据《民法典》第 646 条规定："法律对其他有偿合同有规定的，依照其规定；没有规定的，参照适用买卖合同的有关规定。"第 604 条规定："标的物毁损、灭失的风险，在标的物交付之前由出卖人承担，交付之后由买受人承担，但是法律另有规定或者当事人另有约定的除外。"本题中，甲公司委托乙印刷宣传册，系承揽合同。承揽合同一章对于风险负担并无规定，参照买卖合同的规定，采交付主义：在交付前，风险由承揽人承担；交付后，风险由定作人承担。因此，在乙交付前，宣传册因洪水毁损灭失，风险由乙承担，乙无权请求甲支付报酬。因此，A 项正确。乙交付宣传册后，风险由甲承担，在交付后当日因洪水毁损，甲无权请求乙返还报酬。因此，B 项错误。

C 项：根据《民法典》第 640 条规定："标的物在试用期内毁损、灭失的风险由出卖人承担。"本题中，甲公司交付丙试用的微波炉在试用期内毁损，由甲公司承担风险。因此，C 项错误。

D 项：根据《民法典》第 607 条第 1 款规定："出卖人按照约定将标的物运送至买受人指定地点并交付给承运人后，标的物毁损、灭失的风险由买受人承担。"本题中，甲与丁约定，甲须在大连交付承运人，那么在此之前，风险尚未转移，必须等到出卖人甲在大连将货物交给承运人时，风险才发生转移。故甲将设备交给戊时，不发生风险转移，直到戊在大连将货物交给海上承运人时，风险才发生转移。因此，D 项错误。

综上所述，本题答案为 A 项。

17 61902059

参考答案：B，C，D

解析：A 项：《民法典》第 563 条第 1 款规定："有下列情形之一的，当事人可以解除合同：（一）因不可抗力致使不能实现合同目的；（二）在履行期限届满前，当事人一方明确表示或者以自己的行为表明不履行主要债务；（三）当事人一方迟延履行主要债务，经催告后在合理期限内仍未履行；（四）当事人一方迟延履行债务或者有其他违约行为致使不能实现合同目的;(五)法律规定的其他情形。"本题中,乙公司与逯某签订商品房买卖合同后,又将该房屋出卖给汪某并为汪某办理了过户登记。乙公司的违约行为致使逯某的合同目的不能实现,逯某可以请求解除合同。因此,A项正确,不当选。

BCD项:《商品房买卖合同解释》第2条规定:"出卖人未取得商品房预售许可证明,与买受人订立的商品房预售合同,应当认定无效,但是在起诉前取得商品房预售许可证明的,可以认定有效。"本题中,甲公司与乙公司签订的代理合同与商品房预售许可证无关,因此代理合同有效;乙公司在起诉前取得了预售许可证明的,乙公司与涂某的买卖合同可以认定有效。因此,BCD项错误,当选。

综上所述,本题为选非题,答案为BCD项。

第二章
租赁合同

参考答案

[1] D	[2] C	[3] AD	[4] BCD	[5] C
[6] C	[7] C	[8] AD	[9] ABCD	[10] BC
[11] CD	[12] ABD	[13] ACD	[14] BD	[15] C
[16] ABCD	[17] AB			

一、历年真题及仿真题

(一)房屋承租人的优先权

【单选】

1 1503011

参考答案:D

解析:A项:本题中,甲虽然侵犯了乙的优先购买权,但该行为不属于解除租赁合同的法定解除事由,故乙无权请求解除租赁合同。因此,A项错误。

BD项:《民法典》第728条规定:"出租人未通知承租人或者有其他妨害承租人行使优先购买权情形的,承租人可以请求出租人承担赔偿责任。但

是,出租人与第三人订立的房屋买卖合同的效力不受影响。"本题中,因甲出卖房屋未通知乙而侵犯了乙的优先购买权,乙可依法主张由甲承担赔偿责任。因此,D项正确,B项错误。

C项:本题中,甲出卖房屋给丙的时候,丙并不知租赁合同的存在,丙是善意第三人,对乙的优先购买权遭受的侵害无过错,故乙不可主张由丙承担侵权责任。因此,C项错误。

综上所述,答案为D项。

(二)一房数租

【单选】

2 2102045

参考答案:C

解析:ABCD项:根据《城镇房屋租赁合同解释》第5条规定:"出租人就同一房屋订立数份租赁合同,在合同均有效的情况下,承租人均主张履行合同的,人民法院按照下列顺序确定履行合同的承租人:(一)已经合法占有租赁房屋的;(二)已经办理登记备案手续的;(三)合同成立在先的。不能取得租赁房屋的承租人请求解除合同、赔偿损失的,依照合同法的有关规定处理。"【《合同法》现已废止,相关规则已被《民法典》吸收】本题中,四人均没有占有房屋,但都办理了备案登记手续,因此不能适用合同成立在先规定(适用合同成立在先的前提是都没有合法占有租赁房屋且都没有办理登记备案手续)。其中丁最先办理登记备案手续,丁应获支持。因此,C项正确,ABD项错误。

综上所述,本题答案为C项。

【多选】

3 1902109

参考答案:A,D

解析:A项:本题中,A合同和B合同不存在无效事由,两合同均依法成立且有效。因此,A项正确。

BCD项:根据《城镇房屋租赁合同解释》第5条第1款的规定:"出租人就同一房屋订立数份租赁合同,在合同均有效的情况下,承租人均主张履行合同的,人民法院按照下列顺序确定履行合同

的承租人：（一）已经合法占有租赁房屋的；（二）已经办理登记备案手续的；（三）合同成立在先的。"本题中，丙率先住了进去，合法占有了该租赁房屋，B 合同应当被优先履行。因此，BC 项错误，D 项正确。

综上所述，本题答案为 AD 项。

（三）租赁合同效力

【多选】

 4 1703060

参考答案：B,C,D

解析：ABC 项：《城镇房屋租赁合同解释》第 3 条规定："出租人就未经批准或者未按照批准内容建设的临时建筑，与承租人订立的租赁合同无效。但在一审法庭辩论终结前经主管部门批准建设的，人民法院应当认定有效。租赁期限超过临时建筑的使用期限，超过部分无效。但在一审法庭辩论终结前经主管部门批准延长使用期限的，人民法院应当认定延长使用期限内的租赁期间有效。"本题中，甲将经主管部门批准修建的临时门面房出租给乙，租期 2 年，未超过临时建筑的使用期限，二者间的租赁合同合法有效。因此，A 项错误。而核准使用期限 2 年届满后，甲未办理延长使用期限手续，甲无权将该房屋继续出租给丙。甲与丙的租赁合同无效。因此，BC 项正确。

D 项：《城镇房屋租赁合同解释》第 4 条第 1 款规定："房屋租赁合同无效，当事人请求参照合同约定的租金标准支付房屋占有使用费的，人民法院一般应予支持。"据此可知，在房屋租赁合同无效的情况下，甲可以请求支付房屋占有使用费，但不得向丙收取租金，租金仅在房屋租赁合同合法有效的情况下才可主张。因此，D 项正确。

综上所述，本题答案为 BCD 项。

（四）综合知识点

【单选】

 5 2202165

参考答案：C

解析：A 项：《民法典》第 502 条第 1 款规定："依法成立的合同，自成立时生效，但是法律另有规

定或者当事人另有约定的除外。"租赁合同为诺成合同，自成立时生效。因此，A 项错误。

B 项：《民法典》第 209 条第 1 款规定："不动产物权的设立、变更、转让和消灭，经依法登记，发生效力；未经登记，不发生效力，但是法律另有规定的除外。"虽然甲仍占有房屋，但不动产的所有权自办理所有权转移登记时变动，故丙为房屋所有权人。因此，B 项错误。

CD 项：《民法典》第 725 条规定："租赁物在承租人按照租赁合同占有期限内发生所有权变动的，不影响租赁合同的效力。"甲丙变动房屋所有权时承租人乙未占有房屋，不适用买卖不破租赁规则，丙有权请求乙搬离房屋。因此，C 项正确，D 项错误。

综上所述，本题答案为 C 项。

6 1703008

参考答案：C

解析：A 项：《民法典》第 394 条第 1 款规定："为担保债务的履行，债务人或者第三人不转移财产的占有，将该财产抵押给债权人的，债务人不履行到期债务或者发生当事人约定的实现抵押权的情形，债权人有权就该财产优先受偿。"据此可知，抵押权作为担保物权，其本质乃"优先受偿权"而非抵押物的所有权。甲将自己的商铺抵押给乙银行并已登记的，乙银行对该商铺享有优先受偿权。但商铺的所有权依然属于甲所有，后甲将商铺再次出租给丙的，甲与丙之间的租赁合同合法有效，故 A 项错误。

BCD 项：《民法典》第 405 条规定："抵押权设立前，抵押财产已经出租并转移占有的，原租赁关系不受该抵押权的影响。"《城镇房屋租赁合同解释》第 14 条第 1 项规定："租赁房屋在承租人按照租赁合同占有期限内发生所有权变动，承租人请求房屋受让人继续履行原租赁合同的，人民法院应予支持。但租赁房屋具有下列情形或者当事人另有约定的除外：（一）房屋在出租前已设立抵押权，因抵押权人实现抵押权发生所有权变动的；"本题中，属于典型的"先抵后租"，抵押权已登记的情形，不适用买卖不破租赁。丁在取得商铺所有权后，可以要求丙腾退。而对于丙的损

失，应依其与甲签订的租赁合同追究甲的违约责任，丙丁之间无合同关系，丙无权请求丁退还剩余租金。故 BD 项错误，C 项正确。

综上所述，本题答案为 C 项。

7 `1403014`

参考答案：C

解析：AB 项：根据《城镇房屋租赁合同解释》第 5 条规定："出租人就同一房屋订立数份租赁合同，在合同均有效的情况下，承租人均主张履行合同的，人民法院按照下列顺序确定履行合同的承租人：（一）已经合法占有租赁房屋的；（二）已经办理登记备案手续的；（三）合同成立在先的。不能取得租赁房屋的承租人请求解除合同、赔偿损失的，依照民法典的有关规定处理。"本题中，孙某同王某签订租房合同并交付，王某已经合法占有租赁房屋，为第一顺序的承租人。李某，陈某无权要求王某搬离房屋。因此，AB 项错误。

C 项：根据《民法典》第 563 条第 1 款第 4 项规定："有下列情形之一的，当事人可以解除合同：（四）当事人一方迟延履行债务或者有其他违约行为致使不能实现合同目的。"《民法典》第 580 条规定："当事人一方不履行非金钱债务或者履行非金钱债务不符合约定的，对方可以请求履行，但是有下列情形之一的除外：（一）法律上或者事实上不能履行；……有前款规定的除外情形之一，致使不能实现合同目的的，人民法院或者仲裁机构可以根据当事人的请求终止合同权利义务关系，但是不影响违约责任的承担。"《民法典》第 577 条规定："当事人一方不履行合同义务或者履行合同义务不符合约定的，应当承担继续履行、采取补救措施或者赔偿损失等违约责任。"本题中，由于孙某将房屋合法租赁给王某后，李某的租赁合同目的无法实现，符合解除合同要求，并有权要求孙某承担赔偿责任。因此，C 项正确。

D 项：本题中，李某和陈某之间的转租合同，经出租人孙某同意，合法有效，但租赁目的已不可能实现，因此陈某有权要求解除合同，但根据民法合同相对性原理，陈某无权要求孙某承担赔偿责任，只能要求李某承担赔偿责任。因此，D 项错误。

综上所述，本题答案为 C 项。

【多选】

8 `2202180`

参考答案：A,D

解析：AB 项：《民法典》第 228 条规定："动产物权转让时，当事人又约定由出让人继续占有该动产的，物权自该约定生效时发生效力。"本题中，星星公司和环球公司以占有改定的方式交付设备，环球公司自租赁约定生效时取得设备的所有权。因此，A 项正确，B 项错误。

C 项：《民法典》第 725 条规定："租赁物在承租人按照租赁合同占有期限内发生所有权变动的，不影响租赁合同的效力。"本题中，星星公司将设备出租给月亮公司，并约定 1 周后交付。次日，星星公司将设备出卖给环球公司时，月亮公司并未占有该设备，不适用买卖不破租赁规则。因此，C 项错误。

D 项：《民法典》第 235 条规定："无权占有不动产或者动产，权利人可以请求返还原物。"月亮公司对于设备的占有，是基于租赁合同的有权占有，基于债权的占有具有相对性，对所有权人环球公司是无权占有人，环球公司可以基于所有权请求月亮公司返还设备。因此，D 项正确。

综上所述，本题答案为 AD。

9 `2102067`

参考答案：A,B,C,D

解析：A 项：甲是房屋所有权人，有权对房屋进行处分，且无需经过承租人的同意。因此，A 项正确。

B 项：根据《民法典》第 727 条的规定："出租人委托拍卖人拍卖租赁房屋的，应当在拍卖五日前通知承租人。承租人未参加拍卖的，视为放弃优先购买权。"故若乙参与拍卖，乙有优先购买权，享有以同等条件优先受让的权利。因此，B 项正确。

C 项：根据《民法典》第 725 条的规定："租赁物在承租人按照租赁合同占有期限内发生所有权变动的，不影响租赁合同的效力。"买卖不破租赁，若房屋被拍卖，乙仍有权主张在先的 A 房屋租赁合同对拍得人继续有效。因此，C 项正确。

D 项：根据《民法典》第 734 条第 2 款的规定："租赁期限届满，房屋承租人享有以同等条件优先承租的权利。"因此，D 项正确。

综上所述，本题答案为 ABCD 项。

10 1902154

参考答案：B,C

解析：解析：A 项：根据《民法典》第 716 条第 2 款规定："承租人未经出租人同意转租的，出租人可以解除合同。"《民法典》第 718 条规定："出租人知道或者应当知道承租人转租，但是在六个月内未提出异议的，视为出租人同意转租。"乙未经甲同意擅自将 A 房屋转租给丙，甲因此享有法定解除权。但是，甲自知道乙擅自转租后，在 6 个月内未提出异议，视为甲同意乙转租，乙、丙间的房屋转租由非法转租转化为合法转租。甲无权通知乙解除双方的房屋租赁合同。因此，A 项错误。

B 项：根据《民法典》第 717 条规定："承租人经出租人同意将租赁物转租给第三人，转租期限超过承租人剩余租赁期限的，超过部分的约定对出租人不具有法律约束力，但是出租人与承租人另有约定的除外。"乙、丙间为期三年的房屋转租合同有效，只是对出租人甲没有约束力。因此，B 项正确。

C 项：根据《民法典》第 725 条规定："租赁物在承租人按照租赁合同占有期限内发生所有权变动的，不影响租赁合同的效力。"本题中，甲在房屋租赁期内将房屋卖给丁，不影响租赁合同的效力，丁无权请求丙搬离房屋。故 C 项正确。

D 项：甲将房屋卖给丁，丁作为新所有权人承受甲与乙的房屋租赁合同，但乙并未违约，丁无权向乙追究违约责任。故 D 项错误。

综上所述，本题答案为 BC 项。

11 1603060

参考答案：C,D

解析：A 项：《城镇房屋租赁合同解释》第 10 条规定："承租人经出租人同意装饰装修，租赁期间届满时，承租人请求出租人补偿附合装饰装修费用的，不予支持。但当事人另有约定的除外。"因此，A 项错误。

B 项：居民甲与乙签订房屋租赁合同，甲与丙之间不存在合同关系，根据合同相对性原则，甲不可请求丙承担违约责任。因此，B 项错误。

C 项：丙因过错侵害甲的房屋所有权，成立过错侵权，甲可请求丙承担侵权责任。因此，C 项正确。

D 项：《民法典》第 716 条第 1 款规定："承租人经出租人同意，可以将租赁物转租给第三人。承租人转租的，承租人与出租人之间的租赁合同继续有效；第三人造成租赁物损失的，承租人应当赔偿损失。"本题中，在合法转租过程中，承租人乙因为第三人的原因，对出租人甲构成违约，甲有权请求乙承担违约责任。因此，D 项正确。

综上所述，本题正确答案为 CD 项。

12 1403059

参考答案：A,B,D

解析：AB 项：根据《民法典》第 707 条规定："租赁期限六个月以上的，应当采用书面形式。当事人未采用书面形式，无法确定租赁期限的，视为不定期租赁。"本题中，根据何某与小刘的约定可得知双方的缔约目的，通过货款总额 100 万元除以每月租金 1 万元，核算出具体的租期时间，因此本案不属于不定期租赁合同，双方均无任意解除权。因此，AB 项错误，当选。

CD 项：根据《民法典》第 158 条规定："民事法律行为可以附条件，但是根据其性质不得附条件的除外。附生效条件的民事法律行为，自条件成就时生效。附解除条件的民事法律行为，自条件成就时失效。"附条件合同，是指当事人在合同中特别规定一定的条件，以条件是否成就来决定合同效力的发生或消灭的合同。所谓附条件，是指当事人以将来客观上不确定的事实，作为决定法律行为效力的附款。附期限合同，是指当事人在合同中设定一定的期限，作为决定合同效力的附款。所谓附期限，是指当事人以将来客观确定到来之事实，作为决定法律行为效力的附款。本题中，"刘某出现并还清货款"是以将来客观上不确定的事实作为附款，应当视为附条件合同。因此，C 项正确，不当选。D 项错误，当选。

综上所述，本题为选非题，答案为 ABD 项。

⑬ 1403057

参考答案：A,C,D

解析：A项：本题中，李某与王某另行达成以房屋租金抵偿借款的协议，房屋交付后，李某向王某出具了借款还清收据，该借款之债因此消灭。因此，A项正确。

B项：根据《城镇房屋租赁合同解释》第14条第1项规定："租赁房屋在承租人按照租赁合同占有期限内发生所有权变动，承租人请求房屋受让人继续履行原租赁合同的，人民法院应予支持。但租赁房屋具有下列情形或者当事人另有约定的除外：（一）房屋在出租前已设立抵押权，因抵押权人实现抵押权发生所有权变动的；"本题中，张某抵押权成立在先，李某的租赁权不能对抗张某的抵押权。因此，B项错误。

C项：根据《民法典》第154条规定："行为人与相对人恶意串通，损害他人合法权益的民事法律行为无效。"本题中，王某、李某修订租赁合同的行为属于恶意串通损害抵押权人张某的利益的行为，这源于"买卖不破租赁"（也适用于抵押）的条款。如果租赁在前，那么即使房屋抵押或者变卖，租赁合同仍然不受影响。如果租赁在后，那么所有权人可向租赁人主张返还房屋，抵押权人可实现抵押权。将租赁日期提前到抵押权设立之前，就是利用该条款的保护对抵押权人张某的利益造成损害，故该修订行为无效。因此，C项正确。

D项：根据《民法典》第577条规定："当事人一方不履行合同义务或者履行合同义务不符合约定的，应当承担继续履行、采取补救措施或者赔偿损失等违约责任。"本题中，因张某实现抵押权，要求李某搬离房屋，致使王某无法合理履行出租人义务，构成违约，应当承担违约责任。因此，D项正确。

综上所述，本题答案为ACD项。

二、模拟训练

⑭ 62102122

参考答案：B,D

解析：A项：根据《民法典》第717条规定："承租人经出租人同意将租赁物转租给第三人，转租期限超过承租人剩余租赁期限的，超过部分的约定对出租人不具有法律约束力，但是出租人与承租人另有约定的除外。"超期转租的租赁合同有效，只是对出租人没有法律约束力。因此，A项错误。

B项：根据《民法典》第716条第2款规定："承租人未经出租人同意转租的，出租人可以解除合同。"基于合同相对性，出租人郝有钱可以解除其与蒋帅之间的租赁合同，但不能解除蒋帅与程强之间的转租合同。因此，B项正确。

C项：根据《城镇房屋租赁合同解释》第10条规定："承租人经出租人同意装饰装修，租赁期间届满时，承租人请求出租人补偿附合装饰装修费用的，不予支持。但当事人另有约定的除外。"给房屋墙壁刷环保漆属于形成附合的装饰装修，租期届满无权请求补偿附合装饰装修费用。因此，C项错误。

D项：根据《民法典》第725条规定："租赁物在承租人按照租赁合同占有期限内发生所有权变动的，不影响租赁合同的效力。"即买卖不破租赁，该合同的效力可约束新的买受人曾美丽。因此，D项正确。

综上所述，本题答案为BD项。

⑮ 62102019

参考答案：C

解析：A项：根据《民法典》第604条规定："标的物毁损、灭失的风险，在标的物交付之前由出卖人承担，交付之后由买受人承担，但是法律另有规定或者当事人另有约定的除外。"风险负担的移转与标的物所有权的移转并不挂钩，本题中，虽有保留所有权的约定，但在觉晓公司向陆小白完成设备的交付后，风险仍移转给陆小白承担。因此，A项错误。

B项：根据《民法典》第728条规定："出租人未通知承租人或者有其他妨害承租人行使优先购买权情形的，承租人可以请求出租人承担赔偿责任。但是，出租人与第三人订立的房屋买卖合同的效力不受影响。"蒋阿金未通知陆小白便将房屋卖给蒋文明，侵犯了陆小白的优先购买权，陆小白可以向出租人蒋阿金主张赔偿责任，但不能向买受人蒋文明主张。因此，B 项错误。

C 项：根据《城镇房屋租赁合同解释》第 9 条规定："承租人经出租人同意装饰装修，合同解除时，双方对已形成附合的装饰装修物的处理没有约定的，人民法院按照下列情形分别处理：（一）因出租人违约导致合同解除，承租人请求出租人赔偿剩余租赁期内装饰装修残值损失的，应予支持……"本题中，因为出租人蒋阿金的违约导致租赁合同解除，陆小白当然可以请求蒋阿金赔偿剩余租赁期内装饰装修残值损失。因此，C 项正确。

D 项：根据《民法典》第 716 条第 1 款规定："承租人经出租人同意，可以将租赁物转租给第三人。承租人转租的，承租人与出租人之间的租赁合同继续有效；第三人造成租赁物损失的，承租人应当赔偿损失。"本题中，承租人陆小白经过蒋阿金同意转租给张小草，因为张小草的原因，对出租人蒋阿金构成违约，蒋阿金有权请求陆小白承担违约责任。因此，D 项错误。

综上所述，本题答案为 C 项。

16 62002045

参考答案：A,B,C,D

解析：A 项：根据《民法典》第 726 条第 2 款的规定："出租人履行通知义务后，承租人在十五日内未明确表示购买的，视为承租人放弃优先购买权。"本题中，乙于 2019 年 8 月 8 日通知甲，甲应在 15 日内作出明确表示，到 2019 年 8 月 30 日时（已超过 15 日），甲一直未作出表示，故视为承租人甲放弃了优先购买权。因此，A 项错误，当选。

B 项：根据《城镇房屋租赁合同解释》第 14 条的规定："租赁房屋在承租人按照租赁合同占有期限内发生所有权变动，承租人请求房屋受让人继续履行原租赁合同的，人民法院应予支持。但租赁房屋具有下列情形或者当事人另有约定的除外：（一）房屋在出租前已设立抵押权，因抵押权人实现抵押权发生所有权变动的；（二）房屋在出租前已被人民法院依法查封的。"本题中，根据买卖不破租赁规则，甲乙之间的租赁合同仍有效，房屋

受让人丁受该租赁合同的约束，无权要求承租人甲腾退房屋。因此，B 项错误，当选。

CD 项：根据《民法典》第 732 条的规定："承租人在房屋租赁期限内死亡的，与其生前共同居住的人或者共同经营人可以按照原租赁合同租赁该房屋。"本题中，甲在房屋租赁期限内死亡，丙作为与其共同经营的人可以按照原租赁合同租赁该房屋，即丙法定承受该房屋租赁合同。租赁合同效力并不终止，丙也无需与丁重新订立租赁合同。因此，CD 项错误，当选。

综上所述，本题为选非题，答案为 ABCD 项。

17 62002212

参考答案：A,B

解析：A 项：根据《民法典》第 707 条规定："租赁期限六个月以上的，应当采用书面形式。当事人未采用书面形式，无法确定租赁期限的，视为不定期租赁。"本题中，张三与李四之间约定租期为 3 年，在 6 个月以上，该租赁合同应当采用书面形式。因此，A 项正确。

B 项：根据《民法典》第 713 条第 1 款规定："承租人在租赁物需要维修时可以请求出租人在合理期限内维修。出租人未履行维修义务的，承租人可以自行维修，维修费用由出租人负担。因维修租赁物影响承租人使用的，应当相应减少租金或者延长租期。"本题中，李四入住后就发现空调故障，张三作为出租人应负担维修义务。因张三不履行维修义务，李四自行维修，其费用应由张三来支付。因此，B 项正确。

C 项：根据《民法典》第 715 条第 2 款规定："承租人未经出租人同意，对租赁物进行改善或者增设他物的，出租人可以请求承租人恢复原状或者赔偿损失。"《城镇房屋租赁合同解释》第 11 条规定："承租人未经出租人同意装饰装修或者扩建发生的费用，由承租人负担。出租人请求承租人恢复原状或者赔偿损失的，人民法院应予支持。"本题中，李四未经张三同意对该房屋进行了装修，费用应由自己负担。因此，C 项错误。

D 项：根据《民法典》第 726 条第 1 款规定："出租人出卖租赁房屋的，应当在出卖之前的合理期限内通知承租人，承租人享有以同等条件优先购

买的权利；但是，房屋按份共有人行使优先购买权或者出租人将房屋出卖给近亲属的除外。"本题中，张三与张小明是兄弟关系，属于近亲属的范畴，故即使张小明对李四租房的事实知情，李四也不能主张优先购买权。因此，D项错误。

综上所述，本题答案为AB项。

第三章
融资租赁合同

参考答案

[1]D　　[2]BC　　[3]B　　[4]BD　　[5]ABC

一、历年真题及仿真题

（一）融资租赁合同

【单选】

1 `1802007`

参考答案：D

解析：A项：根据《民法典》第742条的规定："承租人对出卖人行使索赔权利，不影响其履行支付租金的义务。但是，承租人依赖出租人的技能确定租赁物或者出租人干预选择租赁物的，承租人可以请求减免相应租金。"本题中，并不存在承租人依赖出租人的技能确定租赁物或者出租人干预选择租赁物的例外情形，甲公司应当按照约定支付租金。因此，A项错误。

B项：根据《民法典》第750条规定："承租人应当妥善保管、使用租赁物。承租人应当履行占有租赁物期间的维修义务。"本题中，如租期内医疗设备因使用不当造成损坏，承租人甲公司应承担维修义务。因此，B项错误。

CD项：根据《民法典》第751条的规定："承租人占有租赁物期间，租赁物毁损、灭失的，出租人有权请求承租人继续支付租金，但是法律另有规定或者当事人另有约定的除外。"本题中，租期内医疗设备毁损、灭失的风险应由甲公司（承租人）承担。因此，C项错误，D项正确。

综上所述，本题答案为D项。

【不定项】

2 `1603088`

参考答案：B,C

解析：AD项：《民法典》第747条规定："租赁物不符合约定或者不符合使用目的的，出租人不承担责任。但是，承租人依赖出租人的技能确定租赁物或者出租人干预选择租赁物的除外。"《民法典》第742条规定："承租人对出卖人行使索赔权利，不影响其履行支付租金的义务。但是，承租人依赖出租人的技能确定租赁物或者出租人干预选择租赁物的，承租人可以请求减免相应租金。"本题中，合伙人与顺利融资租赁公司签订融资租赁合同，并未依赖出租人的技能确定租赁物，出租人也未干预选择租赁物，故出租人不承担责任，也无需减少租金。因此，AD项错误。

B项：《民法典》第739条规定："出租人根据承租人对出卖人、租赁物的选择订立的买卖合同，出卖人应当按照约定向承租人交付标的物，承租人享有与受领标的物有关的买受人的权利。"《民法典》第582条规定："履行不符合约定的，应当按照当事人的约定承担违约责任。对违约责任没有约定或者约定不明确，依据本法第五百一十条的规定仍不能确定的，受损害方根据标的的性质以及损失的大小，可以合理选择请求对方承担修理、重作、更换、退货、减少价款或者报酬等违约责任。"《民法典》第583条规定："当事人一方不履行合同义务或者履行合同义务不符合约定的，在履行义务或者采取补救措施后，对方还有其他损失的，应当赔偿损失。"本题中，承租人享有买受人的权利，对于设备质量问题可以要求出卖人丁公司承担修理的违约责任，同时要求其赔偿损失。因此，B项正确。

C项：《民法典》第741条规定："出租人、出卖人、承租人可以约定，出卖人不履行买卖合同义务的，由承租人行使索赔的权利。承租人行使索赔权利的，出租人应当协助。"因此，C项正确。

综上所述，本题答案为BC项。

（二）综合知识点

【单选】

 3 2202168

参考答案：B

解析：ABC 项：《融资租赁合同纠纷解释》第 2 条规定："承租人将其自有物出卖给出租人，再通过融资租赁合同将租赁物从出租人处租回的，人民法院不应仅以承租人和出卖人系同一人为由认定不构成融资租赁法律关系。"美术馆和甲融资租赁公司构成融资租赁关系。《民法典》第 757 条规定："出租人和承租人可以约定租赁期限届满租赁物的归属；对租赁物的归属没有约定或者约定不明确，依据本法第五百一十条的规定仍不能确定的，租赁物的所有权归出租人。"画的所有权归出租人甲公司。因此，AC 项错误，B 项正确。

D 项：美术馆在售卖该画前一直将其挂在美术馆的厅内，并且后来才证实该幅画系赝品，可以推出美术馆对此并不知情，因此不构成欺诈。D 项错误。

综上所述，本题答案为 B 项。

【多选】

 4 11703061

参考答案：B,D

解析：AB 项：《融资租赁合同解释》第 2 条规定："承租人将其自有物出卖给出租人，再通过融资租赁合同将租赁物从出租人处租回的，人民法院不应仅以承租人和出卖人系同一人为由认定不构成融资租赁法律关系。"本题中，乙公司将一套生产设备以 200 万元转让给甲融资租赁公司，后再向甲公司租该套生产设备，二者间构成融资租赁法律关系，而非资金拆借关系。因此，A 项错误，B 项正确。

C 项：对融资租赁合同中租赁物价值与租金之间的比例关系，法律并未以限制。可类推适用法律关于借款合同利率上限的规范。《民间借贷规定》第 25 条规定："出借人请求借款人按照合同约定利率支付利息的，人民法院应予支持，但是双方约定的利率超过合同成立时一年期贷款市场报价利率四倍的除外。前款所称'一年期贷款市场报

价利率"，是指中国人民银行授权全国银行间同业拆借中心自 2019 年 8 月 20 日起每月发布的一年期贷款市场报价利率。"据此可知，只有甲公司与乙公司约定的利率超过合同成立时一年期贷款市场报价利率四倍的部分才是无效的。因此，C 项错误。

D 项：《民法典》第 228 条规定："动产物权转让时，当事人又约定由出让人继续占有该动产的，物权自该约定生效时发生效力。"本题中，乙公司先将生产设备出卖给甲公司，而后再向甲公司租赁该生产设备，构成占有改定的观念交付方式，甲公司已取得生产设备的所有权。因此，D 项正确。

综上所述，本题答案为 BD 项。

二、模拟训练

 5 62202180

参考答案：A,B,C

解析：A 项：《民法典》第 753 条规定："承租人未经出租人同意，将租赁物转让、抵押、质押、投资入股或者以其他方式处分的，出租人可以解除融资租赁合同。"本题中，李某将挖掘机出卖给丙公司，出租人甲租赁公司有权解除合同。故 A 项正确。

B 项：《民法典》第 750 条规定："承租人应当妥善保管、使用租赁物。承租人应当履行占有租赁物期间的维修义务。"租赁期间承租人负有维修义务，因此李某应当承担维修费用。故 B 项正确。

C 项：《民法典》第 751 条规定："承租人占有租赁物期间，租赁物毁损、灭失的，出租人有权请求承租人继续支付租金，但是法律另有规定或者当事人另有约定的除外。"在租赁物由承租人占有使用期间，因不可归责于双方当事人的原因，租赁物发生毁损灭失的，承租人承担风险，承租人应当继续支付租金。故 C 项正确。

D 项：《民法典》第 739 条："出租人根据承租人对出卖人、租赁物的选择订立的买卖合同，出卖人应当按照约定向承租人交付标的物，承租人享有与受领标的物有关的买受人的权利。"《民法典》第 747 条规定："租赁物不符合约定或者不符合使用目的的，出租人不承担责任。但是，承租人依

赖出租人的技能确定租赁物或者出租人干预选择租赁物的除外。"乙公司交付的挖掘机存在瑕疵时，甲租赁公司不承担责任，但李某有权向乙公司索赔，甲租赁公司有协助义务。故 D 项错误。

综上所述，本题正确答案为 ABC 项

第四章
赠与合同

参考答案

[1] C [2] B [3] CD [4] D [5] C
[6] BC [7] AC [8] C [9] BC

一、历年真题及仿真题

(一) 赠与合同的撤销

【单选】

① 2302115

参考答案：C

解析：AD 项：根据《民法典》第 658 条规定："赠与人在赠与财产的权利转移之前可以撤销赠与。经过公证的赠与合同或者依法不得撤销的具有救灾、扶贫、助残等公益、道德义务性质的赠与合同，不适用前款规定。"本题中，属于具有公益性质的赠与，甲公司不能行使任意撤销权。因此，D 项错误。

根据《民法典》第 663 条第 1 款规定："受赠人有下列情形之一的，赠与人可以撤销赠与：(一) 严重侵害赠与人或者赠与人近亲属的合法权益；(二) 对赠与人有扶养义务而不履行；(三) 不履行赠与合同约定的义务。"本题中，学校没有上述行为，甲公司不能行使法定撤销权要求学校返还已捐赠的 300 万。因此，A 选项错误。

BC 项：根据《民法典》第 666 条规定："赠与人的经济状况显著恶化，严重影响其生产经营或者家庭生活的，可以不再履行赠与义务。"本题中，学校有权请求甲公司履行，但甲公司可以主张穷困抗辩权，拒绝履行尚未支付的款项。因此，B 选

项错误，C 选项正确。

综上所述，本题答案为 C。

② 2102142

参考答案：B

解析：AB 项：本题中，老张明确表示赠与胎儿，因而受赠人是出生后的孩子，而不是小李。在赠与合同中涉及胎儿利益时，将胎儿视作具有民事权利能力，因此胎儿可以作为受赠人，因此，A 项错误，B 项正确。

C 项：事关胎儿利益保护的法律关系，发生于胎儿出生之前，胎儿出生后，该法律关系溯及到法律关系发生时，胎儿具有民事权利能力。因孩子已经出生，所以赠与合同生效。因此，C 项错误。

D 项：《民法典》第 658 条规定："赠与人在赠与财产的权利转移之前可以撤销赠与。经过公证的赠与合同或者依法不得撤销的具有救灾、扶贫、助残等公益、道德义务性质的赠与合同，不适用前款规定。"本题，爷爷对孙子的赠与是有亲情关系的、涉及道德的赠与，老张不能行使任意撤销权撤销赠与，因此，D 项错误。

综上所述，本题答案为 B 项。

【多选】

③ 2202192

参考答案：C,D

解析：A 项：《民法典》第 658 条第 1 款规定："赠与人在赠与财产的权利转移之前可以撤销赠与。"2015-2021 年的赠与合同已经履行完毕，不能请求撤销。A 项错误。

B 项：《民法典》第 660 条第 1 款规定："经过公证的赠与合同或者依法不得撤销的具有救灾、扶贫、助残等公益、道德义务性质的赠与合同，赠与人不交付赠与财产的，受赠人可以请求交付。"本题中所涉的赠与合同为公益性质的赠与合同，不可行使任意撤销权。B 项错误。

CD 项：根据《民法典》第 666 条规定："赠与人的经济状况显著恶化，严重影响其生产经营或者家庭生活的，可以不再履行赠与义务。"本题属于赠与人的经济状况显著恶化，甲有权行使穷困抗辩权，拒绝履行 2022 年的赠与义务。甲之后恢复

经济能力，有能力支付赠与款项，则乙可以请求甲履行赠与义务。因此，CD 项正确。

综上所述，本题答案为 CD 项。

（二）综合知识点

【单选】

④ 1902110

参考答案：D

解析：A 项：根据《民法典》第 1052 条第 1 款规定："因胁迫结婚的，受胁迫的一方可以向人民法院请求撤销婚姻。"第 1053 条第 1 款规定："一方患有重大疾病的，应当在结婚登记前如实告知另一方；不如实告知的，另一方可以向人民法院请求撤销婚姻。"本题中，甲男与乙女的婚姻不属于以上可撤销的情形，故 A 项错误。

B 项：甲男与乙女之间的赠与合同不存在违反公序良俗的情形，因此，B 项错误。

CD 项：根据《民法典》第 663 条规定："受赠人有下列情形之一的，赠与人可以撤销赠与：（一）严重侵害赠与人或者赠与人近亲属的合法权益；（二）对赠与人有扶养义务而不履行；（三）不履行赠与合同约定的义务。赠与人的撤销权，自知道或者应当知道撤销事由之日起一年内行使。"本题中，乙女拒绝履行照顾甲男的义务，符合可以撤销赠与的情形。故 D 项正确。行使撤销权以前，合同有效，甲按约定将房屋赠与乙并办理过户登记，乙已经合法取得该房屋的所有权。故 C 项错误。

综上所述，本题答案为 D 项。

⑤ 1902152

参考答案：C

解析：A 项：根据《民法典》第 1065 条第 1 款、第 2 款规定："男女双方可以约定婚姻关系存续期间所得的财产以及婚前财产归各自所有、共同所有或者部分各自所有、部分共同所有。约定应当采用书面形式。没有约定或者约定不明确的，适用本法第一千零六十二条、第一千零六十三条的规定。夫妻对婚姻关系存续期间所得的财产以及婚前财产的约定，对双方具有法律约束力。"据此，我国采"约定优先，法定补充"的夫妻财产制。本题中，甲婚前所有的两套房屋，夫妻双方

未对其所有权归属另作书面约定，应当依照法定规则确定这两套房屋的所有权归属。对此，《民法典》第 1063 条第 1 项规定："下列财产为夫妻一方的个人财产：（一）一方的婚前财产"。《最高人民法院关于适用〈中华人民共和国民法典〉婚姻家庭编的解释（一）》（以下简称《民法典婚姻家庭编解释（一）》）第 31 条规定："民法典第一千零六十三条规定为夫妻一方的个人财产，不因婚姻关系的延续而转化为夫妻共同财产。但当事人另有约定的除外。"甲婚前的两套房屋，应确定归甲所有，甲有权也能够将其中的一套赠与给配偶乙。因此，A 项错误。

B 项：根据《民法典》第 209 条第 1 款规定："不动产物权的设立、变更、转让和消灭，经依法登记，发生效力；未经登记，不发生效力，但是法律另有规定的除外。"乙通过继受赠与取得该房屋的所有权需要符合三个条件：第一，赠与合同有效；第二，赠与人甲享有相应的处分权；第三，完成公示，即为乙办理完毕过户登记。因此，B 项错误。

CD 项：根据《民法典》第 658 条第 1 款规定："赠与人在赠与财产的权利转移之前可以撤销赠与。"《民法典》第 658 条第 2 款规定："经过公证的赠与合同或者依法不得撤销的具有救灾、扶贫、助残等公益、道德义务性质的赠与合同，不适用前款规定。"甲与乙的赠与合同不属于不得撤销的赠与合同，因此，办理赠与房产过户登记之前，甲可撤销赠与；若该赠与办理了公证手续，甲则不得撤销该赠与。因此，C 项正确；D 项错误。

综上所述，本题答案为 C 项。

【多选】

⑥ 1503060

参考答案：B,C

解析：A 项：根据《民法典》第 16 条规定："涉及遗产继承、接受赠与等胎儿利益保护的，胎儿视为具有民事权利能力。但是，胎儿娩出时为死体的，其民事权利能力自始不存在。"本题中，该赠与合同是附条件的合同。具体而言：郭某父亲乙与甲签订的协议："如把孩子顺利生下来，就送十根金条给孩子"属于附生效条件的赠与合同，以

孩子出生作为赠与合同的生效条件,孩子顺利出生,所附条件成就,赠与合同生效。因此,A项错误。

BCD项:根据《民法典》第658条规定:"赠与人在赠与财产的权利转移之前可以撤销赠与。经过公证的赠与合同或者依法不得撤销的具有救灾、扶贫、助残等公益、道德义务性质的赠与合同,不适用前款规定。"本题是基于亲情的赠与合同,具有道德义务性质,乙不享有任意撤销权,也不存在赠与人享有法定撤销权的情形。因此,BC项正确,D项错误。

综上所述,本题答案为BC项。

7 `1403061`

参考答案:A,C

解析:AB项:根据《民法典》第158条规定:"民事法律行为可以附条件,但是根据其性质不得附条件的除外。附生效条件的民事法律行为,自条件成就时生效。附解除条件的民事法律行为,自条件成就时失效。"《民法典》第661条规定:"赠与可以附义务。赠与附义务的,受赠人应当按照约定履行义务。"附义务赠与也称附负担赠与,是指在赠与合同中赠与人对其赠与附加一定的条件,使受赠人负担一定的给付义务。附条件赠与,是指当事人对赠与行为设定一定的条件,把条件的成就与否作为赠与行为的效力发生或消灭的前提。在附条件的赠与中,条件的成就与否关系到赠与合同的效力。当条件尚未成就时,赠与的权利义务虽已确定,但效力却处于未定状态。而附义务赠与中所附的义务,与赠与合同的法律效力无关,不能因为附义务而延缓或解除赠与的效力。本题中,公司资助魏某子女次年教育经费,如其离职,"则资助失效",因此为附条件赠与合同。因此,A项正确,B项错误。

C项:本题中,甲公司与魏某的赠与合同属于附条件的赠与合同,若魏某次年离职,所附条件成就,赠与合同失效,甲公司无给付义务。因此,C项正确。

D项:根据《民法典》第658条规定:"赠与人在赠与财产的权利转移之前可以撤销赠与。经过公证的赠与合同或者依法不得撤销的具有救灾、扶

贫、助残等公益、道德义务性质的赠与合同,不适用前款规定。"本题中,资助教育费用属于具有道德义务性质的赠与,甲公司不享有任意撤销权。因此,D项错误。

综上所述,本题答案为AC项。

二、模拟训练

8 `62102109`

参考答案:C

解析:A项:《民法典》第662条第2款规定:"赠与人故意不告知瑕疵或者保证无瑕疵,造成受赠人损失的,应当承担赔偿责任。"本题中,如果蒋大金在赠与时保证无瑕疵,则其应当承担赔偿责任。因此,A项正确,不当选。

B项:《民法典》第658条第1款规定:"赠与人在赠与财产的权利转移之前可以撤销赠与。"电动车还未交付,所以蒋大金享有任意撤销权,反悔不需要承担违约责任。因此,B项正确,不当选。

C项:《民法典》第663条第1款规定:"受赠人有下列情形之一的,赠与人可以撤销赠与:(一)严重侵害赠与人或者赠与人近亲属的合法权益;(二)对赠与人有扶养义务而不履行;(三)不履行赠与合同约定的义务。"若曾聪明不履行义务,蒋大金可以行使法定撤销权撤销赠与合同,而不是直接无效。因此,C项错误,当选。

D项:《民法典》第657条规定:"赠与合同是赠与人将自己的财产无偿给予受赠人,受赠人表示接受赠与的合同。"赠与属于双方法律行为,赠与的要约经承诺后,赠与合同成立;受要约人拒绝承诺的,赠与合同不能成立。因此,D项正确,不当选。

综上所述,本题为选非题,答案为C项。

9 `62002042`

参考答案:B,C

解析:ABC项:根据《民法典》第658条规定:"赠与人在赠与财产的权利转移之前可以撤销赠与。经过公证的赠与合同或者依法不得撤销的具有救灾、扶贫、助残等公益、道德义务性质的赠与合同,不适用前款规定。"本题中:(1)甲与乙所订立的赠与合同已经经过公证,甲不得撤销赠

与。（2）甲与山东省慈善联合会所做的赠与合同具有助残的公益性质，甲也不得任意撤销。（3）甲已经将名画交付给丙，所以甲不得再行使任意撤销权。因此，A 项错误，BC 项正确。

D 项：根据《民法典》第 660 条规定："经过公证的赠与合同或者依法不得撤销的具有救灾、扶贫、助残等公益、道德义务性质的赠与合同，赠与人不交付赠与财产的，受赠人可以请求交付。依据前款规定应当交付的赠与财产因赠与人故意或者重大过失致使毁损、灭失的，赠与人应当承担赔偿责任。"本题中，甲乙之间的赠与合同是经过公证的，甲故意摔碎鼻烟壶，乙有权要求甲承担赔偿责任。因此，D 项错误。

综上所述，本题答案为 BC 项。

 第五章
民间借贷合同

参考答案

[1] B　　[2] ABC　[3] BC　[4] ABC

一、历年真题及仿真题

综合知识点

【单选】

 1 2202023

参考答案：B

解析：AB 项：根据《民间借贷规定》第 13 条第 4 项规定："具有下列情形之一的，人民法院应当认定民间借贷合同无效：（四）出借人事先知道或者应当知道借款人借款用于违法犯罪活动仍然提供借款的；"本题中，甲在借款时已经告知乙借款用途，出借人乙在事先知道甲借款用于制造假酒设备活动仍然提供借款，应当认定该借款合同无效。故 A 项错误，B 项正确。

C 项：根据《民法典》第 388 条第 1 款规定："设立担保物权，应当依照本法和其他法律的规定订立担保合同。担保合同包括抵押合同、质押合同

和其他具有担保功能的合同。担保合同是主债权债务合同的从合同。主债权债务合同无效的，担保合同无效，但是法律另有规定的除外。"本题中，由于借款合同这一主合同无效，因此丙与乙订立的担保合同也无效，丙无需承担担保责任。故 C 项错误。

D 项：根据《民法典》第 679 条规定："自然人之间的借款合同，自贷款人提供借款时成立。"本题中，乙次日交付 20 万，22 日转账 30 万，20 日未成立。D 项错误。

综上所述，本题正确答案为 B 项。

【不定项】

2 1703090

参考答案：A,B,C

解析：AB 项：《民法典》第 673 条规定："借款人未按照约定的借款用途使用借款的，贷款人可以停止发放借款、提前收回借款或者解除合同。"据此，AB 项正确。

C 项：若甲公司违反合同约定将借款用于购买办公用房，则构成违约，乙银行可以请求甲公司承担违约责任。双方约定违约金的可以按约定要求支付违约金。因此，C 项正确。

D 项：甲公司与乙银行设定的是动产浮动抵押，办公用房属于不动产，不属于抵押财产的范围，故不能针对办公用房优先受偿。所以，D 项错误。

综上所述，本题的正确答案为 ABC 项。

二、模拟训练

3 62202106

参考答案：B,C

解析：ABC 项：根据《民法典》第 673 条的规定："借款人未按照约定的借款用途使用借款的，贷款人可以停止发放借款、提前收回借款或者解除合同。"借款合同约定用途为工程款，乙公司用于炒股，甲银行有权停止发放借款，提前收回借款或者解除合同。本题中，甲银行已经将借款发放完毕了，而停止发放借款是对尚未发放的贷款暂停发放，故甲银行不能再停止发放了。因此 A 选项错误、BC 选项正确。

D 项：根据《民法典》第 677 条的规定："借款人

提前返还借款的，除当事人另有约定外，应当按照实际借款的期间计算利息。"借款合同对提前还款没有约定，乙公司提前还款，可以按照实际借款的 12 个月支付利息，并非按照 24 个月支付利息。因此，D 项错误。

综上，本题正确答案为 BC 项。

④ 61902014

参考答案：A, B, C

解析：A 项：甲乙企业之间的合同不存在《民法典》规定的合同无效事由，应当有效。《民间借贷规定》第 10 条也规定："法人之间、非法人组织之间以及它们相互之间为生产、经营需要订立的民间借贷合同，除存在民法典第一百四十六条、第一百五十三条、第一百五十四条以及本规定第十三条规定的情形外，当事人主张民间借贷合同有效的，人民法院应予支持。"因此，A 项错误，当选。

B 项：丙企业与职工间的借款合同不存在《民法典》规定的无效事由，应当有效。《民间借贷规定》第 11 条规定："法人或者非法人组织在本单位内部通过借款形式向职工筹集资金，用于本单位生产、经营，且不存在民法典第一百四十四条、第一百四十六条、第一百五十三条、第一百五十四条以及本规定第十三条规定的情形，当事人主张民间借贷合同有效的，人民法院应予支持。"因此，B 项错误，当选。

C 项：《民间借贷规定》第 13 条规定："具有下列情形之一的，人民法院应当认定民间借贷合同无效：……（四）出借人事先知道或者应当知道借款人借款用于违法犯罪活动仍然提供借款的；……"C 选项并未指明出借人是否知道借款用途，若出借人事先并不知道涉犯罪，则借款合同有效，因此，C 项错误，当选。

D 项：《民间借贷规定》第 25 条第 1 款规定："出借人请求借款人按照合同约定利率支付利息的，人民法院应予支持，但是双方约定的利率超过合同成立时一年期贷款市场报价利率四倍的除外。"因此，D 项正确，不当选。

综上所述，本题为选非题，答案为 ABC 项。

第六章
服务合同

参考答案

[1] B	[2] C	[3] ACD	[4] BD	[5] C
[6] AD	[7] CD	[8] AC	[9] A	[10] C
[11] B	[12] ACD	[13] C	[14] CD	[15] A
[16] A	[17] ACD	[18] BCD		

一、历年真题及仿真题

（一）建设工程施工合同

【单选】

① 2302015

参考答案：B

解析：根据《建设工程施工合同解释（一）》第 1 条第 2 款规定："承包人因转包、违法分包建设工程与他人签订的建设工程施工合同，应当依据民法典第一百五十三条第一款及第七百九十一条第二款、第三款的规定，认定无效。"《民法典》第 793 条第 1 款规定："建设工程施工合同无效，但是建设工程经验收合格的，可以参照合同关于工程价款的约定折价补偿承包人。"因此，虽然建设工程施工合同因转包无效，但因工程合格，刘某有权请求支付工程价款。

ABCD 项：根据《建设工程施工合同解释（一）》第 43 条第 2 款规定："实际施工人以发包人为被告主张权利的，人民法院应当追加转包人或者违法分包人为本案第三人，在查明发包人欠付转包人或者违法分包人建设工程价款的数额后，判决发包人在欠付建设工程价款范围内对实际施工人承担责任。"本题中，法院查明甲公司已向乙公司支付了 50 万元，仍欠付 50 万元，因此，甲公司应当向刘某支付欠付的 50 万元工程价款。由于刘某的诉讼请求仅为要求甲公司支付剩余工程款，根据处分原则，法院应当仅判决甲公司承担责任，不应判决乙公司承担剩余的 10 万元责任。因此，B 项正确，ACD 项错误。

综上所述，本题答案为 B 项。

② 1902155

参考答案：C

解析：A 项：根据《民法典》第 791 条第 3 款规定："禁止承包人将工程分包给不具备相应资质条件的单位。"《建设工程施工合同解释（一）》第 1 条第 1 款规定："建设工程施工合同具有下列情形之一的，应当依据民法典第一百五十三条第一款的规定，认定无效：（一）承包人未取得建筑业企业资质或者超越资质等级的；（二）没有资质的实际施工人借用有资质的建筑施工企业名义的；（三）建设工程必须进行招标而未招标或者中标无效的。"据此，没有资质的李某借用甲建筑公司的资质订立的建设工程施工合同全部无效，而非部分无效。因此，A 项错误。

B 项：根据《建设工程施工合同解释（一）》第 7 条规定："缺乏资质的单位或者个人借用有资质的建筑施工企业名义签订建设工程施工合同，发包人请求出借方与借用方对建设工程质量不合格等因出借资质造成的损失承担连带赔偿责任的，人民法院应予支持。"据此，对建设工程质量不合格给发包人乙公司造成的损失，应由李某与甲公司承担连带损害赔偿责任。因此，B 项错误。

C 项：根据《民法典》第 793 条的规定："建设工程施工合同无效，但是建设工程经验收合格的，可以参照合同关于工程价款的约定折价补偿承包人。建设工程施工合同无效，且建设工程经验收不合格的，按照以下情形处理：（一）修复后的建设工程经验收合格的，发包人可以请求承包人承担修复费用；（二）修复后的建设工程经验收不合格的，承包人无权请求参照合同关于工程价款的约定折价补偿。发包人对因建设工程不合格造成的损失有过错的，应当承担相应的责任。"根据《建设工程施工合同解释（一）》第 2 条第 1 款规定："招标人和中标人另行签订的建设工程施工合同约定的工程范围、建设工期、工程质量、工程价款等实质性内容，与中标合同不一致，一方当事人请求按照中标合同确定权利义务的，人民法院应予支持。"修复后的建设工程经验收合格，承包人李某可以请求发包人乙公司参照中标合同关于工程价款的约定折价补偿，同时发包人可以请求承包人承担修复费用。因此，C 项正确。

D 项：根据《建设工程施工合同解释（一）》第 5 条规定："具有劳务作业法定资质的承包人与总承包人、分包人签订的劳务分包合同，当事人请求确认无效的，人民法院依法不予支持。"据此，虽然李某与乙公司间的建设工程施工合同无效，但丙公司具有劳务作业法定资质，该劳务分包合同有效。因此，D 项错误。

综上所述，本题答案为 C 项。

【多选】

③ 1703062

参考答案：A,C,D

解析：AB 项：根据《建设工程施工合同解释（一）》第 1 条第 1 款第 1 项规定："建设工程施工合同具有下列情形之一的，应当依据民法典第一百五十三条第一款的规定，认定无效：

（一）承包人未取得建筑业企业资质或者超越资质等级的；"本题中，作为承包人的乙企业一直未取得建筑施工企业资质，因此，二者签订的建设工程施工合同无效。故 A 项正确；B 项错误。

C 项：根据《民法典》第 793 条第 1 款规定："建设工程施工合同无效，但是建设工程经验收合格的，可以参照合同关于工程价款的约定折价补偿承包人。"故 C 项正确。

D 项：根据《民法典》第 793 条第 2 款第 2 项规定："建设工程施工合同无效，且建设工程经验收不合格的，按照以下情形处理：（二）修复后的建设工程经验收不合格的，承包人无权请求参照合同关于工程价款的约定折价补偿。"本题中，如该项目主体工程经验收不合格，经修复后仍不合格的，乙企业不能请求参照合同关于工程价款的约定折价补偿。故 D 项正确。

综上所述，本题答案为 ACD 项。

（二）中介合同

【多选】

④ 1902169

参考答案：B,D

解析：A 项："特别承诺条款"属于中介合同中特

别约定的"委托人不得实施'跳单'行为的条款",虽系格式条款,但公平合理,不构成格式条款无效事由。因此,A项错误。

B项:肖某与甲公司间的《看房协议》属于《民法典》规定的中介合同,双方意思表示一致,且无效力瑕疵,中介合同成立并生效。因此,B项正确。

C项:根据《民法典》第965条规定:"委托人在接受中介人的服务后,利用中介人提供的交易机会或者媒介服务,绕开中介人直接订立合同的,应当向中介人支付报酬。"中介合同履行过程中,委托人"跳单"的,属于违约行为,实施"跳单"行为的委托人仍应向中介人支付约定的中介报酬。所谓"跳单",指委托人在接受中介人的服务后,利用中介人提供的交易机会或者媒介服务,绕开中介人直接订立合同的行为。本题中,委托人肖某通过乙公司提供的信息获得相同房源信息后,选择报价低的乙公司与出卖人周某订立房屋买卖合同,不属于"跳单"。因此,C项错误。

D项:根据《民法典》第964条规定:"中介人未促成合同成立的,不得请求支付报酬;但是,可以按照约定请求委托人支付从事中介活动支出的必要费用。"据此,中介人甲公司并未促成合同成立,肖某仅应当向甲公司支付甲公司支出的必要费用,无须向甲公司支付中介报酬。因此,D项正确。

综上所述,本题答案为BD项。

(三) 物业服务合同

【单选】

5 `2102054`

参考答案:C

解析:AC项:根据《民法典》第939条规定:"建设单位依法与物业服务人订立的前期物业服务合同,以及业主委员会与业主大会依法选聘的物业服务人订立的物业服务合同,对业主具有法律约束力。"物业服务合同当然地对业主发生拘束力。因此,A项错误,C项正确。

B项:根据《民法典》第944条第1款规定:"业主应当按照约定向物业服务人支付物业费。物业服务人已经按照约定和有关规定提供服务的,业主不得以未接受或者无需接受相关物业服务为由拒绝支付物业费。"故乙不得以未实际接受物业服务为由,拒绝支付物业服务费。因此,B项错误。

D项:根据《民法典》第944条第3款规定:"物业服务人不得采取停止供电、供水、供热、供燃气等方式催交物业费。"故甲公司不得以停止供水供电的方式催告乙交付物业费。因此,D项错误。

综上所述,本题答案为C项。

(四) 保理合同

【不定项】

6 `2202150`

参考答案:A,D

解析:A项:《民法典》第766条规定:"当事人约定有追索权保理的,保理人可以向应收账款债权人主张返还保理融资款本息或者回购应收账款债权,也可以向应收账款债务人主张应收账款债权。保理人向应收账款债务人主张应收账款债权,在扣除保理融资款本息和相关费用后有剩余的,剩余部分应当返还给应收账款债权人。"可主张回购应收账款债权的是有追索权的保理,甲丙双方约定的为无追索权的保理,丙无权向甲主张回购应收账款债权。因此,A项错误,当选。

BD项:《民法典》第767条规定:"当事人约定无追索权保理的,保理人应当向应收账款债务人主张应收账款债权,保理人取得超过保理融资款本息和相关费用的部分,无需向应收账款债权人返还。"甲丙双方约定的为无追索权的保理,丙只能向债务人乙主张应收账款债权。因此,B项正确,不当选。剩余部分无需返还给应收账款债权人甲。因此,D项错误,当选。

C项:《民法典》第763条规定:"应收账款债权人与债务人虚构应收账款作为转让标的,与保理人订立保理合同的,应收账款债务人不得以应收账款不存在为由对抗保理人,但是保理人明知虚构的除外。"丙对于甲乙虚构债权不知情,乙仍然要对丙承担责任。C项正确,不当选。

综上所述,本题为选非题,答案为AD项。

（五）供用电、水、气、热力合同

【多选】

⑦ 1403060

参考答案：C,D

解析：ABCD 项：根据《民法典》第 654 条第 1 款规定："用电人应当按照国家有关规定和当事人的约定及时支付电费。用电人逾期不支付电费的，应当按照约定支付违约金。经催告用电人在合理期限内仍不支付电费和违约金的，供电人可以按照国家规定的程序中止供电。"《民法典》第 656 条规定："供用水、供用气、供用热力合同，参照适用供用电合同的有关规定。"本题中，吴某拒绝缴纳供热费，经甲公司催告后在合理期限内仍未履行的，可中止供热，而不是解除合同。因此，AB 项错误，C 项正确。吴某无正当理由拒绝支付供热费用，构成违约，甲公司有权主张违约责任。因此，D 项正确。

综上所述，本题正确答案为 CD 项。

（六）承揽合同

【多选】

⑧ 2202033

参考答案：A,C

解析：A 项：《民法典》第 787 条规定："定作人在承揽人完成工作前可以随时解除合同，造成承揽人损失的，应当赔偿损失。"本题中，甲乙之间签订的加工协议属于承揽合同，定作人甲在承揽人完成旗袍制作前，可以随时解除合同,造成承揽人乙损失的，甲应当赔偿损失。因此，A 项正确。

B 项：定作人应当支付承揽人完成工作部分对应的报酬，非全部。B 项错误。

C 项：虽然购买机器的钱是甲给的，但是乙购买的，归乙所有。因此，C 项正确。（C 项如果还是不理解，这么理解：甲预付的工钱包括购买机器的钱，说明甲预付的工钱已经折算成工钱了，那机器当然属于乙所有。）

D 项：布料是甲提供的，未完工的旗袍应当归甲所有。D 项错误。

综上所述，本题正确答案为 AC 项。

（七）综合知识点

【单选】

⑨ 2102143

参考答案：A

解析：A 项：根据《民法典》第 965 条的规定："委托人在接受中介人的服务后，利用中介人提供的交易机会或者媒介服务，绕开中介人直接订立合同的，应当向中介人支付报酬。"乙作为中介公司员工，利用工作便利获取交易信息，构成职务行为。因此，甲通过乙获得的丙的房源信息为中介公司中介工作的结果，故甲绕开中介公司与丙直接订立合同，即构成跳单。甲应依约向中介公司支付报酬 2 万元，因此，A 项正确。

B 项：丙与中介公司没有任何合同关系，其既不构成违约，也不构成侵权，故对中介公司没有责任，因此，B 项错误。

C 项：甲应向中介公司支付报酬，乙对中介公司构成雇佣合同上的违约，即对中介公司商业秘密的侵权。但是甲、乙对中介公司的责任，不存在连带关系的法律基础，因此，C 项错误。

D 项：乙收取的 5000 元属于私人中介报酬，是窃取中介商机所得，没有合法依据，故构成不当得利，因此，D 项错误。

综上所述，本题答案为 A 项。

⑩ 1503014

参考答案：C

解析：A 项：《民法典》第 143 条规定："具备下列条件的民事法律行为有效：（一）行为人具有相应的民事行为能力；（二）意思表示真实；（三）不违反法律、行政法规的强制性规定，不违背公序良俗。"《民法典》第 791 条第 3 款规定："禁止承包人将工程分包给不具备相应资质条件的单位。禁止分包单位将其承包的工程再分包。建设工程主体结构的施工必须由承包人自行完成。"本题中，该施工队没有建筑施工资质，违反了法律的强制性规定，甲公司和施工队之间的合同无效。因此，A 项错误，不当选。

B 项：本题中，甲乙之间订立的建筑施工合同不存在效力待定的情形。因此，B 项错误，不当选。

C项:《民法典》第793条第1款规定:"建设工程施工合同无效,但是建设工程经验收合格的,可以参照合同关于工程价款的约定折价补偿承包人。"本题中,办公楼经验收合格,施工队有权主张工程款。因此,C项正确,当选。

D项:甲公司和乙公司订立的合同,乙公司未支付剩余价款构成违约,甲公司主张权利即可;甲公司和施工队的合同,甲公司应该履行,不能以未收到价款为理由拒绝。因此,D项错误,不当选。

综上所述,本题答案为C项。

⑪ `1503015`

参考答案:B

解析:A项:《民法典》第961条规定:"中介合同是中介人向委托人报告订立合同的机会或者提供订立合同的媒介服务,委托人支付报酬的合同。"本题中,刘某与甲公司成立中介合同,甲公司应该为刘某报告订立合同的机会。因此,A项正确,不当选。

B项:基础关系本身不产生委托授权的效果,本题中,在中介合同之外,不存在独立的委托授权行为,甲公司不享有委托代理权。因此,B项错误,当选。

C项:《民法典》第963条第1款规定:"中介人促成合同成立的,委托人应当按照约定支付报酬。对中介人的报酬没有约定或者约定不明确,依据本法第五百一十条的规定仍不能确定的,根据中介人的劳务合理确定。因中介人提供订立合同的媒介服务而促成合同成立的,由该合同的当事人平均负担中介人的报酬。"因此,C项正确,不当选。

D项:《民法典》第963条第2款规定:"中介人促成合同成立的,中介活动的费用,由中介人负担。"因此,D项正确,不当选。

综上所述,本题为选非题,答案为B项。

【多选】

⑫ `1703055`

参考答案:A,C,D

解析:A项:根据《民法典》第402条规定:"以

本法第三百九十五条第一款第一项至第三项规定的财产或者第五项规定的正在建造的建筑物抵押的,应当办理抵押登记。抵押权自登记时设立。"据此可知,以建设用地使用权抵押的,应当办理抵押登记,抵押权自登记时设立。本题中,甲公司将建设用地使用权用作抵押向乙银行借款3000万元,办理了抵押登记,故乙银行的抵押权成立。因此,乙银行对建设用地使用权拍卖所得价款享有优先受偿权。故A项正确。

B项:根据《民法典》第417条规定:"建设用地使用权抵押后,该土地上新增的建筑物不属于抵押财产。该建设用地使用权实现抵押权时,应当将该土地上新增的建筑物与建设用地使用权一并处分。但是,新增建筑物所得的价款,抵押权人无权优先受偿。"本题中,甲公司将建设用地使用权抵押给乙银行后,新增建筑物住宅楼不属于抵押财产,乙银行不享有抵押权,不能主张优先受偿。故B项错误。

C项:根据《建设工程合同司法解释(一)》第36条规定:"承包人根据民法典第八百零七条规定享有的建设工程价款优先受偿权优于抵押权和其他债权。"根据本条规定,建设工程价款优先受偿权优先于抵押权。故C项正确。

D项:根据《最高人民法院关于商品房消费者权利保护问题的批复》第2条规定:"商品房消费者以居住为目的购买房屋并已支付全部价款,主张其房屋交付请求权优先于建设工程价款优先受偿权、抵押权以及其他债权的,人民法院应当予以支持。只支付了部分价款的商品房消费者,在一审法庭辩论终结前已实际支付剩余价款的,可以适用前款规定。"本题中,丙公司是承包人、丁是交付了全部购房款的消费者。丙公司的优先受偿权不得对抗丁对其所购商品房的权利。故D项正确。

备注:1.将原案情"丁支付80%的购房款"改成现在的"丁支付全部购房款"。修改原因:法条修改,以前只要支付大部分就行,现在需要最晚一审辩论终结前支付全部。

2.CD项改了选项内容,以前是"丙公司对该住宅楼及其建设用地使用权的优先受偿权",现在是"丙公司对该住宅楼的优先受偿权",且C选项增加了"若甲公司将住宅建好后将房地一并抵押给乙银行，"的前提条件。修改原因：承包人建设工程价款优先权只针对工程，不包括地。依据：《法工委关于民法典的解读》P1046 页说明"只是一并处分，但优先受偿不及于地"；最高院 2019 年的一个裁判"要一并处分，但是分别保护，建设用地使用权不能体现劳动者的投入，所以不能就其优先受偿。"若不增加"建好后将房地一并抵押"的前提条件，将会涉及乙银行对新增建筑物不享有优先受偿权的知识点，从而导致考点不明晰。

综上所述，本题的答案为 ACD 项。

二、模拟训练

13 62202098

参考答案：C

解析：A 项：根据《民法典》第 905 条规定："仓储合同自保管人和存货人意思表示一致时成立。"仓储合同为诺成合同，自甲乙意思表示一致时成立。故 A 项错误。

B 项：根据《民法典》第 904 条规定："仓储合同是保管人储存存货人交付的仓储物，存货人支付仓储费的合同。"仓储合同为有偿合同，未约定仓储费用并非认定为无偿，可以补充协议，或者按照交易习惯确定，仍无法确定的，可以按照市场价格支付，故 B 项错误。

C 项：根据《民法典》第 914 条规定："当事人对储存期限没有约定或者约定不明确的，存货人或者仓单持有人可以随时提取仓储物，保管人也可以随时请求存货人或者仓单持有人提取仓储物，但是应当给予必要的准备时间。"甲乙之间未约定储存时间，甲超市作为存货人，可以随时解除合同，故 C 项正确。

D 项：根据《民法典》第 917 条规定："储存期内，因保管不善造成仓储物毁损、灭失的，保管人应当承担赔偿责任。因仓储物本身的自然性质、包装不符合约定或者超过有效储存期造成仓储物变质、损坏的，保管人不承担赔偿责任。"榴莲本身的自然性质就不易于长时间储存，运入仓库时已经 5 分熟，故保管人不承担榴莲变质的赔偿责任。故 D 项错误。

综上所述，本题答案为 C 项。

14 62102091

参考答案：C,D

解析：A 项：《民法典》第 763 条规定："应收账款债权人与债务人虚构应收账款作为转让标的，与保理人订立保理合同的，应收账款债务人不得以应收账款不存在为由对抗保理人，但是保理人明知虚构的除外。"燃料公司在华润银行向其核实应收账款真实性时，没有如实陈述真实煤炭买卖合同的履行情况，而是直接盖章确认了 4611 万元应收账款的真实性，故该变造的 9.5 万吨合同应认定为大优公司与燃料公司虚构应收账款作为转让标的，所以燃料公司不能以此为由对抗华润银行。因此，A 项错误。

BC 项：《民法典》第 766 条规定："当事人约定有追索权保理的，保理人可以向应收账款债权人主张返还保理融资款本息或者回购应收账款债权，也可以向应收账款债务人主张应收账款债权。保理人向应收账款债务人主张应收账款债权，在扣除保理融资款本息和相关费用后有剩余的，剩余部分应当返还给应收账款债权人。"华润银行和大优公司约定的是有追索权的保理合同，到期债务无法清偿，保理人华润银行可以向应收账款债权人大优公司主张返还保理融资款本息。应收账款的金额为 4611 万，扣除保理融资款本息，尚余 500 万元，华润银行不能占有，需要返还应收账款债权人大优公司。因此，B 项错误，C 项正确。

D 项：《民法典》第 769 条规定："本章没有规定的，适用本编第六章债权转让的有关规定。"《民法典》第 546 条第 1 款规定："债权人转让债权，未通知债务人的，该转让对债务人不发生效力。"应收账款债权人为了避免应收账款债务人对其信用状况产生担忧，约定保理类型为暗保理。参照债权转让的相关法律规定，应收账款转让，未通知债务人燃料公司，未对其生效，燃料公司已经向大优公司支付 2000 万的款项是有效的，华润银行对燃料公司的这部分债权已经消灭，只能向大优公司主张返还清偿款项。因此，D 项正确。

综上所述，本题答案为 CD 项。

15 62102014

参考答案：A

解析：A项：根据《建设工程施工合同解释（一）》第24条第1款规定："当事人就同一建设工程订立的数份建设工程施工合同均无效，但建设工程质量合格，一方当事人请求参照实际履行的合同关于工程价款的约定折价补偿承包人的，人民法院应予支持。"若黄河建筑公司建设工程竣工且质量合格，其有权请求参照实际履行的合同关于工程价款的约定折价补偿。故A选项正确。

B项：根据《建设工程施工合同解释（一）》第42条规定："发包人与承包人约定放弃或者限制建设工程价款优先受偿权，损害建筑工人利益，发包人根据该约定主张承包人不享有建设工程价款优先受偿权的，人民法院不予支持。"因为黄河建筑公司尚拖欠工人工资200万，若黄河建筑公司在合同中放弃了建设工程价款优先受偿权损害了建筑工人利益，则该放弃无效。故B选项错误。

C项：根据《建设工程施工合同解释（一）》第36条规定："承包人根据民法典第八百零七条规定享有的建设工程价款优先受偿权优于抵押权和其他债权。"故黄河建筑公司有权主张其建设工程价款优先受偿权优于抵押权人秦岭公司，故C选项错误。

D项：根据《建设工程施工合同解释（一）》第41条规定："承包人应当在合理期限内行使建设工程价款优先受偿权，但最长不得超过十八个月，自发包人应当给付建设工程价款之日起算。"故D选项错误。

综上所述，本题答案为A。

16 `62102108`

参考答案：A

解析：A项：根据《民法典》第769条规定："本章没有规定的，适用本编第六章债权转让的有关规定。"《民法典》第546条第1款规定："债权人转让债权，未通知债务人的，该转让对债务人不发生效力。"本题中，保理合同的生效等应适用债权转让的相关规定，根据债权转让的规定，通知债务人是对债务人产生效力，但并不影响保理合同本身的成立生效。故A项错误，当选。

B项：根据《民法典》第763条规定："应收账款债权人与债务人虚构应收账款作为转让标的，与

保理人订立保理合同的，应收账款债务人不得以应收账款不存在为由对抗保理人，但是保理人明知虚构的除外。"本题中，飞翔公司和光大公司之间的应收账款是虚构的，但是已经与甲银行签订保理合同，且甲银行对此是不知情的，所以应收账款债务人不能以应收账款是虚构的为由抗辩甲银行。故B项正确，不当选。

CD项：根据《民法典》第767条规定："当事人约定无追索权保理的，保理人应当向应收账款债务人主张应收账款债权，保理人取得超过保理融资款本息和相关费用的部分，无需向应收账款债权人返还。"本题中，飞翔公司与甲银行订立的是无追索权的保理合同，因此，甲银行无权向飞翔公司追索，即甲银行无权要求飞翔公司（应收账款债权人）回购应收账款债权，甲银行只能向光大公司（应收账款债务人）主张应收账款债权。且甲银行取得超过保理融资款本息和相关费用的部分，无需向飞翔公司返还。故CD项正确，不当选。

综上所述，本题为选非题，正确答案为A。

17 `62002047`

参考答案：A,C,D

解析：A项：根据《民法典》第939条规定："建设单位依法与物业服务人订立的前期物业服务合同，以及业主委员会与业主大会依法选聘的物业服务人订立的物业服务合同，对业主具有法律约束力。"本题中，大河公司与乐活公司签订的《小区前期物业管理委托合同》对业主有约束力。因此，A项错误，当选。

B项：根据《民法典》第940条规定："建设单位依法与物业服务人订立的前期物业服务合同约定的服务期限届满前，业主委员会或者业主与新物业服务人订立的物业服务合同生效的，前期物业服务合同终止。"本题中，龙腾小区与骄阳物业公司订立的《物业服务合同》生效后，大河公司与乐活公司签订的《小区前期物业管理委托合同》终止。因此，B项正确，不当选。

C项：根据《民法典》第941条第2款规定："物业服务人不得将其应当提供的全部物业服务转委托给第三人，或者将全部物业服务支解后分别转

委托给第三人。"本题中，骄阳物业公司不得将全部物业服务转委托给第三人。因此，C 项错误，当选。

D 项：根据《民法典》第 944 条第 3 款规定："物业服务人不得采取停止供电、供水、供热、供燃气等方式催交物业费。"本题中，骄阳物业公司不得采取停止提供燃气的方式催交物业费。因此，D 项错误，当选。

综上所述，本题为选非题，答案为 ACD 项。

18 `61902182`

参考答案：B,C,D

解析：A 项：根据《民法典》第 562 条规定："当事人协商一致，可以解除合同。当事人可以约定一方解除合同的事由。解除合同的事由发生时，解除权人可以解除合同。"本题中，李某打电话给张某解除合同既不属于约定解除的情形，也不属于法定解除的情形，此时双方当事人未协商一致解除合同，因此张某可以拒绝李某不再租住的请求。因此，A 项正确，不当选。（注意：《民法典》第 707 条规定："租赁期限六个月以上的，应当采用书面形式。当事人未采用书面形式，无法确定租赁期限的，视为不定期租赁。"本题中，由于租赁期限并非无法确定，因此不属于不定期租赁合同。）

B 项：根据《民法典》第 933 条规定："委托人或者受托人可以随时解除委托合同。因解除合同造成对方损失的，除不可归责于该当事人的事由外，无偿委托合同的解除方应当赔偿因解除时间不当造成的直接损失，有偿委托合同的解除方应当赔偿对方的直接损失和合同履行后可以获得的利益。"该条规定了委托合同中当事人均享有任意解除权，区分了有偿委托和无偿委托中，解除方的赔偿责任。因此，郑某享有任意解除权，夏某不得以正在去往购买途中为由拒绝。因此，B 项错误，当选。

C 项：根据《民法典》第 899 条规定："寄存人可以随时领取保管物。当事人对保管期限没有约定或者约定不明确的，保管人可以随时请求寄存人领取保管物；约定保管期限的，保管人无特别事由，不得请求寄存人提前领取保管物。"在保管合同中，寄存人享有任意解除权，因此虽未满一年

期限，但是邱某仍可请求取回钻石项链，王某不得拒绝。因此，C 项错误，当选。

D 项：根据《民法典》第 787 条规定："定作人在承揽人完成工作前可以随时解除合同，造成承揽人损失的，应当赔偿损失。"本题中，吉某找郭某取回电动车时，郭某尚未修好电动车，此时吉某享有任意解除权，郭某不得以此为由拒绝。因此，D 项错误，当选。

综上所述，本题为选非题，答案为 BCD 项。

第七章
合伙合同

参考答案

[1] B

历年真题及仿真题

（一）合伙合同

【不定项】

1 `1603087`

参考答案：B

解析：ABC 项：《合伙企业法》第 46 条规定："合伙协议未约定合伙期限的，合伙人在不给合伙企业事务执行造成不利影响的情况下，可以退伙，但应当提前三十日通知其他合伙人。"《合伙企业法》第 51 条规定："合伙人退伙，其他合伙人应当与该退伙人按照退伙时的合伙企业财产状况进行结算，退还退伙人的财产份额。退伙人对给合伙企业造成的损失负有赔偿责任的，相应扣减其应当赔偿的数额。退伙时有未了结的合伙企业事务的，待该事务了结后进行结算。"所以，合伙人乙退出合伙，不需要出租人同意，不需要提供有效的担保。因此，B 项正确，AC 项错误。

D 项：《民法典》第 973 条规定："合伙人对合伙债务承担连带责任。清偿合伙债务超过自己应当承担份额的合伙人，有权向其他合伙人追偿。"普通合伙人即便退出合伙合同，对于合同存续期间所

欠的债务，仍应当承担连带责任。因此，D项错误。

综上所述，本题正确答案为B。

侵权责任和人格权

第一章
侵权法总则

参考答案

[1] C	[2] D	[3] B	[4] ABC	[5] B
[6] C	[7] A	[8] A	[9] D	[10] B
[11] D	[12] D	[13] D	[14] A	[15] C
[16] AD	[17] AB	[18] BC	[19] CD	[20] AD
[21] AD	[22] CD	[23] AC	[24] CD	[25] AB
[26] ABCD	[27] ABD	[28] BC	[29] D	[30] CD
[31] B	[32] ACD			

一、历年真题及仿真题

（一）免责、减责事由

【单选】

1 1902140

参考答案：C

解析：ABCD项：根据《民法典》第1176条第1款规定："自愿参加具有一定风险的文体活动，因其他参加者的行为受到损害的，受害人不得请求其他参加者承担侵权责任；但是，其他参加者对损害的发生有故意或者重大过失的除外。"甲、乙、丙、丁四人作为"资深"骑马爱好者，应当预见到骑马是一项危险活动，仍相约去草原骑马，四人的行为系"自甘风险"。在骑马过程中，只要参与者对损害的发生不存在过错（故意或重大过失）就无需承担侵权责任。乙的马被"突然"出现的野兔惊吓，属于"意外事件"，其他三人不存在过错，因此无需对乙的受伤承担赔偿责任，而应由乙自行承担。因此，C项正确，ABD项错误。

综上所述，本题答案为C项。

2 1703023

参考答案：D

解析：ABCD项：意外事件，是指非因行为人的故意或过失而偶然发生的事故。本题中，虽然出现了小囝死亡的损害后果，但本案中的相关人员均不存在故意。少儿食用香蕉时，香蕉误入气管发生窒息，虽有发生的可能性，但是概率极低，可以忽略不计。因此，刘婆婆、肖婆婆、小勇的行为均符合其所属类型一个理性谨慎人的行为标准，尽到了合理的注意义务，对损害的发生没有过失。故D项正确；ABC项均错误。

综上所述，本题答案为D项。

（二）多数人侵权

【单选】

3 1802107

参考答案：B

解析：ABCD项：根据《民法典》1172条的规定："二人以上分别实施侵权行为造成同一损害，能够确定责任大小的，各自承担相应的责任；难以确定责任大小的，平均承担责任。"本题中，甲、乙既无共同故意亦无共同过失，但若无甲卡车挂落缆线的行为损害不会发生，若无乙卡车卷起缆线的行为损害也不会发生，即甲、乙的行为单独均不足以造成损害，故甲、乙的行为结合造成同一损害。因此，甲、乙成立"共同因果关系的数人分别侵权"，应对行人遭受的损害承担按份责任。因此，B项正确，ACD项错误。

综上所述，本题答案为B项。

【多选】

4 2002011

参考答案：A,B,C

解析：ABCD项：本题中乙重伤的结果是由于甲的过失和地铁公司未尽到管理义务两个过错行为导致的，而甲和地铁公司不存在意思联络，且若任何一个因素消失都不会产生乙的重伤结果，所以甲和地铁公司的行为属于共同因果关系的无意思联络的数人侵权，甲与地铁公司都应承担责任。

若难以确定责任大小，甲和地铁公司应当平均承担责任。因此，ABC 项正确，D 项错误。

综上所述，本题答案为 ABC 项。

（三）综合知识点

【单选】

5 2302016

参考答案：B

解析：A 项：根据《民法典》第 184 条规定："因自愿实施紧急救助行为造成受助人损害的，救助人不承担民事责任。"因此，李某胳膊骨折不可向张某请求赔偿。因此，A 项错误。

BD 项：根据《民法典》第 979 条规定："管理人没有法定的或者约定的义务，为避免他人利益受损失而管理他人事务的，可以请求受益人偿还因管理事务而支出的必要费用；管理人因管理事务受到损失的，可以请求受益人给予适当补偿。管理事务不符合受益人真实意思的，管理人不享有前款规定的权利；但是，受益人的真实意思违反法律或者违背公序良俗的除外。"

张某跳入江中救助李某的行为，无法定或约定的义务，为避免李某的利益受损，该行为虽违背李某的真实意思，但李某的真实意思违背公序良俗，张某依然构成无因管理，张某背部的损害、手机摔坏可向李某请求适当补偿。因此，B 项正确，D 项错误。

C 项：《民法典》第 897 条规定："保管期内，因保管人保管不善造成保管物毁损、灭失的，保管人应当承担赔偿责任。但是，无偿保管人证明自己没有故意或者重大过失的，不承担赔偿责任。"王某因围观太过紧张不慎将手机跌落导致屏幕摔碎，没有故意或者重大过失，张某手机摔坏不可向王某请求赔偿。因此，C 项错误。

综上所述，本题答案为 B。

6 2202190

参考答案：C

解析：A 项：根据《民法典》第 13 条规定："自然人从出生时起到死亡时止，具有民事权利能力，依法享有民事权利，承担民事义务。"因此，甲的民事权利能力不因醉酒而丧失。因此，A 项错误。

B 项：影响自然人民事行为能力的因素为年龄或精神状况（不能或不能完全辨认自己的行为），醉酒只是暂时的对自己的行为失去一定的控制能力，不属于不能或不能完全辨认自己行为的情形，故甲依然具有民事行为能力。因此，B 项错误。

C 项：根据《民法典》第 1190 条第 2 款规定："完全民事行为能力人因醉酒、滥用麻醉药品或者精神药品对自己的行为暂时没有意识或者失去控制造成他人损害的，应当承担侵权责任。"甲作为完全民事行为能力人，造成他人损害的，因醉酒丧失意识，不是免责事由，应当赔偿给酒店造成的损失。因此，C 项正确。

D 项：乙对饭店的损害没有过错，不承担侵权责任。而且乙也没有违约行为，不承担违约责任。因此，D 项错误。

综上所述，本题答案为 C 项。

7 2202175

参考答案：A

解析：AD 项：《民法典》第 1198 条第 1 款规定："宾馆、商场、银行、车站、机场、体育场馆、娱乐场所等经营场所、公共场所的经营者、管理者或者群众性活动的组织者，未尽到安全保障义务，造成他人损害的，应当承担侵权责任。"酒店在喷洒完有毒有害物质后，没有放相关警示牌，属于没有尽到安全保障义务的情形，应当承担侵权责任。酒店花园的桃子不同于果园的桃子，具有观赏性，甲将不知是否确定能吃的桃子分享给室友，有过错，构成侵权。甲和酒店构成无意思联络的数人侵权，单独都不足以造成损害，承担按份责任。因此，A 项正确，D 项错误。

BC：《民法典》第 1186 条规定："受害人和行为人对损害的发生都没有过错的，依照法律的规定由双方分担损失。"公平责任的承担要件为：1. 受害人和行为人对损害的发生都没有过错；2. 必须是法律规定的适用公平责任的情形；3. 双方当事人的行为需与损害后果的发生具有一定的因果关系。由于酒店和甲对损害的发生存在过错，故不应当依据公平责任原则分担相应责任。因此，BC 项错误。

综上所述，本题答案为 A 项。

8 2202191

参考答案：A

解析：A项：根据《民法典》第1198条第1款规定："宾馆、商场、银行、车站、机场、体育场馆、娱乐场所等经营场所、公共场所的经营者、管理者或者群众性活动的组织者，未尽到安全保障义务，造成他人损害的，应当承担侵权责任。"由于学校提供的床位的护栏高度小于相关规定10cm，且学校未对床的护栏的高度进行核查并更换不符合标准的床位，属于违反安全保障义务的行为，应当承担责任。A项正确。

B项：意外事件要求学校没有故意或过失。本题中，学校违反安全保障义务，存在过失，不属于意外事件。B项错误。

C项：自甘风险需要参加的是文体活动，本题显然不是，不是自甘风险。C项错误。

D项：小明翻身动作大不是过错，不能以此减轻学校的责任。D项错误。

综上所述，本题答案为A项。

9 2202171

参考答案：D

解析：ACD项：《民法典》第1170条规定："二人以上实施危及他人人身、财产安全的行为，其中一人或者数人的行为造成他人损害，能够确定具体侵权人的，由侵权人承担责任；不能确定具体侵权人的，行为人承担连带责任。"甲乙一同实施了危险行为，且无法查清丙是被谁扔的石头所伤，构成共同危险行为，甲乙应承担连带责任。

《民法典》第1198条规定："宾馆、商场、银行、车站、机场、体育场馆、娱乐场所等经营场所、公共场所的经营者、管理者或者群众性活动的组织者，未尽到安全保障义务，造成他人损害的，应当承担侵权责任。因第三人的行为造成他人损害的，由第三人承担侵权责任；经营者、管理者或者组织者未尽到安全保障义务的，承担相应的补充责任。经营者、管理者或者组织者承担补充责任后，可以向第三人追偿。"因水库管理人对水库负有安全保障义务，只放置了一个警示牌，没有设置防护栏等安保措施，并没有尽到管理义务，应该承担补充责任。因此，AC项错误，D项正确。

B项：《民法典》第1173条规定："被侵权人对同一损害的发生或者扩大有过错的，可以减轻侵权人的责任。"虽然丙违反禁止游泳的告示，但禁止游泳是以防止人溺水为目的而设立的，与丙遭受石头砸伤没有因果关系，所以甲、乙不能以丙有过失进行抗辩。因此，B项错误。

综上所述，本题答案为D项。

10 2202163

参考答案：B

解析：A项：乙在窗台养花的行为没有妨害甲对停车位的正常使用，不能请求排除妨害。A项错误。

B项：乙的行为确有造成甲的汽车损害的潜在风险，故甲可以请求乙消除危险。B项正确。

C项：甲的权利尚未遭受实际损害，不能请求乙赔偿损失。C项错误。

D项：甲的汽车还有停车位都没有毁损，所以不能请求乙恢复原状。D项错误。

综上所述，本题答案为B。

11 2202025

参考答案：D

解析：AB项：马某对王某穿过篮球场并无预见性，没有过错，不构成侵权，不承担责任。AB项错误。

C项：学校是篮球赛的组织者，承担安保义务。但学校对于王某的损害并无过错，不能要求学校将操场都设围栏，因此学校对于王某的损害不担责。C项错误。

D项：王某作为完全民事行为能力人，应当明白篮球场区别于一般道路，应当预见横穿球场的潜在风险，但仍然横穿球场，王某自行担责。D项正确。

综上所述，本题正确答案为D项。

12 1902144

参考答案：D

解析：A项："学校电梯设计太少"这一事实不是致使甲下楼摔伤的必要条件，二者之间无法律上的因果关系，故学校不因电梯数量设置不合理而承担损害赔偿责任。因此，A项错误，不当选。

BD项：根据《民法典》第1198条第1款："宾

馆、商场、银行、车站、机场、体育场馆、娱乐场所等经营场所、公共场所的经营者、管理者或者群众性活动的组织者，未尽到安全保障义务，造成他人损害的，应当承担侵权责任。"据此可知，安保义务人责任系过错责任。本题中，甲的损害系其玩手机失足摔倒导致，学校对损害结果的发生不存在过错，不承担责任，应由甲自行承担全部损害后果。故 B 项错误，不当选。D 项正确，当选。

C 项：根据《民法典》第 1186 条规定："受害人和行为人对损害的发生都没有过错的，依照法律的规定由双方分担损失。""依照法律的规定"这一表达，表明适用公平责任仅限于"法律明确规定的特定情形"，除此以外，不适用公平责任。本题中，甲所遭受的人身损害，不属于法律明确规定应当或者可以适用公平责任的法定情形。因此，甲应自行承担全部责任。因此，C 项错误，不当选。

综上所述，本题答案为 D 项。

13 `1902141`

参考答案：D

解析：ABCD 项：根据《最高人民法院关于确定民事侵权精神损害赔偿责任若干问题的解释》（以下简称《精神损害赔偿解释》）第 3 条规定："死者的姓名、肖像、名誉、荣誉、隐私、遗体、遗骨等受到侵害，其近亲属向人民法院提起诉讼请求精神损害赔偿的，人民法院应当依法予以支持。"《民法典》第 1045 条规定："亲属包括配偶、血亲和姻亲。配偶、父母、子女、兄弟姐妹、祖父母、外祖父母、孙子女、外孙子女为近亲属。配偶、父母、子女和其他共同生活的近亲属为家庭成员。"法条中采取了完全列举式的方式进行定义，舅舅和外甥外甥女之间都不属于近亲属，甲不是乙的近亲属，并非适格的原告。因此，法院依法应当不予受理。因此，ABC 项错误，D 项正确。

综上所述，本题答案为 D 项。

14 `1802006`

参考答案：A

解析：AB 项：根据《民法典》第 183 条规定："因保护他人民事权益使自己受到损害的，由侵权人

承担民事责任，受益人可以给予适当补偿。没有侵权人、侵权人逃逸或者无力承担民事责任，受害人请求补偿的，受益人应当给予适当补偿。"本题中，马某因见义勇为遭受人身损害的责任承担规则是：第一，由加害人（动物饲养人赵某）承担无过错责任，同时，可以请求受益人（吕某）承担公平责任，适当补偿。第二，若加害人（赵某）不能确定或者无力承担，受益人（吕某）应当承担公平责任，适当补偿。因加害人赵某无力赔偿，受益人吕某应当承担公平责任，对马某适当补偿，是"补偿"而不是"赔偿"。因此，B 项错误，A 项正确。

当然，也能从无因管理角度回答，马某没有义务，为避免吕某权益受损而进行救助，构成无因管理，可以请求受益人（吕某）适当补偿。

CD 项：根据《民法典》第 182 条的规定："因紧急避险造成损害的，由引起险情发生的人承担民事责任。危险由自然原因引起的，紧急避险人不承担民事责任，可以给予适当补偿。紧急避险采取措施不当或者超过必要的限度，造成不应有的损害的，紧急避险人应当承担适当的民事责任。"本题中，马某因"紧急避险"给何某造成损害，马某避险适当，马某不承担责任，应当由引起险情的动物饲养人赵某承担侵权责任。因此，CD 项错误。

综上所述，本题答案为 A 项。

15 `1703022`

参考答案：C

解析：A 项：根据《民法典》第 577 条规定："当事人一方不履行合同义务或者履行合同义务不符合约定的，应当承担继续履行、采取补救措施或者赔偿损失等违约责任。"本题中，姚某和唐某尚未订立买卖合同，因此，不存在承担违约责任的问题。故 A 项错误。

BCD 项：根据《民法典》第 1165 条第 1 款规定："行为人因过错侵害他人民事权益造成损害的，应当承担侵权责任。"《民法典》第 1184 条规定："侵害他人财产的，财产损失按照损失发生时的市场价格或者其他合理方式计算。"本题中，姚某在试戴唐某的翡翠手镯时，不慎将手镯摔断，应当

承担侵权责任，按照损失发生时的市场价即 9 万元进行赔偿。因此，BD 项错误，C 项正确。

综上所述，本题答案为 C 项。

【多选】

16 2402069

参考答案：A,D

解析：ABD 项：甲的院墙还没倒，因此尚未妨害，只是有妨害的危险，有权要求消除危险，而非排除妨害。而且危险是甲自己造成，费用由甲承担。因此 AD 项正确，B 项错误。

C 项：赔礼道歉用于侵犯人格权，此处不适用。C 项错误。

综上所述，本题答案是 AD。

17 2302018

参考答案：A,B

解析：A 项：物业公司的行为影响甲正常行使物权，甲有权请求物业公司排除妨害。因此，A 项正确。

B 项：物业公司的行为侵害甲对房屋的使用权，且该侵权行为仍在继续，甲有权要求停止侵害。故 B 项正确。

C 项：赔礼道歉适用侵犯人格权。本题没侵犯人格权。C 选项错误。

D 项：根据《民法典》第 946 条第 1 款规定："业主依照法定程序共同决定解聘物业服务人的，可以解除物业服务合同。决定解聘的，应当提前六十日书面通知物业服务人，但是合同对通知期限另有约定的除外。"物业服务合同的解除还需要经过一定比例的业主共同同意，单一业主无权任意解除。故 D 选项错误。

综上所述，本题正确答案为 AB。

18 2302021

参考答案：B,C

解析：A 项：根据《民法典》第 1024 条第 1 款规定："民事主体享有名誉权。任何组织或者个人不得以侮辱、诽谤等方式侵害他人的名誉权。"放出对比图并没有侮辱、诽谤甲，未侵犯甲的名誉权。因此，A 项错误。

B 项：根据《民法典》第 1019 条第 1 款规定："任何组织或者个人不得以丑化、污损，或者利用信息技术手段伪造等方式侵害他人的肖像权。未经肖像权人同意，不得制作、使用、公开肖像权人的肖像，但是法律另有规定的除外。"乙未经甲的同意将甲的照片公布于网上，侵犯了甲的肖像权。因此，B 项正确。

CD 项：从侵权角度来看，根据《民法典》第 1191 条第 1 款规定："用人单位的工作人员因执行工作任务造成他人损害的，由用人单位承担侵权责任。用人单位承担侵权责任后，可以向有故意或者重大过失的工作人员追偿。"摄影师乙为影楼的员工，且是职务行为，应当由影楼承担替代责任。从违约角度来看，违约责任具有相对性，拍摄合同的当事人为甲与影楼，甲应当请求影楼承担违约责任。因此，C 项正确，D 项错误。

综上所述，本题答案为 BC。

19 2202189

参考答案：C,D

解析：A 项：乙没有法定或约定义务为甲或甲父母利益救甲，构成无因管理。无因管理是事实行为，不要求无因管理人有行为能力，因此限制行为能力人乙可以自主实施救人行为。A 选项错误。

BC 项：根据《民法典》第 182 条规定："因紧急避险造成损害的，由引起险情发生的人承担民事责任。危险由自然原因引起的，紧急避险人不承担民事责任，可以给予适当补偿。紧急避险采取措施不当或者超过必要的限度，造成不应有的损害的，紧急避险人应当承担适当的民事责任。"甲的人身权益面临紧急的危险，如果乙不爬上楼下业主的花架，就没有办法避免甲窒息的风险，且甲采取的措施并未超过必要的限度，因此，乙的行为构成紧急避险。该险情是由于甲贪玩以及甲的父母未尽到监护责任引起的，所产生的民事责任，应当由甲的父母承担。因此，B 项错误，C 项正确。（从无因管理所负债务请求偿还角度理解也可）

D 项：因无因管理受害，管理人可以请求适当补偿损失。D 选项正确。（从见义勇为角度理解也对，"因保护他人民事权益使自己受到损害的，由侵权人承担民事责任，受益人可以给予适当补偿。没有侵权人、侵权人逃逸或者无力承担民事责任、受害人请求补偿的，受益人应当给予适当补偿。"）综上所述，本题答案为 CD。

20 2102071

参考答案：A，D

解析：根据《民法典》第 1176 条第 1 款规定："自愿参加具有一定风险的文体活动，因其他参加者的行为受到损害的，受害人不得请求其他参加者承担侵权责任；但是，其他参加者对损害的发生有故意或者重大过失的除外。"

A 项：篮球比赛是具有一定风险的文体活动，甲传球是正常的篮球动作，主观上也并无故意或重大过失，乙受伤属于自甘风险，无权请求甲赔偿。因此 A 项正确。

C 项：丙用篮球砸向甲，主观上具有故意伤害的意图，应承担侵权责任，甲的损害不属于自甘风险，故有权请求丙赔偿，C 项错误。

BD 项：比赛组织者是否承担责任，关键看有没有尽到安保义务。不管是乙在比赛中意外受伤，还是丙故意砸伤了甲，都不是比赛组织者未尽安保义务导致的，因此比赛组织者对甲、乙的损害都不担责，B 项错误，D 项正确。

综上所述，本题正确答案为 AD 项。

21 2102064

参考答案：A，D

解析：ABCD 项：甲与乙银行之间订立了银行卡的合同，乙银行负有保障客户资金安全的义务。现第三人盗刷银行卡，给甲造成损失，乙银行没有保障好客户资金安全，构成违约，甲可以向乙银行主张违约损害赔偿，赔偿范围为因违约造成的损失 1 万元而非 5000 元。同时，第三人的盗刷行为是故意以悖于善良风俗的方式侵害甲的债权，甲有权要求侵权赔偿。因此 AD 项正确，BC 项错误。

综上所述，本题答案为 AD 项。

22 1703067

参考答案：C，D

解析：A 项：《民法典》第 1245 条规定："饲养的动物造成他人损害的，动物饲养人或者管理人应当

承担侵权责任；但是，能够证明损害是因被侵权人故意或者重大过失造成的，可以不承担或者减轻责任。"据此可知，饲养动物损害责任的归责原则是无过错原则，饲养人甲、乙不能通过证明自己已尽到管理职责，即没有过错而免责。故 A 项错误。

B 项：《民法典》第 1168 条规定："二人以上共同实施侵权行为，造成他人损害的，应当承担连带责任。"本题中，甲乙既无共同故意，也无共同过失，不成立共同加害行为。故 B 项错误。

CD 项：《民法典》第 1172 条规定："二人以上分别实施侵权行为造成同一损害，能够确定责任大小的，各自承担相应的责任；难以确定责任大小的，平均承担责任。"本题中，甲、乙分别饲养的山羊将丙辛苦栽培的珍稀药材悉数啃光，每一个加害行为单独均不足以造成全部损害。如能够确定责任大小的，各自承担相应的责任，如不能确定责任大小的，平均承担赔偿责任。故 CD 项正确。

综上所述，本题答案为 CD 项。

23 1503058

参考答案：A，C

解析：A 项：根据《民法典》第 1032 条的规定："自然人享有隐私权。任何组织或者个人不得以刺探、侵扰、泄露、公开等方式侵害他人的隐私权。隐私是自然人的私人生活安宁和不愿为他人知晓的私密空间、私密活动、私密信息。"李某作为甲公司工作人员，拆看他人物品，属于侵害他人隐私权的情形。因此，A 项正确。

CD 项：本题中，李某损坏了张某的平板电脑，侵犯张某的财产权利。根据《民法典》第 1191 条第 1 款的规定："用人单位的工作人员因执行工作任务造成他人损害的，由用人单位承担侵权责任。用人单位承担侵权责任后，可以向有故意或者重大过失的工作人员追偿。"因此，C 项正确，D 项错误。

B 项：根据《民法典》第 1183 条第 1 款的规定："侵害自然人人身权益造成严重精神损害的，被侵权人有权请求精神损害赔偿。"本题中，张某的隐私权虽遭受侵害，但张某并未遭受严重精神损害，故无权请求精神损害赔偿。因此，B 项错误。

综上所述，本题答案为 AC 项。

 24 **1403022**

参考答案：C,D

解析：AB 项：本题中，欢欢与欣欣美容医院因隆鼻手术产生服务合同关系，而美容院因自身过错导致欢欢面部感染并留下疤痕，对欢欢造成了侵权损害，因此违约责任与侵权责任并存。此外，精神抚慰金具有人身性和专属性，故精神抚慰金的请求权不可让与或继承；但若法院已经判决欣欣医院给付精神抚慰金，此时不涉及精神抚慰金的请求权问题，故该笔精神抚慰金可由欢欢的继承人予以继承。因此，AB 项正确，不当选。

CD 项：根据《民法典》第 994 条规定："死者的姓名、肖像、名誉、荣誉、隐私、遗体等受到侵害的，其配偶、子女、父母有权依法请求行为人承担民事责任"；根据《精神损害赔偿解释》第 3 条规定："死者的姓名、肖像、名誉、荣誉、隐私、遗体、遗骨等受到侵害，其近亲属向人民法院提起诉讼请求精神损害赔偿的，人民法院应当依法予以支持。"本题中，欢欢已经死亡，不再享有名誉权，只是名誉利益受保护。洋洋杜撰欢欢吸毒过量致死导致欢欢名誉受损，其母作为近亲属有权就此提起侵权诉讼，但并非以死者欢欢的名义，而应当以自己的名义。因此，CD 项错误，当选。

本题为选非题，综上所述，本题答案为 CD 项。

【不定项】

 25 **2002009**

参考答案：A,B

解析：AB 项：根据《民法典》第 186 条规定："因当事人一方的违约行为，损害对方人身权益、财产权益的，受损害方有权选择请求其承担违约责任或者侵权责任。"甲与照相馆之间成立承揽合同。照相馆未向甲履行交付约定工作成果的合同义务，给甲造成损失，且无免责事由，成立违约；同时，照相馆还因重大过失毁损甲享有所有权的照片，给甲造成固有利益的损失，成立过错侵权。照相馆的行为属于违约责任和侵权责任的竞合，甲有权择一对照相馆主张违约责任或者侵权责任。

根据《民法典》第 1183 条第 2 款规定："因故意或者重大过失侵害自然人具有人身意义的特定物造成严重精神损害的，被侵权人有权请求精神损害赔偿。"甲与父母的唯一合影，是甲寄托思念的物件，属于自然人所有的"具有人身意义的特定物"，因照相馆重大过失而永久毁损灭失，甲有权对照相馆主张精神损害赔偿。根据《民法典》第 996 条规定："因当事人一方的违约行为，损害对方人格权并造成严重精神损害，受损害方选择请求其承担违约责任的，不影响受损害方请求精神损害赔偿。"因照相馆的加害给付，给甲造成严重的精神损害，无论甲选择对照相馆主张侵权责任还是违约责任，甲均有权主张精神损害赔偿。因此，AB 项正确。

C 项：根据《民法典》第 1004 条规定："自然人享有健康权。自然人的身心健康受法律保护。任何组织或者个人，不得侵害他人的健康权。"侵害健康权的行为，包括三个类型：第一，侵害自然人的生理机能；第二，侵害自然人的心理机能；第三，实施不法加害行为，使自然人部分或者全部丧失劳动能力。照相馆因重大过失毁损甲与其父母的唯一合影的行为，虽然给甲造成精神痛苦，但并未侵害甲的心理机能使甲处于疾病状态，因此，不成立对甲健康权的侵害。因此，C 项错误。

D 项：根据《民法典》第 1018 条第 1 款规定："自然人享有肖像权，有权依法制作、使用、公开或者许可他人使用自己的肖像。"《民法典》第 1019 条第 1 款规定："任何组织或者个人不得以丑化、污损，或者利用信息技术手段伪造等方式侵害他人的肖像权。未经肖像权人同意，不得制作、使用、公开肖像权人的肖像，但是法律另有规定的除外。"照相馆因重大过失毁损照片的行为不属于法律规定丑化、污损或利用信息技术手段伪造甲肖像的行为，不成立对甲肖像权的侵害。因此，D 项错误。

综上所述，本题答案为 AB 项。

二、模拟训练

 26 **62302003**

参考答案：A,B,C,D

解析：A 项：《民法典》第 1013 条规定："法人、非法人组织享有名称权，有权依法决定、使用、变更、转让或者许可他人使用自己的名称。"第1014条规定："任何组织或者个人不得以干涉、盗用、假冒等方式侵害他人的姓名权或者名称权。"A公司擅自使用B公司名称营销，侵犯B公司名称权。甲公司未履行审查义务，也构成侵权。因此，A项正确。

B项：《民法典》第296条规定："不动产权利人因用水、排水、通行、铺设管线等利用相邻不动产的，应当尽量避免对相邻的不动产权利人造成损害。"由于邹某的地砖高于对方5厘米，导致下雨天车某出行不便，该行为有违邻里关系的和谐，且会给车某的权利带来损害，因此，车某有权要求邹某排除妨害，拆除高出的5厘米地砖。因此，B项正确。

C项：周某将衔接粪管的倾斜角度进行较大幅度的减少，改变了原粪管的结构，该行为有造成排泄物外溢的风险，会对邻居叶某的生活造成不良影响，叶某有权要求周某消除危险。因此，C项正确。

D项：《民法典》第196条第1项规定："下列请求权不适用诉讼时效的规定：（一）请求停止侵害、排除妨碍、消除危险；"清雅传媒公司擅自使用刘某拍摄的照片作为宣传照，侵害了刘某的著作权，刘某有权要求清雅公司停止侵害，且该请求不适用诉讼时效的规定。因此，D项正确。

综上所述，本题答案为ABCD项。

27 62202090

参考答案：A,B,D

解析：A项：依照一般社会观念，进入鬼屋不会导致人惊吓死亡，甲的死亡是其自身原因所致，与乙之间不存在因果关系，故乙无需对甲的死亡负责。因此，A项正确。

B项：乙的行为导致了甲死亡结果的发生，乙应当对甲的死亡负责。因此，B项正确。

C项：侵权责任要求有损害结果的存在。如果被侵权人要主张侵权责任，侵权人的行为必须造成了实际的损害结果。本题中，乙虽然窃取了甲公司的商业秘密，属于侵权行为，但其尚未转卖即被抓获，没有给甲公司造成实际的损害结果，甲

公司无损失，乙亦无侵权责任可以承担，但甲公司可依照公司内部规章制度对乙进行相应处罚。因此，C项错误。

D项：侵权行为包括侵犯人格利益的行为，乙的行为侵害了甲的名誉权，故乙应当对甲承担侵权责任。因此，D项正确。

综上，本题的正确答案为ABD项。

28 62202010

参考答案：B,C

解析：ABC项：根据《民法典》第1176条第1款规定："自愿参加具有一定风险的文体活动，因其他参加者的行为受到损害的，受害人不得请求其他参加者承担侵权责任；但是，其他参加者对损害的发生有故意或者重大过失的除外。"宋某和周某参加的是具有竞争性的羽毛球比赛，而基于羽毛球自身体积小、密度大、移动速度快的特点，运动员如未及时作出判断即会被击中，甚至被击伤。宋某经常性地参加羽毛球比赛，应当了解羽毛球比赛存在风险。而完全民事行为能力人宋某仍选择参加比赛，就意味着自愿将自身置于潜在的文体活动的危险之中，属于自甘风险的行为。所以原则上应该由宋某自己承担受伤的责任，但是如果周某处于故意或者重大过失导致宋某受伤，则应由宋某承担责任。因此，A项错误，BC项正确。

D项：根据《民法典》第1186条规定："受害人和行为人对损害的发生都没有过错的，依照法律的规定由双方分担损失。"民法典规定的公平责任，只有法律有规定时才适用公平责任原则；现行法律未就本案所涉情形适用公平责任予以规定，故宋某无权主张周某承担赔偿责任或分担损失。因此，D项错误。

综上所述，本题答案为BC项。

29 62002004

参考答案：D

解析：ABD项：《民法典》第1176条第1款规定："自愿参加具有一定风险的文体活动，因其他参加者的行为受到损害的，受害人不得请求其他参加者承担侵权责任；但是，其他参加者对损害的发生有故意或者重大过失的除外。"本案中，甲、乙

二人自愿参加带有危险性的冲浪运动，且乙作为有多年冲浪经验的成年人，对冲浪运动的特点以及存在的危险应当具备认知和判断力，其熟知冲浪中可能存在的风险仍选择参加。并且，乙的损伤并非由于甲违反运动规则或者存在主观故意或过失造成的，甲不构成法律上的过错。意外事件，是指行为在客观上虽然造成了损害结果，但不是出于行为人的故意或者过失，而是不能预见的原因所引起的。因此，在甲、乙二人均没有过错的情况下，本次事故属于意外事件，甲不应当承担侵权责任。因此，AB项错误，D项正确。

C项：《民法典》第1183条第1款规定："侵害自然人人身权益造成严重精神损害的，被侵权人有权请求精神损害赔偿。"本案中，甲不承担侵权责任，因此，乙无权对甲提出精神损害赔偿。因此，C项错误。

综上所述，本题答案为D项。

30 `61902194`

参考答案：C,D

解析：A项：根据《民法典》第577条规定："当事人一方不履行合同义务或者履行合同义务不符合约定的，应当承担继续履行、采取补救措施或者赔偿损失等违约责任。"本题中，吉某违反了保管合同的约定，应当承担违约责任。因此，A项正确，不当选。

B项：根据《民法典》第1165条第1款规定："行为人因过错侵害他人民事权益造成损害的，应当承担侵权责任。"本题中，邱某不慎将玉石损坏，侵犯了郑某的所有权，应当承担侵权责任。因此，B项正确，不当选。

C项：根据《民法典》第1183条第2款的规定："因故意或者重大过失侵害自然人具有人身意义的特定物造成严重精神损害的，被侵权人有权请求精神损害赔偿。"本题中，郑某的玉石不属于具有人身意义的特定物，故郑某不能请求精神损害赔偿。因此，C项错误，当选。

D项：根据《民法典》第186条的规定："因当事人一方的违约行为，损害对方人身权益、财产权益的，受损害方有权选择请求其承担违约责任或者侵权责任。"本题中，郑某只能在侵权和违约中

择一主张权利，而不能同时主张。因此，D项错误，当选。

综上所述，本题为选非题，答案为CD项。

31 `61802124`

参考答案：B

解析：ABCD项：根据《民法典》第1171条规定："二人以上分别实施侵权行为造成同一损害，每个人的侵权行为都足以造成全部损害的，行为人承担连带责任。"本题中，甲、乙分别实施加害行为，主观上没有共同故意或共同过失，但其行为结合在一起造成同一个不可分割的损害后果，且甲、乙每一个人的行为单独均足以造成该损害后果，故甲、乙应对张三的损害承担连带责任。因此，ACD项错误，B项正确。

综上所述，本题答案为B项。

32 `61802125`

参考答案：A,C,D

解析：AD项：《民法典》第1188条规定："无民事行为能力人、限制民事行为能力人造成他人损害的，由监护人承担侵权责任。监护人尽到监护职责的，可以减轻其侵权责任。有财产的无民事行为能力人、限制民事行为能力人造成他人损害的，从本人财产中支付赔偿费用；不足部分，由监护人赔偿。"张小明、李小军、陈小春均为限制民事行为能力人，应由其监护人承担侵权责任，但本人有财产的，可从其财产中支付赔偿费用。因此，AD项正确。

BC项：《民法典》第1170条规定："二人以上实施危及他人人身、财产安全的行为，其中一人或者数人的行为造成他人损害，能够确定具体侵权人的，由侵权人承担责任；不能确定具体侵权人的，行为人承担连带责任。"本题中，张小明、李小军、陈小春三人实际上在实施共同危险行为，并已经明确其中一人行为造成了张三家狗的损害，在不能区分实际侵害人时承担连带责任。能确定是张小明、李小军、陈小春实施侵权行为，但不确定是三人中哪一人具体实施侵权行为，故构成共同危险行为。注意，共同危险行为的免责事由是证明具体侵权人，证明自己不是侵权人不免责。因此，B项错误，C项正确。

综上所述，本题正确答案为ACD项。

【高空抛物不是共同危险行为。共同危险是这几个人都实施了危险行为，只是谁造成损害结果不能确定。而高空抛物是只有1户实施了侵权行为，不知道是哪一户。可以理解为共同危险中几个人都不那么无辜（虽然一个或几个人并未造成损害，但确实都实施了危险行为），但高空抛物绝大多户根本没抛物，是绝对无辜的。所以共同危险是连带责任，高空抛物适用公平责任，仅仅是补偿受害人。另外共同危险必须找出加害人才能免责，而高空抛物只需证明自己没有侵权就不用补偿。】

 第二章
具体侵权行为

参考答案

[1] D	[2] D	[3] D	[4] C	[5] ABC
[6] D	[7] D	[8] ACD	[9] B	[10] A
[11] D	[12] A	[13] C	[14] B	[15] AB
[16] AB	[17] D	[18] BD	[19] B	[20] ABCD
[21] AB	[22] ABD	[23] AC	[24] D	[25] B
[26] A	[27] A	[28] C	[29] B	[30] C
[31] B	[32] C	[33] CD	[34] ABC	[35] ABCD
[36] CD	[37] BCD	[38] AC	[39] CD	[40] ABC
[41] ABCD	[42] BCD	[43] BC	[44] ABCD	[45] BC
[46] BD	[47] AC	[48] CD	[49] C	[50] D
[51] B	[52] AC	[53] ABC	[54] A	[55] B
[56] CD				

一、历年真题及仿真题

（一）机动车道路交通事故责任

【单选】

 ❶ 2102133

参考答案：D

解析：B项：在机动车交通事故责任中，归责原则需要区分不同的情形，除了机动车与非机动车驾驶人、行人之间的事故适用无过错责任以外，其

他情形下（机动车与机动车之间、机动车与车内乘客之间）均适用过错责任原则。本案属于机动车与车内乘客之间的侵权责任，因此适用过错责任原则。因此，B项错误。

ACD项：本题中，孙某驾车时玩手机，严重违反了驾驶的相关法律法规，具有重大过失。由此造成事故，致使周某受伤，应当承担侵权责任。至于周某的无偿搭乘是否能减轻孙某的责任，根据《民法典》第1217条规定："非营运机动车发生交通事故造成无偿搭乘人损害，属于该机动车一方责任的，应当减轻其赔偿责任，但是机动车使用人有故意或者重大过失的除外。"本题，由于孙某具有重大过失，其不能依据无偿搭乘规则主张减轻责任。因此孙某需要对周某的全部人身损害承担责任。另外，孙某致周某人身损害，且造成精神严重痛苦，符合《民法典》第1183条第1款的规定："侵害自然人人身权益造成严重精神损害的，被侵权人有权请求精神损害赔偿。"，因此，孙某应当对周某承担精神损害赔偿责任，因此，AC项错误，D项正确。

综上所述，本题答案为D项。

❷ 2102053

参考答案：D

解析：AB项：根据《机动车交通事故责任强制保险条例》（以下简称"《交强险条例》"）第3条的规定："本条例所称机动车交通事故责任强制保险，是指由保险公司对被保险机动车发生道路交通事故造成本车人员、被保险人以外的受害人的人身伤亡、财产损失，在责任限额内予以赔偿的强制性责任保险。"甲和乙都是车内人员，因此不适用交强险赔偿规定。因此，AB项错误。

C项：从违约责任的角度：根据《民法典》第584条规定："当事人一方不履行合同义务或者履行合同义务不符合约定，造成对方损失的，损失赔偿额应当相当于因违约所造成的损失，包括合同履行后可以获得的利益；但是，不得超过违约一方订立合同时预见到或者应当预见到的因违约可能造成的损失。"公交公司应承担违约损害赔偿责任，但是该赔偿受可预见规则限制，100万损失属于公交公司在订立客运合同时无法预见的损失，

因此该损失不予赔偿。从侵权责任的角度而言，公交车出车祸并不当然引起乘客无法签订合同的损失，侵权行为和损害后果之间不具有因果关系的相当性，因此100万的损失不属于侵权责任的赔偿范围。因此，C项错误。

D项：根据《民法典》第1213条的规定："机动车发生交通事故造成损害，属于该机动车一方责任的，先由承保机动车强制保险的保险人在强制保险责任限额范围内予以赔偿；不足部分，由承保机动车商业保险的保险人按照保险合同的约定予以赔偿；仍然不足或者没有投保机动车商业保险的，由侵权人赔偿。"故护栏的损坏应先以交强险和商业第三者责任险付。因此，D项正确。

综上所述，本题的正确答案为D项。

3 1902151

参考答案：D

解析：ABCD项：根据《民法典》第1214条规定："以买卖或者其他方式转让拼装或者已经达到报废标准的机动车，发生交通事故造成损害的，由转让人和受让人承担连带责任。"根据《最高人民法院关于审理道路交通事故损害赔偿案件适用法律若干问题的解释（2020修正）》第4条规定："拼装车、已达到报废标准的机动车或者依法禁止行驶的其他机动车被多次转让，并发生交通事故造成损害，当事人请求由所有的转让人和受让人承担连带责任的，人民法院应予支持。"本题中，发生的道路交通事故致高某遭受损害的机动车系拼装机动车，且被多次转让，应当由转让人和受让人飞驰汽车厂、奔腾汽车店、沈某对高某承担连带责任。因此，ABC项错误，D项正确。

综上所述，本题答案为D项。

4 2302108

参考答案：C

解析：ABCD项：根据《民法典》第1210条规定："当事人之间已经以买卖或者其他方式转让并交付机动车但是未办理登记，发生交通事故造成损害，属于该机动车一方责任的，由受让人承担赔偿责任。"本题中，甲将车卖给乙，虽然未登记，但已经交付使用，乙应承担赔偿责任。甲不承担责任。因此AB项错误。丙有过错，需要承担责任。因

此C项正确，D项错误。

综上所述，本题答案为C。

【多选】

5 2302107

参考答案：A,B,C

解析：A项：A与B之间存在借用合同，B违反了"只能在甲市驾驶，不能上高速"的约定，构成违约。因此，A项正确。

BCD项：根据《民法典》第1209条规定："因租赁、借用等情形机动车所有人、管理人与使用人不是同一人时，发生交通事故造成损害，属于该机动车一方责任的，由机动车使用人承担赔偿责任；机动车所有人、管理人对损害的发生有过错的，承担相应的赔偿责任。"B作为机动车使用人，应当承担赔偿责任。A作为机动车所有权人，把车借给有驾驶证的人，已经尽到了合理的注意义务，对损害的发生没有过错，无需承担责任。因此，BC项正确，D项错误。

综上所述，本题答案为ABC。

（二）环境侵权责任

【单选】

6 1503022

参考答案：D

解析：A项：根据《民法典》第1229条规定："因污染环境、破坏生态造成他人损害的，侵权人应当承担侵权责任。"据此，环境侵权责任属于无过错责任。因此，A项错误。

B项：本题中，三家公司对环境污染不存在主观上的共同故意或共同过失，其行为不构成共同侵权行为。《最高人民法院关于审理生态环境侵权责任纠纷案件适用法律若干问题的解释》第6条第1款规定："两个以上侵权人分别实施污染环境、破坏生态行为造成同一损害，每一个侵权人的污染环境、破坏生态行为都不足以造成全部损害，被侵权人根据民法典第一千一百七十二条规定请求侵权人承担责任的，人民法院应予支持。"《民法典》第1172条规定："二人以上分别实施侵权行为造成同一损害，能够确定责任大小的，各

自承担相应的责任；难以确定责任大小的，平均承担责任。"本题中，甲乙丙分别排污的行为单独均不足以导致损害结果发生，应该承担按份责任。因此，B 项错误。

C 项：根据《环境保护法》第 66 条规定："提起环境损害赔偿诉讼的时效期间为三年，从当事人知道或者应当知道其受到损害时起计算。"因此，C 项错误。

D 项：根据《民法典》第 1231 条规定："两个以上侵权人污染环境、破坏生态的，承担责任的大小，根据污染物的种类、浓度、排放量，破坏生态的方式、范围、程度，以及行为对损害后果所起的作用等因素确定。"因此，D 项正确。

综上所述，本题答案为 D 项。

（三）动物致害责任

【单选】

⑦

参考答案：D

解析：ABCD 项：《民法典》第 1245 条规定："饲养的动物造成他人损害的，动物饲养人或者管理人应当承担侵权责任；但是，能够证明损害是因被侵权人故意或者重大过失造成的，可以不承担或者减轻责任。"据此可知，饲养动物损害责任的责任主体系饲养人或管理人。本题中，王某是饲养人，戴某属于管理人，王某或戴某应对张某遭受的损害承担无过错责任。同时，张某在偷狗时被狗咬伤，即被侵权人张某存在重大过失，饲养人或管理人可以减轻责任。故王某或戴某不应当对张某损害承担全部责任。因此，ABC 项错误，D 项正确。

综上所述，本题答案为 D 项。

【多选】

⑧

参考答案：A,C,D

解析：A 项：《民法典》第 1247 条规定："禁止饲养的烈性犬等危险动物造成他人损害的，动物饲养人或者管理人应当承担侵权责任。"本题中，藏獒属于禁止饲养的危险动物，其饲养人应承担侵权

责任。因此，A 项正确。

B 项：《民法典》第 1250 条规定："因第三人的过错致使动物造成他人损害的，被侵权人可以向动物饲养人或者管理人请求赔偿，也可以向第三人请求赔偿。动物饲养人或者管理人赔偿后，有权向第三人追偿。"本题中，丙挑逗狗，属于第三人引起的侵权，乙也可以请求动物饲养人王平承担责任。因此，B 项错误。

C 项：《民法典》第 1245 条规定："饲养的动物造成他人损害的，动物饲养人或者管理人应当承担侵权责任；但是，能够证明损害是因被侵权人故意或者重大过失造成的，可以不承担或者减轻责任。"本题中，丁无故意或重大过失，不存在免责、减责的情形。因此，C 项正确。

D 项：《民法典》第 1248 条规定："动物园的动物造成他人损害的，动物园应当承担侵权责任；但是，能够证明尽到管理职责的，不承担侵权责任。"本题中，动物园饲养的老虎从破损的虎笼蹿出将戊女儿咬伤，虎笼破损表明动物园未尽到管理职责，动物园应承担侵权责任。因此，D 项正确。

综上所述，本题答案为 ACD 项。

（四）用人单位责任

【单选】

⑨ 1403021

参考答案：B

解析：ABCD 项：根据《民法典》第 1191 条第 2 款："劳务派遣期间，被派遣的工作人员因执行工作任务造成他人损害的，由接受劳务派遣的用工单位承担侵权责任；劳务派遣单位有过错的，承担相应的责任。"本题中，李某作为派遣员工，工作期间造成他人损害，应当由用工单位甲公司承担侵权责任，为无过错责任；同时，甲公司曾因类似小事故要求乙公司另派他人，但乙公司未予更换，即派遣单位也有过错，乙公司应当承担相应的责任。因此，ACD 项错误，B 项正确。

综上所述，本题答案为 B 项。

（五）监护人责任

【单选】

⑩ `1503024`

参考答案：A

解析：ACD项：《侵权责任编解释（一）》第5条第1、2款："无民事行为能力人、限制民事行为能力人造成他人损害，被侵权人请求监护人承担侵权人应承担的全部责任的，人民法院应予支持，并在判决中明确，赔偿费用可以先从被监护人财产中支付，不足部分由监护人支付。监护人抗辩主张承担补充责任，或者被侵权人、监护人主张人民法院判令有财产的无民事行为能力人、限制民事行为能力人承担赔偿责任的，人民法院不予支持。"监护人甲应承担全部责任。被监护人乙有财产的，可以先从被监护人乙财产中支付，不涉及损坏被监护人乙的利益。用被监护人财产支付后，被监护人无权追偿。因此，A项正确，CD项错误。

B项：根据《民法典》第1188条第1款规定："无民事行为能力人、限制民事行为能力人造成他人损害的，由监护人承担侵权责任。监护人尽到监护职责的，可以减轻其侵权责任。"本题中，监护人甲尽到监护责任，故可以减轻责任，而不是无需承担责任。因此，B项错误。

综上所述，本题答案为A项。

（六）人格权及侵权责任

【单选】

⑪ `2402075`

参考答案：D

解析：ABCD项：根据《民法典》第1019条规定："任何组织或者个人不得以丑化、污损，或者利用信息技术手段伪造等方式侵害他人的肖像权。未经肖像权人同意，不得制作、使用、公开肖像权人的肖像，但是法律另有规定的除外。 未经肖像权人同意，肖像作品权利人不得以发表、复制、发行、出租、展览等方式使用或者公开肖像权人的肖像。"侵害肖像权的前提是使用了他人的肖像。本题中，甲没有使用乙的肖像，没有侵犯乙

的肖像权。因此D项正确，ABC错误。

综上所述，本题答案是D。

⑫ `2402076`

参考答案：A

解析：AD项：《民法典》第1017条规定："具有一定社会知名度，被他人使用足以造成公众混淆的笔名、艺名、网名、译名、字号、姓名和名称的简称等，参照适用姓名权和名称权保护的有关规定。"明星的艺名有社会知名度＋足以造成混淆，参照姓名权保护规定。《民法典》第1014条规定："任何组织或者个人不得以干涉、盗用、假冒等方式侵害他人的姓名权或者名称权。"甲属于盗用姓名权，明星有权请求赔偿。A项正确，D项错误。

B项：荣誉权是获得的光荣称号等，没有侵犯。B项错误。

C项：隐私是私生活安宁、私密活动、私密信息等，杂志照片等不是隐私，C项错误。

综上所述，本题答案是A。

⑬ `1703020`

参考答案：C

解析：A项：《民法典》第112条规定："自然人因婚姻家庭关系等产生的人身权利受法律保护。"第1001条规定："对自然人因婚姻家庭关系等产生的身份权利的保护，适用本法第一编、第五编和其他法律的相关规定；没有规定的，可以根据其性质参照适用本编人格权保护的有关规定。"身份权包括配偶权、亲权和亲属权等。本题中，张某将孙某的姓名、身份证号码、家庭住址等信息出售，并不侵犯孙某因婚姻、家庭等关系产生的身份权。因此，A项错误。

B项：《民法典》第1024条规定："民事主体享有名誉权。任何组织或者个人不得以侮辱、诽谤等方式侵害他人的名誉权。名誉是对民事主体的品德、声望、才能、信用等的社会评价。"本题中，张某出售孙某个人信息的行为，未造成孙某社会评价降低，并未侵害孙某的名誉权。因此，B项错误。

CD项：《民法典》第111条规定："自然人的个人信息受法律保护。任何组织或者个人需要获取他人个人信息的，应当依法取得并确保信息安全，

具体侵权行为

不得非法收集、使用、加工、传输他人个人信息，不得非法买卖、提供或者公开他人个人信息。"第1034条第1、2款规定："自然人的个人信息受法律保护。个人信息是以电子或者其他方式记录的能够单独或者与其他信息结合识别特定自然人的各种信息，包括自然人的姓名、出生日期、身份证件号码、生物识别信息、住址、电话号码、电子邮箱、健康信息、行踪信息等。"根据前述规定，侵害个人信息的行为，不仅包括非法出卖，还包括非法购买，即卖方张某、买方某公司均侵犯了孙某对其个人信息享有的民事权益，均应承担侵权责任。因此，C 项正确，D 项错误。

综上所述，本题答案为 C 项。

⑭ 1603022

参考答案：B

解析：A 项：情敌剪去甲女的长发，侵犯甲女的身体权。因此，A 项错误。

B 项：丙协助丁自杀，构成对生命权的侵害。虽然是应丁的要求，但该受害人同意是无效的。因此，B 项正确。

C 项：戊想杀死己结果将其重伤，侵犯己的健康权。因此，C 项错误。

D 项：庚误诊造成辛残疾，并未造成死亡的后果，不构成对生命权的侵害。因此，D 项错误。

综上所述，本题答案为 B 项。

【多选】

⑮ 2002092

参考答案：A,B

解析：AB 项：根据《民法典》第 994 条规定："死者的姓名、肖像、名誉、荣誉、隐私、遗体等受到侵害的，其配偶、子女、父母有权依法请求行为人承担民事责任；死者没有配偶、子女且父母已经死亡的，其他近亲属有权依法请求行为人承担民事责任。"出版家书会导致死者隐私被公开的损害后果，因此，死者的子女作为近亲属有权请求行为人承担民事责任。根据《民法典》第 995条规定："人格权受到侵害的，受害人有权依照本法和其他法律的规定请求行为人承担民事责任。受害人的停止侵害、排除妨碍、消除危险、消除

影响、恢复名誉、赔礼道歉请求权，不适用诉讼时效的规定。"乙出版社即将出版的行为已经产生了侵害死者隐私的现实危险，死者子女可请求乙出版社承担停止侵害、消除危险的民事责任。该人格权请求权可以诉讼方式，或于诉讼外行使。因此，AB 项正确。

CD 项：因乙出版社尚未出版该家书，尚未给死者子女造成财产损害与精神损害，因此死者的子女不得请求甲承担财产和精神损害赔偿。因此，CD 项错误。

综上所述，本题答案为 AB 项。

⑯ 1902105

参考答案：A,B

解析：A 项：根据《民法典》第 1019 条："任何组织或者个人不得以丑化、污损，或者利用信息技术手段伪造等方式侵害他人的肖像权。未经肖像权人同意，不得制作、使用、公开肖像权人的肖像，但是法律另有规定的除外。未经肖像权人同意，肖像作品权利人不得以发表、复制、发行、出租、展览等方式使用或者公开肖像权人的肖像。"对肖像权的侵犯，表现为未经权利人同意，擅自制作、使用、公开。本题中，甲培训机构和乙签订了授课合同，培训机构只与讲师约定了授课的内容，没有约定肖像使用，所以甲培训机构擅自使用乙的肖像，侵犯了乙的肖像权。因此，A 项正确。

B 项：本题中，尽管将乙的照片眼部打了马赛克，但根据常识，仍可辨认出乙，报纸擅自将乙的照片用于宣传，侵犯了乙的肖像权。因此，B 项正确。

C 项：根据《民法典》第 1024 条第 1 款："民事主体享有名誉权。任何组织或者个人不得以侮辱、诽谤等方式侵害他人的名誉权。"名誉权指自然人或法人对自己在社会生活中获得的社会评价、人格尊严享有的不受侵犯的人格权。本题中，报纸的行为并没有贬损乙的名誉，其社会评价不一定会因此而降低。因此，C 项错误。

D 项：报纸新闻报道不属于干涉、盗用、冒用的情形，不构成对乙姓名权的侵犯，因此，D 项错误。

综上所述，本题答案为 AB 项。

（七）医疗损害责任

【单选】

17 `1603023`

参考答案：A

解析：A 项：根据《民法典》第 1218 条规定："患者在诊疗活动中受到损害，医疗机构或者其医务人员有过错的，由医疗机构承担赔偿责任。"据此可知，医疗损害适用过错责任原则，并由患者承担证明医疗机构具有过失的证明责任。患方要证明四要件：（1）医疗机构或医务人员具有过错；（2）实施了加害行为；（3）发生了损害事实；（4）加害行为与损害事实之间具有因果关系。因此，A 项正确。

B 项：根据《民法典》第 1219 条第 1 款规定："医务人员在诊疗活动中应当向患者说明病情和医疗措施。需要实施手术、特殊检查、特殊治疗的，医务人员应当及时向患者具体说明医疗风险、替代医疗方案等情况，并取得其明确同意；不能或者不宜向患者说明的，应当向患者的近亲属说明，并取得其明确同意。"因此，B 项错误。

C 项：根据《民法典》第 1223 条规定："因药品、消毒产品、医疗器械的缺陷，或者输入不合格的血液造成患者损害的，患者可以向药品上市许可持有人、生产者、血液提供机构请求赔偿，也可以向医疗机构请求赔偿。患者向医疗机构请求赔偿的，医疗机构赔偿后，有权向负有责任的药品上市许可持有人、生产者、血液提供机构追偿。"据此可知，因医疗器械缺陷致损，患方可向药品上市许可持有人、生产者、血液提供机构请求赔偿，也可以向医疗机构请求赔偿。因此，C 项错误。

D 项：根据《民法典》第 1222 条规定："患者在诊疗活动中受到损害，有下列情形之一的，推定医疗机构有过错：（一）违反法律、行政法规、规章以及其他有关诊疗规范的规定；（二）隐匿或者拒绝提供与纠纷有关的病历资料；（三）遗失、伪造、篡改或者违法销毁病历资料。"本题中，医院若拒绝提供相关病历，将推定其存在过错，因此

将承担不利后果。因此，D 项错误。

综上所述，本题答案为 A 项。

（八）违反安全保障义务的责任

【多选】

18 `2102072`

参考答案：B,D

解析：ABCD 项：根据《民法典》第 1198 条："宾馆、商场、银行、车站、机场、体育场馆、娱乐场所等经营场所、公共场所的经营者、管理者或者群众性活动的组织者，未尽到安全保障义务，造成他人损害的，应当承担侵权责任。因第三人的行为造成他人损害的，由第三人承担侵权责任；经营者、管理者或者组织者未尽到安全保障义务的，承担相应的补充责任。经营者、管理者或者组织者承担补充责任后，可以向第三人追偿。"吉某作为自己马场上的安保责任人，未尽到安全保障义务，应当承担责任。游客乙明知自身从没骑过马，仍自信提出已掌握骑术要自己独自骑马，具有过错，对给段某所造成的损害应承担责任。甲村不具有安保义务，也不具有过错，不承担责任，段某进入马场饲养马匹属于正常行为，无过错，不应对自己的损害承担责任。因此，BD 项正确，AC 项错误。

综上所述，本题正确答案为 BD 项。

（九）物件致害责任

【单选】

19 `1603024`

参考答案：B

解析：AC 项：《民法典》第 1254 条第 2 款规定："物业服务企业等建筑物管理人应当采取必要的安全保障措施防止前款规定情形的发生；未采取必要的安全保障措施的，应当依法承担未履行安全保障义务的侵权责任。"张小飞对关小羽并不负有安全保障义务；物业公司负有安全保障义务，但是本题中未提到小区物业是否已经采取必要的安全保障措施防止高空抛物发生，故其可能对关小羽遭受的损害承担侵权责任。因此，AC 项错误。

BD 项：《民法典》第 1254 条第 1 款规定："禁止

从建筑物中抛掷物品。从建筑物中抛掷物品或者从建筑物上坠落的物品造成他人损害的，由侵权人依法承担侵权责任；经调查难以确定具体侵权人的，除能够证明自己不是侵权人的外，由可能加害的建筑物使用人给予补偿。可能加害的建筑物使用人补偿后，有权向侵权人追偿"。顶层业主可以证明当天家中无人，所以可以免责。如查明是从 10 层抛出，则 10 层以外的业主不承担责任。因此，B 项正确，D 项错误。

综上所述，本题答案为 B 项。

【多选】

⑳ `2002012`

参考答案：A,B,C,D

解析：ABCD 项：根据《民法典》第 1254 条的规定："禁止从建筑物中抛掷物品。从建筑物中抛掷物品或者从建筑物上坠落的物品造成他人损害的，由侵权人依法承担侵权责任；经调查难以确定具体侵权人的，除能够证明自己不是侵权人的外，由可能加害的建筑物使用人给予补偿。可能加害的建筑物使用人补偿后，有权向侵权人追偿。物业服务企业等建筑物管理人应当采取必要的安全保障措施防止前款规定情形的发生；未采取必要的安全保障措施的，应当依法承担未履行安全保障义务的侵权责任。发生本条第一款规定的情形的，公安等机关应当依法及时调查，查清责任人。"根据《侵权责任编解释（一）》第 25 条第 1 款："物业服务企业等建筑物管理人未采取必要的安全保障措施防止从建筑物中抛掷物品或者从建筑物上坠落的物品造成他人损害，经公安等机关调查，在民事案件一审法庭辩论终结前仍难以确定具体侵权人的，未采取必要安全保障措施的物业服务企业等建筑物管理人承担与其过错相应的责任。被侵权人其余部分的损害，由可能加害的建筑物使用人给予适当补偿。"物业公司有安全保障义务，未采取必要的安保措施，一审辩论终结前确实无法查明侵权人的物业先承担过错责任，其余部分损害由可能加害建筑物使用人适当补偿。故二楼以上住户、物业公司不承担连带责任。二楼以上的住户证明自己不在家，就证明了自己不是可能的加害人，即证明自己不是侵权人，

可以免除责任。且派出所作为公安机关有义务及时依法调查，查清责任人。因此，ABCD 项正确。

综上所述，本题答案为 ABCD 项。

㉑ `1802057`

参考答案：A,B

解析：AB 项：根据《民法典》第 1253 条规定："建筑物、构筑物或者其他设施及其搁置物、悬挂物发生脱落、坠落造成他人损害，所有人、管理人或者使用人不能证明自己没有过错的，应当承担侵权责任。所有人、管理人或者使用人赔偿后，有其他责任人的有权向其他责任人追偿。"本题并不属于物件致人损害，因为坠落的狗，既不属于建筑物的组成部分，也不属于建筑物上的搁置物或者悬挂物。因此，本题情形不能"直接"适用第 1253 条。但本题所述情形，现行法无明确规定。但因为宠物狗坠落给杨某造成损害，与建筑物上搁置物（如花盆）坠落给杨某造成损害并无不同，都符合第 1253 条的立法目的，即建筑物所有人、管理人或使用人应尽必要的注意义务，防止物品自建筑物坠落致人损害；故可参照适用第 1253 条的规定。本题中，对杨某遭受的人身损害，建筑物的所有权人钱某承担物件致人损害的"过错推定"责任，赵某疏于看护管理的宠物狗，对损害的发生也有过错，应承担疏于管理动物的侵权责任，钱某承担责任后可向赵某追偿。因此，AB 项正确。

CD 项：根据《民法典》第 1245 条规定："饲养的动物造成他人损害的，动物饲养人或者管理人应当承担侵权责任；但是，能够证明损害是因被侵权人故意或者重大过失造成的，可以不承担或者减轻责任。"适用本条的前提是动物自主实施加害致人损害，如狗咬人、牛吃他人庄稼等。本题不属于饲养动物致人损害。原因在于狗坠落致人损害，不属于"动物自主实施加害致人损害"。因此，狗的饲养人、管理人都不承担饲养动物致人损害责任。因此，CD 项错误。

综上所述，本题答案为 AB 项。

（十）产品责任

【多选】

22 `1902167`

参考答案：A,B,D

解析：ABC项：赠与为单务无偿合同，在有偿合同的订立与履行过程中，为促销所提供的"赠品"，并非单纯的赠与，而系有偿合同的一个组成部分。《最高人民法院关于审理食品药品纠纷案件适用法律若干问题的规定（2021修正）》第4条规定："食品、药品生产者、销售者提供给消费者的食品或者药品的赠品发生质量安全问题，造成消费者损害，消费者主张权利，生产者、销售者以消费者未对赠品支付对价为由进行免责抗辩的，人民法院不予支持"。《民法典》第186条规定："因当事人一方的违约行为，损害对方人身权益、财产权益的，受损害方有权选择请求其承担违约责任或者侵权责任。"据此，甲商场提供给乙的奶粉，不符合约定的质量标准，给乙造成履行利益损害，成立违约，甲商场不得以乙未支付奶粉对价为由拒绝赔偿；同时，因奶粉缺陷给乙造成人身损害，成立产品责任侵权，应承担侵权责任。乙有权对甲择一主张违约责任或者侵权责任。因此，AB项正确；C项错误。

D项：根据《民法典》第1203条规定："因产品存在缺陷造成他人损害的，被侵权人可以向产品的生产者请求赔偿，也可以向产品的销售者请求赔偿。产品缺陷由生产者造成的，销售者赔偿后，有权向生产者追偿。因销售者的过错使产品存在缺陷的，生产者赔偿后，有权向销售者追偿。"由此可知，缺陷产品的生产者和销售者应对被侵权人承担无过错责任、不真正连带责任。本题中，产品侵权的受害人乙，即有权请求缺陷奶粉的销售者甲商场承担产品侵权责任，也有权请求缺陷奶粉的生产者承担产品侵权责任。因此，D项正确。

综上所述，本题答案为ABD项。

（十一）帮工责任

【多选】

23 `1403066`

参考答案：A,C

解析：AB项：根据《最高人民法院关于审理人身损害赔偿案件适用法律若干问题的解释（2022修正）》（以下简称"《人身损害赔偿解释》"）第5条第1款："无偿提供劳务的帮工人因帮工活动遭受人身损害的，根据帮工人和被帮工人各自的过错承担相应的责任；被帮工人明确拒绝帮工的，被帮工人不承担赔偿责任，但可以在受益范围内予以适当补偿。"本题中，丙因帮工活动受到人身损害，应根据被帮工人甲和帮工人丙各自的过错承担相应责任。题目未说明被帮工人甲是否有过错，故存在"甲可能存在过错而承担责任"的情形，B项说法过于绝对。因此，A项正确，B项错误。

CD项：根据《人身损害赔偿解释》第4条："无偿提供劳务的帮工人，在从事帮工活动中致人损害的，被帮工人应当承担赔偿责任。被帮工人承担赔偿责任后向有故意或者重大过失的帮工人追偿的，人民法院应予支持。被帮工人明确拒绝帮工的，不承担赔偿责任。"本题中，对丁的损害是由帮工人乙在帮工过程中"不小心"造成，且乙不存在故意或重大过失，被帮工人甲应承担赔偿责任，而非补充赔偿责任。因此，C项正确，D项错误。

综上所述，本题答案为AC项。

（十二）综合知识点

【单选】

24 `2202183`

参考答案：B

解析：A项：驳回起诉是因为不满足起诉条件，本题满足起诉条件（原告有直接利害关系，被告明确，有具体请求和事实理由等）。A项错误。

B项：《民法典》第1191条第1款规定："用人单位的工作人员因执行工作任务造成他人损害的，由用人单位承担侵权责任。用人单位承担侵权责任后，可以向有故意或者重大过失的工作人员追偿。"员工乙运送骨灰盒是执行工作任务，造成骨灰盒损害应由用人单位甲公司承担侵权责任。B项正确。

C项：《民法典》第 1183 条第 2 款规定："因故意或者重大过失侵害自然人具有人身意义的特定物造成严重精神损害的，被侵权人有权请求精神损害赔偿。"本题中，父亲的骨灰对马某而言，属于"具有人身意义的特定物"，但乙是不小心损坏，没有故意和重大过失，不能支持精神损害赔偿。C项错误。

D项：《民法典》第 996 条规定："因当事人一方的违约行为，损害对方人格权并造成严重精神损害，受损害方选择请求其承担违约责任的，不影响受损害方请求精神损害赔偿。"违约之诉中可以一并提精神损害赔偿。D项错误。

综上所述，本题答案为 B 项。

25　2202028

参考答案：B

解析：A项：根据《民法典》第 121 条规定："没有法定的或者约定的义务，为避免他人利益受损失而进行管理的人，有权请求受益人偿还由此支出的必要费用。"乙基于委托合同有给甲看管房屋的义务，但是没有拆空调的义务，且违反了甲可推知的意思，不构成无因管理。A项错误。

B项：根据《民法典》第 770 条规定："承揽合同是承揽人按照定作人的要求完成工作，交付工作成果，定作人支付报酬的合同。"丁按照乙的要求拆除甲的空调，乙支付报酬（旧空调折抵费用），是承揽合同关系。B项正确。

C项：根据《民法典》第 1193 条规定："承揽人在完成工作过程中造成第三人损害或者自己损害的，定作人不承担侵权责任。但是，定作人对定作、指示或者选任有过错的，应当承担相应的责任。"乙对选任有过错，应承担相应责任，而非全部。C项错误。

D项：甲丁没有合同关系，不承担违约赔偿责任。甲对丁的损害结果也没有过错，甲不承担侵权赔偿责任。D项错误。

综上所述，本题正确答案为 B 项。

26　2102075

参考答案：A

解析：A项：根据《民法典》第 1253 条："建筑物、构筑物或者其他设施及其搁置物、悬挂物发生脱落、坠落造成他人损害，所有人、管理人或者使用人不能证明自己没有过错的，应当承担侵权责任。所有人、管理人或者使用人赔偿后，有其他责任人的，有权向其他责任人追偿。"高空坠物致人损害应适用过错推定责任，且本题情形没有其他责任人，应由展某对全部损害承担赔偿责任。因此，A项正确。

B项：虽然卡车车主乙违规停车导致甲绕行而因衣架坠落受到损害，具有一定的因果关系，但成立民法侵权上的因果关系需要具有"相当因果关系"，即按照社会一般观念，该行为通常会导致这样的损害。本题中，卡车车主乙违规停车的行为按照社会一般观念通常是不会引起甲因衣架坠落而受的损害，不具有相当性，故甲的损害与乙违规停车的行为不存在因果关系，不承担责任。因此，B项错误。

C项：根据《民法典》第 1254 条第 2 款："物业服务企业等建筑物管理人应当采取必要的安全保障措施防止前款规定情形的发生；未采取必要的安全保障措施的，应当依法承担未履行安全保障义务的侵权责任。"物业企业有义务采取必要措施防止高空抛物、高空坠物的产生，未采取必要措施的才承担侵权责任。小区物业对展某家中的搁置物、悬挂物不具有管理义务，不承担责任；再者，小区物业对乙违规停车虽知情未处理，不属于该条规定的"未采取必要措施"，因为该条规定的必要措施采取后可以有效避免高空抛物、高空坠物的发生，而本题中即使小区物业及时通知乙挪车也不会避免展某衣架的坠落。因此，C项错误。

D项：公平责任适用于不能查明确定具体侵权人的情形，本题中可以确定具体侵权人是展某，不适用公平责任。因此，D项错误。

综上所述，本题答案为 A 项。

27　2102055

参考答案：A

解析：ABCD项：《最高人民法院关于审理旅游纠

纷案件适用法律若干问题的规定（2020修正）第1条第2款规定："'旅游经营者'是指以自己的名义经营旅游业务，向公众提供旅游服务的人。"规定："旅游经营者是指以自己的名义经营旅游业务，向公众提供旅游服务的人。"第7条第2款规定："因第三人的行为造成旅游者人身损害、财产损失，由第三人承担责任，旅游经营者、旅游辅助服务者未尽安全保障义务，旅游者请求其承担相应补充责任的，人民法院应予支持。"本题中桃花村作为旅游景点，对旅游者的人身安全应尽到安全保障义务，但该景区未开发杨梅树的采摘项目，故采摘杨梅不属于旅游服务的一部分，桃花村和乙对甲不承担安全保障义务的责任，游客擅自爬树摘梅不慎跌伤，应由游客自己担责，同时路人丙的回答与甲从树上掉落没有因果关系，不应承担相应责任。因此，A项正确，BCD项错误。

综上所述，本题答案为A项。（参考（2019）粤01民再273号）

28 2002086

参考答案：C

解析：ABC项：根据《民法典》第1253条规定："建筑物、构筑物或者其他设施及其搁置物、悬挂物发生脱落、坠落造成他人损害，所有人、管理人或者使用人不能证明自己没有过错的，应当承担侵权责任。所有人、管理人或者使用人赔偿后，有其他责任人的，有权向其他责任人追偿。"据此，建筑物上的悬挂物（花架）脱落给丙造成人身损害，应当由对悬挂物（花架）负有管理、维护义务的所有人、管理人或者使用人承担过错推定的侵权损害赔偿责任。甲将房屋出租给乙期间，乙安装了花架，其管理、维护义务应当由使用人乙承担，甲不承担管理、维护义务。因此，对丙遭受的人身损害，应当由乙承担过错推定责任；丙受伤不是甲的房屋所造成的风险，故房屋所有人甲不承担侵权责任。因此，AB项错误，C项正确。

D项：根据《民法典》第1198条第2款规定："因第三人的行为造成他人损害的，由第三人承担侵权责任；经营者、管理者或者组织者未尽到安全保障义务的，承担相应的补充责任。经营者、管

理者或者组织者承担补充责任后，可以向第三人追偿。"据此，物业公司承担的是过错责任，本题中，物业公司多次告诫乙采取措施，已经尽到提醒的法定义务，故物业公司不承担责任。因此，D项错误。

综上所述，本题答案为C项。

29 2002085

参考答案：B

解析：AC项：根据《民法典》第1250条规定："因第三人的过错致使动物造成他人损害的，被侵权人可以向动物饲养人或者管理人请求赔偿，也可以向第三人请求赔偿。动物饲养人或者管理人赔偿后，有权向第三人追偿。"据此，若因张某的过错导致流浪狗咬伤小明，则张某应当与流浪狗的原饲养人或者管理人承担无过错责任、不真正连带责任。但是，张某遗落厨余垃圾在路边时，在主观上，张某不能认识到这一行为会引起流浪狗的争抢并在争抢中将路过的小明咬伤，因此，张某对自己遗落厨余垃圾并引起流浪狗咬伤小明并无过错，对小明被流浪狗咬伤的后果，张某不承担侵权责任。因此，AC项错误。

BD项：根据《民法典》第1198条第2款规定："因第三人的行为造成他人损害的，由第三人承担侵权责任；经营者、管理者或者组织者未尽到安全保障义务的，承担相应的补充责任。经营者、管理者或者组织者承担补充责任后，可以向第三人追偿。"据此，因物业公司违反安全保障义务未及时管理好小区内的流浪狗，导致小明被流浪狗咬伤，物业公司应当对小明承担与其过错相应的"补充责任"。流浪狗的原饲养人或者管理人确定后，承担了补充责任的物业公司可以向其追偿。因此，B项正确，D项错误。

综上所述，本题答案为B项。

30 2002083

参考答案：C

解析：A项：根据《民法典》第1198条第1款规定："宾馆、商场、银行、车站、机场、体育场馆、娱乐场所等经营场所、公共场所的经营者、管理者或者群众性活动的组织者，未尽到安全保障义务，造成他人损害的，应当承担侵权责任。"

据此，游泳馆作为经营场所（公众场所）的经营者与管理者，负有适当程度的安全保障义务，采取措施防范进入游泳馆的人员因溺水、地面湿滑摔倒等原因遭受损害。本题中，对丙因救人所遭受的财产损失（手机进水损坏），不在安保范围内，游泳馆无预见可能性，无过错。因此，A 项错误。

B 项：根据《民法典》第 1176 条规定："自愿参加具有一定风险的文体活动，因其他参加者的行为受到损害的，受害人不得请求其他参加者承担侵权责任；但是，其他参加者对损害的发生有故意或者重大过失的除外。活动组织者的责任适用本法第一千一百九十八条至第一千二百零一条的规定。"自甘风险是指自愿参加具有一定风险的文体活动，参与过程中，因文体活动固有的风险遭受损害，其他参与者对造成损害无故意或者重大过失的，不承担责任。本题中，丙因救人下水，不是自愿参加文体活动，因此遭受财产损害，属于见义勇为，不成立自甘风险。因此，B 项错误。

CD 项：根据《民法典》第 979 条第 1 款规定："管理人没有法定的或者约定的义务，为避免他人利益受损失而管理他人事务的，可以请求受益人偿还因管理事务而支出的必要费用；管理人因管理事务受到损失的，可以请求受益人给予适当补偿。"丙没有法定或约定的义务，为了救人下水，构成无因管理，有权请求甲、乙适当补偿，而非全额赔偿。因此，C 项正确，D 项错误。

（也可以从见义勇为角度解析，根据《民法典》第 183 条的规定："因保护他人民事权益使自己受到损害的，由侵权人承担民事责任，受益人可以给予适当补偿。没有侵权人、侵权人逃逸或者无力承担民事责任，受害人请求补偿的，受益人应当给予适当补偿。"）

综上所述，本题答案为 C 项。

31 1902102

参考答案：B

解析：AB 项：根据《民法典》第 1191 条第 1 款规定："用人单位的工作人员因执行工作任务造成他人损害的，由用人单位承担侵权责任。用人单位承担侵权责任后，可以向有故意或者重大过失的

工作人员追偿。"本题中，孟某在执行工作任务时造成孔某损害，应当由外卖公司承担侵权责任。故 A 项错误，B 项正确。

CD 项：根据《民法典》第 1173 条规定："被侵权人对同一损害的发生或者扩大有过错的，可以减轻侵权人的责任。"被侵权人存在过错是指其没有尽到合理注意义务或者采取必要措施导致损害发生或扩大，而本题题干不能体现孔某明知自己的特殊体质而不加防范或未采取必要措施防止损失扩大，不能认定孔某主观上存在过错，不适用过错相抵，被害人的特殊体质也不属于免责事由，不能免除或减轻孟某的赔偿责任。因此，CD 项错误。

综上所述，本题答案为 B 项。

32 1503023

参考答案：C

解析：AB 项：《民法典》第 1198 条第 1 款规定："宾馆、商场、银行、车站、机场、体育场馆、娱乐场所等经营场所、公共场所的经营者、管理者或者群众性活动的组织者，未尽到安全保障义务，造成他人损害的，应当承担侵权责任。"本题中，洗浴中心违反安保义务，造成甲人身损害和财产损害。《民法典》第 1173 条规定："被侵权人对同一损害的发生或者扩大有过错的，可以减轻侵权人的责任。"本题中，洗浴中心已提示贵重物品需要前台保管，所以甲对损害的发生也有过错。因此，AB 项错误。

C 项：《民法典》第 1183 条第 2 款规定："因故意或者重大过失侵害自然人具有人身意义的特定物造成严重精神损害的，被侵权人有权请求精神损害赔偿。"因此，C 项正确。

D 项：《民法典》第 1191 条第 1 款规定："用人单位的工作人员因执行工作任务造成他人损害的，由用人单位承担侵权责任。用人单位承担侵权责任后，可以向有故意或者重大过失的工作人员追偿。"本题中，应该由洗浴中心承担责任，不是连带责任。因此，D 项错误。

综上所述，本题答案为 C 项。

33 `2402081`

参考答案：C,D

解析：AC项：《民法典》第1192条第1款："个人之间形成劳务关系，提供劳务一方因劳务造成他人损害的，由接受劳务一方承担侵权责任。接受劳务一方承担侵权责任后，可以向有故意或者重大过失的提供劳务一方追偿。提供劳务一方因劳务受到损害的，根据双方各自的过错承担相应的责任。"甲和戊形成劳务关系，甲因劳务使丙受害，应由接受劳务方戊承担责任。因此A项错误，C项正确。

B项：乙没有侵权行为，不承担侵权责任。因此B项错误。

D项：《道路交通事故损害赔偿解释》第3条："套牌机动车发生交通事故造成损害，属于该机动车一方责任，当事人请求由套牌机动车的所有人或者管理人承担赔偿责任的，人民法院应予支持；被套牌机动车所有人或者管理人同意套牌的，应当与套牌机动车的所有人或者管理人承担连带责任。"丁同意套牌，应承担连带责任。因此，D项正确。

综上所述，本题答案是CD。

34 `2402074`

参考答案：A,B,C

解析：A项：甲占有车是基于维修合同，债权是基于维修合同产生的修理费，基于同一法律关系，甲的留置权成立。且即使是第三人的动产，也不影响留置权成立。A项正确。

B项：如果李某不支付修车费，车会被甲留置，影响李某的权益，因此李某是合法利益第三人，有权代为履行。B项正确。

CD项：《民法典》第1209条规定："因租赁、借用等情形机动车所有人、管理人与使用人不是同一人时，发生交通事故造成损害，属于该机动车一方责任的，由机动车使用人承担赔偿责任；机动车所有人、管理人对损害的发生有过错的，承担相应的赔偿责任。"李某借车给张某，张某是实际使用人，张某承担责任。而且张某之前驾驶记录良好，李某借车没有过错。因此，C项正确，D

项错误。

综上所述，本题答案是ABC。

35 `2302117`

参考答案：A,B,C,D

解析：A项：根据《民法典》第122条规定："因他人没有法律根据，取得不当利益，受损失的人有权请求其返还不当利益。"乙盗窃甲的汽车并出卖获利没有法律根据，导致甲受损，乙构成不当得利，甲有权请求返还。因此，A项正确。

B项：根据《民法典》第888条第2款规定："寄存人到保管人处从事购物、就餐、住宿等活动，将物品存放在指定场所的，视为保管，但是当事人另有约定或者另有交易习惯的除外。"第897条规定："保管期内，因保管人保管不善造成保管物毁损、灭失的，保管人应当承担赔偿责任。但是，无偿保管人证明自己没有故意或者重大过失的，不承担赔偿责任。"本题中，甲到饭店就餐并把车停在饭店的地下车库内，双方成立保管合同关系。消费满400才免费停车，饭店也不是无偿保管，车辆被偷，饭店保管不善，要承担违约责任。因此，B项正确。

CD项：根据《民法典》第1198条第2款规定："因第三人的行为造成他人损害的，由第三人承担侵权责任；经营者、管理者或者组织者未尽到安全保障义务的，承担相应的补充责任。经营者、管理者或者组织者承担补充责任后，可以向第三人追偿。"本题中，甲的车被第三人乙盗走，由乙承担侵权责任，饭店未尽到安全保障义务，存在过错，应当承担相应的补充赔偿责任。因此，CD项正确。

综上所述，本题答案为ABCD。

36 `2302011`

参考答案：C,D

解析：A项：根据《民法典》第1014条规定："任何组织或者个人不得以干涉、盗用、假冒等方式侵害他人的姓名权或者名称权。"本题中，李某并未以干涉、盗用、假冒等方式侵害周某的姓名权。因此，A项错误。

B项：根据《民法典》第1024条规定："民事主体享有名誉权。任何组织或者个人不得以侮辱、诽谤等方式侵害他人的名誉权。名誉是对民事主体的品德、声望、才能、信用等的社会评价。"本题中，李某并未以侮辱、诽谤等方式侵害周某的名誉权。因此，B 项错误。

C 项：根据《民法典》第 1018 条规定："肖像是通过影像、雕塑、绘画等方式在一定载体上所反映的特定自然人可以被识别的外部形象。"第 1019 条第 1 款规定："任何组织或者个人不得以丑化、污损，或者利用信息技术手段伪造等方式侵害他人的肖像权。未经肖像权人同意，不得制作、使用、公开肖像权人的肖像，但是法律另有规定的除外。"本题中，李某利用信息技术伪造方式侵害周某肖像，侵犯了周某的肖像权。因此，C 项正确。

D 项：本题中，李某未经周某同意擅自修改作品内容，吸引了较多流量，侵犯了周某的修改权和保护作品完整权。因此，D 项正确。

综上所述，本题正确答案为 CD。

37 `2202193`

参考答案：B,C,D

解析：A 项：产品责任是产品存在缺陷造成人身、财产的损害，缺陷是产品有危及人身、财产的不合理危险。本题产品与说明书不符，是瑕疵责任，不是产品责任。A 项错误。

B 项：根据《民法典》第 577 条的规定："当事人一方不履行合同义务或者履行合同义务不符合约定的，应当承担继续履行、采取补救措施或者赔偿损失等违约责任。"乙提供的设备质量与说明书上严重不符，无法按照约定用途使用，构成违约，应当承担违约责任。B 项正确。

C 项：《民法典》第 582 条规定："履行不符合约定的，应当按照当事人的约定承担违约责任。对违约责任没有约定或者约定不明确，依据本法第五百一十条的规定仍不能确定的，受损害方根据标的的性质以及损失的大小，可以合理选择请求对方承担修理、重作、更换、退货、减少价款或者报酬等违约责任。"违约责任的承担形式可以是采取补救措施，比如维修、更换或者退货。C 项正确。

D 项：《民法典》第 584 条规定："当事人一方不履

行合同义务或者履行合同义务不符合约定，造成对方损失的，损失赔偿额应当相当于因违约所造成的损失，包括合同履行后可以获得的利益；但是，不得超过违约一方订立合同时预见到或者应当预见到的因违约可能造成的损失。"机器设备的购买目的即生产加工，因机器原因无法按时交货已经造成的 20 万元的利润损失是甲乙订立合同时可预见的损失，乙应当赔偿。D 项正确。

综上所述，本题答案为 BCD。

38 `2102073`

参考答案：A,C

解析：AB 项：根据《侵权责任编解释（一）》第 5 条第 1、2 款："无民事行为能力人、限制民事行为能力人造成他人损害，被侵权人请求监护人承担侵权人应承担的全部责任的，人民法院应予支持，并在判决中明确，赔偿费用可以先从被监护人财产中支付，不足部分由监护人支付。监护人抗辩主张承担补充责任，或者被侵权人、监护人主张人民法院判令有财产的无民事行为能力人、限制民事行为能力人承担赔偿责任的，人民法院不予支持。"小丁给小李造成的损失，小丁的父母承担全部责任（而非补充责任），不能让孩子承担侵权责任。判决中要明确赔偿费用可以先从孩子财产中支付，不足的由父母支付。而不是小丁应当支付。因此，A 项错误，当选；B 项正确，不当选。

CD 项：根据《人身损害赔偿解释》第 3 条第 1 款的规定："依法应当参加工伤保险统筹的用人单位的劳动者，因工伤事故遭受人身损害，劳动者或者其近亲属向人民法院起诉请求用人单位承担民事赔偿责任的，告知其按《工伤保险条例》的规定处理。"本题小李属于劳务派遣，用人单位是甲公司，乙公司属于用工单位，小李系甲公司的雇员，在送外卖时被砸伤，属于工伤，用人单位甲公司应当承担工伤保险责任，用工单位不承担。因此，C 项错误，D 项正确。

第三人的赔偿责任和工伤保险之间的关系是：受害人既可以请求侵权的第三人担责，同时还可以请求用人单位落实工伤保险待遇。

综上所述，本题为选非题，正确答案为 ABC 项。

39 2102068

参考答案：C,D

解析：A项：甲的行为侵犯了乙的隐私权，构成侵权法律关系，属于民法调整。因此，A项错误。

B项：行为人行使自身权利不得妨碍他人的合法权益。甲安装摄像头侵犯了乙的隐私权，乙当然可以进行维权。因此，B项错误。

CD项：甲拍摄乙家的私密活动，侵扰了乙的私人生活安宁，侵犯了乙的隐私权，法院可判决甲将摄像头进行调整。因此，CD项正确。

综上所述，本题正确答案为CD项。

40 2002093

参考答案：A,B,C

解析：ABD项：根据《民法典》第1031条规定："民事主体享有荣誉权。任何组织或者个人不得非法剥夺他人的荣誉称号，不得诋毁、贬损他人的荣誉。获得的荣誉称号应当记载而没有记载的，民事主体可以请求记载；获得的荣誉称号记载错误的，民事主体可以请求更正。"侵害荣誉权的行为表现：第一，非法剥夺他人荣誉；第二，以诋毁、贬损等方式毁损他人荣誉；第三，对荣誉权人享有行使荣誉施加不法妨害，如：荣誉称号应当记载而没有记载或者记载错误；第四，侵害荣誉权人根据荣誉应得的物质利益。甲通过伪造乙身份证等方式，侵占乙基于荣誉应当获得的物质利益，成立对乙荣誉权的侵害，且成立不当得利。同时，甲侵害的对象是荣誉权中的"财产利益"，而并非单纯侵害乙享有的财产权。因此，AB项正确，D项错误。

C项：根据《民法典》第1014条规定："任何组织或者个人不得以干涉、盗用、假冒等方式侵害他人的姓名权或者名称权。"甲伪造乙的身份证，并假冒乙的身份属于假冒乙的姓名，侵害乙的姓名权。因此，C项正确。

综上所述，本题答案为ABC项。

41 2002160

参考答案：A,B,C,D

解析：ABC项：根据《民法典》第577条规定："当事人一方不履行合同义务或者履行合同义务不

符合约定的，应当承担继续履行、采取补救措施或者赔偿损失等违约责任。"《民法典》第1198条第1款规定："宾馆、商场、银行、车站、机场、体育场馆、娱乐场所等经营场所、公共场所的经营者、管理者或者群众性活动的组织者，未尽到安全保障义务，造成他人损害的，应当承担侵权责任。"《民法典》第186条规定："因当事人一方的违约行为，损害对方人身权益、财产权益的，受损害方有权选择请求其承担违约责任或者侵权责任。"首先，物业公司在小区挂横幅称"24小时巡逻，打击流浪狗、严防偷盗，给你一个安全温馨的家园！"的服务承诺构成物业服务公司的约定义务。流浪狗、偷盗事件，都属于物业服务公司违背了承诺的服务内容，没有采取合理措施保护业主的人身、财产安全。因此应当对受害人损失承担违约损害赔偿责任。其次，物业对小区里发生的偷盗事件、流浪狗、散养动物咬人本就存在安全保障义务，物业悬挂的横幅表示物业也认可自己存在这些安全保障义务。没有尽到安全保障义务，应当承担相应侵权责任。最后，对于受害人而言，违约和侵权责任可以择一主张。因此，ABC项正确。

D项：根据《民法典》第1247条规定："禁止饲养的烈性犬等危险动物造成他人损害的，动物饲养人或者管理人应当承担侵权责任。"《民法典》第1198条第2款规定："因第三人的行为造成他人损害的，由第三人承担侵权责任；经营者、管理者或者组织者未尽到安全保障义务的，承担相应的补充责任。经营者、管理者或者组织者承担补充责任后，可以向第三人追偿。"甲的邻居乙饲养禁止饲养的藏獒，对甲的损害应当承担赔偿责任。物业公司作为小区公共场所的管理者没有尽到管理人义务应当承担补充赔偿责任。因此，D项正确。

综上所述，本题正确答案为ABCD项。

42 2002087

参考答案：B,C,D

解析：A项：根据《民法典》第1209条规定："因租赁、借用等情形机动车所有人、管理人与使用人不是同一人时，发生交通事故造成损害，属于该机动车一方责任的，由机动车使用人承担赔偿责任；机动车所有人、管理人对损害的发生有过错的，承担相应的赔偿责任。"阿东将其机动车借给阿南使用期间，该车发生道路交通事故致阿中遭受损害，机动车的所有人阿东对损害的发生无过错，阿东不承担侵权损害赔偿责任。因此，A项错误。

B项：根据《民法典》第 1212 条规定："未经允许驾驶他人机动车，发生交通事故造成损害，属于该机动车一方责任的，由机动车使用人承担赔偿责任；机动车所有人、管理人对损害的发生有过错的，承担相应的赔偿责任，但是本章另有规定的除外。"阿西与阿北未经允许驾驶他人机动车发生道路交通事故致阿中人身损害，且机动车的借用人阿南具有过错（车未熄火，未上锁），因此，对阿中遭受的人身损害，阿西、阿北应当与阿南承担按份责任，各自承担与其过错相应的侵权损害赔偿责任。因此，B项正确。

CD项：根据《民法典》第 1169 条第 2 款规定："教唆、帮助无民事行为能力人、限制民事行为能力人实施侵权行为的，应当承担侵权责任；该无民事行为能力人、限制民事行为能力人的监护人未尽到监护职责的，应当承担相应的责任。"据此，限制民事行为能力人阿西教唆限制民事行为能力人阿北侵权，阿西应当承担侵权责任；阿西、阿北的监护人未尽到监护职责，阿西、阿北的监护人应当承担相应责任。再根据《侵权责任编解释（一）》第 5 条第 1、2 款："无民事行为能力人、限制民事行为能力人造成他人损害，被侵权人请求监护人承担侵权人应承担的全部责任的，人民法院应予支持，并在判决中明确，赔偿费用可以先从被监护人财产中支付，不足部分由监护人支付。监护人抗辩主张承担补充责任，或者被侵权人、监护人主张人民法院判令有财产的无民事行为能力人、限制民事行为能力人承担赔偿责任的，人民法院不予支持。"无论阿西、阿北是否有财产，均由父母承担全部责任。因此，CD项正确。

综上所述，本题答案为 BCD 项。

43 `1902092`

参考答案：B,C

解析：ACD项：林某假肢只能由专业人员拆卸，不能自由拆卸的假肢属于身体的一部分，刘某将林某的假肢打碎，侵犯了林某的身体权。因此，C项正确。尽管身体权和健康权之间存在交叉关系，但是因过错损坏他人不能自由拆卸的假肢的加害行为仅侵害身体权，不侵害健康权，林某的生命也不至于因此受到影响，因此，A项错误。同时，因为假肢已经成为身体的一部分，不再属于民法的物，林某不得主张所有权。因此，D项错误。

B项：根据《民法典》第 1183 条第 1 款规定："侵害自然人人身权益造成严重精神损害的，被侵权人有权请求精神损害赔偿。"本题中，假肢对于林某有重要意义，假肢被打碎会给林某造成严重的精神损害，林某有权向刘某主张精神损害赔偿。因此，B项正确。

综上所述，本题答案为 BC 项。

44 `1902068`

参考答案：A,B,C,D

解析：AB项：根据《民法典》第 185 条规定："侵害英雄烈士等的姓名、肖像、名誉、荣誉，损害社会公共利益的，应当承担民事责任。"第 994 条规定："死者的姓名、肖像、名誉、荣誉、隐私、遗体等受到侵害的，其配偶、子女、父母有权依法请求行为人承担民事责任；死者没有配偶、子女且父母已经死亡的，其他近亲属有权依法请求行为人承担民事责任。"李某作为烈士，就其英雄形象享有名誉利益，甲乙的行为构成对李某名誉的诋毁，使李某的名誉受损，由于李某已经牺牲，其遗孀周某有权就此侵权行为起诉。因此，AB项正确。

C项：丁未经许可将漫画改编为电子游戏，擅自使用演绎作品，对原作者甲和演绎作者乙均构成侵权。因此，C项正确。

D项：《民法典》第 1195 条："网络用户利用网络服务实施侵权行为的，权利人有权通知网络服务提供者采取删除、屏蔽、断开链接等必要措施。通知应当包括构成侵权的初步证据及权利人的真实身份信息。网络服务提供者接到通知后，应当及时将该通知转送相关网络用户，并根据构成侵权的初步证据和服务类型采取必要措施；未及时采取必要措施的，对损害的扩大部分与该网络用户承担连带责任。权利人因错误通知造成网络用户或者网络服务提供者损害的，应当承担侵权责任。法律另有规定的，依照其规定。"网络服务提供者享有"避风港"原则的保护，其虽然没有事前审查权利来源的责任，但是当得知侵权事由时应立即采取措施，不能放任不管。所以丙网站接到权利人通知时，应立即删除侵权作品，拒不删除的，对于扩大的损害承担连带责任。因此，D项正确。

综上所述，本题答案为 ABCD 项。

45 `1802059`

参考答案：B,C

解析：AB项：根据《民法典》第 1188 条第 1 款的规定："无民事行为能力人、限制民事行为能力人造成他人损害的，由监护人承担侵权责任。监护人尽到监护职责的，可以减轻其侵权责任。"本题中，小丙系限制民事行为能力人，小丙的父母作为监护人依法应承担赔偿责任；而小甲并未实施侵权行为，其监护人无须承担赔偿责任。因此，A 项错误，B 项正确。

C 项：根据《民法典》第 1198 条的规定："宾馆、商场、银行、车站、机场、体育场馆、娱乐场所等经营场所、公共场所的经营者、管理者或者群众性活动的组织者，未尽到安全保障义务，造成他人损害的，应当承担侵权责任。因第三人的行为造成他人损害的，由第三人承担侵权责任；经营者、管理者或者组织者未尽到安全保障义务的，承担相应的补充责任。经营者、管理者或者组织者承担补充责任后，可以向第三人追偿。"本题中，饭店老板张某见到小丙与小乙打斗而未上前制止，未尽到安全保障义务，依法应承担相应的补充责任。因此，C 项正确。

D 项：本题中小丙的监护人和饭店并不存在共同侵权行为，故无须承担连带责任。因此，D 项错误。

综上所述，本题答案为 BC 项。

46 `1603067`

参考答案：B,D

解析：ABD项：《民法典》第 1258 条第 1 款规定："在公共场所或者道路上挖掘、修缮安装地下设施

等造成他人损害，施工人不能证明已经设置明显标志和采取安全措施的，应当承担侵权责任"。据此，牧场作为管理人，适用过错推定责任原则，可通过证明自己尽到管理职责而免责。因此，BD 项正确，A 项错误。

C 项：不可抗力是指不可预见，不能避免且不能克服的客观情况。但是本题属于能预见、能避免并能够克服的，所以不是不可抗力。因此，C 项错误。

综上所述，本题答案为 BD 项。

47 `1503066`

参考答案：A,C

解析：A 项：根据《民法典》第 1032 条的规定："自然人享有隐私权。任何组织或者个人不得以刺探、侵扰、泄露、公开等方式侵害他人的隐私权。隐私是自然人的私人生活安宁和不愿为他人知晓的私密空间、私密活动、私密信息。"李某作为甲公司工作人员，拆看他人物品，属于侵害他人隐私权的情形。因此，A 项正确。

CD 项：本题中，李某损坏了张某的平板电脑，侵犯张某的财产权利。根据《民法典》第 1191 条第 1 款的规定："用人单位的工作人员因执行工作任务造成他人损害的，由用人单位承担侵权责任。用人单位承担侵权责任后，可以向有故意或者重大过失的工作人员追偿。"因此，C 项正确，D 项错误。

B 项：根据《民法典》第 1183 条第 1 款的规定："侵害自然人人身权益造成严重精神损害的，被侵权人有权请求精神损害赔偿。"本题中，张某的隐私权虽遭受侵害，但张某并未遭受严重精神损害，故无权请求精神损害赔偿。因此，B 项错误。

综上所述，本题答案为 AC 项。

48 `1403067`

参考答案：C,D

解析：AB项：根据《民法典》第 1191 条第 1 款规定："用人单位的工作人员因执行工作任务造成他人损害的，由用人单位承担侵权责任。用人单位承担侵权责任后，可以向有故意或者重大过失的工作人员追偿。"本题中，黄某执行工作任务过程中因酒后驾车造成甲受伤的侵权行为应当由黄某所在单位负责赔偿，甲不能请求黄某承担赔偿

觉醒法考 KEEP AWAKE 具体侵权行为

责任。因此，AB 项错误。

C 项：根据《旅游纠纷规定》第 10 条第 2 款规定："旅游经营者擅自将其旅游业务转让给其他旅游经营者，旅游者在旅游过程中遭受损害，请求与其签订旅游合同的旅游经营者和实际提供旅游服务的旅游经营者承担连带责任的，人民法院应予支持。"本题中，乙旅行社将本次业务转让给当地的丙旅行社，未经旅游者同意，甲在旅游中受到损害，可以请求乙旅行社和丙旅行社承担连带赔偿责任。因此，C 项正确。

D 项：根据《民法典》第 1172 条规定"二人以上分别实施侵权行为造成同一损害，能够确定责任大小的，各自承担相应的责任；难以确定责任大小的，平均承担责任。"同时，机动车之间的道路交通事故采用过错责任。本题中，甲受伤是因为丁公司的车与刘某的货车相撞，丁公司与刘某均有过错，均应承担侵权责任。因此，D 项正确。

综上所述，本题答案为 CD 项。

【不定项】

49 2102074

参考答案：C

解析：A 项：根据《交强险条例》第 3 条的规定："本条例所称机动车交通事故责任强制保险，是指由保险公司对被保险机动车发生道路交通事故造成本车人员、被保险人以外的受害人的人身伤亡、财产损失，在责任限额内予以赔偿的强制性责任保险。"本题中，李某属于本车人员，故对其损害不适用交强险。因此，A 项错误。

B 项：商业第三者责任险不包括车上人员，故李某不可请求承保商业第三者责任险的保险公司支付保险金。故 B 项错误。

CD 项：无偿搭乘属于好意施惠，无偿搭乘发生交通事故，驾驶人可以减责，但若驾驶人存在重大过失造成搭乘人损害的，则应当承担赔偿责任，不得减责。王某因低头玩手机发生交通事故，存在重大过失，不得减责，王某应承担全部损害赔偿责任。因此，C 项正确，D 项错误。

综上所述，本题的正确答案为 C 项。

二、模拟训练

50 62202152

参考答案：D

解析：A 项：根据《民法典》第 1248 条："动物园的动物造成他人损害的，动物园应当承担侵权责任；但是，能够证明尽到管理职责的，不承担侵权责任。"动物园承担的是过错推定责任，能够证明尽到管理职责是免责条件，动物园尽到了管理职责，能够免除自己对甲的赔偿责任。因此，A 项错误。

B 项：根据《民法典》第 1209 条："因租赁、借用等情形机动车所有人、管理人与使用人不是同一人时，发生交通事故造成损害，属于该机动车一方责任的，由机动车使用人承担赔偿责任；机动车所有人、管理人对损害的发生有过错的，承担相应的赔偿责任。"本题中的乙是机动车的所有人，丙是机动车的实际使用人，乙明知道丙没有取得驾照还借车给丙，乙对损害的发生具有过错，应该承担相应的责任，而不是连带责任。因此，B 项错误。

C 项：根据《民法典》第 1253 条："建筑物、构筑物或者其他设施及其搁置物、悬挂物发生脱落、坠落造成他人损害，所有人、管理人或者使用人不能证明自己没有过错的，应当承担侵权责任。所有人、管理人或者使用人赔偿后，有其他责任人的，有权向其他责任人追偿。"丁虽然是实际致害人，但是应该由建筑物实际所有人和使用人戊来承担赔偿责任，戊承担责任后，可以向有过错的丁追偿。因此，C 项错误。

D 项：根据《民法典》第 1254 条第 1 款："禁止从建筑物中抛掷物品。从建筑物中抛掷物品或者从建筑物上坠落的物品造成他人损害的，由侵权人依法承担侵权责任；经调查难以确定具体侵权人的，除能够证明自己不是侵权人的外，由可能加害的建筑物使用人给予补偿。可能加害的建筑物使用人补偿后，有权向侵权人追偿。"已住的楼栋高空抛物致人损伤，不能确定具体责任人的，由可能致害的建筑物使用人承担责任，已可以通过举证证明自己住在一楼不可能致害而免责。因此，D 项正确。

综上所述，本题正确答案为 D 项。

参考答案：A

解析：A 项：《民法典》第 1191 条规定："用人单位的工作人员因执行工作任务造成他人损害的，由用人单位承担侵权责任。用人单位承担侵权责任后，可以向有故意或者重大过失的工作人员追偿。"俞某作为甲空调专卖店的员工，在空调配送途中造成郑某损害，属于用人单位的工作人员因执行工作任务造成他人损害，由用人单位承担侵权责任，应当由甲空调专卖店对郑某承担侵权责任。因此，A 项错误，当选。

B 项：《民法典》第 1248 条规定："动物园的动物造成他人损害的，动物园应当承担侵权责任；但是，能够证明尽到管理职责的，不承担侵权责任。"由于动物园已经尽到了提示和管理责任，故动物园不存在过错，不承担责任。因此，B 项正确，不当选。

CD 项：《民法典》第 1203 条规定："因产品存在缺陷造成他人损害的，被侵权人可以向产品的生产者请求赔偿，也可以向产品的销售者请求赔偿。产品缺陷由生产者造成的，销售者赔偿后，有权向生产者追偿。因销售者的过错使产品存在缺陷的，生产者赔偿后，有权向销售者追偿。"本题中，空调短路是由于空调生产过程中存在缺陷，属于产品缺陷，邱某可以向产品的生产者格美空调公司请求赔偿，也可以向销售者甲空调专卖店请求赔偿。同时，因为产品缺陷是由生产者造成的，所以甲空调专卖店承担责任后，有权向格美公司追偿。因此，CD 项正确，不当选。

综上所述，本题为选非题，答案为 A 项。

参考答案：A,C

解析：A 项：根据《民法典》第 1190 条规定："完全民事行为能力人对自己的行为暂时没有意识或者失去控制造成他人损害有过错的，应当承担侵权责任；没有过错的，根据行为人的经济状况对受害人适当补偿。完全民事行为能力人因醉酒、滥用麻醉药品或者精神药品对自己的行为暂时没有意识或者失去控制造成他人损害的，应当承

侵权责任。"本案中，王某在手术中晕倒系因医院超负荷为其分配任务所导致，王某本身不存在过错，因此，其无须承担侵权责任，但应对受害人适当补偿。根据《民法典》第 1191 条第 1 款规定："用人单位的工作人员因执行工作任务造成他人损害的，由用人单位承担侵权责任。用人单位承担侵权责任后，可以向有故意或者重大过失的工作人员追偿。"本题中，王某在做手术时造成戊的损害，用人单位医院应当承担无过错的替代责任，在王某无故意或者重大过失时，无权向王某进行追偿。因此，A 项正确。

B 项：根据《民法典》第 27 条第 1 款规定："父母是未成年子女的监护人。"第 1189 条规定："无民事行为能力人、限制民事行为能力人造成他人损害，监护人将监护职责委托给他人的，监护人应当承担侵权责任；受托人有过错的，承担相应的责任。"根据《侵权责任编解释（一）》第 10 条第 1 款："无民事行为能力人、限制民事行为能力人造成他人损害，被侵权人合并请求监护人和受托履行监护职责的人承担侵权责任的，依照民法典第一千一百八十九条的规定，监护人承担侵权人应承担的全部责任；受托人在过错范围内与监护人共同承担责任，但责任主体实际支付的赔偿费用总和不应超出被侵权人应受偿的损失数额。"父母甲和乙将监护职责委托给了姑姑丙，父母依然承担全部的责任，姑姑丙在过错范围内与父母共同承担。因此，B 项错误。

C 项：根据《民法典》第 1192 第 1 款条规定："个人之间形成劳务关系，提供劳务一方因劳务造成他人损害的，由接受劳务一方承担侵权责任。接受劳务一方承担侵权责任后，可以向有故意或者重大过失的提供劳务一方追偿。提供劳务一方因劳务受到损害的，根据双方各自的过错承担相应的责任。"本题中，甲聘请丁做司机，甲和丁之间构成个人之间的劳务关系。丁接甲的儿子回家，属于提供劳务，在这个过程中，丁致人损害应当由接受劳务的甲承担侵权责任；又因丁酒后驾驶，存在重大过失，甲承担责任后有权向丁追偿。因此，C 项正确。

D 项：对于丁在提供劳务中自己遭受的损失，应当由双方各自的过错承担相应的责任。本案中，

丁酒后驾车，至少存在重大过失，不能请求甲全额赔偿。因此，D项错误。

综上所述，本题答案为AC项。

53 62002148

参考答案：A,B,C

解析：AB项：《民法典》第1254条规定："禁止从建筑物中抛掷物品。从建筑物中抛掷物品或者从建筑物上坠落的物品造成他人损害的，由侵权人依法承担侵权责任；经调查难以确定具体侵权人的，除能够证明自己不是侵权人的外，由可能加害的建筑物使用人给予补偿。可能加害的建筑物使用人补偿后，有权向侵权人追偿。物业服务企业等建筑物管理人应当采取必要的安全保障措施防止前款规定情形的发生；未采取必要的安全保障措施的，应当依法承担未履行安全保障义务的侵权责任。"本题中，吴梦系因张华未能及时收回花盆而遭受损害，张华作为侵权人应依法承担侵权责任；此外，景天物业公司管理人员对张华将花盆放置阳台上的危险行为并未加以制止或采取任何必要的安全保障措施，因此景天物业公司应当依法承担其未履行安全保障义务的侵权责任。因此，AB项正确。

C项：《民法典》第1188条第1款规定："无民事行为能力人、限制民事行为能力人造成他人损害的，由监护人承担侵权责任。监护人尽到监护职责的，可以减轻其侵权责任。"本题中，8岁张小华系限制民事行为能力人，其踢球砸伤周寻，应由监护人张华承担侵权责任。因此，C项正确。

D项：根据《民诉法解释》第67条规定："无民事行为能力人、限制民事行为能力人造成他人损害的，无民事行为能力人、限制民事行为能力人和其监护人为共同被告。"本案中，周寻应当以张华、张小华为共同被告。因此，D项错误。

综上所述，本题答案为ABC项。

54 62002108

参考答案：A

解析：A项：根据《民法典》第1032条规定："自然人享有隐私权。任何组织或者个人不得以刺探、侵扰、泄露、公开等方式侵害他人的隐私权。隐私是自然人的私人生活安宁和不愿为他人知晓的

私密空间、私密活动、私密信息。"本题中，无论报社是否如实报道，其实施的报道行为使甲受到周围同学的嘲讽和奚落，致使甲的私人生活安宁受到打扰。因此，A项正确。

B项：根据《民法典》第1003条规定："自然人享有身体权。自然人的身体完整和行动自由受法律保护。任何组织或者个人不得侵害他人的身体权。"本题中，甲因精神痛苦，自残左手无名指，是报社侵害甲隐私权造成的严重后果，并非是报社侵犯甲的身体权。因此，B项错误。

C项：根据《民法典》第1012条规定："自然人享有姓名权，有权依法决定、使用、变更或者许可他人使用自己的姓名，但是不得违背公序良俗。"根据《民法典》第1014条规定："任何组织或者个人不得以干涉、盗用、假冒等方式侵害他人的姓名权或者名称权。"本题中，甲的行为不属于干涉、盗用、假冒丙的姓名，没有侵犯丙的姓名权。根据《著作权法》第10条第1款第2项规定："署名权，即表明作者身份，在作品上署名的权利。"甲的行为侵犯了丙表明作者身份的权利，属于著作权项下的署名权。因此，C项错误。

D项：根据《民法典》第1031条第1款规定："民事主体享有荣誉权。任何组织或者个人不得非法剥夺他人的荣誉称号，不得诋毁、贬损他人的荣誉。"本题中，侵犯荣誉权的前提条件是他人获得荣誉称号。丙并未获得任何荣誉称号，故甲没有侵犯丙的荣誉权。因此，D项错误。

综上所述，本题答案为A项。

55 62002066

参考答案：B

解析：A项：《民法典》第1024条规定："民事主体享有名誉权。任何组织或者个人不得以侮辱、诽谤等方式侵害他人的名誉权。名誉是对民事主体的品德、声望、才能、信用等的社会评价。""部分英雄烈士"的精神，已经获得全民族的广泛认同，是中华民族共同记忆的一部分，是中华民族精神的内核之一，也是社会主义核心价值观的重要内容，已经是社会公共利益的一部分。本题中，案涉文章对于"部分英雄烈士"在战斗中所表现出的英勇抗敌的事迹和舍生取义的精神这一基本

事实，作出似是而非的推测、质疑乃至评价，尽管案涉文章无明显侮辱性的语言，但通过强调与基本事实无关或者关联不大的细节，引导读者对"部分英雄烈士"这一英雄烈士群体英勇抗敌事迹和舍生取义精神产生质疑，从而否定基本事实的真实性，进而降低他们的英勇形象和精神价值。洪某的行为方式符合以贬损、丑化的方式损害他人名誉和荣誉权益的特征，构成对葛老名誉的侵害。因此，A项错误。

BC项:《民法典》第994条规定:"死者的姓名、肖像、名誉、荣誉、隐私、遗体等受到侵害的，其配偶、子女、父母有权依法请求行为人承担民事责任;死者没有配偶、子女且父母已经死亡的，其他近亲属有权依法请求行为人承担民事责任。"本题中，由于葛老已经去世，其名誉受到侵害，葛某作为其儿子有权提起诉讼，请求行为人承担民事责任。同时根据法律规定，若死者没有配偶、子女且父母已经死亡的，其他近亲属有权依法请求行为人承担民事责任，而不是其他利害关系人。因此，C项错误，B项正确。

D项:《民法典》第995条规定:"人格权受到侵害的，受害人有权依照本法和其他法律的规定请求行为人承担民事责任。受害人的停止侵害、排除妨碍、消除危险、消除影响、恢复名誉、赔礼道歉请求权，不适用诉讼时效的规定。"本题中，由于洪某确实侵害了葛老的名誉利益，即使葛某起诉已过诉讼时效，由于其停止侵害、赔礼道歉、消除影响的请求权不适用诉讼时效的规定，法院应当支持。因此，D项错误。

综上所述，本题答案为B项。

56 `61902033`

参考答案：C,D

解析：AD项:《民法典》第109条规定:"自然人的人身自由、人格尊严受法律保护。"一般人格权指的是自然人对人格平等、人格独立、人格自由、人格尊严等一般人格利益予以支配，并排斥他人干涉的权利。佳乐家超市将小红带入封闭空间进行搜身的行为侵犯了小红的人身自由与人格尊严，即侵犯了小红的一般人格权，应当承担侵权责任。因此，A项正确，不当选;D项错误，当选。

B项:《民法典》第1003条规定:"自然人享有身体权。自然人的身体完整和行动自由受法律保护。任何组织或者个人不得侵害他人的身体权。"身体权是指自然人维持其身体的完整性和行动自由，并支配其肢体、器官和其他人体组织的人格权。佳乐家超市将小红带入封闭的办公室进行搜身的行为，侵犯了小红的行动自由，侵犯了其身体权。因此，B项正确，不当选。

C项:《民法典》第1004条规定:"自然人享有健康权。自然人的身心健康受法律保护。任何组织或者个人不得侵害他人的健康权。"健康权是指自然人以其身体生理机能、心理机能的健全正常运作和功能正常发挥，进而维持人体生命活动为内容的人格权。佳乐家超市将小红带入封闭的办公室进行搜身，只是限制了小红的行动自由，并未影响小红身体生理机能、心理机能等，不构成侵犯健康权。因此，C项错误，当选。

综上所述，本题为选非题，答案为CD项。

婚姻家庭

第一章
婚姻家庭法

参考答案

[1] C	[2] D	[3] ABC	[4] ABC	[5] AD
[6] C	[7] D	[8] ABD	[9] ABCD	[10] AC
[11] B	[12] AD	[13] CD	[14] C	[15] A
[16] D	[17] A	[18] B	[19] D	[20] D
[21] D	[22] D	[23] C	[24] AD	[25] ABCD
[26] BCD	[27] ABC	[28] AD	[29] ABCD	[30] ABCD
[31] ABC	[32] ABCD	[33] AB	[34] ABD	

一、历年真题及仿真题

（一）离婚救济

【单选】

1 `1603019`

参考答案：C

解析：AB 项：《民法典》第 1091 条规定："有下列情形之一，导致离婚的，无过错方有权请求损害赔偿：（一）重婚；（二）与他人同居；（三）实施家庭暴力；（四）虐待、遗弃家庭成员；（五）有其他重大过错。"针对钟某的家暴，柳某可以主张损害赔偿。《民法典婚姻家庭编解释（一）》第86 条："民法典第一千零九十一条规定的'损害赔偿'，包括物质损害赔偿和精神损害赔偿。涉及精神损害赔偿的，适用《精神损害赔偿解释》的有关规定。"所以，AB 项错误。

CD 项：《民法典》第 1091 条规定："下列情形之一，导致离婚的，无过错方有权请求损害赔偿：（一）重婚；（二）与他人同居；（三）实施家庭暴力；（四）虐待、遗弃家庭成员；（五）有其他重大过错。"《民法典婚姻家庭编解释（一）》第 90 条："夫妻双方均有民法典第一千零九十一条规定的过错情形，一方或者双方向对方提出离婚损害赔偿请求的，人民法院不予支持。"钟某殴打妻子属于实施家庭暴力情形，柳某与杜某婚内同居根据法律规定亦有过错。双方均有过错，所以不可主张损害赔偿请求。所以，C 项正确，D 项错误。

综上所述，本题答案为 C 项。

（二）法定夫妻财产制

【单选】

2 　1802005

参考答案：D

解析：A 项：根据《民法典婚姻家庭编解释（一）》第 25 条："婚姻关系存续期间，下列财产属于民法典第一千零六十二条规定的'其他应当归共同所有的财产'：（一）一方以个人财产投资取得的收益；（二）男女双方实际取得或者应当取得的住房补贴、住房公积金；（三）男女双方实际取得或者应当取得的基本养老金、破产安置补偿费。"本题中，张老汉的 10 万元养老保险金属于张老汉和何某夫妻共同财产。因此，A 项错误。

BCD 项：根据《民法典婚姻家庭编解释（一）》第 27 条："由一方婚前承租、婚后用共同财产购买的房屋，登记在一方名下的，应当认定为夫妻共同

财产。"本题中，房屋系张老汉婚前承租、婚后张老汉用共同财产购买，虽然登记在张老汉一方名下，但依法应认定为张老汉和保姆何某的夫妻共同财产。因此，BC 项错误，D 项正确。

综上所述，本题答案为 D 项。

【多选】

3 　2202035

参考答案：A,B,C

解析：A 项：礼金属于参与婚宴的嘉宾对于夫妻二人的祝福，所以应当视为对夫妻二人共同的赠与，尽管办理婚礼时礼金由一方收取，但是不影响该礼金的性质。因此，A 项正确。

B 项：《民法典》第 1062 条规定："夫妻在婚姻关系存续期间所得的下列财产，为夫妻的共同财产，归夫妻共同所有：（一）工资、奖金、劳务报酬；（二）生产、经营、投资的收益；（三）知识产权的收益；（四）继承或者受赠的财产，但是本法第一千零六十三条第三项规定的除外；……"《民法典婚姻家庭编解释（一）》第 24 条规定："民法典第一千零六十二条第一款第三项规定的'知识产权的收益'，是指婚姻关系存续期间，实际取得或者已经明确可以取得的财产性收益。"婚前出版的小说，婚后获得稿酬，属于婚姻关系存续期间实际取得的收益，属于夫妻共同财产。因此，B 项正确。

C 项：《民法典婚姻家庭编解释（一）》第 25 条规定："婚姻关系存续期间，下列财产属于民法典第一千零六十二条规定的'其他应当归共同所有的财产'：（一）一方以个人财产投资取得的收益；（二）男女双方实际取得或者应当取得的住房补贴、住房公积金；（三）男女双方实际取得或者应当取得的基本养老金、破产安置补偿费。"婚后取得的破产安置费属于夫妻共同财产。因此，C 项正确。

D 项：根据《民法典》第 1063 条规定："下列财产为夫妻一方的个人财产：（一）一方的婚前财产；（二）一方因受到人身损害获得的赔偿或者补偿；（三）遗嘱或者赠与合同中确定只归一方的财产；（四）一方专用的生活用品；（五）其他应当归一方的财产。"婚前给付的彩礼一般视为男方对女方

以缔结婚姻为目的的赠与，赠与后双方缔结婚姻，婚后女方父母将彩礼明确只给女方一方，则该财产属于女方个人财产。因此，D项错误。

综上所述，本题答案为ABC项。

④ 2002170

参考答案：A,B,C

解析：ABCD项：根据《民法典婚姻家庭编解释（一）》第78条规定："夫妻一方婚前签订不动产买卖合同，以个人财产支付首付款并在银行贷款，婚后用夫妻共同财产还贷，不动产登记于首付款支付方名下的，离婚时该不动产由双方协议处理。依前款规定不能达成协议的，人民法院可以判决该不动产归登记一方，尚未归还的贷款为不动产登记一方的个人债务。双方婚后共同还贷支付的款项及其相对应财产增值部分，离婚时应根据《民法典》第一千零八十七条第一款规定的原则，由不动产登记一方对另一方进行补偿。"因此，正确分割方式是判决房屋归小陈个人所有，双方共同还贷支付的款项为100万，房屋增值200万，还款部分对应的增值为100万，其中小陈补偿小李还款的50万，增值的50万，共100万元。因此，ABC项错误，当选；D项正确，不当选。

综上所述，本题为选非题，正确答案为ABC项。

⑤ 1902162

参考答案：A,D

解析：ABCD项：根据《民法典》第1063条的规定："下列财产为夫妻一方的个人财产：（一）一方的婚前财产；（二）一方因受到人身损害获得的赔偿或者补偿；（三）遗嘱或者赠与合同中确定只归一方的财产；（四）一方专用的生活用品；（五）其他应当归一方的财产。"《民法典婚姻家庭编解释（一）》第26条规定：夫妻一方个人财产在婚后产生的收益，除孳息和自然增值外，应认定为夫妻共同财产。"母牛系甲的婚前财产，在甲与乙婚姻关系存续期间所生小牛属于天然孳息，而非自然增值。但甲与乙结婚后，乙为了小牛的顺利出生耗费了时间和精力，应当为夫妻共同共有。因此，AD项正确，BC项错误【我们认为法条中的孳息需要做限缩解释，理解为：非经营性、非投资性

收益，以及不需要付出较多的时间和精力。而小牛的顺利出生需要付出劳动，耗费了精力。所以认为是共同财产。】

综上所述，本题答案为AD项。

（三）离婚时的财产处理

【单选】

⑥ 1703018

参考答案：C

解析：ABCD项：《民法典婚姻家庭编解释（一）》第5条规定："当事人请求返还按照习俗给付的彩礼的，如果查明属于以下情形，人民法院应当予以支持：（一）双方未办理结婚登记手续的；（二）双方办理结婚登记手续但确未共同生活的；（三）婚前给付并导致给付人生活困难的。适用前款第（二）、（三）项的规定，应当以双方离婚为条件。"根据本条规定，C项正确，ABD项错误。

综上所述，本题正确答案为C项。

⑦ 1603018

参考答案：D

解析：AC项：《民法典》第1092条规定："夫妻一方隐藏、转移、变卖、毁损、挥霍夫妻共同财产，或者伪造夫妻共同债务企图侵占另一方财产的，在离婚分割夫妻共同财产时，对该方可以少分或者不分。离婚后，另一方发现有上述行为的，可以向人民法院提起诉讼，请求再次分割夫妻共同财产。"因此，AC项正确。

B项：《民法典婚姻家庭编解释（一）》第69条第2款："当事人依照民法典第一千零七十六条签订的离婚协议中关于财产以及债务处理的条款，对男女双方具有法律约束力。登记离婚后当事人因履行上述协议发生纠纷提起诉讼的，人民法院应当受理。"所以，B项正确。

D项：《民法典婚姻家庭编解释（一）》第84条："当事人依据民法典第一千零九十二条的规定向人民法院提起诉讼，请求再次分割夫妻共同财产的诉讼时效期间为三年，从当事人发现之日起计算。"所以，D项错误。

【注意：请求再次分割夫妻共同财产的诉讼时效期间已由两年变为三年。】

综上所述，本题为选非题，本题答案为 D。

（四）离婚后的子女抚养

【多选】

8 2102069

参考答案：A,B,D

解析：A 项：根据《民法典》第 1086 条第 1 款规定："离婚后，不直接抚养子女的父或母，有探视子女的权利，另一方有协助的义务。"因此，A 项正确。

B 项：根据《民法典》第 1085 条规定："离婚后，子女由一方直接抚养的，另一方应当负担部分或者全部抚养费。负担费用的多少和期限的长短，由双方协议；协议不成的，由人民法院判决。前款规定的协议或者判决，不妨碍子女在必要时向父母任何一方提出超过协议或者判决原定数额的合理要求。"故张小某有权以需上私立高中为由请求张某增加抚养费，因此，B 项正确。

CD 项：根据《民法典婚姻家庭编解释（一）》第 59 条："父母不得因子女变更姓氏而拒付子女抚养费。父或者母擅自将子女姓氏改为继母或继父姓氏而引起纠纷的，应当责令恢复原姓氏。"故张某无权以李某擅自变更孩子姓氏为由拒绝支付抚养费，但有权请求李某将孩子的姓氏改回。因此，C 项错误，D 项正确。

综上所述，本题正确答案为 ABD 项。

9 2002155

参考答案：A,B,C,D

解析：《民法典》第 1086 条规定："离婚后，不直接抚养子女的父或者母，有探望子女的权利，另一方有协助的义务。行使探望权利的方式、时间由当事人协议；协议不成的，由人民法院判决。父或者母探望子女，不利于子女身心健康的，由人民法院依法中止探望；中止的事由消失后，应当恢复探望。"

A 项：探望权是亲权的延伸和应有之含义，探望权的对象应当是未成年子女。因此，A 项错误，当选。

B 项：探望权的主体是不直接抚养子女的父或者母，祖父母、外祖父母没有探望权。因此，B 项错误，当选。

C 项：执行有限原则告诉我们探望行为不能直接强制执行。因此，C 项错误，当选。

D 项：探望权具有独立性和法定性，可以单独起诉。因此，D 项错误，当选。

综上所述，本题为选非题，正确答案为 ABCD 项。

10 1603065

参考答案：A,C

解析：A 项：《民法典》第 1086 条第 1 款规定："离婚后，不直接抚养子女的父或者母，有探望子女的权利，另一方有协助的义务。"所以，A 项正确。

B 项：探望权属于一方的权利，另一方应当给予协助。曲玲连续几年对屈曲不闻不问，不属于违反探望义务，因为探望是曲玲的权利。所以，B 选错误。

CD 项：《民法典婚姻家庭编解释（一）》第 68 条："对于拒不协助另一方行使探望权的有关个人或者组织，可以由人民法院依法采取拘留、罚款等强制措施，但是不能对子女的人身、探望行为进行强制执行。"所以，C 项正确，D 项错误。

综上所述，本题正确答案为 AC。

（五）无效婚姻

【单选】

11 2402077

参考答案：B

解析：ABCD 项：《婚姻家庭编解释（一）》第 14 条："夫妻一方或者双方死亡后，生存一方或者利害关系人依据民法典第一千零五十一条的规定请求确认婚姻无效的，人民法院应当受理。"即使死亡，也依然可以请求确认婚姻无效。而符合无效情形，法院要判决确认无效。因为婚姻无效涉及到公共利益，而且影响权利义务关系。因此，B 项正确。

【备注：禁止结婚的亲属关系这种情形下，婚姻当事人 + 近亲属可以申请确认婚姻无效，此题 B 的母亲是符合条件的】

【多选】

12 2302012

参考答案：A,D

解析：AB项：根据《民法典》1051条规定："有下列情形之一的，婚姻无效：……（三）未到法定婚龄。"根据《民法典婚姻家庭编解释（一）》第12条规定："人民法院受理离婚案件后，经审理确属无效婚姻的，应当将婚姻无效的情形告知当事人，并依法作出确认婚姻无效的判决。"本题中，甲、乙双方均未达法定婚龄，婚姻无效。法院审理甲乙离婚案件后发现婚姻无效，应当依法作出确认婚姻无效的判决。因此，A项正确，B项错误。

CD项：根据《民法典婚姻家庭编解释（一）》第11条第2、3款规定："对婚姻效力的审理不适用调解，应当依法作出判决。涉及财产分割和子女抚养的，可以调解。调解达成协议的，另行制作调解书；未达成调解协议的，应当一并作出判决。"本题中，法院不可以对甲乙之间婚姻效力的问题进行调解，可以对关于小甲的抚养权的问题进行调解。因此，C项错误，D项正确。

综上所述，本题正确答案为AD。

（六）可撤销婚姻

【多选】

13 `2402078`

参考答案：C,D

解析：AC项：婚姻被撤销后，当事人不具有夫妻的权利和义务。但是不影响和子女的关系，依然要支付抚养费。因此，A项错误，C项正确。

B项：请求撤销婚姻的主体只限于受胁迫方／被隐瞒疾病方，李某母亲不能请求撤销。B项错误。

D项：自胁迫行为终止之日起1年内可以请求撤销，李某父亲死亡后，胁迫行为终止，李某可以请求撤销。D项正确。

综上所述，本题答案是CD。

（七）综合知识点

【单选】

14 `2302112`

参考答案：C

解析：A项：根据《民法典》第1063条规定："下列财产为夫妻一方的个人财产：（一）一方的婚前

财产；……"本题中，房子是甲的婚前财产，属于个人财产。因此，A项正确，不当选。

BC项：出租房屋耗费了甲的精力，因为涉及到租给谁、房屋维修等，而结婚后一方的精力其实也是属于家庭的，租金所得是共同财产。因此，B项正确，不当选。C项错误，当选。

D项：根据《民法典》第1092条规定："夫妻一方隐藏、转移、变卖、毁损、挥霍夫妻共同财产，或者伪造夫妻共同债务企图侵占另一方财产的，在离婚分割夫妻共同财产时，对该方可以少分或者不分。……"因此，D项正确，不当选。

综上所述，本题正确答案为C。

15 `2302014`

参考答案：A

解析：ABC项：根据《民法典婚姻家庭编解释（一）》第69条第1款规定："当事人达成的以协议离婚或者到人民法院调解离婚为条件的财产以及债务处理协议，如果双方离婚未成，一方在离婚诉讼中反悔的，人民法院应当认定该财产以及债务处理协议没有生效，并根据实际情况依照民法典第一千零八十七条和第一千零八十九条的规定判决。"本题中，双方离婚未成，李某在诉讼中拒绝按照离婚协议分割财产，协议未生效，法院应根据实际情况判决。因此，A项正确，BC项错误。

D项：法院判决离婚的前提是感情破裂，和财产分割有没有达成一致无关。因此，D项错误。

综上所述，本题正确答案为A。

16 `2202024`

参考答案：D

解析：AB项：婚姻可撤销只有2种，胁迫和重大疾病未告知，未告知年龄不属于可撤销事由。AB项错误。

CD项：根据《民法典》第1051条规定："有下列情形之一的，婚姻无效：（一）重婚；（二）有禁止结婚的亲属关系；（三）未到法定婚龄。"《民法典》第1047条规定："结婚年龄，男不得早于二十二周岁，女不得早于二十周岁。"《民法典婚姻家庭编解释一》第10条规定："当事人依据民法典第一千零五十一条规定向人民法院请求确认婚姻无效，法定的无效婚姻情形在提起诉讼时已经消失的，人民法院不予支持。"本题中，结婚时，甲男 20 岁，未到法定婚龄，且乙女向法院起诉离婚时，甲男 21 岁，仍然不符合结婚的法定年龄，因此该婚姻关系无效。故 D 项正确。

综上所述，本题正确答案为 D 项。

17 `2202174`

参考答案：A

解析：ABCD 项：根据《民法典》第 1053 条的规定："一方患有重大疾病的，应当在结婚登记前如实告知另一方；不如实告知的，另一方可以向人民法院请求撤销婚姻。请求撤销婚姻的，应当自知道或者应当知道撤销事由之日起一年内提出。"婚前治愈未告知的不属于可撤销情形。也不属于无效情形，无效（年龄、重婚、禁止结婚的亲属关系）。

而且《民法典》规定有权请求人民法院撤销婚姻的主体仅限于未被如实告知的另一方当事人，近亲属不能以本条规定的事由请求撤销当事人的婚姻。因此，乙的父母无权申请撤销婚姻。A 项正确，BCD 项错误。

综上所述，本题答案为 A。

18 `2102141`

参考答案：B

解析：A 项：《民法典婚姻家庭编解释（一）》第 34 条第 2 款规定："夫妻一方在从事赌博、吸毒等违法犯罪活动中所负债务，第三人主张该债务为夫妻共同债务的，人民法院不予支持。"据此，乙因吸毒欠下的债务并非夫妻共同债务，甲无须承担。因此，A 项正确，不当选。

B 项：《民法典》第 1052 条第 1 款规定："因胁迫结婚的，受胁迫的一方可以向人民法院请求撤销婚姻。"《民法典》第 1053 条第 1 款规定："一方患有重大疾病的，应当在结婚登记前如实告知另一方；不如实告知的，另一方可以向人民法院请求撤销婚姻。"据此，现行法上规定的婚姻可撤销事由有二：胁迫与隐瞒重大疾病。隐瞒吸毒的事实并非婚姻的可撤销事由。本题，乙婚前隐瞒吸毒的事实并不构成甲撤销婚姻的事由。因此，B 项错误，当选。

C 项：《民法典》第 1084 条第 3 款规定："离婚后，不满两周岁的子女，以由母亲直接抚养为原则。已满两周岁的子女，父母双方对抚养问题协议不成的，由人民法院根据双方的具体情况，按照最有利于未成年子女的原则判决。子女已满八周岁的，应当尊重其真实意愿。"据此，离婚后的子女抚养问题，由人民法院按照最有利于未成年子女的原则自由裁量。结合本题，乙有吸毒习性，从最有利于未成年子女的原则出发，法院应将孩子的抚养权判给甲。因此，C 项正确，不当选。

D 项：《民法典》第 1079 条第 2 款规定："人民法院审理离婚案件，应当进行调解；如果感情确已破裂，调解无效的，应当准予离婚。"据此，在离婚诉讼中，法院应当先行调解。因此，D 项正确，不当选。

综上所述，本题为选非题，答案为 B 项。

19 `1703017`

参考答案：D

解析：A 项：《民法典》第 1051 条规定："有下列情形之一的，婚姻无效：（一）重婚；（二）有禁止结婚的亲属关系；（三）未到法定婚龄。"同时，《民法典婚姻家庭编解释（一）》第 17 条第 1 款："当事人以民法典第一千零五十一条规定的三种无效婚姻以外的情形请求确认婚姻无效的，人民法院应当判决驳回当事人的诉讼请求。"高甲与陈小美的婚姻不具有上述婚姻无效的法定事由。故 A 项错误。

B 项：《民法典》第 1052 条第 1 款规定："因胁迫结婚的，受胁迫的一方可以向人民法院请求撤销婚姻。"第 1053 条第 1 款规定："一方患有重大疾病的，应当在结婚登记前如实告知另一方；不如实告知的，另一方可以向人民法院请求撤销婚姻。"本题中，高甲与陈小美的婚姻不具有前述可撤销事由，故不属于可撤销婚姻。同时，《民法典婚姻家庭编解释（一）》第 17 条第 2 款："当事人以结婚登记程序存在瑕疵为由提起民事诉讼，主张撤销结婚登记的，告知其可以依法申请行政复议或者提起行政诉讼。"本题中，陈小美以其双胞胎妹妹陈小丽的名义与高甲登记结婚，导致结婚登记程序存在瑕疵，根据上述法律规定，可以申请行政复议或提起行政诉讼，但不得撤销婚姻。故 B 项错误。

CD 项：《民法典》第 1015 条规定："自然人应当随父姓或者母姓……。"本题中，高小甲为无民事行为能力人，作为其法定代理人的母亲将其姓名变更为陈龙，该行为既不会侵害高甲的合法权益，也不会侵害高小甲的合法权益。故 C 项错误，D 项正确。

综上所述，本题答案为 D 项。

20 1603020

参考答案：D

解析：AD 项：《民法典》第 1065 条第 1 款规定："男女双方可以约定婚姻关系存续期间所得的财产以及婚前财产归各自所有、共同所有或者部分各自所有、部分共同所有。约定应当采用书面形式。没有约定或者约定不明确的，适用本法第一千零六十二条、第一千零六十三条的规定。"刘山峰与王翠花为合法夫妻，可以约定财产的所有权。所以，D 项正确，A 项错误。

BC 项：《婚姻家庭编解释（一）》第 31 条："民法典第一千零六十三条规定为夫妻一方的个人财产，不因婚姻关系的延续而转化为夫妻共同财产。但当事人另有约定的除外。"所以，BC 项错误。

综上所述，本题正确答案为 D。

21 1503020

参考答案：D

解析：A 项：根据《民法典》第 1052 条："因胁迫结婚的，受胁迫的一方可以向人民法院请求撤销该婚姻。请求撤销婚姻的，应当自胁迫行为终止之日起一年内提出。被非法限制人身自由的当事人请求撤销婚姻的，应当自恢复人身自由之日起一年内提出。"第 1053 条："一方患有重大疾病的，应当在结婚登记前如实告知另一方；不如实告知的，另一方可以向人民法院请求撤销婚姻。请求撤销婚姻的，应当自知道或者应当知道撤销事由之日起一年内提出。"由此可知，可撤销的婚姻需符合下列情形之一：一是因胁迫结婚的；二是一方患有重大疾病，未在结婚登记前如实告知另一方的。在本题中，胡某为同性恋者不属于可撤销婚姻的法定事由，故陈某不享有撤销权。因

此，A 项错误。

B 项：根据《民法典》第 148 条："一方以欺诈手段，使对方在违背真实意思的情况下实施的民事法律行为，受欺诈方有权请求人民法院或者仲裁机构予以撤销。"在本题中，受赠人欠缺欺诈的故意，不成立欺诈，故陈某父母不享有撤销权。因此，B 项错误。【注意：受赠人缺乏欺诈的故意是相对于赠与合同而言的，赠与人陈某的父母作出赠与之意思表示的原因系"胡某与陈某建立合法的婚姻关系"，在这件事上，受赠人并没有欺诈的故意。】

C 项：根据《民法典》第 1062 条第 1 款第 4 项和第 1063 条第 1 款第 3 项的规定，婚姻关系存续期间，受赠的财产，除赠与合同中确定只归一方所有以外，为夫妻的共同财产，归夫妻共同所有。因此，C 项错误。

D 项：根据《民法典》第 1062 条第 1 款第 3 项规定："夫妻在婚姻关系存续期间所得的下列财产，为夫妻的共同财产，归夫妻共同所有：……（三）知识产权的收益；……"《民法典婚姻家庭编解释（一）》第 24 条："民法典第一千零六十二条第一款第三项规定的'知识产权的收益'，是指婚姻关系存续期间，实际取得或者已经明确可以取得的财产性收益。"本案中，该小说虽然是在婚前创作、发表，但该小说的版税是在婚姻关系存续期间实际取得，故该小说版税属于夫妻共同财产。因此，D 项正确。

综上所述，本题正确答案为 D 项。

22 1503007

参考答案：D

解析：A 项：本题中，房屋为甲乙夫妻共同共有，乙瞒着甲将房屋抵押给丙，属于无权处分，无权处分不影响合同的效力，其抵押合同有效。因此，A 项错误。

B 项：本题中，乙向丙借款 100 万元供个人使用，乙丙之间的借款合同意思表示真实，借款合同有效。因此，B 项错误。

C 项：根据《民法典》第 1064 条第 2 款规定："夫妻一方在婚姻关系存续期间以个人名义超出家庭日常生活需要所负的债务，不属于夫妻共同债务；

但是，债权人能够证明该债务用于夫妻共同生活、共同生产经营或者基于夫妻双方共同意思表示的除外。"本题中，乙超出家庭日常生活需要，以自己名义向丙借款供本人使用，该借款应当认定为是乙的个人债务，故甲无需对 100 万元借款负连带还款义务。因此，C 项错误。

D 项：根据《民法典》第 311 条，丙善意取得房屋抵押权需要具备四个要件：第一，不动产登记出现权属登记错误。第二，登记名义人甲以自己的名义实施无权处分。第三，已经为丙完成抵押登记。第四，丙受让时为善意。本题中，实施无权处分的是乙，而非登记名义人甲，不符合前述善意取得抵押权的第二个和第四个条件，因此丙不满足善意取得要件，所以不能善意取得。错误的抵押登记对于所有权来说构成一种不法妨害，甲有权行使排除妨害请求权或者申请变更登记，涂销丙的抵押登记。因此，D 项正确。

综上所述，正确答案为 D 项。

23　**1403023**

参考答案：D

解析：A 项：根据《民法典婚姻家庭编解释（一）》第 32 条："婚前或者婚姻关系存续期间，当事人约定将一方所有的房产赠与另一方或者共有，赠与方在赠与房产变更登记之前撤销赠与，另一方请求判令继续履行的，人民法院可以按照民法典第六百五十八条的规定处理。"《民法典》第 658 条："赠与人在赠与财产的权利转移之前可以撤销赠与。经过公证的赠与合同或者依法不得撤销的具有救灾、扶贫、助残等公益、道德义务性质的赠与合同，不适用前款规定。"本题中，甲不愿兑现将婚前财产中的一间门面房变更为夫妻共同财产的承诺，视为撤销赠与，故乙无权请求将门面房作为夫妻共同财产分割。因此，A 项正确。

BC 项：根据《民法典婚姻家庭编解释（一）》第 82 条："夫妻之间订立借款协议，以夫妻共同财产出借给一方从事个人经营活动或者用于其他个人事务的，应视为双方约定处分夫妻共同财产的行为，离婚时可以按照借款协议的约定处理。"本题中，甲为丙支付医药费系履行法定义务，属于甲的"个人事务"，该协议在离婚时应按夫妻间借

款协议处理。因此，BC 项正确。

D 项：根据《民法典》第 1066 条："婚姻关系存续期间，有下列情形之一的，夫妻一方可以向人民法院请求分割共同财产：（一）一方有隐藏、转移、变卖、毁损、挥霍夫妻共同财产或者伪造夫妻共同债务等严重损害夫妻共同财产利益的行为；（二）一方负有法定扶养义务的人患重大疾病需要医治，另一方不同意支付相关医疗费用。"本题中，甲对丙有法定抚养义务，丁不同意甲支付医疗费时，甲有权依法要求分割共有财产。因此，D 项错误。

本题是选非题，综上所述，本题正确答案为 D 项。

【多选】

24　**2402079**

参考答案：A,D

解析：AB 项：婚前个人财产，婚后加对方名字，视为赠与，因此房屋属于共同财产。A 项正确，B 项错误。

CD 项：变更为共同共有，不意味着均等分割，具体分割时需要考虑出资等因素，赵某要少分。C 项错误，D 项正确。

综上所述，本题答案是 AD。

25　**2202173**

参考答案：A,B,C,D

解析：A 项：《民法典》第 1051 条规定："有下列情形之一的，婚姻无效：（一）重婚；（二）有禁止结婚的亲属关系；（三）未到法定婚龄。"《民法典婚姻家庭编解释（一）》第 9 条规定："有权依据民法典第一千零五十一条规定向人民法院就已办理结婚登记的婚姻请求确认婚姻无效的主体，包括婚姻当事人及利害关系人。其中，利害关系人包括：（一）以重婚为由的，为当事人的近亲属及基层组织……"甲的女儿作为近亲属，有权以重婚为由提请法院确认甲和乙的婚姻无效。因此，A 项正确。

BC 项：《民法典》第 1143 条第 2 款规定："遗嘱必须表示遗嘱人的真实意思，受欺诈、胁迫所立的遗嘱无效。"乙隐瞒自己的婚姻状况，导致甲基于错误认识订立遗嘱，构成欺诈，甲所立遗嘱无效。

因此，B项正确。

又根据《民法典》第1054条第1款规定："无效的或者被撤销的婚姻自始没有法律约束力，当事人不具有夫妻的权利和义务。同居期间所得的财产，由当事人协议处理；协议不成的，由人民法院根据照顾无过错方的原则判决。对重婚导致的无效婚姻的财产处理，不得侵害合法婚姻当事人的财产权益。当事人所生的子女，适用本法关于父母子女的规定。"若婚姻确认无效，则甲乙之间不具有夫妻的权利和义务，乙当然丧失法定继承权。因此，C项正确。

D项：《民法典》第1062条第1款："夫妻在婚姻关系存续期间所得的下列财产，为夫妻的共同财产，归夫妻共同所有：（一）工资、奖金、劳务报酬；（二）生产、经营、投资的收益；（三）知识产权的收益；（四）继承或者受赠的财产，但是本法第一千零六十三条第三项规定的除外；（五）其他应当归共同所有的财产。"夫妻关系存续期间所继承的财产没有明确只归一方，属于共同财产，甲的儿媳有权主张甲的儿子继承的遗产属于夫妻共同财产。因此，D项正确。

综上所述，本题答案为ABCD。

26 2002003

参考答案：B,C,D

解析：A项：根据《民法典》第1052条第1款的规定："因胁迫结婚的，受胁迫的一方可以向人民法院请求撤销婚姻。"甲暗示威胁乙如果乙不同他结婚，就公布乙的隐私照片，乙因为害怕隐私照片泄露而跟甲结婚，属于因胁迫而结婚，满足该条规定的可撤销事由。因此，A项正确，不当选。

B项：根据《民法典》婚姻家庭编，婚姻可撤销事由只有受胁迫和隐瞒重大疾病两个事由，欺诈不属于可撤销事由。因此，B项错误，当选。

C项：根据《民法典》第1051条的规定："有下列情形之一的，婚姻无效：（一）重婚；（二）有禁止结婚的亲属关系；（三）未到法定婚龄。"婚姻无效事由只有重婚、禁止结婚的亲属关系、未到法定婚龄三个，非真实意思不属于婚姻无效事由。因此，C项错误，当选。

D项：根据《民法典》第1033条的规定："除法律

另有规定或者权利人明确同意外，任何组织或者个人不得实施下列行为：（一）以电话、短信、即时通讯工具、电子邮件、传单等方式侵扰他人的私人生活安宁；（二）进入、拍摄、窥视他人的住宅、宾馆房间等私密空间；（三）拍摄、窥视、窃听、公开他人的私密活动；（四）拍摄、窥视他人身体的私密部位；（五）处理他人的私密信息；（六）以其他方式侵害他人的隐私权。"本题中，甲只是谎称有乙的隐私照片，即实际上甲并没有拍摄并保存乙的隐私照片，因此甲并未侵犯乙的隐私权。因此，D项错误，当选。

综上所述，本题为选非题，答案为BCD项。

27 1802056

参考答案：A,B,C

解析：AB项：根据《民法典》第1052条的规定："因胁迫结婚的，受胁迫的一方可以向人民法院请求撤销婚姻。请求撤销婚姻的，应当自胁迫行为终止之日起一年内提出。被非法限制人身自由的当事人请求撤销婚姻的，应当自恢复人身自由之日起一年内提出。"第1053条规定："一方患有重大疾病的，应当在结婚登记前如实告知另一方；不如实告知的，另一方可以向人民法院请求撤销婚姻。请求撤销婚姻的，应当自知道或者应当知道撤销事由之日起一年内提出。"本题中，两人的婚姻并不存在胁迫和一方患有重大疾病的情形，故不得主张撤销婚姻。因此，AB项错误，当选。

C项：根据《民法典》第1051条的规定："有下列情形之一的，婚姻无效：（一）重婚；（二）有禁止结婚的亲属关系；（三）未到法定婚龄。"同时，根据《民法典婚姻家庭编解释（一）》第17条第1款："当事人以民法典第一千零五十一条规定的三种无效婚姻以外的情形请求确认婚姻无效的，人民法院应当判决驳回当事人的诉讼请求。"本题中，孙立和韩孟二者并不存在无效婚姻的情形。因此，C项错误，当选。

D项：根据《民法典婚姻家庭编解释（一）》第17条第2款："当事人以结婚登记程序存在瑕疵为由提起民事诉讼，主张撤销结婚登记的，告知其可以依法申请行政复议或者提起行政诉讼。"本题中，孙立拿孙新身份证办理结婚登记手续，婚姻

觉晓法考
KEEP AWAKE

婚姻家庭法

登记程序存在瑕疵，韩孟和孙新可以提起行政复议或行政诉讼。因此，D 项正确，不当选。

综上所述，本题为选非题，答案为 ABC 项。

28 `1703065`

参考答案：A,D

解析：A 项：《民法典》第 1091 条规定："有下列情形之一，导致离婚的，无过错方有权请求损害赔偿：（一）重婚；（二）与他人同居；（三）实施家庭暴力；（四）虐待、遗弃家庭成员；（五）有其他重大过错。"同时，《民法典婚姻家庭编解释（一）》第 86 条："民法典第一千零九十一条规定的"损害赔偿"，包括物质损害赔偿和精神损害赔偿。涉及精神损害赔偿的，适用《最高人民法院关于确定民事侵权精神损害赔偿责任若干问题的解释》的有关规定。"本题中，甲男多次殴打乙女，属于《民法典》第 1091 条第 3 项规定的"实施家庭暴力"，乙女可以向甲男主张离婚损害赔偿，包括精神损害赔偿。故 A 项正确。

BD 项：《民法典婚姻家庭编解释（一）》第 23 条："夫以妻擅自中止妊娠侵犯其生育权为由请求损害赔偿的，人民法院不予支持；夫妻双方因是否生育发生纠纷，致使感情确已破裂，一方请求离婚的，人民法院经调解无效，应依照民法典第一千零七十九条第三款第五项的规定处理。"据此可知，乙女并未侵犯甲男的生育权，故 B 项错误，D 项正确。

C 项：《民法典》第 109 条规定："自然人的人身自由、人格尊严受法律保护。"其中，人格尊严是人之所以能够成为真正的"人"，所应享有的最起码的社会地位和应得到的最起码的尊重。本题中，乙女数次擅自中止妊娠并未侵犯甲男的人格尊严，故 C 项错误。

综上所述，本题答案为 AD 项。

29 `1503065`

参考答案：A,B,C,D

解析：A 项：《民法典》第 1082 条规定："女方在怀孕期间、分娩后一年内或者终止妊娠后六个月内，男方不得提出离婚；但是，女方提出离婚或者人民法院认为确有必要受理男方离婚请求的除外。"因此，A 项正确。

B 项：《民法典》第 1079 条第 3 款第 3 项规定："有下列情形之一，调解无效的，应当准予离婚：（三）有赌博、吸毒等恶习屡教不改；"因此，B 项正确。

C 项：《著作权法实施条例》第 9 条规定："合作作品不可以分割使用的，其著作权由各合作作者共同享有，通过协商一致行使；不能协商一致，又无正当理由的，任何一方不得阻止他方行使除转让以外的其他权利，但是所得收益应当合理分配给所有合作作者。"本题中，董楠和申蓓对该画共同享有著作权和物权，董楠未经申蓓同意出售该画侵犯了申蓓对该画的著作权和物权。因此，C 项正确。

D 项：《民法典》第 1091 条规定："有下列情形之一，导致离婚的，无过错方有权请求损害赔偿：（一）重婚；（二）与他人同居；（三）实施家庭暴力；（四）虐待、遗弃家庭成员；（五）有其他重大过错。"本题中，董楠有吸毒恶习屡教不改，属于上述离婚损害赔偿的法定事由中的"有其他重大过错"，申蓓有权请求离婚损害赔偿。因此，D 项正确。

综上所述，答案为 ABCD。

【不定项】

30 `2002162`

参考答案：A,B,C,D

解析：A 项：根据《民法典》第 1054 条第 2 款规定："婚姻无效或者被撤销的，无过错方有权请求损害赔偿。"因此，A 项正确。

B 项：根据《民法典》第 1053 条规定："一方患有重大疾病的，应当在结婚登记前如实告知另一方；不如实告知的，另一方可以向人民法院请求撤销婚姻。请求撤销婚姻的，应当自知道或者应当知道撤销事由之日起 1 年内提出。"因此，B 项正确。

C 项：根据《民法典》第 1088 条规定："夫妻一方因抚育子女、照料老年人、协助另一方工作等负担较多义务的，离婚时有权向另一方请求补偿，另一方应当给予补偿。"因此，C 项正确。

D 项：根据《民法典》第 1077 条规定："自婚姻登记机关收到离婚登记申请之日起 30 日内，任何一方不愿离婚的，可以向婚姻登记机关撤回离婚登记申请。前款规定期限届满后 30 日内，双方应当亲自到婚姻登记机关申请发给离婚证；未申请的，视为撤回离婚登记申请。"因此，D 项正确。

综上所述，本题答案为 ABCD 项。

二、模拟训练

31 `62002177`

参考答案：A,B,C

解析：A 项：根据《民法典婚姻家庭编解释（一）》第 28 条第 2 款："夫妻一方擅自处分共同所有的房屋造成另一方损失，离婚时另一方请求赔偿损失的，人民法院应予支持。"擅自处分夫妻共有房屋的赔偿请求权的内容限于财产损害赔偿，不包括精神损害赔偿。因此，A 项错误，当选。

B 项：根据《民法典》第 1091 条："有下列情形之一，导致离婚的，无过错方有权请求损害赔偿：（一）重婚；（二）与他人同居；（三）实施家庭暴力；（四）虐待、遗弃家庭成员；（五）有其他重大过错。"本题中，周某与郑某同居，导致离婚，吴某有权请求离婚损害赔偿。但是离婚损害赔偿请求权的权利人是无过错配偶，赔偿义务人是有过错配偶，第三者不承担离婚损害赔偿责任。因此，B 项错误，当选。

CD 项：根据《民法典婚姻家庭编解释（一）》第 88 条："人民法院受理离婚案件时，应当将民法典第一千零九十一条等规定中当事人的有关权利义务，书面告知当事人。在适用民法典第一千零九十一条时，应当区分以下不同情况：（一）符合民法典第一千零九十一条规定的无过错方作为原告基于该条规定向人民法院提起损害赔偿请求的，必须在离婚诉讼的同时提出。（二）符合民法典第一千零九十一条规定的无过错方作为被告的离婚诉讼案件，如果被告不同意离婚也不基于该条规定提起损害赔偿请求的，可以就此单独提起诉讼。（三）无过错方作为被告的离婚诉讼案件，一审时被告未基于民法典第一千零九十一条规定提出损害赔偿请求，二审期间提出的，人民法院应当进行调解；调解不成的，告知当事人另行起诉。双方当事人同意由第二审人民法院一并审理的，第二审人民法院可以一并裁判。"若吴某一审时未提

出损害赔偿请求而于二审期间提出，二审法院应当先行调解，调解不成的，告知当事人另行起诉。双方当事人同意由第二审人民法院一并审理的，第二审人民法院可以一并裁判。因此，C 项错误，当选；若吴某不同意离婚亦未提起损害赔偿请求，可以在离婚后就损害赔偿单独提起诉讼。D 项正确，不当选。

综上所述，本题为选非题，答案为 ABC 项。

32 `62002180`

参考答案：A,B,C,D

解析：AB 项：根据《民法典》1064 条第 1 款："夫妻双方共同签名或者夫妻一方事后追认等共同意思表示所负的债务，以及夫妻一方在婚姻关系存续期间以个人名义为家庭日常生活需要所负的债务，属于夫妻共同债务。"《民法典》第 1089 条规定："离婚时，夫妻共同债务应当共同偿还。共同财产不足清偿或者财产归各自所有的，由双方协议清偿；协议不成的，由人民法院判决。"《民法典婚姻家庭编解释（一）》第 35 条："当事人的离婚协议或者人民法院生效判决、裁定、调解书已经对夫妻财产分割问题作出处理的，债权人仍有权就夫妻共同债务向男女双方主张权利。一方就夫妻共同债务承担清偿责任后，主张由另一方按照离婚协议或者人民法院的法律文书承担相应债务的，人民法院应予支持。"本题中，3 万元债务是甲乙婚姻关系存续期间所形成，且用于购买共同住房，应当属于为了家庭日常生活需要的夫妻共同债务。即使法院判决家庭财产全部归乙，夫妻双方仍应对夫妻共同债务承担清偿责任。故丙有权向甲主张，也有权向乙主张。因此，AB 项正确，当选。

C 项：根据《民法典》第 1091 条："有下列情形之一，导致离婚的，无过错方有权请求损害赔偿：（一）重婚；（二）与他人同居；（三）实施家庭暴力；（四）虐待、遗弃家庭成员；（五）有其他重大过错。"本题中，甲与他人同居导致离婚，乙有权请求损害赔偿。因此，C 项正确，当选。

D 项：根据《民法典》第 1065 条第 3 款："夫妻对婚姻关系存续期间所得的财产约定归各自所有，夫或者妻一方对外所负的债务，相对人知道该约

定的，以夫或者妻一方的个人财产清偿。"本题中，甲、乙约定，2018 年 3 月 1 日后双方所得的财产归各自所有，且丁对甲、乙的该项约定知情。故甲对丁的该笔债务应由甲的个人财产清偿。因此，D 项正确，当选。

综上所述，本题答案为 ABCD 项。

33 `61902025`

参考答案：A,B

解析：A 项：根据《民法典婚姻家庭编解释（一）》第 27 条："由一方婚前承租、婚后用共同财产购买的房屋，登记在一方名下的，应当认定为夫妻共同财产。"因此，A 项正确。

B 项：根据《民法典》第 1062 条第 1 款第 3 项："夫妻在婚姻关系存续期间所得的下列财产，为夫妻的共同财产，归夫妻共同所有：（三）知识产权的收益。"《民法典婚姻家庭编解释（一）》第 24 条："民法典第一千零六十二条第一款第三项规定的'知识产权的收益'，是指婚姻关系存续期间，实际取得或者已经明确可以取得的财产性收益。"《民法典婚姻家庭编解释（一）》第 25 条："婚姻关系存续期间，下列财产属于民法典第一千零六十二条规定的'其他应当归共同所有的财产'：（三）男女双方实际取得或者应当取得的基本养老金、破产安置补偿费。"本题中，尽管李刚的散文是在婚前撰写并发表，但稿费是在婚后实际取得，属于夫妻共同共有的财产。李刚婚后所取得的养老金属于婚姻关系存续期间实际取得的养老金，亦属于夫妻共同财产。因此，B 项正确。

C 项：根据《民法典婚姻家庭编解释（一）》第 26 条："夫妻一方个人财产在婚后产生的收益，除孳息和自然增值外，应认定为夫妻共同财产。"王红婚后用个人财产炒股所得属于投资收益，为夫妻共同财产。王红将婚前房屋出租所得的租金属于经营所得，为夫妻共同财产。但房屋涨价的 300 万属于自然增值，为王红的个人财产。因此，C 项错误。【租金是否为夫妻一方财产存在争议。我们认为法条中的孳息需要做限缩解释，理解为：非经营性、非投资性收益，以及不需要付出较多的时间和精力。而出租算是一种经营活动，而且出租人要维修等，依然要付出劳动，耗费了精力。

所以认为是共同财产。】

D 项：根据《民法典》第 1063 条："下列财产为夫妻一方的个人财产：（一）一方的婚前财产；（二）一方因受到人身损害获得的赔偿或者补偿；（三）遗嘱或者赠与合同中确定只归一方的财产；（四）一方专用的生活用品；（五）其他应当归一方的财产。"本题中，李刚的父母单独出资购买房屋，产权登记在李刚名下，属于李刚父母对李刚一人的赠与，该赠与表明房屋确定只归李刚所有，房屋应当属于李刚的个人财产。因此，D 项错误。

综上所述，本题正确答案为 AB 项。

34 `61802135`

参考答案：A,B,D

解析：ABD 项：根据《民法典》第 1079 条规定："夫妻一方要求离婚的，可以由有关组织进行调解或者直接向人民法院提起离婚诉讼。人民法院审理离婚案件，应当进行调解；如果感情确已破裂，调解无效的，应当准予离婚。有下列情形之一，调解无效的，应当准予离婚：（一）重婚或者与他人同居；（二）实施家庭暴力或者虐待、遗弃家庭成员；（三）有赌博、吸毒等恶习屡教不改；（四）因感情不和分居满二年；（五）其他导致夫妻感情破裂的情形。一方被宣告失踪，另一方提起离婚诉讼的，应当准予离婚。经人民法院判决不准离婚后，双方又分居满一年，一方再次提起离婚诉讼的，应当准予离婚。"本题中，A 项满足第（三）项的规定、B 项满足第（一）项的规定、D 项满足第（四）项的规定，法院可以准予甲乙离婚。因此，ABD 项正确。

C 项：根据《民法典》第 1082 条的规定，"女方在怀孕期间、分娩后一年内或者终止妊娠后六个月内，男方不得提出离婚；但是，女方提出离婚或者人民法院认为确有必要受理男方离婚请求的除外。"本题中，甲另觅新欢的行为不属于确有必要受理男方离婚请求的情形，甲在乙怀孕期间不得提出离婚。因此，C 项错误。

综上所述，本题正确答案为 ABD 项。

第二章
收养法

参考答案

[1] B   [2] C   [3] AC   [4] D   [5] AD

一、历年真题及仿真题

（一）收养

【单选】

1 2202178

参考答案：B

解析：A 项：《民法典》第 1104 条规定："收养人收养与送养人送养，应当双方自愿。收养八周岁以上未成年人的，应当征得被收养人的同意。"由于甲未满 8 周岁，无需征得甲的同意。因此，A 项错误。

B 项：《民法典》第 1096 条规定："监护人送养孤儿的，应当征得有抚养义务的人同意。有抚养义务的人不同意送养、监护人不愿意继续履行监护职责的，应当依照本法第一编的规定另行确定监护人。"《民法典》第 27 条第 2 款："未成年人的父母已经死亡或者没有监护能力的，由下列有监护能力的人按顺序担任监护人：（一）祖父母、外祖父母；（二）兄、姐；（三）其他愿意担任监护人的个人或者组织，但是须经未成年人住所地的居民委员会、村民委员会或者民政部门同意。"甲的外祖母属于有抚养义务的人，若其反对爷爷将甲送给丙收养，应当另行确定监护人。因此，B 项正确。

C 项：《民法典》第 1105 条第 3 款："收养关系当事人愿意签订收养协议的，可以签订收养协议。"收养人与送养人之间不强制达成收养的协议。因此，C 项错误。

D 项：《民法典》第 1102 条规定："无配偶者收养异性子女的，收养人与被收养人的年龄应当相差四十周岁以上。"《民法典》第 1099 条："收养三代以内旁系同辈血亲的子女，可以不受本法第一千零九十三条第三项、第一千零九十四条第三

项和第一千一百零二条规定的限制。"姑姑收养侄子，可以不受年龄相差 40 周岁的限制。因此，D 项错误。

综上所述，本题答案为 B。

2 1703019

参考答案：C

解析：A 项：根据《民法典》第 1093 条第 1 款第 3 项规定："下列未成年人，可以被收养：（三）生父母有特殊困难无力抚养的子女。"第 1094 条第 1 款第 3 项规定："下列个人、组织可以作送养人：……（三）有特殊困难无力抚养子女的生父母。"根据前述规定，一般而言，生父母具有抚养能力的，不得送养子女。但是，《民法典》第 1099 条第 1 款规定："收养三代以内旁系同辈血亲的子女，可以不受本法第 1093 条第 1 款第 3 项、第 1094 条第 1 款第 3 项和第 1102 条规定的限制。"由此可知，徐某的姐姐与徐某系同辈，其收养小强属于收养三代以内旁系同辈血亲的子女，可以不受"生父母有特殊困难无力抚养"的限制。因此，即使徐某有抚养能力，也可以将小强送其姐姐收养。故 A 项错误，不当选。

B 项：《民法典》第 1098 条第 1 款第 1 项规定："收养人应当同时具备下列条件：（一）无子女或者只有一名子女；"根据本条规定，徐某的姐姐符合收养人条件，即使有一名子女也可以收养小强。故 B 项错误，不当选。

C 项：《民法典》第 1108 条规定："配偶一方死亡，另一方送养未成年子女的，死亡一方的父母有优先抚养的权利。"本题中，小强的生父谭某已故，谭某的父母有优先抚养小强的权利，故 C 项正确，当选。

D 项：《民法典》第 1104 条规定："收养人收养与送养人送养，应当双方自愿。收养 8 周岁以上未成年人的，应当征得被收养人的同意。"本题中，小强 9 周岁，应当征得其同意。故 D 项错误，不当选（注意：《中华人民共和国收养法（1998 修正）》（已失效 / 废止）第 11 条规定："收养人收养与送养人送养，须双方自愿。收养年满十周岁以上未成年人的，应当征得被收养人的同意。"现《民法典》将该年龄由 10 岁下调至 8 岁）。

综上所述，本题答案为 C。

【多选】

③ 2202032

参考答案：A，C

解析：ABC 项：根据《民法典》第 1103 条的规定："继父或者继母经继子女的生父母同意，可以收养继子女，并可以不受本法第一千零九十三条第三项（生父母有特殊困难无力抚养的子女）、第一千零九十四条第三项（有特殊困难无力抚养子女的生父母）、第一千零九十八条和第一千一百条第一款规定的限制。"《民法典》第 1098 条规定："收养人应当同时具备下列条件：（一）无子女或者只有一名子女；（二）有抚养、教育和保护被收养人的能力；（三）未患有在医学上认为不应当收养子女的疾病；（四）无不利于被收养人健康成长的违法犯罪记录；（五）年满三十周岁。"《民法典》第 1100 条第 1 款规定："无子女的收养人可以收养两名子女；有子女的收养人只能收养一名子女。"本题中，在经对方子女的生父母同意的情况下，邱女不受有子女的收养人只能收养一名子女的条件限制，可收养沈俊、沈俏两人，故 A 项正确。沈男不需要年满 30 周岁的条件限制，沈男可以收养邱靓、邱丽二人。故 B 项错误。沈男与邱女不受生父母有特殊困难无力抚养的限制，故 C 项正确。

D 项：根据《民法典》第 1102 条的规定："无配偶者收养异性子女的，收养人与被收养人的年龄应当相差四十周岁以上。"该条只针对无配偶收养异性子女，沈男与邱女再婚后是夫妻，不适用该条。D 项错误。

综上所述，本题正确答案为 AC。

（二）综合知识点

【单选】

④ 1403002

参考答案：D

解析：A 项：根据《民法典》第 1114 条第 1 款规定："收养人在被收养人成年以前，不得解除收养关系，但是收养人、送养人双方协议解除的除外。"

养子女八周岁以上的，应当征得本人同意。"本题中，李某要求解除收养协议，张某同意解除，属于协议解除且小张未满八周岁，无需征得他同意。因此，A 项错误。

B 项：根据《民法典》第 577 条规定："当事人一方不履行合同义务或者履行合同义务不符合约定的，应当承担继续履行、采取补救措施或者赔偿损失等违约责任。"本题中，李某要求解除收养协议，张某同意，属于双方协议解除收养协议，协议解除该协议是双方真实的意思表示，互相不存在承担违约责任的问题。因此，B 选项错误，不当选。

C 项：根据《民法典》第 1111 条规定："自收养关系成立之日起，养父母与养子女间的权利义务关系，适用本法关于父母子女关系的规定；养子女与养父母的近亲属间的权利义务关系，适用本法关于子女与父母的近亲属关系的规定。养子女与生父母以及其他近亲属间的权利义务关系，因收养关系的成立而消除。"第 1188 条第 1 款："无民事行为能力人、限制民事行为能力人造成他人损害的，由监护人承担侵权责任。监护人尽到监护职责的，可以减轻其侵权责任。"本题中，由于小张的收养人李某是其监护人，应当由李某承担赔偿责任。此时张某对小张不存在监护职责，不承担监护责任，所以李某无权向张某主张赔偿。因此，C 项错误。

D 项：根据《民法典》第 985 条规定："得利人没有法律根据取得不当利益的，受损失的人可以请求得利人返还取得的利益……"本题中，张某和李某协议解除收养协议后该协议不再发生效力，李某保有张某给付的钱财没有法律上的原因，属于不当得利，张某有权请求返还相应数额（可低于 10 万，因为李某履行抚养义务一年之久）。因此，D 项正确。

综上所述，本题正确答案为 D 项。

二、**模拟训练**

⑤ 62002095

参考答案：A，D

解析：A 项：根据《民法典》第 1097 条规定："生父母送养子女，应当双方共同送养。生父母一方不明或者查找不到的，可以单方送养。"即使是生父母送养子女的，也应当由双方共同送养。因此，A 项错误，当选。

B 项：根据《民法典》第 1099 条第 2 款规定："华侨收养三代以内旁系同辈血亲的子女，还可以不受本法第一千零九十八条第一项规定的限制。"根据《民法典》第 1098 条第 1 项规定："收养人应当同时具备下列条件：（一）无子女或者只有一名子女；……"甲作为华侨，收养三代以内旁系同辈血亲的子女，不受"无子女或者只有一名子女"的限制，也就意味着，即使甲已有两个孩子，也能够收养。因此，B 项正确，不当选。

C 项：根据《民法典》第 1105 条第 2 款规定："收养查找不到生父母的未成年人的，办理登记的民政部门应当在登记前予以公告。"儿童属于未成年人，因此，C 项正确，不当选。

D 项：根据《民法典》第 1105 条第 1 款规定："收养应当向县级以上人民政府民政部门登记。收养关系自登记之日起成立。"根据《民法典》第 1105 条第 5 款规定："县级以上人民政府民政部门应当依法进行收养评估。"收养应当向"县级"以上而非"市级"以上民政部门登记，且由"县级"以上政府民政部门进行收养评估。因此，D 项错误，当选。

综上所述，本题为选非题，答案为 AD 项。

继　承

参考答案

[1] C	[2] C	[3] A	[4] AC	[5] AD
[6] D	[7] D	[8] D	[9] B	[10] D
[11] D	[12] D	[13] ABD	[14] AC	[15] BCD
[16] BD	[17] AC	[18] AB	[19] CD	[20] AB
[21] BCD	[22] ABCD	[23] ACD	[24] BC	[25] D
[26] C	[27] D	[28] B	[29] B	[30] ACD
[31] B	[32] ABC			

一、历年真题及仿真题

（一）遗嘱与遗赠

【单选】

1 1802106

参考答案：C

解析：ABC 项：根据《民法典》第 1134 条规定："自书遗嘱由遗嘱人亲笔书写，签名，注明年、月、日。"本题中，夏浩于 2014 年、2015 年和 2016 年订立的三份自书遗嘱均符合法定要件，均有效，但三份自书遗嘱相互冲突，应以最后的遗嘱为准，即以夏浩于 2016 年最后订立的自书遗嘱为准。因此，C 项正确，AB 项错误。

D 项：根据《民法典》第 1138 条规定："遗嘱人在危急情况下，可以立口头遗嘱。口头遗嘱应当有两个以上见证人在场见证。危急情况消除后，遗嘱人能够以书面或者录音录像形式立遗嘱的，所立的口头遗嘱无效。"本题中，夏浩 2017 年所立口头遗嘱，既不存在危急情况，又无两个以上见证人在场见证，不符合法定要件，无效。因此，D 项错误。

综上所述，本题答案为 C 项。

2 1802060

参考答案：C

解析：AB 项：根据《民法典》第 1142 条规定："遗嘱人可以撤回、变更自己所立的遗嘱。立遗嘱后，遗嘱人实施与遗嘱内容相反的民事法律行为的，视为对遗嘱相关内容的撤回。"甲于 2017 年、2018 年又立了另两份遗嘱，且内容与 2015 年、2016 年所立遗嘱相抵触，视为对原遗嘱相关内容的撤回，故 2015 年所立第一份遗嘱和 2016 年所立第二份遗嘱不生效。因此，AB 项错误。

CD 项：根据《民法典》第 1142 条第 3 款规定："立有数份遗嘱，内容相抵触的，以最后的遗嘱为准。"第 1138 条的规定："遗嘱人在危急情况下，可以立口头遗嘱。口头遗嘱应当有两个以上见证人在场见证。危急情况消除后，遗嘱人能够以书面或者录音录像形式立遗嘱的，所立的口头遗嘱无效。"第 1140 条规定："下列人员不能作为遗嘱见证人：（一）无民事行为能力人、限制民事行为能力人以及其他不具有见证能力的人；（二）继承人、受遗赠人；（三）与继承人、受遗赠人有利害关系的人。"本题中，甲立有数份遗嘱，内容互不相同、相互抵触，且 2018 年甲立口头遗嘱时病危，属于危急情况，有两名护士作为见证人，见证人也不属于禁止见证的情形，故应当以最后甲在 2018 年病危时立的口头遗嘱为准。因此，最终应由戊继承甲的全部遗产。因此，C 项正确，D 项错误。

综上所述，本题答案为 C 项。

3 1403024

参考答案：A

解析：ABCD 项：根据《民法典》第 1134 条："自书遗嘱由遗嘱人亲笔书写，签名，注明年、月、日。"第 1135 条："代书遗嘱应当有两个以上见证人在场见证，由其中一人代书，并由遗嘱人、代书人和其他见证人签名，注明年、月、日。"第 1138 条："遗嘱人在危急情况下，可以立口头遗嘱。口头遗嘱应当有两个以上见证人在场见证。危急情况消除后，遗嘱人能够以书面或者录音录像形式立遗嘱的，所立的口头遗嘱无效。"本题中，甲于 1 月 1 日的自书遗嘱合法有效；3 月 2 日所立的代书遗嘱因只有一个见证人，因不符合法律规定而无效；5 月 3 日的口头遗嘱因甲病好后出院，能立而未立新遗嘱而无效。因此甲 1 月 1 日的自书遗嘱即全部遗产应当由乙继承的遗嘱仍有效。因此，A 项正确，BCD 项错误。

综上所述，本题正确答案为 A 项。

【多选】

4 1902170

参考答案：A,C

解析：A 项：根据《民法典》第 1143 条第 2 款规定："遗嘱必须表示遗嘱人的真实意思，受欺诈、胁迫所立的遗嘱无效。"本题中，遗嘱 X 系因遗嘱人任某遭受任甲胁迫订立，不能表示遗嘱人任某的真实意思，属于无效遗嘱。因此，A 项正确。

BC 项：《民法典》规定了六种遗嘱：自书遗嘱、代书遗嘱、打印遗嘱、录音录像遗嘱、口头遗嘱和公证遗嘱。本题中，遗嘱 Y 系任甲对遗嘱人任某所订立的遗嘱 X 的誊写版本，不属于上述六种遗嘱中的任何一种类型，因此遗嘱 Y 无效。因此，B 项错误；C 项正确。

D 项：根据《民法典》第 1143 条第 2 款规定："遗嘱必须表示遗嘱人的真实意思，受欺诈、胁迫所立的遗嘱无效。"本题中，遗嘱 Z 系任某受任乙欺诈订立的，不能表示遗嘱人任某的真实意思，属于无效遗嘱。因此，D 项错误。

综上所述，本题答案 AC 项。

【备注】关于不满足遗嘱形式要件到底是不成立还是无效，争议非常大。目前最高院和人大法工委的文件以及实务判决都认为是无效，因此暂按照无效处理。

(二) 继承权的放弃、丧失和保护

【多选】

5 2302006

参考答案：A,D

解析：AB 项：根据《民法典》第 1125 条规定："继承人有下列行为之一的，丧失继承权：……（二）为争夺遗产而杀害其他继承人；（三）遗弃被继承人，或者虐待被继承人情节严重；……继承人有前款第三项至第五项行为，确有悔改表现，被继承人表示宽恕或者事后在遗嘱中将其列为继承人的，该继承人不丧失继承权。"本题中，段甲虐待段父，但是段甲有悔改表现，段父表示宽恕，段甲不丧失继承权。

段乙为争夺家产而谋杀哥哥段甲，不属于可宽恕情形，即使段乙有悔改表现，段父表示宽恕，段乙仍丧失继承权。因此，A项正确，B项错误。

CD项：根据《民法典》第1124条第1款规定："继承开始后，继承人放弃继承的，应当在遗产处理前，以书面形式作出放弃继承的表示；没有表示的，视为接受继承。"放弃继承的时间为继承开始后，继承开始前，还没有继承权，不存在放弃的问题。而且继承开始后段丙以口头而非书面形式作出放弃继承的表示，段丙仍然享有继承权。因此，C项错误，D项正确。

综上所述，本题正确答案为AD。

（三）综合知识点

【单选】

6 `2402064`

参考答案：D

解析：《民法典》第174条第1款："被代理人死亡后，有下列情形之一的，委托代理人实施的代理行为有效：（一）代理人不知道且不应当知道被代理人死亡；（二）被代理人的继承人予以承认；（三）授权中明确代理权在代理事务完成时终止；（四）被代理人死亡前已经实施，为了被代理人的继承人的利益继续代理。"

本题中，虽然代理人周某签合同的时候，被代理人王甲已经死亡，但是周某不知情，因此周某的代理行为是有效的，后果依然由被代理人承担。

AB项：人死后，继承人概括继承权利和义务（法定概括承受），继承人小王自动成为合同当事人，合同依然有效。AB项错误。

CD项：小王是合同当事人，需要履行合同，支付房屋价款。如果小王不履行，小王向李某承担违约责任，而不是周某承担责任。C项错误，D项正确。

综上所述，本题答案为D。

7 `2002005`

参考答案：D

解析：A项：继承人对被继承人的继承属于债权债务的法定承受。网络游戏的玩家和网络平台是合同关系，网络平台基于合同有协助玩家登录游戏

的义务，小甲继承了账户，同时相应继承了甲与网络平台的合同权利义务，只要无法登陆就可以请求平台提供协助。因此，A项错误。

B项：根据《民法典》第1161条第1款的规定："继承人以所得遗产实际价值为限清偿被继承人依法应当缴纳的税款和债务。超过遗产实际价值部分，继承人自愿偿还的不在此限。"继承人对被继承人的继承属于概括继承，小甲不仅继承了1.2万元财产还继承了基于合同对乙交付装备的义务。因此，B项错误。

C项：根据《民法典》第143条的规定："具备下列条件的民事法律行为有效：（一）行为人具有相应的民事行为能力；（二）意思表示真实；（三）不违反法律、行政法规的强制性规定，不违背公序良俗。"甲、乙之间的合同没有《民法典》规定的无效事由的情形，合同成立生效后，甲的死亡不影响合同的效力，该合同继续有效，由甲的继承人小甲继承相应的权利义务。因此，C项错误。

D项：网络游戏装备属于虚拟财产，根据《民法典》第127条的规定："法律对数据、网络虚拟财产的保护有规定的，依照其规定。"数据、网络虚拟财产受法律保护。根据《民法典》第124条第2款的规定："自然人合法的私有财产，可以依法继承。"虚拟财产既然是财产就可以继承。因此，D项正确。

综上所述，本题答案为D项。

8 `1802011`

参考答案：D

解析：ABCD项：根据《民法典》第1134条的规定："自书遗嘱由遗嘱人亲笔书写，签名，注明年、月、日。"本题中，张楠的遗嘱因未注明年月日而无效。

同时，根据《民法典》第1127条的相关规定："遗产按照下列顺序继承：第一顺序：配偶、子女、父母。……本编所称子女，包括婚生子女、非婚生子女、养子女和有扶养关系的继子女。……"本题中，因遗嘱无效，何芸不能依遗嘱继承张楠的遗产，再者，何芸并非张楠的配偶，无权法定继承。李霞（配偶）、张军（婚生子）和张强（非婚生子）均是张楠的第一顺序的法定继承人。因

此，ABC 项正确，不当选；D 项错误，当选。

综上所述，本题为选非题，答案为 D 项。

9 `1603021`

参考答案：B

解析：本题涉及三份遗嘱。第一份为贡某订立的公证遗嘱，内容为贡某的全部遗产由长子贡文遗嘱继承。第二份为贡文订立的自书遗嘱，内容为贡文的遗产中其通过遗嘱继承自贡某处继承的全部由贡武遗嘱继承，剩余部分则均由贡小文遗嘱继承。第三份遗嘱为贡某订立的自书遗嘱，内容为贡某遗产由贡小文受遗赠 10 万元，其他部分均由贡武遗嘱继承。第三份遗嘱（贡某之自书遗嘱）特别的地方在于"书写在贡文自书遗嘱的空白之处"，但仍符合《民法典》第 1134 条所规定之自书遗嘱成立要件（由遗嘱人贡某亲笔书写，签名，注明年、月、日），已合法成立。

A 项：根据《民法典》第 1142 条规定："遗嘱人可以撤回、变更自己所立的遗嘱。立遗嘱后，遗嘱人实施与遗嘱内容相反的民事法律行为的，视为对遗嘱相关内容的撤回。立有数份遗嘱，内容相抵触的，以最后的遗嘱为准。"贡某在贡文遗嘱上书写的内容构成了自己的自书遗嘱，与贡某先前所立公证遗嘱内容有所不同，则原遗嘱相关内容应视为被撤回，故应当以贡某最后书面遗嘱意思为准。因此，A 项错误。

B 项：根据《民法典》第 1154 条规定："有下列情形之一的，遗产中的有关部分按照法定继承办理：（三）遗嘱继承人、受遗赠人先于遗嘱人死亡或者终止"。因此，贡文死亡后，贡某所立公证遗嘱处分的遗产，按照法定继承办理。因此，B 项正确。

C 项：根据《民法典》第 1143 条第 4 款："遗嘱被篡改的，篡改的内容无效"。贡某在贡文订立的自书遗嘱上书写："同意，但还是留 10 万元给贡小文。"一方面可以认定为贡某订立的自书遗嘱，另一方面亦系对贡文自书遗嘱的"篡改"，就贡文的自书遗嘱而言，该"篡改"部分无效。因此，C 项错误。

D 项：根据《最高人民法院关于适用〈中华人民共和国民法典〉继承编的解释（一）》第 26 条："遗嘱人以遗嘱处分了国家、集体或者他人财产的，应当认定该部分遗嘱无效。"因此，D 项错误。

综上所述，本题正确答案为 B 项。

10 `1603005`

参考答案：D

解析：ACD 项：《民法典》第 230 条规定："因继承取得物权的，自继承开始时发生效力。"；《民法典》第 1121 条第 1 款规定："继承从被继承人死亡时开始"。蔡永在其父母死亡时依据遗嘱取得该房屋的所有权，其有权要求蔡花搬出。因此，D 项正确，AC 项错误。

B 项：《民法典》第 196 条第 2 项规定："下列请求权不适用诉讼时效的规定：（二）不动产物权和登记的动产物权的权利人请求返还财产"。诉讼时效主要适用于债权请求权，而蔡永对该房屋享有的是物权请求权。不动产物权的权利人请求返还财产不适用诉讼时效的规定。因此，B 项错误。

综上所述，本题答案为 D 项。

11 `1503021`

参考答案：D

解析：AB 项：根据《民法典》第 1142 条第 2 款规定："立遗嘱后，遗嘱人实施与遗嘱内容相反的民事法律行为的，视为对遗嘱相关内容的撤回。"本题中，王冬出卖门面房的行为视为对其之前公证遗嘱的撤回。故住房和出卖门面房所得的价款应按照法定继承的方式，由王希、王楠和张霞共同继承。因此，AB 项正确，不当选。

CD 项：根据《民法典》第 1152 条规定："继承开始后，继承人于遗产分割前死亡，并没有放弃继承的，该继承人应当继承的遗产转给其继承人，但是遗嘱另有安排的除外。"本题中，由于王希死亡，其并未放弃继承，故王希应当继承的遗产转给其子王小力，王小力也享有对住房和出售门面房价款的部分继承权。因此，C 项正确，不当选；D 项错误，当选。

综上所述，本题为选非题，答案为 D 项。

12 `1403001`

参考答案：D

解析：A 项：薛某作为肇事者应承担侵权产生的给付义务，所以，薛某是义务人。由于受害者已因交通事故而死亡，对其造成的损害赔偿请求权应当由其近亲属依法行使，因此并非没有对应权利人，不存在违反权利义务一致原则的问题。因此，A 项错误。

BC 项：根据《民法典》第 985 条："得利人没有法律根据取得不当利益的，受损失的人可以请求得利人返还取得的利益……"本题中，在民法上可认定薛某与交警大队成立一个无名合同，由交警大队代为保管 6 万元赔偿金，权利人确定后，交警大队负有转交的义务。因此，交警大队有法律上的根据代收该 6 万元，不属于不当得利。由于交警大队代收行为并非对薛某进行的行政管理行为，仅履行了代收职能，故交警大队与薛某之间也不存在行政法律关系。因此，BC 项错误。

D 项：根据《民法典》第 1160 条："无人继承又无人受遗赠的遗产，归国家所有，用于公益事业；死者生前是集体所有制组织成员的，归所在集体所有制组织所有。"本题中，可类推适用该条，这样才符合公平正义。因此，D 项正确。

综上所述，本题正确答案为 D 项。

【多选】

⑬ 2402080

参考答案：A,B,D

解析：ABC 项：人死亡后，与之相关的债权债务并不会消灭，由遗嘱执行人／继承人／民政／村委会担任遗产管理人来处理债权债务关系。本题中，没有遗嘱执行人，继承人又放弃继承，因此村委会可以担任遗产管理人，代管遗产。因此，AB 项错误，C 项正确。

D 项：《民法典》第 1124 条第 1 款："继承开始后，继承人放弃继承的，应当在遗产处理前，以书面形式作出放弃继承的表示；没有表示的，视为接受继承。"丁书面明确放弃继承，不再是继承人。D 项错误。

综上所述，本题答案是 ABD。

【说明—那如果有遗产是归谁？——归村集体】

⑭ 2302023

参考答案：A,C

解析：A 项：小周是徐某的子女，是第一顺位的法定继承人，根据《民法典》第 1130 条第 4 款规

定："有扶养能力和有扶养条件的继承人，不尽扶养义务的，分配遗产时，应当不分或者少分。"小周未尽到赡养义务并不会导致继承权的丧失，仍有权继承，只是继承后分割的时候少分或不分，但不影响继承人资格。因此，A 项正确。

B 项：徐某在小王 10 周岁后就没有再抚养过小王，徐某老后小王也没有赡养徐某，双方不再是形成扶养关系的继父母子女关系，小王不能继承徐某的遗产。因此，B 项错误。

CD 项：根据《民法典》第 1127 条第 1 款规定："遗产按照下列顺序继承：（一）第一顺序：配偶、子女、父母；（二）第二顺序：兄弟姐妹、祖父母、外祖父母。"第 1129 条："丧偶儿媳对公婆，丧偶女婿对岳父母，尽了主要赡养义务的，作为第一顺序继承人。"因此，大壮并非第一顺序继承人的范围，侄子不会因为赡养多就获得第一顺位，只有丧偶儿媳或女婿可以。因此，D 项错误。

根据《民法典》第 1131 条规定："对继承人以外的依靠被继承人扶养的人，或者继承人以外的对被继承人扶养较多的人，可以分给适当的遗产。"大壮不是法定继承人，对徐某扶养较多，可以适当分给遗产。因此，C 项正确。

综上所述，本题答案为 AC。

⑮ 2202030

参考答案：B,C,D

解析：AB 项：根据《民法典》第 1127 条第 1、2 款的规定："遗产按照下列顺序继承：（一）第一顺序：配偶、子女、父母；（二）第二顺序：兄弟姐妹、祖父母、外祖父母。继承开始后，由第一顺序继承人继承，第二顺序继承人不继承；没有第一顺序继承人继承的，由第二顺序继承人继承。"同时根据《民法典》第 1128 条第 2 款规定："被继承人的兄弟姐妹先于被继承人死亡的，由被继承人的兄弟姐妹的子女代位继承。"甲没有第一顺位继承人，由第二顺位继承人继承。乙先于甲死亡，由乙的孩子丙丁代位继承甲的遗产。无人继承又无人受遗赠，归国家。甲的遗产有继承人。A 项错误，B 项正确。

C 项：根据《民法典》第 1152 条的规定："继承开始后，继承人于遗产分割前死亡，并没有放弃

继承的，该继承人应当继承的遗产转给其继承人，但是遗嘱另有安排的除外。"丙代位继承后死亡，丙的继承人戊可以转继承。C 项正确。

D 项：根据《民法典》第 1122 条第 1 款的规定："遗产是自然人死亡时遗留的个人合法财产。"死亡赔偿金并非自然人死亡时遗留的个人合法财产，而是对死者近亲属的一种补偿，故甲的死亡赔偿金不属于遗产的范围。D 项正确。

综上所述，本题正确答案为 BCD 项。

16 `2202176`

参考答案：B,D

解析：AB 项：《民法典》第 1006 条第 3 款规定："自然人生前未表示不同意捐献的，该自然人死亡后，其配偶、成年子女、父母可以共同决定捐献，决定捐献应当采用书面形式。"甲生前未明确表示不同意，且甲没有配偶、父母，应当由其成年子女共同决定捐献，甲的儿子不同意捐献，因此女儿无权捐献甲的器官。因此，A 项错误，B 项正确。

CD 项：《民法典》第 1142 条第 3 款规定："立有数份遗嘱，内容相抵触的，以最后的遗嘱为准。"甲先后立有三份遗嘱，且内容相抵触，应当以最后一份，即以 9 月 20 日的遗嘱为准，将遗产全部留给女儿。又根据《民法典》第 368 条的规定："居住权无偿设立，但是当事人另有约定的除外。设立居住权的，应当向登记机构申请居住权登记。居住权自登记时设立。"居住权未登记，未设立。因此，C 项错误，D 项正确。

综上所述，本题答案为 BD。

17 `2102148`

参考答案：A,C

解析：AB 项：《民法典》第 1142 条第 3 款规定："立有数份遗嘱，内容相抵触的，以最后的遗嘱为准。"本题中，李某先后立下两份遗嘱，第一份遗嘱为公证遗嘱，第二份遗嘱为自书遗嘱。据此，对于 B 房的归属，应以第二份遗嘱为准。值得注意的是，在《民法典》中，公证遗嘱不再具有优先效力。因此，A 项正确，B 项错误。

C 项：《民法典》第 1142 条第 1 款与第 2 款规定："遗嘱人可以撤回、变更自己所立的遗嘱。立遗嘱

后，遗嘱人实施与遗嘱内容相反的民事法律行为的，视为对遗嘱相关内容的撤回。"李某立下第一份遗嘱后，对 A 房又作出了与遗嘱相冲突的民事法律行为，又将 A 房赠与女儿李某力，其行为视为对第一份遗嘱的相关内容的撤回。因此 A 房的所有权由李某力取得。因此，C 项正确。

D 项：《民法典》第 1125 条第 1 款规定："继承人有下列行为之一的，丧失继承权：（一）故意杀害被继承人；（二）为争夺遗产而杀害其他继承人；（三）遗弃被继承人，或者虐待被继承人情节严重；（四）伪造、篡改、隐匿或者销毁遗嘱，情节严重；（五）以欺诈、胁迫手段迫使或者妨碍被继承人设立、变更或者撤回遗嘱，情节严重。"据此，李某某毒杀李某，构成故意杀害被继承人，李某某的继承权因此而丧失。因此，D 项错误。

综上所述，本题答案为 AC 项。

18 `2102070`

参考答案：A,B

解析：A 项：根据《民法典》1127 条第 1 款的规定："遗产按照下列顺序继承：（一）第一顺序：配偶、子女、父母；（二）第二顺序：兄弟姐妹、祖父母、外祖父母。"本题中，黄某未立遗嘱，故应当按照法定继承处理，黄唯作为黄某的儿子享有继承权。因此，A 项正确。

BC 项：根据《民法典》第 1128 条第 1 款规定："被继承人的子女先于被继承人死亡的，由被继承人的子女的晚辈直系血亲代位继承。"享有代位继承权的主体为被继承人子女的晚辈直系血亲，而继子女属于由姻亲关系而来的法律拟制血亲关系，并不属于直系血亲。由此可知，只有黄美的亲生儿子赵小星可进行代位继承，继子卢小东不属于直系血亲，不可代位继承，无继承权。因此，B 项正确，C 项错误。

D 项：根据《民法典》1129 条的规定："丧偶儿媳对公婆，丧偶女婿对岳父母，尽了主要赡养义务的，作为第一顺序继承人。"本题中，卢某作为丧偶女婿，题目未体现卢某对黄某尽了主要赡养义务，因此不认定卢某为继承人。因此，D 项错误。

综上所述，本题正确答案为 AB 项。

19 2002088

参考答案：C,D

解析： AC项：根据《民法典》第1127条第1款规定："遗产按照下列顺序继承：（一）第一顺序：配偶、子女、父母；（二）第二顺序：兄弟姐妹、祖父母、外祖父母。"祝某的第一顺序法定继承人包括配偶华某与亲生子女祝娟。华小伟与祝某不具有扶养关系，不属于有扶养关系的继子女，并非祝某的法定继承人，对祝某的遗产不享有继承权。因此，C项正确。因祝某未订立遗嘱，根据《民法典》第1130条第1款规定："同一顺序继承人继承遗产的份额，一般应当均等。"华某与祝娟应平分遗产。婚后现金收入200万元，属于祝某与华某的夫妻共同财产，归祝某与华某共同共有。根据《民法典》第1153条第1款规定："夫妻共同所有的财产，除有约定的外，遗产分割时，应当先将共同所有的财产的一半分出为配偶所有，其余的为被继承人的遗产。"据此，祝某死亡时，这200万元现金收入，应当一分为二，其中100万元归华某所有，另外100万属于祝某的遗产，由华某与祝娟各分50万元。因此，A项错误。

B项：房产属于祝某的婚前个人财产，祝某死亡时为祝某的遗产，由华某与祝娟平分，具体分割方式可采用实物分割、作价分割或者变价分割。因此，B项错误。

D项：根据《民法典》第240条规定："所有权人对自己的不动产或者动产，依法享有占有、使用、收益和处分的权利。"据此，华某通过继承取得祝某遗产所有权后，对该部分遗产，华某享有处分权，有权自主决定赠与华小伟。因此，D项正确。

综上所述，本题答案为CD项。

20 1902095

参考答案：A,B

解析： ACD项：根据《民法典》第1129条规定："丧偶儿媳对公婆，丧偶女婿对岳父母，尽了主要赡养义务的，作为第一顺序继承人。"根据《民法典》第1128条第1款规定："被继承人的子女先于被继承人死亡的，由被继承人的子女的直系晚辈血亲代位继承。"本题中，甲的儿媳妇乙一直照顾甲的生活，尽了主要赡养义务，可以作为第一顺

序继承人。丁是乙再婚后与他人生下的子女，非被继承人甲的直系血亲。乙基于扶养义务而被视为第一顺位继承人，是基于扶养关系的法定继承。而代位继承的规定是基于血缘关系，不是基于身份关系，因此乙与其他人生的孩子（丁）不能代位继承。若丁是被继承人的亲生孙子（乙与被继承人的儿子生的），则可以代位继承。此处需要注意，本题不能援引《民法典》第1128条第1款的规定来解题，因为乙不是被继承人甲的子女。因此，A项正确，CD项错误。

B项：根据《民法典》第1152条规定："继承开始后，继承人于遗产分割前死亡，并没有放弃继承的，该继承人应当继承的遗产转给其继承人，但是遗嘱另有安排的除外。"据此，转继承是指，被继承人死亡后，法定继承人没有放弃继承，但在遗产分割前，法定继承人死亡，则他们应当分得的被继承人的遗产，作为他们自己的遗产，由他们的继承人予以继承的制度。本题中，乙先于甲死亡，不符合转继承的条件。因此，B项正确。

综上所述，本题答案为AB项。

21 1802109

参考答案：B,C,D

解析： A项：根据《民法典》第153条第2款规定："违背公序良俗的民事法律行为无效。"本题中，周男所立遗嘱系单方法律行为，其遗嘱将遗产的一半遗赠给非法同居的郑女，该遗嘱违反了违背夫妻忠诚的善良风俗，应当认定该遗嘱无效，郑女无权依遗嘱取得周男一半的遗产。因此，A项错误。

BCD项：根据《民法典》第1123条的规定："继承开始后，按照法定继承办理；有遗嘱的，按照遗嘱继承或者遗赠办理；有遗赠扶养协议的，按照协议办理。"《民法典》第1071条规定："非婚生子女享有与婚生子女同等的权利，任何组织或者个人不得加以危害和歧视。"本题中，遗嘱无效，故应按照法定继承处理，非婚生子女（小郑）与婚生子女（小周）享有同等的权利。周男的第一顺序法定继承人包括配偶（吴女）、婚生子女（小周）、非婚生子女（小郑）。因此，BCD项正确。

综上所述，本题答案为BCD项。

㉒ 1703066

参考答案：A,B,C,D

解析：AB 项：根据《民法典》第 1142 条第 3 款规定："立有数份遗嘱，内容相抵触的，以最后的遗嘱为准。"本题中，韩某 2015 年第二份自书遗嘱有效，第一份自书遗嘱关于"公司股权和名人字画"的部分由于被第二份自书遗嘱更改不发生效力，但其他部分有效。故 A、B 项均错误，当选。

C 项：根据《民法典》第 230 条规定："因继承取得物权的，自继承开始时发生效力。"据此可知，在 2017 年 3 月韩某病故时，韩大即取得房屋所有权。《民法典》第 215 条规定："当事人之间订立有关设立、变更、转让和消灭不动产物权的合同，除法律另有规定或者当事人另有约定外，自合同成立时生效；未办理物权登记的，不影响合同效力。"第 232 条规定："处分依照本节规定享有的不动产物权，依照法律规定需要办理登记的，未经登记，不发生物权效力。"据此，韩大通过继承取得房屋所有权后，若未办理宣示登记即处分该房屋，不发生物权变动的效果，但是合同是有效的。故 C 项错误，当选。

D 项：根据《中华人民共和国公司法（2023 年修订）》第 90 条规定："自然人股东死亡后，其合法继承人可以继承股东资格。但是，公司章程另有规定的除外。"故 D 项错误，当选。

综上所述，本题为选非题，正确答案为 ABCD 项。

㉓ 1603066

参考答案：A,C,D

解析：A 项：《民法典》第 1127 条第 1 款规定："遗产按照下列顺序继承：（一）第一顺序：配偶、子女、父母；（二）第二顺序：兄弟姐妹、祖父母、外祖父母。"熊某与杨某结婚，二人一直抚养小强，熊某与小强形成有扶养关系的继子女，所以杨某和小强都是熊某的第一顺位继承人。所以，A 项正确。

B 项：《民法典》第 1128 条第 1 款规定："被继承人的子女先于被继承人死亡的，由被继承人的子女的直系晚辈血亲代位继承。"代位继承人一般只能继承他的父亲或者母亲有权继承的遗产份额。代位继承发生在被继承人的子女先于被继承人死

亡的情形下，女婴死后不发生代位继承，所以，B 项错误。

CD 项：《民法典》第 1155 条规定："遗产分割时，应当保留胎儿的继承份额。胎儿娩出时是死体的，保留的份额按照法定继承办理。"为胎儿保留的遗产份额，如胎儿娩出后死亡的，由其继承人继承；如胎儿娩出时就是死体的，由被继承人的继承人继承。男婴娩出时为死体，应当由被继承人的继承人继承，即由熊某的继承人继承，包括杨某、小强和女婴，但由于女婴娩出后旋即死亡，女婴的遗产又由其第一顺位继承人杨某继承，最终为男婴保留的遗产份额由杨某、小强继承，C 选项正确。女婴娩出后死亡由其继承人杨某继承。所以，D 项正确。

综上所述，本题正确答案为 ACD。

【注意】C 项确实有瑕疵，少了女婴，只是从最终结果上女婴那一份由杨某继承，如果做错这道题的原因在这里，无需纠结，知识点理解是对的即可。

㉔ 1403065

参考答案：B,C

解析：ABCD 项：根据《民法典》第 1127 条第 1 款和第 3 款："遗产按照下列顺序继承：（一）第一顺序：配偶、子女、父母；……。本法所说的子女，包括婚生子女、非婚生子女、养子女和有扶养关系的继子女。"第 1105 条第 1 款："收养应当向县级以上人民政府民政部门登记。收养关系自登记之日起成立。"本题中，甲与丙结婚时，小明已 20 周岁，与丙之间不存在扶养关系，小明不能以继子女身份参与继承。甲与丙收养孤儿小光，并未办理收养手续，因此收养关系不成立，小光不能以养子女的身份参与继承。丙的第一顺序继承人为配偶甲，子小亮。因此，AD 项错误，BC 项正确。

综上所述，本题正确答案为 BC 项。

二、模拟训练

㉕ 62202036

参考答案：D

解析：A 项：《民法典》第 1153 条规定："夫妻共同所有的财产，除有约定的外，遗产分割时，应当

先将共同所有的财产的一半分出为配偶所有，其余的为被继承人的遗产。遗产在家庭共有财产之中的，遗产分割时，应当先分出他人的财产。"本题中，李母尚且在世，应当先将共同所有的财产的一半分出为配偶所有，其余的为被继承人的遗产。在李父100万的遗产中，由李母分得一半后，剩下的50万由李母、李甲、李乙三人继承。因此，A项错误。

BCD项：《民法典》第1122条规定："遗产是自然人死亡时遗留的个人合法财产。依照法律规定或者根据其性质不得继承的遗产，不得继承。"被继承人死亡后，其亲属应得的死亡赔偿金不属于遗产，其本质是对死者近亲属的抚恤或赔偿，因此，不属于被继承人遗留的财产范围。4万元现金是李母通过盗窃的不法手段取得，不得作为遗产用于继承。承租的有关农用机械，被继承人虽有使用权，但并无所有权，不可作为遗产。因此，BC项错误，D项正确。

综上所述，本题正确答案为D项。

㉖ 62102025

参考答案：C

解析：AB项：《民法典》第1142条第2款规定："立遗嘱后，遗嘱人实施与遗嘱内容相反的民事法律行为的，视为对遗嘱相关内容的撤回。"第3款规定："立有数份遗嘱，内容相抵触的，以最后的遗嘱为准。"老董将房屋出卖给袁大，致使房屋在继承开始前所有权转移，故遗嘱一中将案涉房屋留给董三的内容视为被撤回，老董和袁大的房屋买卖合同并不因遗嘱一是公证遗嘱而无效。因此，A项错误。本题中遗嘱二是有效的，根据遗嘱二由奉先继承全部遗产。老董先立了公证遗嘱，把全部遗产给侄子董三，而后又自书遗嘱，把全部遗产给奉先，此时，前后遗嘱内容相抵触的，以最后的遗嘱为准，遗产应由奉先继承。因此，B项错误。

C项：《民法典》第1131条规定："对继承人以外的依靠被继承人扶养的人，或者继承人以外的对被继承人扶养较多的人，可以分给适当的遗产。"奉先虽与生父没有法律上的父子关系，但其将卧病在床的生父接到家中悉心照顾，可以作为继承

人以外的对被继承人扶养较多的人分得适当遗产，因此，C项正确。

D项：《民法典》第1111条规定："自收养关系成立之日起，养父母与养子女间的权利义务关系，适用本法关于父母子女关系的规定；养子女与养父母的近亲属间的权利义务关系，适用本法关于子女与父母的近亲属关系的规定。养子女与生父母以及其他近亲属间的权利义务关系，因收养关系的成立而消除。"奉先被老董收养之日起，其与生父之间的权利义务关系已经解除。因此奉先是老董的第一顺序继承人，而不是其生父的第一顺序继承人。因此，D项错误。

综上所述，本题答案为C项。

㉗ 62102023

参考答案：D

解析：A项：《民法典》第1143条第4款规定："遗嘱被篡改的，篡改的内容无效。"故只有被篡改的部分内容无效，而并非遗嘱中所有内容无效。因此A项错误，不当选。

B项：《民法典》第1125条第1款和第2款规定："继承人有下列行为之一的，丧失继承权......（四）伪造、篡改、隐匿或者销毁遗嘱，情节严重......继承人有前款第三项至第五项行为，确有悔改表现，被继承人表示宽恕或者事后在遗嘱中将其列为继承人的，该继承人不丧失继承权。"丙篡改甲的遗嘱，丧失了对甲的继承权，但是之后丙有悔改表现且甲又在之后遗嘱中将其列为继承人，故丙仍有权继承甲的遗产，因此B项错误，不当选。

CD项：《民法典》第1142条第3款规定："立有数份遗嘱，内容相抵触的，以最后的遗嘱为准。"本题中，遗嘱C是最后立的遗嘱，应以遗嘱C的内容为准，即甲的遗产1/3归丙继承，2/3由乙继承。因此C项错误，不当选；D项正确，当选。

综上所述，本题答案为D。

㉘ 62002012

参考答案：B

解析：A项：根据《民法典》第1142条第3款规定："立有数份遗嘱，内容相抵触的，以最后的遗嘱为准。"本案中，2021年8月9日，王冬订立遗嘱称住房由张蓓继承，此后并未订立与该内容

相抵触的其他遗嘱，故住房最终由张蓓继承。因此，A 项正确，不当选。

B 项：根据《民法典》第 1142 条规定："遗嘱人可以撤回、变更自己所立的遗嘱。立遗嘱后，遗嘱人实施与遗嘱内容相反的民事法律行为的，视为对遗嘱相关内容的撤回。立有数份遗嘱，内容相抵触的，以最后的遗嘱为准。"本案中，2021 年 8 月 9 日，王冬立下公证遗嘱称自己死后，门面房由王希和王楠共同继承，但 2021 年 10 月 10 日，王冬将门面房卖给他人并办理了过户手续，属于实施与遗嘱内容相反的民事法律行为，视为对该内容的撤回。故对于出售门面房价款的继承，应按照法定继承处理。《民法典》第 1127 条第 1 款规定："遗产按照下列顺序继承：（一）第一顺序：配偶、子女、父母；……"故张蓓作为王冬的配偶，属于第一顺序继承人，对出售门面房价款有继承权。因此，B 项错误，当选。

C 项：根据《民法典》第 1152 条规定："继承开始后，继承人于遗产分割前死亡，并没有放弃继承的，该继承人应当继承的遗产转给其继承人，但是遗嘱另有安排的除外。"本题中，由于王希在王冬死亡后、遗产分割前死亡，且并未放弃继承，故王希应当继承的遗产转给其继承人，即王东东（王希之子）和张蓓（王希之母）继承。此处是转继承的情况。因此，C 项正确，不当选。

D 项：根据《民法典》第 1142 条第 3 款规定，"立有数份遗嘱，内容相抵触的，以最后的遗嘱为准。"本案中，2022 年 1 月，王冬立下新遗嘱称：存款 6 万元由王希和王楠共同继承，另外 5 万元由张蓓继承。该遗嘱与 2021 年 8 月 9 日立下的遗嘱关于存款的处理部分相抵触，故存款部分的继承应当以 2022 年 1 月的新遗嘱为准，即王希继承 3 万元、王楠继承 3 万元，张蓓继承 5 万元。又后来王希及其妻子同时死亡，根据《民法典》第 1152 条和第 1127 条第 1 款规定，王希的 3 万元由其母张蓓和其子王东东共同继承，分别为 1.5 万元。最终，张蓓可以继承 6.5 万元存款，王楠可以继承 3 万元存款，王东东可以继承 1.5 万元存款，因此，D 项正确，不当选。

综上所述，本题为选非题，本题答案为 B 项。

29 62002202

参考答案：B

解析：AB 项：《民法典》第 1121 条规定："继承从被继承人死亡时开始。相互有继承关系的数人在同一事件中死亡，难以确定死亡时间的，推定没有其他继承人的人先死亡。都有其他继承人，辈份不同的，推定长辈先死亡；辈分相同的，推定同时死亡，相互不发生继承。"本题中，不能确定张某、王某、张小某死亡的顺序，三人中，只有张小某没有"除张某、王某之外"的其他继承人，故推定张小某先于张某、王某死亡。张某、王某各自都有其他继承人，且辈分相同，推定张某、王某同时死亡。故 A 项错误，B 项正确。

C 项：《民法典》第 1125 条第 1 款规定："继承人有下列行为之一的，丧失继承权：（一）故意杀害被继承人；（二）为争夺遗产而杀害其他继承人；（三）遗弃被继承人，或者虐待被继承人情节严重；（四）伪造、篡改、隐匿或者销毁遗嘱，情节严重；（五）以欺诈、胁迫手段迫使或者妨碍被继承人设立、变更或者撤回遗嘱，情节严重。"本题中，王二故意销毁王某的遗嘱，属于上述规定中第（四）项的情形，因此，王二丧失继承权。故 C 项错误。

D 项：《民法典》第 1124 条第 1 款规定："继承开始后，继承人放弃继承的，应当在遗产处理前，以书面形式作出放弃继承的表示；没有表示的，视为接受继承。"由此可知，放弃继承的表示应当在继承开始后，遗产处理前作出。本题中，张大作出放弃继承的表示是在遗产处理后而非是在继承开始后，故其仍然有继承权。因此，D 项错误。综上所述，本题为答案为 B 项。

30 62002039

参考答案：A,C,D

解析：A 项：根据《民法典》第 1105 条第 1 款规定："收养应当向县级以上人民政府民政部门登记。收养关系自登记之日起成立。"本题中，己丙之间的事实收养关系因未办理登记而不属于法律上的收养关系，己丙不是法律上的养父子关系。因此，A 项错误，当选。

BD 项：根据《民法典》第 1128 条第 2 款规定：

"被继承人的兄弟姐妹先于被继承人死亡的，由被继承人的兄弟姐妹的子女代位继承。"本题中，己的弟弟甲先于己死亡，丙作为甲之子，可以代位继承己的遗产，因此，B项正确，不当选；D项错误，当选。

C项：根据《民法典》第1152条规定："继承开始后，继承人于遗产分割前死亡，并没有放弃继承的，该继承人应当继承的遗产转给其继承人，但是遗嘱另有安排的除外。"本题中，甲先于己死亡，丙为代位继承人，不存在转继承的情形，因此，C项错误，当选。

综上所述，本题为选非题，答案为ACD项。

31 62002062

参考答案：B

解析：ACD项：《民法典》第1123条规定："继承开始后，按照法定继承办理；有遗嘱的，按照遗嘱继承或者遗赠办理；有遗赠扶养协议的，按照协议办理。"《民法典》第1127条规定："遗产按照下列顺序继承：（一）第一顺序：配偶、子女、父母；（二）第二顺序：兄弟姐妹、祖父母、外祖父母。继承开始后，由第一顺序继承人继承，第二顺序继承人不继承没有第一顺序继承人继承的，由第二顺序继承人继承。本编所称子女，包括婚生子女、非婚生子女、养子女和有扶养关系的继子女。本编所称父母，包括生父母、养父母和有扶养关系的继父母。本编所称兄弟姐妹，包括同父母的兄弟姐妹、同父异母或者同母异父的兄弟姐妹、养兄弟姐妹、有扶养关系的继兄弟姐妹。"本题中，甲并未立有遗嘱或者遗赠扶养协议，因此，甲的遗产应按照法定继承办理。丙为甲与前妻乙的婚生子女，因此，丙有权继承甲的遗产。庚为甲的配偶，因此，庚有权继承甲的遗产。辛为甲与庚的婚生子女，因此，辛有权继承甲的遗产。因此，ACD项正确，不当选。

B项：《民法典》第1127条第3款规定："本编所称子女，包括婚生子女、非婚生子女、养子女和有扶养关系的继子女。"由此可知，判断继父母子女之间是否享有继承权，是以是否形成抚养关系为标准。继父母子女在事实上形成了抚养关系，由直系姻亲转化为拟制血亲，从而产生法律

拟制的父母子女间的权利义务。本题中，戊两岁时，因其母丁与甲再婚，确实与甲共同生活，形成事实上的继父子关系，甲与丁共同抚养教育过戊。但是在丁与甲离婚时，戊九岁还尚未成年，且甲与丁在离婚协议中明确约定戊由丁继续抚养，甲不再承担抚养费用，在此情形下，认定甲不再继续抚养是对原已形成的抚养关系的终止，此时甲与戊之间的继父子关系视为解除，而且，戊与甲的继父子关系解除之后至甲病故时，期间长达二十余年之久，双方再无来往，戊成年后也不存在赡养甲的事实。据此，因甲与丁离婚后不再抚养戊，以及戊成年后未履行赡养义务，应当认为，在继承发生时，戊与被继承人甲之间继父子关系已解除，双方的权利义务不复存在，戊不属于法律规定的有抚养关系的继子女。所以，戊无权继承甲的遗产。因此，B项错误，当选。

综上所述，本题为选非题，答案为B项。

32 61802142

参考答案：A，B，C

解析：ABCD项：根据《民法典》第1125条："继承人有下列行为之一的，丧失继承权：（一）故意杀害被继承人；（二）为争夺遗产而杀害其他继承人；（三）遗弃被继承人，或者虐待被继承人情节严重；（四）伪造、篡改、隐匿或者销毁遗嘱，情节严重；（五）以欺诈、胁迫手段迫使或者妨碍被继承人设立、变更或者撤回遗嘱，情节严重。继承人有前款第三项至第五项行为，确有悔改表现，被继承人表示宽恕或者事后在遗嘱中将其列为继承人的，该继承人不丧失继承权。受遗赠人有本条第一款规定行为的，丧失受遗赠权。"本题中，张大故意杀害张明、张二为争夺遗产而杀害张大属于丧失继承权的法定情形，并且无宽恕可能。因此，AB项正确。张三的行为属于虐待被继承人情节严重的行为，且不存在张明主张宽恕或事后在遗嘱中将其列为继承人的情节，因此故张三丧失继承权。因此，C项正确。张四的声明因违背公序良俗而无效，但不属于法定丧失继承权的情形，因此张四仍然有继承权。因此，D项错误。

综上所述，本题答案为ABC项。